KB120211

한 알의 밀알이 죽지 않으면

나남
nanam

한국연구재단 학술명저번역총서
서양편 299

# 한 알의 밀알이 죽지 않으면

2010년 11월 29일 발행
2010년 11월 29일 1쇄

지은이_ 앙드레 지드
옮긴이_ 권은미
발행자_ 趙相浩
발행처_ (주) 나남
주소_ 413-756 경기도 파주시 교하읍
　　　출판도시 518-4
전화_ (031) 955-4600 (代)
FAX_ (031) 955-4555
등록_ 제 1-71호(79.5.12)
홈페이지_ http://www.nanam.net
전자우편_ post@nanam.net
인쇄인_ 유성근(삼화인쇄주식회사)

ISBN 978-89-300-8503-8
ISBN 978-89-300-8215-0 (세트)
책값은 뒤표지에 있습니다.


'한국연구재단 학술명저번역총서'는 우리 시대 기초학문의 부흥을 위해
한국연구재단과 (주)나남이 공동으로 펼치는 서양명저 번역간행사업입니다.

앙드레 지드 젊은 날의 자서전

# 한 알의 밀알이 죽지 않으면

앙드레 지드 지음 ∣ 권은미 옮김

나남
nanam

옮긴이
· · ·
머리말

앙드레 지드(1869~1951)는 발레리, 클로델, 프루스트와 함께 20세기 프랑스 문학을 대표하는 4대 작가 가운데 하나로 꼽힌다. 또한 20세기 초엽 몇몇 문학인들과 공동 창간한 순수 문학잡지인 《누벨 르뷔 프랑세즈(N. R. F.)》 활동으로 당시 프랑스 문단의 대부 역할을 하며, 프랑스 문학을 쇄신하려는 노력을 누구보다 열정적으로 주도했던 작가이다. 그의 작품세계는 시, 소설, 희곡뿐만 아니라, 지드 개인과 그 시대에 대해서 하나의 증언이라고도 볼 수 있는 60여 년이 넘는 기간 동안의 일기(1887~1950)와 자서전, 그리고 많은 외국 작가들에 대한 소개와 번역, 비평적인 글 등으로 무척 다양하고 풍요롭다.

1970~80년대까지만 하더라도 그는 국내에서 프랑스 작가 가운데 가장 많은 작품이 번역된 작가였다. 그러나 이러한 번역현황이 정작 앙드레 지드의 작품세계를 이해하는 데 큰 도움을 준 것 같지는 않다. 이는 반복적으로 번역 소개된 작품이 《좁은 문》(1909)과 《전원 교향곡》(1919) 등 몇몇 작품에 집중되었다는 사실과 그의 작품세계가 갖는 특이성 때문일 것이다.

《팔뤼드》(1895)와 《지상의 양식》(1897), 《배덕자》(1902)와 《좁은 문》(1909), 《교황청의 지하실》(1914)과 《전원 교향곡》(1919) 등 각 작품들은 서로 모순되는 세계를 보여주었기에, 그의 작품세계는 당시 프랑스의 일반 독자들뿐만 아니라 비평가들에게도 다소 오해를 불러일 으킬 만했다. 이는 그의 작품들이 전부 자아탐색이라는 하나의 목적으로 수렴되면서도 그의 내면세계가 그만큼 분열되어 있었기 때문이라고 볼 수 있다.

*

50세가 넘도록 자신이 어떤 인간인지 알지 못한다고 말하는 지드에 게 있어, 유일한 관심사는 자신을 '재발견하는 것'이었다. 그리고 그의 작품세계는 바로 이 자아의 진정한, 그리고 총체적인 이미지를 구축하 는 작업이었다. 따라서 지드의 전 작품은 전기적인 성격을 띠고 있으 며, 작품 하나하나는 자신의 각 단면들을 극단적인 형태로까지 밀고 나간 것이다. 지드는 한편으로는 엄격한 청교도적 분위기 속에서 받은 교육과 사촌누이에 대한 신비주의적 사랑, 그리고 다른 한편으로는 북 아프리카의 태양 아래서 발견하게 된 육체와 생명의 환희로 크게 나누 어질 수 있는 내면의 두 축 사이에서 심각한 내적 갈등을 겪었다. 이 러한 갈등의 두 축은 끊임없는 왕복운동을 통해 자아의 진정한 모습을 구축하고자 하는 문학적 표현으로 이어졌다. 작가가 항상 말하듯 자신 의 작품은 삶의 이야기와의 변증법적 과정 속에서 '다시 읽혀짐'으로써 이해받게 되리라는 것인데, 그 저변에 바로 이 자서전이 있는 것이다.

물론 각각의 작품들은 하나의 독립된 세계를 구성하고 있다. 하지만 각 작품은 그와 대척점에 서 있는 다른 작품, 더불어 그의 삶의 이야 기에 비추어볼 때 그 진정한 의미가 파악될 수 있다. 현재 지드의 삶 은 자서전과 그 외 많은 전기와 서간문, 일기 및 연구서 등을 통해 상 당히 잘 알려져 있는 상태이다. 그리하여 한 연구자가 지적하듯이, 지 금은 도리어 지드의 작품이 삶에 가려 보이지 않게 되었다는 것이다.

하지만 지드의 삶의 이야기와 창작 작품들은 서로가 서로의 근원이 되
고 그 탄생을 추동하는 과정 속에서 긴밀히 결합되어 있기 때문에, 그
총체적 공간 속에서 이해되어야 할 것이다.

*

이 자서전 《한 알의 밀알이 죽지 않으면》(1926)은 전체의 4분의 3을
차지하는 〈1부〉와 짧은 〈2부〉로 구성되어 있다. 서두부터 도발적으로
어린 시절의 자위행위를 밝히는 〈1부〉는 출생에서부터 어린 시절 자
연과의 합일 속에서 보냈던 행복한 순간들과 함께 부르주아 가정 속
엄격한 어머니의 영향, 청소년기의 종교적 교육과 고통스럽고 어두웠
던 성적(性的) 혼돈, 당시 문학계의 풍경과 자신의 문학적 태도가 구
축되는 과정들을 그리고 있다. 〈2부〉는 북아프리카 여행 중 경험하게
된 동성애와 귀국 후 외사촌누나인 마들렌느와 약혼한 이야기로, 즉
그가 26세가 된 1895년으로 끝나고 있다. 따라서 이 자서전은 자기의
일생을 전부 이야기하려는 의도는 없다. 동성애자라는 자신의 정체성,
누구보다 사랑했던 아내 마들렌느와 평생 부부관계가 없었던 '백색결
혼', 1917년 젊은 청년 마르크와의 사랑, 1918년 편지 소각사건 이후
아내와의 정신적 심리적 결별상태 등, 지드를 평생 고통스럽게 한 현
실에 대한 근원 탐구로서의 고백이 필요했던 것이다. 그리고 그 고백
은 지드라는 한 인간이 형성된 근원으로서의 시기인 1895년까지로 한
정하고 있다.

*

1926년 정식으로 출간된 이 자서전은 2001년 프랑스 갈리마르 출판
사에서 낭트대학 명예교수인 피에르 마쏭(Pierre Masson)의 주석이 첨
부되어 '플레이야드' 판본(André Gide, *Souvenirs et voyages*, Gallimard,
Pléiade, 2001)으로 재출간되어, 이 번역에서는 이를 사용했다. 주석

의 경우, 지드 자신의 '원주'는 주석 다음에 (원주)라 명시했으며, 그 외 주석은 대부분 피에르 마쏭 교수의 주석을 그대로 옮겼다. 한국 독자들에게 불필요하다고 판단되는 몇몇 주석 내용은 삭제하고 또 필요한 경우 역자가 보충하기도 했으나, 이를 따로 명시하지는 않았다. '자서전'이란 성격으로 주석이 상당히 많은 것이 사실이다. 무거운 주석에 의해 독서가 방해될 수 있다는 염려가 없지 않았으나, 당시 작가가 처한 외적 내적 사항들을 적절히 지적해 줄 뿐만 아니라, 작가에 의해 의식적 무의식적으로 변형되고 왜곡된 부분들을 밝혀줌으로써, 그 속에 숨은 의미들을 포착하게 해준다는 측면에서 대부분 그대로 살렸다.

또한 지드 양가의 가계도와 두 집안의 배경이 되는 프랑스 노르망디 지방과 남부지방 지도, 그리고 지드의 북아프리카 및 이탈리아, 스위스 여행지를 따라가 볼 수 있는 지도를 첨부하였다.

2010년 10월
권 은 미

제 1 부

나는 1869년 11월 22일 태어났다.[1] 부모님은 당시 메디시스 가(街)의 한 건물 5층인지 6층에 있는 아파트에 살고 계셨는데, 몇 년 뒤 이사를 해서, 그 아파트에 대한 기억은 없다.[2] 하지만 발코니는, 아니 오히려 발코니에서 보이던 것으로, 눈 아래 내려다보이던 광장과 분수대의 물줄기는 아직 눈에 선하다. 좀더 정확히 말하면 아버지가 오려주신 종이로 만든 용 모양의 연이 눈에 어린다. 우리는 그걸 발코니에서 날리곤 했는데, 연은 바람에 실려 광장 분수대를 넘어 뤽상부르 공원까지 날아가 높은 마로니에 가지에 걸리곤 했다.

그리고 또 기억나는 건 꽤나 큰 테이블로, 아마 식당 테이블일 것이다. 가장자리가 밑에까지 내려오는 두꺼운 식탁보로 덮여 있었다. 나는 아파트 관리인의 아들과 함께 그 속에 기어들어가곤 했는데, 그 아

---

1) 지드는 정확하게 11월 21일과 22일 밤사이 새벽 3시에 태어났다. 이는 거의 전갈좌에서 사수좌로 바뀌는 순간을 가리킨다. 지드는 훗날 자신의 이중성을 정당화하기 위해 자신이 '두 별 사이에서' 태어난 사실에서도 논리를 끌어내게 된다.

2) 정확하게 메디시스 가 19번지로 오늘날에는 에드몽-로스탕 광장 2번지이다. 아마도 5층으로 지드의 부모님들은 그들이 결혼한 1863년 2월부터 1875년 가을까지 그곳에서 살았다.

이는 때때로 우리 집에 와 같이 놀던 동갑내기 꼬마였다.

"도대체 그 안에서 무슨 짓 하는 거야?" 하녀가 소리치곤 했다.

"아무것도 아니에요. 그냥 놀아요" 그리곤 장난감을 시끄럽게 흔들어댔다. 그 장난감은 사람들 눈을 속이기 위해 일부러 가져간 것들이었다. 사실 우리는 다른 놀이를 하고 있었다. 둘이 나란히 앉아서, 하지만 같이 한 건 아니었다. 그게 이른바 사람들이 '나쁜 버릇'이라 부르는 것임을 나는 훗날 알게 됐다.

우리 둘 중 누가 그걸 상대에게 가르쳐주었던가? 또 먼저 알게 된 애는 누구한테서 그걸 배웠던가? 모르겠다. 분명 인정해야 할 건 어린애란 때때로 가르쳐주지 않아도 그걸 스스로 생각해낸다는 사실이다. 누군가가 내게 그 쾌락을 가르쳐주었는지, 아니면 내가 어떻게 그걸 발견하게 됐는지 나로서는 알 수 없다. 하지만 아무리 기억을 거슬러 올라가 봐도, 그 쾌락은 이미 거기에 있다.

게다가 지금 이 이야기와 그 뒷이야기를 함으로써 나 자신에게 어떤 해를 끼치고 있는지 나는 알고 있다. 즉 이 이야기로 사람들이 내게 어떤 비난을 해댈지 예감하고 있다는 거다. [3] 그러나 내 이야기의 존재 이유란 오직 진실하고자 하는 것뿐이다. 내가 이 이야기를 쓰는 건 속죄하기 위한 것이라 해두자. [4]

---

3) 지드의 예상은 적중했다. 가장 맹렬한 반응은 아마도 폴 수데이(Paul Souday)의 비난으로, 그는 1926년 12월 23일 〈르 탕〉(Le Temps)지에 이 이야기를 '거적 위의 똥'이라고 평가했다.

4) 지드는 자신의 삶과 작품세계에 대한 자기 반성적 및 비판적 시각을 끝까지 견지하고 있었다. 이는 서두부터 자신의 성적 문제를 도발적으로 제시하는 이 자서전에 대해서도 마찬가지로, 이러한 충격적인 자기 고백적인 내용과 외부 비난에 대한 예감, 속죄를 언급하면서도, '…해두자'라는 굴절된 표현이 드러내듯이, 이 고백 역시 비판적 '거리' 속에서 이루어지고 있다. 따라서 이 자서전의 독서는 사실에 대한 증언이라는 측면 외에, 그런 증언을 하는 지드의 복합적인 태도와 연결된 문체론적, 의미론적인 전체적 효과 속에서 이해되어야 할 것이다.

순진무구한 그 나이에, 온 영혼이 오직 투명함과 부드러움, 순수함 뿐이길 모두들 염원할 그 나이에, 내 안에는 오직 어둠과 추악함, 음 험함밖에 보이지 않는다.

집에서는 나를 뤽상부르 공원에 데리고 가곤 했다. 하지만 나는 다 른 애들과 같이 놀려고 하지 않았다. 혼자 떨어져 침울한 표정으로, 하녀 곁에 붙어 서서 다른 애들이 노는 걸 쳐다보고 있었다. 아이들은 물통으로 예쁜 모래더미들을 가지런히 만들곤 했다… 갑자기, 우리 집 하녀가 고개를 돌리는 한순간, 나는 모래더미 쪽으로 달려가 그걸 발 로 짓이기곤 했다.

내가 얘기하고자 하는 또 다른 사실은 더 엉뚱한데, 아마 그 때문에 그 일에 대해선 내가 덜 수치스럽게 느끼는 것 같다. 그 후에도 어머 니가 종종 그 이야기를 되풀이한 덕분에 내 기억에 선명히 남아있다.

그건 위제스에서 있었던 일로, 우리는 1년에 한 번씩 친할머니와 몇 몇 다른 친척들을 보러 그곳에 가곤 했다. 그 친척들 중 드 플로 가 (家)의 사촌들이 있었는데, 그들은 시내 한복판에 정원이 딸린 오래된 집을 갖고 있었다. 그 일은 그 집에서 있었던 일이다. 내 사촌누나는 무척 아름다웠으며, 자신도 그걸 알고 있었다. 땋아 올린 새카만 머리 카락은 조각해 놓은 듯한 선명한 이목구비와(나는 그녀의 사진을 다시 보았다) 눈부신 살결을 돋보이게 해줬다. 그 빛나는 하얀 살결은 아직 도 생생히 기억난다. 더구나 내가 그 누나를 처음 만나게 된 그날은 목선이 넓게 패인 원피스를 입고 있었기에 더욱 잘 기억난다.

"어서 가서 누나한테 인사해." 내가 거실에 들어갔을 때 어머니가 말씀하셨다(당시 나는 아마 네 살이나 다섯 살 이상은 되지 않았을 게 다). 나는 앞으로 나갔다. 드 플로 누나는 몸을 낮춰 날 자기 몸 쪽으 로 바짝 당겼으므로 그녀의 어깨가 드러나게 되었다. 그 눈부신 살결 앞에서 난 알 수 없는 현기증에 사로잡혔다. 나는 누나가 내민 뺨에 입술을 갖다 대는 대신, 눈부시게 빛나는 그녀 어깨에 매혹되어 그 어 깨를 꽉 물었다. 사촌누나는 고통에 찬 비명을 질렀고, 나는 혐오에 찬 비명을 질렀다. 그리고 나는 불쾌감에 가득 차 침을 뱉었다. 누군가가 황급히 나를 데리고 나갔는데, 사람들은 너무나 어이가 없어 날 야단치는 것도 잊어버렸던 것 같다. [5]

나중에 다시 찾아낸 그 당시의 사진을 보면, 나는 체크무늬의 우스꽝스런 작은 원피스를 괴상하게 차려입고, 병적이고도 심술궂은 표정으로 흘겨보는 듯한 시선을 한 채 어머니 치맛자락 속에 웅크리고 있다.

우리가 메디시스 가에서 이사한 건 내가 여섯 살 때였다. 투르농 가 2번지의 건물 3층에 있는 새 아파트는 생 쉴피스 가와 직각을 이루는 모퉁이에 있어, 아버지의 서재 창문은 그쪽 거리로 면해 있었다. 내 방 창문은 커다란 안뜰로 나 있었다. 특히 응접실이 가장 기억에 남는다. 내가 학교에 가거나 내 방에 있지 않을 때, 그리고 내가 자기 주위를 맴도는 걸 보다 못한 어머니가 '내 친구 피에르와'[6], 다시 말해 혼자 가 놀라고 말씀하실 때면 내가 종종 그 응접실에서 지냈기 때문이다. 응접실에 깔린 알록달록한 색깔의 양탄자는 커다란 기하학적 무늬를 그리고 있었는데, 그 속에서 예의 그 '친구 피에르'와 함께 구슬치기 놀이를 하는 건 더없이 재미있었다.

그물로 짠 작은 주머니에는 제일 멋진 구슬들이 있었다. 하나하나 다 내가 선물로 받은 것으로 나는 그 구슬들을 다른 평범한 구슬과 섞지 않았다. 그 중 몇몇은 너무나 아름다워 만지작거릴 때마다 매번 황홀해하지 않을 수 없었다. 특히 한가운데 적도와 회귀선 부근에 하얀 줄무늬가 나 있는 까만 마노석으로 된 작은 구슬이 있었다. 또 다른 하나는 밝은 비늘 같은 색깔의 홍옥수(紅玉髓)로 된 반투명 구슬로, 구슬을 '맞출 때' 쓰던 것이었다. 그리고 천으로 된 큼지막한 주머니 안에는 한 무더기의 회색빛 구슬들이 있었는데, 그건 따거나 잃기도

---

5) 지드는 자신의 회고록을 스탕달 식으로 시작하고자 하는 의도를 명백히 보이고 있다. 스탕달은 자서전 《앙리 브륄라르의 일생》 제3장에서, 지드처럼 네 살 때 사촌누나의 뺨을 물었던 유사한 에피소드를 이야기하고 있다.
6) 아마도 '피에르'란 인물이 나오는 몇몇 동요에서 나온 표현일 것이다.

하던 구슬로, 나중에 같이 놀 진짜 친구들이 생겼을 때 내기 거는 데 썼던 것들이다.

　내가 열광했던 또 다른 놀이는 만화경이라 부르는 멋진 기구를 갖고 노는 거였다. 일종의 작은 망원경 같은 것으로 눈을 갖다 대는 쪽 반대편에 변화무쌍한 장미꽃 모양을 보여주는데, 두 개의 반투명 유리 사이에 집어넣은 색색깔의 유리조각들이 움직이며 그런 모양을 만들어내는 것이다. 망원경 안쪽 벽은 거울로 되어있어 조금만 움직여도 두 개의 유리벽 사이에 있는 유리조각들이 움직이며 환상적인 무늬를 대칭적으로 펼쳐 보이는 것이다. 장미꽃 모양이 변화해가는 그 모습은 말로 표현할 수 없는 황홀경 속으로 날 빠져들게 했다. 아직도 그 유리조각들의 색깔이며 모양이 눈앞에 선명히 떠오른다. 가장 굵은 유리조각은 밝은 루비 색을 띤 삼각형 모양으로, 무게가 무거워 제일 먼저 움직였으며 옆에 있는 다른 조각들과 부딪히며 그것들을 밀어내기도 했다. 그리고 거의 동그란 모양을 한 무척 어두운 색깔의 석류석 조각이 있었고, 얇은 판 모양의 에메랄드 조각, 색깔만 기억나는 토파즈 조각, 사파이어 조각, 그리고 금빛을 띠는 적갈색의 작은 조각들도 세 개 있었다. 그 조각들이 모두 다 보이는 경우는 없었다. 몇 개는 완전히 숨어있었고, 다른 몇 개는 거울 벽면 뒤쪽에 반쯤 숨어 있었다. 그러나 루비 조각만은 너무 중요해 완전히 숨어버리는 경우는 없었다.

　내 외사촌누이들도[7] 나와 마찬가지로 이 놀이를 즐기기는 했으나, 나만큼 인내심을 보여주지는 못해서 그 모양이 완전히 바뀌는 걸 보기 위해 매번 만화경을 흔들어대곤 했다. 나는 그런 식으로 하지 않았다. 나는 눈앞의 광경에서 두 눈을 떼지 않은 채, 만화경을 살살 돌리며 장미꽃 모양이 서서히 변해가는 걸 감탄하며 보았던 것이다. 때로 유

---

7) 지드 어머니의 오빠인 에밀 롱도의 세 딸로, 1867년생인 마들렌느, 1868년생의 잔느, 1870년생의 발랑틴느로 본 자서전에서는 각기 엠마뉘엘, 쉬잔느, 루이즈로 불리고 있다. 이들에게는 두 남동생, 에두아르(1871년생)와 조르주(1872년생)가 있었다.

리조각 가운데 하나가 미세하게 움직이기만 해도 놀라운 결과를 낳곤
했다. 경탄했던 만큼이나 호기심이 발동한 나는 결국 그 비밀을 파헤
치고자 했다. 밑바닥을 뜯어냈으며 유리조각들을 하나하나 세어보았
고, 마분지 케이스를 뜯고 3개의 거울을 끄집어냈다. 그런 다음 그걸
다시 제자리에 끼워 넣었다. 그러나 유리조각은 서너 개만 넣었다. 색
의 조화는 별 볼일 없었고, 변화하는 모습들은 더 이상 놀라움을 주진
않았다. 하지만 그 대신 하나하나 만들어지던 그 정경을 얼마나 잘 따
라갈 수 있었던가! 그래서 그 기쁨의 이유 또한 얼마나 잘 알 수 있었
던가!

그리고 작은 유리조각 대신 가장 괴상한 물체들을 넣어보고 싶다는
생각이 들었다. 깃털의 뾰족한 끝, 파리 날개, 성냥개비 조각, 풀잎
조각 등. 그건 불투명한 것들로 전혀 환상적인 모습은 아니었다. 하지
만 거울에 반사되어 일련의 기하학적 재미를 보여주었다… 한마디로
나는 몇 시간이고 며칠이고 그 놀이를 하며 보냈다. 요즘 아이들은 이
놀이를 모르는 것 같다. 그래서 내가 이 이야기를 자세히 하는 것이다.

내가 아주 어렸을 때 했던 또 다른 놀이란 카드 맞추기, 종이 위에
그림 베끼기, 집짓기 등으로, 모두 혼자 노는 것이었다. 나는 동무가
하나도 없었다… 아니 한 명은 기억난다. 그러나 안타깝게도! 같이 놀
던 놀이동무는 아니었다. 하녀 마리가 뤽상부르 공원으로 날 데려가곤
했을 때 난 내 또래의 한 아이와 종종 만나곤 했다. 그는 섬세하고 부
드럽고 조용한 아이로, 큼직한 안경이 창백한 얼굴의 절반을 가리고
있었는데 안경알이 얼마나 어두운 색깔이었는지 그 너머로는 아무것도
보이지 않았다. 그의 이름은 기억나지 않는다. 아마 이름을 안 적이
없었을 게다. 우리는 그를 '무똥〔양(羊)〕'이라 불렀는데 그가 입고 있
던 하얀 양털을 댄 조그만 외투 때문이었다.

"무똥, 왜 안경을 쓰고 있어요?"(나는 그에게 친한 사이에서 하듯 말
을 낮추지는 않았던 걸로 기억한다.)

"눈이 아파서."

"좀 보여줘요."

그래서 그는 그 끔찍한 안경을 벗었다. 초점을 흐린 채 깜박거리는 가여운 그의 시선이 내 가슴속에 고통스럽게 와 닿았다.

우리는 함께 놀이를 하지는 않았다. 손을 맞잡고 아무 말 없이 그저 같이 거닐었던 것 외에 다른 걸 했던 기억은 없다.

이 첫 번째 우정은 오래가지 않았다. 무똥은 조만간 공원에 오지 않았다. 아! 그때 뤽상부르 공원은 얼마나 공허해 보였던가!… 하지만 내가 진짜 절망하게 된 건 무똥이 앞을 볼 수 없게 됐다는 사실을 알았을 때다. 마리는 동네에서 그 꼬마네 하녀를 만났으며, 그녀에게서 들은 얘기를 어머니에게 해주었다. 마리는 내게 안 들리게 목소리를 낮춰 말했다. 하지만 나는 다음 말을 언뜻 들었던 것이다. "그 애는 벌써 자기 입도 못 찾는다는 거예요!" 분명 말도 안 되는 소리인 게, 자기 입을 찾는 데 시각은 전혀 필요 없기 때문이다. 나는 곧 그런 사실을 생각했으나 어쨌건 그 말은 날 절망케 했다. 나는 내 방으로 가 울었으며, 그 후 며칠 동안 오랜 시간 두 눈을 감은 채로 있거나 눈을 뜨지 않고 돌아다니는 등, 무똥이 겪어야 하는 걸 같이 느껴보고자 애썼다.

아버지는 법대 강의 준비에 완전히 매어있어 나를 거의 돌보지 않으셨다.[8] 아버지는 거의 대부분의 시간을 다소 어두컴컴한 넓은 서재에 박혀 지내셨으며, 나는 아버지가 부르실 때만 서재에 들어갈 수 있었다. 내가 떠올리는 아버지의 모습은 사진 속의 모습으로, 네모난 턱수염에 꽤나 긴 까맣고 곱슬곱슬한 머리를 하고 있다. 이 사진이 없었더라면 아버지에 대해 내가 기억하는 것이라곤 그가 지닌 지극히 부드러운 면모밖에 없었을 것이다. 어머니가 나중에 전해준 바로는 아버지 동료들이 그에게 '어진 사람'(*Vir probus*)이란 별명을 붙였다는 것이다. 그리고 사람들이 종종 아버지에게 조언을 구했다는 사실을 나는 그의

---

8) 지드의 아버지 폴 지드는 1870년 파리대학의 로마법 전공 교수가 되었다.

동료 가운데 한 사람에게서 전해 들었다.

나는 아버지에 대해 두려움이 다소 섞인 존경심을 느끼고 있었는데, 그건 아버지 서재가 풍기는 엄숙한 분위기로 인해 가중되었다. 나는 마치 사원에 들어가듯 아버지 서재에 들어갔다. 희미한 어둠 속에 성궤와 같은 서가가 놓여 있었으며, 화려하고 어두운 색조의 두꺼운 양탄자는 내 발소리를 삼켜버렸다. 두개의 창문 중 하나 옆에 독서대가 있었고, 방 한가운데는 책과 서류로 뒤덮인 커다란 테이블이 있었다. 아버지는 《부르고뉴 지방의 풍습》이나 《노르망디 지방의 풍습》과 같은 2절판으로 된 묵직하고도 두꺼운 책을 한 권 찾아와 안락의자 팔걸이에 놓고선, 나와 함께 한 페이지씩 들쳐보며 좀벌레가 도대체 어디까지 파먹어 들어갔는지 살펴보시곤 했다. 그 법학자는 낡은 책자를 보다가, 좀이 파먹은 조그마한 비밀 갱도들을 보고 "아니, 우리 꼬마가 보면 재미있어하겠군!"이라 생각하셨던 것이다. 그리고 사실 난 그게 무척 재미있었는데, 그건 아버지도 무척 재미있어하시는 것 같았기 때문이기도 했다.

그러나 아버지 서재에 대한 기억은 특히 아버지가 거기에서 하시던 독서에 대한 기억과 연결되어 있다. 독서에 관해 아버지는 아주 독특한 생각을 갖고 계셨는데 어머니는 거기에 동의하지 않으셨다. 나는 부모님들이 어린애의 머릿속에 어떤 양식을 넣어주는 게 적합한지 논쟁을 벌이시던 걸 자주 듣곤 했다. 유사한 논쟁이 때론 복종의 문제에 대해서도 제기되곤 했다. 어머니는 아이란 자고로 이해하려 들지 말고 복종해야 한다는 생각을 갖고 계셨던 반면, 아버지는 언제나 모든 걸 내게 설명해주시려는 경향이 있었다. 아직도 선명히 기억하는 것으로, 당시 어머니는 어린애였던 나를 곧잘 히브리 백성에 비교하시며 은총을 누리기 전에 먼저 율법을 따르는 게 옳은 일이라고 항변하시곤 했다. 오늘날 생각해보면 어머니가 옳으셨던 것 같다. 하지만 그 당시 나는 어머니에 대해서는 종종 반항을 하거나 끊임없이 논쟁을 벌였던 반면, 아버지는 한마디만 하셔도 그가 원하시는 대로 다 했을 것이다.

아버지는 자기가 좋아하거나 감탄할 수 있는 것 이외에 어떤 것도 내
게 재미를 느끼거나 감탄하도록 부추기지 않으셨다. 그건 아버지가 어
떤 교육방식을 추종했다기보다 자기 마음이 요구하는 대로 따르셨을
뿐이라고 생각한다.

　그 당시 프랑스의 아동문학은 바보 같은 이야기들뿐이었다. 만약 아
버지가 나중에 사람들이 내 손에 들려준 그런 책들, 예를 들자면 세귀
르 부인의 책9)을 보셨더라면 마음이 아프셨으리라 생각한다. 그런데,
고백하건대 나는 내 또래 모든 애들과 거의 마찬가지로 그 책 속에서
상당히 강렬한, 하지만 어리석은 기쁨을 느꼈던 것이다. 하지만 그 기
쁨이란 다행히도 아버지가 내게 읽어주시던 것들, 몰리에르의 몇몇 장
면들과 《오디세이아》의 구절들, 파틀랭의 우화10), 신드바드의 모험
담이나 알리바바의 모험담, 그리고 모리스 상드의 《가면들》 속에 나
오는 것과 같은 이탈리아 희극의 몇몇 익살스런 이야기를 들으며 내가
느꼈던 기쁨보다는 덜 강렬한 것이었다. 그런데 나는 모리스 상드의
《가면들》11) 안에 수록된 아를르캥과 콜롱빈느, 폴리시넬이나 피에로
같은 인물들12) 그림을 보고서도 감탄하곤 했는데, 그 전에 이미 난 그
인물들이 대화하는 장면을 아버지가 직접 흉내내어 읽어주시던 걸 들
었던 것이다.

---

9) 세귀르 백작부인(Mme de Ségur, 1799-1874)은 그 당시 《모범적 소녀
　들》(1858)에서 《두라킨 장군》(1866)에 이르기까지 일련의 유명한 아동
　용 이야기책들을 출판했다. 이 책들은 교육의 중요성을 강조하고, 선악
　의 대비가 선명한 인물들을 제시하는 등 교훈적인 내용이 대부분이었다.

10) 중세 말기 15세기경의 소극(笑劇)으로, 꾀와 속임수로 어리석은 자를
　골탕 먹이는 풍자와 웃음으로 가득 찬 작품이다.

11) 프랑스 낭만주의 여성 작가인 조르주 상드(Georges Sand, 1804-1876)
　의 아들인 모리스 상드(Maurice Sand, 1823-1889) 자신이 직접 삽화
　를 그린 작품으로, 원제는 《가면들과 광대들》(1860)이다.

12) 이탈리아 희극의 전통을 그대로 이어받은 본 작품에 등장하는 인물들의
　이름으로, 하나의 유형으로 굳어지게 된 인물들이다.

이런 독서의 성공은 대단한 것이었고 또 아버지가 거기에다 거는 확신도 상당히 깊었던지라, 하루는 〈욥기〉의 첫 부분을 읽어보기로 했다. [13] 〈욥기〉를 읽을 때는 어머니도 같이 참여하고 싶어 하셨다. 따라서 그 독서는 여느 때처럼 서재가 아니라 작은 살롱에서 했는데, 그 살롱은 좀더 특별히 어머니의 공간이라는 느낌이 드는 곳이었다. 물론 내가 그 성스러운 텍스트의 온전한 아름다움을 처음부터 다 이해했노라 장담하지는 않을 것이다. 하지만 그 독서가 내게 지극히 강렬한 인상을 주었던 건 확실하다. 그 이야기의 경건함뿐만 아니라 아버지 목소리의 진지함과 어머니 얼굴에 나타나는 표정을 통해서 그랬다. 어머니는 자신의 경건한 명상을 드러내거나 또는 간직하고자 줄곧 두 눈을 감고 계시다가, 이따금씩 사랑과 질문과 희망으로 가득 찬 시선을 내게 보내기 위해서만 눈을 뜨곤 하셨다.

때때로 아름다운 저녁나절, 저녁식사도 과히 늦지 않게 끝냈고 또 아버지의 일도 그리 많지 않은 날이면, 아버지는 내게 물으셨다.

"우리 꼬마친구, 나랑 같이 산책하러 갈까?"

아버지는 나를 부르실 때 언제나 '우리 꼬마친구'라 하셨다.

"알아서들 하실 거죠? 너무 늦지 않게 돌아와요"라고 어머니가 말씀하시곤 했다.

나는 아버지와 함께 밖에 나가는 걸 좋아했다. 아버지가 나랑 놀아주시는 일이 드물었기 때문에, 아버지와 함께 했던 얼마 되지 않은 그 일들은 경이롭고 엄숙하며 또 다소 신비로운 모습을 띠며 나를 황홀케 했다.

수수께끼나 동음이의어 찾기 같은 놀이를 하면서 우리는 투르농 가를 따라 올라간 다음, 뤽상부르 공원을 가로질러가거나 공원 옆으로

---

13) 지드의 작품 《배덕자》(*L'Immoraliste*, 1902)는 바로 이 〈욥기〉를 환기시키고 있다. 《배덕자》는 주인공이 부도덕한 자신의 이야기를 친구 셋을 불러놓고 이야기하는 형식을 취하고 있는데, 이는 욥이 고난을 당할 때 친구 셋이 찾아와 그 고난의 의미를 논하는 〈욥기〉의 형식과 동일하다.

쭉 뻗은 생 미셸 대로를 따라 관측대 근처에 있는 제2 뤽상부르 공원
까지 가곤했다. 당시에는 지금의 약학대학 맞은편에 있는 부지에 아직
건물이 들어서있지 않았으며 그 약학대학도 없었다. 오늘날의 7층짜
리 건물 대신 거기에는 고물상들과 각종 중고 상인들, 그리고 옛날식
자전거를 대여하는 노점 등 임시로 지어놓은 가건물들만 있었다. 제2
뤽상부르 공원을 따라 나있는 공터는 아스팔트로 돼 있었는지 자갈이
깔려 있었는지 기억나진 않으나, 자전거 애호가들에게는 자전거 트랙
으로 사용되고 있었다. 오늘날 자전거의 전신이었던 그 요상하고 기이
한 기구14)에 올라탄 사람들이 빙그르르 돌며 지나가다가 저녁 어스름
속으로 사라져가곤 했다. 우리는 대담하고 우아한 그들의 모습에 감탄
했다. 저 멀리 희미하나마 자전거 본체와 조그마한 뒷바퀴는 여전히
알아볼 수 있었는데, 그 뒷바퀴에는 공중을 나는 듯한 그 기구의 평형
이 실려 있었다. 날씬한 앞바퀴는 좌우로 흔들리고 있었으며, 자전거
를 타고 있던 사람은 마치 환상적인 존재 같았다.

어둠이 깔리면서 좀더 멀리 있는 생음악 카페의 불빛이 빛을 더하고
있었고, 우리는 그곳에서 흘러나오는 음악에 이끌려 발길을 재촉했다.
가스등 자체는 보이지 않았으나 마로니에 나무가 이상야릇한 환한 불
빛을 받으며 울타리 너머에서 빛나고 있었다. 우리는 가까이 다가갔
다. 판자가 다소 엉성하게 붙어있어 여기저기 눈을 갖다 대면 안이 들
여다보였다. 관객들로 붐비는 어두운 무리들 너머 환한 무대가 보였
고, 그 위로 한 여자 가수가 나와 싱거운 이야기를 늘어놓고 있었다.

그러고도 이따금 시간이 남을 때면, 우리는 뤽상부르 공원을 다시
가로질러가기도 했다. 그러면 곧이어 북소리가 공원 문을 닫는다는 걸
알리곤 했다. 마지막 남은 산책객들은 문지기들에게 내몰려 마지못해

---

14)  동일한 크기의 바퀴 둘이 달린 자전거는 1880년 영국에서 발명되었다.
      그 이전에는 여러 가지 유형의 자전거가 있었는데, 그 가운데 하나가
      거대한 앞바퀴가 있는 것으로 '대형 비bi'라고 불렸다.

출구 쪽으로 향하고, 그들이 떠나버린 넓은 산책로는 뒤에 남겨져 신비에 가득 차 있었다. 15) 그런 저녁이면 나는 어둠과 졸음, 그리고 기이한 느낌에 취해 잠들곤 했다.

내가 다섯 살 되던 때부터, 부모님은 플뢰르 양의 유치원과 라커바우어 부인의 집에서 하는 유치원 과정에 날 보내셨다.

플뢰르 양은 센느 가(街)에 살고 있었다. 16) 나와 같은 꼬마아이들이 알파벳과 단어를 쓰느라 하염없이 시간을 보내는 동안 큰 아이들, 아니 좀더 정확히 말하자면 큰 여자애들은(플뢰르 양의 유치원에는 큰 여자애들은 많이 다니고 있었으나, 사내애들은 꼬마들뿐이었기 때문이다) 온 가족이 참석하게 되어있는 연극공연 연습으로 무척 분주했다. 《소송인들》17)의 한 막을 준비하며 여자애들은 가짜 수염을 달아보곤 했다. 나는 연극의상을 입게 되는 그들이 부러웠다. 그보다 더 재미있는 건 없는 듯 했다.

라커바우어 부인의 유치원에 대해 기억나는 건 '람스덴 기계'18)라는 오래된 전기기계밖에 없다. 작은 금속판들이 붙어있는 유리 원반과 그 원반을 돌리는 손잡이로 된 그 기계는 무척이나 내 호기심을 끌었다. 거기에 손을 대는 건 더러 전신주 위에 붙은 표시판에 적혀있듯 '사망의 위험이 있으므로 엄격히' 금지되어 있었다. 어느 날 선생님이 그 기

---

15) 이 장면은 훗날 지드의 소설 《사전꾼들》의 첫 부분에서, 인물에 대한 소설이 아닌 '장소에 대한 소설'을 쓰고자 하는 한 등장인물의 계획으로 구체적으로 표현된다.

16) 부록을 보라(원주). 클레르 이모의 큰 아들인 모리스 데마레(1844-1921)가 지적하듯이 플뢰르 양의 신교도 유치원은 보지라르 거리에 있었다.

17) 17세기 프랑스 고전주의 작가 장 라신(Jean Racine, 1639-1699)의 3막으로 된 희극 작품.

18) 영국 광학기계 제작자인 제스 람스덴(1735-1800)은 유리 받침대가 달린 전기기계를 발명했다.

계를 작동시키고자 했다. 선생님 주위로 아이들이 둥그렇게 둘러싸고 있었는데 무척 겁이 나 멀찌감치 물러서 있었다. 우리는 선생님이 감전되어 버리는 게 아닐까 상상하고 있었다. 물론 선생님도 기계 가장자리에 있는 구리 공에 구부린 집게손가락을 가져갈 때는 몸을 약간 떠셨다. 그러나 불꽃은 조금도 일지 않았다… 아! 우리는 얼마나 안심했던가.

　내가 일곱 살이었을 때, 어머니는 플뢰르 양과 라커바우어 부인의 유치원에다 괘클랭 양의 피아노 강습을 더해야겠다고 생각하셨다. 이 순진무구한 인물에게는 예술에 대한 취향보다 생활비를 벌어야 한다는 절실한 요구가 더 느껴졌다. 그녀는 무척 가냘프고 얼굴은 창백했으며, 금방이라도 병이 날 것 같았다. 제대로 먹지 못했으리라 생각한다.

　내가 말을 잘 들으면 괘클랭 양은 조그만 토시에서 그림을 꺼내 선물로 주곤 했다. 그 그림은 그림 자체로는 평범하게 보일 수도 있었고 또 거의 무시할 수도 있었을 것이다. 하지만 향긋한, 너무나도 향긋한 냄새가 났는데, 분명 토시에서 옮겨왔을 것이다. 나는 그림은 거의 보지 않고 냄새만 맡았다. 그리고 앨범 속 다른 그림들 옆에 붙여 놓았다. 그 그림들이란 백화점에서 고객의 자녀들에게 주는 것으로 아무 냄새도 나지 않았다. 최근에 나는 조카아이에게 보여주려고 그 앨범을 다시 펴 보았다. 괘클랭 양의 그림에서는 아직까지 향기가 난다. 그리고 앨범 전체를 향기롭게 해주었다.

　내가 피아노 앞에 앉아 음계 연습과 아르페지오 연습, 그리고 솔페지오 연습을 좀 하고 나서 《정통 피아노 연습곡》 가운데 몇 곡을 반복해 친 다음 어머니에게 자리를 양보하면, 어머니는 괘클랭 양 옆에 앉는 것이었다. 엄마가 혼자서는 결코 연주하지 않았던 것은 겸손하셨기 때문이라 생각한다. 하지만 둘이 같이 연주할 때면 얼마나 멋지게 연주하셨던지! 보통 하이든 교향곡 가운데 한 파트로, 특히 빠른 템포로

되어 어머니 보시기에 내면적 표현을 덜 담고 있다고 여겼던 마지막 피날레를 즐겨 치셨다. 끝으로 갈수록 더 빠르게 치셨으며 그 파트의 처음부터 끝까지 큰소리로 박자를 세기도 하셨다.

내가 좀더 컸을 때는 패클랭 양이 오지 않고 내가 그녀 집으로 레슨을 받으러 갔다. 그곳은 아주 작은 아파트로 그녀보다 나이가 많은 언니와 같이 살고 있었는데, 몸이 성치 않았는지 아니면 머리가 좀 모자랐는지 그녀가 돌봐주고 있었다. 식당으로 사용되었을 첫 번째 방에는 홍작새가 가득한 큰 새장이 있었고 두 번째 방에 피아노가 있었다. 그런데 높은 음역에서는 소리가 엄청나게 뒤틀려 나오고 있어, 우리가 같이 연주를 할 때면 평상시 높은 음역 맡는 걸 좋아하던 내 욕망을 누그러뜨리는 것이었다. 내가 꺼려한다는 걸 금방 눈치 챈 패클랭 양은 유령에게 은밀한 명령이라도 내리듯, 애처로운 목소리로 멍하니 말하는 것이었다. "조율사를 불러와야지." 하지만 그 유령은 심부름을 하지 않았다.

부모님은 여름휴가를 칼바도스 지방에 있는 라 로크-베냐르에서 보내는 게 관례로, 그 영지는 외할머니께서 돌아가신 후 어머니 소유가 되었다.[19] 그리고 신년 휴가는 루앙에 있는 외갓집[20]에서, 부활절 휴가는 위제스에 있는 친할머니 댁에서 보냈다.[21]

이 두 가정처럼, 프랑스의 이 두 지방처럼 그렇게 다른 건 없다. 이 둘은 서로 상반되는 경향들을 내 속에 결합시키고 있다. 나는 종종 내가 예술작품을 쓰지 않을 수 없다고 확신했다. 그처럼 너무나 서로 다

---

19) 지드의 어머니는 1873년 리지외에서 북서쪽으로 14킬로미터 떨어진 곳에 있는 영지인 라 로크를 물려받았다.

20) 지드의 외숙부인 앙리 롱도(1825-1882)는 루앙에 있는 크론느 가의 저택을 물려받았다.

21) 지드의 친할머니인 클레망스 그라니에(1802-1894)는 1867년에 탕크레드 지드의 미망인이 되었으며, 위제스의 광장 대로 7번지에 살았다.

른 두 요소를 조화시키는 일이란 오직 예술작품으로써만 실현시킬 수 있었기 때문이다. 그러지 않았더라면 그 두 요소들은 언제까지나 내 속에서 서로 싸우거나 아니면 적어도 서로 자기주장만 해대고 있었을 것이다. 아마도 유전에 의한 내적 충동이 오직 한쪽으로만 밀고 가는 사람들에게서만 강력한 긍정이 가능할 것이다. 그와 반대로 모든 중재 자들과 예술가들이 배출되는 건 이종교배(異種交配)의 산물들, 즉 그 안에 서로 대립되는 요구들이 공존한 채 서서히 중화되는 가운데 성장 해가는 그런 산물들 속에서라고 생각된다. 많은 예시들이 이런 내 주 장을 증명해주지 않는다면 나는 큰 오류를 범하는 셈이다.[22]

　그런데 이런 법칙, 내가 문득 깨달아 여기 지적하게 된 이 법칙은 지금까지 역사가들의 흥미를 끈 적은 거의 없는 것 같다. 지금 내가 이 글을 쓰고 있는 퀴베르빌에 있는 어떤 전기집이나 사전, 또는 쉰 두 권으로 된 방대한《세계위인전집》속에 나오는 그 어떤 이름을 찾 아봐도, 영웅이나 위인들의 모계에 대한 언급은 전혀 찾아볼 수가 없 다. 이 문제에 대해서는 나중에 다시 살펴보겠다.

　나의 외증조부이신 롱도 드 몽브레는 자기 부친과 마찬가지로 회계 감사원의 참사관을 지냈으며, 그가 살았던 아름다운 저택은 루앙시의 노트르담 광장, 대성당 맞은편에 여전히 남아 있었다. 그는 1789년 당 시 루앙시의 시장이었다.[23] 1793년 데르부빌 씨와 함께 생티용 감옥 에 투옥되었으며, 당시 좀더 '진보적'이라 평가받던 퐁트네 씨가 그의 후임이 되었다. 감옥에서 나온 다음 그는 현직에서 물러나 루비에에서 살았는데, 그가 재혼한 건 그곳이라 생각된다.[24] 그는 첫 번째 결혼

22) 이 논리는 그의 생각을 이끌어가는 길잡이 가운데 하나가 되었다.
23) 샤를르 롱도 드 몽브레(1753-1820)는 자유사상가이자 프리메이슨으로, 프랑스대혁명을 지지하는 적극적인 투사로 사실은 1792년 12월 루앙 시 장으로 선출되었다. 그러나 국민의회의 법령에 따라 1793년 10월 투옥 되었다가 1794년 8월 석방되었다.
24) 여기에 나오는 사실들은 내가 앙리 롱도 외숙모로부터 들은 것으로, 외

에서 자식을 둘 뒀다. 그리고 그때까지 롱도 가문은 모두 가톨릭이었
다. 그러나 롱도 드 몽브레는 신교도인 뒤푸르 양과 재혼하여, 그녀와
사이에 자식을 셋 낳았는데, 그 가운데 하나가 바로 내 외할아버지 에
두아르이다.[25] 이 아이들은 모두 가톨릭교로 세례를 받고 교육을 받
았다. 그런데 외할아버지 역시 신교도인 쥘리 푸셰 양과 결혼하여 그
역시 자식을 다섯 두었는데, 모두 신교도 교육을 받았으며 그 가운데
막내가 바로 내 어머니다.[26]

　그러긴 했으나, 내 이야기가 시작하는 시기, 즉 내 기억이 가장 멀
리 거슬러 올라가는 그 시기에, 나의 외가는 다시 가톨릭이 되었다.
그 어느 때보다 더 철저하고 보수적인 가톨릭이었다. 내 외숙부인 앙
리 롱도는 외할머니께서 돌아가신 이후 그 집에서 외숙모와 두 아이들
과 함께 살고 계셨는데, 아주 젊었을 때, 즉 상당히 철저한 가톨릭 신
자였던 뤼실 K 양과 결혼할 생각을 하기 훨씬 이전에 이미 가톨릭으로
개종했던 것이다.[27]

---

　　숙모가 마지막으로 퀴베르빌에 머물렀을 때 말하는 대로 받아 적은 것
　　이다. 이 책의 부록으로 나는 외사촌 모리스 데마레의 편지 한통을 첨
　　부하는데, 그는 내 이야기 속의 몇몇 오류들을 지적해주고 있다(원주).

25) 1777년 두 아들과 함께 홀아비가 된 샤를르 롱도는 1781년 부유한 사업
　　가의 딸인 안느-마리 뒤푸르 양와 재혼했다. 그들 사이에 딸 둘과 아들
　　둘이 있었는데 그 중 한 아들은 어린 나이에 사망했다. 지드의 외할아
　　버지인 에두아르 롱도는 1789년 2월 9일 태어났다.

26) 에두아르 롱도(1789-1860)는 1819년 쥘리 푸셰(1798-1873)와 결혼했
　　으며, 다섯 아이, 즉 샤를르(1820-1890), 클레르(1822-1901), 앙리
　　(1825-1882), 에밀(1831-1890), 그리고 지드의 어머니인 쥘리에트
　　(1835-1895)를 두었다.

27) 이 점에 있어서 지드는 좀 과장하는 것 같다. 앙리의 개종과 뤼실 케이
　　팅거(1832-1909)의 결혼은 명백히 신교도 집안으로 남아있던 그의 외
　　가에서 하나의 예외적인 일이었다. 이는 지드가 자신의 이중성에 대한
　　근원으로서 양쪽 집안의 지역적 대조뿐 아니라 종교적 대조로도 해석하
　　고자 하는 의도를 보여주는 것이다.

그 외갓집은 크론느 가와 퐁트넬르 가가 만나는 모퉁이에 있었다.[28] 대문은 크론느 가 쪽으로 면해 있었고 대부분의 창문은 퐁트넬르 가 쪽으로 나 있었다. 그 집은 내게 엄청나게 커 보였는데 실제로도 그랬다. 아래층에는 관리인의 거처와 부엌, 마구간, 마차고 외에도 '루앙산 면직물들'을 넣어두는 창고가 있었다. 그 면직물은 외숙부가 루앙에서 몇 킬로미터 떨어진 울르므에 있는 자기 소유의 공장에서 만들어내던 포목들이었다.[29] 그 창고 옆, 더 정확하게 말하면 보관소 옆에는 작은 사무실이 있었다. 아이들에게는 접근이 금지되어 있었을 뿐 아니라, 오래 묵은 시가 냄새와 어둡고도 불쾌한 분위기 때문에 그러지 않아도 들어가고 싶은 생각이 저절로 나지 않는 곳이었다. 반면에 그 집은 얼마나 멋있었는지!

대문에 들어서면 부드럽고도 나직한 종소리가 울려 당신을 반갑게 맞아주는 듯했다. 왼쪽으로 난 궁륭 아래, 세 개의 계단 위에다 올려지은 관리실의 유리문 안에서는 관리인 아내가 미소를 짓고 있었다. 맞은편으론 안뜰이 나 있었고, 거기에는 안쪽 벽과 나란히 줄지어 놓은 화분 속에서 초록색 관상용 화초들이 공기를 쐬고 있었다. 그 화초들은 실내 장식이라는 자기네 임무를 마치고 교대로 휴식을 취하고 있었는데, 원래 울르므의 온실에서 가져왔던 것으로 건강을 다시 회복하기 위해 그곳으로 되돌아가곤 했다. 아! 집 내부는 또 얼마나 아늑하고 촉촉하며 그윽했던가! 다소 근엄한 분위기는 있었지만 얼마나 편안

---

28) 이 저택은 1832년 에두아르 롱도가 구입한 것으로 오늘날에는 크론느 거리 20번지에 있다.

29) '루앙산 면직물들'은 전통적 방식으로 루앙에서 생산되던 날염 면직물로, 롱도 가문은 오랫동안 이 사업을 이어왔다. 롱도 드 몽브레는 섬유업자의 딸인 안느-마리 뒤푸르와 결혼 한 다음, 그 역시 1800년에 수력 방직공장을 세웠다. 그리고 그의 아들인 에두와르는 인도 날염 옥양목 공장 주인인 그의 장인과 함께 동업으로 사업을 확장했으며, 또 그의 아들인 앙리 역시 루앙 근교에 있는 울르므에 공장을 세웠다.

하고 소박하고 또 쾌적했는지 모른다. 계단 아랫부분은 둥근 천정 아래쪽으로부터, 또 계단 윗부분은 유리로 된 지붕으로부터 햇빛을 받고 있었다. 각 층계참에는 초록색 벨벳으로 된 장의자가 있어 그 위에 배를 깔고 엎드려 책을 읽는 건 무척 기분 좋은 일이었다. 하지만 3층과 마지막 층 사이에 있는 바로 그 계단, 넓고 빨간 띠로 가장자리를 장식한 검은색과 흰색으로 짠 양탄자가 깔려 있던 그 계단 위에 앉아있는 건 얼마나 더 기분 좋았는지 모른다. 유리로 된 지붕에서는 부드럽고도 잔잔한 빛이 비치고 있었다. 내가 앉아있던 계단 바로 위쪽 계단은 팔꿈치를 괴는 것으로, 또 책상으로 사용되다가, 서서히 내 옆구리로 파고드는 것이었다⋯

나는 기억나는 대로, 굳이 순서를 맞추려고 하지 않고 쓰고자 한다. 기껏해야 장소나 인물들을 중심으로 그 기억들을 모아볼 수 있을 것이다. 내 기억력은 종종 장소에 대해서는 틀리지 않으나, 날짜에 관해서는 뒤죽박죽이다. 시간적 순서를 고집한다면 나는 완전히 길을 잃게 될 것이다. 과거를 죽 되새겨볼 경우, 나는 마치 시간적 거리들은 전혀 알아보지 못하고 또 엄밀히 따져볼 경우 훨씬 더 가까운 것으로 인정될 사건을 이따금 훨씬 더 먼 뒤편으로 밀어놓는 그런 시선을 가진 사람 같다. 내가 프러시아 군대가 루앙에 입성했을 때를 기억하노라 오랫동안 확신하고 있었던 것도 바로 그런 착각 때문이다.[30]

밤이다. 군악대 소리가 들려온다. 군악대가 지나가는 크론느 가로 난 발코니 위에선 횃불들이 보인다. 송진냄새가 나는 횃불은 양쪽으로 늘어선 집들의 놀란 벽 위로 어른거리는 불빛을 던지고 있다⋯

내가 나중에 그 이야기를 했더니, 어머니는 무엇보다 내가 뭔가를 기억하기에는 그 당시 너무 어렸다고 말씀하셨다. 뿐만 아니라 결코 그 어떤 루앙 시민도, 어쨌든 우리 집안에선 그 누구도, 그게 비스마

---

[30] 프러시아 군대가 루앙에 병영을 세운 것은 1870년 12월에서 1871년 7월까지였다. 그 당시 지드는 겨우 1살이 넘었을 때이다.

르크나 프러시아 왕이라 할지라도 프러시아 군대가 지나가는 걸 보려고 발코니에 나가 서 있진 않았을 거라고, 그리고 만약 독일군이 시가행진을 벌였다 하더라도 그저 굳게 닫힌 덧문 앞에서 행진했을 거라고 말씀하셨다. 분명 그 기억이란 독일군이 이미 루앙을 떠난 한참 뒤, 토요일 저녁마다 크론느 가를 거슬러 올라가거나 내려오던 '귀영(歸營) 축하 횃불행진'이었을 것이다.

"우리가 베란다에서 너한테 보여주었던 건 바로 그거였어. 노래도 불러줬는데, 기억 안나니?

　　짐 라이 라! 짐 라이 라!
　　멋진 병사들이여!

갑자기 그 노래가 생각났다. 모든 게 다시 제자리로 돌아가고 균형을 되찾았다. 하지만 나는 뭔가 도둑맞은 기분이었다. 무엇보다 내가 더 진실에 가까웠던 것 같았고, 무척이나 신선했던 내 감각에 그토록 중요하게 비춰졌던 일이면 뭔가 역사적 사건이 될 만한 게 아니었나 싶었던 것이다. 바로 거기서 이런 무의식적 욕구가, 거리감을 통해 뭔가 위대하게 만들기 위해 그 사건을 훨씬 더 먼 과거 속에 집어넣고자 하는 욕구가 나온 것이다.

크론느 가의 외갓집에서 있었던 무도회(舞蹈會)도 마찬가지였다. 오랫동안 나는 그 일을 외할머니께서 살아계셨을 때 있었던 걸로 고집스럽게 기억하고 있었으나, 외할머니께선 1873년, 그러니까 내가 4살도 되기 전에 돌아가셨던 것이다. 그 일은 분명 앙리 외숙부와 외숙모께서 그로부터 3년 뒤 자기네 딸이 성년을 맞았을 때 열었던 야회(夜會)였던 것이다. [31]

---

31) 지드의 외사촌누이 마그리트 롱도(1857-1909)는 1878년 성년식을 했다. 지드의 기억은 연도가 잘못됐거나 부정확하다.

나는 이미 잠자리에 든 상태다. 그러나 독특한 웅성거림과 집안 아래층에서 올라오는 어떤 떨림이 조화로운 물결을 이루며 내가 잠드는 걸 방해하고 있다. 아마도 나는 낮 동안 뭔가 준비하는 걸 보았을 게다. 그리고 그날 저녁 무도회가 있을 거라고 사람들이 말해줬을 게다. 하지만 무도회라니, 내가 그게 뭔지 어떻게 알겠는가? 난 그 모든 걸 별로 대수롭지 않게 여기고, 여느 때 저녁처럼 잠자리에 들었던 것이다. 그런데 지금 이 웅성거림은… 나는 귀를 기울인다. 뭔가 더 선명한 소리를 알아들으려고, 무슨 일이 벌어지고 있는지 이해하려고 애를 쓴다. 나는 귀를 쫑긋한다. 결국 더는 참지 못하고 방에서 나와 맨발로 더듬거리며 어두운 복도를 지나 불빛으로 환한 층계까지 다가간다. 내 침실은 4층에 있다. 그런데 온갖 소리들의 물결은 2층에서 올라오고 있다. 뭔지 보러가야 한다. 한 계단 한 계단 내려감에 따라 나는 서서히 그곳으로 다가가고, 사람들 목소리와 살랑거리는 옷감 스치는 소리, 그리고 속삭임과 웃음소리를 분간하게 된다. 평소 분위기와는 전혀 다르다. 마치 내가 하나의 다른 인생에, 신비스러우나 또 다른 방식으로 실재적인, 더 찬란하고 더 비장한 인생에, 어린애들이 잠자리에 든 다음에야 비로소 시작하는 그런 인생에 갑자기 접어들게 된 것 같다. 완전히 어둠 속에 잠긴 3층 복도에는 아무도 없다. 파티는 그 아래층에서 벌어지고 있다. 더 내려갈 것인가? 그러면 들킬 게다. 그리고 아직 자지 않고 이렇게 보고 있다고 야단맞을 게다.

나는 난간 쇠창살 사이로 머리를 내민다. 바로 그때 초대받은 사람들이 도착하고 있다. 제복차림의 군인과 온통 리본으로 장식한 비단 드레스를 입은 부인이다. 그녀는 손에 부채를 들고 있다. 짧은 바지에 하얀 스타킹을 신고 있어 처음에는 알아보지 못한 내 친구인 하인 빅토르가 활짝 열린 첫 번째 살롱 문 앞에 서서 안내하고 있다. 갑자기 누군가가 나를 향해 뛰어 온다. 나를 돌보던 하녀 마리로 그녀 역시 나처럼 구경하고 있었으며 나보다 좀더 아래쪽인 층계 첫 번째 모퉁이에 몸을 숨기고 있었다. 그녀가 두 팔로 나를 안자, 난 처음에는 나를 침실로 데려가 눕힐 거라고 생각한다. 하지만 아니다. 반대로 그녀는 자기가 앉아 있던 곳으로 나를 데리고 내려가려는 것인데, 거기서는 파티장면을 조금이나마 엿볼 수 있다. 이제 음악소리는 완벽하게 잘 들린다. 보이지는 않지만 악사들이 있어 그 연주소리에 맞춰 신사들이 성장한 숙녀들과 함께 빙그르르 돌고 있으며, 숙녀들은 모두 한낮에 보는 여인들보다 훨씬 더 아름답다. 음악소리가 그치고 춤추는 사람들도 멈춘다. 그리고 악기소리 대신 말소리가 들려온다. 하녀가 나를 다시 데려가려고 한다. 그런데 바로 그때 아름다운 부인 가운데 한 사람이 문 가까이 기대어 부채질을 하다가 나를 알아본다. 그녀는 내게 달려와 뽀뽀를 하더니 깔깔대고 웃는데, 내가 자기를 알아보지 못하기 때문이다. 그녀는 분명 그날 아침 내가 만났던 어머니 친구 분일 게다. 하지만 나는 그게 진짜 그녀가 맞는지도 확신이 서지 않는다. 다시 잠자리에 들었을 때 내 머릿속은 온갖 생각들로 마구 뒤엉켜 있었다. 나는 잠 속으로 빠져들기 전 혼돈스럽게 생각한다. 현실과 꿈들이 있다. 그리고 또 '제2의 현실'이 있다고.[32]

　실제적이고 일상적인 세계, 표면적인 세계 옆에, 뭔지 모르는 다른 세계가 있다는 모호하고도 규정할 수 없는 이런 믿음은 수년간 내 안에 있었다. 그리고 오늘날까지도 내 안에서 그 여파가 완전히 사라졌다고는 확신하지 않는다. 그건 요정이나 마귀, 또는 요술쟁이 이야기와 같은 건 전혀 아니다. 게다가 당시 내가 아직 알지 못하던 호프만이나 안데르센 동화 같은 것도 아니다. 아니, 그 속에는 오히려 인생에 깊이를 부여하려는 서투른 욕구가 —훗날 종교가 능숙하게 만족시키게 될 욕구가—, 그리고 일종의 성향이, 비밀스러운 걸 가정하고자 하는 성향이 또한 있었다고 생각한다. 바로 그리하여, 아버지가 돌아가신 후, 내가 이미 다 컸음에도 나는 아버지가 진짜로는 죽지 않았다고 상상하려 하지 않았던가! 아니면 적어도—이런 식의 생각을 어떻

---

32) 지드는 자신의 글과 일기 속에 이러한 느낌을 여러 번에 걸쳐 언급하고 있다.

게 표현할 수 있을 건가? ― 아버지가 죽은 건 단지 활짝 열려있는 대낮의 우리들 인생에서만 그렇다고, 하지만 밤이면 몰래, 내가 잠자고 있는 동안 아버지가 어머니를 만나러 온다고 말이다. 한낮에는 이런 내 의혹이 불확실한 것으로 여겨졌으나, 저녁에, 내가 막 잠이 들려는 직전이면 이 의혹들은 명확해지고 확실한 것으로 느껴지는 것이었다. 나는 그 신비를 파헤쳐보려고 하지는 않았다. 그럴 경우 내가 애써 포착하려고 하던 걸 완전히 망쳐버릴 것 같은 느낌이 들었기 때문이다. 분명 나는 아직 너무 어렸고, 어머니는 너무나 자주, 그리고 너무나 많은 것들에 대해 "나중에 다 알게 될 거야"라고만 되풀이하셨다. 하지만 어떤 밤이면, 잠이 들면서 내가 정말로 다른 세계로 빠져들고 있는 것 같았는데 …

내 이야기는 다시 크론느 가로 되돌아간다.

건물 3층, 방들이 나란히 나 있는 복도 끝에 서재가 있었다. 그곳은 2층에 있는 커다란 살롱들보다 더 안락하고 아늑해 어머니는 언제나 그 서재에 머무르길 좋아했으며, 나도 같이 붙들어두곤 하셨다. 서재 안쪽으론 서가로 쓰이는 커다란 장롱이 있었다. 안뜰로 창문이 두 개나 있고, 그 가운데 하나는 이중창이어서 두 창틀 사이, 크로커스와 히아신스, 그리고 '터키 공작'이라는 튤립들이 받침대를 깐 화분들 속에서 꽃을 피우고 있었다. 벽난로 양쪽으로는 어머니와 외숙모들이 손수 뜨개질한 덮개를 씌운 두 개의 커다란 안락의자가 있었는데, 어머니는 그중 한 의자에 앉아 계셨다. 새클턴 양은[33] 테이블 가까이, 석류 빛 렙스를 씌운 마호가니 의자에 앉아 그물망 위에 수를 놓느라 몰두해 있다. 그녀가 자수로 장식하고자 하는 조그마한 사각형 그물망은 금속제로 된 틀 위로 단단히 당겨져 있다. 거미줄 같은 그물눈 사이로 바늘이 재빨리 누비고 다닌다. 새클턴 양은 이따금 파란 색 바탕위에

---

[33] 안나 새클턴(1826-1884)은 1850년 지드 어머니의 가정교사가 되었다가 친구가 되었다.

흰색으로 표시된 뜨개 그림 교본을 들여다보기도 한다. 어머니는 창문 밖을 내다보며 말씀하신다.

"크로커스 꽃이 폈어요. 날씨가 좋아지려나 봐요."

그러면 새클턴 양은 부드럽게 어머니를 나무란다.

"쥘리에트, 언제나 똑같은 소리군요. 크로커스 꽃이 핀 건 날씨가 이미 좋아졌기 때문이에요. 꽃이 먼저 피는 게 아니라는 걸 알잖아요."

안나 새클턴! 나는 당신의 그 고요한 얼굴과 순수한 이마, 다소 엄격해 보이는 입매, 그리고 내 어린 시절을 수많은 선의로 가득 채워주었던 미소 짓는 그 시선이 눈에 선합니다. 당신 이야기를 하기 위해 나는 좀더 가슴 떨리는, 좀더 존경심 어린, 그리고 좀더 다정한 말들을 만들어내고 싶습니다. 언젠가 내가 당신의 소박한 인생을 이야기하게 될까요? 힘 있는 자들이 고개 숙이고 겸허한 자들이 찬양받게 될 그날, 당신의 겸허함이 하나님 앞에서 빛날 것처럼, 나는 내 이야기 속에서 당신의 겸허함이 찬란히 빛나기를 바랍니다. 나는 이 세상의 모든 승리자들과 영광스런 자들을 그려보고 싶은 생각은 한 번도 해보지 않았으나, 가장 진실한 영광을 감추고 있는 자들은 그려보고 싶은 마음입니다.

나는 어떤 불운이 새클턴 집안의 자녀들을 스코틀랜드 벽지에서 유럽 대륙으로 내몰았는지 알지 못한다.[34] 자신 역시 스코틀랜드 여성과 결혼했던 로베르티 목사[35]는 그 가족을 알고 있었다고 생각된다.

---

34) 이는 지드의 착각으로, 안나에 대해 동정심을 느끼고자 하는 그의 욕구를 드러내고 있다. 사실상 안나가 지드 집안에 들어오게 된 것은 불운이나 종교 때문이 아니라, 지드의 외할머니와 한 영국인 사업가 부인 사이의 우정에 의한 것으로, 안나의 아버지는 당시 프랑스에 있던 그 사업가의 공장에서 공장장으로 일하고 있었다.

35) 로베르티 목사는 루앙에서 목회를 하고 있었는데, 지드 집안과 친했다. 그의 딸 마틸드는 지드가 결혼하게 될 마들렌느 롱도와 무척 친한 친구가 되었다.

그리고 아마 그가 내 외할머니께 그 집 딸들 가운데 맏이를 추천했을 게다. 여기서 내가 이야기하고자 하는 건, 당연한 일이지만, 내가 나중에 어머니를 통해서, 또는 나보다 더 나이가 든 외사촌들을 통해 알게 된 사실이다. 36)

샤클턴 양은 원래 어머니의 가정교사로 우리 집안에 들어오게 되었다. 그런데 어머니는 조만간 결혼할 나이에 이르렀던 것이다. 안나 샤클턴 역시 아직 젊은 나이인데다 무척 예뻤기에 자기 제자를 불리하게 할 수도 있으리라 생각한 사람이 한 둘이 아니었다. 게다가 인정해야 할 사실이지만 젊은 시절 쥘리에트 롱도는 다소 의기소침한 인물이었다. 그녀는 끊임없이 뒤로 물러서며 자신이 빛을 내야 할 때마다 자기 존재를 지우고 있었다. 뿐만 아니라 매번 안나 양을 앞세우곤 했는데, 어머니는 안나를 만난 후 거의 곧바로 그녀를 향한 무척 강한 우정에 빠졌던 것이다. 쥘리에트는 자기가 가장 유리한 입장에 서게 되는 사실을 견딜 수 없어 했다. 모든 것이, 자기 신분과 재산을 드러내는 모든 게 어머니에겐 괴로운 일이었으며, 다른 사람들보다 높은 대우를 받는 문제는 어머니와 외할머니 사이에서, 그리고 어머니의 언니인 클레르37) 와 사이에서 끊임없는 갈등을 불러일으켰다.

외할머니는 물론 각박한 사람은 아니었다. 하지만 엄밀히 말해 고루하진 않다 해도, 상당히 강한 계급의식을 갖고 있었다. 그런 의식은 큰딸 클레르에게도 있었으나, 그녀는 자기 어머니가 가진 착한 마음은 갖고 있지 않았다. 뿐만 아니라 그런 계급의식 이외의 다른 감정은 거의 갖질 않았고, 여동생에게 그런 의식이 없다는 사실에 화를 내고 있었다. 그 대신 그녀는 여동생에게서 어떤 본능이 생겨나는 걸 보게 되었는데, 그건 엄밀히 반항은 아니라 해도 적어도 불복종하는 본능으로, 여동생 쥘리에트에게 여태 한 번도 없었던 그런 일이 안나에 대한

---

36) 부록을 보라(원주).
37) 지드 어머니의 언니인 클레르 롱도(1822-1901)를 말한다.

우애 때문에 생겨나는 것 같았다. 클레르는 자기 여동생이 안나에게 그런 우애를 바치는 것에 대해 안나를 용서해줄 수가 없었다. 그녀는 우애에도 정도가 있고 뉘앙스가 있다고 여기며, 섀클턴 양이 가정교사라는 자기 신분을 망각한 건 옳지 않다고 여겼다.

"아니 도대체! 내가 더 아름답길 한가? 아니면 더 똑똑하거나 더 뛰어나단 말인가? 내가 선호의 대상이라는 건 단지 내 재산과 가문 때문이란 말인가?"라고 어머니는 생각했다.

"쥘리에트, 아가씨 결혼식 날을 위해 나한텐 갈색 실크 드레스를 줘요. 그거면 난 정말 행복할 거예요"라고 안나는 말하는 것이었다.

오랫동안 쥘리에트 롱도는 루앙 사교계의 가장 훌륭한 결혼 상대자들을 무시해왔다. 그러다가 마침내 남불(南佛) 시골출신으로 재산도 없는 한 젊은 법학교수의 청혼을 받아들이는 걸 보고 사람들은 깜짝 놀랐다. 그 법학교수는 자기를 소개시켜준 뛰어난 목사인 로베르티가 내 어머니의 의중을 잘 알고 자기를 밀어붙이지 않았더라면 감히 청혼하지도 못했을 것이다.[38] 6년 뒤 내가 태어났을 때, 안나 섀클턴은 내 외사촌들을 하나하나 다 맡았던 것처럼 나를 맡았다. 아름다움이나 우아함도, 선의나 재치나 덕성도 자신이 가난하다는 사실을 잊게 해주진 못했기에, 안나는 사랑에 대한 희미한 그림자밖에는 경험하지 못했을 것이며, 또 내 부모님이 그녀에게 빌려준 가족 이외에 다른 가족은 가질 수 없었던 것이다.

안나에 대한 내 기억이란 나이가 들어 벌써 굳어지기 시작한 얼굴

---

38) 이 결혼식은 두 가정을 잘 알던 로베르티 목사의 주선으로 1863년 2월 27일 있었다. 두 집안을 소개하려는 준비는 1859년부터 있었으나, 쥘리에트 부친의 죽음으로 미루어졌다. 따라서 쥘리에트의 '무시'는 아마도 지드의 추정일 것이다. 반대로 쥘리에트의 재산은 유산 상속 덕분에, 그녀의 종교적 신심만큼이나 대단한 것이었다. 법관의 아들로 대학교수인 폴 지드는 그의 아내와 비교해 볼 때 가난해보일 수 있었다.

윤곽에 다소 엄격한 입 매무새를 한, 하지만 눈빛만은 여전히 미소로
가득 차 있는 모습이다. 그 미소는 사소한 것에도 금방 함박웃음으로
변했는데, 그 웃음이 어찌나 신선하고 순수했던지 어떤 슬픔과 실망도
인간의 영혼이 삶에서 자연스럽게 얻게 되는 커다란 즐거움을 그녀에
게서 조금도 앗아갈 수는 없었던 것 같았다. 아버지 역시 똑같은 웃음
을 가졌으며, 때때로 새클턴 양과 함께 폭발하듯 어린애 같은 유쾌함
속으로 빠져들곤 했다. 하지만 거기에 어머니가 같이 끼어든 적은 한
번도 없었던 걸로 기억한다.

안나(언제나 그녀를 안나 양이라 불렀던 아버지를 제외하고 우리 모두
는 그녀를 이름으로 불렀으며, 나는 어린애 같은 습관에 의해 '나나'라고
부르기도 했는데, 졸라가 자기 소설 제목으로 쓴 책이 광고에 나올 때 까
지 계속 그렇게 불렀다39)), 안나 새클턴은 까만 색 레이스로 된 일종의
실내용 머리쓰개를 쓰고 있어서, 거기에 달린 두 개의 띠가 얼굴 양쪽
으로 늘어뜨려져서 얼굴을 무척이나 괴상하게 둘러싸고 있었다. 나는
안나가 언제부터 그런 머리쓰개를 쓰기 시작했는지 모르겠다. 하지만
기억하는 한 가장 먼 옛날로 거슬러 올라가도 그녀의 모습은 언제나
그 머리쓰개를 쓰고 있는 걸로, 내가 갖고 있는 몇몇 사진에도 똑같은
모습이었다. 그녀의 얼굴 표정과 거동, 그리고 그녀의 삶 전체가 아무
리 조화롭고 평온한 것이었다 할지라도, 안나는 한시도 가만히 있질
않았다. 끝도 없이 수를 놓는 작업은 그녀가 다른 사람들과 같이 보내
는 시간에만 했을 뿐, 혼자 있는 긴긴 시간에는 몇 가지 번역을 했다.
안나는 프랑스어만큼이나 영어와 독일어를 읽을 줄 알았고, 이탈리아
어도 상당히 잘했기 때문이다.

나는 안나가 번역한 것 가운데 몇몇 작품을 아직 보관하고 있다. 모
두 원고상태의 것들로, 두꺼운 학생용 노트에 마지막 줄까지 얌전하고
섬세한 글씨로 빼곡히 쓰여 있다. 안나 새클턴이 이렇게 번역한 모든

---

39) 즉 당시 스캔들을 일으켰던 에밀 졸라의 《나나》가 출판된 1880년까지이다.

작품들은 그 후 다른 사람들이 번역한 것으로 출판되었고, 아마 더 나은 번역일 것이다. 하지만 나는 그토록 많은 인내와 애정과 성실함이 묻어나는 그 노트들을 버릴 수가 없었다. 그 가운데 내가 특히 좋아한 것 하나는 괴테의 《여우 라이네케》로[40] 안나는 그중 몇몇 구절들을 내게 읽어주곤 했다. 그녀가 이 책 번역을 끝냈을 때, 내 외사촌 모리스 데마레는[41] 그 옛 우화시에 나오는 모든 동물들을 본떠 만든 석고로 된 작은 두상들을 선물로 주었다. 안나는 그걸 자기 방 벽난로 위에 걸린 거울 액자 주위로 빙 둘러 걸어놓았는데, 나는 그게 재미있었다.

안나는 데생도 하고 수채화도 그렸다. 그녀가 그렸던 라 로크 집의 풍경화, 정성스럽고 조화롭고 또 소박한 그 그림들은 아직까지 퀴베르빌에 있는 내 아내의 침실을 장식하고 있다. 그리고 라 미부와의 풍경화도 있는데, 라 미부와[42]는 루앙 위쪽 센느 강 우안에 있던 외할머니의 소유지로 생-앙드리앙 언덕 근처 봉-스쿠르 성당 아래편에 다리를 건너기 직전에 있다. 그런데 외할머니가 돌아가신 뒤 얼마 되지 않아 팔았기에, 내가 그 후 노르망디 지방으로 여행할 때마다 기차 창밖으로 다시 보지 않았더라면 기억할 수도 없었을 게다. 그 수채화는 옛 모습 그대로, 즉 루이 16세 식의 건물 정면을 장식하는 우아한 난간이 있던 풍경을 보여주고 있는데, 그 난간은 새 주인이 서둘러 건물 위쪽에 거대한 박공을 올려놓아 그 아래서 납작해지고 말았다.

그런데 안나의 주된 관심사이자 가장 좋아하는 공부는 식물학이었다. 파리에서 그녀는 자연사박물관에서 뷔로 씨의 강의를 열심히 들었으며, 봄이면 그의 조수인 뿌아쏭 씨가 조직하는 식물채집 여행에 참

---

40) 이는 괴테가 1793년 프랑스와의 전쟁 당시 지은 《여우 이야기》에 대한 육각시 판본이다.
41) 모리스 데마레(1844-1921)는 클레르 이모의 맏아들이었다.
42) 라 미부와는 18세기에 지어진 저택으로, 에두아르 롱도가 1850년에 구입했다. 1873년 지드 외할머니가 돌아가신 뒤 앙리 롱도 외숙부가 이 저택을 다시 처분했으므로 지드는 이 저택에 대해 잘 모른다.

가했다. 안나가 존경심을 갖고 인용하던 이 이름들, 내 마음 속에 엄청난 위용을 휘감고 나타나던 이 이름들을 나는 잊으려 해도 잊을 수가 없었다. 어머니는 나한테 운동을 시킬 수 있는 좋은 기회라 여기시곤 일요일마다 나가는 그 소풍에 나도 함께 갈 수 있도록 허락하셨는데, 그 소풍은 내게 과학적 탐험의 매력을 한껏 보여주었다. 이 식물채집단은 거의 전부 노처녀들과 사랑스런 채집광들로 구성되어 있었다. 사람들은 모두 기차 출발시간에 맞춰 모였다. 모두들 페인트칠을한 초록색 금속상자를 하나씩 어깨에 메고 있어, 그 속에다 각자 연구하거나 말리려고 하는 식물들을 채집해 가지런히 눕혀 넣는 것이었다. 게다가 몇몇은 전지가위를, 또 다른 이들은 나비 채를 갖고 있었다. 나는 이들 후자에 속했는데 이는 내가 식물보다는 곤충에, 특히 초시류에 관심이 많았기 때문으로, 이미 곤충채집을 시작하고 있었다. 그래서 내 주머니는 여러 개의 상자와 유리관들로 불룩해 있었고, 그 상자와 유리관 속에다 내 희생물들을 넣고 벤젠 가스나 시안화칼륨으로 질식시키곤 했다. 하지만 나는 식물채집도 마찬가지로 했다. 나이 든 아마추어들보다 더 민첩한 나는 앞장서서 뛰어갔고, 오솔길을 벗어나 여기저기 덤불숲과 들판을 파헤치다가 희귀종을 맨 먼저 찾아낸 것에 의기양양해 외쳐대는 것이었다. 그러면 작은 우리 그룹의 회원들이 모두 구경하러 다가오곤 했는데, 그 표본이 단 하나뿐이었을 때 몇몇은 약간 분통해하기도 했고, 나는 승리감에 가득 차 안나에게 그걸 가져오는 것이었다. [43]

　나는 안나를 본 따서, 그리고 그녀의 도움을 받아 식물표본을 했다. 하지만 무엇보다 안나의 식물표본을 보완하는 일을 돕고 있었다. 그건 이미 상당량에 이르렀고 또 정리도 무척 잘 되어 있었다. 안나는 식물

---

43) 지드의 식물학과 동물학에 대한 관심과 지식은 여기서 유래한다. 《사전꾼들》에 나오는 인물 벵상은 지드의 이런 측면을 반영하는 것으로, 지드는 이 인물을 통해 식물과 동물세계의 생존전략과 신비에 빗대어 인간세계를 해석하고자 한다.

종류마다 가장 멋진 표본들을 끈기 있게 수집하고 있었을 뿐 아니라, 그 하나하나를 제시하는 방법도 놀라운 것이었다. 접착제가 붙은 가는 띠로 가장 섬세한 줄기까지 고정시켜, 식물의 본모습을 고스란히 재현시켜 놓았다. 꽃봉오리 옆에 활짝 핀 꽃을, 또 그 옆에 꽃씨를 배치해 모두들 그걸 보고 감탄했다. 그리고 이름표는 공들여 쓰여 있었다. 때때로 잘 알 수 없는 식물이 나오면 세밀한 연구와 검사가 필요했다. 안나는 '조립식 확대경' 위로 몸을 숙이고 핀셋과 가는 메스를 들고 섬세하게 꽃잎을 절개한 뒤, 그 속의 기관들을 하나하나 대물렌즈 위에 펼쳐놓고선 나를 불러 수술이나 또는 뷔로 씨가 지적하긴 했으나 그녀의 '식물도감'에는 없는 뭔지 모르는 것의 어떤 특이성을 지적해 보이는 것이었다.

안나의 식물연구 활동이 가장 왕성하게 펼쳐지고 식물표본이 늘어나게 되는 곳은 특히 라 로크로, 안나는 여름마다 우리와 같이 가곤 했다. 우리가 외출할 때면 (나 역시 내 상자가 있었기 때문에) 그녀도 나도 언제나 초록색 상자와 활처럼 굽은 일종의 흙손, 그리고 모종삽을 가지고 나갔는데, 그 모종삽으론 식물을 뿌리 채 뽑을 수 있었다. 때때로 우리는 어떤 식물을 하루하루 지켜보기도 했고 꽃이 완전히 필 때까지 기다리기도 했다. 그러다가 마지막 날, 벌레가 절반쯤 뜯어먹은 걸 발견하게 된다거나 갑자기 소나기가 내려 집안에 갇혀있게 될 경우가 이따금 있었는데 그땐 진짜 절망스러웠다.

라 로크에서 식물표본은 그야말로 임금 행세를 했다. 그것과 관련된 모든 건 열성과 엄숙함을 다해 마치 예식을 치르듯 거행되었다. 화창한 날씨면 창문가에, 또 햇볕이 잘 드는 테이블과 마룻바닥 위에 회색 종이들을 늘어놓고, 그 종이 사이에 식물들을 끼워 말리는 것이었다. 가느다랗거나 섬유질의 식물들은 종이 몇 장이면 충분했다. 그러나 수액이 가득 찬 두툼한 것들도 몇몇 있어, 그 경우엔 잘 마른 해면성의 종이를 여러 겹 두껍게 깔아 그 사이에 끼워 눌러줘야 했으며 또 매일 종이들을 갈아줘야 했다. 이 모든 일은 상당히 많은 시간이 들었으며 자리도 많이 차지했는데, 그런 자리는 안나가 파리에서는 도저히 구할 수 없는 것이었다.

그녀는 마담 가(街)와 아싸 가(街) 사이에 있는 보지라르 거리의 조그마한 아파트에서 살고 있었다. 작은 방이 네 개 있는 그 아파트는 천정이 어찌나 낮은지 손을 뻗히면 거의 닿을 것 같았다. 그래도 어떤 과학연구기관의 정원인지 안뜰과 마주하고 있어 그 위치는 나쁘지 않았는데, 우리는 거기서 최초의 태양열 보일러 실험들을 구경할 수 있었다. 그 이상한 기구는 거대한 꽃처럼 생겼고 그 화관들은 거울로 되어 있어, 빛이 합류하는 지점에 있는 암술 부분에 물을 넣고 그 물이 끓도록 해야 하는 것이었다. 그게 분명 작동되기는 한 모양이, 어느 화창한 날 그 기구 가운데 하나가 폭발해 온 동네를 공포에 사로잡히게 했을 뿐 아니라 둘 다 길 쪽으로 나있는 안나의 거실과 침실 창문들을 모조리 부셔버렸기 때문이다. 식당과 서재는 안뜰로 나 있어서 안나는 주로 그 서재에서 지냈다. 게다가 그녀를 보러오는 몇몇 친구들을 맞아들이는 것도 거실보다 바로 그 서재를 더 즐겨 애용했다. 따라서 지금은 무슨 일 때문인지 기억나진 않으나 어머니가 이 자기 친구에게 날 며칠 동안 맡겨놓아 내가 무척 좋아했던 적이 있었는데, 그때 바로 그 거실에 나를 위한 접이용 간이침대를 마련해 놓지 않았더라면 난 그 거실을 기억할 수도 없었을 게다.

부모님이 내가 당시 플뢰르 양과 라커바우어 부인의 집에서 받던 교육으론 더 이상 충분치 않다고 판단한 결과, 나를 알자스 학교에 입학시켰던 해에,[44] 나는 일주일에 한 번씩 안나의 집에서 점심을 먹기로 되어 있었다. 내 기억으론 매주 목요일, 체육시간이 끝난 다음이었다. 그 당시 알자스 학교는 훗날 얻게 된 명성을 아직 갖지 못한 상태라

---

44) 지드가 알자스 학교에 입학한 것은 1877년 11월 15일이었다. 알자스 학교는 1871년 설립된 사립학교로 부유한 신교도들 자녀들이 다니는 교육기관으로 명성이 높았으며, 교육 뿐 아니라 도덕적 측면에서도 엘리트주의를 표방하고 있었다.

체육운동을 위해 따로 마련된 홀이 없었기에, 학생들을 보지라르 거리에 있는 '파스코 체육관'으로 데리고 갔는데 그곳은 안나의 집에서 몇 걸음 안 되었다. 나는 땀에 흠뻑 젖은 채 톱밥이 잔뜩 묻은 옷에 송진으로 끈적거리는 두 손을 하고 온통 엉망이 되어 그녀 집에 도착하곤 했다. 그 점심식사에서 그토록 매력적인 건 무엇이었나? 그건 무엇보다 너무나도 유치한 내 수다에도 지칠 줄 모르는 안나의 관심과 그녀에게 내가 중요한 사람이라는 느낌, 그리고 나 자신이 기다려지고 대접받고 사랑받는다는 느낌이었다고 생각된다. 그녀의 아파트는 나를 위한 세심한 배려와 미소로 가득 차 있어 점심식사는 더 멋있었던 것이다. 그 보답으로 아! 나는 뭔가 어린애다운 다정함이 깃든, 뭔가 애정의 몸짓과 말을 했던 추억을 간직하고 싶다… 그러나 아니었다. 내가 기억하는 유일한 것이라곤 당시 우둔한 어린애였던 내게 딱 맞는 어처구니없는 한마디이다. 그걸 독자들에게 다시 말하려니 얼굴이 붉어진다. 하지만 지금 내가 쓰고 있는 건 소설이 아니다. 그리고 나는 이 회고담에서 뭔가 기분 좋은 걸 덧붙이거나 고통스러운 걸 감추면서 나 자신을 미화하지 않기로 결심했던 것이다.

그날 마침 나는 무척이나 맛있게 식사를 마치고 있었다. 안나가 넉넉지 않은 자기 수입으로 최선을 다해 준비한 게 역력했기에, 나는 외쳤던 것이다. "아니, 나나, 이러다간 파산하는 거 아니에요!"(그 말은 아직까지 내 귀에 생생하다) … 이 말을 하고나서 나는 곧바로, 그게 조금이라도 섬세한 마음을 가진 사람이라면 할 수 있는 말이 아니라는 것과 안나가 그 말에 무척 슬퍼한다는 사실을, 그리고 내가 그녀에게 약간 상처를 주었다는 걸 적어도 느끼긴 했다. 그건 내 의식이 처음으로 반짝 깨어나게 된 사건 가운데 하나였다고 지금도 그렇게 생각한다. 하지만 언뜻 스쳐가는, 아직 무척이나 불확실한 희미한 빛으로, 내 유치함이 늑장을 부리며 어정대던 캄캄한 어둠을 뚫기에는 한참 역부족인 그런 빛이었다.

2

나는 어머니가 생전 처음으로 크론느 가의 안락한 환경에서 벗어나 아버지를 따라 위제스에 갔을 때 그녀가 얼마나 낯설게 느꼈을지 충분히 상상이 간다. 그 시대의 엄청난 진보도 이 작은 도시는 잊어버린 것 같았다. 위제스는 완전히 동떨어져 있어 그런 사실도 깨닫지 못하고 있었다. 기차는 님므까지, 아니면 기껏해야 르물랭까지만 연결되어 거기서는 사륜짐마차를 타고 목적지까지 가는 것이었다. 님므 쪽으로 갈 경우 길은 상당히 더 멀었으나 경치는 훨씬 더 아름다웠다. 생-니콜라 다리에 이르러 길은 가르동 강을 건너게 되고, 그러면 팔레스타인이요 유대 같은 땅이 나타나는 것이었다. 보라색이나 흰색의 시스터스 관목 더미가 라벤더 향기로 가득한 남불의 황야를 꾸며주고 있었다. 그 위로 유쾌하고도 건조한 바람이 불어와 사방으로 먼지를 날리며 길을 쓸어내곤 했다. 우리가 탄 마차는 지나가며 엄청난 양의 메뚜기 떼를 날아오르게 했다. 그러면 메뚜기들은 갑자기 파랗고 붉은, 또는 회색빛이 도는 얇은 막으로 된 날개를 펼쳐 한순간 가벼운 나비처럼 날다가, 좀더 멀리 덤불숲과 돌무더기 위로 흐릿한 색을 띠며 뒤엉켜 다시 내려앉는 것이었다. 가르동 강가에는 수선화들이 자라고 있었고, 강바닥에 이르기까지 물기가 말라붙은 곳이면 가리지 않고 거의 열대성이라 할 만한 식물군이 자라고 있었는데… 여기서 나는 잠시 마차에서 내리고자 한다. 이렇게 지나가는 길에 끼워 넣지 않으면 어디에 둘지 도무지 알 수 없는 추억들이 있기 때문이다. 이미 언급했듯이 나는 추억들을 시간보다 공간 속에 더 쉽게 자리매김할 수 있다. 예를 들면, 안나가 우리와 합류하기 위해 어느 해에 위제스에 왔는지 말할 순 없지만, 우리가 안나와 함께 생-니콜라 다리에서 가르동 강과 멀지 않은 어떤 마을까지, 즉 우리가 마차를 다시 타야했던 그 마을까지 소풍갔던 일은 정확히 기억한다. 그때 어머니는 안나에게 위제스를 보여주게 되어 아마 무척 행복해했을 것이다.

햇볕이 강하게 내리쬐고 있던 타는 듯한 절벽 아래쪽, 험하게 깎아지른 골짜기 사이로 초목이 어찌나 무성한지 지나가기 힘들 정도였다. 안나는 처음 보는 식물들을 발견하곤 감탄을 연발했다. 여태까지 그 식물들을 야생상태로는 — 나는 자유로운 상태라고 말하려 했다 — 한 번도 본 적이 없었다는 거였다. 일례로 '여리고의 트럼펫'이라 부르는 위풍당당한 가시독말풀을 들 수 있는데, 찬란하고 야릇한 그 모습은 장밋빛 월계수나무와 함께 내 기억 속에 강하게 아로새겨져 있다. 우리는 뱀 때문에 조심조심 앞으로 나아가고 있었다. 대부분 독이 없는 것으로 그중 몇놈이 우리를 피해 슬그머니 사라지는 것도 보였다. 아버지는 한껏 여유를 부리며 모든 것에 재미있어했다. 어머니는 시간을 의식하곤 우리들을 재촉했으나 소용이 없었다. 우리가 마침내 강둑 사이로 나왔을 때는 이미 어둠이 내리고 있었다. 마을은 아직 멀었고 삼종기도를 알리는 교회 종소리가 우리 있는 데까지 희미하게 들려왔다. 마을로 가는 길이라곤 덤불숲 사이로 제대로 분간도 안 되는 오솔길 하나가 희미하게 나 있었고⋯ 이 책을 읽는 독자는 내가 지금 이 모든 걸 지어내지 않나 생각할 것이다. 하지만 전혀 그렇지 않다. 그 삼종기도 종소리는 아직도 내 귀에 생생하며, 그 멋진 오솔길과 장밋빛 석양, 그리고 우리 뒤쪽 가르동 강바닥에서 올라오며 주위를 휩싸오던 그 어둠은 아직 눈에 선하다. 나는 처음에는 우리가 만들어내던 커다란 그림자를 보며 재미있어했다. 그러다가 모든 것이 황혼의 잿빛 속으로 녹아들어갔으며, 나 자신도 서서히 어머니의 불안감에 같이 젖어 들었다. 하지만 아버지와 안나는 그 시각이 주는 아름다움에 완전히 빠져 시간이 늦었음에도 아랑곳하지 않고 한가로이 거닐고 있었다. 내 기억에 그들은 시를 읊조리고 있었다.

"지금은 그러고 있을 때가 아니다"고 생각하신 어머니가 외쳤다.

"폴, 그건 집에 가서 읊어요."

할머니 집의 방들은 모두가 서로 통해 있었다. 그래서 부모님은 자기네 방으로 가기 위해 식당과 살롱, 그리고 내 침대가 놓여 있던 좀 더 작은 또 다른 살롱을 통과해야 했다. 그렇게 한 바퀴 돈 다음 작은 화장실과 할머니 방에 이르게 되는데, 할머니 방은 숙부 방을 지나 다른 쪽으로도 갈 수 있었다. 그리고 숙부 방은 층계참으로 이어졌고, 그 층계참 위로 부엌과 식당 문이 나있었다. 두 개의 살롱과 부모님 방의 창문들은 모두 건물 앞쪽 광장을 바라보고 있었고, 다른 창문들은 할머니 집이 빙 둘러싸고 있던 좁은 안뜰로 나 있었다. 숙부의 방하나만 그 건물의 다른 쪽, 즉 어두컴컴한 좁은 골목길로 나 있었는데, 그 골목길 끝으로 장이 서는 광장의 모퉁이가 보였다. 숙부는 자기 방 창문가에다 뭔가 이상한 걸 키우고 있었다. 신기하게 생긴 유리병 속에 있는 꼿꼿한 줄기 주위로, 숙부가 설명해준 바로는 아연과 구리, 또는 다른 금속성의 소금이라는 게 결정체를 만들어가고 있었다. 그 딱딱한 식물들은 금속 명칭에 따라 사투르누스〔토성〕나무, 주피터〔목성〕나무 등으로 불린다고 숙부는 가르쳐주었다. 숙부는 그 당시 아직 정치경제학을 공부하고 있지는 않았다. 내가 훗날 알게 된 사실이지만 그 당시 숙부는 특히 천문학에 끌리고 있었다. 그건 바로 숫자에 끌리는 그의 취향과 과묵하고 명상적인 기질, 또 개인적인 것과 모든 심리학적인 것을 거부하는 기질 때문이었다. 그런데 그런 기질은 조만간 그를 내가 아는 한 자기 자신과 타인에 대해 가장 무지한 존재로 만들었던 것이다.

그 당시(이는 나의 초기 유년시기를 말한다) 숙부는 키가 큰 젊은이로, 검고 긴 머리카락을 귀 뒤로 찰싹 갖다 붙이고 있었으며, 약간 근시에다 괴상하고 말도 없어 그보다 더 위압적으로 보일 수 없었다. 어머니는 그의 무뚝뚝한 마음을 녹이려고 부단히 노력함으로써 도리어 그를 무척 성가시게 했다. 어머니에게는 선의만 있었지 요령이 부족했던 것이다. 또 숙부는 다른 사람들의 행동 아래 숨겨진 의도를 읽을 줄 몰랐거나 아니면 별로 알고 싶지 않았거나 간에, 벌써 겉만 번지르르한 사람들의 말만 믿고 현혹될 태세였다. 이를테면 나의 아버지가 한 가족에게 배당된 모든 상냥함을 혼자 다 독차지했다고, 그래서 다른 식구들의 완고하고 찌푸린 분위기를 누그러뜨릴 수 있는 건 더 이상 남지 않았다고도 할 수 있으리라.[1]

내가 세상에 태어났을 때 이미 할아버지는 상당히 오래전에 돌아가신 뒤였다.[2] 그러나 어머니는 할아버지를 알고 계셨는데, 그건 내가 어머니가 결혼하신 후 6년 뒤에나 태어났기 때문이다. 어머니가 들려

---

1) 이 자서전의 첫 부분에서 지드가 자기 부모 양가가 속한 두 지방의 차이와 두 가족의 차이에서 자기 이중성의 근원을 찾고자 한 것과 마찬가지로, 지드는 친가 내부에서도 자신의 이중성을 찾고자 한다. 지드가 직접 인정한 것은 아니나 샤를르 숙부는 지드 작품에 일정한 역할을 하게 되는데, 이는《교황청의 지하실》에 나오는 라프카디오의 숙부들을 통해 드러나고 있다. 샤를르 숙부는 훗날 파리 법대의 정치경제학 교수가 되었으며, 중요한 업적으로 평가받는 그의 저서에서 전개시킨 휴머니즘적 사고는 지드에게 일정 부분 영향을 끼쳤다. 또한 숙부가 자기 어린 시절에 대해 지드에게 이야기해준 것에서 지드는 숙부와의 깊은 친화성을 보고 있다. 즉 숙부가 어릴 때 방안에서 공부하다가 창문 밖을 내다볼 때면, 동네아이들이 햇볕이 쨍쨍 내리쬐는 광장에서 맨발로 노는 것을 보고 무척 부러워했으나 자신은 감히 그럴 수 없었노라는 이야기로, 지드는 이 이야기를 듣고 자신이 숙부와 너무나 가깝게 느껴졌노라 말했다. 즉 부르주아 계급의 사회문화적 억압과 태양 아래 맨발로 뛰노는 서민 아이들이 맛보는 해방의 대립을 두 사람 다 동일하게 체험한 것이다.
2) 지드의 할아버지는 지드가 태어나기 2년 반 전인 1867년 6월에 돌아가셨다.

준 할아버지의 모습은 엄격하고 철저한 위그노로, 키가 상당히 크고
힘도 무척 세며 각진 뼈대에, 극도로 양심적이며 강직하고, 또 하나님
에 대한 신뢰를 숭고할 정도로 떠받드셨던 분이셨다. 위제스의 전직
판사장이었던 할아버지는 그 당시에는 오로지 자선사업과 주일학교에
서 애들에게 도덕과 종교교육을 시키는 일에만 전념하고 계셨다.

나의 아버지인 폴과 숙부인 샤를르 외에도 탕크레드 지드는 자식을
여럿 두었는데, 모두 어린 나이에 잃었다. 3) 하나는 머리를 아래로 박
고 거꾸로 떨어져서, 다른 하나는 일사병으로, 또 다른 하나는 감기를
제대로 치료하지 않아 죽었다. 필경 그 자신도 평소 전혀 치료를 받지
않는 바로 그런 이유로 아이를 제대로 치료하지 않았을 게다. 자주 있
는 일도 아니었지만 할아버지는 병이 나면 기도만 하면 된다는 식이었
다. 그는 의사의 개입을 신중치 못하고 게다가 불경스런 일이라 생각
했으며, 나중에 돌아가실 때는 의사도 못 부르게 하고 그냥 돌아가셨
던 것이다. 4)

몇몇 사람들은 이렇게 군색한 방식들이, 거의 인류의 고생물시대와
같은 방식들이 그렇게 최근까지 유지될 수 있었는지 아마 놀랄 것이
다. 그러나 위제스라는 작은 도시는 옛 모습 그대로 남아 있었다. 나
의 할아버지가 보여주는 것과 같은 그런 극단적인 면들은 그곳에서는
분명 아무 흠도 아니었다. 거기서는 모든 것이 걸맞았던 것이다. 뿐만

---

3) 자식이 다섯이었는데, 지드의 아버지가 맏이고, 샤를르 숙부는 막내였다.
4) 이 점에서 어머니가 해준 이야기에 대한 내 기억이나 또는 그 이야기 자
   체가 정확하지 않은 것 같다. 숙부가 나중에 내게 들려준 바로는, 할아
   버지는 돌아가시기 전 마지막 기간 동안 온갖 종류의 돌팔이 의사와 약
   장수들의 진찰을 다 받았다는 것이다(원주). 지드는 1932년 샤를르 숙
   부와 이야기를 나눈 후, 1936년 이 자서전이 재출간되었을 때 이 주석
   을 붙였다. 숙부의 말을 옮겨 적은 당시의 일기에 의하면 할아버지에
   대한 본문내용은 완전히 틀린 것으로, 수많은 의사의 진찰을 받았을 뿐
   아니라, 돌아가시기 전에는 친척의 조언에 따라 최면술사까지 불렀다는
   것이다.

아니라 도리어 모든 게 그런 면을 설명하고 정당화하고 부추기고, 또 당연한 것으로 보이게 했다. 게다가 그런 면들은 세벤느 지방 전역에서 거의 그대로 되찾아볼 수 있었으리라 생각한다. 그곳을 그토록 힘들게 하며 그토록 오랫동안 괴롭혔던 잔인한 종교분쟁에서 아직도 완전히 벗어나지 못한 그 지방 전역에서 말이다. 다음에 얘기하는 독특한 모험은 그런 사실을 충분히 말해주고 있다. 그 일은 내가 18살(?) 때 일어난 일이지만 여기서 이야기해야겠다. 5)

나는 앙뒤즈 근처에서 목사로 있던 내 사촌 기욤 그라니에의 초대를 받아 아침에 위제스를 출발했다. 나는 그와 하루 종일 같이 보냈다. 내가 다시 떠나기 전, 그는 내게 설교하고 나와 함께 그리고 나를 위해 기도하고, 내게 축복을 내려주었으며, 아니 적어도 나를 축복해달라고 하나님께 기도하고… 그런데 이런 얘기를 하려고 내가 이 이야기를 꺼낸 건 아니다. 내가 탄 기차는 저녁식사 시간에 맞춰 다시 위제스에 도착하게 되어 있었다. 나는 《사촌 퐁스》를 읽고 있었다. 이 작품은 발자크의 수많은 걸작 가운데 아마도 내가 가장 좋아하는 것일 게다. 어쨌든 내가 가장 여러 번 다시 읽었던 소설이다. 6) 그런데 그날 나는 그 소설을 처음으로 읽고 있었던 것이다. 나는 황홀경과 도취 상태에 빠져 완전히 취한 채 정신을 잃고 있었으니…

어둠이 내려 마침내 나는 책 읽는 걸 멈추었다. 난 불이 들어오지 않은 열차 칸에 대고 욕을 해댔다. 그리곤 열차가 정지해 있다는 사실을 깨달았다. 열차 칸이 비었다고 생각한 역원들이 그 열차를 차고에 넣었던 것이다. 그리곤 말하길,

"아니, 기차를 갈아타야 한다는 걸 몰랐단 말이에요? 우린 여러 번 불러댔는데! 분명 잠이 들었던 모양이군요. 여기서 떠나는 기차는 내

---

5) 지드가 잘못 적은 것으로, 다른 자료들에 의하면 23살 때의 일이다.
6) 1942년 12월 일기에서 지드는 이 놀라운 작품을 당시 세 번이나 네 번째 읽노라 적고 있다.

일에나 있으니까 다시 잠이나 자야겠네요."

어두컴컴한 열차 안에서 밤을 보낸다는 건 전혀 마음에 내키지 않았다. 그리고 저녁식사도 하지 않았던 것이다. 마을은 역에서 멀리 떨어져 있어 난 여인숙에 들기보다 모험을 떠나자는 생각에 더 끌렸다. 게다가 수중에는 돈도 몇 푼 없었다. 나는 정처 없이 길을 떠났다. 마침내 정갈하고도 사람을 반기는 듯한 모습을 한 그 지방 전통양식으로 된 상당히 큰 농가에 이르러 문을 두드리기로 했다. 한 여인이 문을 열어주었다. 나는 길을 잃었으며, 돈은 없으나 배는 고프다는 것, 그리고 먹을 것과 마실 걸 주신다면 무척 고맙겠노라 이야기했다. 그런 다음에 나는 다시 차고에 들어간 열차 칸으로 되돌아갈 것이며 거기서 다음 날까지 기다릴 거라고.

내게 문을 열어준 여인은 이미 상이 차려진 식탁 위에 재빨리 식기 한 벌을 더 놓았다. 그녀의 남편은 없었다. 그곳은 부엌으로도 쓰이는 곳이라 화로가 있었고, 그 화로 옆에 앉아 있던 연로하신 그녀 부친은 아무 말도 하지 않고 아궁이 쪽으로 몸을 기울이고 있었다. 그의 침묵은 불만을 표시하는 것 같아 날 거북하게 했다. 그 순간 나는 선반 위에 커다란 성경이 놓여있는 걸 보았다. 그래서 그 집이 신교도의 집이라는 사실을 눈치 채고 내가 오늘 만나러 갔던 자의 이름을 댔다. 그러자 바로 그 노인은 몸을 일으켜 세웠다. 그는 목사인 내 사촌을 알고 있었으며 나의 할아버지도 무척 잘 기억하고 있었던 것이다. 그가 내 사촌과 할아버지에 대해 말하는 태도는, 나의 할아버지와 마찬가지로 이 농부 자신에게도, 가장 무뚝뚝한 외양 속에 어떤 헌신과 선의가 들어있을 수 있는지 깨닫게 해주었다. 나는 나의 할아버지도 분명 이 농부와 닮았으리라 상상이 되었다. 무척이나 건장한 체구에, 부드러움은 전혀 없으나 떨리는 듯한 목소리, 다정함은 없으나 곧은 시선을 가진 이 농부와 말이다.

그러는 사이 자식들이 일터에서 돌아오고 있었다. 다 큰 딸 하나와 아들이 셋이었는데, 자기네 할아버지보다 몸매가 더 날씬하고 섬세했

다. 잘 생기긴 했으나 벌써 심각한 태도에 약간 찌푸린 표정이기도 했
다. 그 어머니는 식탁 위에 김이 모락모락 나는 스프를 올려놓았다.
그런데 마침 그 순간 내가 말을 꺼내려 했기에, 그녀는 조신한 몸짓으
로 내 말을 멈추게 했으며, 노인은 베네디시테[7]를 했다.

　바로 그 식사시간 동안 노인은 나의 할아버지에 대한 이야기를 해주
었다. 그의 언어는 풍부한 비유를 담고 있는 동시에 정확했다. 그의
말들을 적어놓지 않았던 게 안타깝다. 나는 속으로 다시 생각하고 있
었다. 아니! 이들은 단지 농사꾼 가족일 뿐이야! 그런데 노르망디 지
방에 있는 우리네 투박한 농부들에 비하면 얼마나 우아하고 생기 넘치
고 또 고상한가![8] 식사가 끝난 다음 나는 떠나려는 몸짓을 했다. 하
지만 나를 맞은 주인들은 그걸 받아들이려 하지 않았다. 그 어머니는
벌써 자리에서 일어나서, 맏아들은 그의 동생 하나와 같이 잘 것이니
나더러 그의 방과 침대를 쓰라면서, 이미 침대에 라벤더 향이 감미롭
게 나는 깨끗하고 빳빳한 호청을 깔아놓았던 것이다. 이 집 식구들은
아침 일찍 일어나는 습관을 가졌기에 일찌감치 잠자리에 들지만 원한
다면 나는 계속 남아 책을 읽어도 좋다는 것이었다.

　"하지만 우리는 평소 하던 대로 하게 해주게나. 자네는 탕크레드 씨
손자니까 이런 게 그리 놀랍지는 않을 걸세"라고 노인이 말했다.

　그러고 나서 그는 내가 좀 전에 봤던 그 두꺼운 성경책을 가지고 와
선 깨끗이 치운 식탁 위에 놓았다. 그의 딸과 손자들이 식탁 앞 그 옆
에 나란히 다시 앉았으며, 마음을 가다듬은 모습이 그들에게는 자연스
럽게 보였다. 노인은 성스러운 책을 펴고 복음서 가운데 한 장과 시편
한 장을 엄숙하게 읽었다. 그런 다음 각자 자기 의자 앞에 무릎을 꿇

---

7) 이 어휘는 오직 가톨릭 신자들만 사용하는 것이라고 사람들이 내게 지
　적해주었다. 신교도들은 식사 전에 하는 이 기도를 뭐라고 하는지 가르
　쳐주기 바란다(원주).

8) 지드는 자신의 글 〈노르망디와 남부 랑그독 지방〉에서 이미 전개시킨
　대조를 다시 다루고 있다.

기 시작했으나, 그만은 예외로 그대로 선 채 두 눈을 감고 다시 덮은 성경책 위에 두 손을 펴 놓았다. 그리곤 짧은 감사 기도를 드렸다. 무척이나 위엄 있고 단순하며 아무것도 요구하는 게 없는 그 기도 속에서, 그가 하나님께서 날 자기 집으로 인도해주신 것에 대해 감사드린 걸 나는 아직 기억하고 있다. 어찌나 감동스런 어조로 기도했던지 내 온 마음이 그의 말과 함께 하고 있었다. 마지막으로 그는 '주기도문'을 외웠다. 잠시 침묵이 흘렀고 그 다음에서야 아이들이 하나씩 일어섰다. 그 장면은 너무나 아름답고 평온했으며, 곧이어 노인이 그들 하나 하나의 이마 위에 해주었던 평화의 입맞춤은 어찌나 영광스런 것이었는지, 나 역시 그에게 다가가 이마를 내밀었던 것이다.

내 할아버지 세대의 사람들은 자기네 조상들을 짓눌렀던 종교적 박해에 대한 기억을, 아니면 적어도 어떤 저항적 정신의 전통을 아직 생생하게 간직하고 있었다. 9) 그들을 굴복시키고자 했던 것에 대항해 생긴 어떤 강한 내적 완강함이 그들에겐 남아 있었다. 그들은 저마다 예수가 그들에게, 그리고 고통받는 소수의 무리들에게 말씀하던 걸 선명하게 새겨듣고 있었던 것이다. "너희는 세상의 소금이니 소금이 만일 그 맛을 잃으면 무엇으로 짜게 하리요 …"10)

그리고 내가 어렸던 그 당시만 하더라도 위제스의 작은 예배당에서 신교도들이 드리던 예배는 무척이나 감미로운 광경을 여전히 보여줬다는 사실을 인정해야 한다. 그랬다. 나는 하나님에게 말을 놓고 또 직접 말을 건네는 그 세대의 마지막 인물들이 커다란 펠트 모자를 쓴 채 예배드리는 모습을 볼 수 있었다. 그들은 경건한 예식 내내 모자를 쓰고 있다가 목사가 기도를 드릴 때 하나님 이름이 나올 때만 모자를 살

---

9) 종교개혁은 위제스에 1560년 전파되어 오랜 종교전쟁과 갈등의 시기를 시작하게 된다. 신교도들에 대한 박해는 특히 낭트칙령 폐지(1685년)와 신앙자유칙령(1787년) 사이에 일어났다.

10) 〈마태복음〉 5장 13절.

짝 들어올리고, 또 '주기도문'을 외울 때만 벗었다. 이 늙은 위그노들이 자기네 신앙에 따라 하나님께 예배를 드리다가 발각될 경우 심각한 문제가 되었던 그 옛날, 남불의 황야에 있는 은밀한 장소에서 찌는 듯한 하늘 아래 야외에서 드리던 그 예배를 기억하며, 이렇게 모자를 쓰고 있다는 사실을 몰랐을 외부인들은 이를 무례하게 여겨 분개했을 것이다.

   그 후 이 고대생물 같은 노인들은 한 명씩 사라져갔다. 그들이 죽은 후 얼마동안 그 미망인들은 아직 살아 있었다. 그네들이 집밖을 나서는 일은 오직 주일마다 교회에 가는 일뿐으로, 다시 말해 교회에서 서로 만나기 위해서였다. 그중에는 나의 할머니와 할머니 친구인 아보지 부인과 벵상 부인, 그리고 더 이상 이름이 기억나지 않는 다른 두 부인이 있었다. 예배시간 직전, 그 안주인들만큼이나 늙은 하녀들이 부인들의 발 보온기를 들고 와선 각자의 의자 앞에 갖다놓았다. 이윽고 시간이 되면 미망인들이 입장하는데 예배는 벌써 시작되고 있었다. 눈도 제대로 보이지 않는 그녀들은 문 앞에서는 서로 알아보지 못하다가, 일단 자리에 앉고 나면 서로를 알아보는 것이었다. 다시 만난 기쁨에 완전히 들뜬 그녀들은 축하의 말과 대답과 질문들이 뒤섞인 엄청난 토로를 합창하듯 쏟아내기 시작하는데, 모두들 하나같이 귀를 먹어 수다스럽게 해대는 상대방의 말은 하나도 알아듣지 못하고 있었다. 그리하여 잠시 동안 온통 뒤엉킨 그들의 목소리는 가련한 목사의 말을 완전히 뒤덮어버리는 것이었다. 몇몇은 화를 낼 수도 있었을 것이나 그들 남편을 생각해 미망인들을 용서해주었고, 좀더 너그러운 사람들은 재미있어했으며, 아이들은 웃음을 터뜨렸다. 약간 거북한 느낌이 들었던 나는 할머니 옆에는 절대로 앉지 않게 해달라고 했다. 이 작은 코미디는 일요일마다 다시 시작되곤 했는데, 이보다 더 그로테스크하고 더 감동적인 건 상상해볼 수 없었다.

   할머니가 어느 정도 늙었는지 나는 결코 표현할 수 없을 것이다. 아

무리 내가 기억을 뒤로 거슬러 올라가 봐도, 할머니가 예전에 어떤 모
습이었을지 엿보거나 상상해볼 수 있는 건 하나도 남아있지 않았다.
할머니는 한 번도 젊었던 적이 없고 또 젊을 수도 없었을 것 같았다.
할머니는 무쇠 같은 건강으로 남편뿐 아니라 맏아들인 나의 아버지보
다 오래 사셨다. 그리고 아버지가 돌아가신 후에도 오랫동안 어머니와
나는 부활절 휴가에 위제스로 가곤 했는데, 그때마다 할머니는 한 해
한 해 똑같았고 단지 귀만 좀더 먹어갈 뿐이었다. 주름살로 말하자면
오래전부터 더 이상 주름이 질 수는 없었기 때문이다.

　이 정다운 노인은 분명 전심전력으로 우리를 맞아주셨다. 그런데 도
리어 바로 그 이유로 난 우리 존재가 할머니에게 진정 즐거운 것이었
는지 확신할 수 없다. 하지만 그런 건 문제가 되지 않았다. 어머니에
게는 누군가를 기쁘게 하는 것보다 뭔가 의무나 의식을 완수하는 게
더 중요했던 것이다. 할머니에게 보내는 그 엄숙한 편지가 바로 그런
것으로, 새해만 되면 어머니는 나더러 할머니께 편지를 쓰라고 계속
종용하시는 바람에 내 설날 기분을 망치곤 했다. 나는 우선 편지를 쓰
지 않으려고 요리조리 피하며 따졌다.

　"도대체 내 편지를 한 통 받거나 말거나 그게 할머니한테 무슨 의미
가 있다는 거야?" 그러면 어머니는 말씀하셨다.

　"그건 문제가 아니야. 네겐 의무라는 게 전혀 없구나. 의무를 다 해
야지."

　그러면 나는 울기 시작하고 어머니는 다시 말씀하시는 것이다.

　"애야, 생각을 해봐. 손자라곤 너 하나밖에 없는 불쌍한 할머니 생
각을."

　"나더러 도대체 무슨 말을 쓰라고?" 나는 훌쩍거리면서 외쳐대는 것
이다.

　"뭐든지. 네 외사촌누이들 얘기를 하렴. 그리고 자르디니에 친구
들11) 이야기도."

　"할머니는 걔들을 알지도 못하는데."

"그럼 네가 요즘 뭘 하는지 얘기 해드려."

"하지만 그건 할머니한테 아무 재미도 없는 걸 엄마도 잘 알잖아요."

"여러 말 할 것 없다. 편지를 쓰기 전에는 이 방(크론느 가에 있던 공부방이었다)에서 못 나와."

"하지만 …"

"그만. 더 이상 왈가왈부하지 않겠어."

그리곤 어머니는 입을 꾹 다물어버리셨다. 나는 그러고도 계속 한동안 꾸물거린 다음, 하얀 종이 위에 엎드려 머리를 쥐어짜기 시작하는 것이었다.

사실은 그 어떤 것도 더는 할머니 관심을 끌 것 같지 않았다는 점이다. 하지만 우리가 위제스에 머물 때마다, 할머니는 기억을 더듬고 더듬어 15분에 한 번씩 노르망디에 있는 내 외사촌들의 이름을 마침내 기억해내시곤 했는데,12) 손에 뜨개질감이나 책을 들고 할머니 옆에 앉는 어머니에 대한 배려로 그러셨을 것이다.

"그런데 비드메르네 식구들은13) 어떻게 지내나?"

어머니는 무한한 인내심을 가지고 할머니에게 소식을 전해준 다음 다시 책을 읽기 시작하셨다. 그러면 10분 뒤에

"그런데 모리스 데마레는 여전히 장가 안 갔나?"

"아니에요, 어머니. 그건 알베르예요. 모리스는 애가 셋이예요. 딸

---

11)  지드의 아버지와 같은 법대교수의 아들들로 지드와는 알자스 학교 동창
생들이다.

12)  1893년 위제스에 머물던 지드는 어머니에게 보낸 편지에서 다음과 같이
쓰고 있다. "할머니는 지치지도 않고 이 사람 저 사람에 대해 전혀 중요
하지도 않은 질문들을 하시는데, 그들을 다 기억하고 계시다는 걸 보여
주시려는 거예요."

13)  지드의 큰 이모 클레르(1822-1901)는 기욤 데마레 씨와 결혼하여 자식
을 셋 두었다. 모리스, 이자벨, 알베르로, 이자벨은 비드메르 씨와 결
혼했으며, 젊은 시절 지드와 절친했던 알베르는 결혼을 늦게 했다.

만 셋이죠."

"아 그래?"

하지만 이 말은 의문의 뜻은 전혀 없는 것이었다. 그건 할머니가 놀람과 동의, 감탄 등 모든 용도에 다 쓰는 단순한 감탄사로, 누군가가 할머니에게 무슨 말을 하든지 그 말은 반사적으로 받는 말인 것이다. 그 말을 내뱉은 다음 잠시 동안, 할머니는 아래 위 온통 명상에 잠긴 듯 온몸을 흔들며 고개를 끄덕이시는 것이다. 그리곤 막 들은 그 소식을 마치 입맛 다시듯 되새김질하시는 모습을 보게 되는데, 그건 몰랑몰랑하고 주름투성이인 할머니 뺨을 오목하게 했다가 다시 부풀어 오르게 만들곤 했다. 이윽고 모든 걸 다 삼키신 후, 그리고 당분간 새로운 질문을 만들어낼 생각을 포기하신 다음, 할머니는 무릎 위에 내려놓았던 뜨개질을 다시 시작하시는 것이었다.

할머니는 양말을 뜨고 계셨다. 그건 내가 아는 유일한 할머니의 일거리였다. 할머니는 하루 종일, 마치 일벌레처럼 지치지도 않고 뜨개질을 하셨다. 하지만 로즈가 부엌에서 무슨 일을 하는지 보러가느라 수시로 자리에서 일어나셨기 때문에 짜던 양말을 여기저기 가구 위에 얹어놓고 잃어버리기 일쑤였다. 그리하여 그 누구도 할머니가 양말 한 짝을 제대로 끝내시는 걸 본 적이 없었으리라 생각한다. 서랍마다 뜨기 시작한 양말이 있었는데, 로즈가 아침마다 청소하며 그 속에다 치웠던 것이다. 바늘로 말하자면 머리에 쓴 리본으로 장식된 얇은 망사 모자와 누런빛이 도는 회색빛 머리카락 사이, 귀 뒤쪽으로 한 다발씩 꽂고 다니셨다.

할머니의 새 며느리인 나의 숙모 안나[14]는 어머니가 할머니에 대해 갖고 있던 애정과 존경에 가득 찬 그런 너그러움을 갖고 있지 않았다.

---

14) 샤를르 지드는 1878년 안나 임 튀른느(1857-1931)와 결혼했는데, 지드는 님므 근처에 저택을 갖고 있던 안나 숙모의 부친 집에 여러 번 머문 적이 있다.

숙모는 숙부에게 못마땅하게 여기던 모든 것과 자신을 화나게 하던 모든 걸 할머니 탓으로 돌렸다. 그녀는 어머니와 내가 위제스에 있는 동안 단 한 번 왔던 걸로 생각된다. 그때 우리는 숙모가 오자마자 곧 바로 그 양말을 뒤져내는 걸 보았다.

"여덟 개예요! 여덟 개나 찾아냈다구요!"라고 어머니에게 말했다. 우습기도 하고 그런 무심한 태도에 짜증도 난다는 눈치였다. 결국 그날 저녁 숙모는 더 이상 참지 못하고 할머니에게 뭣 때문에 단 한 번이라도 제대로 양말 하나를 끝내지 못하시는지 물었다.

가여운 노인은 처음에는 그런대로 미소를 지으려고 애쓰셨다. 그러다가 어머니에게 자신의 불안감을 전하며,

"쥘리에트, 안나 애가 도대체 뭐라고 하는 거냐?"

하지만 어머니는 그 일에 끼어들지 않았으며, 숙모는 더 세게 몰아댔다.

"어머니, 제가 묻잖아요. 한 번만, 한 짝이라도 완전히 끝내지 못하시는 이유가 뭔지 말이에요? 매번 그렇게 시작만 하지 마시구요."

그때 약간 화가 난 노인은 입술을 깨물다가 갑자기 말대꾸를 하시는 것이었다.

"끝낸다, 끝내는 거라… 그래! 안나 말이 맞아!… 하지만 시간이 있어야지!"

할머니의 끝없는 걱정은 우리에게 먹을 게 모자라지 않나 하는 것이었다. 정작 자신은 거의 드시지도 않는 할머니에게 어머니는 식사 때마다 요리가 네 접시면 충분하다는 걸 설득시키느라 무척 힘이 드셨다. 대개의 경우 할머니는 그 말은 전혀 듣지 않고 어머니 곁을 빠져나가 로즈와 함께 뭔지 모르는 밀담을 나누시는 것이었다. 할머니가 부엌을 나서자마자 어머니 역시 부엌으로 달려가 로즈가 시장에 가기 전 메뉴를 재조정하여 그 가운데 사분의 삼은 취소시키시는 것이었다.

"아니, 로즈! 꿩 요리는?" 점심식사 때 할머니께서 외치셨다.

"어머님, 오늘 아침 양갈비를 먹었잖아요. 그래서 로즈한테 꿩 요리는 내일 먹자고 했어요."

가여운 노인은 절망에 빠지셨다.

"양갈비라고! 양갈비!" 할머니는 웃는 시늉을 하며 되풀이하시는 것이었다. "그 새끼 양갈비는 여섯 쪽이나 돼야 겨우 한 입인데 …"

그러고 나선, 마치 항의하듯 할머니는 결국 자리에서 일어나 식당 안쪽에 있는 작은 찬장 속에서, 한심스럽고 부족한 그 식사 메뉴를 보충할 만한 뭔가를, 우리가 왔을 때를 위해 준비해둔 비장의 졸임 단지를 꺼내 오시는 것이었다. 대개의 경우 그건 송로버섯을 넣고 베이컨으로 싸서 쪄낸 돼지고기 단자로, '프리캉도'라 부르는 맛좋은 고기요리였다. 어머니는 당연히 사양하셨다.

"아니! 애는 먹을 것 아니니, 애는!"

"어머님, 애도 이만큼 먹었으면 충분해요."

"아니 도대체! 넌 애가 굶어죽게 내버려두려는 거냐?…"

(할머니 보시기에 터질 것 같이 살이 찌지 않은 아이들은 전부 다 굶어죽는 것이었다. 나중에 사람들이 할머니더러 자기 손자들, 즉 내 사촌들이 어떠냐고 물으면 할머니는 언제나 입을 삐죽이며 "비쩍 말랐지!"라고 답하시곤 했다.)

어머니의 검열을 피할 수 있는 좋은 방법은 베샤르 호텔에다 올리브를 넣은 부드러운 소고기 요리를 주문하거나 또는 파브르가 가게에 고기 단자로 만든 크림 파이나 얇게 저민 대구요리, 또는 작게 잘라 돼지기름에 튀겨낸 전통식 빵을 주문하는 것이었다. 어머니는 또한 섭생의 원칙아래 할머니의 식성에 대해서도 싸우셨다. 특히나 할머니가 고기 단자 파이를 자르면서 제일 밑에 있는 부분을 드시려고 할 때 그랬다.

"아니 어머님, 기름기가 가장 많은 걸 드시려구요!"

"그래! 제일 밑의 파이가…"라고 섭생 같은 건 완전히 무시하시는 할머니께서 말씀하셨다.

"어머님께는 제가 잘라 드릴게요."

그러면 노인은 체념한 눈빛으로 자기 접시에서 자신이 가장 좋아하는 부분이 잘려져 나가는 걸 보시는 것이었다.

파브르가 가게에서는 후식으로 먹는 앙트르메 케이크도 왔는데, 칭찬할 만한 것이긴 했으나 그리 다양하진 않았다. 사실이지 매번 배달되는 건 '술탄'으로, 우리 중 아무도 그것에 열광하진 않았다. '술탄'은 피라미드 형태로, 때때로 호사를 부리느라 꼭대기에 작은 천사 장식을 얹기도 했는데 그건 뭔지 모르는 흰색으로 된 걸로 먹지는 못하는 것이었다. 그 피라미드는 작은 슈크림으로 만든 것으로, 그것들을 서로서로 붙이려고 꽤나 끈적끈적한 캐러멜을 발라놓아, 스푼으로 하나씩 떠먹을라치면 완전히 부서져버리고 말았다. 피라미드 전체를 캐러멜로 온통 휘감아 놓아 시적인 측면에서 구미를 떨어뜨렸으며 모든 걸 끈적거리게 만들었다.

할머니는 단지 더 나은 게 없어 '술탄'을 내놓는다는 사실을 우리에게 전하려고 무진 애를 쓰셨다. 그래서 얼굴을 찌푸리며 말씀하시는 것이었다.

"참! 파브르가 영감도!… 매일 똑같은 거군!"

또는 "성의가 없군" 하시는 것이었다.

그 식사들은 얼마나 오랜 시간을 끌었던가! 언제나 밖에 나가고 싶어 그토록 안달하던 내게는. 난 위제스 주변의 시골과 퐁텐느 되르 강의 골짜기, 그리고 무엇보다 남불의 그 황야를 열정적으로 좋아했다. 처음 몇 해 동안은 하녀 마리가 산책에 동행했다. 나는 그녀를 위제스 마을을 벗어나는 지점에 있는 '사르보네 산'이라는 석회석으로 된 조그마한 동산 위로 데리고 갔다. 거기서 하얀 진액이 나오는 키 큰 버들옷 이파리 위에 붙은 박각시 애벌레들을 보는 건 너무나 재미있는 일로, 애벌레들은 풀어진 터번 같은 모양을 하고 등 쪽에 뿔 같은 걸 달고 있었다. 또 소나무 그늘 아래 있는 회향잎 위에는 또 다른 애벌레들이 있었다. '제비나비' 애벌레나 '플랑베' 애벌레로, 건드리기만 하면 목덜미 위로 전혀 예기치 못한 색깔에다 지독한 냄새가 나는 두 갈래로 된 관(管) 같은 걸 쭉 내밀곤 했다.

사르보네 산을 둘러싸고 있는 길을 계속 가면 퐁텐느 되르 강이 흐르는 초록빛 들판에 이르게 된다. 그 들판 가운데 가장 습기가 많은 곳은 봄이면 그 지역에서 '쿠르바돈느'라고 부르는, 일명 '시인의 수선화'라는 우아한 하얀 수선화들로 뒤덮여 화려하게 장식되곤 했다. 위제스 사람들은 아무도 그 꽃을 꺾을 생각도 하지 않았고, 그걸 보려고 길을 멈추지도 않았을 게다. 그래서 언제나 인적이 없는 들판에는 그 꽃들이 엄청나게 무성했으며, 사방으로 멀리까지 온통 그 향기로 가득했다. 그 꽃들 가운데 몇몇은 누군가가 내게 가르쳐주었던 우화 속에서처럼 물 위로 얼굴을 숙이고 있어 나는 그 꽃들을 꺾고 싶지 않았다. 다른 꽃들은 무성한 풀밭 사이로 절반쯤 몸을 가리고 있었다. 하지만 대개는 어두운 풀밭 가운데 줄기 위로 꼿꼿이 몸을 가눈 채 저마다 별처럼 빛을 발하고 있었다. 스위스 출신이었던 하녀 마리는 꽃들을 좋아해서 우리는 한 아름씩 꺾어오곤 했다.

퐁텐느 되르 강은 로마인들이 물길을 잡아 그 유명한 퐁 뒤 가르 수도교(水道橋)를 통해 님므까지 끌어왔던 수량이 풍부한 강이었다. 그 강은 위제스 근처에 이르러서는 절반가량 오리나무에 가려진 채 흐르며 골짜기는 점점 좁아졌다. 오, 작은 도시 위제스여! 네가 이탈리아 옴브리아 지방에 있다면 파리에서 관광객들이 너를 보러 몰려들 것이건만! 위제스는 바위산 기슭에 위치한 도시로, 가파른 내리막 부분에는 공작(公爵) 영지의 그늘진 정원이 들어서 있었고, 그 정원의 커다란 나무들은 그 아래 쪽 그물처럼 뒤엉킨 뿌리 속에다 개울의 가재들을 숨겨주고 있었다. 프롬나드 산책로의 테라스나 공원의 테라스에서 보면 공작 영지의 키 큰 팽나무들 사이사이로 좁은 골짜기 건너편으로 더 가파른 바위산이 보인다. 그 바위산에는 바위들이 삐죽삐죽 솟아있고 동굴이 군데군데 파여 있었으며, 아치와 뾰족한 꼭대기들, 그리고 마치 바닷가 절벽처럼 깎아지른 절벽으로 되어 있었다. 그리고 그 위로 햇빛으로 완전히 황폐해진 황량한 들판이 보이는 것이다.

발에 난 티눈 때문에 끝없이 불평을 해대는 마리는 황야의 울퉁불퉁한 오솔길에 대해 별로 신이 나 하지 않았다. 그런데 얼마 지나지 않아 마침내 어머니는 내가 혼자 나가도록 내버려뒀고 나는 마음껏 올라다닐 수 있었다.

사람들 발걸음으로 완전히 닳아 반질반질한 바위산 기슭을 얼마동안 따라가다가, 바위에 패인 층계를 쭉 내려온 다음 '퐁 디 비오'(정확하게 썼는지 모르지만 미스트랄 말15)로 '황소 샘'이란 뜻이다)에서 강을 건너게 된다. 저녁이 되어 빨래하던 여인들이 일을 마치고 다시 올라올 때, 옛날식으로 하얀 빨랫감을 머리에 이고 있어 한결 고상해진 듯한 걸음걸이로 몸을 꼿꼿하게 세운 채 그 층계 위로 천천히 맨발을 내딛는 걸 볼 때면 그 얼마나 아름다웠던가! '퐁텐느 되르'16)가 사실 강 이름이었듯이, '퐁 디 비오'라는 말도 정확하게 샘을 가리키는지 확실히 모르겠다. 하지만 거기에 물방앗간 하나와 거대한 플라타너스 나무들이 그늘을 드리우고 있던 농가가 한 채 있었던 건 눈에 선하다. 원래 나있던 물길과 물방앗간을 돌리는 물길 사이로 일종의 작은 섬이 있었으며, 닭과 오리들이 뛰놀고 있었다. 종종 나는 이 섬의 한쪽 모퉁이에 와선, 오래 된 수양버드나무의 그루터기에 올라 앉아 나뭇가지에 몸을 가린 채, 오리들이 벌이는 격렬한 놀이를 지켜보면서, 맷돌이 돌며 내는 윙윙거리는 소리와 바퀴 위로 떨어지는 물소리, 강물의 수많은 속삭임 소리와 더 멀리 빨래하는 여인들이 장단 맞춰 두드리는 방망이 소리 속으로 감미롭게 빠져든 채, 몽상에 잠기거나 책을 읽곤 했다.17)

그러나 대개의 경우 나는 퐁 디 비오에 머무르지 않고 곧바로 황야로 달려가곤 했다. 인간성이 배제된 것, 메마른 것에 대한 이 야릇한

15) 프랑스 남부 지방의 사투리.
16) 프랑스어로 '외르 샘'이란 뜻이다.
17) 지드가 1889년 4월 위제스에 머물렀던 시기의 이야기이다.

사랑, 그토록 오랫동안 나로 하여금 오아시스보다 사막을 더 좋아하게 했던 이 사랑이 벌써 나를 황야로 이끌고 있었다.[18] 건조하고 향기가 가득한 거대한 바람, 헐벗은 바위 위로 눈이 멀 정도로 내려 부시는 태양의 반사, 이 모든 것은 마치 포도주처럼 도취하게 만든다. 그리고 바위 타기는 그 얼마나 즐거웠던가! 그 지방에서는 '프레가-디우'라고 부르는 사마귀를 잡기도 했는데, 나무 잔가지에 끈끈이로 매달려있는 그 알집은 무척이나 내 호기심을 끌었다. 그리고 조약돌을 들어 올릴 때면 그 아래서 보게 되는 징그러운 전갈과 지네들!

  비가 오는 날이면 나는 집안에 틀어박혀 모기사냥을 하거나 아니면 할머니의 괘종시계들을 완전히 분해하곤 했다. 그 시계들은 우리가 지난번 왔을 때 이후로 모두 다 고장 나 있었다. 그 어떤 것도 이 섬세한 작업보다 더 날 몰두시킨 일은 없었으며,[19] 내가 그 시계들을 다시 가게 했을 때 할머니가 그걸 보고선 다음과 같이 외치시는 소리를 들을 때면 그 얼마나 자랑스러웠던가!

  "아니 이봐, 쥘리에트, 이 어린 게…"

  그러나 비오는 날 내가 가장 좋아하는 시간은 로즈에게 열쇠를 빌려 다락방에 올라가 보내는 시간이었다(내가 나중에 《스텔로》[20]를 읽었던 곳도 그곳이었다). 다락방 창문으로 이웃집 지붕들이 내려다 보였다. 창문 가까이 포대로 덮어놓은 커다란 나무상자 속에다 할머니는 식탁에 올릴 암탉을 기르고 있었다. 암탉들은 내 관심을 크게 끌지 못했

---

18) 지드는 일기에서도 "나는 사막을 한없이 사랑한다"고 적고 있으며, 《지상의 양식》(Les Nourritures terrestres)에서도 수많은 오아시스를 나열한 다음 "그 다음 날 내가 사랑한 것은 오직 사막뿐이었다"라고 적고 있다.

19) 지드의 소설 《사전꾼들》은 시계 고치는 일을 하다가 자기 출생의 비밀을 발견하게 되는 베르나르의 이야기로 시작된다.

20) 1889년 4월 위제스에 갔던 지드는 2년 전 이 다락방에서 프랑스 낭만주의 작가들인 샤토브리앙의 《르네》와 알프레드 드 비니의 《스텔로》를 읽은 사실을 회상하고 있다.

다. 하지만 잠시 가만히 앉아 있노라면, 트렁크와 사용하지 않는 이름
도 없는 물건들, 먼지를 뒤집어쓴 한 무더기의 고물들이 쌓여있는 사
이로, 또는 저장해 둔 장작더미와 포도나무 가지 뒤쪽으로, 로즈가 키
우는 새끼 고양이들의 귀여운 얼굴이 서서히 나타나는 게 보이는 것이
었다. 그런데 그 고양이들은 아직 너무 어려, 그들 어미처럼 부엌의
따뜻한 고요함과 로즈의 애무, 포도나무 가지가 타는 불 앞에서 돌아
가고 있는 고기 굽는 냄새와 아궁이보다 자기네들이 태어난 다락방의
그 잡동사니 사이를 더 좋아하고 있었다.

　나의 할머니를 보지 못했을 경우, 이 세상에 로즈보다 더 늙은 사람
은 없다고 생각할 수 있을 것이다. 로즈가 그때까지 일을 할 수 있었다
는 건 놀라운 사실이었다. 하지만 할머니는 그녀에겐 거의 일을 시키지
않았으며, 우리가 가 있는 동안은 마리가 집안일을 거들었다. 그런데
로즈가 마침내 일을 그만 둔 후, 할머니가 몽펠리에에 있는 샤를르 숙
부네에 가서 지내기로 체념하시기 전, 할머니 집에는 가장 황당한 하녀
들의 표본이 이어지고 있었다. 한 하녀는 손버릇이 나빴고, 다른 하녀
는 술을 마셨다. 그리고 세 번째는 낭비벽이 있었다. 나는 그 마지막
하녀를 기억하는데, 구세군 신자였다. 드디어 쓸 만한 사람을 구했다
고 만족해하시던 차에 어느 날 밤, 잠이 오지 않던 할머니는 영원히 끝
내지 못한 채 뜨고 있던 양말을 찾으러 살롱으로 갈 생각을 하셨다. 할
머니는 속치마와 내의 바람이었다. 아마도 뭔가 이상한 낌새를 눈치 채
셨던 모양이다. 살롱 문을 조심스럽게 살짝 연 할머니는 불이 환히 켜
져 있는 걸 보시게 되었는데… 일주일에 두 번 씩 그 구세군 여인은 '손
님을 대접하고' 있었던 것이다. 할머니 집안에서 신앙교육 모임을 가졌
던 걸로, 그것도 상당히 인기가 있었던 게 찬송가를 부른 다음 차를 대
접하기도 했던 것이다. 사람들이 모여 있는 한가운데, 괴상한 잠옷차
림을 하고 할머니가 들어오신 그 장면을 상상해 보라!… 할머니가 위제
스를 결정적으로 떠나신 건 그 일이 있은 지 얼마 후였다.[21]

할머니 이야기로 위제스의 추억을 마감하기 전, 식당 안쪽에 있던 창고 문에 대해 이야기하고자 한다. 무척 두꺼운 이 문짝에는 흔히 옹이라고 하는 게 있었는데, 더 정확하게는 백목질(白木質) 속에 박혀있던 작은 나뭇가지 그루터기라고 생각된다. 그런데 그 나뭇가지 부분이 빠져나가, 새끼손가락만한 동그란 구멍이 문짝을 가로질러 위에서 아래로 비스듬히 나 있었다. 그 구멍 안쪽에 뭔가 둥글고 회색빛 나는 매끈한 것이 보여 무척이나 내 호기심을 자극하고 있었다.

"도련님, 그게 뭔지 알고 싶죠?" 식탁을 차리던 로즈가 말했다. 내가 그 구멍 속에 새끼손가락을 집어넣어 그 안에 든 걸 만져보려고 정신이 온통 팔려있었기 때문이다. "구슬이랍니다. 도련님 아빠가 도련님만 했을 때 굴려 넣었던 거죠. 그 후론 아무도 꺼내지 못했답니다."

그 설명으로 내 호기심은 만족됐으나, 난 더 흥분되었다. 나는 시도 때도 없이 그 구슬을 보러갔다. 새끼손가락을 집어넣으면 간신히 구슬에 닿기는 했으나, 밖으로 끄집어내려고 아무리 애써도 그저 뱅뱅 돌기만 할 뿐 손톱은 사각거리는 신경질적인 작은 소리를 내며 매끄러운 표면위로 미끄러질 뿐이었으니 …

다음 해 위제스에 가자마자 나는 구슬 있는 데로 달려갔다. 엄마와 마리가 비웃는 것도 아랑곳하지 않고 나는 새끼손가락 손톱을 일부러 엄청나게 길게 길렀기에, 단번에 구슬 밑으로 밀어 넣을 수 있었다. 한 번 휙 들었더니, 구슬이 내 손안으로 툭 튀어 올랐다.

가장 먼저 머리에 떠오른 생각은 부엌으로 뛰어가 승리를 노래하는 것이었다. 그러나 곧바로, 로즈의 축하로부터 도대체 어떤 기쁨을 끌어낼 수 있나 헤아려봤을 때, 그 기쁨이란 너무나 하잘 것 없는 것임을 깨닫곤 그만 두었다. 나는 한동안 문짝 앞에 가만히 서서, 손바닥 안에 든 회색빛 구슬을 쳐다보고 있었다. 이제 다른 모든 구슬과 똑같아져버린 구슬, 구멍 밖으로 나온 순간부터 더 이상 아무 흥미도 없어져

---

21) 지드의 할머니는 돌아가시기 1년 전인 1893년 이사를 했다.

버린 그 구슬을. 나는 똑똑한 척하려고 했던 나 자신이 너무나 바보같이, 너무나 부끄럽게 느껴졌다⋯ 나는 얼굴을 붉히며 그 구슬을 다시 구멍 속으로 굴려 넣었다(그건 아마 아직도 거기 있을 것이다). 그리고 나의 위업에 대해선 아무에게도 말하지 않은 채, 손톱을 깎으러 갔다.

한 10년 전 스위스를 지나가면서, 나는 당시 아직 생존해 있던 가련한 늙은 마리를 다시 보기 위해 그녀가 살고 있던 로쯔빌이라는 작은 마을에 들렀다.[22] 마리는 위제스며 할머니에 대해 다시 이야기하면서 퇴색된 내 추억들을 되살려놓았다.

"서방님이 달걀을 드실 때마다," 그녀의 이야기였다. "그게 프라이든 반숙이든, 서방님 할머니는 한 번도 빠지지 않고 매번 '아니, 애야! 흰자는 먹지 마. 영양가 있는 건 노른자니까'라고 외치듯 말씀하셨죠." 그러고 나서 마리는 선량한 스위스 여인네처럼 이렇게 덧붙이는 것이었다. "마치 하나님께서 흰자는 원래 못 먹게 만드신 것처럼 말이죠."

나는 이야기를 꾸며내고 있는 게 아니다. 내 기억이 떠오르는 대로 옮겨 쓰고 있다. 그래서 지금 할머니 이야기에서 자연스럽게 마리 이야기로 이어지는 것이다.

나는 지금도 뚜렷이 기억하고 있다. 어느 날 갑자기 마리가 예쁠 수 있다는 생각이 불쑥 들었던 날을. 그건 어느 여름 날 라 로크에서였다(참으로 오래전 이야기다!). 마리와 나는 정원 앞쪽으로 넓게 펼쳐진 들판으로 꽃을 꺾으러 나갔다. 앞서 걷고 있던 나는 막 시냇물을 건너는 순간 뒤를 돌아다보았다. 마리는 아직 통나무로 만든 조그마한 다리 위에 선 채 햇빛으로부터 시냇물을 가려주고 있던 주변의 물푸레나무 그늘 속에 있었다. 그런데 몇 발자국 더 떼자, 그녀는 갑자기 햇빛

---

22) 지드가 그의 아내와 함께 마리를 보러 간 것은 쉰브룬 온천장에서 요양을 한 다음인 1906년 7월이었다.

속에 완전히 감싸이게 되었다. 그녀는 손에 하얀 들장미 다발을 들고 있었다. 얼굴은 챙이 넓은 밀짚모자에 가려져 있어 얼굴 전체가 미소로만 보였다. 내가 외쳤다.

"왜 웃는 거야?"

그녀가 대답했다.

"그냥. 날씨가 좋잖아." 그러자 곧 계곡은 눈에 띨 정도로 사랑과 행복으로 가득 차는 것이었다.

우리 집에서는 하인들에 대해 언제나 무척 엄격했다. 어머니는 자기 밑에서 일하는 사람들에 대해서는 도덕적 책임감도 기꺼이 느끼고 계셨던지라, 정식결혼으로 이어질 수 없이 그저 정을 통하는 건 어떤 것도 용납하지 못하셨을 것이다. 아마 바로 그런 이유로 난 마리가 연정을 품었던 일은 단 한 번밖에 보지 못했다. 그것도 내가 우연히 알게 된 것으로, 우리 집 부엌에서 일하던 델핀느를 향한 것이었는데, 물론 어머니는 그런 건 감히 생각도 못하셨을 게다. 당연한 이야기지만 나 역시 그 당시에는 전혀 상황파악을 하지 못했으며, 그 후 오래 지나서야 비로소 어느 날 밤의 그 격정의 의미를 깨닫게 되었다. 하지만 뭔지 모르는 막연한 본능에 의해 나는 그 일을 어머니에게 말하진 않았다.

투르농 가의 내 방은 이미 말했듯이 안뜰로 면한 채 외따로 떨어져 있었다. 그 방은 상당히 널찍했으며, 다른 방과 마찬가지로 천정이 무척 높았다. 그리하여 내 방 옆쪽으로, 내 방과 집안을 잇는 복도 끝에 천정 높이와 나란히 일종의 찬방이 있었는데, 그곳은 목욕실로 사용되었고 내가 나중에 거기서 화학실험을 했다. 바로 그 찬방 위에 마리의 방이 있었다. 그 방에는 내 침대 옆 칸막이 뒤로 작은 내부 계단이 있어 내 방에서 바로 올라갈 수 있게 되어 있었다. 또 이 찬방과 마리의 방에는 또 다른 문이 있어 밖으로 직접 통하는 계단으로 나갈 수 있었다. 장소에 대한 묘사보다 더 어렵고 더 지루한 건 없다. 하지만 다음에 이어질 이야기를 설명하기 위해선 아마도 필요하리라… 그리고 우리 집 부엌에서 일하던 델핀느란 이름의 하녀가 최근 시골에 있는 우리 이웃집의 마부와 약혼했다는 사실도 덧붙여둬야 할 것이다. 델핀느는 조만간 우리 집을 영영 떠나게 되어 있었다. 그런데 그녀가 떠나기 전날 밤, 나는 자다가 너무나 이상한 소리가 나 한밤중에 잠에서 깼다. 내가 마리를 막 부르려는 순간, 나는 그 소리가 바로 마리 방에서 난다는 사실을 깨달았다. 게다가 그 소리는 무섭다기보다 훨씬 더 야릇하고 이상한 것이었다. 이중창으로 된 일종의 탄식이라고 할 수 있었을까, 오늘날 같으면 울고 있는 아랍 여인들의 탄식에다 비교할 수 있을 것이나 그 당시에는 그 어떤 것과도 비슷해 보이지 않는 소리였다. 흐느낌과 오열, 그리고 격정으로 발작적으로 끊어졌다 이어지는 비장한 가락을 나는 어둠 속에서 몸을 반쯤 일으킨 채 오랫동안 들었다. 그 속에는 정숙함보다도, 졸음이나 밤보다도 더 강력한 뭔가가 표현되고 있다는 걸 도저히 설명할 수는 없었지만 나는 느끼고 있었다. 하지만 그 나이 때는 설명될 수 없는 게 무수히 많은지라, 사실상 나는 스르르 다시 잠속으로 미끄러져 들어갔던 것이다. 그리고 그 다음날, 나는 그 소동을 하인들이 흔히 보여주듯 품위 없이 호들갑 떤 걸로 대충 치부하고 말았는데, 그 얼마 전 데마레 이모부가 돌아가셨을 때 그런 예를 하나 보았던 것이다. 23)

에르네스틴느란 데마레 이모부집 하녀는 — 완전히 기력을 잃은 이모가 살롱에서 말 한마디 없이 꼼짝 않고 있는 옆에, 상을 당한 모든 가족들이 울음을 삼키고 있는 동안 — 옆방 안락의자에 앉아, 엄청난 오열을 터뜨리면서 중간 중간 숨 쉴 때마다 외쳐대고 있었다.

"아, 인자하신 우리 주인님! 아! 사랑하는 주인님! 아! 존경하는 주인님!"이라고 안절부절, 몸을 뒤흔들며 어찌나 외쳐대는지, 이모의 모든 슬픔이 그녀 위로 내리누르는 것 같았다. 마치 트렁크를 다른 사람

---

23) 클레르 이모의 남편인 기욤 데마레는 지드의 열 번째 생일 전날인 1879년 11월 21일 사망했다.

에게 들라고 내주듯 이모가 자신의 모든 슬픔을 벗어 에르네스틴느에
게 내맡긴 것처럼 보였다.

　그 나이에(내 나이 열 살이었다) 나는 에르네스틴느가 통곡한 건 다
른 사람더러 들으라고 한 것이었던 반면, 마리가 소리를 내질렀던 건
단지 아무도 자기 소리를 듣지 못하리라 여겼다는 사실을 알 수 없었
던 것이다. 그 당시 나는 그보다 더 고지식할 수 없었으며, 게다가 육
체의 작업에 대해서는 완전히 무지했고 또 호기심조차 없었다.

　사실이지, 마리가 이따금씩 나를 데리고 가던 뤽상부르 박물관에서
─그런데 내게 색채와 선에 대한 취향을 일깨우고자 부모님께서 먼저
날 거기에 데리고 가셨던 것 같다─내가 이끌렸던 건, 마리가 온갖
열성을 다해 설명해주려고 했음에도 불구하고 (아니면 아마 바로 그 때
문에) 뭔가 일화를 담고 있는 그림들보다는 오히려 나체화였다. 마리
는 그 사실에 무척 분개하며 어머니에게 다 일러바쳤다. 그리고 나체
화보다 더 내 시선을 끈 것은 조각상들이었다. (내가 틀리지 않다면)
이드락의 〈헤르메스〉 조각상[24] 앞에서 나는 감탄에 사로잡혀 멍하니
서 있어서, 내게 제정신이 돌아오게 하려면 마리는 안간힘을 다 써야
했다. 하지만 그 나체화나 조각상의 형상들이 성적 쾌락으로 이끈 것
도, 또 성적 쾌락이 그 형상들을 환기시킨 것도 아니었다. 그 둘 사이
에는 아무 관계도 없었다. 성적 흥분의 테마들은 전혀 다른 것들이었
다. 대부분의 경우 그건 엄청나게 날카롭고 감미로운 색채와 소리들이
넘쳐흐르는 것이었다. 때로는 뭔가 중요한 행위, 즉 내가 해야 하고
사람들이 중요하게 여기며, 내가 하기를 기대하고 있는, 그러나 나는
그 일을 행하는 대신 상상만 할 뿐, 정작 실행하지는 않는 그런 중요
한 행위가 임박해있다는 생각 또한 그랬다. 또 그와 아주 유사한 것으
로, 애지중지하던 장난감을 결국 망가뜨리고 만다는 형태로 나타나는

---

24)　쟝-앙투안느 이드락(1849-1884)은 〈카두세 지팡이를 만들어내는 헤르
　　메스〉를 만든 조각가이다.

파괴의 생각도 그랬다. 요컨대 어떤 실질적 욕망이나 접촉을 추구하는
게 아니었다. 이 이야기를 듣고 놀라는 사람은 쾌락에 대해 아무것도
모르는 자다. 구체적 예시도 목적도 없다면 관능적 쾌락이란 도대체
뭐란 말인가? 그건 무작정, 몽상에다가 과도한 생명의 소모를, 어리석
은 호사와 엉뚱한 낭비를 요구하는 것이라고나 할까 …

그런데 한 어린애의 본능이 어느 정도 방황할 수 있는지 보여주기
위해 좀더 구체적으로 내 성적 쾌락의 테마 가운데 두 개를 지적하고
자 한다. 하나는 조르주 상드가 너무나 천진난만하게 쓴 매력적인 꽁
트 《그리부이으》 속에서 내가 느낀 것이다. 그리부이으는 비가 많이
오는 어느 날 강물 속으로 뛰어든다. 짓궂은 형들이 그를 골탕 먹이려
고 그렇게 하면 비를 피할 수 있다고 속여 댔던 것처럼 비를 피하기
위해서가 아니라, 그를 놀려대는 형들을 피하기 위해서다. 강물 속에
서 그는 얼마 동안 온 힘을 다해 헤엄치다가, 한순간 강물에 몸을 내
맡기게 된다. 그런데 몸을 내맡기자마자, 그는 물위로 둥둥 뜨게 된
다. 그때 그는 자기 몸이 너무나 작고 가볍고, 야릇하고, 식물적인 것
처럼 변하는 느낌을 받는다. 그리고 그의 몸 전체에서 이파리가 돋아
난다. 곧이어 강물은 가느다란 떡갈나무 가지 하나를 강가로 실어와
뉘여 놓게 되는데, 그 가지가 바로 우리 친구 그리부이으가 변신한 것
이었다. 말도 안 된다고? 하지만 내가 이 이야기를 하는 건 바로 그
때문이다. 내가 말하는 건 바로 진실이며, 전혀 잘난 척하려는 게 아
니다. 아마 노앙의 할머니[25]도 거기서 뭔가 방탕한 이야기를 쓴다는
생각은 전혀 하지 못했을 게다. 하지만 내가 증언하건대, 《아프로디
테》[26]의 그 어떤 페이지도 식물로 변신한 이 그리부이으의 이야기가

25) 만년에 이른 조르주 상드를 가리키는 것으로, 상드는 소녀시절, 그리고
　　만년을 노앙이라는 지방에서 보냈다.
26) 본 자서전의 중반 이후에 언급되는 지드의 고등학교 동기인 피에르 루
　　이(Pierre Louis, 필명은 Pierre Loüys, 1870-1925)가 쓴 1896년 작
　　소설이다. 본 소설은 출판 당시 엄청난 성공을 거두었는데, 기원전 50

철모르던 꼬마였던 나 자신을 뒤흔든 것만큼 한 아이를 뒤흔들어 놓을 수는 없었다는 사실이다. 27)

또 하나는 세귀르 부인의 터무니없는 희곡 소품인 《쥐스틴 양의 만찬회》에 나오는 것으로, 주인들이 집을 비운 사이를 틈타 하인들이 대향연을 벌이려는 대목이다. 하인들은 벽장 속을 모조리 뒤져 잔치를 벌이려고 한다. 그런데, 쥐스틴이 허리를 굽혀 벽장 속에 쌓인 접시 더미를 꺼내려는 순간, 슬그머니 다가온 마부가 그녀의 허리를 꼬집는다. 간지름을 타는 쥐스틴이 접시 더미를 놓치고, 쨍그랑! 식기들이 모조리 깨지고 만다. 그 난장판이 나를 완전히 몽롱하게 만들었던 것이다. 28)

그 당시 우리 집에는 나이 어린 침모가 와서 일을 하고 있었다. 그녀는 데마레 이모 네에서도 일하는지라 거기서도 만나곤 했다. 그녀의

---

년 경 이집트를 배경으로 유명한 조각가와 미모의 궁정 여인 사이의 정념의 이야기이다.

27) 1850년 나온 이 책 《진짜 그리부이으의 이야기》(*Histoire du véritable Gribouille*)의 제1부 제목은 〈그리부이으가 물에 젖을까 두려워 어떻게 강물로 뛰어들었나〉로 지드는 이를 흥미롭게 변형시키고 있다. 사실상 그리부이으는 벌떼를 피하기 위해 강물로 뛰어들었다. 그때 '파란 날개를 단 예쁜 아가씨'가 소나기를 내리게 하여 벌떼들을 저지했으며, 불어난 강물이 그리부이으를 바다로 싣고 가게 되었다. "정신이 든 그리부이으는 아무리 자신을 둘러봐도 인간의 모습은 찾아볼 수 없었다. 두 발과 손대신 그에게는 물에 젖은 초록빛 이파리밖에 없었다. 그의 몸통은 이끼로 뒤덮인 나무토막이었으며, 그의 머리는 달짝지근한 거대한 도토리였던 것이다. (…) 그의 여행이 그를 물 위에 둥둥 뜨는 떡갈나무 가지로 바꾸어 놓았던 것이다"

28) 《쥐스틴 양의 만찬회》(*Les dîners de Mademoiselle Justine*, 1866)는 2막으로 된 희극으로, 여기서도 지드는 의미심장하게 이야기를 바꾸고 있다. 불충한 하인들이 향연을 베푸는 것은 2막에 나오며, 선량한 하인 힐레르가 망나니같은 한 인물과 부딪쳐 자신이 한창 정리하고 있던 접시 더미를 떨어뜨리게 되는 것은 1막에 나온다.

이름은 콩스탕스였다. 왜소한 체구에 다리를 약간 절었으나 안색은 좋
았으며, 교활한 눈매에 솜씨가 매우 뛰어난 여자로, 어머니 앞에서는
말을 삼갔으나 어머니가 등을 돌리기만 하면 못하는 말이 없었다. 일
하기 편하도록 어머니는 그녀를 내 방에서 일하게 하셨는데, 그 방이
빛이 가장 많이 들기 때문이었다. 그녀는 내 방에서 반나절을 보냈으
며, 나는 그녀 옆에서 몇 시간이고 지내게 되었다. 어떻게 어머니가,
그토록 신중하고 주의 깊은 분이, 그리고 조만간 온갖 염려로 불안해
하며 나를 못살게까지 만드셨던 어머니의 경계심이 도대체 어떻게 여
기서는 잠들 수 있었을까?

콩스탕스의 이야기가 점잖지 못한 것이었다 해도 난 그걸 알아듣기
에는 너무 멍청했으며, 이따금 마리가 손수건으로 입을 막고 킥킥거렸
으나 그걸 이상하게 여기지도 않았다. 그런데 콩스탕스는 말하는 것보
다 노래를 훨씬 더 많이 했다. 그녀의 목소리는 무척 기분 좋은 것으
로, 작은 몸집에 비해 놀랄 정도로 풍부한 성량을 갖고 있었다. 그녀
는 목소리밖에 내세울 것이 없었기에 더더욱 그 목소리를 자랑스러워
했다. 그녀는 하루 종일 노래를 했다. 노래를 불러야 제대로 바느질을
할 수 있다며 그치지 않고 노래를 불러대는 것이었다. 그런데 맙소사,
어떤 노래였던가! 콩스탕스로서는 그 노래 속에 부도덕한 건 하나도
없다고 항의할 수도 있었을 게다. 그렇다. 하지만 내 머릿속을 더럽히
던 건 그 노래의 어리석음이었다. 어찌 난 그 노래를 잊을 수 없었던
것일까! 아아! 가장 우아한 보물들은 온통 내 기억에서 빠져나가건만,
그 보잘 것 없는 후렴구는 처음 들었던 그날처럼 선명히 들려온다. 뭐
라고! 만년에 이른 루소는 자기가 어렸을 때 강스라 고모가 그를 재우
며 불러주던 그 사랑스런 노래들을 추억하며 여전히 감동을 받았다는
데,[29] 그렇다면 나는 죽을 때까지 콩스탕스가 왈츠 곡에 붙여 노래하

---

29) 《고백록》의 제 1권 앞부분에서 루소는 그의 고모 쉬잔느가 불러주던 노
　　래들을 이야기하고 있다.

던 그 목젖 떨리는 목소리를 들어야 한단 말인가!

엄마, 말해 봐요.
우리가 아는지 이 젊은이를?
그토록 부드럽게 생긴,
고무공 같이 생긴 그 젊은이를?

"별로 해롭지도 않는 노래 가락을 가지고 왠 야단인가!"
"물론 그렇다! 내가 원망하는 건 그 노래 자체가 아니라, 내가 그 노래를 재밌어했다는 사실이다. 난 거기서 벌써 음란하고 어리석은 것, 그리고 지극히 저속한 것에 대한 내 수치스런 취향이 깨어나는 걸 본 것이다."

난 지금 나 자신을 공연히 우스꽝스럽게 과장하는 건 아니다. 그때까지 아직 드러나 보이지 않던, 그러나 내 속에 있던 어떤 요소들이 내 장점들을 만들어내게 됐는지 조만간 말하려고 한다. 하지만 그 당시 내 정신은 절망적으로 꽉 닫혀 있었다. 우둔한 아이였던 나 자신에게서, 그게 뭐든 조금이나마 희망을 걸어볼 수 있는 뭔가 희미한 빛이라도 이 과거 속에서 찾아보려하나 허사다. 내 주위에는, 그리고 내 안에는 오직 암흑밖에 없었다. 앞에서 이미 안나의 배려에 대해 감사를 표하는데 내가 얼마나 서툴렀는지 이야기했다. 같은 시기에 있었던 또 다른 기억 하나는 그 당시 내가 어정거리며 갇혀 있던 유충의 상태를 더 잘 보여줄 것이다.

부모님은 마침내 나를 알자스 학교에 입학시켰다. 여덟 살이었다. 나는 1학년 반에 들어가지 않았다. 그 반은 가장 어린 꼬마들이 들어가는 반으로 그리지에 선생이 초보과정을 가르치고 있었다.[30] 나는 곧 바로 2학년 반인 브델 선생 반에 들어갔다. 그는 남부출신의 선량

---

[30] 당시 프랑스의 교육과정은 10, 9, 8…학년으로 한국과는 반대순서였다. 이를 본 번역에서는 1학년부터 시작하는 한국식으로 환산하여 표기했다.

한 사람으로, 작고 통통한 몸집에 한줌의 까만 머리채가 이마 앞쪽으로 곤두서 있었으며, 갑작스럽게 튀어나오는 그의 낭만주의는 평소 그가 보여주던 평범하고도 진부한 성격과는 이상하게 어울리지 않았다. 지금 내가 하려는 이야기보다 몇 주 아니면 며칠 전, 아버지는 나를 데리고 교장 선생님을 만나러 가셨다. 학기는 이미 시작했고 나는 늦게 입학했던지라, 교정에 있던 아이들은 우리가 지나갈 때 길을 비켜주며 속삭였다. "아! 새로 온 애야, 새로 온 애!" 내심 무척 동요됐던 나는 아버지에게 착 달라붙었다. 그러고 나서 나는 다른 아이들 옆에 자리를 잡고 앉았다. 내가 잠시 뒤 얘기하게 될 이유들 때문에 조만간 보지 못하게 될 그 아이들 옆에. 그런데 그날, 브델 선생은 학생들에게 모든 언어에는 때때로 동일한 사물을 똑같이 가리킬 수 있는 단어가 여러 개 있다는 사실을, 그리고 그걸 동의어라 부른다는 사실을 가르치고 있었다. 그래서 그가 예로 든 게 '쿠드리에'라는 단어와 '누아즈티에'라는 단어가 똑같이 동일한 관목인 개암나무를 가리킨다는 것이었다. 관례에 따라, 또 수업에 활기를 불어넣기 위해 설명과 질문을 번갈아가며 하던 브델 선생은 지드 학생에게 자신이 방금 말한 걸 따라해 보라 했는데 …

나는 대답하지 않았다. 대답할 줄 몰랐던 것이다. 하지만 브델 선생은 인자했다. 그는 진정한 스승의 인내심을 갖고 자기 설명을 되풀이한 다음, 같은 예를 또 다시 들었다. 그런데 그가 자기가 한대로 '쿠드리에'의 동의어가 뭔지 말해보라고 또 다시 내게 물었을 때, 나는 또 다시 가만히 있었다. 그래서 그는 형식상 약간 화를 냈으며, 나더러 운동장에 나가 '쿠드리에'는 '누아즈티에'의 동의어다 라고 스무 번 되풀이한 다음 교실로 돌아와 다시 그 내용을 말해보라고 했다.

어리벙벙한 내 태도는 교실 전체를 기쁨에 들뜨게 했다. 내가 만약 괴짜로 성공하고자 했다면 그건 쉬웠을 게다. 내가 벌을 받고 교실에 돌아왔을 때, 브델 선생이 나를 다시 불러 세 번째로 '쿠드리에'의 동의어가 뭔지 물었을 때, '슈플뢰르〔양배추〕'나 '시트루이으〔호박〕'라고 대답하기만 하면 됐을 테니까 말이다. 하지만 아니었다. 나는 성공하길 원한 게 아니라 날 웃음거리로 만든 그가 기분 나빴던 것이다. 그저 단순히 멍청했던 것이다. 내가 굴복하지 않겠다는 생각을 했던 건 아니었을까? 아니, 그것도 아니었다. 사실상 나는 그가 내게 뭘 원하는지, 뭘 기대하는지 도무지 모르고 있었던 거라고 생각한다.

그 학교에는 규정상 벌과는 없었으므로 브델 선생은 내게 '품행 제로'를 부과하는 것으로 만족해야 했다. 그런 제재는 정신적인 것으로 한정되긴 했으나, 그렇다고 덜 가혹한 건 아니었다. 하지만 그건 내게 거의 충격을 주지도 않았다. 매주 나는 '태도 및 품행 제로'나 '질서 및 청결 제로'를 받았으며, 때로는 둘 다 제로를 받았다. 그건 뻔한 일이었다. 내가 학급에서 꼴찌 가운데 하나였다는 말은 덧붙일 필요가 없을 게다. 다시 한 번 말하지만 나는 아직 잠자고 있었으며 아직 태어나지 않은 것과 같았다.

그러고 나서 얼마 지나지 않아 나는 전혀 다른 이유로 학교에서 정학을 받았는데, 그 이유들을 지금 감히 말하고자 한다.

내가 받은 정학은 단지 일시적이라고 명시되어 있었다. 하급반의 주임이었던 브뤼니그 선생은 브델 선생이 현장에서 목격했던 나의 그 '나쁜 버릇'을 고치도록 3개월의 시한을 주었다. 그런데 나는 그게 그 정도로 비난받을 만한 일인 줄 모르고 있었기에 그걸 숨기려고 별로 주의도 하지 않았던지라, 그만큼 더 쉽게 브델 선생은 현장을 목격할 수 있었던 것이다. 그건 또한 내가 그 당시 여전히 반수면(半睡眠) 상태와 내가 앞서 이야기했던 바보 같은 상태에서 살고 있었기 때문이다 (이런 것도 '산다'고 말할 수 있다면 말이다).

부모님은 그 전날 만찬을 여셨다. 그래서 나는 디저트에 나온 달콤한 과자들을 잔뜩 주머니에 넣고 학교에 갔다. 그리고 그날 아침, 브델 선생이 한창 열을 내며 가르치고 있는 동안, 나는 책상 앞에 앉아 육체적 쾌락과 아몬드 과자를 번갈아가며 맛보고 있었다.

갑자기 내 이름을 부르는 소리가 들렸다.

"지드군! 자네 얼굴이 아주 붉은 것 같은데? 얘기 좀 하게 앞으로 나오게."

내가 교단 위로 네 칸의 계단을 올라가는 동안, 급우들은 히죽거리며 조소를 보내고 있었고 내 얼굴에는 피가 한층 더 솟구쳐 올라왔다.

나는 부인하려고 하지 않았다. 브델 선생이 내게 몸을 기울인 채 나직한 목소리로 물었던 첫 번째 질문에 나는 머리를 끄덕여 시인했다. 그리고 나서 나는 죽고 싶은 심정으로 내 자리로 돌아왔다. 하지만 이 심문이 뭔가 후속조치를 가져오리라고는 생각도 못했다. 브델 선생이 묻기 전 아무에게도 말하지 않겠다고 약속하지 않았던가? 그런데 바로 그날 저녁, 아버지는 교감선생님의 편지를 받았는데 3개월 동안 나를 학교에 보내지 말라고 알리는 것이었다.

도덕적인 처신과 올바른 품행은 알자스 학교의 특징이자 명성이었다. 따라서 브뤼니그 선생이 취한 결정은 놀랄 게 전혀 없었다. 하지만 어머니가 훗날 내게 한 얘기로는 아버지가 그 편지와 갑작스런 그런 처사에 대해 분개하셨다는 것이다. 물론 아버지는 자기 분노를 내게 감추셨으나 슬픔은 드러내 보이셨다. 아버지는 어머니와 함께 심각하게 의논한 결과, 나를 의사에게 데려가기로 결정하셨다.

그 당시 부모님의 주치의는 브루아르델 박사로, 그는 얼마 후 법의학자로 큰 권위를 얻게 되었다. 어머니가 이 진찰에서, 게다가 아마 몇 가지 충고로부터 기대하신 건 단지 어떤 정신적 효과였을 거라고 생각된다. 어머니가 잠시 브루아르델 씨와 단둘이 이야기를 하신 다음, 그는 어머니더러 진찰실에서 나가시라 하고 나만 들어오게 했다.

"무슨 일인지 다 알고 있다." 그는 목소리를 높이며 말했다. "그러니 오늘은 내가 널 진찰할 필요도 뭘 물어볼 필요도 없다. 하지만 네 어머니께서 며칠 후 널 다시 데려와야겠다고 하실 경우, 다시 말해 네가 그동안 그 버릇을 고치지 못할 경우, 그렇다면(여기서 그의 목소리는 무섭게 변했다) 여기 우리한테 필요한 기구들이 있어. 너 같은 꼬마 녀석들을 수술하는 기구 말이야!"

그리고 나서 그는 내게서 두 눈을 떼지 않은 채, 찌푸린 눈썹 아래 두 눈을 굴리며, 손끝으로 자기 안락의자 뒤에 진열해놓은 한 세트나 되는 투아레그족[1] 쇠창살들을 가리켰다.

---

1) 사하라 사막지방에 사는 유목민족 가운데 하나이다.

꾸며낸 이야기라는 게 너무나 뻔했기에 나는 그 위협을 심각하게 받아들일 수 없었다. 하지만 내가 목격하게 된 어머니의 근심과 질책, 그리고 아버지의 말없는 슬픔은 내 마비상태 속으로, 학교에서 받은 정학 통고가 이미 상당히 심하게 뒤흔들어놓은 그 마비상태 속으로 파고들었다. 어머니는 내게 다시는 그러지 않겠다고 약속하게 하셨다. 그리고 안나와 어머니는 내 관심을 돌리느라 애를 쓰셨다. 당시는 만국박람회가 막 열리려는 참이었다.[2] 우리는 철책을 쳐놓은 곳 가까이 가서, 그 준비하는 것들을 보며 감탄하곤 했는데 …

3개월 뒤, 나는 학교 책상 앞에 다시 나타났다. 다 나았던 것이다. 아니면 적어도 나았다고 할 수 있는 거의 그런 상태였다. 하지만 얼마 못가 나는 홍역에 걸렸고, 그것으로 상당히 허약해졌다. 부모님은 그때, 내가 제대로 다니지도 못한 2학년 과정을 그 다음 해에 다시 시키기로 결정하시고, 여름방학이 시작하기도 전에 나를 데리고 라 로크로 가셨다.

1900년에 내가 라 로크를 팔게 되었을 때 나는 섭섭한 마음을 다 억눌러버렸는데, 이는 미래에 대한 신뢰라고나 할 허세의 발로였다. 그 신뢰란 내가 과거에 대해 품고 있던 공연한 증오 때문에 내세우던 것으로, 거기에는 오늘날 같으면 미래파라고 할 수 있는 이론도 어느 정도 가미되어 있었다.[3] 그런데 사실, 섭섭한 마음은 그 당시보다 그 이후 훨씬 더 심해졌다. 그건 그 장소에 대한 추억이 훗날 미화됐기 때문은 아니다. 나는 그 후 라 로크를 다시 볼 기회가 있었고 또 여행도 많이 한 뒤라, 그 작은 골짜기를 감싸고 있던 매력을 더 높이 평가

---

2) 에펠탑 아래쪽 광장에서 펼쳐졌던 1878년 박람회는 5월 1일 개시되었다. 이 박람회는 트로카데로 궁 건설과 함께, 1870년 보불전쟁에서 패한 프랑스의 재건을 보여주었다.

3) 미래파 운동은 1909년 마리네티에 의해 주창된 것으로, 1912년 선언문이 발표되었다. 지드가 이 부분을 쓰고 있던 시기는 1916년경이다.

할 수 있었던 것이다. 하지만 너무나 많은 욕망들로 부풀어있던 나이
에 그 골짜기는 무엇보다 협소하다고 느껴졌던 것이다.

'너무나 큰 나무들 위로 너무나 작은 하늘'

이라고 쟘므가 바로 거기 라 로크에서 썼던 엘레지 가운데 하나가 말
하듯 말이다. 4)

《배덕자》에서 내가 그렸던 게 바로 그 계곡이며 바로 우리 집이
다. 5) 그 지방은 내게 그 작품의 배경만 제공해 준 건 아니었다. 그 책
전반을 통해 나는 그 고장과의 유사성을 깊이 추구했다. 하지만 지금
은 그 이야기가 문제는 아니다.

그 저택은 나의 조부모님께서 구입하신 것이다. 6) 성벽에 난 쪽문
위 검은 대리석 판에는 다음과 같은 구절이 적혀있다.

CONDIDIT A 1577 NOB. DOM. FRANCISCUS
LABBEY DO ROQUÆ.
MAGNAM PARTEM DESTRUXIT A 1792
SCELESTE TUMULTUANTIUM TURBA
REFECIT A 1803 CONDITORIS AT NEPOS
NOBILIS DOMINUS PETRUS ELIAS MARIA
LABBEY DO ROQUÆ, MILES

---

4) 프랑시스 쟘므(Francis Jammes, 1868-1938)의 《봄의 탄식》(*Le Deuil
   des primevères*)에 수록된 〈세 번째 엘레지〉에 나오는 구절로 '1898년 9
   월 라 로크에서 씀'이라는 언급이 붙어있는 두 번째 엘레지와 마찬가지
   로 1898년 쓴 것이다. 쟘므의 정확한 시구는 "너무나 높은 나무 위로 하
   늘은 너무나 작다"이다.
5) 《배덕자》의 제2부 첫 장에 나온다.
6) 지드의 외할아버지 에두아르 롱도는 이 영지의 마지막 후손인 레오폴드
   L. 드 라 로크가 사망한 뒤, 1851년 이 저택을 구입했다.

(고귀하신 영주 프랑수와 라베이 드 라 로크 1577년 세우시다
폭동의 무리들이 1792년 상당 부분을 잔인무도하게 파괴했으나,
1803년 창건자의 후손이자 장군인 고귀하신 영주 피에르 엘리 마리
라베이 드 라 로크께서 재건하시다)

나는 있는 그대로 옮겨 적었을 뿐, 라틴어 내용에 대해서는 확인한
바 없다.

그것은 어쨌든 간에, 중앙 본채는 그 위를 에워싼 등나무 외에는 별
다른 매력 없이 다른 부분보다 훨씬 더 최근 건축물이라는 게 눈에 확
띠었다. 반면에 자그마하긴 하나 아담한 규모의 부엌 채와 성벽에 난
쪽문은 당시의 양식에 따라 벽돌과 석조를 번갈아가며 쌓은 우아한 모
습을 보여주고 있었다. 도랑이 성 전체를 둘러싸고 있었고 상당히 넓
고 깊은 그 도랑에는 강에서 흘러든 물이 가득 차 찰랑거리고 있었다.
물망초 꽃이 만발한 작은 개울이 강물을 끌어다가 폭포를 이루며 쏟아
부었던 것이다. 안나의 방이 그 옆에 있었기에 그녀는 그 폭포를 '나의
폭포'라고 부르곤 했다. 모든 사물은 그걸 즐길 줄 아는 사람에게 속하
는 것이다.

이 폭포소리에 강물의 속삭임이, 그리고 성벽에 난 쪽문 맞은편 섬
바깥에서 솟아나던 작은 샘물에서 끊임없이 이어지는 졸졸거리는 소리
가 뒤섞여 들려왔다. 우리는 식사 때 쓰기 위해 얼음처럼 차가운 물을
뜨러 그 샘물에 가곤 했는데, 여름이면 물병 위로 김이 서리곤 했다.

한 떼의 제비들이 집 주위를 한없이 맴돌고 있었다. 진흙으로 된 제
비둥지들이 지붕 처마 아래 창문틀 사이에 자리 잡고 있어, 우리는 창
문에서 그 새끼들을 지켜볼 수 있었다. 내가 라 로크를 생각할 때면
가장 먼저 귀에 들리는 건 그 제비 소리다. 제비들이 지나갈 때면 마
치 창공이 찢어지는 것 같았다. 나는 다른 곳에서도 여러 번 제비들을
보긴 했으나, 라 로크에서처럼 짖어대는 걸 들은 적은 한 번도 없었
다. 제비들은 자기네 둥지 앞을 지날 때마다 그렇게 한 바퀴씩 돌면서

짖어댄 것 같다. 때때로 제비들이 너무 높이 날아, 그 뒤를 쫓아가다 보면 눈이 부시곤 했다. 그건 날씨가 매우 화창한 날들이었기 때문이다. 날씨가 변하면 제비들이 나는 것도 기압계와 같이 낮아지곤 했다. 안나가 설명해준 바로는, 작은 곤충들은 기압에 따라 때론 높이 때론 낮게 나는데, 제비들은 바로 그 곤충들을 뒤쫓아 날아다닌다는 것이었다. 이따금 제비들이 강물 바로 위로 지나가는 경우도 있어, 대담한 날개 짓으로 수면을 가르기도 했다.

그럴 때면 어머니와 안나는 "소나기가 오려나봐"라고 말하곤 하셨다. 그러면 갑자기 빗소리가 시냇물과 샘물, 그리고 폭포의 물기어린 소리들에 덧붙여지는 것이었다. 그리고 빗방울은 도랑 물 위로 은빛 잔물결을 만들곤 했다. 물가로 면한 창문가에 팔꿈치를 괸 채, 나는 수많은 동그라미들이 만들어지고 퍼져가다가 서로 교차되어 부서지는 걸 한없이 바라보곤 했는데, 이따금씩 동그라미 한가운데서 커다란 거품이 터지기도 했다.

외조부모님께서 그 저택을 사들이셨을 때는, 그리로 가려면 들판과 숲, 그리고 몇몇 농가의 안뜰을 가로질러가야 했다. 그래서 할아버지와 그의 이웃인 기조 씨는 도로를 내게 했다. 그 도로는 캉에서 리지외로 가는 길목에 있는 라부와씨에르에서 시작하여, 일단 국무장관이 은퇴해 살던 발-리셰르를 지난 다음 라 로크까지 이어졌다.[7] 라 로크가 바깥세상과 다시 이어졌을 때, 그리고 우리 가족이 거기서 살기 시작했을 때, 할아버지는 그 저택의 작은 도개교(跳開橋)를 벽돌 다리로 교체하게 하셨다. 유지비가 많이 들뿐 아니라 더 이상 들어 올리지도 않았기 때문이었다.

어린아이에게 섬에서, 그것도 원하기만 하면 언제든 빠져나올 수 있

---

7) 라 로크의 이웃 저택인 발-리셰르에는 루이-필립왕정 시기 대신을 지냈던 프랑수와 기조(1787-1874)가 은퇴 후 살고 있었다. 지드는 본 원고 교정 시 그 장소를 블랑메닐이라고 수정했는데, 일부는 그냥 두었다.

는 아주 작은 섬에서 사는 즐거움이 어떤 건지 그 누가 말할 수 있을까? 난간처럼 벽돌담이 섬을 죽 둘러싸면서 각 건물들을 서로서로 정확하게 이어주고 있었다. 벽 안쪽으로 넝쿨 담장이 두텁게 뒤덮인 담은 폭이 상당히 넓어 그 위를 걸어 다녀도 전혀 위험하지 않았다. 하지만 낚시질을 하기 위해 그 위에 서면 고기들에게 너무 잘 보이는 것이었다. 그래서 담 위로 몸만 살짝 굽히는 게 더 나았다. 도랑 물속으로 잠기는 담의 외벽은 여기저기 쥐오줌 풀과 딸기나무, 범의 귀 풀들로 뒤덮여 있었고, 때때로 작은 덤불까지 자라고 있었다. 어머니는 그게 담 벽을 망가뜨린다고 못마땅한 눈으로 보고 계셨으나, 안나는 거기에 깨새가 둥지를 틀고 있다는 이유를 대며 어머니에게서 그 덤불을 제거하지 않겠다는 허락을 받아냈다.

집 앞쪽 마당에 서면, 성벽에 난 쪽문과 부엌 채 사이 도랑 난간 위로, 그리고 정원 저 너머로, 골짜기 깊숙이 한없이 멀리 펼쳐지는 전망을 즐길 수 있었다. 그 골짜기를 둘러싸고 있던 언덕들이 조금 더 높았더라면 골짜기가 더 좁아 보인다고 했을 것이다. 오른 쪽, 언덕 중턱에 난 길은 캉브르메르와 레오파르티로, 그리고 바다까지 이어졌다. 그런데 그 길은 이 지방에서 늘 볼 수 있듯이 목초지 가장자리를 둘러싸고 있는 울타리들이 계속 이어지고 있어 거의 언제나 보이지 않았다. 마찬가지로 길에서 보면 라 로크 역시 울타리가 끊어지는 살문이 나올 때만 그 틈사이로 언뜻언뜻 보였다. 그 살문을 통해 목초지로 들어가게 되면, 목초지는 완만한 내리막을 이루며 강으로 이어지고 있었다. 평화롭게 있는 가축들에게 그늘을 드리워주며 곳곳에 펼쳐진 몇몇 아름다운 수풀, 또 길가나 강가에 드문드문 서 있는 나무들은 계곡 전반에 마치 공원 같은 사랑스럽고 온화한 모습을 부여하고 있었다.

섬 내부의 공간, 다른 이름이 없어서 내가 안뜰이라 부르는 그 공간에는 자갈이 깔려 있었고, 거실과 식당 창문 앞쪽으론 제라늄과 푸크시아, 그리고 작은 장미나무 화단이 띄엄띄엄 꾸며져 있었다. 뒤쪽으로는 세모난 자그마한 잔디밭이 있었는데 거기에는 집을 완전히 굽어

보는 거대한 아카시아나무가 한 그루 서 있었다. 날씨가 좋은 여름날
이면 으레 우리는 섬에 있는 유일한 나무인 그 아래 모여 지내곤 했다.

탁 트인 전망은 하류에서만, 다시 말해 집 앞쪽으로만 나 있었다.
거기서, 즉 블랑메닐에서 숲을 가로질러 오는 시냇물과 또 2킬로미터
떨어진 라 로크 마을에서 목초지를 가로질러 오는 시냇물이 서로 만나
는 그곳에서만 골짜기 쪽으로 시야가 트여 있었다. 도랑 건너편에는,
블랑메닐 방향으로 '르 룰뢰'라 불리던 초원이 꽤 가파른 경사를 이루
며 솟아있었는데, 어머니는 아버지가 돌아가신 후 몇 년 뒤에 이 초원
을 정원과 합치셨다. 어머니는 거기에 상당히 많은 나무를 심으신 다
음, 오랜 연구 끝에 그 초원을 가로질러 두 개의 오솔길을 내셨다. 오
솔길들은 복잡한 커브를 그으며 구불구불 올라가다가 조그만 살문에
이르게 되고 그 문을 지나면 숲이 시작되는 것이었다. 그런데 숲속으
로 들어가면 곧장 엄청난 신비 속으로 빠져들게 되어, 처음에는 그 살
문을 넘기만 해도 내 가슴은 뛰곤 했다. 그 숲은 언덕을 굽어보며 상
당히 넓게 펼쳐지고 있었고, 그 너머로 발-리셰르의 숲이 이어지고 있
었다. 아버지가 살아계시던 시절에는 숲 속에 길이 거의 나 있지 않
고 또 헤치고 들어가기에 너무 어려웠기 때문에, 그 숲은 더 거대해
보였다. 언젠가 어머니가 나더러 숲속에 들어가도 좋다고 허락해주시
며 지적도에서 그 숲의 경계선을, 그리고 그 너머에 목초지와 들판이
다시 시작하고 있음을 보여주셨던 날, 나는 몹시 실망했다. 도대체 그
숲 너머에 무엇이 있으리라 상상했는지 오늘날 난 전혀 알 수 없다.
아마도 아무것도 상상하지 않았을 게다. 하지만 그때 내가 뭔가를 상
상했다면 그와는 다른 걸 기대했을 것이다. 그 숲의 규모와 경계선들
을 안다는 사실은 내게 그 매력을 감소시켰다. 그 나이에 난 명상보다
모험에 더 끌리고 있었으며 도처에서 미지의 것을 발견하고자 했기 때
문이다. 8)

---

8) 라 로크의 영지는 여덟 채의 농가와 150헥타르에 이르는 숲으로 이루어

그러나 라 로크에서 내가 주로 했던 건 탐험이 아니라 낚시였다. 오! 부당하게 비난받는 스포츠여! 오직 너를 모르거나 서투른 자들만 너를 멸시하는 것이다. 훗날 내가 사냥에 거의 매력을 느끼지 못한 건 바로 낚시에 상당히 많은 재미를 들여놨기 때문이다. 사냥이란 적어도 우리 고장에서는 그저 겨냥만 잘하면 되는 것일 뿐, 분명 다른 재주는 전혀 필요하지 않는 것이다. 반면 송어를 낚기 위해서는 얼마나 많은 요령과 꾀가 필요한가! 우리 집의 나이 많은 관리인인 보카주[9]의 조카 테오도미르는 내가 무척 어렸을 때부터 제대로 낚시 줄 드리우는 것과 낚시 바늘에 미끼 다는 법을 가르쳐주었다. 그건 송어가 물고기 가운데 가장 탐욕스럽긴 해도 또한 경계심이 가장 강한 것이기 때문이다. 물론 나는 낚시찌나 추 없이 낚시를 했으며, 허수아비 역할밖에 하지 못하는 그 유치한 보조기구들은 완전히 무시했다. 그 대신 나는 '피렌체의 말총'을 사용했는데, 누에고치 실을 철사처럼 늘여서 만든 줄이었다. 옅은 하늘색을 띠는 그 줄은 물속에서 거의 보이지 않는다는 이점이 있었다. 상당히 질긴 그 줄을 갖고서는 연어만큼이나 무게가 나가는 도랑의 송어들을 낚는데도 끊어지지 않았다. 나는 강에서 낚시하는 걸 더 즐겼는데, 강에 사는 송어들이 살이 더 연하고 또 무엇보다 더 완강해서, 다시 말해 잡는 데 더 재미가 있기 때문이다.

어머니는 자신이 보시기에 거의 운동이 되지 않는 그런 놀이에 내가 지나치게 취미를 붙이는 걸 보고 낙심하셨다. 그래서 나는, 낚시가 행동이 굼뜬 둔재들의 스포츠요 완벽한 부동성이 규칙이라는 등 사람들이 낚시에 대해 가하는 평판에 대해 항변하곤 했다. 그건 큰 강이나 괴어있는 물속에서, 또 졸고 있는 물고기들을 낚을 때는 사실일 수 있다. 하지만 내가 낚시를 즐겨하던 아주 작은 시냇물에서 송어를 낚을 경우

---

져, 총 240헥타르였다.

9) 지드가 자기 집 관리인에게 붙인 별명으로 《배덕자》에서도 동일한 이름으로 나온다.

엔, 송어가 자주 몰려들어 맴도는 정확히 바로 그 장소에서 낚아 올리는 것이 중요하다. 그리고 송어는 미끼를 보자마자 덥석 그 위로 달려든다. 그런데 만약 송어가 곧바로 미끼를 물지 않는다면, 그건 송어가 미끼인 메뚜기 외에 뭔가 다른 것, 낚시 줄 끝이나 낚시 바늘 끝을, 또는 말총의 끝이나 낚시꾼의 그림자를 알아챘거나, 아니면 낚시꾼이 다가오는 기척을 들었기 때문이다. 그때부터는 기다려봤자 헛수고요, 고집을 부리면 부릴수록 낚시질을 망치고 만다. 나중에 다시 오는 게 더 나은데, 그때는 이전보다 더 조심해서 풀 속으로 미끄러지듯 기면서 교묘히 몸을 숨기며 다가와 더 멀리서 메뚜기를 던져야 한다. 그것도 거대한 분홍 마늘꽃이나 성 앙뚜안느 월계수, 또는 거의 언제나 강가를 둘러싸고 있는 개암나무나 버드나무 가지에 걸리지 않도록 가능한 한 주의를 하면서 말이다. 그런데 불행히도 낚시 줄이나 낚시 바늘이 그 가지 속에 걸리는 경우, 물고기들이 놀라 완전히 달아나는 건 말할 것도 없고 그걸 끄르는 데만 한 시간은 족히 걸린다는 얘기였다.

라 로크에는 상당히 많은 '손님방'이 있었다. 하지만 그 방은 언제나 비어 있었는데, 그건 아버지가 루앙의 사교계와는 그리 사귀지 않았고 또 파리에 있는 그의 동료들은 각자 자기네 가족과 자기네 관습이 있었기 때문이니… 사실상 손님으로 내가 기억하는 사람은 게루 씨[10] 뿐으로, 그는 내가 정학을 받은 다음인 그해 여름에 처음으로 라 로크에 왔던 것 같다. 그는 아버지가 돌아가신 후에도 한두 번 더 라 로크에 온 적이 있었다. 매번 상당히 짧게 다녀가긴 했으나, 일단 혼자가 되신 어머니로서는 그의 방문을 계속 받음으로써 뭔가 상당히 대담한 일을 하고 있지 않나 여기셨던 것 같다. 우리 집안보다 더 부르주아적인

---

10) 작곡가이자 피아니스트인 오귀스트 게루(1836-1911)로, 루앙 대성당의 오르간 주자였다. 1878년에서 1883년 사이 지드에게 피아노를 가르쳤으리라 추정되나 그 후에도 내왕이 있었다. 그러나 그에 대해 지드는 일반적으로 못마땅한 듯 이야기하고 있다.

것은 없었으며, 또 게루 씨로 말할 것 같으면, 보헤미안은 전혀 아니
라 하더라도 어쨌든 예술가였다. 다시 말해 그는 '우리와 같은 세계의
사람'은 전혀 아니었던 것이다. 음악가였고 작곡가였으며, 더 유명한
음악가들, 예를 들어 구노나 스테판 헬러[11] 같은 다른 음악가들의 친
구로, 그는 이들을 만나러 파리에 가곤 했다. 이는 게루 씨가 루앙에
살고 있었기 때문으로, 루앙에서 그는 카바이예-콜이 막 물려준 후임
으로 생-뚜앙 교회에서 파이프 오르간을 담당하고 있었다. 성직자를
무척 존경하며 또 성직자의 지지를 받던 그는 제자들로는 가장 좋은
가문에다 가장 보수적인 집안의 자제들을 두고 있었다. 특히 우리 집
안이 그런 것으로, 그는 완벽한 존경은 아니라 하더라도 상당한 위세
를 누리고 있었다. 그는 강하고 정력적인 옆모습에 상당히 잘생긴 이
목구비를 갖고 있었으며, 무척 곱슬거리는 까만 머리칼에다 네모진 턱
수염을 하고 있었다. 꿈꾸는 듯하다가 갑작스레 생기를 띠는 눈빛에,
듣기 좋고 매끄럽긴 하나 진정한 부드러움은 없는 목소리를 가졌으며,
몸짓은 다정한 듯하나 위압적이었다. 그의 말과 태도 하나하나에서 뭔
지 모르는 이기적인 것과 도도한 게 풍겨나고 있었다. 두 손은 특별히
아름다웠는데 부드러운 동시에 힘이 있었다. 피아노 앞에 앉으면 거의
천상에서 내려온 듯한 기운이 그를 완전히 변모시키는 것이었다. 그의
연주는 피아니스트라기보다 오히려 오르간 연주자의 것 같아 때론 섬
세함이 부족하긴 했으나, 안단테를 연주할 때, 특히나 그가 열렬히 좋
아한다고 말한 모차르트의 안단테를 연주할 때면 기막히게 멋졌다. 그
는 종종 웃으며 말하곤 했다.

"알레그로에 대해선 뭐라 말할 수 없지만 느린 악장에서는 나도 루
빈슈타인 정도 되지."

그가 이 말을 할 때 어찌나 호인 같은 어조로 말하는지, 그 속에서
자만심은 찾아 볼 수 없었다. 사실상, 내가 너무나 잘 기억하고 있는

---

11) 스테판 헬러는 1888년 파리에서 사망한 헝가리 출신 작곡가였다.

루빈슈타인도,12) 이 세상의 그 누구도, 예를 들어 모차르트의 '환상곡 C 단조'나 베토벤의 '피아노 협주곡'의 몇몇 라르고 부분을 그보다 더 비장한 위엄을 갖고, 그보다 더 열정과 서정과 힘, 그리고 장중함을 갖고 연주할 수 있다고는 생각되지 않는다. 하지만 그 뒤로 그에 대해 화를 낼 만한 수많은 이유들이 생겼다. 즉 그는 바하의 푸가 곡들이 때때로 싱겁게 너무 늘어진다고 비난했으며, 또 훌륭한 음악을 좋아하긴 했으나 보잘것없는 음악 역시 그리 싫어하진 않았던 것이다. 그리고 그의 친구 구노와 함께 세자르 프랑크에 대해선 끔찍해하며 이해하기를 완강히 거부하는 것 등이었다.

그러나 내가 소리의 세계에 막 태어나고 있던 그 당시, 그는 내게 그 세계의 대가였으며 예언자이자 마술가였다. 매일 저녁, 식사가 끝난 다음이면, 그는 소나타와 오페라 곡들, 또 교향곡들을 연주해 나를 황홀하게 만들었다. 그리고 자는 시간에 있어서는 보통 완강하기 그지없어 시간이 되면 곧 바로 날 잠자리에 들게 하셨던 어머니도, 그때는 시간이 지나도 내가 계속 남아있도록 허락해주셨다.

나는 내가 조숙했노라 주장하려는 건 아니다. 그리고 이런 작은 음악회에서 내가 강렬한 기쁨을 맛보았다면, 그건 아버지가 돌아가신 뒤 이삼 년 후, 게루 씨가 마지막으로 우리 집을 방문했던 주로 그 당시, 그리고 거의 그때뿐이었다고 생각한다. 그 사이, 어머니는 그의 가르침에 따라 수많은 음악회에 나를 데리고 가셨으며, 나는 뭔가 배운 게 있다는 걸 보여주기 위해 하루 종일 교향곡의 몇몇 가락을 노래하거나 휘파람으로 불러대곤 했다. 그래서 게루 씨가 내 음악교육을 맡기 시작했다. 그는 나를 피아노 앞에 앉힌 다음, 한 곡을 가르칠 때마다 뭔가 이야기를 연이어 꾸며냈는데, 그 이야기는 그가 가르친 곡들에 살

---

12) 러시아의 피아니스트이자 지휘자인 안톤 루빈슈타인(1829-1894)으로, 세계적인 명연주자였다. 지드는 1883년 그의 연주회를 세 번 들었는데, 1949년 일기에서도 이 연주회들을 언급하고 있다.

을 붙이고 그 곡을 설명하고 거기에 생기를 불어넣는 것이었다. 모든 것이 대화나 이야기가 되곤 했다. 다소 작위적이긴 하나 어린애에겐 나쁘지 않은 방식이라 생각된다. 물론 덧붙인 이야기가 너무 유치하거나 허무맹랑하지만 않다면 말이다. 그 당시 내가 겨우 12살 밖에 되지 않았다는 사실을 염두에 둬야 한다.

오후가 되면 게루 씨는 작곡을 했다. 안나는 불러주는 대로 악보를 받아쓸 수 있는 교육을 받았기에 이따금씩 그의 비서 역할을 해주기도 했다. 그가 안나에게 도움을 구한 건 서서히 약화되기 시작하던 자기 시력을 보호하기 위해서이기도 하지만, 어머니가 주장하시는 바로는 그가 횡포를 부릴 심산으로 그런다는 얘기였다. 안나는 그에게 헌신적이었다. 그녀는 그가 아침 산책을 할 때 따라다니며 그가 너무 더워할 경우 외투를 들어주었고, 또 햇빛으로부터 그의 시력을 보호하기 위해 그 앞쪽으로 양산을 펼쳐들곤 했다. 어머니는 안나의 이런 호의에 대해 항의하시곤 했다. 게루 씨의 그 뻔뻔스러움이 어머니를 화나게 했던 것이다. 그가 누리는 이런 위세, 어머니 역시 벗어나지 못했던 이런 위세에 대해 어머니는 그에게 상처를 줄 만한 다소 신랄한 말들을 퍼부어 대가를 치르게 하시겠다고 나섰으나, 어머니가 가하는 말들은 제대로 표적을 맞히지도 못하고 도리어 그를 재미있게 할 뿐이었다. 게루 씨가 거의 앞을 못 보게 된 뒤에도 오랫동안 어머니는 다른 많은 사람들처럼, 서서히 잠식해 들어온 그 어둠에 대해 여전히 의심을 품거나 아니면 게루 씨가 연기를 한다고, 또 '말하는 것처럼 그렇게 안 보이는 건 아니라고' 비난하셨던 것이다. 어머니는 그가 비굴하고 뻔뻔하며, 교활하고 자기 잇속만 밝히는데다가 무자비하다고 여기셨다. 사실 그는 어느 정도 그 모든 면을 지니고 있었다. 하지만 그는 음악가였다. 이따금 식사시간에, 이미 반쯤 희미해진 그의 시선이 안경 너머로 몽롱해지면서, 힘찬 그의 두 손이, 마치 건반 위처럼 식탁 위에 놓인 두 손이 움직이는 것이다. 그때 누군가가 그에게 말을 걸면 갑자기 정신을 차리며 대답하는 것이었다.

"죄송합니다! E 플랫을 치고 있었습니다."

나의 외사촌 알베르 데마레—그가 나보다 스물 살이나 더 많았음에도 불구하고 나는 그에 대해 당시 벌써 무척 강한 호감을 느끼고 있었다—는 게루 씨와 각별한 사이로, 그를 친근하게 '게루 영감'이라고 불렀다. 알베르는 우리 집안의 유일한 예술가로, 음악을 열정적으로 좋아했으며 그 자신 피아노를 아주 멋있게 연주하기도 했다. 음악은 그 둘 사이에 뜻이 맞는 유일한 영역이었다. 그 외의 모든 면에서 그들은 서로 반대였다. 게루 영감의 결점 하나하나마다 대조를 이루며 알베르의 장점이 부각되는 것이었다. 알베르는 상대가 교활하고 위선적인 만큼 바르고 솔직했으며, 상대가 탐욕스러운 만큼 너그러운 등, 모든 면에서 그랬다. 하지만 알베르는 선량하고 요령이 부족했던 탓에 현실적으로 제대로 처신할 줄 몰랐다. 그는 자기 이득은 거의 생각하지 않았으며, 그가 하는 일은 종종 그에게 불리하게 돌아갔다. 그래서 집안에서는 그를 진지한 사람으로 제대로 대접하질 않았던 것이다. 게루 씨는 알베르를 보호하려는 관대한 마음에서 그를 언제나 '이 친구 베르'라고 불렀는데, 그 관대함 속에는 약간의 연민이 깃들어 있었다. 알베르의 경우, 게루 씨의 재능은 높이 평가했으나 인간으로서는 멸시했다. 훗날 알베르가 내게 해준 이야기로는 언젠가 게루 씨가 안나를 껴안는 걸 목격했다는 것이다. 그는 안나에 대한 예의로 처음에는 아무것도 못 본 척했으나, 게루 씨와 단 둘이 있게 됐을 때 바로 대들었다.

"조금 전에 어떻게 감히 그럴 수 있었나?…"

그 일은 크론느 가의 거실에서 벌어졌던 일이었다. 알베르는 키가 무척 크고 힘도 상당히 셌다. 알베르가 거실 벽에 대고 그 대가를 밀어붙였더니 그가 더듬거리며 대답했다.

"참 바보군, 이 친구 베르! 그게 장난이라는 걸 자네도 잘 알잖아."

"비열한 놈!" 알베르가 외쳤다. "이런 식으로 장난하는 거, 내가 한 번만 더 보면, 그 땐 내가…"

"내가 얼마나 화가 났는지 그가 한마디만 더 했더라면 목을 졸랐을 거야"라고 그는 덧붙였다.

알베르 데마레가 내게 관심을 갖기 시작한 건 아마도 내가 정학을 받은 다음인 그해 여름방학에서 돌아왔을 때일 것이다.[13] 그가 도대체 내 속에서 자기 호감을 끌만한 무엇을 봤단 말인가? 모르겠다. 하지만 나는 나 자신이 그런 관심을 받을 만하다고 딱히 느끼지 못하고 있던 만큼 더더욱 그의 관심에 고마워했던 것 같다. 그래서 나는 곧바로 그런 관심을 좀더 받을 만한 인물이 되고자 노력했다. 호감은 잠자고 있는 많은 자질들을 깨어나게 할 수 있다. 가장 형편없는 망나니들이란 무엇보다 따뜻한 미소를 받지 못한 자들이라고 나는 수차례 확신했다. 부모님의 미소만으로는 충분치 않았다는 게 다소 이상하기도 하다. 그러나 조만간 내가 부모님보다 알베르에게 인정을 받거나 받지 못하는 것에 훨씬 더 민감하게 됐던 건 사실이다.

나는 지금도 그 가을날 저녁을 선명하게 기억하고 있다. 그날 알베르는 저녁식사 후, 부모님이 데마레 이모와 안나와 함께 카드놀이를 하고 계셨을 때, 아버지의 서재 한쪽 구석으로 날 따로 데리고 갔다. 그는 나지막한 목소리로 이야기를 시작했는데, 내가 인생에서 나 자신 외에 도대체 뭣에 관심을 갖고 있는지 도무지 모르겠다는 것이었다. 그리고 그런 건 바로 이기주의자들의 특징으로, 그가 보기에 내가 바로 그런 이기주의인 것 같다는 얘기였다.

알베르는 검열관 같은 점은 전혀 없었다. 그는 겉으로 보기에 무척이나 자유롭고 기이한 인물로 유머와 쾌활함이 가득한 인물이었다. 그의 질책에는 적의가 전혀 없었다. 반면에, 그의 질책이 더욱더 내 가슴에 와 닿았던 건 오직 그의 호감 때문이라는 느낌이었다. 그 호감이 그의 질책을 더 절실한 것으로 만들었던 것이다. 이제껏 누구도 내게

---

13) 1878년 가을로, 당시 알베르는 서른 살이었다.

그런 식으로 말했던 적은 없었다. 알베르의 말은 내 마음속으로, 그 자신도 분명 예상치 못할 만큼 깊숙이, 그리고 나 역시 훗날에 가서야 비로소 가늠할 수 있었던 깊이까지 깊숙이 파고들었다. 내가 일반적으로 친구에게서 가장 좋아하지 않는 건 관대한 태도다. 그런데 알베르는 관대하지 않았던 것이다. 그 옆에서는, 필요할 경우 자기 자신의 허점을 발견할 수 있었다. 그리고 나 자신은 은연중에 그 허점을 찾고 있었던 것이다.

부모님은 내가 거의 내내 결석했던 2학년 과정을 다시 하도록 하셨다. 덕분에 나는 별 어려움 없이 좋은 성적을 얻을 수 있었으며, 또 갑자기 공부에 취미를 붙이게 됐다.

그해 겨울은 추위가 혹독했고 또 오랫동안 계속됐다. 어머니는 내게 스케이트를 시키겠다는 멋진 생각을 하셨다. 쥘과 줄리앙 자르디니에가 나와 함께 배웠다. 그들은 아버지 동료의 자식들로, 그중 동생은 나와 같은 반 친구였다. 누가 누가 잘하나 경쟁이었으며, 우리는 제법 빨리 상당한 실력을 갖게 되었다. 나는 이 운동을 엄청나게 좋아했다. 우리는 처음에는 뤽상부르 공원의 작은 연못에서 탔으며, 그 다음에는 뫼동 숲 속에 있는 빌르봉 못이나 베르사유 궁의 대운하에서 타곤 했다. 눈이 엄청나게 많이 내렸고 또 그 위로 빙판길이 완전히 얼어붙어서, 내가 투르농 가에서 알자스 학교 — 다시 말해 뤽상부르 공원의 맞은편 끝에 있던 아싸 거리 — 까지 스케이트를 벗지 않고서도 갈 수 있었던 게 기억난다. 넓은 공원의 산책로 위, 양쪽으로 높이 쌓인 눈 둔덕 사이로 그렇게 조용히 미끄러져가는 것보다 더 재미있고 신기한 건 없었다. 그 후로 그런 겨울은 한 번도 없었다.

나는 두 자르디니에 형제 그 누구에 대해서도 진정한 우정은 느끼지 못했다. 쥘은 나이가 너무 많았고, 줄리앙은 보기 드물게 둔한 녀석이었다. 하지만 양가 부모님들은 몇몇 집안에서 신분에 맞는 결혼에 대해 갖는 생각을 우정에 대해 갖고 계셨던 것 같았는지라, 기회만 있으면 우리들을 함께 묶어 서로 어울리게 하셨다. 나는 이미 매일 같은 반에서 줄리앙을 만나고 있었으며, 산책에서, 그리고 스케이트장에서도 다시 만났던 것이다. 똑같은 수업에 똑같은 권태, 똑같은 즐거움이었다. 그러나 우리의 유사성은 거기까지였다. 그 당시 우리에겐 그것으로 충분했다. 물론 2학년 같은 반에는 나와 좀더 친하게 가까워졌을 몇몇 아이들이 있었다. 하지만 그들의 아버지는 안타깝게도! 대학 교수가 아니었던 것이다.

매주 화요일 오후 2시에서 5시까지, 알자스 학교는 선생님의 인솔 하에 학생들(적어도 하급반의 학생들)을 밖으로 데리고 나갔다. 선생님과 함께 생트-샤펠 성당과 노트르담 대성당, 팡테옹, 공예박물관을 견학가는 것이었다. 그 공예박물관에는 조그마한 거울이 하나 있는 어두컴컴한 작은 방이 있었는데, 교묘한 반사작용에 의해 그 거울 위로 바깥 거리에서 일어나고 있는 모든 게 조그맣게 비쳐 보이는 것이었다. 그리하여 테니에의 그림에[14] 나오는 인물들처럼 조그맣게, 하지만 살아 움직이는 인물들로 된 너무나도 재미있는 작은 그림이 만들어지고 있었다. 그런데 그 박물관의 나머지 부분은 그저 음울한 권태를 자아내고 있을 뿐이었다. 그리고 앵발리드 박물관과 루브르 박물관, 또 몽수리 공원 바로 옆에 있는 '제오라마 위니베르셀〔세계 지리 파노라마〕'이라는 독특한 곳에도 갔다. 보잘것없는 정원으로, 주인이던 키가 훤칠하고 알파카를 입은 통 큰 사나이가 정원을 세계지도로 꾸며놓은 곳이었다. 산들은 인조바위로 만들어졌고, 호수는 시멘트를 바르긴 했으나 물이 말라 있었다. 지중해를 나타내는 연못에는 이탈리아를 가리키는 장화의 협소함을 부각시키기라도 하듯, 붉은색의 물고기가 몇 마

---

14) 17세기 화가인 다비드 테니에와 그의 아들 다비드 주니어는 둘 다 플랑드르의 민속 풍경들을 많이 그렸다.

리 헤엄치고 있었다. 선생님은 우리에게 카르파트 산맥이 어디 있는지 가리켜보라고 했다. 한편, 주인은 긴 막대기를 들고 국경선들을 가리키며 각 도시들의 이름을 대기도 하고, 또 제대로 알아들을 수도 없는 이상한 재담들을 한바탕 늘어놓으며 자기 작품에 대해 자랑을 늘어놓았는데, 그 작품을 제대로 만들기 위해 얼마나 많은 시간이 들었는지 강조해댔다. 그리고 마침내 선생님이 떠나기 전, 그의 인내심에 대해 찬사를 보냈을 때, 그는 학자연하는 어조로 대꾸했다.

"인내도 아이디어가 없으면 아무것도 아니죠."

나는 이 모든 것이 아직 그대로 있는지 궁금하다.

교감이던 브뤼니그 선생 자신도 이따금 브델 선생 대신 인솔을 자청하며 우리와 합류했다. 그럴 경우 브델 선생은 겸손하게 한 발 뒤로 물러섰다. 브뤼니그 선생이 어김없이 우리를 데리고 갔던 곳은 바로 식물원이었다. 그리고 또 어김없이, 박제된 동물들이 전시된 어두컴컴한 전시실 내부에(당시에는 새 박물관이 아직 세워지지 않았다), 따로 마련된 유리진열대 안 명예의 자리를 차지하고 있던 큰 바다거북 앞에 우리를 멈춰 서게 했다. 그러고선 그 거북 주위로 우리를 빙 둘러서게 한 다음, 말하는 것이었다.

"자, 여러분, 잘 봐요! 거북이는 이빨이 몇 개지요?"(그 거북은 박제된 것이긴 하나 마치 살아있는 듯 자연스런 모습으로, 주둥이를 약간 벌리고 있었다는 사실을 언급해야 할 게다) "잘 세어보세요. 시간은 충분히 있으니. 알았어요?"

그러나 우리를 더는 속일 수 없었다. 우리는 이미 알고 있었다, 그의 거북을. 그래도 우리는 킥킥 웃어대며 찾는 시늉을 했으며, 더 잘 보려고 서로 밀치기까지 했다. 두블레드는 이빨이 두 개밖에 보이지 않는다고 우겨댔으나, 그는 익살꾼이었다. 키가 큰 벤즈는 거북이에다 두 눈을 떼지 않고 큰 소리로 쉬지 않고 계속 세고 있었다. 그가 60개를 넘어섰을 때야 브뤼니그 선생이 그를 제지하고 나섰다. 어린애들 눈높이에 맞출 줄 아는 자가 지닌 특유의 선량한 웃음을 지으며 라

퐁텐느를 인용하는 것이었다.

"'전혀 그에 미치지 못하니라.'[15] 여러분들이 많이 찾아낸다고 할수록 그만큼 더 답에서 멀어져요. 그러니 그만 세도록 하는 게 더 나을 것 같군요. 내 이야기에 여러분들은 무척 놀라게 될 겁니다. 여러분들이 이빨이라고 생각하는 건 사실 작은 연골 돌기들입니다. 거북이는 이빨이 하나도 없어요. 거북이는 새와 같아요. 부리를 갖고 있지요."

그러면 우리 모두는 예의상 "아아!" 하고 감탄하는 것이었다.

나는 이 코미디에 세 번이나 동참했다.


줄리앙과 나의 부모님들은 견학을 가는 날에는 우리에게 각각 10상팀씩 주셨다. 그들은 함께 의논을 하셨던 것이다. 어머니는 자르디니에 부인이 줄리앙에게 주는 것보다 더 많은 용돈을 내게 주시지는 않았을 게다. 그들의 경제적 형편이 우리 집보다 못했기 때문에 결정권은 자르디니에 부인에게 있었던 것이다.

"얘들이 50상팀씩이나 갖고 다 어디 쓰겠어요?" 하고 그녀는 외쳤다. 그러면 어머니는 10상팀이면 "더할 나위 없이 충분하다"고 인정하시는 것이었다.

우리는 그 10상팀을 보통 클레망 영감의 가게에서 다 썼다. 뤽상부르 공원 안, 학교에서 가장 가까운 철책 출입문에 거의 맞대어 있던 그 가게는 벤치 색깔과 똑같은 초록색으로 칠해놓은 작은 목재 가건물에 불과했다. 클레망 영감은 옛날 학교의 문지기처럼 하늘색 앞치마를 두르고, 구슬과 풍뎅이, 팽이, 야자열매, 박하 맛과 사과 맛, 또는 체리 맛이 나는 막대사탕들, 시계태엽 같이 가늘게 꼬아 돌돌 감아놓은 감초 맛의 젤리, 아니스 향이 나는 흰색과 분홍색의 작은 구슬 사탕들

---

15) 라 퐁텐느의 우화 가운데 〈황소처럼 커지고 싶은 개구리〉에 나오는 구절로, 황소처럼 커지고 싶어 배를 불려대나 상대방이 '전혀 그에 미치지 못한다'고 말하는 부분이다.

을 넣고 양쪽 끝에 분홍색 솜과 마개로 막아놓은 유리튜브들을 팔고 있었다. 아니스 향 구슬 사탕은 대단한 건 아니었다. 하지만 튜브는 일단 비게 되면 장난감 대롱으로 사용할 수 있었다. 그것은 '카시스', '아니스 술', '퀴라소'라고 표지가 붙은 작은 병처럼 생긴 것으로, 그걸 사는 건 단지 내용물을 비운 다음, 흡반이나 거머리처럼 자기 입술위에 매달아놓는 재미 때문이었다. 줄리앙과 나는 보통 우리가 산 물건들을 함께 나누어가지곤 했다. 따라서 뭔가를 살 때는 반드시 서로 물어본 다음 샀다.

그 다음 해, 자르디니에 부인과 어머니는 매주 주는 용돈을 50상팀으로 올려도 좋겠다고 판단하셨는데, 그 너그러움 덕분에 나는 마침내 누에를 키울 수 있게 되었다. 누에치기는 먹이로 쓰이는 뽕나무 잎 외에는 그리 비싸지 않았는데, 나는 뽕나무 잎을 사러 일주일에 두 번씩 생-쉴피스 거리에 있는 건재상에 가야 했다. 애벌레를 싫어했던 줄리앙은 이제부턴 자기도 내게 물어보지 않고 자기 나름대로, 제 마음에 드는 걸 사겠노라 선언했다. 그게 우리 둘 사이를 상당히 싸늘하게 만들어, 둘씩 짝을 지어 가야했던 화요일의 견학 시간에 우리는 각자 다른 친구를 찾았던 것이다.

내가 진짜 열정적으로 좋아했던 친구가 하나 있었다. 러시아 아이였다. 학교 명부에서 그의 이름을 찾아보아야 할 것이다.[16] 그가 지금은 어떻게 되었는지 누가 말해줄 수 있을까? 그는 허약한 체질에 안색은 극도로 창백했다. 상당히 긴 밝은 금발 머리에 두 눈은 무척 파랬다. 그의 목소리는 음악적인데다가 악센트가 약간 있어 마치 노래하는 듯했다. 뭔가 서정적인 분위기가 그의 온 존재에서 풍기고 있었는데, 그건 자기 스스로 약하다고 느끼면서 다른 사람들로부터 사랑받고자

---

[16] 부친이 오데사대학의 교수였던 그는 1879년 알자스 학교에 입학했으며, 1880년 4학년 때 지드와 같은 반이었다. 《사전꾼들》에서 지드 자신의 어린 시절을 투영시켜 그리는 보리스라는 인물묘사는 이 친구에게서 많은 부분 가져온 것으로 보인다.

하는 데서 나온 것이라 생각된다. 그는 학급 동무들에겐 별로 좋은 평가를 받지 못했으며 아이들 놀이에 같이 끼는 경우는 드물었다. 그가 나를 쳐다보기만 하면 나는 다른 아이들과 놀고 있는 자신이 부끄러워졌다. 그래서 몇 번 쉬는 시간에, 갑자기 그의 시선을 알아채곤 노는 걸 당장 그만두고 그의 곁으로 가곤 했던 기억이 난다. 아이들은 내가 그러는 걸 비웃곤 했다. 나는 그를 보호할 수 있도록 애들이 그에게 덤벼들기를 바랄 정도였다. 작은 목소리로 조금씩 이야기하는 건 허용됐던 미술 시간에 우리는 나란히 앉곤 했다. 그때 그는 자기 아버지가 무척 유명한 학자라고 말했다. 그런데 나는 감히 그의 어머니에 대해선 묻지 못했으며, 또 무슨 이유로 그가 파리에 있는지도 물어보지 못했다. 어느 화창한 날, 그는 더 이상 학교에 나오지 않았다. 그가 병이 났는지 아니면 러시아로 돌아갔는지 내게 이야기해주는 사람이 아무도 없었다. 뭔가 조심하느라 그랬는지 소심해서 그랬는지 나는 선생님들께 물어보지 못했는데, 아마도 그들은 내게 그 이유를 가르쳐 줄 수 있었을 게다. 그리하여 나는 내 생애 최초의, 그리고 가장 생생한 슬픔 가운데 하나를 비밀로 간직하게 됐다.

어머니는 나를 위해 돈을 쓰실 경우, 우리 집안의 경제사정이 자르디니에 집안 형편보다 훨씬 더 낫다는 생각이 내게 들지 않도록 무척 조심하셨다. 내 옷들은 모든 점에서 줄리앙의 것과 똑같은 것으로, 그의 옷과 마찬가지로 '벨-자르디니에르' 상점에서 산 것들이었다. 나는 복장에 극도로 민감했기에 언제나 보기 흉한 옷차림을 하게 되어 몹시 괴로워했다. 해군복에 베레모를 쓰거나 벨벳 양복을 입을 수 있었더라면 난 무척 기뻤을 것이다. 그러나 벨벳과 마찬가지로 '해군' 스타일은 자르디니에 부인 마음에 들지 않았다. 따라서 나는 몸에 꼭 끼는 짤막한 윗도리와 무릎 아래서 묶는 짧은 바지, 그리고 줄무늬 양말을 신었다. 너무 짧은 그 양말은 쭈글쭈글해져 흉하게 흘러내리거나 구두 속으로 말려들어가 안 보이기도 했다. 내가 마지막으로 언급하고자 하는 가장 끔찍했던 건 풀을 먹인 뻣뻣한 셔츠였다. 내가 앞면에 더 이상 풀을 먹이지 않은 셔츠를 입을 수 있기 위해선 거의 어른이 다 되기까지 기다려야만 했다. 풀을 먹이는 게 당시의 관습이고 유행이라 따를 수밖에 없었던 것이다. 그리고 내가 마침내 내 마음에 드는 셔츠를 입게 된 것 역시 단지 유행이 바뀌었기 때문이었다. 한번 상상해 보라. 일 년 내내, 공부할 때나 놀 때나, 아무도 모르게, 윗도리 아래 감춰져 있는 일종의 하얀 갑옷을 입고 있는 가엾은 어린애를. 그런데 그 갑옷의 목둘레는 거의 쇠고리같이 딱딱하게 마무리되어 있었다. 그건 세탁소에서 아마도 같은 값에, 착탈식 칼라를 붙이게 되는 목둘레 부분 역시 풀을 먹여줬기 때문이었다. 그런데 그 칼라가 조금이라도 더 넓거나 좁거나 해서 셔츠 위에 정확하게 끼워지지 않을라치면(그런데 십중팔구 그랬다) 끔찍한 주름이 잡혔다. 그리고 조금만 땀이 나도 셔츠의 앞쪽은 완전히 망가지고 말았다. 그런 괴상한 옷차림으로 운동을 하러 가다니! 게다가 우스꽝스런 조그마한 중산모자가 이 모든 것을 마무리하고… 아! 요즘 아이들은 자기가 얼마나 행복한지 모른다!

하지만 나는 달리기를 좋아했다. 그래서 나는 반에서 아드리엥 모노 다음으로 가장 잘 달리는 선수였다. 그리고 체육시간에 장대타기나 줄타기는 내가 그보다 더 잘하기도 했다. 나는 링과 철봉, 그리고 평행봉 운동에서는 뛰어났다. 하지만 그네타기에는 형편없었는데 현기증이 나는 것이었다. 날씨 좋은 여름철 저녁나절이면 나는 한쪽 끝에 클레망 영감의 가게가 있던 뤽상부르 공원의 넓은 산책로로 몇몇 친구들을 만나러 가곤 했다. 우리는 공놀이를 했다. 그러나 아아! 그건 아직 정식 축구는 아니었다. 공은 똑같았으나 규칙은 간단한 것이었다. 그리고 축구와는 정반대로 발을 사용하는 게 금지되어 있었다. 그런대로 우리는 그 놀이에 열광했다.

그런데 의상 문제에 대한 내 이야기는 아직 끝난 게 아니다. 매년 사순절 셋째 목요일마다 파스코 체육관에서는 자기네 고객의 자녀들을 위한 무도회를 열곤 했는데, 가장 무도회였다. 어머니가 나를 그 무도회에 보내주실 거라는 사실을 아는 순간, 그리고 조만간 그 축제가 벌어진다고 생각하자, 가장을 해야 한다는 생각에 내 머리는 완전히 뒤집혀졌다. 내가 왜 그토록 열광했는지 나 자신에게 설명해보고자 한다. 아니 뭐라고! 자기 자신에서 벗어난다는 게 벌써 그런 행복감을 줄 수 있었단 말인가?[17] 그 나이에 벌써? 아니다. 그것보다는 오히려 온갖 색깔로 치장한다는 기쁨, 번쩍거리고 괴상야릇하게 되어보는 기쁨, 자기가 아닌 다른 사람처럼 보이는 놀이를 하는 기쁨이었을 게다… 그런데 이런 나의 환희는 자르디니에 부인이 자기 아들 줄리앙을 과자장수로 만들겠다고 선언하는 걸 듣는 순간 한없이 싸늘해졌다.

"이 애들에게 중요한 건", 그녀가 어머니에게 설명하는 것이었다(그리고 어머니는 곧 수긍하셨다). "가장한다는 거예요, 안 그래요? 의상은 별로 중요하지 않아요."

그 순간 나는 날 기다리고 있는 게 뭔지 알았다. 이 두 부인은 '벨-자르디니에르' 상점의 카탈로그를 뒤적이면서, '과자장수'의 의상이 — '꼬마 후작'을 필두로, '흉갑 기병'과 '꼭두각시 인형', '아프리카 원주민 기병', 그리고 '나폴리 부랑자'를 지나 점점 더 가격이 내려가는 리스트의 가장 아래쪽에 — 다시 한 번 말하지만, '과자장수'의 의상이 '진짜 공짜나 다름없다는 것'을 찾아내셨기 때문이었다.

광목 앞치마에다 광목 소매 덮개, 광목 주방장 모자를 쓰고 있는 나는 손수건 같은 모습이었다. 내가 어찌나 슬퍼보였던지 어머니는 내게 부엌용 냄비를, 동으로 된 진짜 냄비를 빌려주고 허리띠에 소스용 숟가락을 하나 끼워 넣었는데, 이런 상징적 표지를 덧붙임으로써 산문적이고 무미건조한 내 의상을 다소 돋보이게 할 거라 여기셨던 것이다. 게다가 어머니는 내 앞치마 주머니에다 "네가 나누어 주도록" 크로키뇰 비스킷을 가득 넣어주셨다.

---

17) 섬세한 자의식과 비판정신으로 자기 자신에서 벗어날 수 없었던 지드에게, 자기 자신에서 벗어나는 것은 그가 꿈꾸어왔던 상태이기도 했다.

무도회장에 들어서자마자 나는 '꼬마 과자장수'가 스무 여명이나 된다는 걸 확인할 수 있었다. 마치 기숙생 무리라고나 할 수 있었을 게다. 너무 큰 냄비로 거북해진 나는 쩔쩔매고 있었다. 그런데 나를 완전히 혼돈 속에 빠뜨린 건 바로 그때 갑자기 내가 사랑에 빠진 사실이었다. 그랬다, 확실히 사랑에 빠졌다. 상대는 나보다 좀더 나이가 든 소년으로 날씬한 몸매와 우아함, 그리고 달변으로 눈부신 추억을 내게 남겨놓았다.

그는 꼬마 악마, 또는 피에로 같은 복장을 하고 있었다. 다시 말해 금박으로 장식된 까만 타이즈가 날씬한 그의 몸을 있는 그대로 드러내고 있었던 것이다. 그를 보려고 사람들이 몰려드는 가운데, 그는 자신이 거둔 성공과 환희에 도취한 듯 깡충깡충 뛰고 돌면서 온갖 재주를 다 부리는 것이었다. 요정 같은 모습이었다. 나는 그에게서 눈을 뗄 수가 없었다. 나는 그의 시선을 끌고 싶기도 했으나, 동시에 우스꽝스런 내 옷차림 때문에 그의 눈에 띌까 두렵기도 했다. 또 나 자신이 초라하고 흉측하게 느껴졌다. 그는 한쪽 발을 들고 빙그르르 돈 후, 숨을 몰아쉬며 그의 어머니로 보이는 한 부인 곁에 다가가선 손수건을 달라고 했다. 온몸이 땀에 흠뻑 젖어 있었으므로 땀을 닦기 위해, 이마 위에 작은 새끼염소 뿔 두개를 고정시켜 놓은 까만 머리띠를 벗었다. 나는 그의 곁으로 다가가 어색하게 비스킷 몇 개를 내밀었다. 그는 고맙다고 말하며 그 가운데 하나를 건성으로 집어 들고선 곧 바로 발길을 돌렸다. 그러고 나서 얼마 안 있어, 나는 완전히 기가 죽은 채 무도회장을 떠났다. 집에 돌아왔을 때 어찌나 절망감에 사로잡혀 있었는지, 어머니는 그 다음 해에는 '나폴리 부랑자' 의상을 입혀주겠다고 약속하셨다. 그렇다, 적어도 그 의상은 내게 맞을 것이고, 아마 그 피에로의 마음에 들게 되리라… 그래서 그 다음번 무도회에서 나는 '나폴리 부랑자'로 분장했다. 그러나 피에로는 더 이상 그 자리에 없었다.

내가 3학년이 되었을 때 무슨 이유로 어머니가 나를 기숙생으로 넣었는지, 나는 지금 더 이상 이해해볼 생각은 없다. 알자스 학교는 공립학교의 기숙사 제도에 반대하고 있었던지라 기숙사가 없었다. 그러나 알자스 학교는 자기네 교사들에게 각자 자기 집에 소수의 기숙생들을 받도록 장려하고 있었다. 나는 더 이상 브델 선생의 반은 아니었으나 그의 집으로 들어갔다. 당시 브델 선생은 생트-뵈브가 살았던 집에서 살고 있었는데,[18] 현관으로 쓰이는 작은 복도 안쪽에 있는 그의 흉상이 내 호기심을 끌었다. 그 기이한 성녀는[19] 놀랍게도 아버지 같은 인자한 모습에다 술 장식이 달린 챙 없는 모자를 쓴 한 노신사의 모습을 하고 있었던 것이다. 브델 선생은 생트-뵈브는 '위대한 비평가'였다고 우리에게 수차 말했다. 그러나 쉽게 믿는 어린아이의 고지식함에도 한계가 있는 법이다.[20]

그 집에는 대 여섯 명의 기숙생이 있어서 두세 개의 방을 나눠 쓰고 있었다. 나는 3층에 있는 한 방을 키가 큰 아이와 같이 쓰고 있었는데, 무기력하고 창백한데다 좀처럼 반응이 없는 로조라는 아이였다. 다른 친구들에 대해선 전혀 기억나지 않는데… 아니, 미국 아이였던 바네트는 기억난다. 그는 우리 학교에 전학 온 다음 날, 잉크를 가지고 자기 콧수염을 그림으로써 교실 안에서 이미 날 감탄시켰던 아이였다. 그는 헐렁헐렁한 윗도리와 널찍한 반바지를 입고 있었다. 얼굴은 얽었으나 너무나도 활짝 열린 웃는 얼굴이었다. 그의 온 존재는 환희

---

18) 이 집은 몽파르나스 거리 11번지에 위치한 것으로, 지드는 1909년 조르주 그라프의 책《생트-뵈브의 정원에서》에 대한 서평에서 자신의 추억을 이야기하고 있다.

19) 생트-뵈브(Sainte-Beuve, 1804-1869)의 이름에서 '생트'는 '성녀'를 뜻한다. 지드는 이 인물을 처음에 당연히 여성인 줄 알았다는 의미일 것이다.

20) 생트-뵈브는 19세기의 가장 유명한 비평가 가운데 하나였다. 그러나 그의 비평방식이 거의 작가의 외적 전기적 사항에 의거함으로써 작품 평가에 상당한 오류를 낳았으며, 훗날 프루스트 등에 의해 많은 반박을 당하게 되었다.

와 건강으로 넘치고 있었으며 내부에는 뭔가 부산스러움이 가득 차 있어, 그로 하여금 조금도 가만히 있질 못하고 위험이 다분한 뭔가 기발한 것들을 끊임없이 만들어내게 했다. 바로 그것 때문에 그는 내 눈에 엄청나게 멋있게 보였으며, 또 확실히 나를 열광시켰다. 그는 언제나 터부룩하게 헝클어진 자기 머리카락에 대고 펜촉을 닦아댔다. 그가 브델 선생 집에 들어온 첫날, 우리는 식사 후 쉬는 시간에 집 뒤쪽에 있는 작은 정원에서 놀고 있었다. 그때 그가 정원 한가운데 버티고 서더니 의기양양하게 상반신을 뒤로 젖히고 나서, 우리 모두가 지켜보는 가운데 선 채로 그대로 오줌을 눴다. 우리는 그의 그 염치없는 행동에 기겁을 했다.

그 뒤뜰은 주먹질의 무대였다. 보통 나는 조용했고 오히려 너무 순한 편이었다. 그리고 아마도 언제나 질 거라 확신했던 나는 싸움질을 싫어했다. 아직도 쓰라린 사건이 하나 기억나는데 여기서 그 이야기를 해야겠다. 학교에서 뤽상부르 공원을 가로질러, 그런데 평소와는 반대로 작은 정원 맞은편의 철책 문을 지나 집으로 돌아가고 있었다. 하지만 많이 둘러가는 길은 아니었다. 그 길에서 나는 한 무리의 학생들과 마주쳤다. 아마 공립학교의 아이들로, 그들에게 알자스 학교 학생들은 증오스런 귀족을 의미하고 있었다. 그 아이들은 거의 내 또래였으나 훨씬 더 건장했다. 지나가면서 나는 언뜻 비웃는 소리, 또 빈정거리거나 악의에 찬 시선을 알아챘다. 그러나 나는 최대한 점잖은 걸음으로 내 길을 계속 갔다. 그런데 갑자기 가장 우람한 녀석이 무리에서 빠져나와 내 쪽으로 다가오는 것이다. 내 온몸의 피가 발뒤꿈치 아래로 떨어져 내리고 있었다. 그가 내 앞을 가로막고 선다. 나는 더듬거리며 말한다.

"뭘… 뭘 원하는 거예요?"

그는 아무 대답도 하지 않고 내 왼쪽에 바짝 붙어 따라 걷는다.

나는 두 눈을 땅에 떨군 채 계속 걸어가기는 했으나 그의 시선이 날 주시하고 있음을 느끼고 있었다. 그리고 등 뒤로는 다른 녀석들의 시

선이 느껴졌다. 나는 주저앉고 싶은 심정이었다. 그런데 갑자기,

"자! 내가 원하는 건 바로 이거야!" 하며 내 눈에 대고 주먹을 날리는 것이었다.

아찔해진 나는 마로니에 나무 밑둥지로 나가 떨어졌는데, 나무에 물을 주기 위해 파놓은 움푹 패인 곳이었다. 나는 진흙과 혼란으로 가득 찬 채 거기서 기어 나왔다. 얻어맞은 눈은 무척 아팠다. 나는 그 당시 눈이 어느 정도까지 탄력이 있는지 아직 모르고 있었기에 눈알이 터졌다고 생각했다. 눈물이 엄청나게 솟구쳐 나왔기에 나는 생각했던 것이다. "그래, 눈알이 빠진 거야." 하지만 내게 더욱더 고통스러웠던 건 다른 아이들의 웃음과 야유, 그리고 날 공격한 녀석에게 보내는 박수 소리였다.

어쨌든 나는 얻어맞는 걸 싫어한 이상으로 남을 때리는 것 역시 좋아하지 않았을 것이다. 그런데 브델 선생 집에는 적갈색 머리칼에 이마가 좁다란 밉살스런 키다리 녀석이 하나 있었다. 다행히 이름이 기억에서 지워져버린 그 녀석이 내 평화주의를 너무 남용하고 있었다. 두 번, 세 번, 나는 그의 빈정거림을 참았다. 그러다가 어느 날 갑자기 엄청난 분노가 날 사로잡았다. 나는 그에게 달려들어 그를 움켜잡았다. 그 사이 다른 아이들은 둥그렇게 우리를 둘러싸고 있었다. 그는 나보다 상당히 키도 크고 힘도 셌다. 하지만 나로선 기습공격을 했다는 이점이 있었고, 또 더 이상 제정신이 아니었다. 내 분노가 힘을 열 배나 더 크게 만들었던 것이다. 나는 그를 때리고 밀쳤으며, 금방 그를 쓰러뜨렸다. 그가 땅에 나가떨어졌을 때, 승리에 도취한 나는 그를 고대방식으로, 아니면 내가 고대방식이라 생각한 대로 그의 머리채를 잡고 질질 끌고 다녔는데, 그의 머리털이 한줌이나 빠졌다. 내 손가락 사이에 남아있는 기름때 긴 머리카락 때문에 내 승리에 대해 약간 불쾌하기까지 했으나, 승리할 수 있었다는 사실에 나는 어리둥절했다. 예전 같으면 그런 일은 내게 절대 불가능하게 보였기 때문에, 그런 무모한 일을 저지른 건 분명 제정신이 아니었기 때문일 게다. 그 성공으

로 나는 다른 아이들의 존경을 받게 되었으며 오랫동안 내겐 평화가 보장되었다. 그 결과 나는 단지 시도해보지 않았기 때문에 불가능해 보이는 일들이 많다는 사실을 확신하게 되었다.

　우리는 그해 9월의 일부를 님므 근처에 있는 샤를르 지드 숙부의 장인 소유지에서 보냈다. 당시 숙부는 갓 결혼한 상태였다.[21] 아버지는 거기서 몸이 불편해서 돌아오셨는데, 사람들은 그게 무화과 탓인 걸로 치부했다. 사실상 아버지가 아팠던 건 장결핵 때문으로, 내 생각에 어머니는 그 사실을 알고 계셨던 것 같다. 하지만 결핵은 그 당시만 하더라도 그게 무슨 병인지도 모른 채 낫기를 기대하던 병이었다. 그런데 아버지의 상태는 그 병을 물리칠 수 있기를 기대하기엔 이미 너무 심각한 상태였던 것 같았다. 아버지는 그해(1880년) 10월 28일 무척 조용히 영면하셨다.

　나는 돌아가신 아버지 모습은 본 기억이 없다. 그러나 돌아가시기 며칠 전, 아버지가 자리를 지키고 있던 침대 위에 누운 모습은 보았다. 두꺼운 책 한 권이 그 앞 이불 위에 활짝 펼쳐져 있었으나, 뒤집어 놓아 양가죽으로 장정된 등판만 보였다. 내가 방에 들어간 순간 아버지가 그렇게 내려놓았을 게다. 어머니는 훗날 그게 플라톤 책이었다고 말씀하셨다.

　내가 브델 선생 집에 있을 때였다. 누군가가 날 찾으러 왔다. 그게 누군지 더는 기억나지 않으나 아마 안나였을 것이다. 돌아오는 길에 나는 모든 사실을 알았다. 그러나 정식 상복을 입고 있는 어머니를 보았을 때야 슬픔이 터져 나왔다. 어머니는 울고 계시지는 않았다. 내 앞에서는 꾹 참고 계셨던 것이다. 하지만 어머니가 많이 우셨다는 걸 난 느꼈다. 나는 어머니의 두 팔에 안겨 흐느꼈다. 어머니는 내가 너무 심한 정신적 충격을 받지는 않나 걱정하며 내게 홍차를 좀 들게 하

---

21) 샤를르 지드는 1878년 8월 말 안나 임 튀른느와 결혼했다.

셨다. 나는 어머니의 무릎에 앉아 있었다. 어머니는 찻잔을 들고 한 숟가락을 떠서 내게 내미셨는데, 미소를 띤 채 다음과 같이 말씀하시던 게 아직 기억난다.

"자! 이게 제대로 입에 들어갈 건가?"

그때 나는 갑자기 나 자신이 어머니의 사랑으로 완전히 감싸진 걸 느꼈다. 그 사랑은 그 이후 내 위로 스르르 닫히며 날 가두었다.

내가 겪었던 그 상실이 뭔지 그 당시 내가 어떻게 깨달을 수 있었겠는가? 나는 내가 느낀 슬픔에 대해 말할 수도 있겠으나, 아아! 나는 상을 당한 게 내 친구들 눈에 일종의 위세로 비쳤던 사실에 특히 민감했던 것이다. 한번 생각해 보시라! 친구들 하나하나가 내게 편지를 썼는데,[22] 아버지가 훈장을 받게 됐을 때 그의 동료들이 모두 했던 것과 똑같이 말이다! 그리고 나는 외사촌누이들이 올 거라는 사실을 알았던 것이다! 어머니는 내가 장례식에는 참석하지 않는 걸로 결정하셨다.[23] 삼촌과 숙모들이 어머니와 함께 영구차를 따라가고 있을 동안, 엠마뉘엘과 쉬잔느는 남아서 내 동무가 되어줄 것이다. 사촌누이들을 다시 만난다는 행복이 거의, 아니면 완전히 내 슬픔을 압도하고 있었다. 이제 그녀들에 대해 이야기할 시간이다.

---

22) 지드의 전기를 쓴 장 들레(Jean Delay)에 따르면 지드는 이 편지들을 평생 간직했다고 한다.

23) 장례식은 1880년 10월 30일, 몽파르나스 묘지에서 화려하게 치러졌다. 미간행 수첩에서 지드는 다음과 같이 쓰고 있다. "사촌누이들이 와서 내 방에 있었다. 나더러 장례식에 따라가겠느냐고 사람들이 물었을 때, 나는 사촌누이들과 함께 있기 위해서 안 가겠다고 말했다."

엠마뉘엘은 나보다 두 살 많았으며, 쉬잔느는 나보다 약간 손위였고, 루이즈는 곧 바로 그 뒤를 따르고 있었다.[1] 에두아르와 조르주로 말하자면, 마치 한꺼번에 해치워버리려 듯 사람들이 둘을 묶어 '사내 녀석들'이라고 불렀던 그들은 겨우 요람에서 벗어난 상태라 아직 거의 무시할 만했다. 엠마뉘엘은 내 취향에는 너무 조용했다. 그녀는 우리들의 놀이가 '웬만한 수준'을 넘어서는 순간, 그리고 놀이가 소란스러워지기 시작하기만 해도 더는 같이 끼지 않았다. 그러고선 책을 한 권 들고 혼자 외따로 있었다. 마치 도망이라도 친다고 말할 수 있었으리라. 아무리 불러도 더 이상 그녀 귀에는 들리지 않았고, 마치 외부 세계가 그녀에겐 존재하지 않는 것 같았다. 때론 공간 개념도 완전히 잃어 갑자기 자기 의자에서 굴러 떨어지는 일도 있을 정도였다. 그녀는 말다툼 한 적도 한 번 없었다. 다른 사람들에게 자기 차례나 자기 자리, 또는 자기 몫을 양보하는 게 어찌나 자연스러웠던지, 또 언제나 얼마나 우아하게 웃는 낯으로 그랬는지, 그게 미덕에 의한 것이라기보

---

1) 마들렌느와 쟌느, 발랑틴느를 말한다(제1장 주석 7번 참조). 에두아르와 조르주는 실제 이름으로, 실제 이름을 그대로 쓴 것은 도리어 그들의 존재의미가 별로 없음을 말한다.

다 오히려 자기가 좋아서 그러는 게 아닌지, 그리고 달리 행동하는 게 그녀에겐 도리어 거북한 건 아닌지 의심할 정도였다.

쉬잔느는 대담한 성격을 가졌다. 그녀는 발랄하고 즉흥적이었다. 아무리 시시한 놀이도 그녀가 있으면 금방 생기를 띠었다. 난 그녀와 가장 즐겨 놀았으며, 루이즈가 토라져 있지 않을 때면 루이즈하고도 같이 놀았다. 그건 루이즈가 두 언니에 비해 변덕스럽고 불안한 성격을 가졌기 때문이었다.

우리가 어떤 놀이를 했는지 굳이 얘기할 필요가 있을까? 아마도 우리가 그 놀이에 기울였던 정열을 제외하면 우리 또래 다른 애들의 놀이와 별반 다르지 않았으리라 생각한다.

나의 외삼촌과 외숙모는 다섯 아이와 함께 르까 가에 살고 있었다. 그 거리는 가게도 없고 아무런 활기도 없으며, 특징도 매력도 없는 지방 특유의 쓸쓸한 거리 가운데 하나였다. 그 거리 끝에는 더 음울해 보이는 강변이 이어지는데, 그 전에 시립병원 앞을 지나게 된다. 바로 그 병원이 플로베르의 양친이 살았고 또 그의 형 아실이 그의 부친에 이어 근무했던 곳이었다.[2]

외삼촌의 집은 그 거리만큼이나 평범하고 침울했다. 그 집에 대해서는 나중에 다시 이야기하겠다. 내가 외사촌누이들과 만난 것으론, 외삼촌 집보다 더 드물긴 했어도 크론느 가에 있는 외가에서 만날 때가 적어도 더 즐거웠으며, 또 그보다 시골에서 만날 때가 훨씬 더 즐거웠다. 즉 사촌누이들이 라 로크로 오거나 우리가 외삼촌의 소유지였던 퀴베르빌에 가곤 하면서, 우리는 매년 여름 몇 주 동안 시골에서 서로 만났다. 그때 우리는 함께 공부하고 함께 놀았으며, 우리의 취미와 성격은 함께 형성되었으며, 우리의 생활은 함께 짜여 졌고 우리의 계획과 욕망은 서로 혼동되곤 했다. 그래서 매일매일 하루가 끝날 때 부모

---

2) 루앙 시립병원은 르까 가 51번지에 있으며, 플로베르의 부친(1784-1846)은 그 병원의 외과 과장이었다.

님들이 우리를 잠자리에 들게 하려고 서로 떼어놓으려 할 때면, 나는 어린애처럼 생각하곤 했던 것이다. 아아! 우리가 아직 어리기 때문에 부모님 뜻대로 되지만 밤도 더 이상 우리들을 갈라놓을 수 없을 때가 올 거라고.

지금 내가 이 글을 쓰고 있는[3] 퀴베르빌의 정원은 그 후 많이 변하지 않았다. 여기엔 가지런히 다듬어놓은 주목으로 둘러싸인 원형 화단이 있어, 우리는 그곳 모래더미 속에서 놀곤 했다. 거기서 멀지 않은 '꽃 산책로'에는 우리들만의 작은 정원을 만들어놓았던 장소가 있다. 은빛 보리수나무의 그늘 아래 있던 체조장에서 엠마뉘엘은 무척이나 겁을 냈었고, 반대로 쉬잔느는 무척이나 대담했었다. 그 너머엔 '어둠의 산책로'란 그늘진 곳이 있어, 이따금 날씨가 좋은 저녁나절이면 식사 후 외삼촌은 그 속으로 은신하곤 하셨다. 그 외의 저녁이면 그는 우리들에게 끝도 없는 월터 스코트의 소설을 큰 소리로 읽어주곤 하셨다.

집 앞에 있던 커다란 서양 삼나무는 지금 엄청나게 자랐다. 당시 우리는 그 가지 속에 둥지를 틀고 몇 시간이고 보내곤 했다. 우리는 각자 그 속에 방을 하나씩 만들었고, 이 방에서 저 방으로 서로를 방문했으며, 또 나무 가지 위에서 올가미 줄과 갈고리 등으로 낚시를 하기도 했다. 쉬잔느와 나는 아주 높이 올라가기도 했다. 맨 꼭대기까지 올라가 아래쪽에 있는 애들에게 외쳐대는 것이었다. "바다가 보인다! 바다가!" 사실이지 청명한 날이면 거기서 15킬로미터 떨어진 곳에 있는 바다의 가느다란 은빛 수평선이 보이곤 했다.[4]

그렇다. 이 모든 건 하나도 변하지 않았다. 그리고 나라는 그 꼬마 아이를 내 마음 깊은 곳에서 되찾는 것도 전혀 어렵지 않다. 하지만

---

3) 지드는 이 부분을 1916년 가을에 쓰고 있었는데, 1916년 2월에서 1917년 5월까지 거의 계속 이곳에 머물렀다.

4) 직선거리로 볼 때 노르망디 해안인 에트르타까지는 10킬로미터도 되지 않는다.

과거로 너무 멀리 거슬러 올라가는 건 여기서 아무 흥미도 없다. 아버지가 돌아가셔서 엠마뉘엘과 쉬잔느가 나를 보러 파리에 왔을 땐, 첫 유년기의 놀이들은 이미 다른 놀이로 바뀌어져 있었던 것이다.

어머니는 초상을 치른 다음 가족들의 권유로 처음 얼마동안을 루앙에서 보내기로 하셨다. 그런데 어머니는 나를 브델 선생 댁에 두고 가는 게 마음에 걸리셨던 모양이다. 그리하여 불규칙적이고 틀에 벗어난 내 삶이, 중간 중간 끊어진 내 교육이 시작되었는데, 난 그런 교육에 너무 맛을 들이고 말았던 것이다.

그래서 우리는 그해 겨울을 크론느 가에 있는 외갓집, 즉 앙리 롱도 외삼촌 집에서 보냈다.5) 위베르 선생은 외사촌누이인 루이즈에게 공부를 가르쳐주던 선생으로 매일 와서 내 공부도 봐주었다. 그는 지리를 가르치기 위해 '백지도'를 사용했다. 나는 지도 속에 모든 지명을 찾아내 써넣고 점선으로 그어진 선을 따라 펜으로 다시 그리기만 하면 됐다. 그건 아이 입장에선 상당히 노력을 절약할 수 있었으나, 그 덕분에 아이의 기억 속에 남는 건 하나도 없는 방식이었다. 나는 위베르 선생의 주걱 같은 손가락밖에 기억나지 않는다. 그가 백지도 위를 이리저리 가리키던 엄청나게 평평하고 넓적하며 끝이 뭉툭한 그 손가락들을.

나는 그해 겨울, 새해선물로 복사기구 하나를 받았다. 초보적인 그 기계의 이름이 뭣인지 더 이상 모르겠다. 요컨대 그 기계란 그저 젤라틴 물질이 덮인 금속판에 불과한 것으로, 그 젤라틴 물질 위에 글씨가 잔뜩 쓰인 종이를 먼저 놓은 다음 인쇄할 일련의 종이들을 놓으면 되었다. 신문을 만들 생각이 그 선물에서 나왔는가? 아니면 반대로 그 선물이 신문을 낼 계획에 대한 화답으로 온 것인가? 그건 별로 중요하지 않다. 어쨌든 가까운 친지들을 위한 조그만 신문이 만들어졌던 건 사실이다. 그 당시 만든 신문들을 보관해 두었던 것 같지는 않다. 그러나 외사촌누이들이 쓴 산문과 시 구절들이 실렸던 건 기억하고 있

---

5) 앙리와 뤼실 외삼촌 부부는 1874년 이후 크론느 가에서 살고 있었다.

다. 내가 기고한 것이라곤 단지 위대한 작가들의 몇몇 페이지를 옮겨
적은 것뿐이었다. 딱히 규정지을 수 없는 뭔가 겸손한 마음에서, 나는
친척들이 내가 직접 쓴 것보다 뷔퐁의 "다람쥐는 귀여운 작은 동물로
서…"와 브왈로의 몇몇 서간문 읽는 걸 더 좋아하리라 확신했던 것이
다. 6) 그리고 그게 적절하리라고.

앙리 롱도 외삼촌은 루앙 시에서 사오 킬로미터 떨어진 울르므에서
루앙산 면직물공장을 운영하고 계셨다. 우리는 마차를 타고 꽤나 자주
그곳에 가곤 했다. 원래 공장 바로 옆에 작고 조촐한 장방형의 집이
한 채 서 있었으나, 내 기억에 아무 흔적도 남아 있지 않을 정도로 별
의미 없는 것이었다. 외삼촌은 그 집을 허물게 하고 바로 그 자리는
아니고 좀더 멀리, 정원이 들어설 공간을 두고 그 맞은편에 거창하고
호사스런 주택을 하나 짓게 하셨는데, 해수욕장의 별장이나 노르망디
지방의 집과 흡사했다.

앙리 외삼촌은 남자로선 진국이었다. 부드럽고 인자했으며 독실한
신앙에 다소 빠져있기도 했다. 그의 성격과 마찬가지로 그의 얼굴에도
강한 인상은 없었다. 열여덟 살 경 그가 가톨릭으로 개종했다고 이미
앞에서 말했던 것 같다. 나의 외할머니는 자기 아들 방의 장롱을 열고
선 기절초풍하여 뒤로 넘어지셨다. 그 속에 성모 마리아 제단이 있었
던 것이다.

앙리 롱도 외삼촌 네는 《트리불레》지를 받아보고 있었는데, 쥘 페
리를 몰아내기 위해 창간된 과격한 풍자지였다. 7) 그 신문에는 저속한

---

6) 뷔퐁(1707-1788)은 프랑스의 철학자이자 박물학자이며, 브왈로(1636-
1711)는 프랑스 고전주의 미학의 대표적 이론가이자 작가였다.

7) 《트레불레》지는 1878년 주간지로 창간되었다가, 1881년 일간지가 된
후 1893년 폐간되었다. 1880년 이미 총리대신 임무를 맡고 있던 쥘 페
리(1832-1893)는 1883년 이후 정식 총리대신이 되었다. 그는 활발한
식민정책을 추진했는데, 특히 1884년 인도차이나의 통킹을 획득하게 된

그림들로 가득 차 있었는데, 그 목적이란 오직 그 '통킹인'의 코를 왕 코로 만들어 놓는 것뿐이었다. 내 사촌 로베르는[8] 이를 무척 재미있 어했다. 《트리불레》지가 《라 크루와〔십자가〕》지[9] 와 나란히 울르므의 거실 테이블과 당구대 위에 마치 도전이라도 하듯 활짝 펼쳐진 채 굴 러다니고 있어, 그 집의 신조와 다른 신조를 갖고 있는 손님들의 심기 를 불편하게 만들고 있었다. 데마레 집안사람들과 어머니는 아무것도 못 본 척했으며 알베르는 내심 분개했다. 정치적 신앙적 측면에서 차 이가 있었음에도 불구하고 어머니는 너무나 타협적이어서 자기 오빠와 사이가 틀어질 수는 없었으며, 더군다나 올케인 뤼실[10] 과는 더 뜻이 맞았다. 차분하고 깊은 양식과 관대한 마음을 지닌 나의 외숙모는 자 기 남편과 딱 짝이 맞는 분이었으나 사람들은 외숙모를 더 높이 평가 하고 있었다. 왜냐하면 부부가 똑같은 덕성을 갖고 있을 경우, 남자가 여자보다 훨씬 열등해 보이지 않기 위해선 무척 똑똑해야 하기 때문이 다. 지금 내가 하고 있는 이야기의 시점보다 일 년 후, 앙리 외삼촌이 돌아가셨을 때 공장운영을 담당하고, 또 한때 일꾼들이 파업했을 때 당당하게 맞서나간 건 큰 아들 로베르가 아니라 외숙모셨다.

울르므의 공장은 상업 경기가 아직 번창하고 있던 그 당시 루앙의 가장 중요한 공장 가운데 하나였다. 거기서는 직물을 짜는 건 아니었 고 단지 염색만 했다. 그런데 이 염색은 수많은 부수적인 작업들을 동 반하는 것이라 상당수의 일꾼들을 고용하고 있었다. 공장에서 좀 떨어 진 들판의 높은 언덕 위로 건조 창고가 하나 있었다. 격자창 사이로 통과하는 바람이 끊임없이 포목들을 흔들어대고 있었으며, 포목들이

후 '페리-통킹'이라는 별명을 얻게 되었으며 1885년 결국 사퇴하도록 압 박받았다.

8) 앙리 외삼촌의 맏아들 페르낭 롱도(1854-1908) 를 말한다.

9) 1880년 창간된 보수적인 가톨릭 신문으로 1883년 일간지가 되었다.

10) 뤼실 케이팅거(1832-1909) 는 1852년 지드의 외삼촌 앙리와 결혼했으며, 이 외삼촌은 1882년 돌아가셨다. 이 이야기는 1881년 초의 이야기이다.

가볍게 스치며 내는 살랑거리는 신비로운 소리가 쉴 새 없이 나고 있었다. 수많은 작은 층계참과 복도며 구름다리 사이로 지그재그로 나 있는 계단이 흔들거리며 위쪽으로 올라가고 있었다. 그 속에 들어서면 아직 마르지 않은 흰색의 포목 자락들이 수직으로 얼기설기 끝없이 늘어서 있는 사이에 완전히 파묻히게 되고, 포목 자락들은 가만히 있다가 이따금 펄럭거리기도 했다. 강가 바로 옆에는 언제나 문이 닫혀있는 작은 별채가 하나 있었다. 은밀히 염료가 만들어지고 있던 그곳에선 야릇한, 하지만 결국 좋아하게 되는 냄새가 풍겨나고 있었다. 기계실에서 포목에 색깔과 생명을 불어넣는 그 번쩍이는 구리 롤러 아래로 포목이 통과하는 걸 바라보며 나는 몇 시간이고 남아있고 싶었으나, 우리 애들에게는 거기에 혼자 들어가는 건 금지되어 있었다. 그 대신, 큰 보관창고에는 문이 열려있는 걸 보기만 하면 우리는 매번 허락을 맡을 필요도 없이 들어가곤 했다. 그 창고는 거대한 건물로, 이미 날염이 끝나 둘둘 말려 상점으로 배송될 준비가 다 된 포목 필들이 가지런히 잔뜩 쌓여 있었다. 각 층에는 비어 있거나 가득 찬 선반 사이로 나란히 나 있는 세 개의 낭하를 따라, 운반차들이 홀의 한쪽 끝에서 반대편 끝까지 세 개의 레일 위를 달리고 있었다. 쉬잔느와 루이즈, 그리고 나는 이 운반차에 각각 한 명씩 타고 비장한 경주를 하곤 했다. 엠마뉘엘은 우리와 같이 보관창고에 가지 않았다. 그 이유는 운반차가 세 대뿐이었으며, 또 그녀는 이런 모험을 좋아하지 않았고, 특히 그게 허락된 일인지 확신하지 못했기 때문이었다.

공장 옆으로 농가가 있었고, 훌륭한 가금 사육장과 엄청나게 큰 헛간이 있어 사촌 로베르는 재미삼아 특이한 종류의 토끼들을 키우고 있었다. 쌓아놓은 섶 다발이 토끼집을 대신하고 있었다. 나는 같이 놀아줄 사촌누이들이 없을 때면, 짚 위에 앉거나 누워서 그 기이한 작은 종족들이 노닥거리는 걸 바라보며 몇 시간이고 보내곤 했다.

정원은 도로와 면해 있는 벽과 강으로 둘러싸여 있었다. 한가운데 연못이 있었는데, 그 둘레가 얼마나 작은지 그걸 봤더라면 플로베르는

몽상에 잠겼을 것이다.[11] 장난감 같은 우스꽝스런 철제 다리가 그 연
못 위에 놓여있었다. 연못 바닥은 시멘트로 발라져 있었고, 그 바닥
위에는 수초 잔해와 비슷한 수많은 물여우들이 잔 나뭇가지로 된 묘하
게 생긴 자기네들의 둥지 속을 기어 다니고 있었다. 나는 그 물여우들
을 세숫대야에 담아 키우곤 했으나 그게 유충에서 벗어나는 걸 보기도
전에 울르므를 떠나야 했다.

　유년시절부터 내가 살아있는 생물을 갖고 놀며 얻었던 것만큼의 기
쁨이나 또는 그처럼 강렬한 기쁨을 훗날 책과 음악, 또는 그림들이 내
게 준 적이 있었는지 모르겠다.[12] 나는 곤충학에 대한 내 정열을 마침
내 쉬잔느도 같이 나누도록 만들었다. 적어도 그녀는 나를 따라 곤충
채집하러 같이 갔으며, 송장벌레와 금풍뎅이, 그리고 반날개들을 찾
아 쇠똥과 썩은 동물들의 시체 뒤집는 걸 그리 역겨워하지 않았던 것
이다. 가족들도 결국 이런 내 열성을 높이 평가했다고 생각할 수밖에
없었다. 그건 내가 그 당시 아직 어리긴 했어도, 외할머니의 사촌이셨
던 작고하신 펠릭스-알키메데스 푸셰[13]의 곤충 수집품 전부를 바로
나한테 물려주셨기 때문이다. 고집 센 이론가였던 이 노학자는 한때
파스퇴르에 반대하여 '헤테로제니', 즉 자연발생이라는 대담한 주장을
펼쳤던 일로 유명했던 시절이 있었다. 알키메데스라고 불리는 사촌을
갖는다는 건 많은 사람들에게 주어지는 행운은 아니다. 내가 그를 생

---

11) 아마도 플로베르의 소설 《부바르와 페퀴셰》를 암시하는 것으로, 그 소
　　설의 제 2장 뒷부분에 우스꽝스런 정원이 묘사되어 있다.
12) 지드는 본 자서전 앞부분에서도 밝혔듯이 자신을 양면적인 이중성의 인
　　물로 파악하고 있다. 이런 이중성의 대립은 지드가 주장하듯 양친의 집
　　안과 그들의 지방에서 시작하여 다양한 형태로 제시되고 있으나, 결국
　　문화와 자연, 예술과 삶의 대립이라는 것으로 수렴될 수 있을 것이다.
13) 루앙 출신의 이 생물학자(1800-1872)는 지드 외할머니인 쥘리 푸셰의
　　사촌이었다. 그가 주장했던 자연발생의 이론은 파스퇴르가 1859년에서
　　1861년 사이에 했던 실험에 의해 부인되었다.

전에 알았더라면 얼마나 좋았을까! 박물관 소속 교수였던 그의 아들 조르주와 나의 관계에 대해서는 뒤에서 이야기할 것이다.[14]

바닥에 코르크가 깔린 24개의 상자, 분류되어 나란히 정렬된 상태로 이름표가 붙은 초시류들로 가득 찬 그 상자들을 선물로 받고, 나는 나 자신이 그걸 받을 자격이 있다고 평가받았다는 사실에 물론 우쭐해졌다. 그러나 그 선물이 내게 엄청난 기쁨을 주었다는 기억은 없다. 그 보물에 비하면 빈약한 나 자신의 수집품은 너무나 창피해 보였다. 그러나 나 자신이 손수 잡은 다음 직접 핀으로 꽂아놓은 그 곤충들 하나하나가 내게는 얼마나 더 소중했던가. 내가 좋아했던 건 수집품이 아니라 채집이었던 것이다.

나는 미끈이하늘소무리와 사슴벌레들이 서식하는 프랑스의 몇몇 운좋은 고장에 가보는 걸 꿈꾸곤 했다. 우리나라와 같은 풍토에서는 그곤충들이 가장 크기가 큰 초시류들이다. 라 로크에는 그런 건 전혀 찾아볼 수가 없었다. 하지만 발-리셰르 계곡의 제재소 옆, 오래된 톱밥더미 아래서 나는 코뿔소 벌레들, 즉 '오릭테스 라지코르네스' 무리를 우연히 발견한 적이 있었다. 크기가 거의 사슴벌레만큼이나 커다랗고 반질반질한 적갈색의 그 멋진 곤충들은 두 눈 사이에 뒤로 젖혀진 뿔을 갖고 있었는데, 그것 때문에 코뿔소 벌레라고 불렸을 것이다. 내가 그걸 처음 봤을 때 나는 마치 미친 사람처럼 좋아했다.

톱밥 속을 뒤지면 그 애벌레도 나오곤 했다. 그건 '뒤르크', 즉 풍뎅이의 애벌레와 유사한 커다란 허연 벌레들이었다. 또 미라벨 자두처럼 커다랗고 물렁물렁한 희끄무레한 알들이 서로 붙어 이상하게 염주처럼 주렁주렁 달려있거나 뭉쳐져 있는 것도 찾아내곤 했는데, 그게 처음에 이상하게도 내 호기심을 끌었다. 엄밀히 말해 단단한 껍질이라곤 없는

---

14) 조르주 푸세(1833-1894)는 자연사박물관 소속의 해부학 교수였다. 지드는 1892년 아이슬란드로 과학탐사여행을 가는 그를 따라갈 계획을 한적이 있었다.

그 알들은 깨 볼 수가 없었고, 양가죽처럼 쭈글쭈글하고 부드러운 그 막을 찢는 것도 다소 힘들었다. 그런데 그때 아, 놀랍게도! 거기서 가느다란 실뱀 같은 게 빠져나오는 것이었다.

나는 상당량의 오릭테스 애벌레를 라 로크에 가져와 톱밥을 가득 채운 상자 안에서 키웠다. 하지만 언제나 번데기 상태가 되기도 전에 죽고 말았다. 내 생각에 그 애벌레는 변신하기 위해선 땅속에 파묻혀있어야 하기 때문일 것이다.

리오넬 드 R…은 내가 곤충채집하는 걸 도와주었다. 우리는 정확히 동갑이었다. 부모님을 다 잃은 그는 자기 누이와 함께 발-리셰르에서 기조 씨의 사위인 자기 이모부 집에서 살고 있었는데, 그가 바로 기조 씨의 손자였다. 나는 일요일마다 발-리셰르에 가곤 했다. 내 사촌누이들이 와 있을 때면, 우리 집과 외삼촌네 하녀들이 우리들을 모두 모아 그 집에 데려가곤 했다. 가는 길은 기분이 좋았으나 우리는 나들이옷을 입고 있어 어색했으며, 그 방문은 하나의 고역이었다. 리오넬과 나는 조만간 무척 친한 사이가 되긴 했으나 그 당시에는 아직 그런 사이는 아니었다. 그 당시 내가 본 그는 단지 소란스럽고 화를 잘 내며 권위적인 사내 녀석일 뿐이었다. 그는 홀쭉한 장딴지에 솔처럼 뻣뻣한 머리카락을 하고, 언제나 땀투성이에다가 조금만 움직여도 금방 얼굴이 빨갛게 달아올랐다. 그가 즐겨한 스포츠란 새로 산 멋진 내 파나마모자를 빼앗아서는 그걸 원형으로 꾸며놓은 다알리아 화단 속으로 던져버리는 것이었는데, 그 화단 안에 들어가는 건 금지되어 있었다. 아니면 '무스'라는 거대한 뉴펀들랜드 개를 부추겨 우리에게 달려들게 만드는 것으로, 개는 종종 우리를 넘어뜨리곤 했다. 이따금 우리보다 나이가 많은 친척 여자아이들이 거기 와 있는 경우가 있어 무척 즐거웠다. 우리는 '술래잡기'를 했다. 그런데 간식을 먹은 후, 진짜 재미있어지려고 할 때면 하녀들이 우리를 불렀다. 돌아가야 할 시간이라는 것이다. 그렇게 돌아오던 길 가운데 특히 하나가 기억난다.

엄청난 비바람이 갑자기 일었다. 하늘은 보랏빛 구름으로 뒤덮였다. 우리는 불안에 떨며 벼락과 우박, 광풍과 저주가 내릴 거라고 예감하며 집으로 걸음을 재촉하고 있었다. 하지만 비바람이 우리 위로 밀려오고 있는 게, 마치 우리 뒤를 따라오는 것 같았다. 우리는 우리가 목표물이라는 걸, 그랬다, 우리가 바로 위협을 받고 있다고 느꼈다. 그래서 늘 하던 대로, 우리가 한 행동을 하나하나 같이 되새겨보고 서로 따져보면서 이 끔찍한 제우스의 분노가 누구를 겨냥하는지 알아내고자 애썼다. 더 이상 우리한테서 최근에 저지른 큰 죄과를 발견하지 못하게 되자 쉬잔느가 외쳤다.

"이건 하녀들 때문이야!"

그리곤 우리는 곧장 앞으로 내달렸다. 죄 많은 여인들을 하늘의 불길에 내버려둔 채.

내가 열두 살 되던 그해 1881년, 어머니는 내가 라 로크에서 할 일없이 빈둥거리며 내 공부가 무질서해진 것에 다소 불안해하시며, 가정교사 한 사람을 들이셨다. 나는 누가 어머니에게 갈랭 선생을 추천했는지 전혀 모르겠다. 그는 겉멋을 부리는 젊은이로, 신학생이 아니었나 생각된다. 근시에다 멍청한 인물인 그는 자기가 하는 수업을 나보다 더 지겨워하는 것 같았다. 이는 많은 점을 시사하는 것이었다. 그는 내가 숲속에 갈 때 같이 따라 가곤 했으나 전원을 즐기지 않는다는 사실을 숨기지 않았다. 지나는 길에 개암나무 가지에 걸려 그의 코안경이 떨어졌을 때 나는 속으로 통쾌해했다. 그는 멋을 부려 입술 끝으로 〈코른느빌의 종들〉[15]에 나오는 아리아를 불러대곤 했는데, 다음과 같은 가사가 계속 이어졌다.

    … 덧없는 사랑은 원치 않는다네

---

15) 프랑스의 작곡가 로베르 플랑케트(1848-1903)의 오페레타로 1877년 초연되었으며 상당한 성공을 거두었다.

제멋에 겨워 마구 꾸며대는 나긋나긋한 그의 목소리에 나는 화가 났다. 마침내 나는 그런 어리석은 걸 불러대며 즐거워 한다는 게 도저히 이해가 안 된다고 단언했다.

"자네가 너무 어려 이 노래가 어리석어 보이는 모양이군." 그는 거만하게 대꾸했다. "자네도 나중엔 이해할 거야. 오히려 명언이지."

게다가 그 노래는 당시 무척 유행하던 오페라에 나오는 무척 사랑받는 아리아라고 덧붙였다. 하지만 그 모든 건 멸시하는 내 마음을 더 키울 뿐이었다.

나는 그토록 지리멸렬했던 교육이 어쨌든 내 안에서 뭔가를 성공시킬 수 있었다는 게 감탄스럽다. 그해 겨울, 어머니는 나를 남부 지방으로 데리고 가셨다. 아마도 그 결정은 오랜 숙고와 수많은 논의의 결과였을 것이, 어머니의 행동 하나하나는 언제나 깊은 숙고 끝에 나온 것이었기 때문이다. 보잘것없는 내 건강상태에 대해 불안하셨던 걸까? 아니면 자신이 좋다고 여기는 건 나서서 고집하시는 샤를르 지드 숙모의 간곡한 권고를 따르셨던 걸까? 모르겠다. 어른들의 속마음은 도저히 간파할 수 없는 것이다.

샤를르 지드 숙부 네는 당시 몽펠리에에 있었으며, 살-레벡크 거리의 막다른 골목 끝, 카스텔노 집안의 저택 3층과 마지막 층인 4층을 쓰고 계셨다.[16] 카스텔노 집안은 1층과 2층만 쓰고 있었으며, 2층보다 훨씬 더 넓은 1층 앞으로는 정원이 펼쳐졌는데, 우리는 그 정원에 마음대로 드나들 수 있었다. 그 정원 자체는 내가 기억하는 한, 그저 푸른 떡갈나무와 월계수들이 뒤엉켜있는 것에 불과했으나 전망은 감탄할 만한 것이었다. 에스플라나드 광장 위쪽으로 모퉁이진 언덕 위에 있는 그 정원에서는 광장 한쪽 끝과 몽펠리에 교외가 내려다보였으며, 저 멀리 생-루 산봉우리까지 보였다. 그 산봉우리는 숙부의 서재 창밖

---

16) 1622년 재건축된 이 저택은 랑그독 지방의 도지사 사택으로 사용되다 카스텔노 집안의 소유가 되었다.

으로도 보였다.

어머니와 내가 샤를르 지드 숙부 댁에 묵지 않았던 건 예의상 그랬던 건가? 아니면 단지 우리가 묵을 자리가 없었던 걸까? 왜냐하면 우리는 하녀 마리와 함께 갔기 때문이다. 아마 상중에 있던 어머니가 혼자 계시고 싶었기 때문이기도 할 것이다. 우리는 우선 느베 호텔에 짐을 푼 다음, 그 근처에서 겨울 동안 묵을 가구 딸린 아파트를 찾기 시작했다.

어머니가 마침내 결정하신 아파트는 에스플라나드 광장 맞은편 끝에서 시작되는 길에 있었는데, 광장보다 더 낮게 비탈진 길이었다. 따라서 한쪽 면에만 집들이 서 있는 길이었다. 그 길은 아래로 내려감에 따라 광장에서 멀어지면서 점점 더 어두워지고 또 더 더러워지고 있었다. 우리 아파트는 그 중간쯤에 있었다.

아파트는 작고 추하고 볼품이 없으며, 가구는 더러웠다. 어머니 방, 그리고 식당이자 거실로 쓰이는 방의 창문들은 에스플라나드 광장으로 면해 있어서, 다시 말해, 광장의 축대 벽이 전망을 가리고 있었다. 내 방과 마리의 방은 잔디나 나무도 없고 꽃도 없는 조그마한 정원으로 나 있었다. 잎이 하나도 없는 두 개의 덤불이 없었더라면 그저 안뜰이라고 불렸을 것으로, 덤불 위에는 주인집의 빨랫감들이 일주일에 한 번씩 활짝 펼쳐지는 것이었다. 나지막한 벽이 그 정원과 옆집의 작은 안뜰 사이에 나 있었고, 그 안뜰로 또 다른 집들의 창문이 나 있었다. 거기에는 고함소리와 노랫소리, 기름 냄새가 났으며, 기저귀를 말리고 매트를 털어대며, 요강을 비워대고 아이들이 빽빽거리고, 또 새장에서는 새들이 목청껏 지저귀고 있었다. 또 이쪽 뜰에서 저쪽 뜰로 수많은 굶주린 고양이들이 헤매고 다니는 걸 볼 수 있었다. 할 일 없는 일요일이면, 열여덟 살이나 먹은 다 큰 장난꾸러기들인 주인집 아들과 그의 친구들이 깨진 접시 조각들을 던지며 고양이들을 뒤쫓곤 했다. 우리는 이틀이나 사흘에 한 번씩 샤를르 숙부 댁에서 저녁식사를 했다. 그 집의 음식은 기막히게 맛있는 것으로, 보통 때 우리가 음식점

에서 배달해먹던 맛없는 스튜와는 완전히 딴판이었다. 우리가 그토록
형편없는 거처에 살게 된 것으로 나는 아버지가 돌아가셔서 우리가 파
산하게 됐다고 생각했다. 그러나 감히 그 문제에 대해 어머니에게 물
어보지는 못했다. 그런데 그 아파트가 아무리 침울하긴 했으나, 학교
에서 돌아오는 자에게는 천국이었다.

나는 그 학교가 라블레 시절 이래 많이 변했는지 의심스럽다.17) 각
자 옷을 걸 수 있는 옷걸이가 전혀 없었기에 옷가지들은 깔고 앉는 방
석이 되곤 했다. 그리고 또 자기 위쪽에 앉는 아이들이 발을 놓는 방
석으로 쓰이기도 했는데 계단식 좌석이었기 때문이다. 그리고 글을 쓸
때는 무릎위에 놓고 썼다.

두 파당이 각 학급을 나누고 있었고 학교 전체를 나누고 있었다. 가
톨릭파와 개신교파가 있었던 것이다. 나는 내가 개신교도라는 사실을
알자스 학교에 들어갔을 때 처음 알았다. 첫날 쉬는 시간부터 아이들
이 나를 둘러싸고 물었던 것이다.

"너 말이야, 가톨릭이야, 아니면 개신교야?"

생전 처음으로 그런 해괴한 말을 들은 나는 완전히 말문이 막혀 —
왜냐하면 내 부모님은 모든 프랑스 사람들의 신앙이 똑같지 않을 수
있다는 사실을 내게 내비치기를 삼가하셨으며, 또 루앙의 친척들 사이
에 넘치던 그 합의는 그들 사이의 신앙적 대립에 대해 내 눈을 멀게
했기 때문에 — 그 말이 무슨 말인지 모르겠노라 대답했다. 그런데 친
절한 급우가 하나 있어 내게 설명해 주었다.

"가톨릭교도란 성모 마리아를 믿는 사람이라는 거야."

그 말에 나는, 그렇다면 나는 분명 개신교도라고 외쳤다. 신기하게
도 우리 가운데 유태교도들은 없었다. 그때 키가 작고 빈약해보이던
한 녀석이 이제껏 가만히 있다가 갑자기 외치는 것이었다.

17) 16세기 프랑스 르네상스의 대작가인 라블레는 1530년 몽펠리에 의과대
학에 입학했었다.

"우리 아버지는 무신론자야." 뭔가 잘난 척하는 어조의 그 말은 다른 아이들을 모두 어리벙벙하게 만들었다.

나는 그 말을 기억했다가 어머니에게 물었다.

"무신론자가 무슨 뜻이에요?"

"고약한 바보란 의미야."

그 말에 만족하지 못한 나는 또 다시 물으며 재촉했다. 내 질문에 지친 어머니는 결국, 어머니가 종종 하시듯이 다음과 같은 한마디로 내 집요한 질문을 딱 잘라버리셨다.

즉 "넌 지금 그런 건 알 필요 없어," 또는 "나중에 알게 될 거야"(어머니는 나를 화나게 만드는 이런 유형의 답을 여러 개 갖고 계셨다).

열 내지 열두 살 된 어린애들이 벌써 이런 문제에 관심을 가졌다는 사실이 놀라운 건가? 물론 아니다. 그건 단지 프랑스인들이 갖는 편 가르기, 어느 편에 속하고자 하는 타고난 욕구일 뿐으로, 프랑스 사회에서 어느 연령대나, 그리고 높건 낮건 어느 계층에서나 다 찾아볼 수 있는 것이다.

그 후 얼마 뒤, 리오넬 드 R. 과 내 사촌 옥타브 주엥-랑베르와 함께 옥타브의 부모님 마차를 타고 숲속을 드라이브 했을 때, 나는 그 둘로부터 엄청난 욕을 듣게 되었다. 그들은 나더러 왕당파인지 공화파인지 물었다. 나는 우리가 공화국에 살고 있었기에 "물론 공화파지!"라고 대답했다. 사람들이 공화파가 아닐 수도 있다는 걸 아직 이해하지 못했던 것이다. 리오넬과 옥타브는 나를 격렬히 비난했다. 나는 돌아오자마자,

"그럼 그렇게 대답하면 안 되는 거예요?"라고 순진하게 물었다.

"애야" 어머니는 잠시 생각하신 다음 말씀하셨다. "다음에 사람들이 네가 어느 편인지 물으면 헌법의 수호자 편이라고 답하렴. 알겠니?"

그리고 나서 어머니는 내게 그 놀라운 말을 반복하게 하셨다.

"그런데… 그건 무슨 말이에요?"

"바로 그게 말이다, 다른 사람들도 너처럼 모를 거야. 그러니 널 가

만히 내버려둘 것 아니니!"

　몽펠리에에서는 신앙에 관한 문제는 별로 중요하지 않았다. 가톨릭 상류층들은 자기네 자녀들을 사제들이 운영하는 학교에 보냈기 때문에, 공립학교에 남아있는 애들이란, 거의 전부 서로를 친척으로 여기는 우리 개신교도들이 보기엔, 우리들에 대해 명백한 증오의 감정을 품고 있는, 그리고 종종 상당히 불쾌한 서민들밖에 없었기 때문이다.

　내가 '우리들'이라고 말하는 이유는 나와 같은 종교를 가진 아이들, 즉 숙부와 숙모가 평소 가까이 지내고 있어 나도 덩달아 알게 된 사람들의 아이들과 거의 곧바로 같은 그룹이 되었기 때문이다. 말하자면 베스트팔과 린하르트, 카스텔노, 바질이라는 아이들이 있었다. 그들은 서로 친척사이로 가장 호의적인 애들이었다. 이들 전부 나와 같은 반은 아니었으나 학교가 끝나면 같이 만나곤 했다. 린하르트 의사의 두 아들은 내가 가장 친하게 지내던 아이들이었다. 그들은 천성적으로 무척 외향적이고 솔직했으며, 다소 짓궂은 면은 있었으나 근본적으로 정직한 아이들이었다. 그렇긴 하나 나는 그들과 같이 노는 데서 그저 그런 평범한 기쁨밖엔 느낄 수 없었다. 그들의 이야기 속에 있는 뭔지 모르는 현실적인 것, 그리고 그들의 태도 속에 있는 뭔가 영악한 것이 나를 소심하게 움츠려들게 해, 내 소심함은 그 사이 엄청 커졌던 것이다. 나는 서글펐고 우울했으며, 내가 그 친구들과 어울린 건 단지 달리 도리가 없었기 때문이었다. 내 친구들의 놀이는 내가 하는 놀이가 조용했던 만큼이나 소란스러웠으며, 그들이 호전적으로 보이는 만큼 나는 평화적이라고 느껴졌다. 학교가 파했을 때 서로 치고 받는 것에 만족하지 못한 그들이 하는 이야기라곤 대포와 화약, 그리고 '폭발탄'에 관한 것뿐이었다. 이 '폭발탄'이란 다행히도 파리에서는 전혀 보지 못한 발명품이었다. 약간의 폭발약과 가는 자갈이나 모래를 기름먹인 종이에 같이 싼 것으로, 지나가는 행인의 다리 사이로 던지면 펑하고 터지는 것이었다. 린하르트네 아이들이 처음으로 내게 그 폭발탄을 주었을 때 내가 가장 서둘러 한 행동이란, 누추한 우리 아파트로 돌아오

자마자 세숫대야 물속에 던져버린 일이었다. 그들이 받는 용돈은 전부
이 폭약을 사는 데 쓰였으며, 그 폭약을 자기들이 새해 선물로 최근에
받았던 구리나 쇠로 된 소형 대포의 주둥이에까지 채워넣곤 했는데,
그 대포들은 솔직히 나를 무척 무섭게 했다. 그 폭발음은 내 온 신경
을 건드렸으며 내게는 너무나 혐오스런 것이어서, 나는 그들이 거기서
무슨 잔인한 기쁨을 얻는지 도무지 이해할 수가 없었다. 그들은 납으
로 된 병정 인형들에 대고 연속사격을 시도하기도 했다. 나 역시 납으
로 된 병정들을 가지고 있었으며 그걸 갖고 놀기도 했다. 그러나 그들
의 놀이는 그걸 녹여버리는 것이었다. 납 병정들을 삽 위에 똑바로 세
운 다음 그 삽을 뜨겁게 달구는 것이다. 그러면 병정들이 갑자기 흔들
흔들 하다가 앞으로 꼬꾸라지는 것이 보인다. 조만간 녹슨 군복 아래
로 작은 영혼이, 불길에 달구어져 껍질이 벗겨진 반짝이는 한 작은 영
혼이 빠져나가는 것이니… 몽펠리에 공립학교 이야기로 되돌아가자.
　알자스 학교의 교육방식은 공립학교 방식을 개선한 것이었다. 그러
나 그 개선안들이 아무리 현명한 것이었다 해도 여기서 내게는 불리하
게 작용했다. 알자스 학교에서 나는 제대로 시 낭독하는 법을 배웠으
며 타고난 취향에 의해 벌써 그런 시낭송에 상당한 재미를 붙이고 있
었다. 그런데 공립학교에서(적어도 몽펠리에 학교에서는) 낭독하는 방
식이란 시나 산문이나 할 것 없이, 아무 억양도 없는 목소리로, 가능
하면 빨리, 그리고 텍스트가 지닌 모든 매력뿐만 아니라 의미조차 전
부 없애버리는 그런 어조로 외우는 것이어서, 그걸 외우느라 들였던
힘든 노고에 대해 동기부여를 할 만한 것이라곤 더 이상 아무것도 남
지 않는 것이었다. 그보다 더 끔찍하고 기괴한 것은 없었다. 텍스트의
내용을 알고 있어도 아무 소용이 없었다. 도무지 아무것도 알아들을
수가 없었고, 듣고 있는 게 프랑스어인지도 의심스러운 것이었다. 내
가 낭송할 차례가 왔을 때(그 내용이 무엇이었는지 알고 싶다), 나는 아
무리 애를 써도 그들의 방식을 따를 수 없을 것 같은 생각이 들었고
그런 방식은 너무 혐오스럽게 느껴졌다. 따라서 나는 내가 파리에서

외웠을 것처럼 낭송했다.

첫 구절을 외우자마자 경악이었다. 진짜 대소동이 일어나기라도 한 것 같은 그런 류의 경악이었다. 곧이어 경악은 교실 전체를 휩쓴 엄청난 웃음바다로 바뀌었다. 계단식 좌석의 한 끝에서 다른 끝까지, 교실 아래서 위까지 모두들 포복절도를 해댔다. 모든 애들은 마치 수업에서 그렇게 웃는 일은 좀처럼 없는 것처럼 웃어대는 것이었다. 더 이상 비웃는 것도 아니었다. 폭소는 걷잡을 수 없이 계속되어 나도(Nadeau) 선생님조차 동조를 하게 되었다. 적어도 미소를 띠셨던 것이다. 그리하여 선생님의 미소에 힘을 얻은 그 웃음은 더 이상 자제되지도 않았다. 선생님의 미소는 나에 대한 단죄를 보장하는 것이었다. 다행히 내가 잘 외우고 있던 그 구절들을 끝까지 계속 낭독하는 그 의연함은 도대체 어디서 나올 수 있었는지 나도 모르겠다. 마침내 폭소가 멈춘 다음에도 선생님은 여전히 미소를 짓고 계셨다. 그때, 놀랍게도, 그리고 반 전체가 당혹해하는 가운데, 무척 차분하고 엄숙하기까지 한 선생님의 목소리가 들렸다.

"지드, 10점"(최고점이었다). "제군들, 여러분들은 이게 우스웠는지 모르지만 내 말을 잘 들어요. 여러분들 모두 바로 이렇게 낭송해야 하는 겁니다!"

나는 난감했다. 그 칭찬은 나를 내 친구들과 대립시킴으로써 모두 내게 등을 돌리게 만드는 가장 확실한 결과를 낳았던 것이다. 반 아이들 사이에서는 갑작스런 총애를 용서하지 않는다. 선생님이 날 괴롭히길 원하셨다면 바로 그렇게 행동하면 되었던 것이다. 애들이 나를 잘난 체한다고, 또 내 낭송을 우스꽝스럽게 여기는 것으로 이미 충분하지 않았던 걸까? 나를 곤혹스럽게 한 결정적 사실은 내가 선생님에게 개인교습을 받는다는 사실이 알려진 것이었다. 그런데 내가 개인교습을 받은 이유는 다음과 같다.

알자스 학교의 개혁안 가운데 하나는 라틴어 교육으로, 거기서는 초등학교 5학년부터 라틴어를 가르치고 있었다. 즉 초등학교 5학년부터 시작해도 바칼로레아를 볼 때까지 자기네 학생들은, 초등학교 2학년 부터 '로사, 로제'를 떠듬거리며 외우는 공립학교 학생들 수준을 따라 잡을 수 있는 시간이 충분하다고 주장하고 있었던 것이다. 늦게 시작 하긴 하나 그들보다 늦게 도착하는 건 아니라는 것으로, 그간의 결과 들이 이를 증명해주고 있었다. 사실이었다. 하지만 중간에 딴 학교로 전학을 가게 된 나는 불리한 입장이었다. 나도(Nadeau) 선생님의 그 지루한 복습에도 불구하고, 벌써 베르길리우스를 해석해대는 애들을 언젠가 따라잡을 수 있으리란 희망은 금방 사라졌으며, 난 끔찍한 절 망 속으로 서서히 빠져들었던 것이다.

낭송에서 얻은 그 어리석은 성공과 그 결과 얻게 된 잘난 척한다는 평판은 반 아이들의 적의를 불러일으켰다. 전에 나와 어울리던 친구들 은 나를 저버렸으며, 다른 애들은 내가 더 이상 친구들의 든든한 지지 를 받지 못하는 걸 보자 대담해졌다. 나는 조롱받고 구타당하고 내몰 려졌다. 수난은 학교가 파하고 난 다음 시작되었다. 하지만 곧바로는 아니었다. 이전에 내 동무였던 애들이 어쨌든 자기네 눈앞에서 내가 당하는 걸 내버려 두지는 않았을 테니까 말이다. 그러나 첫 번째 길모 퉁이를 돌자마자 시작되었다. 나는 수업 끝나는 걸 얼마나 두려워하며 맞이하곤 했던가! 학교 밖을 나서자마자 나는 슬그머니 미끄러지듯 내 달렸다.

다행히도 우리가 사는 곳은 멀지 않았다. 그러나 아이들은 내가 가 는 길목을 지키고 있었다. 그들의 매복이 겁난 나는 엄청난 우회길로 돌아가곤 했다. 그런데 아이들도 이를 눈치 챘기에, 더 이상 잠복해있 는 게 아니라 사냥개 마냥 추격전이 되었다. 정도가 웬만했더라면 재 미있을 수도 있었을 게다. 하지만 그들에게선 놀이를 즐긴다는 마음보 다 나라는 가련한 사냥감에 대한 증오심이 느껴졌다. 특히나 유랑극단 업자인 서커스단장의 아들이 있었다. 이름이 로페즈인지 트로페즈, 아니면 고메즈인가 하는, 운동선수 같은 몸집을 한 투박하게 생긴 그 녀석은 우리 가운데 나이가 가장 많았으며, 반에서 꼴찌를 하는 것에 우쭐해하곤 했다. 사나운 눈초리에다 포마드를 발라 번들거리는 머리카락을 이마 아래까지 내려 착 갖다 붙인 그 머리카락하며, 핏 빛깔의 큰 나비넥타이가 아직 눈에 선하다. 그가 바로 그 무리의 대장으로, 그 녀석은 진정 날 죽이고 싶어 안달했다. 이따금씩 나는 비참한 상태로 집에 돌아오곤 했다. 옷은 찢기고 진흙투성이에, 코피를 흘리고 이를 딱딱 부딪치며 공포에 질려 있었다. 그러면 가련한 어머니는 비탄에 잠기시는 것이었다. 그러고 나서 마침내 나는 심각하게 앓아눕게 됐는데, 그게 바로 내게 그 지옥을 끝나게 해주었다. 의사를 불렀다. 천연두에 걸렸다는 것이다. 구사일생이었다!

적절한 치료로 병세는 정상적인 과정을 밟아갔다. 다시 말해 내가 조만간 다시 일어설 수 있다는 것이었다. 하지만 회복기가 점차 진행되고 내가 다시 굴레를 써야 하는 순간이 다가옴에 따라, 비참했던 기억으로 점철된 끔찍한 불안이, 이름도 없는 불안이 나를 엄습해오는 걸 느끼고 있었다. 꿈속에서 나는 잔인한 녀석 고메즈를 다시 보곤 했으며, 그의 패거리들에게 쫓겨 헐떡거리고 있었다. 그리고 언젠가 그가 도랑에서 주운 죽은 고양이를 갖고 다른 애들이 내 두 팔을 붙들고 있는 동안, 그걸로 내 얼굴을 문지르던 그 혐오스러운 촉감이 내 뺨에 또 다시 느껴지는 것이었다. 나는 땀에 흠뻑 젖어 잠에서 깨곤 했다. 그러나 꿈에서 깨어나 내가 만난 현실이란 린하르트 의사가 어머니에게 말한 걸 생각하며 되찾게 된 내 공포였다. 즉 조만간 내가 학교로 돌아갈 수 있으리라는 것이었다. 그때 나는 심장이 멎는 것 같은 느낌이었다. 그렇긴 하나 내가 이 이야기를 하는 것은 다음에 할 이야기에 대한 변명을 하자는 건 전혀 아니다. 천연두에 뒤이어 나타난 신경증 속에 꾀병이 어느 정도 차지하는지 헤아려보는 건 신경과 의사에게 맡기고자 한다.

그 일이 어떻게 시작되었는지는 바로 다음과 같다고 생각한다. 내가 자리에서 일어나도 좋다고 한 첫날, 3주 동안이나 침대에 누워있던 뒤라 당연한 일이듯 현기증이 조금 나서 내 걸음걸이는 비틀거렸다. 이 현기증이 조금만 더 심하면 무슨 일이 벌어질지 상상해 볼 수 있을까?
하는 생각이 들었다. 물론 가능했다. 머리는 뒤로 휙 젖혀질 것이고
두 무릎은 굽혀질 것이며(나는 그때 내 방에서 어머니 방으로 통하는 작
은 복도에 있었다), 나는 갑자기 뒤로 넘어질 것이다. 아! 나는 속으로
생각했다. 상상하는 걸 그대로 따라해 보는 거야! 그렇게 상상하는 가
운데 나는 벌써, 내 신경이 이끄는 대로 내맡길 경우, 어떤 편안함과
휴식을 맛보게 될지 예감하고 있었다. 넘어지면서 그리 아프지 않을
자리를 확인하느라 뒤로 한 번 힐끗 보면서…

　옆방에서 외치는 소리가 들렸다. 마리였다. 그녀가 달려왔다. 나는
어머니가 외출하신 걸 알고 있었다. 내게 조금이라도 남은 저어하는
마음, 또는 연민이 감히 어머니 앞에서 그러진 못하게 말린 것이다.
하지만 나는 모든 이야기가 어머니 귀에 들어가리라 계산하고 있었다.
그렇게 시도한 다음, 처음엔 성공한 것에 거의 놀라고, 금방 대담해졌
으며, 더 능숙해지고 또 더 본격적으로 하기로 마음을 먹은 나는 다른
동작들을 감행했다. 즉 때론 발작적이고 갑작스런 동작을, 때론 반대
로 오랫동안, 반복적이며 규칙적인 움직임으로 박자를 맞추는 것이었
다. 나는 그 방면에 전문가가 되었으며, 조만간 상당히 다양한 레퍼토
리를 갖게 됐다. 하나는 거의 그 자리에서 뛰어오르는 것이었고, 다른
하나는 창문에서 내 침대까지 약간의 공간을 필요로 하는 것이었다.
침대 위에 똑바로 선 채 매번 몸을 돌릴 때마다 몸을 앞으로 날리는
것으로, 모두 세 번에 걸쳐 정확히 성공적으로 뛰어오르는 것과 함께
거의 한 시간 동안이나 계속되는 것이었다. 그리고 또 하나, 누운 채
이불을 완전히 젖히고 실행하는 것으로, 마치 일본 곡예사들이 하는
것처럼 박자에 맞추어 일련의 고공 뒷발차기를 하는 것이었다.

　어머니가 지켜보시는 가운데 그런 코미디를 할 용기가 도대체 어디
서 나올 수 있었는지 의아해 하면서, 나는 그 후 여러 번 나 자신에
대해 화가 났다. 하지만 오늘날 내가 보기에 그 분노는 그리 당연한
것 같지 않다는 사실을 고백해야 할 것이다. 내가 했던 그 동작들은

비록 의식적이긴 했으나 거의 저절로 일어난 것이었다. 다시 말해, 기껏해야 그 동작들을 좀 억제할 수 있었을 뿐이라는 거다. 하지만 그런 동작들을 하며 나는 더없는 위안을 느꼈던 것이다. 아! 그 후 오랫동안, 신경증으로 괴로워하면서, 얼마나 여러 번, 더 이상 그럴 수 있는 나이가 아니라는 사실에 한탄했던가, 몇 번 깡충깡충 뛰는 것만으로 …

이 기이한 병이 처음 나타났을 때부터, 왕진 온 린하르트 의사는 어머니를 안심시킬 수 있었다. 신경증은 그저 신경증일 뿐이라는 것이었다. 하지만 어쨌든 내가 계속해서 온몸을 떨어대고 있었으므로 그는 두 동료 의사들의 도움을 구하는 게 좋겠다고 판단했다. 그리하여 느베 호텔의 한 방에서 진찰을 받았는데, 어떻게, 그리고 무슨 이유로 그랬는지 나도 모르겠다.[18] 3명의 의사, 즉 린하르트와 퇼롱, 그리고 부와씨에가 다 모였다. 그런데 부와씨에는 라말루-레-뱅의 의사로, 바로 그곳으로 나를 요양 보내는 게 문제였다. 어머니는 가만히 지켜보고 계셨다.

나는 사태가 그런 식으로 돌아가는 것에 대해 약간 떨고 있었다. 그 중 둘이나 허연 턱수염을 갖고 있던 나이 든 그 의사 양반들은 나를 이쪽저쪽으로 돌려대며 진찰한 다음, 자기네들끼리 나지막하게 이야기를 나누고 있었다. 그들이 내 속을 꿰뚫어 볼 건가? 그들 중 하나인 엄격한 눈빛을 한 퇼롱 씨가 말할 것인가?

"부인, 이 녀석한텐 단단한 볼기짝 한 대면 됩니다"라고.

하지만 아니었다. 그들은 나를 살펴보면 볼수록, 점점 더 내 상태가 진짜라는 느낌이 드는 것 같았다. 무엇보다, 내가 이 양반들보다 나 자신에 대해 더 잘 알고 있다고 주장할 수 있단 말인가? 그들을 속인다고 믿으면서 정작 나 자신이 속고 있는지도 모르는 일이다.

---

18) 잘 생각해보니, 이 진찰은 두 번에 걸친 라말루 요양 사이에 있었던 것 같다. 이로써 우리가 호텔에 묵었던 것이 설명될 것이다(원주).

진찰이 끝났다.

나는 옷을 다시 입는다. 뷜롱이 인자하게 몸을 숙여 나를 도와주려고 한다. 부와씨에가 곧 바로 그를 제지한다. 나는 그가 뷜롱에게 보내는 미세한 몸짓과 윙크를 포착하고선, 교활한 시선이 집요하게 날 지켜보고 있으며, 내가 눈치 채지 못한 상태에서 계속 날 지켜보고자 한다는 사실을, 그리고 내가 윗도리 단추를 잠그고 있는 동안 그 시선이, 내 손가락의 움직임을 엿보고 있다는 사실을 알아챈다. 그래서 나는 생각했다. "아니, 이 자그마한 늙은이와 라말루에 같이 있게 된다면 단단히 연기를 해야겠는 걸." 그리곤 전혀 모르는 척 능청맞게, 나는 그에게 추가로 몇 번 더 찡그리는 얼굴과 단추 구멍 속에서 비틀거리며 헤매는 손가락 끝자락을 제공해주었다.

내 병을 심각하게 받아들이지 않았던 사람은 바로 내 숙부였다. 그런데 그가 그 누구의 병도 심각하게 받아들이지 않는다는 사실을 아직 모르고 있던 나는 화가 났다. 나는 극도로 화가 났으며 크게 한번 연기를 해서 이 무관심을 무찌르고자 결심했다. 아! 그 얼마나 비참한 기억인가! 아무것도 숨김없이 쓰겠다고 했으나 이 사건은 정말 그냥 넘어가고 싶다! 나는 지금 살-레베크 거리에 있는 아파트 응접실에 있다. 숙부는 조금 전 자기 서재에서 나왔다. 난 조만간 그가 그 앞을 다시 지나가리라는 걸 알고 있다. 나는 콘솔 아래로 미끄러져 들어가고, 이어서 그가 다시 오는 소리, 나는 우선 잠깐 기다린다. 아마도 그가 먼저 날 알아볼 게다. 응접실은 넓고 또 숙부는 천천히 걷고 있기 때문이다. 지금 그는 손에 신문을 들고 걸으면서 읽고 있다. 조금만 더, 그리고 그가 막 지나가려고 한다… 나는 동작을 시도하고 신음 소리를 낸다. 그때 숙부는 멈춰서더니, 코안경을 벗어들고 신문 너머로 말한다.

"아니! 너 거기서 뭐하는 거야?"

나는 경련을 일으키고 얼굴을 찌푸리며 몸을 뒤튼다. 그리고 참을 수 없는 듯 흐느끼며 "아파요"라고 말한다.

하지만 곧바로 난 내가 완전히 실패했음을 깨달았다. 숙부는 콧잔등 위에 안경을 다시 얹곤 신문 속에 코를 박고, 자기 서재로 들어가선 더할 나위 없이 평온한 기색으로 문을 다시 닫았던 것이다. 오, 수치스러움이여! 내게 남은 일이라곤 다시 일어나 옷에 묻은 먼지를 털고, 그리고 숙부를 증오하는 것뿐이었다. 그 증오에 나는 온 마음을 다해 열중했다.

류머티즘 환자들은 계곡 아래쪽에 있는 하(下) 라말루에 머물렀다. 거기는 온천장 근처에 마을도 있고 카지노와 가게들도 있었다. 그런데 상류 쪽으로 4킬로미터 떨어진 상(上) 라말루, 또는 구(舊) 라말루라고도 불리는, 운동 실조증 환자들이 머무는 라말루는 황량한 풍경밖에 없었다. 온천장과 호텔, 작은 예배당 하나, 그리고 부와씨에 의사의 빌라까지 합해 빌라 세 채, 그게 전부였다. 그런데 온천장은 협곡이 진 단층 사이 아래쪽에 있어 눈에 보이지도 않았다. 그 단층은 급작스럽게 호텔 정원을 가르며, 그늘 아래 강 쪽으로 슬그머니 미끄러져 내려가고 있었다. 그 당시 내 나이에는 가장 가까이 있는 매력이 가장 큰 셈이다. 일종의 근시안이 멀리 보이는 전망에 대해선 무관심하게 만든다. 그리하여 전체보다는 세부를 더 좋아하고, 파노라마처럼 펼쳐지는 풍경보다 구석구석 숨겨져 있어 한 발짝씩 앞으로 나가면서 발견하게 되는 풍경을 더 좋아하는 것이다.

우리는 막 도착한 참이었다. 어머니와 마리가 짐을 풀고 있는 동안 나는 밖으로 빠져나갔다. 나는 정원으로 달려가 그 좁은 협곡 속으로 들어갔다. 편암으로 된 암벽 위로 고개를 숙인 키 큰 나무들이 궁륭을 이루고 있었다. 온천장을 가로지르는 김이 나는 작은 개울이 내가 접어든 오솔길 끝에서 노래를 하고 있었다. 강바닥에는 솜 모양으로 복슬복슬하게 녹이 두껍게 깔려 있었다. 나는 경이로움에 사로잡혀 내 황홀감을 과장하기 위해, 내가 즐겨 읽던 《천일야화》에 나오는 그림에서 신드바드가 '보석의 계곡'에서 하던 대로, 두 팔을 동양식으로 번쩍 쳐든 채 앞으로 걸어갔던 기억이 난다. 그 단층은 강으로 이어졌고 강은 그 지점에서 갑자기 구부러지고 있었다. 빠른 물살이 편암으로 된 절벽에 부딪쳐 흐르면서 그 절벽을 깊이 파놓고 있었다. 절벽 위쪽은 바로 호텔 정원 뒤편으로, 손질되지 않고 버려져있던 나무들, 털가시나무와 시스터스 나무, 서양소귀나무 등의 가지들이 늘어져 있었고, 또 바커스신의 여사제들이 좋아했다는 청미래 덩굴나무가 관목 사이로 이리저리 이어지면서 공중에서 타래를 이루며 다시 떨어지다가 강물 위로 머뭇거리듯 매달려 있었다. 차가운 강물이 철분 섞인 온천수의 열기를 즉시 잠재웠다. 모래무지 무리들은 바위가 잘게 부셔져 생긴 거무스름한 회색 돌조각 사이를 노닐고 있었다. 바위들은 더 멀리 하류에 가서야 나지막해졌고, 그곳 하류에선 수심이 더 깊어진 가운데 물이 천천히 흐르고 있었다. 상류에는 더 좁은 강줄기가 물길을 가파르게 내몰고 있었다. 소용돌이와 튀어 오르는 물살, 폭포, 그리고 시원한 연못들이 있었으며, 그 연못에선 상상력이 마음껏 멱을 감고 있었다. 여기 저기, 절벽이 튀어나와 길을 가로막을라치면, 커다란 포석들이 드문드문 놓여있어 맞은편 강가로 건너가게 해주었다. 그러다가 갑자기 두 강가의 절벽들이 양쪽에서 동시에 다가와 서로 맞닿는 것이다. 그럴 경우 물가를 떠나, 또 그늘을 떠나 절벽을 기어오를 수밖에 달리 도리가 없었다. 절벽 위로는 넓은 터가 펼쳐지고 몇몇 작물들이 뜨거운 햇빛 아래 시들어가고 있었다. 그리고 더 멀리, 비스듬히 올라가는 산기슭 초입에 오래된 밤나무들이 늘어선 거대한 숲이 시작되고 있었다.

상(上) 라말루의 온천장은 로마시대까지 거슬러 올라가는 것 같았다. 적어도 원시적이었고, 또 그래서 난 그곳이 좋았다. 온천장은 작았지만 그건 별로 중요하지 않았다. 탄산이 효과를 내도록 온천장 안에서는 가만히 앉아 있으라는 처방이었기 때문이다. 불투명한 녹물 색깔의 온천물은 그다지 뜨거운 건 아니어서 처음 들어갈 땐 소름이 돋는 걸 느낄 정도였다. 그리고 조만간, 움직이지 않고 가만히 있을 경우, 무수히 많은 작은 공기방울들이 당신들을 짓궂게 골리러 오곤 했다. 당신들 몸에 달라붙은 방울들은 몸을 콕콕 찌르며 온천물의 서늘한 냉기 중간 중간 화끈거리는 신비스런 열기를 가하곤 하는데, 바로 그런 가열로 신경 중추의 울혈이 가라앉는 것이었다. 철분은 그 나름대로, 아니면 뭔지 모르는 미세한 요소들과 공조하여 작용하고 있었다. 그리하여 그 모든 게 합쳐져 온천요법의 놀라운 효과를 만들어내고 있었다. 온천탕에서 나올 때면 살갗은 발갛게 익었고 뼈는 얼어 있었다. 늙은 앙투완느가 계속 쑤셔대는 장작불은 활활 타고 있었고, 그는 불 위에다 내 잠옷을 펄럭이게 하며 데우고 있었다. 온천욕을 한 다음 다시 잠자리에 들었기 때문이다. 길고 긴 복도를 통해 우리는 호텔로, 그리고 자기 침실과 침대로, 당신들이 없는 동안 '무완느' — 교묘한 반원형 장치로 침대 시트 사이를 벌리고 그 사이에 매달아놓은 각로를 거기서는 그렇게 불렀다 — 가 따뜻하게 덥혀 놓은 자기 침대로 돌아가는 것이었다.

이 첫 번째 요양 후 가진 의사들의 합동진찰 결과, 라말루가 내게 유익했다는 사실이 인정됐으며(그래, 느베 호텔에서 있었던 건 분명 이 진찰임에 틀림없었다), 가을에 한 번 더 치료를 받는 게 좋겠다는 결론이 났다. 바로 내가 바라는 전부였다. 그 사이 나는 제라르드메르에 가서 관수욕(灌水浴)을 받기로 했다.[19]

내가 제라르드메르와 그 숲들, 계곡과 초가집들에 대해, 그리고 거기서 지냈던 한가한 생활에 대해 이전에 적어놓았던 페이지들을 여기에 다시 옮겨 적진 않겠다. 새로운 이야기는 하나도 없을 테고, 또 나는 서둘러 내 어린 시절의 어둠에서 빠져나오고 싶은 것이다.

열 달 동안이나 학교를 쉰 다음, 어머니가 나를 파리로 데려와 알자스 학교에 다시 넣었을 때,[20] 나는 학교에 대한 적응력을 완전히 잃은

---

19) 라말루에서 처음 요양을 한 것은 1882년 5월이었으며, 두 번째는 9월이었다. 그리고 그 사이 7월 제라르드메르에서 요양을 했다.

상태였다. 보름도 채 되지 않아 나는 신경증이라는 내 레퍼토리에다가 두통을 덧붙이게 되었는데, 이는 더 은밀한 용도로, 따라서 교실에서는 더 실용적인 것이었다. 그런데 그 두통은 스무 살 이후, 그리고 그 이전에 이미 완전히 없어졌기 때문에, 나는 훗날 그 두통이란 게 내가 완전히 꾸며낸 건 아니라 하더라도 적어도 상당 부분 과장되었다고 비난하며 무척 가혹하게 평가했다. 그러나 그 두통이 다시 나타나고 있는 지금, 나는 내가 열세 살 때 겪었던 그 두통과 지금 마흔 여섯 살의[21] 두통이 정확히 똑같다는 사실을 깨닫고서는, 그때 그 두통이 내 모든 노력을 능히 꺾어버릴 수 있었으리라는 사실을 인정한다. 사실상 내가 게을렀던 게 아니다. 나는 에밀 외삼촌이 다음과 같이 단언하는 걸 듣고 진심으로 환호했던 것이다.

"앙드레는 언제나 공부하는 걸 좋아할 거야."[22]

그러나 나를 불규칙적인 아이라 부른 것도 또한 그였다. 하지만 사실은 내가 어떤 지속적인 노력을 해야 할 때면 엄청난 고통을 통해서만 가능했다는 점이다. 그 나이에 벌써, 나는 뭔가 오래 집중해 일을 해나갈 수 없었기에, 조금씩 집중하는 노력을 반복하는 데에 전력을 기울였던 것이다. 갑작스런 피로가, 머릿속의 피로가, 전류가 단절된 것 같은 것이 나를 휩쌌으며, 그런 상태는 두통이 끝난 다음에도 계속되거나 더 엄밀히 말해 그 두통을 대신해, 며칠이건 몇 주, 또 몇 달이건 계속되는 것이었다. 이 모든 것과 무관하게, 그 당시 내가 느꼈던 건 우리가 수업에서 하고 있던 모든 것에 대한, 그리고 수업 그 자체와 강의 체제, 각종 시험과 자격시험들, 노는 시간까지, 그리고 의자에 가만히 앉아 있는 것, 그 느린 속도와 무미건조함, 침체된 모든 것에 대한 뭐라 이름 붙일 수 없는 혐오감이었다. 내 두통이 아주 적

---

20) 1882년 10월, 지드는 알자스 학교에 중 1과정으로 복학했다.

21) 이 글은 1916년에 쓰여 졌다(원주).

22) 이는《좁은 문》에서 주인공 제롬에 대해 그의 외삼촌이 한 말로, 지드는 이 구절을 그대로 사용하고 있다.

절하게 등장했다는 것, 그건 확실하다. 내가 어느 정도 그 두통을 연기했는지 말하는 건 나로선 불가능하다.

브루아르델은 처음에는 우리 집 단골의사였지만 나중엔 너무 유명해져서, 어머니는 뭔지 모를 소심함 때문에 완전히 주눅이 들어 그를 부르는 걸 포기하셨다. 내가 분명 그 소심함을 물려받은 것이, 나 역시 출세한 사람들 앞에서는 똑같이 마비되고 만다. 그를 대신해 우리를 봐주게 된 리자르 선생의 경우, 그런 일은 전혀 염려할 필요가 없었다. 그가 결코 유명해지지 않으리라는 건 확신할 수 있었던 게, 그럴 만한 기미를 전혀 보여주지 않았기 때문이다. 금발의 선량한 인물로 어수룩했으며, 부드러운 목소리에 다정한 눈빛, 무기력한 몸짓을 하고 있었다. 겉으로 보기에 남에게 해를 끼칠 사람은 아니었다. 그러나 바보 같은 인간보다 더 무서운 건 없다. 그가 처방했던 처치와 처방전에 대해 어떻게 용서할 수 있을 것인가? 내가 신경증이 도진다고 느끼거나 그렇다고 말만 하면 바로 브롬 진정제였다. 잠을 못자면 바로 클로랄 수면제였다. 겨우 형성되고 있는 뇌에다 말이다! 훗날 내게 나타난 모든 기억력 감퇴와 의지박약은 바로 그의 탓이라고 나는 주장한다. 죽은 자를 상대로 항변할 수 있다면 나는 그에게 소송을 제기할 것이다.

몇 주 동안이나 매일 밤, 클로랄 용액이 절반씩이나 든 컵이(작은 수화물 결정체로 가득 찬 클로랄 용기를 나는 마음대로 집어서, 양도 내 마음대로 넣곤 했다), 다시 한 번 말하지만 클로랄이 든 컵이 내 침대 머리맡에서 불면증의 감미로운 쾌락을 기다리고 있었다는 사실을 되새길 때면, 그리고 몇 주, 몇 달 동안, 식탁에 앉을 때면 내 접시 옆에 '칼륨 진정제가 든 쌉쌀한 오렌지 껍질로 만든 라로즈 시럽' 병이 놓여 있었다는 사실을 되새길 때면 나는 화가 난다. 그 시럽을 나는 조금씩 홀짝거리며 마셨다. 매 식사 때마다, 그것도 티스푼이 아니라 수프 스푼으로 한 숟가락씩, 그리곤 두 숟가락씩, 또 세 숟가락씩이나 마셔야 했으며, 그런 다음, 세 번씩이나 반복해 그 처치를 다시 시작해야 했다. 그 처방은 계속되고 또 계속되면서, 당시 순진한 환자였던 내가 완전히 바보가 되기 전에는 그만 둘 이유가 전혀 없는 것이었다. 더군다나 그 시럽이 맛이 무척 좋았던 만큼 더더욱! 도무지 어떻게 내가 그런 상태에서 벗어날 수 있었는지 아직도 이해가 안 된다.

확실히 악마는 나를 엿보고 있었다. 난 어둠에 완전히 사로잡혀 있었고, 도무지 어디서 한줄기 빛이 날 비춰줄 수 있을지 어떤 기미도 보이지 않았다. 바로 그때 악마에게서 나를 구하기 위해, 내가 지금부터 이야기하려는 천사의 개입이 갑자기 일어난 것이다. 겉으로 보기엔 한없이 사소하나 내 인생에서는 마치 제국에서 일어나는 혁명만큼이나 중요한 사건이었다. 아직도 그 공연이 끝나지 않은 한 비극의 첫 장면이다.

새해가 다가오고 있을 즈음이었을 것이다.[1] 우리는 또 다시 루앙에
있었다. 그때가 방학 기간이었기 때문만이 아니라, 알자스 학교로 돌
아와 한 달 정도 다녀 본 다음, 나는 또 다시 학교를 그만두었기 때문
이었다.[2] 어머니는 결국 체념하고 나를 환자로 받아들이셨으며, 내가
뭔가를 배우는 건 그저 요행수에 맡길 뿐이라는 사실을 감수하셨다.
말하자면 또 다시, 그리고 오랫동안 내 교육은 중단되었던 거다.

나는 제대로 먹지도 않았고 잠도 제대로 못 잤다. 외숙모 뤼실은 세
심한 배려를 해주셨다. 아침이면 아델과 빅토르가 내 방으로 와 불을
피웠다. 눈을 뜨고 난 다음에도 나는 커다란 침대 속에서 오랫동안 미
적미적 게으름을 피우면서, 장작불이 내는 쉭쉭거리는 소리, 또 벽난
로 앞 가리개 쪽으로 소소한 불똥을 날려대는 소리를 듣고 있었으며,
아래층에서 위층까지 집안 전체를 감도는 안락함 속에서 굳어졌던 내

---

1) 이는 1882년 말의 사건으로, 이미 《좁은 문》에서 상당 부분 그대로 이
   야기되었다.
2) 여기에 지드의 앙리 외삼촌이 그해 돌아가셨던 점도 덧붙여져야 할 것
   이다. 지드 어머니의 경우, 남편이 죽었을 때 시동생의 초대를 받아 몽
   펠리에로 가서 묵었던 것처럼, 그녀의 올케언니 곁에 있어주어야 한다
   는 생각이 있었던 것이다.

몸이 서서히 풀리는 걸 느끼고 있었다. 그 커다란 식당 안, 어머니와 외숙모 사이에 앉은 내 모습이 아직 눈에 선하다. 아담한 동시에 장중한 그 식당은 네 귀퉁이의 벽감 속에 왕정복고 시절의 취향에 따라 사계절을 나타내는 우아하고도 관능적인 하얀 석상들로 장식되어 있었는데, 석상들 받침대는 찬장으로 쓰게 만들어져 있었다(겨울 석상의 받침대는 접시 데우는 기구로 되어 있었다).

세라핀느는 나를 위해 이것저것 특별 요리를 만들어주었다. 그러나 나는 그 앞에서도 여전히 식욕이 없었다.

"이것 좀 보세요. 애한테 뭘 좀 먹이려면 빌고 절하고 온갖 야단법석을 다 떨어야 돼요." 어머니가 말하시곤 했다.

그러면 외숙모는 말하셨다. "쥘리에트, 굴 요리를 하면 좀 먹지 않을까요?"

그러면 어머니는 "아니에요. 그렇게까지 신경 쓸 건… 그래요! 한번 줘 보도록 하죠" 하셨다.

그런데 분명 확인해 둘 건 내가 일부러 까다롭게 굴진 않았다는 점이다. 나는 진짜 아무것도 먹고 싶지 않았다. 나는 마치 처형장에 끌려가듯 식탁에 앉곤 했다. 엄청난 노력의 대가를 치르고서야 겨우 몇 입 삼키는 것이었다. 어머니는 애원하고 야단치고 협박하셨으며, 거의 매 식사는 눈물 속에서 끝나곤 했다. 하지만 내가 여기서 긴히 하고자 하는 이야기는 그게 아니고…

루앙에서 나는 외사촌누이들과 다시 만났다. 어린애 같은 내 취향이 어떻게 나를 쉬잔느 루이즈와 더 가깝게 했는지는 이미 이야기했다. 그러나 그것도 완벽히 정확한 사실은 아니다. 물론 나는 그녀들과 더 자주 놀았으나, 그건 그녀들이 나와 더 기꺼이 놀아주었기 때문이다. 난 엠마뉘엘을 더 좋아했으며, 그녀가 나이 들어감에 따라 더더욱 그랬다. 나 역시 나이를 먹고 있었으나 그건 전혀 다른 것이었다. 그녀 곁에 있으면 내가 아무리 무게를 잡아도 소용없는 것이, 난 여전히 어린애같이 느껴지는 것이었다. 하지만 그녀는 더 이상 어린애가 아니라고 느껴졌다. 뭔지 모르는 슬픔이 다정한 그녀의 시선 속에 깃들어 있었고, 내가 그 이유를 꿰뚫어 볼 수 없었던 만큼 그 슬픔은 더더욱 내 마음을 사로잡았다. 심지어 나는 엠마뉘엘이 슬퍼한다는 사실도 제대로 모르고 있었다. 그녀는 자기 이야기는 결코 하지 않았으며, 그 슬픔이란 어린애가 짐작해볼 수 있을 그런 게 아니었기 때문이다. 난 그 당시 벌써 사촌누나 곁에서 동일한 취미와 사고를 갖는 어떤 의식적인 공동체 속에서 살고 있었으며, 온 마음을 다해 그 공동체를 더 긴밀하고 완벽하게 만들고자 애쓰고 있었다. 내 생각에 엠마뉘엘은 그런 내 태도를 재미있게 여겼던 것 같다. 일례로, 크론느 가의 외갓집에서 우리가 함께 저녁식사를 할 때면, 그녀는 자기가 먼저 먹지 않으면 나도 아무것도 입에 대지 않는다는 걸 잘 알고선, 디저트를 먹을 때 자기가 먼저 먹지 않음으로써 내가 좋아하던 걸 나도 못 먹게 만들며 재미있어하곤 했다. 이 모든 게 어린애 장난 같다고? 하지만 안타깝게도! 다음 이야기는 그 얼마나 어린애답지 않은 이야기인가.

내 친구 엠마뉘엘을 그토록 조숙하게 만든 그 비밀스런 슬픔, 내가 그 슬픔을 알게 된 건, 한 영혼의 비밀을 알게 될 때 대부분 그러하듯 서서히 알게 된 게 아니다. 그건 전혀 의심하지 못했던 한 세계 전부가 갑작스럽게 드러난 것으로, 나는 갑자기 그 세계에 대해 두 눈을 뜨게 되었다. 마치 태어날 때부터 앞 못 보던 소경이 구세주가 만지자마자 두 눈을 뜬 것과 같았다.[3]

저녁 해질 무렵, 나는 사촌누이들과 헤어져 크론느 가의 외갓집으로 돌아갔다. 어머니가 거기서 날 기다리고 계실 거라 생각하고 있었다. 그런데 집에는 아무도 없었다. 잠시 어슬렁거린 다음 나는 르까 가로 되돌아가기로 결정했다. 아무도 내가 되돌아오리라 예상하지 못하고 있다는 걸 알고 있었던 만큼 더 재미있게 여겨졌다. 내게 낯선 모든 공간과 시간을 신비로 가득 채우고 싶어 하던 어린애 같은 내 정신적

---

3) 〈요한복음〉 9장에 나오는 일화를 말한다.

욕구를 이미 지적한 바 있다. 내 등 뒤에서 벌어지고 있는 것에 몹시 호기심을 느꼈으며, 이따금씩 재빨리 뒤로 돌아보면 나도 모를 뭔가를 볼 것 같은 생각이 들기도 했던 것이다.

따라서 나는 깜짝 놀라게 해 줄 생각으로 엉뚱한 시간에 르까 가로 갔다. 그날 저녁, 은밀한 것에 대한 내 취향은 충족되었다.

문간에서부터 나는 뭔가 심상찮은 냄새를 맡았다. 보통 때와는 달리 대문이 닫혀 있지 않아 초인종을 누를 필요가 없었다. 슬그머니 안으로 들어갔을 때, 외숙모가 하녀로 데리고 있던 밉살스런 계집아이인 알리스가 현관 문 뒤쪽에서 갑자기 나타났다. 필경 그 뒤에 숨어있었던 모양이다. 그리곤 퉁명스런 목소리로 말했다.

"아니! 도련님! 지금 여기 뭣 하러 오신 거예요?"

분명 나는 예상치 못한 사람이었다. 하지만 나는 대답도 하지 않고 지나갔다.

1층에는 에밀 외삼촌의 서재가 있었다. 시가 냄새가 밴 음침한 그 작은 서재에서 그는 반나절씩이나 박혀 있곤 했는데, 사업일보다 여러 가지 다른 걱정거리에 훨씬 더 빠져 있었던 것 같다.[4] 서재에서 나올 때면 완전히 늙은 모습이었다. 물론 그 당시 그가 많이 늙었던 건 사실이다. 그런데 나 자신 그렇게 깨닫고 있었는지는 나도 모르겠다. 하지만 어머니가 뤼실 외숙모에게 "가엾은 에밀 오빠가 많이 변했어요!"라고 말하는 걸 들은 다음, 외삼촌의 이마에 난 고통스런 주름살과 그의 시선에 나타나는 초조하고 때로는 몹시 피로한 기색이 내 눈에도 금방 보였다. 그날 에밀 외삼촌은 루앙에 없었다.

나는 불빛도 없는 계단을 소리 없이 올라갔다. 아이들 방은 꼭대기 층인 4층에 있었다. 그 아래층에 외숙모 방과 외삼촌 방이 있었다. 2

---

4) 지드의 한 전기에 따르면 "사업에 별로 취미도 재주도 없던 에밀 외삼촌은 겨우 28살 되던 1859년 이후 사업에서 완전히 손을 뗐고 은퇴자처럼 살았다"는 것이다.

층에는 식당과 살롱이 있었는데, 나는 그 앞을 지나갔다. 그리곤 3층을 지나 단번에 4층으로 올라가려 했다. 그런데 외숙모5)의 방문이 활짝 열려 있었다. 방에는 불이 환히 켜져 있었고 층계참까지 불빛이 흘러나오고 있었다. 나는 방안을 힐끗 쳐다보았다. 소파 위에 나른하게 누워있는 외숙모가 언뜻 보였다. 그녀 옆에 쉬잔느와 루이즈가 몸을 숙인 채 외숙모에게 부채를 부쳐대고, 또 내 생각에 각성제를 맡게 하고 있었던 것 같았다. 엠마뉘엘은 보이지 않았다. 아니면 더 정확히, 거의 본능적으로 엠마뉘엘은 거기 있을 수 없다는 걸 알았다. 들켜서 그 자리에 붙들릴까봐 겁이 난 나는 재빨리 지나쳤다.

엠마뉘엘의 여동생들 방을 먼저 지나가야 하는데 어두웠다. 앞으로 나가기 위해 보이는 빛이라곤 아직 커튼을 치지 않은 두 개의 창문에서 비쳐드는 어스름한 저녁 빛뿐이었다. 나는 엠마뉘엘의 방문 앞에 이르렀다. 살며시 문을 두드렸으나 아무 대답이 없자, 나는 다시 두드리려고 했다. 그런데 문이 저절로 열렸는데, 잠겨 있지 않았던 것이다. 그 방은 다른 방보다 더 어두웠다. 침대가 방 안쪽에 놓여있었다. 나는 처음에는 침대와 마주하고 있던 엠마뉘엘을 알아보지 못했다. 무릎을 꿇고 있었기 때문이다. 방에 아무도 없다고 여기고 뒤로 물러서려는 순간, 그녀가 날 불렀다.

"뭣 하러 왔니? 오지 말았어야 했는데…"

그녀는 자리에서 일어나지 않았다. 나는 그녀가 슬퍼하고 있다는 걸 금방 알아채지 못했다. 내 뺨에 그녀의 눈물을 느끼면서 비로소 내 두 눈은 갑자기 뜨였던 것이다.

그녀 고통의 세세한 것을, 뿐만 아니라 그녀를 고통스럽게 했던, 게다가 당시 나로선 거의 아무것도 눈치 채지 못했던 그 가증스러운 비

---

5) 에밀 외삼촌은 1866년 모리셔스 섬에서 태어난 마틸드 포쉐(1844-1919)와 결혼했다. 그러나 《좁은 문》에서 지드가 암시하듯 섬 원주민 출신이 아니라, 르아브르 시의 상인 딸이었다.

밀 이야기를 여기 옮겨 적는 건 내게 전혀 유쾌한 일이 아니다. 오직 순수함과 사랑과 다정함일 뿐이었던 한 여자아이에게 자기 어머니를 단죄하고 그 행동을 비난해야하는 것보다 더 잔인한 일은 있을 수 없다고 오늘날 나는 생각한다. 그런데 그 괴로움을 더 가중시킨 건 그녀 혼자 비밀을 간직한 채 자기가 존경하던 아버지에겐 숨겨야 한다는 점이었다. 어떻게 알게 됐는지 나는 모르나 그녀가 우연히 알게 되었던, 그리고 그녀를 절망시켰던 비밀, 시내에서 사람들이 수군거리며 하녀들이 비웃어대던, 그리고 두 여동생의 순진함과 태평스러움을 조롱하던 그 비밀을. 물론 내가 이 모든 사실들을 알게 된 건 단지 나중에 가서다. 하지만 내가 소중히 사랑하던 이 작은 존재 속에 견딜 수 없는 커다란 고뇌가, 그 슬픔을 치유하기엔 내 모든 사랑도, 내 모든 인생도 모자랄 것 같은 그런 엄청난 슬픔이 자리하고 있음을 난 느끼고 있었다. 내가 무슨 말을 더 할 수 있단 말인가?… 나는 그때까지 그저 정처 없이 헤매고 있었다. 그런데 갑자기 내 인생에 새로운 서광을 발견했던 것이다.

겉으로 보기에 변한 건 아무것도 없었다. 그리고 나도 앞서 했듯이, 내 관심을 끈 자질구레한 사건들의 이야기를 계속할 것이다. 변한 게 있다면 단 하나, 즉 그런 사건들이 더 이상 나를 전적으로 사로잡지는 못했다는 점이다. 나는 가슴 깊은 곳에 내 운명에 대한 비밀을 숨겼다. 만약 그 운명이 저지와 방해를 덜 받았더라면, 이 회상록을 쓰고 있진 않을 것이다.

어머니와 내가 그해 겨울을 마친 곳은 프랑스 남부 리비에라 해안에서다. 안나가 우리와 동행했다. 뭔가 엉뚱한 감흥에 이끌려 우리는 우선 이에르에 머물렀다. 거기서는 들판으로 접근하기도 어려웠고, 또 바로 근처에 있으리라 기대했던 바다는 실망만 안겨주는 신기루마냥 저 멀리, 채소밭 너머서야 나타날 뿐이었다. 그곳에서 지내는 게 침울하게 느껴졌다. 게다가 거기서 안나와 난 병에 걸리고 말았다.

소아과 전문의로 그 이름은 내일이면 기억날지도 모르는 한 의사가 어머니를 설득하기를, 신경증이건 뭐건 내가 앓고 있는 모든 병은 위장 안에 가득 찬 가스 때문이라는 것이었다. 나를 진찰해 보더니 그는 내 복부에서 염려스러운 공동(空洞) 몇 군데와 그게 부풀어 오를 기미를 발견했다는 것이었다. 게다가 그는 유해가스가 형성되고 있다는 장내 접힌 부분을 당당하게 지적하기까지 했으며, 부풀어 오르는 걸 예방하기 위해 붕대 제조사인 자기 사촌 가게에서 정형외과용 허리띠를 주문해 착용하라고 처방했다. 지금도 기억나지만 난 그 우스꽝스러운 기구를 얼마동안 차고 있었다. 그건 내가 움직일 때마다 날 거북하게 했으며, 당시 내가 대못처럼 말라 있었던 만큼 배를 압박하면서 더 아프게 했다.

이에르의 종려나무보다 꽃이 만발한 유칼리나무는 나를 훨씬 더 황홀케 했다. 내가 처음으로 유칼리나무를 봤을 때 난 흥분에 휩싸였다. 나는 혼자였다. 당장 달려가서 어머니와 안나에게 그 사건을 알려야 했다. 그런데 꽃이 핀 나뭇가지는 내 손이 닿지 않는 곳에 있어 조그만 잔가지도 가져갈 수 없었기에, 나는 떼를 쓰다시피 해서 안나를 그 경이로운 나무 아래까지 끌고 갔다. 그때 그녀가 말하는 것이었다.

"이건 유칼리나무야. 오스트레일리아에서 수입된 거지." 그리곤 이파리들의 형태며 가지의 배열, 그리고 나무껍질이 떨어져나간 것 등을 내게 관찰하게 했는데…

마차 한 대가 지나갔다. 포대더미 위에 높이 앉아있던 사내아이가 내가 가까이서 살펴보고 싶어 조바심치고 있던 그 이상야릇한 꽃이 잔뜩 달린 가지 하나를 꺾어 우리에게 던져주었다. 찐득찐득한 일종의 하얀 가루로 뒤덮인 녹청색 봉오리들은 주둥이가 막힌 작은 향로 같은 모습을 하고 있었다. 그게 싱싱하지만 않았더라면 딱딱한 열매라고 생각했을 게다. 갑자기 그 안에 든 수술들이 터지면서 향로 뚜껑이 들어올려져 열리는 것이었다. 그리고 그 뚜껑이 땅에 떨어지면 자유롭게 된 수술들은 후광처럼 늘어서게 된다. 멀리서 보면 장방형으로 늘어진 날카로운 이파리들이 엉켜있는 가운데, 꽃잎이 없는 그 하얀 꽃은 마치 말미잘처럼 보였다.

유칼리나무와의 첫 만남, 그리고 코스트벨르 쪽으로 난 길가에 서 있던 울타리 속에서 관상꽃잎을 달고 있던 작은 아룸나무의 발견은 그곳에 머물던 때의 사건들이었다.

안나와 내가 이에르에서 따분하게 지내는 동안, 실망해있던 우리와는 달리 어머니는 에스트렐 산악지대 너머까지 답사를 나갔으며, 감탄해하며 돌아와서는 그 다음 날 우리를 칸느로 데리고 가셨다. 우리가 비록 역 근처, 그 도시의 가장 볼품없는 구역에서 무척이나 초라한 곳에 묵긴 했으나, 나는 칸느에 대해 매력적인 추억을 간직하게 됐다. 그 당시 그라스 쪽으로는 호텔이나 빌라가 아직 한 채도 들어서지 않았다. 카네로 가는 길은 올리브 숲을 지나 이어지고 있었고, 도시가 끝나는 곳에서 곧바로 들판이 시작되었다. 올리브나무 그늘에는 수선화며 아네모네, 튤립들이 한 아름씩 자라고, 멀리 갈수록 더 무성하게 자라고 있었다.

그러나 내 감탄을 자아낸 건 특히 다른 식물군이었다. 즉 해저 생물군 말이다. 그건 일주일에 한두 번씩 마리가 래렝스 섬으로 나를 데리고 산책갈 때마다 관찰할 수 있었던 것이다. 우리가 즐겨 가곤하던 생트-마그리트에서는 선창가에서 멀리 나갈 필요도 없이 한적하고도 작은 내포(內浦)들을 볼 수 있었다. 그곳은 해안가로 밀려오는 파도가 곧바로 들이치지 않는 곳으로 바위가 부식되어 수많은 웅덩이를 만들어놓고 있었다. 거기에는 조개와 해초, 석산호들이 동양적 화려함을 드러내며 장관을 펼쳐 보이고 있었다. 첫눈에도 이미 그건 황홀경이었다. 그러나 그 첫 시선에 만족하고 지나가는 이는 아무것도 보지 못한 셈이었다. 나르시스처럼 수면 위로 몸을 숙인 채 잠시만 가만히 있노라면, 바위에 난 수많은 굴곡진 부분과 수많은 구멍에서 내가 다가감으로써 도망치게 했던 그 모든 것이 서서히 다시 나오는 걸 감탄하며 볼 수 있었다. 모든 게 숨 쉬고 꿈틀거리기 시작했다. 바위조차 살아

나는 것 같았으며, 꼼짝하지 않는다고 여기던 게 머뭇거리며 움직이기 시작했다. 이상야릇하게 움직이는 반투명의 괴상한 존재들이 해초들이 얽혀있는 사이로 불쑥 튀어나오기도 했다. 물속은 생명체로 가득 차고 바닥에 깔려있던 맑은 모래들이 군데군데 흔들리곤 했다. 또 늙은 골풀 줄기라고 여겼을 흐릿한 관상형태의 끝부분에서는 가느다란 꽃부리가 하나, 여전히 겁에 질린 듯, 꼼지락대며 피어나는 걸 보게 되는 것이다.

마리가 멀리서 책을 읽거나 뜨개질을 하는 동안, 나는 따가운 햇볕은 아랑곳하지 않고 그렇게 몇 시간이고 가만히 앉아, 성게가 둥지로 쓸 작은 구멍을 파기 위해 서서히 회전하는 그 작업을, 문어의 변색과정들, 말미잘이 돌아다니며 더듬거리는 모습들, 그리고 몰아대고 추격하고 매복하는 등, 내 가슴을 마구 뛰게 하는 수많은 신비로운 드라마들을 지루해하지도 않고 바라보는 것이었다. 이런 망연자실한 상태에서 다시 일어설라치면 나는 대개 취기와 함께 심한 두통을 느끼는 것이었다. 그러니 어찌 공부는 생각이라도 해볼 수 있었겠는가?

그해 겨울 내내, 나는 책 한 권 펼쳐본 기억도, 편지를 썼다거나 교과목을 공부했던 기억도 없다. 내 정신은 육체와 마찬가지로 완벽한 휴가상태였다. 오늘날 내가 보기엔 어머니가 그 시간을 활용해 내게 뭔가, 예를 들어 영어라도 배우게 했을 수 있었으리라 생각된다. 하지만 영어란 부모님이 내 앞에서 내가 알아들어서는 안 되는 걸 말하기 위해 자기네들끼리 사용하던 언어였다. 게다가 나는 마리가 가르쳐준 얼마 되지 않는 독일어를 사용하는 데도 너무나 서툴렀기 때문에, 더 이상 날 혼란스럽게 하지 않는 게 낫겠다고 판단하셨던 것이다. 우리가 묵던 집의 살롱에는 피아노도 한 대 있었다. 무척 보잘것없는 것이긴 했으나 내가 매일 조금씩 연습할 수도 있었을 게다. 하지만 안타깝게도! 내게 조금이라도 힘들 만한 건 뭐든 조심스럽게 피하라고 사람들이 어머니에게 권하지 않았던가?… 내가 그 당시 조금만 더 열심히 하도록 자극만 받았더라면 오늘날 내가 될 수도 있었을 거장을 생각하면, 마치 주르댕 씨처럼,[6] 나는 화가 난다.

파리로 돌아와서 초봄에, 어머니는 새 아파트를 물색하기 시작하셨다. 투르농 가의 아파트는 더 이상 우리에게 적당치 않다고 판단되었기 때문이었다.[7] 분명 나는 몽펠리에의 그 누추한 숙소에 대한 기억으로, 아버지의 죽음이 우리 집 재정에 파산을 가져왔다고 생각하고 있었다. 그리고 어쨌든, 투르농 가의 그 아파트는 이제 우리 두 사람에게는 너무 넓은 것이다. 어머니와 내가 앞으로 어떤 집에 만족하고 살아야 할지 누가 알겠는가?

나의 불안은 짧게 끝났다. 조만간 나는 데마레 이모와 어머니가 집세며 동네며, 층수 문제에 대해 논쟁을 벌이시던 얘기를 들은 결과, 우리 집 형편이 당장 줄어든 것처럼 보이는 건 전혀 아니었던 것이다. 아버지가 돌아가신 뒤, 클레르 이모는 어머니에 대해 영향력을 행사하고 계셨다(이모는 어머니보다 한참 위였다). 이모는 어머니에게 단호한 어조로 그리고 입을 삐죽거리며 말씀하셨는데, 그건 이모의 독특한 버릇이었다.

"그래, 층은 그래도 괜찮아. 계단을 오르는 건 동의할 수 있어. 하지만 다른 건 안 돼, 쥘리에트. 절대 안 된다고까지 하겠어." 그러고 나서 이모는 손바닥을 들어 사선으로 짧게 그으셨는데, 이는 논쟁에 제동을 거는 분명하고도 단호한 제스처였다.

그 '다른 건' 바로 마차용 대문이었다. 어린애 생각으로는, 손님도 거의 오지 않고 또 우리가 호사스런 마차를 굴리는 것도 아니기에 마차용 대문이란 없이 지낼 수도 있는 거라 볼 수 있었다. 그러나 나 같은 어린애는 발언권이 없었다. 게다가 이모가 다음과 같이 단언하신 이상, 무슨 대꾸할 말이 있겠는가 말이다.

---

6) 몰리에르의 희곡 《서민 귀족》 2막 4장에 나오는 것으로, 주르댕 씨는 부모가 자기에게 공부를 시켜주지 않았던 것에 대해 저주를 퍼붓는다.

7) 1883년 지드와 그의 어머니는 코마이유 거리로 이사했다.

"그건 편리함이 아니라 품위의 문제야."

그러고 나선 어머니가 아무 말도 없는 걸 보고, 이모는 더 부드럽게, 하지만 더 압박하는 식으로 계속하셨다.

"있어야 돼. 네 아들을 위해서도 있어야 돼."

그리곤 재빨리, 마치 덧붙여둔다는 듯이 말하셨다.

"게다가, 아주 간단해. 그런 대문이 없으면 더 이상 널 보러오지 않을 사람들 이름을 지금이라도 댈 수 있어."

그리곤 이모는 어머니를 떨게 만들 뭔가를 당장 열거하기 시작하셨다. 하지만 어머니는 자기 언니를 쳐다보더니 미소를 지으며 다소 슬픈 어조로 말하시는 것이었다.

"그럼 클레르 언니, 언니도 오지 않겠다는 거야?"

그 말에 이모는 입술을 꼭 다물며 자기가 놓던 자수를 다시 집어 드셨다.

이런 대화는 알베르가 없을 때만 벌어졌다. 물론 알베르가 다소 예의 없이 함부로 말할 때도 있긴 했다. 그러나 어머니는 그가 비판적 정신을 가졌다는 걸 기억하고 그의 말을 기꺼이 듣곤 하셨다. 하지만 이모는 알베르가 자기 의견을 말하지 않고 가만히 있는 걸 더 좋아하셨다.

한마디로, 결정된 새 아파트는 옛날 것보다 훨씬 더 넓고 멋있었으며 더 쾌적하고 호화스러웠다. 내부 묘사는 하지 않겠다.

투르농 가의 아파트를 떠나서 다음 얘기를 하기 전에 나는 그곳과 연결된 모든 과거를 마지막으로 돌아보고, 거기에 대해 내가 쓴 것을 다시 읽어본다. 내 어린 시절이 머뭇거리던 어두운 심연을 너무 지나치게 어둡게 그렸던 것 같다. 다시 말해 두 번의 섬광에 대해, 무감각하던 내 내면을 한순간 뒤흔들었던 그 두 번의 이상한 감정폭발에 대해 얘기하는 건 잊었던 것이다. 좀더 일찍, 시간적 순서에 맞는 제자리에서 얘기했더라면, 어느 가을날 저녁, 르까 가의 집에서, 보이지 않는 현실과 접촉함으로써 내 온 존재를 뒤흔든 그 엄청난 동요는 아마 더 잘 해명되었을 것이다.

첫 번째 것은 과거로 많이 거슬러 올라간다. 정확히 몇 년도인지 지적하고 싶으나, 내가 지금 말할 수 있는 건 아버지가 살아계셨을 때였다는 것뿐이다. 우리는 점심식사 중이었고 안나도 같이 있었다. 부모님은 슬픔에 젖어 계셨다. 나의 이종사촌인 비드메르네의 아들인 네 살 된 아이가[8] 죽었다는 소식을 오전에 들으셨기 때문이었다. 나는 그 소식을 전혀 모르고 있었으나 어머니가 나나에게 한 몇 마디 말로 무슨 일이 있는지 알게 되었다. 나는 그 꼬마 에밀 비드메르를 두세 번밖에 본 적이 없었으며, 그에 대해 그리 특별한 호감은 전혀 느끼지 못했던 터였다. 하지만 그가 죽었다는 사실을 깨닫자마자 갑자기 엄청난 슬픔의 물결이 내 가슴속으로 몰려드는 것이었다. 어머니는 날 무릎 위에 앉히고선 울음을 진정시키고자 애를 쓰셨다. 어머니는 우리 모두는 언젠가 죽는다는 것, 꼬마 에밀은 더 이상 눈물도 고통도 없는 하늘나라로 갔다는 것 등, 한마디로 어머니의 다정한 마음이 상상할 수 있는 위로가 될 만한 이야기는 전부 다 하셨다. 하지만 아무 소용이 없었다. 나를 울게 한 건 정확히 사촌조카의 죽음이 아니라, 나도 뭔지 모르는 것, 딱히 꼬집어 말할 수 없는 어떤 고뇌로, 내가 그 당시 어머니에게 설명할 수 없었던 게 놀라운 일도 아닌 게, 오늘날에도 그게 뭔지 제대로 설명할 수 없기 때문이다. 몇몇에게는 우스꽝스럽게 보일지 몰라도, 훗날 쇼펜하우어의 몇몇 페이지들을 읽으면서 나는 갑자기 똑같은 걸 그 속에서 본 것 같았다는 점을 말하고자 한다. 정말이지, 그걸 제대로 이해하기 위해서는[9]······························
·································· 그 책을 읽었을 때 나도 모

---

8) 클레르 이모의 외손자로, 뒤의 제7장에서 지드는 이를 다른 아이와 혼동한 것 같다. 제7장의 주석 5번 참조.
9) 너무 길 것이므로, 인용은 생략한다(원주). 지드는 쇼펜하우어의 《의지와 표상으로서의 세계》를 1891년과 1898년, 두 번에 걸쳐 읽었다. 특

르게, 그리고 도저히 저항할 수 없이 내가 떠올린 건 바로 그 사촌조카의 죽음을 알았을 때 내가 느낀 최초의 '전율'(*schaudern*)에 대한 기억이었다. 10)

두 번째 전율은 한층 더 야릇한 것이었다. 그건 몇 년 뒤 아버지가 돌아가신 뒤 얼마 안 되었을 때로 내가 열한 살이었을 게다. 장면은 또 다시 식탁에서 점심식사 중에 일어났다. 그런데 이번에는 어머니와 나 둘뿐이었다. 그날 아침 나는 학교에 갔다 왔다. 무슨 일이 있었던

---

히 그의 주목을 끈 것은 제 4권 67장의 내용으로, 지드의 이야기는 다음과 같은 구절과 연결될 수 있을 것이다. "사람이 죽는 것을 보면 자기도 모르게 울지만 (…) 이 경우 슬퍼하는 사람이 우는 것은 그 죽은 사람이 없어져 가버렸기 때문에 우는 것이 아니다. (…) 우선 그가 죽은 자의 숙명에 대해 우는 것은 물론이다. 그러나 (…) 그의 마음을 사로잡는 것은 인간 전체의 숙명에 대한 동정이며, 인간이란 유한성의 손아귀에 들어가며, 이 유한성 때문에 아무리 근면하고 활발한 생활도 결국은 소멸하여 무로 돌아가게 마련이다. 그런데 그는 이 인류의 숙명 속에서 무엇보다 먼저 자기 자신의 숙명을 본다"(곽복록 번역, 을유문화사, 1994, p. 457).

10) '전율'(*schaudern*)은 쇼펜하우어의 《의지와 표상으로서의 세계》, 제 4권 54장의 주석 3번에 언급되고 있는데, 이는 괴테의 《파우스트》 2부 1막 (6272절)에도 나오는 것으로, 지드는 "전율은 인간 감정 중 최상의 것이다"는 괴테의 말을 일기(1906년 4월 9일)에 적고 있다. 쇼펜하우어는 본 장에서 "죽음이란 개체성이 잊혀져 버리는 잠이다"라는 구절에 다음과 같은 내용의 주석을 달고 있다. 즉 한 개체는 '인식의 주체'로서, 외적 세계를 인식하는 동시에 인간 내적 본질로서의 '의지', 즉 만유의 본질인 '의지'를 의식할 수 있는데, 이 의지의 심연을 엿보았을 때의 느낌을 'schaudern'이라 말하고 있다. "우리들이 (…) 우리 내부에 들어가 인식을 내면으로 향하게 하여 우리 자신을 한번 완전히 알아보려고 하자마자, 우리들은 밑바닥이 없는 공허 속으로 빠져 들어가 속이 빈 투명한 공과 같다는 것을 알게 된다. 즉 공의 텅 빈 속에서 하나의 목소리가 들리긴 하지만, 우리들은 '몸서리를 치며'(*schaudern*) 정체 없는 유령을 붙잡을 뿐이다"(곽복록 번역, 을유문화사, 1994, p. 346).

가? 아마도 아무 일도 없었을 게다… 그렇다면 도대체 무슨 이유로 갑자기 내가 무너져 내렸을까? 그리고 어머니 품속으로 뛰어들며, 경련을 일으키고 흐느껴 울면서, 내 꼬마 사촌조카가 죽었을 때와 정확히 똑같은 것, 표현할 수 없는 그 고뇌를 또 다시 느꼈단 말인가? 나도 모르는 어떤 미지의, 서로 관통하는 내면의 바다를 가로막고 있던 특별한 수문이 열려, 그 바다 물결이 내 마음속으로 걷잡을 수 없이 밀어닥치는 것 같았다. 나는 슬프다기보다 두려움에 사로잡혔다. 하지만 그걸 어떻게 어머니에게 설명할 수 있단 말인가. 어머니는 내가 흐느끼며 절망적으로 되풀이하던 다음과 같은 혼돈스런 말밖에 알아들을 수 없었던 것이다.

"나는 다른 사람들과는 달라! 다른 사람들하고는 다르다구!"

여전히 투르농 가의 아파트와 연결된 기억이 두 개 더 있다. 이사가기 전에 그 이야기들을 빨리 해치워야겠다. 나는 새해 선물로 트로스트가 쓴 두꺼운 화학책을 받았다.[11] 그 책을 선물한 사람은 뤼실 외숙모였다. 나는 처음에 클레르 이모에게 그 책을 선물로 달라고 했으나, 이모는 수업에서 쓰는 책을 선물한다는 건 우습다고 여기셨다. 하지만 다른 어떤 책보다 그 책을 받는 게 더 기쁠 거라고 내가 어찌나 강하게 주장했는지 뤼실 외숙모가 들어주셨다. 외숙모는 내가 원하는 대로 해주시기 위해 자신의 취향보다 내 취향에 더 신경을 쓰는 그런 멋진 생각을 갖고 계셨다. 몇 년 뒤 내게 생트-뵈브의 《월요한담》 전집과 발자크의 《인간희극》을 선물로 주신 것도 역시 외숙모. 그런데 다시 화학이야기로 돌아오자.

나는 아직 열세 살밖에 안 됐다. 하지만 어떤 대학생도 결코 그 당

11) 파리 자연과학대학 교수이던 루이-조셉 트로스트 교수로, 지드는 1925년 그가 쓴 《화학개론》을 자기 어린 시절 가장 좋아했던 책 가운데 하나로 꼽았다.

시 나보다 더 열렬히 그 책을 탐독하진 않았노라 단언한다. 그렇긴 하나, 내가 그 책을 읽으며 가졌던 흥미의 일정 부분은 내가 직접 해보고자 하던 실험 때문이었다는 사실은 두말할 필요도 없다. 어머니는 투르농 가의 아파트 한쪽 구석, 내 방 옆에 있던 창고에서 실험하게 허락해주셨는데, 거기서 나는 모르모트를 키우고 있었다. 바로 거기에다 나는 조그마한 알코올 램프와 목이 긴 플라스크와 갖가지 기구들을 설치했다. 내가 하는 대로 어머니가 내버려두셨다는 게 지금 돌이켜보아도 놀랍다. 필시 어머니는 벽이며 마룻바닥, 그리고 나 자신이 어떤 위험을 무릅쓰고 있는지 분명히 깨닫지 못하셨거나, 아니면 아마도 내게서 뭔가 유익한 걸 끌어내야 한다면 그 정도 위험은 무릅쓸 필요가 있다고 여기셨는지, 매주 상당한 용돈을 내 마음대로 쓰도록 주셨는데, 나는 용돈을 받자마자 소르본 광장이나 앙시엔느-코메디 가로 달려가, 튜브며 증류기나 시험관들, 염과 메탈로이드(반금속)와 갖가지 금속들, 그리고 마지막으로 산(酸)을 사느라 다 써버렸다. 그런데 그 산 가운데 몇몇은 어떻게 내가 그걸 살 수 있었는지 지금 생각해도 놀랍다. 아마도 내게 그걸 팔았던 점원은 날 단순한 심부름꾼으로 여겼을 것이다.

그래서 어느 화창한 날 아침, 내가 수소를 만들고 있던 유리 비커가 내 코앞에서 폭발한 일이 필연적으로 일어났던 것이다. 유리 비커를 이용해서 하는 이른바 '화학적 하모니카'라 불리는 실험이었다고 기억한다. 수소가 만들어진 것까지는 완벽했다. 나는 가스가 나오게 되어 있는 가느다란 튜브를 고정시킨 다음, 거기에 막 불을 붙이려던 참이었다. 한손에 성냥을 들고 다른 손에는 유리 비커를 들고 있었는데, 비커 안에서 불꽃이 노래 부르듯 타오르게 되어있는 실험이었다. 그런데 성냥을 갖다 대자마자 불꽃은 비커 내부를 휩쓸며 유리며 튜브며 마개들을 사방으로 멀리 날려버렸다. 폭발소리에 모르모트들은 엄청나게 펄쩍 뛰어올랐으며 유리 비커는 내 손에서 빠져나갔다. 나는 벌벌 떨면서, 비커 마개가 조금만 더 단단히 막혀 있었더라면 내 얼굴에 대고 터졌을 거라는 사실을 깨달았다. 그 일로 나는 그 후 가스를 다룰 때 더 신중을 기하게 됐다. 또 그날 이후, 나는 내 화학책을 다른 시각으로 읽게 되었다. 나는 더불어 즐겁게 놀 수 있는 것들, 즉 안전한 물질은 파란색 연필로, 그리고 의심스럽거나 끔찍한 반응을 일으키는 모든 건 빨간색 연필로 표시했다.

최근 나는 우연히 조카딸들의 화학책을 펼쳐볼 일이 있었다. 그런데 나는 더 이상 그 내용을 알아볼 수 없었다. 모든 게 다 바뀌었다. 공식도 법칙도, 물질들의 분류와 그 명칭, 책에 수록되는 순서, 게다가 그 속성까지도… 나는 그 물질들이 그토록 불변의 것이라고 믿었는데! 조카딸들은 내가 당황해하는 걸 보고 재미있어했다. 하지만 이런 충격 앞에서, 난 마치 언제나 사내 녀석들로 남아있으리라 생각했던 옛 친구들이 애 아빠가 된 걸 볼 때처럼 은근한 슬픔을 느꼈다.

또 하나의 기억은 알베르 데마레와 나눴던 대화에 관한 것이다. 우리가 파리에 있을 때, 알베르는 자기 어머니와 함께 일주일에 한 번씩 우리 집으로 저녁식사를 하러 오곤 했다. 저녁식사 후, 클레르 이모는 어머니와 함께 카드나 주사위놀이판 앞에 자리를 잡고, 알베르와 나는 보통 피아노를 치곤 했다. 그러나 그날 저녁에는 이야기를 하는 게 음악보다 더 중요했다. 저녁식사 동안, 알베르가 보기에 한번 짚고 넘어가야겠다고 여겼을 무슨 얘기를 내가 했는지 더 이상 기억나지 않는다. 그는 다른 사람들 앞에서는 아무 말도 하지 않고 식사가 끝나기를 기다렸다. 그런데 식사가 끝나자마자 나를 데리고 한쪽으로 가선…

나는 그 당시 이미 알베르에 대해 뭔가 숭배하는 감정을 갖고 있었다. 나는 그의 말이 타고난 내 성향과 반대되는 것일 경우 특히, 얼마나 혼신을 다해 그의 말을 경청했는지 이미 말했다. 그건 또한 그가 내 성향에 반대하는 경우는 무척 드물었고, 또 평소 내가 어머니나 다른 가족들로부터 가장 이해받지 못하던 바로 그 부분을 깊이 이해해준다고 여기고 있었기 때문이기도 했다. 알베르는 키가 컸으며 힘도 무척 센 동시에 상당히 부드러운 사람이었다. 내가 감히 입 밖에 내지 못하던, 아니면 감히 생각도 못하던 바로 그런 걸 이야기하는 등, 그가 하는 말은 뭐든지 말할 수 없이 날 즐겁게 했다. 그의 목소리만 들어도 난 황홀해졌다. 그가 수영이나 특히 조정 등, 모든 스포츠의 대가였다는 사실을 난 알고 있었다. 멋진 육체적 성숙과 대자연의 환희를 맛본 다음, 지금 그는 그림과 음악, 그리고 시에 완전히 빠져있던 것이다. 12) 그러나 그날 저녁, 우리가 이야기한 건 전혀 다른 것이었다. 그날 저녁, 알베르는 내게 조국이란 무엇인가를 설명해 주었다.

확실히 그 문제에 대해 내게 가르쳐줘야 할 건 많이 있었다. 아버지나 어머니가 비록 훌륭한 프랑스인이긴 했어도, 프랑스 영토나 프랑스 정신의 모든 경계선에 대해 그리 선명한 의식을 내게 주입시켜 주시진 않았기 때문이다. 부모님 자신은 그런 의식을 갖고 계셨는지 모르겠다. 그런데 아버지가 그러셨던 것처럼, 현실보다 관념을 더 중시하는 성향이 있었던 타고난 기질에 의해, 나는 그 문제에 대해 겨우 열세 살에, 마치 관념론자처럼, 마치 어린애나 바보처럼 논리를 폈던 것이다. 저녁식사 동안 나는, 1870년에 "내가 만약 프랑스였더라면" 난 분명 자신을 방어하진 않았을 것이다, 또는 그런 유의 어리석은 이야기를, 그리고 군대에 관한 모든 걸 혐오한다고 주장했던 모양이다. 알베르가 한번 짚고 넘어가야겠다고 판단한 건 바로 그 문제였다.

그는 뭔가 항의하거나 거창한 말을 한 게 아니라, 단순히 프러시아 군의 침략과 당시 군인이었던 자기 추억을 이야기함으로써 대화를 풀어나갔다. 그는 분란을 일으키는 힘에 대해선 나와 똑같이 혐오감을 느낀다고, 그러나 바로 그 때문에 방어하는 힘은 사랑한다고, 또 군인의 아름다움이란 자신을 위해 방어하는 게 아니라 위협을 느끼는 약자

---

12) 육체와 대자연의 환희를 만끽한 다음, 음악과 그림, 시와 같은 예술의 형태에 심취한 알베르는 지드가 볼 때 자신이 꿈꾸던 조화의 한 형태라고 볼 수 있을 것이다.

들을 보호한다는 사실에서 나온다고 말했다. 말을 하는 동안 그의 목소리는 점점 더 엄숙해졌으며 떨리고 있었다.

"그렇다면 너는 자기 부모들이 모욕당하고, 자기 누이들이 강간당하고, 자기 재산이 약탈당하는 걸… 냉정하게 바라볼 수 있다고 생각하니?" 그리곤 분명 전쟁 장면이 그의 눈앞을 스치고 지나갔던 게 틀림없는 것이, 비록 그의 얼굴은 어둠 속에 가려있었지만 나는 그의 두 눈에 눈물이 고이는 걸 보았던 것이다. 그는 아버지가 쓰던 큰 테이블 바로 곁에 있는 나지막한 안락의자에 앉아 있었고, 나는 테이블 위에 걸터앉아 두 다리를 흔들고 있었다. 난 그가 하는 이야기와 그보다 더 높이 앉아 있다는 사실에 다소 어색해하고 있었다. 그 방의 반대편 한 쪽에선 이모와 어머니가 그날 저녁식사를 하러 온 안나와 함께 뭔가 카드놀이를 벌이고 계셨다. 알베르는 그들에게는 들리지 않게 나지막한 목소리로 말했다. 그가 말을 끝냈을 때, 나는 큼직한 그의 손을 내 두 손에 잡고 아무 말 없이 가만히 있었다. 그의 논리에 설득되었다기보다 분명 그의 아름다운 마음에 더욱 감동받고 있었던 것이다. 하지만 그의 말은, 훗날 내가 교육을 더 받고 그 내용을 이해하게 됐을 때 적어도 다시 기억해야 했던 말이다.

이사한다는 생각에 나는 엄청나게 흥분되었으며, 가구 배치에 대해 내가 기대했던 즐거움도 마찬가지였다. 그러나 이사는 나 없이 진행되었다. 칸느에서 우리가 돌아왔을 때, 어머니는 나를 새로운 선생님 집에 하숙시키셨다. 그게 나한테 더 유익하리라, 또 어머니 마음에도 더 편하리라 기대하셨던 것이다.

나를 맡게 된 리샤르 선생13)은 오테이유에 거처를 정할 만큼 훌륭한 안목을 갖고 있었다. 아니면 아마 오테이유에 살고 있었기 때문에

---

13) 실제는 앙리 바우어 선생으로, 그는 지드가 1880년 10월 알자스 학교에 복학했을 때 그곳 4학년 담당 교사였다.

어머니가 날 그에게 맡길 생각이 들었던 걸까? 그는 레이누아르 거리 12번지인가에 있는 이층짜리 낡은 주택에 살고 있었는데 정원을 끼고 있었다. 정원은 그리 넓은 건 아니었으나 테라스를 이루고 있어, 거기서 보면 파리시 절반이 내려다보이는 것이었다. 그 모든 건 아직 그대로 있다. 하지만 아마 몇 년 못갈 것이다. 경제적 이유로 인해 교사라는 서민 가정이 레이누아르 가에 살 수 있던 시절은 이미 끝났기 때문이다. 리샤르 선생은 그 당시 자기 집에 기숙하는 학생들, 즉 나하고 두 영국 여학생들에게만 교습을 했는데, 그 여학생들은 내 생각에 공기 좋고 멋진 전망 때문에 그 돈을 내고 있는 것 같았다. 당시 리샤르 선생은 단지 촉탁(in partibus) 교사로, 나중에 교사자격증을 따고 난 다음에야 공립학교에서 독일어 강좌를 맡게 되었다. 원래 목사 지망생이었던 그는 과거에 공부도 상당히 많이 했던 것 같다. 그는 게으르지도 멍청하지도 않았기 때문이다. 그런데 회의나 양심의 문제 등이(분명 두 가지 다였으리라) 목사직 문턱에 이른 그를 저지했던 것이다. 하지만 그는 자신의 첫 소명으로부터 뭔지 모르는 유달리 부드러운 눈빛과 목소리를 간직하고 있었다. 그 목소리는 타고난 목사의 것으로, 즉 사람들 마음을 움직이기에 적합한 목소리였다는 뜻이다. 하지만 아무리 엄숙한 말을 해도 그의 미소가 그걸 희석시키고 말았다. 내가 볼 때 자기 자신도 거의 모르게 짓고 있지 않나 싶은, 절반은 서글프고 절반은 재미있어하는 듯한 그 미소에서, 사람들은 그가 자기 말을 그 자신도 진지하게 여기지 않는다는 사실을 알 수 있었다. 그는 다양한 자질을 갖고 있었고 덕목도 있었다. 그러나 그의 성품 가운데 제대로 믿을 만하고 탄탄하게 자리잡은 건 하나도 없는 것 같았다. 일관성이 없었고 모든 일에 건성이었으며, 걸핏하면 심각한 걸 농담으로, 또 객설은 도리어 심각하게 대하곤 했다. 이는 그 당시 비록 어리긴 했어도 내 눈에 무척 도드라지게 드러났던 결점들로, 그 당시 아마 나는 오늘날보다 더 엄격하게 그 결점들을 비판했던 것 같다.

우리와 함께 레이누아르 가에 같이 살던 베르트랑 장군의 미망인인 그의 처형은 내 생각에 그를 높이 평가하지 않았던 것 같았고, 그런 사실로 나는 오히려 그녀를 높이 평가하게 됐다. 한때 호시절을 누렸으며 무척 분별력 있는 여성인 그녀가 내 눈에는 그 집안에서 유일하게 합리적인 사람처럼 보였다. 뿐만 아니라 인정도 많았다. 하지만 그건 꼭 필요한 때가 아니면 드러내진 않았다. 리샤르 부인도 그녀만큼이나 인정이 많았고, 더 많다고 할 수도 있었을 게다. 그녀에겐 분별력이라고는 조금도 없었기에 토로되는 것이란 오직 인정뿐이었기 때문이다. 그녀는 건강이 별로 좋지 않았으며 여윈 몸에 얼굴은 창백하고 초췌했다. 무척 부드러운 그녀는 자기 남편 앞에서, 그리고 자기 언니 앞에서 끊임없이 뒤로 물러서는 것이었다. 분명 그 때문에 그녀에 대해서는 희미한 기억밖에 없다. 반면에, 단단한 체격에 단호하고 결단성 있는 베르트랑 부인은 내 기억 속에 선명한 모습을 아로새겨 놓았다. 그녀에게는 나보다 몇 살 아래인 딸이 하나 있었다. 부인이 우리 모두로부터 조심스럽게 떼어놓고 있던 그 딸은 내가 보기에, 자기 어머니의 과도한 권위에 눌려 괴로워하고 있는 것 같았다. 이본느 베르트랑은 예민한데다 병약했으며 규율에 의해 완전히 위축된 것 같았다. 미소를 지을 때조차 언제나 울고 난 듯한 표정이었다. 그녀는 식사시간 외에는 거의 나타나지 않았다.

리샤르 선생 부부는 아이가 둘이었다. 하나는 18개월 된 계집아이로, 어느 날 정원에서 흙을 먹고 있는 걸 본 후로 나는 그 아이를 대할 때마다 아연실색하며 바라보곤 했다. 그런데 그때, 그 역시 다섯 살밖에 되지 않았지만 동생 돌보는 일을 맡고 있던 그 애 오빠인 꼬마 블레즈는 이를 몹시 재미있어하고 있었던 것이다.

때론 혼자서, 때론 리샤르 선생과 함께, 나는 작은 온실에서 공부를 했다. 정원 한쪽 끝, 커다란 옆집의 창문 없는 벽에다 유리로 차양을 대고 둘러싸 만든 헛간을 감히 그렇게 부를 수 있다면 말이다.

내가 글을 쓰던 책상 옆 선반 위에는 글라디올러스 한 그루가 자라고 있어 나는 그게 자라는 걸 두 눈으로 지켜보리라 작정하고 있었다.

그건 내가 생-쉴피스 시장에서 구근을 하나 사다가 직접 화분에 심었던 것이다. 칼날 같은 파란 잎이 곧 흙에서 돋아났으며 매일매일 커가는 게 날 감탄시켰다. 그 성장을 지켜보기 위해서 나는 화분에 하얀 막대기를 하나 꽂은 다음, 그 위에다 매일 얼마나 컸는지 표시를 해나갔다. 나는 이파리가 시간당 0.6밀리미터 자란다는 계산을 해냈다. 이는 어쨌든 조금만 주의 깊게 본다면 맨눈으로 알아볼 수 있을 터였다. 도대체 어디서 발육이 이루어지는지 알고 싶어 안달이 났다. 결국 나는 그 화초가 밤사이 한 번에 쑥 큰다고 믿기에 이르렀던 것이, 이파리를 아무리 뚫어져라 쳐다보고 있어도 소용이 없었으니 말이다…

생쥐들을 관찰하는 건 훨씬 더 보람이 있었다. 내가 책이나 글라디올러스 앞에 앉고 채 5분도 되기 전에 생쥐들은 쪼르르 달려 나와 내 무료함을 달래주는 것이었다. 매일 나는 생쥐들에게 맛있는 과자들을 갖다 주었으며, 결국 그것들을 너무나 안심시킨 결과, 내가 공부하는 책상 위에까지 와서 과자 부스러기를 갉아먹곤 했다. 생쥐는 두 마리뿐이었다. 하지만 나는 그중 한 마리가 새끼를 배고 있다고 확신하고 매일 아침마다 가슴을 두근거리며 새끼들이 나타나길 기대하고 있었다. 벽에는 구멍이 하나 있었는데, 리샤르 선생이 다가오면 생쥐들은 바로 그 구멍 속으로 들어가곤 했다. 바로 그들의 소굴이었던 것이다. 그리고 바로 거기서 새끼들이 나오는 걸 보리라 나는 기대하고 있었다. 리샤르 선생이 내게 교재를 낭독하게 하는 동안 나는 곁눈질로 계속 생쥐들의 동정을 살피고 있었다. 당연히 낭독을 제대로 하지 못했다. 마침내 리샤르 선생은 나더러 도대체 뭣 때문에 그렇게 정신이 산만해 보이는지 물었다. 그때까지 나는 내 동무들의 존재에 대해 비밀로 했던 것이다. 그런데 그날 나는 모든 걸 다 이야기했다.

나는 여자애들이 생쥐를 무서워한다는 사실을 알고 있었고, 또 가정부들은 생쥐를 두려워한다는 사실도 인정했다. 하지만 리샤르 선생은 남자였던 것이다. 그는 내 이야기에 무척 흥미를 갖는 것처럼 보였다. 그는 나더러 그 구멍을 가리키게 한 다음, 당황한 나를 내버려둔 채 아무 말도 않고 밖으로 나갔다. 잠시 후 나는 김이 모락모락 나는 주전자를 들고 들어오는 그를 보았다. 어떤 일이 벌어질지 감히 생각할 수 없었다. 두려움에 사로잡혀 나는 물었다.

"선생님, 뭘 갖고 오시는 겁니까?"

"끓는 물이야."

"뭘 하시려고요?"

"뜨거운 물에 데워 죽이려고, 자네의 그 더러운 짐승 말이야."

"아! 제발, 리샤르 선생님! 제발 부탁해요. 더군다나 막 새끼를 낳았을 텐데요…"

"그러니 더더욱."

바로 내가 그 생쥐들을 넘겨주었다니! 정말이지 그가 동물을 사랑하는지 먼저 물어봤어야 했는데… 눈물과 호소, 하지만 아무 소용이 없었다. 아! 얼마나 사악한 사람인가! 난 그가 벽에 난 구멍 속으로 끓는 물을 부으며 비웃어댔으리라 생각한다. 하지만 난 두 눈을 돌렸던 것이다.

난 좀처럼 그를 용서할 수가 없었다. 사실상 그러고 난 다음, 그는 내가 너무나 슬퍼하는 걸 보고 좀 놀랐던 것 같다. 정확히 그가 내게 사과를 한 건 아니지만, 내 태도가 얼마나 우스운 건지, 또 그 작은 동물들은 끔찍하다는 것, 냄새도 나쁘고 해로운 짓을 많이 하며, 특히 내 공부를 방해한다는 것 등을 내게 증명해보이기 위해 온갖 애를 쓰는 그 속에서 당혹해하는 모습을 느낄 수 있었다. 리샤르 선생은 일말의 가책이 없을 수는 없었던지라, 얼마 후, 보상 차원으로, 내가 평소 갖고 싶어하던, 하지만 적어도 해로운 건 아닌 동물을 선물로 주었다.

한 쌍의 멧비둘기였다. 그런데 그가 그 비둘기들을 선물로 주었던 건가? 아니면 단순히 내가 사는 걸 내버려둔 건가? 그 점에 대해선 신통치 않은 내 기억력이 가물가물하다… 버들가지로 된 새장은 새 사육장 속에 걸어놓았는데, 창살이 절반이나 부서진 새 사육장은 온실과 마주보고 있었다. 그 속에는 암탉 두세 마리가 살고 있었다. 꼬꼬댁거리며 곧잘 화만 내는 멍청한 암탉들은 내겐 전혀 흥미가 없었다.

처음 며칠 동안 나는 멧비둘기들이 내는 구구거리는 울음소리에 열광했다. 나는 그보다 더 감미로운 소리는 아직 들은 적이 없었던 것이다. 마치 샘물처럼 구구거리며 하루 종일 쉬지 않고 울어대는 것이었다. 감미롭긴 했으나 그 소리는 곧 짜증나게 했다. 두 영국 여학생 가운데 하나였던 미스 엘빈은 그 구구소리에 특히 신경이 거슬려했는데, 나더러 새들에게 둥지를 하나 만들어 주라고 권했다. 그래서 내가 당장 둥지를 만들어주자 암컷이 알을 낳기 시작했으며, 구구거리는 울음소리는 서서히 잦아들었다.

암컷은 알을 두 개 낳았는데, 그게 멧비둘기들의 습성이다. 그런데 나는 암컷이 얼마동안 알을 품고 있어야 하는지 모르고 있었던지라 수시로 닭장 속에 들어가 보곤 했다. 거기, 낡은 나무의자위에 걸터앉아 있으면 둥지를 내려다 볼 수 있었다. 하지만 알을 품고 있는 암컷을 방해하고 싶지 않았기에 나는 암컷이 몸을 일으킬 때까지 끝도 없이 기다리곤 했다. 그러나 그러고 나서 보여주는 것이라곤 아직 알이 부화되지 않았다는 것이었다.

그 후 어느 날 아침, 닭장 안으로 들어가기도 전, 나는 내 코 높이에 있던 새장 바닥 위에서 안쪽에 희미하게 피가 묻은 부서진 알 껍질들을 보았다. 마침내! 그런데 갓 태어난 새끼들을 보러 닭장 안으로 막 들어가려는 순간, 나는 너무나 황당하게도 문이 잠겨 있는 걸 발견했다. 작은 자물쇠가 문에 걸려 있었는데, 나는 그게 리샤르 선생이 그 전전날, 나와 함께 동네 가게에 가서 샀던 자물쇠라는 걸 알아봤다.

"쓸 만합니까?"하고 리샤르 선생이 가게 주인에게 물었으며,

"그럼요. 큰 것과 똑같이 좋아요"라고 주인이 대답했던 것이다.

리샤르 선생과 베르트랑 부인은 내가 새 곁에서 너무 많은 시간을 보내고 있는 걸 보고 화가 나 거기에 장애물을 만들기로 결정했던 것이다. 그들이 점심시간에 내게 알려주기를, 그날부터 닭장은 자물쇠로 잠가 놓을 것이며, 열쇠는 베르트랑 부인이 보관할 것이다, 또 열

쇠는 하루에 한 번씩, 오후 4시 간식시간에 내게 빌려줄 것이라는 얘기였다. 베르트랑 부인은 매번 뭔가 결정을 내려 일을 시작하거나 벌을 줄 일이 있을 때마다 해결사로 나서곤 했다. 그럴 때면 그녀는 차분하고 부드럽기까지 한 어조로, 하지만 무척 단호하게 말했다. 이 끔찍한 결정을 내게 알리면서 그녀는 거의 미소를 짓고 있었다. 나는 항의하는 건 삼갔다. 그건 나 나름대로 이미 생각이 있었기 때문이다. 자그마한 그 싸구려 자물쇠의 열쇠는 모두 비슷한 것이기 때문이다. 저번 날, 리샤르 선생이 자물쇠를 고르던 동안 나는 그 사실을 확인할 수 있었다. 내 호주머니 속에서 짤랑거리고 있는 동전 몇 푼만 가지면… 점심식사가 끝난 즉시 곧바로 나는 집을 빠져 나와 가게로 달려갔다.

나는 그때 내 마음 속 어디에도 반항하는 마음은 조금도 없었다고 맹세한다. 결코, 그 당시나 그 후에도, 나는 남을 속이는 데서 기쁨을 느낀 적은 없었다. 나는 베르트랑 부인과 장난한다고 여겼지 결코 그녀를 농락하려고 했던 건 아니었다. 그 개구쟁이 짓을 하며 맛볼 재미에만 눈이 멀어, 그런 행동이 부인의 눈에 어떻게 비칠지 그 위험에 대해서는 어찌 그리 무심할 수 있었단 말인가? 나는 부인에 대해 애정과 존경심을 갖고 있었으며, 또 이미 말했듯이 그녀의 평가에 대해 특별히 신경도 쓰고 있었다. 아마 내가 다소 기분이 언짢았다면 그건, 차라리 내게 말로 해도 충분했을 텐데 굳이 그런 물리적 장애물에 도움을 청했다는 사실 때문이었을 게다. 내가 부인에게 느끼게 하고자 한 것은 그런 점도 있었다. 왜냐하면 전후 사정을 잘 살펴볼 경우, 그녀는 내가 닭장 속으로 들어가는 걸 정확히 말해 사전에 금지했던 게 아니라 단순히 거기에 장애물을 달았던 것이다. 마치… 자, 그러니 이제 우리는 부인에게 그 자물쇠가 무슨 소용이 있는지 보여주는 것이다! 당연한 일이듯이, 나는 닭장 속에 들어가기 위해 부인의 눈을 피하지 않을 것이다. 그녀가 나를 보지 않는다면 그건 더 이상 아무 재미도 없을 테니까 말이다. 나는 닭장과 마주보고 창문이 나 있는 거실에 부인이 있을 때를 기다려 닭장 문을 열 것이다(벌써 나는 부인이 놀라는 장면을 상상하며 재미있어했다), 그러고 나서 부인에게 내 순수한 의도를 확인시킨 다음 열쇠 사본을 건넬 것이다 등등. 내가 가게에서 돌아오며 그려봤던 건 바로 그런 생각들이었다. 그런데 내가 제시하는 이 논거들 속에서 논리적인 것은 전혀 찾지 말기 바란다. 나는 내 논거들을 뒤죽박죽, 그 당시 내게 떠올랐던 대로 더 이상 논리정연하게 만들지 않고 이야기하고 있을 따름이다.

닭장 속으로 들어가며 나는 비둘기보다 베르트랑 부인에게 더 신경이 쓰였다. 나는 그녀가 거실에 있다는 사실을 알고 있었기에 거실 창문을 지켜보고 있었다. 하지만 창문에는 아무 기미도 보이지 않았다. 오히려 부인이 몸을 숨기고 있는 것 같았다. 이 무슨 낭패란 말인가! 어쨌든 내가 그녀를 불러낼 수는 없는 일이었다. 나는 기다리고 또 기다렸지만 결국 단념하고 나올 수밖에 없었다. 비둘기 새끼들은 거의 쳐다보지도 않았다. 자물쇠에서 열쇠를 꺼내지도 않은 채, 나는 퀸투스 쿠르티우스의 번역본14) 이 기다리고 있던 온실로 돌아가, 막연히 초조해하며 과제물 앞에 앉아 간식시간이 울릴 때면 어떻게 해야 할까 자문하고 있었다.

4시 몇분 전 꼬마 블레즈가 나를 부르러 왔다. 자기 이모가 내게 할 말이 있다는 거였다. 베르트랑 부인은 거실에서 날 기다리고 있었다. 그녀는 내가 들어갔을 때 자리에서 일어났는데, 분명 더 강한 인상을 불어넣기 위해서였다. 그리고 날 자기 앞으로 몇 걸음 더 다가서게 한 다음 말했다.

"내가 자네를 잘못 본 것 같구만. 난 자네가 정직한 소년이기를 기대했는데… 자넨 내가 좀 전에 자네를 보지 못했다고 생각했겠지."

"그런 게 아니라…"

---

14) 서기 1세기경 생존한 것으로 추정되는 로마의 역사학자로 《알렉산더 대왕의 역사》라는 저서가 있다.

"집 쪽을 쳐다보고 있던데, 겁이 났던 게…"

"그런 게 아니라 그건…"

"아니, 자네 이야기는 한마디도 듣고 싶지 않네. 자네가 한 짓은 아주 나쁜 거야. 그 열쇠는 어디서 난거지?"

"제가…"

"말대꾸하지 말아요. 자물쇠를 부수고 문을 여는 사람들을 어디다 집어넣는지 아나? 감옥이야. 자네 어머니께는 자네가 저지른 짓을 이야기하지 않겠네. 너무 상심하실 테니까. 자네가 어머니를 조금만 더 생각했더라면 감히 이런 짓은 결코 저지르지 못했을 거야."

그때 내가 깨닫게 된 건, 부인이 말을 계속 해나갈수록 내 행동의 내밀한 동기들을 그녀에게 밝혀 보인다는 건 영원히 불가능하리라는 점이었다. 그런데 사실이지 그 동기란 나 자신도 더 이상 뭔지 몰랐다. 한순간의 흥분이 가라앉은 지금, 내가 저지른 장난은 다른 관점으로 보였고 그저 어리석은 짓으로 밖에 보이지 않았다. 그렇긴 해도 나 자신을 변명할 수 없는 그 무력감은 곧 바로 일종의 거만한 체념을 불러일으켰으며, 이는 내가 베르트랑 부인의 지루한 훈계를 얼굴 붉히지 않고 듣고 있을 수 있게 해줬다. 그런데 부인은 내게는 대답도 못하게 해놓고선, 이제는 도리어 내 침묵에 화는 내는 것 같았다. 내가 잠자코 있는 바람에 그녀로선 더 이상 할 말이 없는데도 어쩔 수 없이 계속 말을 해야 했으니까 말이다. 목소리를 낼 수 없었기에 나는 내 두 눈 속에 웅변을 담았다. 내 눈은 그녀에게 말하고 있었다.

"나는 더 이상 당신 평가에 연연해하지 않아요. 당신이 절 나쁘게 평가하는 순간부터 저 역시 더 이상 당신을 존경하지 않아요."

그리고 무시하는 내 마음을 과장하기 위해 나는 보름 동안이나 새를 보러 가지 않았다. 그 결과 공부를 위해서는 무척 좋았다.

리샤르 선생은 훌륭한 교사로 배움에 대한 욕구보다는 가르침에 대한 취향을 갖고 있었다. 그는 부드러운 태도로 가르쳤으며 뭐랄까, 명

랑한 구석도 있어서 그의 수업을 지루하지 않게 해주었다. 내겐 배울
게 너무 많았기 때문에 우리는 복잡한 시간표를 짰으나, 끈질긴 내 두
통 때문에 시간표는 끊임없이 뒤죽박죽되고 말았다. 게다가 내 정신은
곧잘 꾀를 부리기도 했다는 점도 말해둬야 할 것이다. 리샤르 선생은
나를 피곤케 하지 않나 하는 걱정 때문만이 아니라, 타고난 그의 천성
때문에도 이를 곧잘 받아주었기에 수업은 잡담으로 변하곤 했다. 그게
바로 개인교수들이 갖는 일반적 단점이기도 하다.

　리샤르 선생은 문학에 대한 취향은 갖고 있었으나, 그 소양은 그리
깊지 않았으므로 그 취향도 아주 뛰어난 건 아니었다. 그는 고전작품
들 앞에서 지루해하는 자기 모습을 내게 감추지도 않았다. 교과 프로
그램에 나와 있는 걸 따를 수밖에 없었지만, 《신나》15)를 분석하다가
피곤해지면 중간 중간 쉬면서 《방탕한 왕》16)을 읽어주곤 했다. 트리
불레가 조정의 귀족들에게 퍼붓는 욕설은 내 눈물을 자아내곤 해서,
나는 울먹이는 목소리로 낭독하곤 했다.

　　자! 보시오! 이 손을, 뛰어난 거라곤 아무것도 없는 손,
　　백성의 손이요, 노예이자 시골뜨기의 손,

---

15) 17세기 프랑스 고전주의 극작가 코르네이유(Pierre Corneille, 1606-
1684)의 1642년 작 희비극으로 5막으로 구성되어 있다. 로마제국 초기
아우구스투스 황제 하에서, 황제에 의해 부친을 잃은 에밀리와 그녀의
연인이자 황제의 총애를 받는 신나, 그리고 신나의 연적이 된 막심 사
이의 갈등 이야기로, 마지막에는 황제의 용서 하에 모두 화해하며 에밀
리는 신나의 사랑을 얻게 된다.

16) 빅토르 위고(Victor Hugo, 1802-1885)가 1832년 발표한 운문 형식의
드라마로, 16세기 프랑스 왕인 프랑수와 1세를 주인공으로, 수많은 여
인들을 농락한 방탕한 왕과 왕의 익살꾼의 딸의 희생을 그리고 있다.
고전극에서 용납되지 않던 그로테스크한 면모가 두드러지는 낭만주의
미학을 드러내는 작품으로 오랫동안 상연이 금지당했다. 베르디의 오페
라 〈리골레토〉는 바로 이 작품을 각색한 오페라이다.

비웃는 자들 앞에 무력해 보이는 이 손,
검을 쥐지 않은 이 손엔 그러나, 나리들, 손톱이 있소![17]

이 시구가, 그 허황된 어조가 오늘날 내겐 견딜 수 없는 이 시구가
열세 살 난 내게는 세상에서 가장 아름다운 것으로 보였으며, 사람들
이 감탄할 만한 시구라고 일러주던 다음의 시구보다 훨씬 더 감동적이
었다.

우리 서로 포옹하세, 신나여…[18]

나는 리샤르 선생을 따라 생-발리에르 후작의 그 유명한 긴 독백을
되풀이하곤 했다.

여인들 정조의 무덤인 당신의 침상 속에서,
당신은 태연히도, 그 추악한 당신 입맞춤으로,
퇴색시키고, 망가뜨리고, 더럽히고, 능욕하고, 부수어 버렸소,
디안느 드 푸아티에, 브레즈 백작부인을.[19]

어찌 감히 이런 걸 쓸 수 있었는가, 더군다나 시구로! 그런데 그게
바로 서정적 혼미함으로 내 마음속을 가득 채웠던 것이다. 이 시에서
내가 특히 감탄했던 것, 그건 분명 무모함이었다. 그런데 진정 무모했

---

17) 위고의 《방탕한 왕》(*Le Roi s'amuse*) 3막 3장에 나오는 대목으로, 왕의
   익살꾼인 트리불레가 자기 딸이 왕에게 농락당한 것을 알고 복수를 다
   짐하는 장면이다.
18) 《신나》(*Cinna*) 5막 3장에서 황제가 신나에게 말하는 구절로, 원문은
   "내 당신에게 청하노니, 신나여, 우리 친구가 되세"이다.
19) 《방탕한 왕》의 1막 5장에 나오는 구절로, 왕이 자기 딸 디안느 드 푸아
   티에를 농락한 것을 알고 그녀의 아버지 생-발리에르가 왕에게 저주를
   퍼붓는 장면이다.

던 건 열세 살에 그걸 읽는다는 사실이었다.

내 감동을 보고서, 그리고 내가 마치 바이올린 현처럼 진동한다는 사실을 확인하고는 리샤르 선생은 내 감수성에 더욱 놀라운 시험을 해 보고자 결정했다. 그는 리슈팽의 《신성모독》과 롤리나의 《신경증 환자들》을 가져와 내게 읽어주기 시작했는데,[20] 이는 그 당시 그의 애 독서였다. 괴상한 교육이었다!

내가 이 책들을 언제 읽었는지 그 시기를 명시할 수 있게 해준 건 내가 이 책들을 읽었던 장소에 대한 정확한 기억이다. 3년 동안 날 가 르쳤던 리샤르 선생은 그 다음 해 겨울, 파리 시내로 이사를 했고, 《방 탕한 왕》, 《신경증 환자들》, 《신성모독》의 배경은 파리의 조그마한 온실이었던 것이다.

리샤르 선생은 남동생이 둘 있었다. 바로 아래 동생인 에드몽은 호 리호리하고 키가 큰 젊은이로 뛰어난 지성과 매너를 갖고 있었다. 얼 간이 갈랭을 대신하여 그 전해 여름동안 내 가정교사로 있었다. 그 이 후 그를 만난 적은 없었다. 그는 건강이 좋지 못해 파리에서 살 수 없 었다(내가 최근에 들은 바로는 그는 그 후 은행가로 화려한 경력을 쌓았다 고 한다).

내가 레이누아르 가에서 살게 된 후 얼마 되지 않아 둘째 동생이 그 곳으로 살러 왔는데, 그는 나보다 단지 다섯 살 많을 뿐이었다. 그는 그 전에는 게레에 있는 누나 집에 살고 있었다. 그런 누나가 있다는 사실은 나도 이미 알고 있었던 게, 그 전해 여름, 에드몽 리샤르가 나 의 어머니에게 자기 누나에 대해 이야기를 했기 때문이다. 그가 라 로

---

20) 장 리슈팽(Jean Richepin, 1849-1926)은 1884년 《신성모독》(*Les Blas-phèmes*)을, 모리스 롤리나(Maurice Rollina, 1846-1903)는 1883년에 《신경증 환자들》(*Les Névroses*)을 출판했는데, 지드 자신은 이 두 작품 을 1889년 읽었다. 훗날 그는 이 두 시인에 대해 오히려 멸시하는 태도 를 보이게 된다.

크에 도착한 날 저녁, 그의 가족에 대해 상냥하게 물어보시던 어머니
가 "여자 형제는 없으시죠?"라고 물으셨을 때 그가 대답했다.

"있습니다, 부인." 그러고 나서, 예의바르게 자란 사람으로서, 외마디
대답이 너무 간단하다고 여겼던지 그는 부드러운 목소리로 덧붙였다.

"누나가 한 명 있는데 게레에 살고 있습니다."

"그래요! 게레에서… 무슨 일을 하죠?"라고 어머니가 물으셨다.

"과자가게를 해요."

그 대화는 저녁식사 중에 있었고, 내 사촌누이들도 그 자리에 있었
다. 우리는 모두 이 새로 온 가정교사의 입만 쳐다보고 있었다. 우리
와 함께 살러 온 이 미지인, 그가 조금이라도 거만하거나 멍청하거나
까다롭게 보일 경우, 우리 방학은 완전히 망쳐질 판이니까 말이다.

에드몽 리샤르는 다정해 보였다. 하지만 우리는 그의 첫 마디를 주
시하고 있었고, 바로 그 말로 우리들의 집단적 평가는 내려지는 것이
었다. 인생에 대해 아무것도 모르는 자들이 달려들어 내리려고 하는
무척이나 냉혹하고 돌이킬 수 없는 그런 평가. 우리는 남을 비웃는
아이들은 아니었다. 하지만 '과자가게를 해요'라는 그 말에 우리는 악
의는 없으나 터져 나올 듯한 웃음을 간신히 억누르고 있었다. 에드몽
리샤르는 그 말을 무척이나 담담하고 솔직하게, 또 용감하게 말했던
걸로 보아, 분명 그런 웃음을 예상할 수 있었으리라 싶었다. 우리는
그런 웃음이 얼마나 무례한지 깨닫고, 있는 힘을 다해 웃음을 삼키려
고 했다. 그가 그 웃음소리를 들을 수 있었으리라는 생각에, 그 기억
은 내게 무척 고통스럽다.

아벨 리샤르[21]는 머리가 좀 모자라는 건 아니나, 적어도 그의 두
형보다 훨씬 덜 똑똑했다. 바로 그런 이유로 그에 대한 교육은 무척

---

21) 실제 이름은 루이 바우어로, 그에게 아벨이란 이름을 붙인 건 우연은
아닐 것이다. 아벨은 지드가 《좁은 문》에서 제롬의 친구로 저속한 감정
으로 특징지어진 인물에게 주었던 이름이다.

등한시되고 있었다. 다정한 눈빛에 몰랑몰랑한 손, 애처로운 목소리에 무기력한 모습을 한 키가 멀쑥하게 큰 사내아이였던 그는 남의 일을 봐주기를 좋아했고 열의도 있었으나, 그리 능숙하지 못했던 지라, 그가 마음을 써 주어도 그 대가로 고마워하는 마음보다 매정한 거절을 당하기 일쑤였다. 그가 내 주변을 계속 맴돌고는 있었으나 우리는 많은 이야기를 나누지는 않았다. 나는 그에게 할 얘기가 하나도 없었으며, 또 그는 몇 마디만 하면 금방 헐떡거리며 숨이 막혀오는 것 같았다. 어느 여름날 저녁, 하루 일과의 모든 노고가 찬양과 함께 휴식을 취하게 되는 그런 아름답고 훈훈한 어느 날 저녁, 우리는 테라스에 앉아 어둠이 내리는 걸 지켜보고 있었다. 아벨은 늘 하던 대로 내게 다가왔고, 난 평소처럼 그를 못 본 척했다. 나는 그에게서 좀 떨어져 그네에 앉아 있었다. 낮 동안에 리샤르 선생의 애들이 타고 노는 그네였다. 그러나 아이들은 이미 오래 전에 잠자리에 들었다. 나는 발끝으로 그네가 움직이지 않도록 고정시켜놓고 있었다. 그런데 아벨이 내 곁으로 바싹 다가와 있었다. 그 역시 움직이진 않았으나 한쪽 그네 기둥에 기대고 있었던지라 은연중에 그네를 가볍게 흔들리게 만드는 그의 존재를 느끼면서, 나는 얼굴을 돌린 채, 시가지 불빛으로 하늘의 별빛에 화답하고 있는 파리 시내를 바라보며 가만히 앉아 있었다. 우리는 그렇게 꽤나 오랫동안 둘 다 가만히 있었다. 그가 조금 움직이는 바람에 나는 마침내 뒤를 돌아다봤다. 아마도 그는 내가 돌아다보기만 기다리고 있었을 게다. 그는 목매인 소리로 더듬거리기 시작했는데, 나는 무슨 말인지 간신히 알아들을 수 있었다.

"내 친구가 되 줄래?"

나는 평소 아벨에 대해 지극히 평범한 감정밖에 못 느꼈다. 하지만 스스로 먼저 다가오는 그 마음을 물리치기 위해선 증오심이 필요했을 것이다.

나는 "물론이지" 또는 "그래 좋아"라고 우물쭈물 어색하게 대답했다. 그러자 그는 다짜고짜 말했다. "그럼 내 비밀들을 보여줄게. 이리 와봐."

　나는 그를 따라갔다. 현관에 들어서자 그는 촛불을 키려고 했다. 그
런데 어찌나 손을 떠는지 성냥을 여러 개나 부러뜨렸다. 그때 리샤르
선생의 목소리가 들려왔다.

　"앙드레! 어디 있나? 자러 가야 할 시간이야."

　아벨은 어둠속에서 내 손을 잡았다.

　"내일 보여줄게." 그는 체념한 듯 말했다.

　그 다음 날, 그는 나를 자기 방으로 올라오게 했다. 침대가 두 개
있었는데, 하나는 에드몽 리샤르가 떠난 이래 그냥 비어 있었다. 아벨
은 아무 말도 하지 않고 테이블 위에 있는 조그마한 문갑으로 다가가
자기 회중시계 줄에 달고 다니던 열쇠로 그걸 열었다. 그는 장밋빛 리
본으로 묶어놓은 열두어 통의 편지를[22] 꺼내더니, 매듭을 풀고선 그
편지 뭉치를 내게 내밀었다.

　"자 받아! 전부 다 읽어도 좋아." 열에 들떠 말했다.

　사실이지, 난 읽고 싶은 마음이 전혀 없었다. 그 편지들 전부 같은
필체였다. 여성의 필체로, 가늘고 한결같으며 평범한, 회계원이나 납
품업자들의 것과 같은 필체로, 한번 보기만 해도 호기심이 완전히 사
라질 그런 필체였다. 하지만 나는 피할 도리가 없었다. 읽거나 아니면
잔인하게 아벨을 모욕하는 일뿐이었다.

　그게 연애편지일거라 생각할 수도 있었다. 하지만 아니었다. 그건
게레에서 과자가게를 하는 그의 누나 편지였다. 눈물겹고 처량한 가여
운 편지들로, 그 안에는 지불해야 할 어음과 만기종료, '체납금' — 나
는 생전 처음으로 그 불길한 단어를 보았다 — 이야기뿐이었다. 갖가
지 암시와 은근한 표현에서 나는 아벨이 그들 부모님이 남긴 유산 가
운데 자기한테 돌아올 일정 부분을 너그럽게도 그 누나에게 양보했다

----

22) 지드는 《사전꾼들》의 첫 부분에서, 등장인물 베르나르가 자신이 사생아
　　임을 알게 되는 자기 어머니의 옛 연애편지들을 발견하는 장면에서 동
　　일한 표현을 사용하였다.

는 사실을 알 수 있었다. 특별히 내가 기억하고 있는 구절은 그의 호의에도 불구하고 안타깝게도! '체납금을 메우기에는' 충분치 않을 거라는 내용이었으니 …

아벨은 내게 그 편지들을 읽게 하느라 좀 떨어져 있었다. 나는 그가 편지를 꺼낸 작은 문갑 옆 흰 원목테이블 앞에 앉아 있었다. 문갑은 열린 채 있었으므로 나는 그 편지들을 읽으면서 내내, 거기서 또 다른 편지가 나오지 않나 두려워하며 문갑 쪽으로 곁눈질을 하곤 했다. 하지만 문갑 속은 비어 있었다. 아벨은 열어놓은 창문 가까이 서 있었다. 분명 그는 이 편지들을 완전히 외우고 있었을 것으로, 내가 읽는 걸 멀리서도 그가 따라가고 있는 게 느껴졌다. 아마도 그는 무슨 동정의 말을 기다리고 있었을 게다. 그런데 나는 내가 느끼는 것 이상의 감동을 드러내는 걸 꺼려했으므로 그에게 무슨 말을 해야 할지 도무지 알 수 없었다. 돈에 얽힌 비극은 어린애가 아름다움을 느끼기에는 가장 어려운 것들이다. 나는 거기에는 어떤 아름다움도 없다고 천명했을 판이었고, 또 나는 감동을 느끼기 위해선 뭔가 아름다움을 필요로 하던 사람이었다. 나는 마침내 아벨에게 그의 누나 사진을 갖고 있는 게 없는지 물어봐야겠다는 생각이 들었다. 내가 거짓말을 전혀 하지 않고도 관심을 나타내주는 것으로 통할 수 있었던 것이다. 그는 더듬더듬 서둘러대며 자기 지갑에서 사진 한 장을 꺼냈다.

"어쩜 이렇게 서로 닮았지!" 내가 외쳤다.

"정말 그렇지 않나!" 갑작스레 즐거워하며 그가 말했다. 나는 그 말을 아무 의도도 없이 했으나, 그는 그 말에서 우정의 맹세보다 더 큰 위안을 얻고 있었다.

내가 사진을 돌려주었을 때 그가 다시 말했다. "이젠 내 비밀을 다 알게 됐으니까, 너도 네 비밀을 말해줄 거지, 안 그래?"

이미, 그의 누나 편지들을 읽으면서 나는 막연히 엠마뉘엘을 떠올리고 있었다. 환멸이 가득한 이 슬픔에 비한다면, 내 여자 친구의 아름다운 얼굴은 그 얼마나 찬란한 빛으로 감싸여 있는가! 내 인생의 모든

사랑을 그녀에게 바치리라 했던 나의 맹세가 기쁨으로 넘치는 내 가슴
에 날개를 달아주고 있었다. 벌써 내 마음 깊은 곳에서는 어렴풋한 열
망들이, 수많은 혼미한 생각들이 들끓고 있었으며, 노래와 웃음과 춤,
그리고 가슴 벅차게 뛰어오르는 조화의 물결이 내 사랑을 화려하게 수
놓고 있었으니… 그토록 많은 보물들로 한껏 부푼 나는 아벨의 물음에
내 가슴이 목구멍 속에서 옥죄어오는 걸 느꼈다. 그렇다면 나는 궁핍
한 그 앞에 과연 내 보물들을 점잖게 늘어놓을 수 있을 것인가? 라고
생각했다. 거기서 몇몇 부스러기만 떼서 보여줄까? 하지만 어떤 것을!
그건 하나의 거대한 덩어리로 된 재산이요, 현금화될 수도 없는 금괴
였다. 나는 아벨이 리본으로 정성껏 다시 묶고 있는 편지 묶음과 비어
있는 작은 문갑을 또 다시 쳐다보았다. 그리고 아벨이 내게 또 다시
"네 비밀을 얘기해줘, 그럴 거지?" 라고 물었을 때, 나는 대답했다.

　"난 비밀이 없어."

코마이유 가(街)는 새로 난 길로, 이 길과 맞닿게 된 르 박 거리 쪽에선 높다란 집들의 정면 뒤에 가려 오랫동안 보이지 않던 정원들을 가로질러 난 길이었다. 그 집들의 마차용 대문이 우연히 살짝 열려 있을 때면, 사람들은 호기심에 가득 차, 예상도 하지 못한 신비스러운 깊숙한 안쪽, 개인 저택의 정원 쪽을 경탄에 가득 찬 시선으로 한참 들여다보곤 했다. 그 정원들 뒤편으로 다른 정원들이, 정부기관과 대사관들의 정원들,[1] 또 포르튀니오의 정원들[2]이 엄중하게 가려진 채 이어지고 있었다. 하지만 이웃에 있는 가장 현대식 집들 창문에선 때때로 그 정원들 위를 내려다 볼 수 있는 귀중한 특권을 누리는 것이었다.[3]

거실의 두 창문과 서재의 창문, 그리고 어머니 방과 내 방 창문들은

---

1) 18세기, 생-제르맹 지역이 번창하던 시기, 그곳에는 개인 저택들이 많이 들어섰다. 게다가 지드는 자신의 기억을 그 지역 전반으로 확장하고 있다. 러시아 대사관과 오스트리아-헝가리 대사관, 공공 건설부 건물이 코마이유 거리 근처이긴 했으나 바로 옆은 아니었다.

2) 포르튀니오(Fortunio)는 1838년 고티에가 발표한 소설 제목과 동일한 주인공 이름이다. 파리 사교계의 꽃인 그는 아무도 모르는 화려한 궁전을 소유하고 있다.

3) 《교황청의 지하실》에서 이 지역을 환기시키는 대목을 볼 수 있다. 작품 속 라프카디오가 다니던 길은 지드 자신이 어린 시절 다녔던 거리였다.

멋진 그 정원들 가운데 한 정원을 향해 나 있었는데, 우리 집에서 그 정원까지는 코마이유 거리만 건너면 되었다. 그 거리에는 한쪽에만 건물이 서 있어서, 건물 맞은편에 있는 나지막한 벽에 의해 시야가 가려지는 것은 아래층뿐이었다. 우리는 5층에 살고 있었다.

어머니와 내가 종종 같이 시간을 보낸 곳은 어머니 방이었다. 우리가 아침마다 홍차를 마시던 것도 바로 거기였다. 지금 내가 이야기하는 것은 벌써 이곳으로 이사 온 지 2년째 되던 해 이야기로, 그때는 리샤르 선생이 파리 시내로 복귀했기 때문에 나는 그의 집에 단지 '반(半)기숙생'으로 지냈다. 다시 말해 매일 저녁 집으로 돌아와 저녁을 먹고 잠도 잤던 것이다. 그리곤 다시 아침에 집을 나서는 것이었는데, 그 시각은 마리가 어머니의 머리손질을 시작하는 시각이라, 30분 정도 계속되는 그 작업을 내가 볼 수 있는 건 쉬는 날들뿐이었다. 어머니는 흰 가운을 입고 창문 앞 햇빛이 잘 드는 곳에 자리를 잡고 앉으셨다. 마리는 어머니 맞은편에 어머니가 자기 모습을 볼 수 있도록 가느다란 세발 금속대 위에 놓인 타원형 거울을 갖다 놓았다. 그건 높이를 마음대로 올렸다 내렸다 조절할 수 있는 것이었다. 금속대 중간에는 조그마한 둥근 쟁반이 달려있어 그 위에 빗과 솔들이 놓여 있었다. 어머니는 손에 든 전날 석간 〈르 탕〉지[4]를 석줄 읽다 다시 거울 속을 바라보시는 등, 신문과 거울을 번갈아가며 보고 계셨다. 거울 속에는 어머니의 머리 윗부분과 빗이나 솔로 무장된 마리의 손이 보였는데, 그 손은 가차 없었다. 마리의 손놀림은 그게 뭐든 격렬함이 묻어났다.

"아! 마리, 너무 아프잖아요!"라고 어머니는 앓는 소리를 하셨다.

나는 벽난로 오른쪽과 왼쪽, 양쪽에 놓여있어 그 주변을 가로막고 있던 두 개의 커다란 안락의자 가운데 하나에 깊숙이 몸을 파묻고 책을 읽고 있었다(그것들은 속을 누벼 울룩불룩하게 부풀어 오른 쿠션 때문에, 의자를 떠받치는 틀과 그 형태조차 보이지 않게 된 코끼리처럼 거대한

---

4) 〈르 탕〉지는 1871년부터 나온 온건한 공화파 신문이었다.

암홍색 벨벳으로 된 의자들이었다). 나는 한순간 눈을 들어 어머니의 아름다운 옆모습을 쳐다보았다. 어머니의 얼굴 모습은 원래 엄숙하고 부드러웠으나, 그때는 입고 있던 가운의 강렬한 흰색과 또 마리가 머리카락을 뒤로 당길 때 버티려고 힘을 주는 것 때문에 약간 굳어있었다.

"마리, 빗질을 하는 게 아니라 아주 때리는군요!"

마리는 잠시 멈췄다가 더 격렬하게 다시 시작했다. 그러면 어머니는 무릎 아래로 신문이 미끄러져 떨어지게 내버려둔 채, 체념의 표시로 두 손을 맞잡으셨다. 그건 어머니에게 익숙한 포즈로, 두 검지손가락만 빼고 양쪽 손가락들을 정확히 깍지를 끼고 두 손가락은 둥글게 서로 맞대어 앞쪽을 향해 내미시는 것이었다.

"마님이 직접 머리 손질을 하시면 훨씬 더 나을 텐데요. 그러면 더 이상 불평도 안 하실 거구요."

하지만 어머니의 헤어스타일은 다소 기교가 들어가는 거라 마리의 도움 없이는 힘들었다. 앞 가리마를 타서 양쪽으로 갈라놓은 매끄러운 머리카락들은 아래쪽에서 땋아 쪽지를 틀어 올릴 경우 납작해지기 때문에, 뭔가 속을 넣어야만 관자놀이 위쪽으로 적당히 부푼 모양을 만들 수 있었다. 당시에는 모든 곳에 속을 집어넣었다. 온통 '부풀리기'를 하는 흉측한 시대였다.

마리는 엄밀히 말해 솔직한 속내를 다 말하지는 않았고 — 어머니는 그걸 절대 용납하지 않으셨을 것이다 — 불평하는 것으로 그쳤다. 하지만 화를 억누르는 가운데 몇 마디 말이 빠져나와 씩씩거리며 흘러나오곤 했다. 어머니는 마리 앞에서 다소 겁을 내셨다. 그래서 마리가 식탁 시중을 들 때면, 마리가 식당에서 나가길 기다린 다음 말하셨다.

"데지레한테 몇 번이나 말했는데 소용이 없네요(그건 클레르 이모에게 건네는 말이었다). 마요네즈에 식초를 또 너무 많이 넣었군요."

데지레는 마리가 과거 열렬히 좋아하던 델핀느의 후임이었다. 하지만 찬모가 누구였든, 마리는 언제나 찬모 편을 들었을 것이다. 그래서 그 다음 날, 마침 내가 마리와 함께 밖으로 나가게 되었을 때,

"이봐, 마리" 난 아주 치사한 밀고자가 하듯 말을 시작했다. "데지레가 엄마 말을 듣지 않는다면 우리 집에 계속 있을 수 있을지 모르겠어"(그건 또한 거드름을 피우기 위한 것이기도 했다). "데지레가 만든 마요네즈가 어제…"

"식초가 또 너무 많이 들어갔다고, 알고 있어." 마리가 복수하듯 내 말을 끊었다. 마리는 입술을 꼭 다물고 잠시 노여움을 억눌렀으나, 더 이상 참지 못하게 되었을 때 다음과 같은 말이 불쑥 들려왔다.

"참! 대단한 미식가들이야."

마리는 모든 심미적 감동에 대해 반항적인 건 아니었다. 하지만 많은 스위스 사람들이 그렇듯이 그녀에게 있어서 미에 대한 감정은 고도(高度)의 감정과 혼동되고 있었다. 마찬가지로 음악에 대한 그녀의 취향은 찬송가로 한정되었다. 하지만 어느 날, 내가 피아노를 치고 있을 때 마리가 갑자기 거실로 들어왔다. 나는 상당히 무미건조한 표현을 담고 있는 〈무언가〉[5]를 치고 있었다.

"적어도 이건 음악이군요." 그녀는 우수에 찬 듯 고개를 흔들며 말했다. 그러고 나서 화를 내듯 말했다. "도련님한테 한번 묻고 싶군요. 이게 그 어떤 트리올보다 더 낫지 않는지 말이에요."

마리는 자기가 이해하지 못하는 음악이면 뭐든 다 똑같이 '트리올'이라 불렀다.

페클랭 양의 레슨으로는 충분치 않다고 판단되었기에 나는 한 남자 선생님에게 맡겨졌는데, 안타깝게도! 그도 별로 더 나은 건 아니었다. 메리망 선생은 플레이엘 피아노 회사에서 피아노를 검사하는 사람이었다. 그는 피아니스트라는 걸 자기 직업으로 삼았으나 어떤 소명의식도 없었다. 내 생각이 틀리지 않다면, 그는 그저 연습을 많이 한 덕에 국립음악원에서 1등상을 거머쥐게 되었던 것이다. 정확하며 매끄럽고

---

5) 〈무언가〉는 멘델스존이 작곡한 48편의 짧은 곡들을 모은 모음집이다.

차가운 그의 연주는 예술이라기보다 오히려 산술에 속하는 것이었다. 그가 피아노를 치기 시작하면 계산대 앞에 앉은 회계원을 보는 것 같았다. 그의 손가락 아래서 2분 음표와 4분 음표, 8분 음표가 합산되어 갔고, 그는 악보에 쓰인 것을 점검하는 것이었다. 분명 그는 기계적인 면에서 날 훈련시킬 수 있었을 것이다. 하지만 그는 가르치는 데서는 어떤 기쁨도 느끼지 못하고 있었다. 그와 함께하는 음악은 그저 무미건조한 벌과에 불과했다. 그가 스승으로 여기던 사람은 크라머, 슈타이벨트, 뒤섹,[6) 아니면 적어도 매서운 학풍을 보여준 면 때문에 그가 내게 권했던 사람들이었다. 베토벤도 그에겐 음탕해 보였다. 일주일에 두 번씩 그는 시간도 정확하게 우리 집에 왔다. 레슨은 몇몇 연습곡을 단조롭게 반복하는 것으로, 그것도 손가락을 위해 그다지 도움이 되는 것도 아니고 그저 지극히 유치하고 틀에 박힌 것이었다. 몇몇 음계연습과 화음연습을 한 다음, 나는 배우고 있던 곡의 '마지막 여덟 소절', 다시 말해 마지막으로 배운 소절들을 반복하기 시작했다. 그러고 나면 그는 여덟 소절 뒤에다 연필로 커다랗게 V자 표시를 했는데, 마치 벌목장에서 베어야 할 나무들을 표시하듯 해치워야 하는 숙제를 가리키는 것이었다. 그러고 나서 자리에서 일어나 다음과 같이 말할 때면 괘종시계가 울리는 것이었다.

"다음번에는 그 다음 여덟 소절을 공부해요."

최소한의 설명도, 최소한의 호소도 없었다. 내 음악적 취향이나 감수성에 호소하는 건 바라지도 않는다(어찌 그게 문제가 될 수 있었겠는가?). 단지 내 기억이나 판단에 호소하는 것도 전혀 없었다. 한창 발전하고 유연하며 또 동화될 수 있는 그 나이에, 만약 어머니가 곧 바로 나를 훌륭한 선생에게, 좀더 훗날(안타깝게도 너무 늦게!) 내가 만

6) 이 작곡가들은 낭만적인 피아노 연습곡집에 자주 등장하는 이름들이다. 밥티스트 크라머(1771-1858)와 다니엘 슈타이벨트(1765-1823)는 독일 음악가들이며, 얀 라디슬라브 뒤섹(1760-1812)은 체코 음악가로, 모두 피아노곡들을 작곡했다.

나게 된 드 라 뉙스 선생과 같은 비할 데 없이 훌륭한 선생에게 맡기
셨더라면 얼마나 크게 발전할 수 있었겠는가 말이다. 그런데 안타깝게
도! 2년 동안 따분하기 그지없는 시간을 어물어물 보낸 다음 메리망
선생에게서 벗어나긴 했으나, 이번엔 쉬프마커 선생 손에 떨어졌던 것
이다.

물론 그 당시엔 훌륭한 선생 구하기가 오늘날만큼 쉽지 않았다는 건
나도 인정한다. 라 스콜라[7]가 아직 음악 선생들을 교육시키지 않을
때였다. 프랑스의 음악교육은 완전히 황무지였으며, 게다가 어머니가
가까이하던 사람들은 음악교육에 대해 아는 게 거의 없었다. 어머니가
어머니 스스로 배우고 또 날 가르치기 위해 엄청난 노력을 하셨다는
건 부인할 수 없다. 그러나 어머니의 노력은 방향이 잘못되어 있었다.
어머니에게 쉬프마커 선생을 적극 추천한 사람은 어머니 친구 가운데
한 분이셨다.

그는 우리 집에 온 첫 날, 우리에게 자기 교육방식을 설명했다. 그
는 몸이 뚱뚱한 격정적인 노인으로, 말을 할 때면 대장간 화덕처럼 얼
굴이 벌겋게 달아오르며 금방 숨을 헐떡이고, 씩씩대고 더듬거리며 마
구 침을 튀기곤 했다. 마치 압력을 받게 된 그가 몸속의 증기를 빼내
는 것 같았다. 그는 짧게 자른 머리에다 구레나룻을 기르고 있었다.
그가 연신 손수건으로 훔쳐대야 하는 얼굴 위로 눈처럼 하얀 그 머리
칼과 수염이 마치 녹아내리는 것 같았다. 그가 말했다.

"다른 선생들이 하는 이야기는 뭡니까? 연습을 해야 한다, 연습을!
똑같은 이야기죠. 그런데 내가 도대체 연습을 한 적이 있는 것 같습니
까? 그러니 날 좀 가만히 내버려 두라구요! 피아노는 놀면서 배우는
겁니다. 그건 말하는 것과 같아요. 자! 부인, 부인은 현명하신 분일
테니 한번 생각을 해보세요! 자녀가 혀를 사용해야 한다는 핑계로 매

---

7) 라 스콜라는 생-제르베 교회의 성가대를 만들기 위해 1894년 창설된 기
   관으로, 그 후 음악 학교가 되었다.

일 아침 아이에게 라, 라, 라, 라, 글라, 글라, 글라, 글라, 라고 혀
연습을 시킨다면 그걸 받아들이실 수 있겠느냐 말입니다"(여기서 어머
니는 쉬프마커 선생이 튀겨대는 침 때문에 그야말로 질겁하여 안락의자를
상당히 뒤로 물리셨고, 상대는 그만큼 자기 의자를 당겼다). "혀가 잘 돌
아가건 돌아가지 않건, 말할 게 있으면 말을 합니다. 피아노를 칠 때
도 자기가 느낀 걸 표현할 만큼의 손가락은 언제나 있는 거예요. 아!
하지만 아무것도 느끼지 못한다면, 한 손에 손가락이 열 개씩 있다한
들 무슨 소용이겠어요!"

   그러고 나서 그는 너털웃음을 터트렸고, 목이 메여 기침을 했다. 그
리곤 잠시 동안 숨이 막혀 켁켁거리며 희번덕한 두 눈을 굴려댄 다음,
자기 손수건으로 땀을 닦고는 그걸로 부채질을 하는 것이었다. 어머니
는 그에게 물을 한잔 갖다 드릴까 말하셨으나, 그는 아무 일도 아니라
는 시늉을 하며 조그마한 두 팔과 짧은 두 다리를 마지막으로 흔들어
댔다. 또 자기는 웃는 동시에 기침을 하려고 했노라 설명하고는, 우렁
차게 에헴! 이라 한 뒤 나를 향해 몸을 돌리고는 말했다.

   "자, 이제 알아들었지. 더 이상 연습은 없어요. 좀 보세요, 부인!
이 장난꾸러기가 얼마나 좋아하는지 좀 보시라구요! 쉬프마커 아저씨
랑은 따분하지 않겠다고 벌써 속으로 생각하고 있어요. 이 아이 생각
이 옳아요."

   어머니는 어리둥절한 채 완전히 넋이 나가 있었다. 어쨌든 그가 해
대는 엄청난 익살에 한편 재미도 느끼시는 것 같았으나, 그보단 더 겁
에 질려 계셨다. 살아가면서 모든 일에 강제와 노력을 기울이셨고, 끊
임없이, 또 무슨 일을 하시거나 전심전력을 기울이셨던 어머니로서는
강제와 노력을 제거하는 방식을 선뜻 받아들이지 못하셨기에, 제대로
된 문장으로 한마디 하시려고 했으나 결국 성공하지 못하셨다. 그저
떠듬떠듬 다음과 같은 토막말만 들려올 뿐이었다.

   "그래요, 단지⋯ 하지만 이 애가 바라는 건⋯ 물론⋯ 전제 조건이⋯"
   그때 갑자기 쉬프마커 선생이 자리에서 일어났다.

"자, 이제 제가 뭔가 하나 연주해 보여드리죠. 이 피아노 선생, 말만 잘하지 라고 여기시지 않게 말입니다."

그는 피아노 뚜껑을 열고 건반을 두드려 화음을 맞춰보았다. 그러고 나서 스테판 헬러가 작곡한 팡파르 형식의 짧은 연습곡을 치기 시작했다. 맹렬한 스피드로, 또 귀가 멍할 정도로 힘차게 쳐나갔다. 그는 짤막하고도 불그스레한 손을 갖고 있었는데, 손가락은 거의 움직이지도 않고 두 손으로 피아노를 주무르는 것 같았다. 그의 연주는 내가 한 번이라도 들었거나 들었을 그 어떤 것과도 달랐다. 이른바 '기계적 기법'이라 부르는 것이 그에게는 전혀 없었으며, 단순한 음계도 틀렸을 것이라고 생각한다. 그러니 그가 연주하는 것을 듣고 있노라면 그건 악보에 쓰여진 그대로의 곡이 아니라, 격정과 흥취, 그리고 생소함이 가득 찬 뭔가 원래의 곡과 유사한 곡을 듣게 되는 것이었다.

나는 그가 내 생활에서 연습을 삭제한 걸 그다지 기뻐하진 않았다. 난 벌써 배우는 것을 좋아하고 있었던 것이다. 또 내가 선생을 바꾼 건 좀더 발전을 하기 위해서다. 그런데 도무지 의심스러웠던 게, 이 괴상한 사람과는… 그에게는 몇 가지 야릇한 원칙들이 있었다. 예를 들면 손가락은 건반 위에서 가만히 있어서는 절대로 안 된다는 것이었다. 그는 마치 바이올리니스트의 손가락이나 떨리는 현 위에 놓인 바이올린 활이 하듯이, 손가락이 건반 위에서 음을 계속해서 마음대로 조절하는 것 같은 시늉을 했다. 그리하여 손가락을 건반 안쪽으로 더 밀어 넣거나 아니면 반대로 자기 몸 쪽으로 끌어당김에 따라, 음을 크게 하거나 작게 하며 음을 자기 마음대로 만들어낸다는 환상을 주고 있었다. 바로 그게 그가 연주할 때면 왔다갔다 하는 그 야릇한 움직임을 주고 있었는데, 마치 멜로디를 주무르고 있다는 인상을 풍겼다.

그의 레슨은 끔찍한 장면을 마지막으로 갑자기 끝나게 되었다. 그 사정은 다음과 같다. 쉬프마커 선생은 이미 말했듯이 몸집이 뚱뚱했다. 어머니는 섬세하게 만들어진 살롱의 작은 의자들로선 엄청난 그 무게를 제대로 견뎌내지 못하리라 염려하여, 응접실에 가서 튼튼한

의자를 하나 가져 오셨다. 그건 레자 가죽을 씌운 보기 흉한 의자로 살롱의 가구들하고는 이상하게 어울리지 않았다. 어머니는 그 의자를 피아노 옆에 두고 다른 의자들은 멀찌감치 치워놓았다. 어머니 말씀 으론 '그가 어디 앉아야 할지 잘 알 수 있도록' 한다는 것이었다. 첫날 레슨에선 모든 게 순조로웠다. 그 의자는 잘 지탱했고 그 거대한 몸집 이 눌러대고 흔들어대는 것을 잘 견뎌냈다. 하지만 그 다음번에 뭔가 끔찍스런 일이 벌어진 것이다. 분명 지난번 레슨 때 짓눌려졌던 레자 가죽이 그의 바지 엉덩이 부분에 착 달라붙기 시작했던 것이다. 하지 만 그걸 알아차리게 된 건 불행하게도! 레슨이 끝나 그가 의자에서 일 어서려고 할 때였다. 아무리 애를 써도 소용이 없었다! 그는 의자에, 그리고 의자는 그에게 착 달라붙어 있었다. 그의 얇은 바지는(마침 여 름철이었다) 천이 좀 낡았더라면, 엉덩이 부분이 의자에 붙어 찢어져 나갈 게 분명했다. 초조한 순간이 몇초 계속됐다… 그러다가, 아니! 다시 기를 쓰자, 마침내 레자 가죽이 서서히, 서서히, 마치 중재를 받 아들이듯 물러서며 그의 바지를 내보내주었다. 나는 의자를 잡고 있 었는데 너무 당황해서 감히 웃지도 못했다. 그는 앞으로 몸을 당기며 말했다.

"하나님! 맙소사! 이 무슨 해괴망측한 일이람?" 그리곤 자기 어깨 너머로 바지가 떨어져 나오는 걸 지켜보고자 했는데, 그 때문에 그의 얼굴은 더 새빨갛게 되었다.

다행히 아무것도 찢어지지 않고 아무 손상도 없이 끝났다. 단지 레 자 가죽의 마감 무늬를 그의 바지에 묻혀 온통 휩쓸어간 그 의자 위 에, 그의 묵직한 엉덩이 낙인을 찍어 놓은 것 외에는.

가장 야릇한 것은 그가 그 다음 레슨에서야 화를 냈다는 점이다. 그 날 그에게 도대체 무슨 일이 있었는지 모르나 레슨이 끝나고 내가 응 접실까지 배웅을 나갔을 때, 그는 갑작스럽게 극심한 욕설을 퍼부으며 폭발했다. 그리곤 자기는 내 장난을 훤히 다 꾀고 있으며, 난 '순진한 척하는 엉큼한 놈'이며, 더 이상 자기를 무시하는 건 참지 않겠노라,

자기를 무례하게 대하는 집에는 두 번 다시 발을 들이지 않겠노라 선언했다.

실제로 그는 다시 나타나지 않았다. 그러고 나서 얼마 뒤, 우리는 신문에서 그가 보트 놀이를 하다 익사했다는 사실을 알게 되었다.

내가 살롱에 들어가는 일은 거기 있던 피아노 때문이지, 그 외에는 거의 들어가지 않았다. 살롱은 보통 반쯤은 닫아놓은 상태로, 가구는 가늘고 선명한 붉은 색 줄무늬가 있는 흰색 무명천으로 된 커버로 정성스럽게 감싸여 있었다. 그 커버들은 의자며 안락의자들의 형태와 꼭 맞게 재단되어 감싸고 있었기에, 어머니가 손님들을 초대하는 날인 수요일의 퍼레이드가 끝난 다음, 매번 목요일 아침 그 커버들을 다시 씌우는 일은 하나의 즐거움이었다. 무명천 커버는 교묘하게 튀어나온 부분도 있고 또 자그마한 혹단추들이 있어 등받이 받침대에다 커버를 딱 맞게 고정시켜 놓았다. 나는 이렇게 똑같은 커버를 씌워놓아 수수하고도 점잖은, 그리고 여름이면 닫아놓은 덧문 안에서 감미롭게도 서늘한 기운을 띠고 있는 살롱의 모습을, 우중충하고도 조화를 이루지 못한 호사스러움이 눈에 확 드러나게 될 때보다 더 좋아하지 않았나 싶다. 융단을 씌운 의자들이 여럿 있었고, 푸른색과 고금(古金)색으로 무늬를 짜 넣은 다마스 천을 씌운 루이 16세 스타일의 모조 안락의자들도 있었는데, 커튼도 같은 천으로 되어 있었다. 의자들은 벽을 따라 쭉 놓여있거나, 아니면 살롱 한가운데서 시작하여 두 줄로 놓여 벽난로 양쪽에 있는 두 개의 안락의자와 만나게 놓여있었다. 그 두 안락의자는 다른 의자보다 훨씬 더 위용을 자랑하는 것으로 무척이나 화려해 내 마음을 완전히 사로잡았다. 나는 그 의자들이 '제노바 벨벳'으로 되어있다는 것은 알았다. 하지만 벨벳이기도 하고 레이스이자 동시에 자수 같기도 한 이 천은 도대체 어떤 복잡한 틀로 짜이는 건지 나로서는 도무지 상상할 수가 없었다. 천은 엷은 밤색이었고 의자 나무는 검정색에다 금박이 되어 있었다. 내가 거기 앉는 건 허락되지 않았다. 벽난로 위에는 나뭇가지 모양의 커다란 촛대와 금빛 청동으로 된 탁상시

계가 있었는데 프라디에의 품위 있는 〈사포〉 상 조각8)으로 된 것이었
다. 샹들리에와 벽걸이 램프에 대해서는 또 뭐라고 할 수 있을까? '훌
륭한' 모든 살롱의 모든 샹들리에가 우리 집의 것처럼 반드시 크리스
털 촛대로 장식된 게 아니라고 감히 확신하게 되었던 그날, 내 사고는
해방을 향해 크게 한 발 앞으로 내디뎠던 것이다.

　벽난로 앞에는 실크 태피스트리로 된 가리개가 있었다. 거기엔 들장
미 꽃과 그 아래쪽으로 일종의 중국식 다리가 수놓여 있었는데, 그 푸
른 색깔은 아직 내 눈에 선하다. 대나무로 된 가리개 틀 양쪽에는 실
크 태피스트리와 같은 색깔인 푸른색의 술 달린 실크 장식이 흔들리며
늘어져 있었고, 거기엔 진주빛 자개로 된 물고기가 머리와 꼬리부분이
금색 실로 묶인 채 두 개씩 매달려 있었다. 나중에 들은 바로는 어머
니가 신혼시절에 그걸 몰래 수놓았다는 것이다. 아버지가 그의 생신
날, 서재로 들어서는 순간 시선이 그 자수 병풍에 부딪히게 되었다.
얼마나 놀라셨을까! 아버지가, 그토록 다정하고 어머니를 지극히 사
랑하시던 아버지가 거의 화를 내셨다는 것이다.

　"안 돼요, 쥘리에트!"라고 아버지가 외치셨다. "제발 이러지 말아
요. 여기는 내 방이오. 적어도 이 방만은 내가, 나 혼자서, 내 식대로
꾸미게 내버려둬요."

　그러고 나서, 상냥한 본래 어조를 되찾고선 어머니를 설득시켰던 것
이다. 가리개는 무척 마음에 들지만 살롱에 두는 게 더 좋겠노라고.


　아버지가 돌아가신 이후, 우리는 일요일마다 클레르 이모님과 알베
르와 같이 저녁식사를 했다. 번갈아가며 우리가 그들 집에 가거나 그
들이 우리 집으로 오곤 했다. 그들이 올 때는 의자 덮개를 벗겨내지

---

　8) 제임스 프라디에(1794-1852)는 많은 여성 나체상을 조각했다. 그가 조
　　 각한 〈사포〉 상은 1848년, 1852년에 각각 청동과 대리석으로 된 것이
　　 있다.

않았다. 저녁식사를 마치고 난 다음, 알베르와 내가 피아노를 치는 동안 이모님과 어머니는 커다란 테이블에 가 앉으셨다. 거기에는 당시 유행하던 복잡하게 생긴 갓을 씌운 석유램프가 빛을 비추고 있었다. 오늘날에는 더 이상 그런 갓은 보이지 않는 것 같다. 어머니와 나는 일 년에 한 번씩 같은 시기에, 투르농 거리에 있는 문방구점에 새로운 갓을 하나 사러 가곤 했는데 여러 종류가 있었다. 불투명한 마분지로 된 갓은 올록볼록하고 구멍이 나 있어, 다양한 색깔의 무척 얇은 종이 사이로 빛을 펼쳐 내보내고 있었다. 말 그대로 매혹적이었다.

살롱의 테이블은 두꺼운 벨벳 테이블보로 덮여 있었고, 테이블보 가장자리는 양모와 실크로 된 무척 넓은 태피스트리 띠로 둘려져 있었다. 그 띠는 어머니와 안나가 M…거리에 살던 시절, 끈기 있게 만들었던 작품이라 생각된다. 그것은 테이블 위쪽이 아니라 테이블 아래쪽 사방으로 축 내려뜨려져, 멀리서 보아야만 제대로 감상할 수 있었다. 거기에 놓인 자수는 모란꽃과 리본들이 서로 엮여있는, 아니면 적어도 그런 것으로 보일 수 있는 뭔가 노란색과 구불구불한 것들이 서로 엮여있는 그림을 보여주었다. 그 가장자리 장식 띠는 벨벳 바탕천과 이어지고자 나름대로 애를 쓰고 있었다. 다시 말해 뭔가 유혹이나 도전을 하듯, 규칙적인 톱니모양 자수를 통해 벨벳 천을 짐짓 연장하고자 했다. 그러나 벨벳 천은 가장자리 장식 띠와 조화를 이루기 위해 전혀 애를 쓰지 않았다. 그 장식부분은 배추색인 초록색인 반면, 벨벳 테이블보는 제노바 산 벨벳 안락의자들과 같은 엷은 밤색을 하고 있어 그 의자들과 조화를 이루는 걸 더 좋아했던 모양이다.

그런데 이모님과 어머니가 카드놀이를 하는 동안, 알베르와 나, 우리 둘은 모차르트와 베토벤, 슈만의 삼중주와 사중주, 교향곡들 속으로 빠져들었다. 연탄(聯彈)곡으로 편곡되어 나온 독일판이나 프랑스판의 모든 악보들을 모조리 판독해 연주하곤 했다. 내 실력도 그의 역량과 엇비슷하게 되었다. 그건 대단한 수준이라는 말은 아니나, 내가 경험한 가장 생생하고도 심오한 음악적 기쁨들을 우리에게 함께 맛보게 해주었다.

우리가 연주하는 내내, 두 부인들은 이야기를 멈추지 않으셨다. 그들의 목소리는 우리 피아노 소리가 커짐에 따라 높아졌으나, 약하게 연주할 때는 안타깝게도! 거의 낮아지지 않아, 조용히 정신을 집중할 수 없던 우리는 무척 힘들어하곤 했다. 우리가 조용한 가운데서 연주할 수 있었던 건 단 두 번뿐이었는데 정말 황홀했다. 어머니는 다음에 이야기하게 될 사정으로 며칠 동안 나 혼자 지내게 해서, 알베르가 친절하게도 이틀이나 계속 우리 집에 와 나와 같이 저녁식사를 해주었다. 사촌형 알베르가 내게 어떤 존재인지를 아는 사람들은 그를 이렇게 나 혼자서 독차지한다는 것, 그리고 그가 온 건 오직 나를 위해서였다는 게 얼마나 기쁜 일이었을지 충분히 이해할 것이다. 우리는 밤이 상당히 깊어질 때까지 같이 보냈으며, 또 피아노도 얼마나 감미롭게 연주했던지 천사들도 그 음악을 들었으리라.

어머니는 라 로크에 가셨던 것이다. 장티푸스 전염병이 우리 소작농 가운데 한 집에서 발생하여, 그 사실을 알자마자 어머니는 환자들을 돌보러 떠나셨다. 그 사람들이 자기 소작농들이기 때문에 그렇게 하는 게 자신의 의무라고 여기셨던 것이다. 클레르 이모님은 자기 소작인들에게 헌신할 의무 이전에 자기 아들에게 헌신할 의무가 있노라고 말하며 어머니를 만류하려 하셨다. 상당히 미미한 도움밖에 되지 않을 일을 위해 너무 많은 위험을 무릅쓰노라고. 그리고 이모님이 덧붙일 수 있었을 말은 소작을 시작한 지도 얼마 되지 않는 고집스럽고 탐욕스런 그 사람들은 어머니의 그런 순수한 행동을 결코 고맙게 여기지도 못하노라고. 알베르와 나도 무척 걱정이 되어 합세해 말렸는데, 농가 사람들 가운데 두 사람이 이미 죽었기 때문이었다. 충고도 질책도, 그 어떤 것도 소용이 없었다. 어머니는 일단 자신의 의무라고 생각하는 것은 무슨 일이 있어도 하시고야 말았던 것이다. 항상 반드시 그렇게 보이는 게 아니었다면, 그건 어머니가 평생을 수많은 부수적인 근심 걱정들로 가득 채우셨기 때문으로, 그 결과 어머니에게 의무의 개념이 종종 자질구레한 수많은 구속으로 잘게 부서지고 말았기 때문이다.

　어머니에 대해 종종 이야기해야 했기에, 나는 이야기를 하는 동안 기억나는 대로 적는 것으로 충분히 어머니 모습을 그려내게 되리라 생각했다. 하지만 '선의의 사람'(나는 이 말을 가장 복음서적인 의미에서 쓰고 있다)이셨던 어머니를 제대로 보여주지 못했던 것 같아 걱정스럽다. 어머니는 뭔가 선한 것, 뭔가 더 나은 것을 향해 항상 노력하셨으며, 결코 자기만족 속에 안주하지 않으셨다. 어머니로선 겸손한 것으론 결코 충분치 않았으며, 자신의 불완전한 점들, 또는 어머니가 다른 사람들에게서 보게 되는 불완전한 점들을 감소시키고, 자신이나 타인을 교정하고 또 자신을 교육하기 위해 부단히 노력하셨다. 아버지가 살아계셨을 때는 이 모든 것이 아버지에 대한 커다란 사랑 속에서 순종하고 또 녹아들었다. 나에 대한 어머니의 사랑이 분명 그보다 못하지는 않았으나, 어머니가 아버지 앞에서 보여줬던 모든 순종을 이제 어머니는 내게 요구하시는 것이었다. 거기서 몇몇 갈등이 생겨났고, 그 갈등은 내가 오직 아버지만 닮았다고 확신하게 만들었다. 조상들로부터 물려받은 가장 깊은 유사점들은 만년에 가서야 드러나는 법이다.

　어쨌든 자신의 교양과 내 교양을 고양시키기 위해 무척 고심하시고, 또 음악과 미술, 시, 그리고 전반적으로 자기 능력을 뛰어넘는 모든 것을 높이 평가하고 있던 어머니는 나와 어머니 자신의 취향과 안목을 드높이기 위해 최선을 다하셨다. 우리가 그림 전시회를 보러 갈 때면 — 우리는 〈르 탕〉지가 독자들에게 특별히 언급하고자 했던 전시회는 하나도 빼놓지 않았다 — 그 전시회에 관한 기사가 실린 신문을 어김없이 들고 가서, 비평가가 해놓은 평가들을 현장에서 다시 읽곤 했다. 감탄할 작품을 놓치고 만다거나 또는 뒤바꿔 잘못 감탄할까봐 무척 염려해서였다. 음악회의 경우, 당시 프로그램이 편협하고 또 소심할 정도로 단조로웠기 때문에 판단을 그르치게 할 여지를 거의 남겨 놓지 않았다. 그저 가서 듣고, 좋아하고, 박수만 치면 되었던 것이다.

　어머니는 거의 일요일마다 나를 파드루 연주회9)에 데려가셨다. 좀

더 후 우리는 국립음악원에 회원으로 가입해, 2년 내내 격주에 한 번
씩 연주를 들으러 가곤 했다. 그때 갔던 연주회 가운데 몇몇 연주회에
서 나는 깊은 인상을 받았다. 당시 내 나이로선(어머니가 나를 그 연주
회에 데리고 가기 시작한 것은 1879년이었다) 아직 제대로 이해할 수 없
었던 것이라도 내 감수성을 키우는 데는 부족함이 없었다. 나는 모든
것에 다 감탄했으며, 거의 구별 없이, 그 나이에 그렇듯이, 거의 무조
건적으로, 오직 감탄하고자 하는 절박한 욕구에 의해 감탄하곤 했다.
그중에는 〈교향곡 C단조〉10) 와 〈스코틀랜드 교향곡〉11), 리테르(또는
리슬러)12)가 파드루에서 일요일마다 계속해서 연주하던 모차르트의
협주곡 시리즈들, 그리고 펠리시앙 다비드의 〈사막〉13)도 있었는데,
파드루와 청중들은 이 사랑스런 작품에 대해 특별한 애정을 보이고 있
었기에 내가 여러 번 들었다. 오늘날 사람들은 분명 이 작품을 다소
구식에다 깊이가 없다고 여길 것이다. 그러나 당시 그 곡은 투른느민
느14)의 동양풍 풍경화가 그랬던 것처럼 날 매혹시켰다. 그 그림은 마
리와 함께 내가 처음으로 뤽상부르 미술관에 다니던 시절, 내겐 세상
에서 가장 아름다운 것으로 보였다. 잔잔한 물 위로 반사된 석류 빛과
오렌지 빛의 노을을 배경으로, 코끼리와 낙타들이 물을 마시기 위해
코나 목을 길게 내밀고 있고, 저 멀리에는 하늘높이 첨탑들을 길게 뻗

9) 오케스트라 지휘자인 쥘 파드루(1819-1887)가 클래식 음악의 대중연주
   회를 창설한 것은 1861년이다.
10) 베토벤의 제 5번 교향곡, 작품번호 67번.
11) 멘델스존의 교향곡, 작품번호 56번.
12) 조셉-에두아르 리슬러(1873-1929)는 프랑스 피아니스트이다.
13) 펠리시앙 다비드(1810-1876)는 동양 여행을 한 다음 자신의 작품에 많
    은 이국적 정서를 불어 넣었으며, 〈사막〉은 1844년 작품이었다. 데오
    필 고티에는 1844년 12월 그의 작품 연주회에 대한 기사를 쓰며, 동양
    적 이국주의의 서정적 표현에 크게 매료되었다.
14) 샤를르-에밀 봐세 드 투른느민느(1814-1872)는 풍경화가로, 중동지방
    으로 여행한 뒤, 거기서 그린 많은 작품을 남겼다.

치고 있는 회교 사원이 하나 있는 그림이었다.

이 최초의 '음악적 순간들'에 대한 기억이 아무리 생생한 것이라 할 지라도, 그 모든 것을 완전히 무색하게 만드는 기억이 하나 있다. 1883년 루빈슈타인이 와서 에라르 홀[15]에서 일련의 연주회를 가졌던 것이다. 프로그램에는 초기에서 오늘날까지의 피아노 음악을 다루고 있었다. 나는 모든 연주회에 다 가지는 않았고 세 번만 갔는데, 입장 료가 어머니 말씀대로 '엄청나게 비쌌기' 때문이다. 그 연주회에 대해 내가 간직한 기억은 너무나 찬란하고 선명해서, 나는 때때로 그게 진 짜 루빈슈타인에 대한 기억인지 아니면 단지 그 이후 내가 수없이 다 시 악보를 읽으며 연습했던 그 곡들에 대한 기억인지 아리송해진다. 하지만 아니다. 내 귀에 들려오고 내 눈앞에 선하게 떠오르는 것은 바 로 그가 맞다. 그리고 그 곡들 가운데 몇몇, 예를 들면 쿠프랭의 몇몇 곡들과 베토벤의 〈소나타 C장조〉(작품번호 53번)와 소나타 E단조의 론도(작품번호 90번),[16] 슈만의 〈예언자 새〉 등은 그 이후 그가 연주 하는 것이 아니면 결코 들을 수 없었다.

그의 명성은 대단했다. 그는 베토벤과 닮아서 어떤 사람들은 그의 아들이라고도 했다(나는 그의 나이로 보아 그런 가정이 사실일 수 있는지 는 확인해보지 않았다[17]). 광대뼈가 툭 튀어나온 납작한 얼굴에다 텁수 룩한 머리카락 속에 절반이나 뒤덮인 넓은 이마, 짙은 눈썹에다 방심 한 듯 또는 위압적인 시선, 단호한 턱선, 그리고 아래 입술이 두툼하 게 나온 입가에 떠도는 뭔지 모르는 심술궂은 표현. 그는 사람들을 매 혹시키는 게 아니라 압도했다. 험상궂은 기색의 그는 술에 취한 듯 보 였는데, 사실이지 종종 술에 취해 있었다고 했다. 그는 청중은 안중에 도 없는 듯 두 눈을 감고 연주했다. 그의 연주는 어떤 곡을 소개한다

---

15) 제 3장의 주석 12번을 보라.

16) 소나타 21번과 27번.

17) 베토벤의 생몰연대는 1770-1827 이며, 안톤 루빈슈타인은 1829-1894 이다.

기보다 그 곡을 찾아나서고 발견하고, 또는 점차적으로 구성해나가는 것 같았다. 그것도 즉흥적이 아니라 어떤 강렬한 내적 환상 속에서, 그 자신이 직접 황홀경과 놀라움을 체험하는 어떤 점진적인 계시 속에서 그렇게 해나가는 것 같았다.

내가 갔던 세 번의 연주회 가운데 첫 번째는 초기 피아노 음악을, 그리고 나머지 두 번은 베토벤과 슈만의 음악을 연주하는 것이었다. 쇼팽을 연주하는 날도 있어 무척 가고 싶어 했으나, 어머니는 쇼팽의 음악을 '건전치 못하다'고 여겨 날 데려가지 않으셨다.

그 다음 해 나는 음악회에는 덜 가고 그 대신 오데옹 극장과 코메디-프랑세즈 국립극장 등 극장에 더 자주 가게 되었는데, 특히 오페라-코미크 극장에 자주 갔다. 이 극장에서 나는 당시의 낡아빠진 레퍼토리 가운데서 그레트리,[18] 부와엘디유,[19] 에롤드[20] 등, 즐겨 무대에 올리곤 하던 거의 모든 작품들을 다 보았다. 당시에는 그 작품들의 우아함에 무척 감탄했지만 오늘날에는 지루해서 죽을 지경일 것이리라. 아아! 내가 불만스러운 것은 사랑스런 그 작곡가들이 아니라, 무대음악이요 무대예술 전반이다. 근래에 내가 극장에 너무 많이 갔던 것일까? 모든 것이 내게는 뻔히 보이고, 관습적이고 과장되고 지루해 보이니… 요즘도 어쩌다가 극장에 가게 될 경우, 옆에 앉은 친구가 날 붙잡지 않는다면, 적어도 점잖게 사라지기 위해 첫 번째 막간을 기다리는 것도 무척 힘이 든다. 무대의 즐거움과 어느 정도 화해하기 위해선 최근 창설된 비유-콜롱비에 극단과 코포의 예술과 열정, 그리고 그의 극단

---

18) 앙드레 그레트리(André Grétry, 1741-1813)는 프랑스 희가극의 대가 가운데 하나로, 특히 그가 작곡한 〈사자왕 리챠드〉가 유명했다.

19) 프랑수아-아드리엥 부와엘디유(François-Adrien Boieldieu, 1775-1834)는 다양한 희가극들을 작곡했다.

20) 루이-조셉 에롤드(Louis-Joseph Hérold, 1791-1833)는 수많은 희가극을 작곡했다. 그는 지드의 젊은 시절 친구였던 시인 앙드레-페르디낭 에롤드(André-Ferdinand Hérold)의 조부였다. 제 10장 주석 22번 참조.

의 멋진 분위기가 있어야만 했다.[21] 그러나 더 이상 비평은 그만두고
옛 이야기로 돌아가고자 한다.

2년 전부터 나와 동갑인 한 아이가 나와 함께 여름방학을 보내러 왔
다. 내게 이 동무를 만들어주려고 궁리하셨던 어머니는 거기서 일거양
득을 보셨던 것이다. 이런 기회가 아니라면 여름 내내 파리를 떠나지
도 못했을 불쌍한 아이에게 시골의 맑은 공기를 누리게 해준다는 것과
동시에, 너무나 명상적인 낚시의 기쁨에서 날 떼어놓는다는 것이었다.
아르망 바브르텔의 임무는 날 산책시키는 일이었다.[22] 물론 목사의
아들이었다. 첫해에 그는 에드몽 리샤르와 함께 왔고, 두 번째 해에는
리샤르 집안의 맏이인 리샤르 선생과 같이 왔는데, 내가 당시 이미 그
의 집에서 기숙생으로 있을 때였다. 그 아이는 허약한 몸집에 섬세하
고 가냘픈데다 거의 예쁘장한 모습을 하고 있었다. 무척 생생히 빛나
는 눈빛과 겁먹은 듯한 모습은 마치 다람쥐 같은 인상을 주었다. 그는
본래 장난기가 많은 아이로 편안한 분위기에선 곧장 웃음을 띠곤 했
다. 그러나 첫날 저녁, 안나와 어머니가 다정하게 맞아주셨음에도 불
구하고, 라 로크의 커다란 살롱이 완전히 낯에 선 그 가엾은 소년은

21) 쟈크 코포(Jacques Copeau, 1879-1949)가 비유-콜롱비에 극단을 창설
한 것은 1913년 봄이었다. 지드 자신의 연극 작품들이 실패함에 따라 연
극에 대해 회의적이었던 지드는 극단 창설에 대해 처음에는 유보적이었
으나, 나중에는 무척 열정적으로 참여했다. 이 부분을 집필하던 1916년
11월, 비유-콜롱비에 극단의 미국 공연을 위한 프로그램에 "비유-콜롱
비에 극단은 우리를 연극과 화해시키기 위해 적시에 생겼다"라고 썼다.
22) 이 자서전에서 아르망이라 불리는 에밀 앙브르생(Emile Ambresin,
1869-1891)은 가정 형편이 별로 좋지 않은 파리에 사는 목사 아들로,
1882, 1883년에 라 로크에 초대받았다. 이 자서전에서 그가 특히 중요
한 자리를 차지하는 것은 분명 그의 이상한 성격뿐만 아니라, 지드로
하여금 오랫동안 회한을 갖게 한 에밀의 자살 정황 때문이기도 하다.
이 장의 주석 40번 참조. 그의 성격에 대해서는 《사전꾼들》에 나오는
아르망 브델이라는 인물을 통해 자세히 드러내고 있다.

울음을 터뜨렸다. 나 역시 애정을 다해 그를 맞으려 하고 있었기에, 나는 그의 눈물을 보고 놀란 이상으로 거의 기분이 상했다. 어머니의 친절한 배려에 제대로 고마워하지도 않는 것 같아 보였던 것이다. 조금만 더 했더라면 예의도 모르는 놈이라고 생각했을 것이다. 당시 나는 부유한 모습이 가난한 사람에겐 얼마나 모욕적인 것으로 보일 수 있는지 전혀 알 수 없었다. 그렇긴 하나 라 로크의 살롱에는 진짜 호사스러운 건 하나도 없었다. 하지만 거기선 가난이 유발시키고 울부짖게 만드는 근심 걱정으로부터 안전하게 보호받는 느낌이었던 것이다. 아르망은 또한 생전 처음으로 자기 가족을 떠난 것으로, 자기에게 익숙하지 않은 모든 것에서 상처를 받는 그런 아이였다고 생각된다. 하지만 첫날의 불쾌한 인상은 오래가지 않았다. 그는 금방 어머니의 귀염을, 그리고 그를 더 잘 이해할 수 있는 충분한 이유들을 갖고 있는 안나의 귀염을 그대로 받아들였다. 나로 말할 것 같으면 동무가 생겨 너무나도 기뻤으며 낚시 바늘들은 내팽개쳐 버렸다.

우리들이 가장 즐겨한 놀이는 숲을 가로질러 돌진하는 것이었다. 구스타브 에마르가 이야기해준 《아르칸사스의 사냥꾼들》의 모험담 식으로, 이미 난 길은 완전히 무시한 채, 덤불숲이나 늪지대가 나와도 물러서지 않을 뿐 아니라, 반대로 빽빽한 덤불숲이 나타나 무릎을 꿇고 네 발로, 게다가 땅에 배를 깔고 힘들게 앞으로 나가야 할 때면 더더욱 기뻐하곤 했다. 우리는 정면승부를 하지 않고 길을 돌아가는 것을 수치로 여겼기 때문이다.

우리는 일요일 오후는 언제나 블랑메닐에서 보내곤 했다. 그럴 때면 굽이굽이 펼쳐지는 엄청난 숨바꼭질이 벌어졌다. 그건 우리가 커다란 농가에서 광과 헛간, 그리고 온갖 건물들을 다 돌아다니며 숨바꼭질을 했기 때문이다. 그 모든 건물들의 신비를 다 드러낸 다음 우리는 라 로크에서 새로운 신비들을 찾아 나섰다. 리오넬과 그의 누이인 블랑딘느가 라 로크로 왔다. 우리는 쿠르 베스크의 농가로 올라가곤 했는데 (내 부모님은 이를 쿠르 에베크라 부르셨다), 거기서 숨바꼭질은 예상치 못한 새로운 배경 속에서 더욱 격렬하게 벌어졌다. 블랑딘느는 아르망과, 그리고 나는 리오넬과 한편이 되었다. 한편은 찾아다니고 다른 한편은 나뭇단 아래, 건초다발 아래, 또 짚더미 속으로 숨어댔다. 지붕 위로 기어 올라가고 온갖 수문과 들창문들을 지나갔으며, 사과를 쏟아붓는 압착기 위의 그 위험한 구멍 속으로도 지나갔다. 쫓겨 다니며 온갖 곡예를 다 생각해냈던 것이다… 하지만 추격전이 아무리 재미있었다 하더라도, 대지의 자산들과 접촉하고 추수한 곡식들 속으로 깊숙이 파묻히며 온갖 냄새 속에 휘감기는 것, 그것이야말로 가장 큰 기쁨을 주었던 것 같다. 오! 마른 개자리 풀 향기여, 돼지우리와 마구간, 또는 소외양간에서 나는 코를 찌르는 듯한 냄새여! 압착기에서 풍겨 나오는 취기어린 냄새, 그리고 거기, 좀더 멀리, 커다란 술통 사이로, 술통에서 나는 야릇한 냄새에다 곰팡내가 뒤섞인 서늘한 맞바람. 그렇다. 나는 훗날 포도 과즙에서 풍기는 취할 듯한 향기도 맡아보았으나, 사과로 자기 힘을 북돋워 달라고 했던 술람미 여인[23]처럼, 포도즙의 무딘 부드러움보다 바로 이 사과의 감미로운 향취를 더 즐겨 맡았던 것이다. 리오넬과 나는 말끔히 치워진 곡식창고 바닥 위로 경사를 이루며 부드럽게 흘러내리는 엄청난 황금빛 밀알 더미 앞에서, 윗도리를 벗어던지고 소매를 높이 걷어 올린 채 어깨까지 잠기도록 팔을 깊숙이 밀어 넣어, 활짝 편 손가락 사이로 서늘한 기운이 도는 작은 곡식알들이 미끄러져 내리는 감촉을 느끼곤 했다.

우리는 어느 날, 제각기 몰래 각자의 비밀 아지트를 마련하자는 데 의견일치를 보았다. 각자 돌아가며 자기 아지트에 나머지 세 사람을 초대하고 초대받은 사람들은 간식을 가져오도록 했다. 처음 초대하는 사람으로 내가 뽑혔다. 나는 석회암으로 된 거대한 바위덩어리에 자리

---

23) 술람미 여인은 《구약》〈아가서〉, 7장 1절에 나오는 사랑받는 여인의 이름이다. 2장 5절에서 그녀는 "건포도로 내 힘을 회복시키고, 사과로 나를 시원하게 해 다오. 내가 사랑 때문에 병이 들었단다"라고 말한다. 지드는 《지상의 양식》에서, 특히 5장에서 이 여인을 언급하고 있다.

를 잡기로 결정했다. 그 바위는 하얗고 반질반질해 무척 멋진 모습을
하고 있었으나, 산더미처럼 나있는 쐐기풀 더미 한가운데 뚝 떨어져
있어, 그 풀 더미를 통과하려면 장대를 사용해 높이뛰기를 함으로써
훌쩍 뛰어올라야만 가능했다. 나는 내 멋진 영지를 '불가능은 없지?'라
고 명명했다. 그러고 나서 마치 왕좌처럼 그 바위 위에 앉아 초대객들
을 기다렸다. 마침내 그들이 왔다. 하지만 그들은 자기네들을 가로막
고 있는 쐐기풀 성벽을 보고선 고함을 질렀다. 나는 그들도 뛰어오를
수 있게 내가 사용했던 장대를 건네주었다. 하지만 그들은 장대를 손
에 넣자마자 깔깔 웃어대며 장대와 간식을 들고 그 해괴한 별장에 나
를 내버려둔 채 줄행랑쳤다. 달리 뛰어내릴 수가 없었던 나는 거기서
빠져나오는 데 엄청나게 고생했다.

　아르망 바브르텔이 우리 집에 온 것은 두 해 여름뿐이었다. 1884년
여름에는 내 외사촌누이들도 오지 않았거나 아니면 잠깐 왔을 뿐이어
서, 라 로크에 혼자 있게 된 나는 리오넬과 더 자주 만나게 되었다.
내가 블랑메닐에서 간식을 먹도록 정해져 있던 날인 일요일에 공개적
으로 서로 만나는 것으론 만족하지 못하던 우리는 마치 연인들이 하듯
진짜 약속을 정해, 열에 들뜬 생각과 두근거리는 가슴을 안고 은밀히
약속 장소로 달려가곤 했다. 우리는 언제 어디서 만날지 서로 알리기
위해 우편함처럼 쓰일 수 있는 비밀 장소를 하나 정했으며, 암호로 된
이상하고도 비밀스런 편지들을 서로 주고받았다. 그 편지들은 암호해
독용 격자창이나 키워드를 사용해야만 읽을 수 있었다. 편지를 넣어
닫은 상자 곽은 우리 두 집 사이 중간쯤, 숲 가장자리 들판에 있는 오
래된 사과나무 아래 이끼 속에 감추어 놓았다. 물론 서로에 대해, 라
퐁텐느의 말대로 '약간의 과시욕'[24]은 있었을지 모르나 위선은 전혀
없었다. 또 우리가 서로서로에 대해 변치 않는 우정을 맹세하고 난 다

24) "눈물 속에는 언제나 약간의 과시욕이 있다"(라퐁텐느, 《콩트집》, 〈에
　　베소의 포주〉).

음에는 서로 만나기 위해서라면 불구덩이에도 뛰어들었을 것이라 생각
한다. 리오넬은 그토록 엄숙한 계약을 맺는 데는 뭔가 증표가 필요하
다고 날 설득했다. 그는 조그마한 클레마티트 꽃을 반으로 나누어 내
게 절반을 주고 자기가 나머지 절반을 가져가며 부적처럼 언제나 몸에
지니겠노라 맹세했다. 나는 절반의 내 꽃을 수놓인 작은 주머니에 넣
어 목에다 성패(聖牌)처럼 걸고 다녔는데, 내가 첫 성만찬을 받을 때
까지 그렇게 가슴 속에 간직하고 있었다.

우리의 우정이 제아무리 열정적인 것이었다 해도 그 속에 육감적인
것은 조금도 들어있지 않았다. 우선 리오넬은 끔찍이도 못생겼다. 그
리고 아마도 그 당시 벌써 나는 정신과 감각을 결합시키지 못하는 근
원적인 미숙함을 보이고 있었던 모양으로, 이는 상당히 특이한 내 기
질로 조만간 내 인생의 가장 주요한 말썽거리 가운데 하나가 되고 말
았다. 한편 리오넬은 Ch…씨의 손자답게 코르네이유[25] 식의 감정들을
과시하고 있었다. 언젠가 서로 헤어지는 날, 내가 다가가 정답게 포
옹을 하려고 했을 때, 그는 팔을 내밀어 나를 저지하고는 엄숙하게
말했다.

"아니. 남자들은 서로 포옹하지 않아!"

그는 자신의 인생 속으로, 그리고 자기 집안의 풍습 속으로 나를 더
끌어들이려는 친절한 마음씨를 보여주었다. 그가 고아라는 것은 앞에
서 말한 바 있다. 블랑메닐은 당시 그의 이모부 소유로, R…씨네 두
형제가 나란히 두 자매와 결혼했으므로 그 역시 Ch…씨의 사위였
다. [26] R…씨는 국회의원이었는데, 드레퓌스 사건 초기에 자신이 속한
당에 반대해서 투표했던 그 유래 없는 용기를 보이지 않았더라면(그가
우파에 속했다는 말이다[27]) 끝까지 국회의원을 지냈을 것이다. 그는 한

---

25) 프랑스의 대표적인 17세기 극작가 중 하나로 명예와 의무의 감정을 중
시했다.
26) 리오넬의 어머니인 폴린느 기조는 코르넬리 드 위트와 결혼했고, 그녀
의 언니인 앙리에트는 콘라드 드 위트와 결혼했다.

없이 선량하고 정직했으나, 기개와 자질이, 요컨대, 가장 어리다는 이
유로 반드시 복종하지는 않던 젊은이들도 섞여있던 그 대가족이 모인
자리에서, 나이와 외양 때문이 아니라 달리 가장으로서의 품격을 갖게
해주었을 뭔가가 다소 부족했다. 뿐만 아니라 그 어진 사나이는 이미
자기 아내 옆에서도 충분히 위엄을 드러내지 못했는데, 그보다 뛰어난
아내의 탁월함이 그를 초라하게 만들었던 것이다.[28] 하지만 R…부인
은 무척 차분하고 부드러웠으며 상당히 매력적인 분이었다. 목소리 억
양이나 태도 속에 상대방에게 뭔가 강요하려는 것은 전혀 없었다. 분
명 뭔가 새롭거나 심오한 것은 말하지 않았으나 무의미한 말은 하나도
없었으며, 그녀가 말하는 것치고 합당치 않은 것은 하나도 없었기에
(나는 내 어린 시절의 기억에다 최근의 다른 기억도 덧붙여 말하고 있다),
마치 절대 권력을 타고 난 것처럼 그녀는 사실상 모든 사람들에게 큰
영향력을 미치고 있었다. 그녀의 외모가 Ch…씨와 많이 닮았던 것 같
진 않다. 하지만 그녀는 자기 아버지인 Ch…씨의 비서요 그가 자기
생각을 털어놓던 상대였기에, 분명 그녀의 위세는 이런 그녀의 전력을
의식하는 무게로 인해 더욱 커졌던 것이다.

　R…씨뿐만 아니라 그 집안의 모든 사람들은 많던 적던 정치에 관여
하고 있었다. 리오넬은 자기 방에 있는 오를레앙 공작 사진 앞에서 내
모자를 벗게 했다(그 당시 나는 그가 누구인지 전혀 몰랐다[29]). 그의 큰
형은 남부 지방의 한 지역구에서 여론을 등에 업고 선거에 나갔으나

---

27) 드레퓌스 사건은 프랑스 개신교도들로서는 당시 상원 부의장이던 오귀스
　　트 쉐레-케스트너와 마찬가지로, 대다수가 감옥에 있던 드레퓌스 대위를
　　옹호함으로써 유달리 눈에 띠는 입장에 서게 된 기회였다. 콘라드 드 위
　　트 역시 매번 재심을 요청하는 표를 던진 유일한 우파 국회의원이었다.

28) 앙리에트 드 위트-기조(1829-1908)는 여성 문인으로 청소년들을 위한
　　역사물들을 많이 썼다.

29) 1848년 2월혁명으로 왕좌에서 물러난 루이-필립왕의 아들인 오를레앙
　　공, 페르디낭 필립(1810-1842)을 말한다.

거듭 낙선을 했다. 리지외에서 우편물을 가져 오는 우편배달부는 언제나 식사 중에 도착했다. 그러면 어른이건 아이건 모두들 곧장 신문을 집어 드느라 정신이 없었고 식사는 중단되었다. 한참 동안이나 식탁 주위에는 아무도 없이, 초대를 받은 나 혼자만 덩그러니 앉아 있는 것이었다.

일요일 아침 마다 살롱에서 R…씨 부인은 예배를 드렸는데 친척과 아이들, 하인들도 모두 참석했다. 리오넬은 강제로 나를 자기 옆에 앉혔다. 우리가 무릎을 꿇고 기도를 드리는 동안, 그는 마치 하나님께 우리의 우정을 바치려는 것처럼 내 손을 자기 손안에 꼭 잡고 있었다.

그렇지만 리오넬은 언제나 숭고한 모습만 보여주는 건 아니었다. 예배를 보던 방(살롱이었다고 이미 말했다) 옆에 서재가 있었다. 사방에 책이 빼곡히 쌓인 네모난 넓직한 방으로, 거기엔 《대백과사전》이 코르네이유의 작품들과 나란히 꽂혀 있었다. 손만 뻗으면 볼 수 있던 그 백과사전은 어린 아이의 호기심에 모든 것을 열어보여 주었다. 리오넬은 서재에 사람이 아무도 없다는 사실을 알기만 하면 백과사전을 정신없이 뒤지곤 했다. 한 항목은 다른 항목으로 이끌어갔으며, 모든 것이 그 속에 생생하고도 흥미진진하게, 또 분명하게 기술되어 있었다. 18세기의 그 불손한 자유사상가들은 가르치는 동시에 재미도 주고, 놀라게 하며 또 즐겁게 해주는 일을 멋지게 해낸 명수였던 것이다. 우리가 서재를 가로질러갈 때면 리오넬은 팔꿈치로 나를 쿡 찔렀으며(일요일이면 언제나 사람들이 옆에 있었다) 눈짓으로 그 문제의 책들을 내게 가리켜보였는데, 불행하게도 나는 그걸 만져볼 기회도 없었다. 게다가 리오넬보다 머리가 둔하거나 다른 데 정신이 팔려있던 나는 그런 일에 대해 — 내가 무슨 이야기를 하려는지 이해했을 줄 안다 — 리오넬보다 호기심이 훨씬 적었다. 그래서 리오넬이 백과사전을 통해 탐색했던 것들을 이야기하며 자신이 발견한 사실들을 내게 알려줬을 때, 나는 흥분되기보다는 어리둥절해하며 그의 이야기를 들었다. 나는 그냥 듣기만 했을 뿐 그에게 뭘 캐묻거나 하지도 못했다. 나는 암시적으로 하는 말은 아무것도 이해하지 못해서, 그 다음 해에도, 리오넬이 늘 하듯 우월한 척 또 다 알고 있다는 듯, 자기 형이 예전에 쓰던 방에서 《사냥개의 회고담》이라는 암시적인 제목의 책을 한 권 발견했노라고 이야기했을 때도, 처음에는 그냥 사냥에 관한 책인 줄 알았다.

그러는 사이 《백과사전》의 새로움도 다 사라지고 리오넬이 더 이상 그 속에서 배울 게 없어진 때가 왔다. 우리는 그때, 지극히 야릇한 반동에 의해, 하지만 그때는 함께, 가장 심각한 유형의 독서를 하게 되었다. 보쉬에와 페늘롱, 그리고 파스칼이었다.[30] 여러 번 '그 다음 해'라고 말했던지라 드디어 내가 열여섯 살이 된 해에 이르게 되었다. 당시 나는 종교교육을 준비하던 중이었고, 내가 외사촌누이와 주고받기 시작했던 서신교환 역시 내 마음을 그쪽으로 기울게 했다. 그해에는 여름철이 지나고 나서도 리오넬과 나는 계속 만났다. 파리에서 우리는 번갈아가며 서로의 집에 가곤 했다. 그 당시 우리가 나눴던 이야기들이 아무리 유익한 것이었다 할지라도 그보다 더 건방진 건 없었다. 우리는 위에서 언급한 위대한 작가들을 '연구한다'고 우쭐댔으며, 누가 더 잘하나 내기하듯 철학적인 대목을, 그것도 되도록이면 가장 난해한 대목을 골라 해석해대곤 했다. 《탐욕론》,《신과 자아의 인식론》[31] 등을 차례차례 정복해 나갔다. 웅장한 말투에 심취한 우리에겐 허공에 떠 있는 허황된 게 아니라면 모든 게 다 세속적으로 보였다. 우리는 어리석은 해설과 장황한 주석들을 지어내곤 했다. 오늘날 그걸 다시 보게 된다면 얼굴이 붉어지겠지만, 어쨌든 그게 당시 우리의 정신을 긴장시켜주긴 했다. 그렇지만 우리가 그걸 쓰며 맛보았던 자기만족은 특히나 우스꽝스러운 것이었다.

리오넬 이야기는 이것으로 마친다. 그건 우리의 멋진 우정이 계속

30) 모두 프랑스 17세기의 독실한 종교가들이자 작가들이다.
31) 보쉬에(Bossuet, 1627-1704)의 이 두 작품은 각각 1693년, 1677년 작이다.

되지 못했기 때문으로, 앞으로 그의 이야기를 다시 하게 될 기회는 없을 것이다. 우리는 그 후에도 계속해서 몇 년 동안 서로 만났지만 만나는 기쁨은 점점 줄어들었다. 내 취향과 내 생각들, 그리고 내 글들이 그의 마음에 들지 않았다. 처음에 그는 나를 선도해 보려고 했으나 나중엔 나와 만나는 걸 그만 두었다. 내 생각에 그는 하향성의 우정, 다시 말하면 관대함과 보호를 베풀어주는 그런 입장의 우정 외에는 받아들이지 않는 부류의 인물이었던 것 같다. 우리 사이의 우정이 가장 뜨거웠던 시기에도, 그는 태어날 때부터 나와는 다르게 태어났다는 점을 느끼게 했다. 몽탈랑베르 백작이 그의 친구 코르뉘데와 주고받은 서간문이 당시 막 출판된 즈음이었다.[32] 그 책(1884년의 새 판본)은 라 로크와 블랑메닐의 살롱 테이블 위에 다 놓여 있었다. 리오넬과 나는 당시 유행에 따라 그 편지들에 열광했다. 그 속에서 몽탈랑베르는 위대한 사람처럼 보였으며 코르뉘데에 대한 그의 우정은 감동적이었다. 리오넬은 우리의 우정도 똑같길 꿈꾸었다. 물론 코르뉘데는 바로 나였다.

바로 그런 이유로 그는 남이 자기에게 뭔가를 가르쳐주는 건 견딜 수 없어 했다. 언제나 자신이 당신들보다 먼저 모든 것을 알고 있다는 태도였다. 더욱이 이따금씩 그가 당신의 생각을, 그걸 당신에게서 들었다는 사실을 잊고선, 마치 자기의 것인 양 당신에게 되풀이하거나, 또는 당신에게서 얻은 정보를 거드름을 피우며 당신에게 다시 주는 일이 일어나기도 했다. 대체로 그는 자기가 다른 데서 주워들은 것을 마

---

32) 라므네와 함께 《라브니르》(*L'Avenir*)지를 창간한 몽탈랑베르 백작인 샤를르 포르브(Charles Forbes, 1810-1870)는 자유 가톨릭, 그리고 교황지상권주의를 열렬히 옹호한 사람으로, 1848년에서 1857년 사이 상원의원이었다. 레옹 코르뉘데(Léon Cornudet, 1808-1876)에게 보낸 그의 편지들은 《중학교 친구에게 보내는 편지》라는 제목으로 1873년 출간되었으며, 1884년 코르뉘데의 답장과 함께 재출간되었다. 코르뉘데는 그 후 참사원 일원이 되었다.

치 자기 것인 양 이용하곤 했다. 우리가 뮈세를 처음으로 발견하게 되었을 즈음, 마치 그 자신이 혼자 생각해낸 결실인 양 그토록 높은 곳에서 뚝 떨어지듯 내뱉은, 게다가 말도 안 되는 말, "그는 가슴 속에 아름다운 오르골(自鳴琴)을 품고 있는 소년 이발사야"란 구절을 어느 잡지에서 다시 보았을 때, 나는 얼마나 우스웠는지 모른다(내가 생트-뵈브의 《수기》 속에서 Ch…씨 역시 그런 결점을 가진 사람이었다는 걸 읽지 않았더라면 리오넬의 그런 결점을 드러내놓고 말하지는 않았을 것이다[33]).

"그런데 아르망은?"

몇 달 동안 나는 파리에서 그를 계속 만나긴 했으나 점점 더 뜸해졌다. 그는 가족과 함께 파리 중앙시장과 마주하고 있는 A…가에 거주하고 있었다. 그는 다정하고도 조신하며 품위 있는 부인인 그의 어머니 곁에서 두 누이와 함께 살고 있었다. 그보다 훨씬 나이가 많은 누나는 세상에 흔히 있는 일이듯, 자기 여동생을 위해 애정 어린 헌신을 하며 자기 자신을 마치 헌신짝처럼 내버리고 있었다. 내 눈에 보이는 한, 집안의 가장 힘든 모든 고역과 근심걱정을 혼자 도맡아 처리하는 것 같았다. 둘째 누이는 아르망과 거의 비슷한 나이로 매력적이었다. 그녀는 이 어두운 집안에서 우아함과 서정을 대표하는 역할을 맡고 있다고도 할 수 있었다. 그녀는 모든 사람으로부터 사랑을 받고 있다는 느낌이 들었는데, 특히 아르망이 더 그랬던 것 같다. 그런데 아르망으로부터 받는 애정은 잠시 후 이야기하겠지만 야릇한 것이었다. 아르망은 형도 한 명 있었는데, 그는 최근 의과대학을 마치고 환자들을 찾고 있던 참이었다. 내가 그 형을 한 번이라도 만났던 기억은 없다. 부친인 바브르텔 목사로 말하자면, 아마도 자선사업에 완전히 매여 있었던 것 같다. 그때까진 한 번도 만난 적이 없었으나 어느 날 오후, 바브르

---

33) 생트-뵈브는 그의 글에서 다음과 같이 쓰고 있다. "브로글리 부인은 기조 씨의 단호한 문체와 요약하는 어조에 대해 '그는 자신이 오늘 아침 알게 된 것을 마치 태어날 때부터 안 것처럼 말한다'고 말하는 것이었다."

텔 부인이 아르망의 몇몇 친구들을 간식에 초대했던 날, 우리가 '임금
놀이 케이크'[34]를 나누어 먹던 식당으로 그가 불쑥 나타났던 것이다.
아! 그럴 수가! 그는 너무나도 못생겼던 것이다! 그는 짤막한 키에 떡
벌어진 어깨, 그리고 고릴라 같은 팔과 손을 하고 있었다. 위엄 있는
목사용 프록코트가 촌스러운 그의 모습을 한층 더 강조해주고 있었다.
그의 머리에 대해서는 뭐라고 말할 수 있을까? 기름을 바른 희끗희끗
한 머리카락은 군데군데 찌부러진 채 코트 목덜미를 스쳐 번들거리게
윤을 내고 있었고, 툭 튀어나온 두 눈은 두꺼운 눈꺼풀 아래서 데굴데
굴 구르고 있었다. 코는 보기 흉하게 중간에 턱 버티고 있었으며, 물
컹거리는 두툼한 아랫입술은 거무튀튀한 색깔로 침을 가득 묻힌 채 앞
으로 축 쳐져 있었다. 그가 나타나는 순간 화기애애하던 우리 분위기
는 완전히 굳어졌다. 그가 우리 옆에 머문 건 한순간뿐, "재밌게들 놀
아요" 아니면… "하나님께서 여러분을 보호해주시길!" 같은 아무 의미
없는 말을 한마디 던지고는 뭔가 할 이야기가 있다며 바브르텔 부인을
데리고 나가 버렸다.

   그 다음 해, 정확히 똑같은 상황에서, 그는 똑같이 들어와선, 똑같
은, 아니면 정확히 그 비슷한 말을 하고선 자기 부인을 대동하고 정확
히 똑같은 방식으로 막 나가려고 했다. 그때 공교롭게도 그 부인이,
그때까지 내 이름밖에 모르고 있던 남편에게 소개하려고 날 불렀기에,
오! 끔찍하게도, 목사는 나를 자기 쪽으로 끌어당기고선 내가 물러설
틈도 주지 않고 내 뺨에 키스를 했다.

   내가 그를 본 것은 그 두 번밖에 없었으나 그에 대한 인상은 너무나
생생해 그때 이후 그는 계속해서 내 머리 속에 떠오르곤 했다. 심지어
그는 내가 쓰고자 계획했던 책 속에 자리를 잡고 살기 시작했다. 아마

---

34) 주현절때 사람들은 케이크에 자기(磁器)나 플라스틱으로 된 작은 콩이
   나 인형 같은 것을 숨겨놓고, 그것이 나온 조각을 먹게 된 사람을 그날
   의 왕, 또는 여왕으로 추대하는 놀이를 한다. 이때 뽑힌 사람은 본인이
   원할 경우, 상대 여왕이나 왕을 선택할 수도 있다.

도 앞으로 쓰게 될지 모르는 그 책 속에 내가 바브르텔 네 집에서 맡
았던 음침한 분위기를 좀 불어넣을 수도 있을 것이다.[35] 거기서 가난
은 부자들이 흔히 생각하는 단순한 궁핍 이상이었다. 가난은 집요하고
공격적이며 생생한 현실로 느껴지고 있었다. 가난은 사람들의 정신과
마음을 끔찍할 정도로 지배하고 있었으며, 도처에 파고들어 가장 내밀
하고 가장 다정한 곳까지 상처를 입히고, 또 삶의 가장 민감한 기틀까
지 망가뜨리고 있었다. 오늘날 내 눈에 선명히 밝혀지는 그 모든 걸
그 당시에 이해하기에는 내 교육이 부족했던 것이다. 바브르텔 집안의
그 많은 비정상적인 것들이 내게 이상하게 보였다면, 그건 단지 내가
그 근원을 제대로 파악하지 못했기 때문이며, 그 가족이 수치스러워하
며 그토록 감추려고 고심하던 그 궁핍함을 언제나, 그리고 도처에 관
련시켜 볼 줄 몰랐기 때문일 것이다. 엄밀히 말해 나는 호강을 누리며
자란 아이는 아니었다. 이미 말했듯이 어머니는 나보다 덜 유복한 다
른 동무들에 비해 내가 더 많은 혜택을 누리지 않게 무진 애를 쓰셨
다. 하지만 어머니는 나로 하여금 내 습관에서 벗어나게 한다든가, 내
행복을 감싸주던 마법의 울타리를 깨뜨리려고 하신 적은 한 번도 없었
다. 나는 나도 모른 채 프랑스 사람이고 개신교도였듯이, 나도 모른
채 특권을 누리고 있었던 것이다. 그리하여 거기서 벗어난 건 모두 생
소해 보였던 것이다. 그래서 우리가 살던 집에 마차용 대문이 필요했
던 것과 마찬가지로, 아니 그보다 더, 클레르 이모님이 말씀하셨듯이,
우리는 마차용 대문을 가져야 할 '의무가 있었던' 것과 마찬가지로, 우
리는 예를 들어 여행할 땐 일등칸만 타야할 '의무가 있었던' 것이며,
마찬가지로 극장에서도 점잖은 사람들이 발코니 좌석 외에 다른 자리
에 앉을 수 있다는 건 나로선 생각지도 못했던 것이다. 그런 교육으로
인해 내가 장차 어떤 반응들을 보이게 되었는지 그 이야기를 하기에는

---

35) 《사전꾼들》로, 앙브르생 네 집에서 착상을 얻은 브델 학원이 소설의 핵
　　심 배경이 된다.

아직 시기상조다. 당시 나로서는 그저 다음과 같은 반응을 할 뿐이었
다. 한번은 오페라-코미크 극장의 오전 공연에 아르망을 데려가게 되
었다. 어머니는 3층에 있는 좌석 둘을 예약해주셨는데 — 왜냐하면 처
음으로 우리 둘만 가게 내버려두셨기에 우리 나이의 어린녀석들에게는
그 좌석으로 충분하다고 판단하셨던 것이다 — 나는 평소와는 달리 무
대에서 훨씬 멀리 떨어져 온통 서민층으로 보이는 사람들만 주변에 있
는 자리인 걸 보고 깜짝 놀랐다. 그래서 표 파는 곳으로 달려가 주머
니에 있던 돈을 전부 다 털어 추가요금을 낸 다음, 내가 가던 수준의
자리로 옮겨 앉았던 것이다. 덧붙여 말할 것은 처음으로 아르망을 초
대하는 상황에서 그에게 가장 좋은 자리를 제공하지 못해 내가 괴로웠
다는 사실이다.

　이미 말한 대로 주현절에는 바브르텔 부인이 아르망의 친구들을 초
대해 '왕을 뽑게' 하곤 했다. 나는 간소한 그 파티에 여러 번 참석했
다. 하지만 매년 간 것은 아닌 것이, 그때쯤인 겨울에는 보통 우리가
루앙이나 남부에 있는 할머니 집에 갔기 때문이다. 그런데 1891년이
지난 다음 다시 그 집에 갔던 모양이다. 선량한 바브르텔 부인이 거기
모인 젊은이들, 다소 차이는 있으나 다들 이름을 날리고 있던 그들에
게 나를 이미 유명한 작가로 소개했던 기억이 나기 때문이다.36) 분명
아르망의 작은 누이의 불확실한 장래에 대한 염려에서 나온 속셈이 이
런 모임에 없었던 건 아니었다. 바브르텔 부인은 이 이름 있는 젊은이
들 가운데서 아마 혼처가 나타날지 모른다고 기대했다. 그런데 그녀가
감추고 거의 부인하고 싶었을 그런 속마음은 아르망의 자조적인 개입
으로 도리어 노골적으로 드러나고 말았다. 그는 '임금의 날'을 기화로

36) 1891년, 지드는 1월 10일 아르카숑에서 파리로 돌아왔으므로, 1월 11
　일이었던 그해 주현절에 앙브르생 네 집에 갔을 수 있다. 하지만 지드
　가 자기 어머니에게 보낸 편지에 의하면 16일 이전에 간 것 같지는 않
　다. 아마도 그때 지드는 에밀에게 페랭 출판사에서 막 출간된 《앙드레
　왈테르의 수기》를 한 부 가져다주었을 것이다.

지극히 직접적이고 듣기 거북한 암시들을 서슴지 않고 해댔기 때문이다. 바로 그가 케이크 조각을 잘랐기 때문에 잠두콩이 어디 들어있는지 알고 있던 그는, 그 콩이 들어있는 조각이 자기 누이나 누이에게 청혼할 가능성이 있는 사람에게 돌아가도록 일을 꾸몄다. 다른 아가씨가 없었으므로, 왕으로 뽑힌 자는 자기 누이를 여왕으로 지목할 수밖에 없었다. 하지만 그럴 경우 얼마나 잔인한 농담을 했던가!

분명 아르망은 그 당시 이미, 몇 년 뒤 그를 자살로 몰아간 그 괴이한 병을 앓고 있었을 게다. 그렇지 않고서는 그가 그렇게 집요하게 몰아대는 걸 달리 설명할 수 없기 때문이다. 그는 자기 누이가 눈물을 보일 때까지 계속 짓궂은 농담을 해댔으며, 말로 부족하면 그녀에게 다가가 거칠게 다루며 꼬집기까지 했다. 아니, 뭐라구! 그가 누이를 미워했느냐고? 내 생각에 그는 반대로 자기 누이를 한없이 사랑했으며, 그녀를 위해 모든 것을, 그가 자기 누이에게 퍼붓는 그 모든 모욕까지도 괴로워했던 것 같았다. 왜냐하면 그는 원래 잔인하기는커녕 무척 다정한 성품이었기 때문이다. 하지만 그 안에 깃든 알 수 없는 악마가 그의 사랑을 망가뜨리는 걸 즐기고 있었다. 우리와 같이 있을 때면 아르망은 활기차고 명랑했다. 하지만 언제나 자기 자신과 자기 가족에 대해, 그리고 자기가 사랑하는 모든 것에 대해 신랄하게 비꼬는 그 한결같은 정신이 자기 가족의 비참함을 과장해 부추기는 것이었다. 그는 자기 어머니가 감추고 싶었을 모든 것, 얼룩진 것들, 짝이 맞지 않는 것, 찢어진 것들을 드러내고 지적하며 그녀를 괴롭혔으며 초대받은 사람들을 불편하게 만들었다. 바브르텔 부인은 당황해 어찌할 바 몰라 불길이 더 크게 번지지 않도록 수습하려는 듯 절반은 시인하기도 했으나, "지드 씨 댁에서는 왕들의 케이크를 이가 빠진 접시에 내놓지 않으리라는 건 잘 알고 있어요" 라는 등 너무나 많은 사과를 늘어놓음으로써 도리어 완전히 망치고 말았다. 그러면 아르망은 건방지게 웃음을 터뜨리거나, 아니면 "그건 내가 발을 담갔던 접시야" 또는 "어때, 자네 입맛 다 떨어졌지" 등등 그 자신도 억제하지 못하는 것 같은 말들

을, 신경질적으로 그의 입에서 터져 나오는 탄성들과 함께 내지르며
자기 어머니의 서투른 말을 더욱 우스꽝스럽게 만들었다. 한번 상상해
보시라, 아르망은 빈정거리고 그의 어머니는 이를 무마하느라 야단이
고, 누이는 울고불고, 손님들은 모두 어색해 어쩔 줄 몰라 하는 그 장
면에 최후의 장식이라도 하듯 목사가 엄숙히 입장하는 장면을!

　나는 내가 받은 교육으로 말미암아 빈곤함의 광경들이 내겐 얼마나
생소하게 보였는지 설명했다. 하지만 여기엔 그 생소함에다 뭔지 알
수 없는 불쾌한 것, 부자연스럽고 과도하게 정중한 것, 그리고 괴상망
측한 것이 덧붙여져 있어 머리를 핑 돌게 만들다가 조만간 나로 하여
금 현실감각을 완전히 잃게 만들었다. 그리하여 모든 게 내 주위에서
둥실둥실 떠돌다가 하나하나 해체되더니, 장소와 사람들, 주고받는
말뿐 아니라 나 자신, 그리고 마치 먼 곳에서 들려오는 듯 웅웅거리는
그 음향에 나 스스로 깜짝 놀라게 되는 나 자신의 목소리까지 환상적
인 것 속으로 완전히 빠져들기 시작하는 것이었다. 때때로 내 눈에는
아르망이 그 모든 기괴한 짓을 의식하지 못하는 게 아니라, 도리어 그
렇게 만들려고 애를 쓰고 있는 것처럼 보였다. 그만큼 그가 그 합주에
동참해 가한 날카로운 가락이 정확했던 것이고, 말하자면 예상되었던
것이다. 뿐만 아니라 마침내는 바브르텔 부인 역시 이 광기의 하모니
에 도취되어 있는 것 같았다. 특히나 부인이 "당신도 분명 읽었을 이
놀라운 책"인 《앙드레 왈테르의 수기》를 쓴 저자에게 "국립예술학교에
서 발성법으로 1등을 해 모든 신문이 격찬을 한" 드엘리 씨[37]를 소개
하고, 모든 손님들을 다 이런 식으로 소개했을 때 그랬다. 그리하여
나 자신과 드엘리, 다른 모든 사람도 곧 비현실적인 꼭두각시가 되어,
우리 스스로가 만든 분위기가 시키는 대로 이야기를 나누고 몸짓도 하

---

37) 에밀 드엘리(Emile Dehelly, 1871-1969)는 1890년 파리 국립예술학교
　　에서 연극부문 1등상을 받았으며, 같은 해 몰리에르의 〈여자들의 학
　　교〉에서 오라스의 역을 맡으며 코메디-프랑세즈에 데뷔했다.

는 것이었다. 그 집에서 나와 길거리에 서서 정신을 차렸을 때 우리는 너무나도 어리둥절해 했다.

　내가 아르망을 다시 본 건… 그날은 그의 누나가 문을 열어주었다. 그녀는 집안에 혼자 있었다. 그녀는 두 층 위에 있는 그의 방에 가면 아르망을 볼 수 있을 거라고 했다. 왜냐하면 그는 자기 방에서 내려오지 않을 거라고 얘기해 놓았기 때문이었다. 나는 그의 방이 어디 있는지는 알았으나 한 번도 들어가 본 적은 없었다. 내 기억이 틀리지 않다면, 그 방은 그의 형이 진료실로 개업한 방 맞은편으로 복도와 바로 면해 있었다. 그다지 작은 방은 아니었으나 조그마한 안뜰로 겨우 공기가 통하는 무척 어두운 방으로, 뒤틀어져 보기 흉하게 생긴 아연 반사기가 안뜰로부터 희끄무레하게 반사된 빛을 끌어들이고 있었다.[38] 아르망은 옷은 입은 채 흐트러진 침대 위에 누워있었다. 그는 면도도 제대로 하지 않고 넥타이도 없이 잠옷을 그대로 입고 있었다. 내가 들어가자 그는 침대에서 일어나 두 팔로 나를 안았는데, 그건 그가 평소에 하지 않던 행동이었다. 나는 우리가 처음에 무슨 이야기를 나눴는지 기억나지 않는다. 분명 나는 그가 하는 말보다 방안 모습에 훨씬 더 정신이 팔려있었던 모양이다. 방안 어디를 둘러봐도 기분 좋게 시선을 둘 만한 물건이 하나도 없었다. 가난과 추함, 음침함이 어찌나 숨막히게 했던지 곧이어 나는 그에게 밖으로 나가지 않겠느냐고 물었을 정도였다.

　"난 이제 외출하지 않아" 그가 간단히 말했다.

---

38) 여기서 지드가 《사전꾼들》에 묘사한 몇몇 부분, 즉 올리비에의 아파트 묘사 부분과 아르망 브델의 방 묘사를 알아볼 수 있다. 아연 반사기는 지드에게 큰 인상을 주어, 지드는 《교황청의 지하실》에서 밀라노에 있는 앙티므의 집에서 이미 한 번 사용했다. "흉하게 생긴 금속 반사기가 작은 안뜰로부터 좁다란 햇빛을 희미하게 반사하고 있었다." 반사기는 거울효과가 내포하는 분열의 이미지를 드러내며, 소설 속 아르망뿐만 아니라 지드 등, '분열된 인물'의 상징적 표지로 쓰인다.

"왜?"

"이런 모양으로 나갈 수 없다는 건 잘 알잖아."

난 그에게 칼라만 하나 달면 된다고, 또 그가 면도를 했건 말았건 난 신경도 안 쓴다고 말하며 계속 나가자고 했다.

"난 세수도 안 했는 걸" 하며 그는 거절했다. 그러고 나선 고통에 찬 빈정거림으로, 자신은 더 이상 씻지도 않는다면서 방안에 고약한 냄새가 나는 건 바로 그 때문이라고, 방에서 나가는 건 식사 때뿐, 20일 전부터는 일절 바깥에 나가지 않았노라고 내게 알려줬다.

"그럼 뭘 하는데?"

"아무것도."

내가 그의 침대 옆 탁자 한편 구석에 뒹굴고 있는 책들의 제목을 보려고 하자 그가 말했다.

"내가 뭘 읽는지 알고 싶어?"

그는 오래 전부터 내가 그의 애독서로 알고 있는 볼테르의 《동정녀》, 그리고 피고-르브룅의 《인용자》, 폴 드 콕의 《오쟁이진 남자》39)를 내게 건넸다. 그러고 나선 심경을 털어 놓을 생각이 났는지, 방안에 틀어박혀있는 이유는 자신이 할 수 있는 일이라곤 오직 나쁜 일밖에 없기 때문이라며, 자기는 다른 사람들을 해치고 그들의 기분을 나쁘게 하고 혐오감을 준다는 걸 잘 알고 있노라고 야릇한 어조로 설명했다. 게다가 자신은 겉으로 보이는 것보다 재치도 그다지 없노라고, 다소 갖고 있다 하더라도 그 재치로 뭘 할 수 있을지 더 이상 모

---

39) 볼테르는 《오를레앙의 동정녀》(*La Pucelle d'Orléans*)를 1762년 썼다. 악당소설이나 희곡작품으로 알려진 피고-르브룅(Pigault-Lebrun, 1753-1835)은 《인용자》(*Le Citateur*)를 1803년에 썼는데, 이 작품은 왕정복고 당시 판금당했다. 폴 드 콕(Paul de Kock, 1793-1871)은 수많은 연재소설에서 피고-르브룅과 같은 재치를 이어갔는데, 이 둘은 생트-뵈브가 '산업적 문학'이라 부른 것의 선도자들이었다. 《오쟁이진 남자》(*Le Cocu*)는 1831년 작이었다.

르겠노라고 했다.

오늘날 내가 보기엔, 내가 그를 그런 상태에 내버려두어서는 안 되었으며, 적어도 그와 좀더 많은 이야기를 나누었어야 했으리라 생각된다. 하지만 분명 그 당시에는 아르망의 모습과 그의 이야기가 훗날 그랬을 것만큼 내게 충격을 준 건 아니었다. 그리고 덧붙여야 될 이야기가 있다. 그가 나더러 자살에 대해 어떻게 생각하느냐고 갑작스럽게 물었다. 나는 그때 그의 두 눈 속을 들여다보며, 경우에 따라서는 자살이 칭찬할 만해 보인다고 — 그 당시 내가 곧잘 하던 대로 냉소하듯 — 대답했던 게 지금도 분명 기억나는 것 같다. 하지만 목사도 같이 등장시키려고 구상하던 책의 한 대목으로 사용하려고 그 마지막 대화를 수없이 되새기느라, 나중에 그 모든 걸 상상했던 건 아닌가 확실하지가 않다.

그로부터 몇 년 뒤(그 사이 나는 그와 만나지 못했다), 아르망의 부고를 듣게 되었을 때, 나는 특히 그 대화가 다시 생각났다. 나는 여행 중이라 그의 장례식에 참석하지 못했다. 그 이후 불행한 그의 모친을 다시 만났을 때, 나는 그녀에게 감히 물어보지 못했다. 아르망이 센느강에 몸을 던졌다는 건 다른 사람을 통해서 들었다. 40)

---

40) 이 이야기의 시기 구분은 무척 중요하다. 초고에선 본 문단의 첫 부분에 나온 '몇 년 뒤'가 '몇 개월 뒤'라 되어 있었다. 이는 지드가 에밀과 가진 마지막 대화와 그의 자살 사이 기간이 짧은 것을 감추려고 애를 썼음을 보여 준다. 지드는 그의 《수첩》(Agenda) 1891년 1월 16일자에 "처음으로 무척 내밀하고 진정으로 공감 가는 에밀 앙브르생"이라 적었다. 자살은 7월 20일 경 있었다. 지드는 그 사실을 7월 30일 브뤼셀에서 알게 되며, 그의 《일기》에 출판 시에는 삭제한 다음과 같은 생각을 적고 있다. "내가 그에게 말할 수 있었더라면… 아마도? 라는 느낌이다. 우리는 마지막 날 무척 오랫동안 서로 이야기를 나눴다. 자살을 하지 않는 것은 비겁하다, 나는 그에게 그렇게 솔직하게 말했다. 하지만 나는 지금 거의 조금은 부럽다." 모든 정황으로 볼 때, 지드가 처음 쓴 '몇 개월 뒤'가 더 확실하다. 이렇게 나중에 수정한 것은 죄책감은 아니라

하더라도 적어도 어떤 심적 부담감을 드러내고 있다. 지드는 이를 《사전꾼들》 속에 전이시킴으로써 해소시키고 있다. 그 작품 속에서 올리비에가 자살을 시도한 것은 베르나르의 말을 따른 것이었다. 하지만 그 시도는 실패로 끝나고 대신 보리스가 죽게 되는데, 맹목적인 인과관계의 귀결로 죽임을 당한 보리스는 지드가 자신의 양심의 가책에 대해 펼친 속죄의 희생물이었던 것이다.

그해(1884년) 벽두에 내겐 놀라운 사건이 일어났다. 새해 첫날 아침, 이미 말했듯이 보지라르 거리에 살던 안나에게 나는 인사를 하러 갔었다. 돌아오는 길에, 나는 벌써 기쁨에 들떠, 나 자신에게, 또 하늘과 세상사람들에게도 만족해하며, 모든 것에 호기심을 품고, 아무것도 아닌 것에 재미를 느끼며 미래에 대한 엄청난 기대에 부풀어 있었다. 왜 그랬는지는 모르나 나는 그날 집으로 돌아가기 위해 평소 늘 다니던 생-플라시드 거리 대신, 왼쪽 편으로 그 길과 평행으로 나란히 나 있는 작은 거리로 접어들었다. 재미로, 단순히 길을 바꿔보는 기쁨에서 그랬을 것이다. 정오경이었다. 공기는 청명했고, 거의 따뜻하기까지 하던 햇빛은 좁다란 길을 길게 나누고 있어, 한쪽 인도는 빛을 받고 다른 쪽 인도는 그늘져 있었다.

절반쯤 가다 나는 햇빛을 떠나 그늘을 맛보고 싶었다. 나는 너무나 즐거워 두 눈으론 하늘을 쳐다보며, 걷다가 깡총깡총 뛰기도 하고 노래를 불러대고 있었다. 바로 그때 마치 내 기쁨에 화답하듯, 뭔가 금빛 나는 조그마한 것이, 그늘을 뚫는 햇빛 조각 같은 것이 팔락거리며 나를 향해 내려오는 게 보였다. 그것은 날개 짓을 치며 내게로 다가와, 마치 성령이 내려오듯 내 모자 위로 사뿐히 내려와 앉는 것이었다. 내가 손을 쳐들자 예쁜 카나리아 한 마리가 그 속에 들어왔다. 내

가슴속을 가득 채우며 뛰고 있던 내 심장처럼 그 카나리아도 팔딱거리고 있었다. 넘쳐흐르는 내 기쁨이 인간들의 우둔한 감각에는 보이지 않았을지라도 분명 밖으로 드러나고 있었으리라. 조금만 섬세한 눈이라면 분명 내 온몸이 새잡이 거울처럼 반짝거리는 게 보였으리라. 그래서 내 빛이 이 하늘의 창조물을 유인했던 것이다.

나는 카나리아를 가져가는 기쁨에 들떠 마구 달려 어머니 곁으로 돌아왔다. 하지만 특히 내 마음을 부풀게 한 것, 나를 땅 위로 붕 뜨게 한 것, 그건 내가 새를 통해 천상으로부터 지명을 받았다는 열광적인 확신이었다. 이미 나는 나 자신이 소명을 받았다고 여기는 경향이 있었다. 신비적인 성격의 소명 말이다. 그 이후론 일종의 비밀스런 계약이 나를 묶고 있는 것 같았다. 그래서 어머니가 나를 위해 이런저런 경력을, 일례로 어머니 보시기에 특히 내 취향에 어울릴 것 같았던 치수임업관(治水林業官) 같은 직업이 좋겠다고 말씀하셨을 때, 나는 진짜 관심은 딴 데 있는 걸 잘 알면서도 그저 무슨 놀이에 응하듯, 내키지는 않으나 예의상 어머니 계획에 응하곤 했다. 조금만 더 했더라면 나는 어머니에게 말했을 것이다. 어떻게 내 마음대로 할 수 있단 말이에요? 내겐 그럴 권리가 없다는 것 모르세요? 아니, 내가 선택받은 사람이란 걸 모르신단 말이에요? 언젠가 어머니가 나더러 어떤 직업을 선택할지 물었을 때, 나는 그 비슷한 이야기를 한 것 같다.

카나리아(암컷이었다)는 커다란 새장 속으로 들어가 내가 라 로크에서 가져왔던 방울새 새끼와 합류했다. 카나리아는 방울새 새끼와 무척 잘 지냈다. 나는 너무나 기뻤다. 하지만 가장 놀라운 이야기는 아직 남아있다. 그러고 나서 며칠 뒤, 당시 리샤르 선생이 살던 바티뇰로 가던 중, 생-제르맹 대로에서 내가 막 길을 건너려는 순간, 나는 도로 한가운데를 향해 뭔가가 비스듬히 내려앉는 걸 보았는데… 내가 착각했나? 또 카나리아였다! 나는 달려갔다. 아마도 같은 새장에서 빠져나왔을 테나 지난번 것보다 좀더 사나운 그 새는 나를 피해 저만치 날아갔다. 하지만 거침없이 휙 날아가는 게 아니라, 그때까지 갇혀 있다가

자유롭게 날게 되어 어리둥절해진 새처럼 땅바닥을 스치며 조금 조금
씩 날아가는 것이었다. 나는 그 새를 한동안 따라갔다. 전차 선로를
쭉 따라가며 새는 세 번이나 잡힐 듯 말듯 내 손아귀를 벗어났으나,
마침내 모자를 덮어씌워 새를 잡을 수 있었다. 두 선로 사이, 전차 한
대가 우리 둘 다 치기 일보 직전이었다.

　새를 잡느라 나는 수업에 늦었다. 나는 카나리아를 두 손에 품고서,
기뻐서 미칠 듯 흥분한 채로 선생님 집으로 달려갔다. 리샤르 선생은
정신을 딴 데 돌리기 어려운 사람이 아니었다. 코마이유 거리까지 새
를 넣어갈 수 있는 자그마한 임시 새장을 찾느라 수업시간은 얌전히
흘러갔다. 그렇지 않아도 내 암컷 카나리아를 위해 수컷을 한 마리 바
라고 있던 내게! 그 수컷이 또 다시 하늘에서 떨어지는 걸 보다니, 그
야말로 기적이었다. 이토록 절묘한 사건들이 내게 예정되어 있었다는
게, 난 나 자신이 이루었을 그 어떤 대단한 공적보다 훨씬 더 미칠 듯
이 자랑스럽게 느껴졌다. 확실히 나는 선택받은 사람이었다. 나는 이
제 엘리야처럼, 공중을 바라보며 하늘에서 내 기쁨과 양식이 떨어지길
기다리며 걷기만 하면 되었던 것이다. [1]

　내 카나리아들이 새끼를 낳게 되었다. 새장이 무척 크기는 했으나
몇 주 뒤에는 그 속에서 서로 부대끼고 있었다. 외사촌 에두아르[2] 가
우리 집에 오던 날인 일요일만 되면, 우리는 새들을 모두 내 방 안에
풀어주곤 했다. 그것들은 신나게 날아다니며 사방에다 똥을 싸고 우
리 머리 위에 앉기도 했으며, 가구들 위에, 쳐놓은 줄 위에, 그리고
불로뉴 숲이나 뫼동 숲에서 가져와 서랍 사이에 끼워놓거나 열쇠구멍
속에 수평으로, 또는 화병 속에 수직으로 꽂아놓은 나뭇가지들 위에
앉는 것이었다. 일층에 교묘하게 쌓아놓은 미로 같은 양탄자 더미 속

----

1) 《구약》, 〈열왕기상〉 19장에서, 예언자 엘리야는 하느님의 보살핌에 의
해 먹고 마시는 것이 저절로 땅에 떨어져 그걸 먹고 기운을 내서 자신의
길을 계속 간다.
2) 사촌 누이 마들렌느의 남동생을 말한다. 제1부, 제1장 주석 7번 참조.

에서는 하얀 생쥐 가족이 장난을 치고 있었다. 어항 이야기는 그만두기로 한다.

다양한 이유로 리샤르 선생 가족은 파리로 이사오게 됐다. 파시 지역의 집세 상승, 꼬마 블레즈가 입학할 수 있을 만한 중학교 가까이 오고자 하는 생각, 그리고 그 중학교 학생들에게 복습과외를 할 수 있으리라는 기대 등이었다. 또한 베르트랑 부인이 자기 딸과 따로 나가 살기로 결정했던 점도 말해두어야 할 걸로, 분명 그게 가계예산에 큰 손실을 가져왔을 것이다. 그리고 기숙하던 두 영국 아가씨들도 영불해협을 건너가고 없었다. 에드몽 리샤르는 게레로 다시 돌아갔다. 나 역시 더 이상 리샤르 선생 집에서 살진 않았다. 나는 매일 아침 아홉 시경 그 집으로 가서, 점심은 거기서 먹고 저녁은 코마이유 집에 와서 먹었다. 몇 차례 유급하면서, 그해 나는 또 다시 알자스학교에 들어가 공부하기로 했고 몇 달 매달려 있어 보았다. 하지만 또 다시 시작된 극심한 두통 때문에 다른 제도를, 말하자면 너무 고삐를 죄지 않고 쉬엄쉬엄 해나가는 느슨한 그 교육을 다시 시작할 수밖에 없었다. 리샤르 선생은 빈둥거리길 좋아하는 기질이어서 그런 식의 교육에는 더할 나위 없이 잘 맞았다.

얼마나 수없이 수업을 대신해 산책길에 나섰던가! 햇빛이 우리의 학구열을 증발시키면 우리는 외쳐댔다.

"이렇게 좋은 날씨에 방안에 갇혀 있는 건 죄악이야!"

처음에는 한가로이 길거리를 거닐며 이런저런 이야기를 나누고 관찰하며 또 생각에 잠기기도 했다. 하지만 그 다음에, 우리 산책에는 목적이 있었다. 무슨 이유에선지 모르나 리샤르 선생은 다시 이사할 생각을 갖고 있었다. 그가 살던 집은 아무래도 그에게 적당치 않아서 더 나은 걸 찾아야 한다는 것이었는데… 그리하여 반은 재미삼아 반은 필요에 의해, 우리는 광고판을 찾아다니며 '세놓음'이라 나와 있는 집은 다 들어가 봤다.

호사스런 건물이건 누추한 건물이건 우리는 얼마나 많은 층들을 오르내렸던가! 우리는 즐겨 아침에 사냥을 나서곤 했다. 집이 비어있지 않아, 그곳에 살던 사람들이 이른 아침 일어날 때 들이닥치는 경우도 종종 있었다. 이런 발견의 여행은 수많은 소설을 읽는 것보다 더 많은 것을 내게 가르쳐주었다. 우리는 생-라자르 역 근처, 콩도르세 공립학교 주변에 있는 이른바 유럽 지역이라 불리는 곳으로 사냥을 가기도 했다. 그때 우리가 이따금 어떤 사냥감들과 마주쳤을지는 상상에 맡긴다. 리샤르 선생도 그 일을 재미있어했다. 그는 방 안에 들어갈 때는 신중을 기하느라 나보다 먼저 들어가도록 신경을 썼고, 때로는 나를 향해 뒤돌아보며 갑자기 외쳐대곤 했다.

"들어오지 말게."

하지만 나는 이미 많은 걸 볼 시간이 있었기에 몇몇 가택 방문의 경우 완전히 얼이 빠져 나오기도 했다. 나와 다른 본성을 지닌 아이였다면 그런 간접적인 입문과정에 많은 위험이 따랐을 수도 있었으리라. 하지만 내가 거기서 얻은 재미는 내 마음을 그리 혼란스럽게 하지 않았고 내 정신만 자극할 뿐이었다. 그뿐만 아니었다. 내 본능이 은근히 반대하던 그 방탕의 광경을 엿보고 그런 방탕에 대해 오히려 비난하는 마음을 키우고 있었다. 그런데 아마도 특별히 외설스런 어떤 사건이 마침내 그런 방문이 얼마나 무모한지 리샤르 선생에게 일깨워줬던 것 같다. 그는 그 일에 종지부를 찍었다. 아니면 그저 단순히 자기에게 맞는 집을 구했는지도 모르겠다. 어쨌든 우리는 집을 찾아다니는 일을 그만 두었다.

학과수업 외에 나는 많은 책을 읽었다. 당시는 아미엘의 《일기》가 선풍적 인기를 끌던 때였다.[3] 리샤르 선생은 내게 그 책을 일러줬고 몇 군데 긴 대목을 읽어주었다. 그는 그 속에서 자신의 우유부단함과 좌절, 자신의 회의에 대한 자기만족적인 반영을, 뭔가 변명이나 심지

---

3) 앙리 프레데릭 아미엘(Henri Frédéric Amiel, 1821-1881)의 《내면일기 단편》(Fragments d'un journal intime)은 1883-4년에 출간되었다.

어 허가 같은 것을 보았던 것이다. 오늘날 내가 보기에는 지나친 조심성과 암중모색, 횡설수설해대는 것이 무척이나 짜증나지만, 그 당시 나로선 그와 같은 섬세한 정신적 멋의 모호한 매력에 감흥을 느끼지 않을 수 없었다. 그건 또한 리샤르 선생을 따라 그랬던 것으로, 동조를 하기 위해, 그리고 종종 그랬듯이 나 혼자 뒤쳐져 있지 않기 위해 같이 감탄했던 것이다. 그것도 더할 나위 없이 진지하게 말이다.

리샤르 선생 네 식탁에는 두 명의 기숙생이 더 있었다. 한 명은 나보다 좀더 나이가 많았고, 다른 한 명은 나보다 한두 살 더 어렸다. 나이가 많은 아드리엥 지파르는 부모도 형제자매도 없는 고아로, 말하자면 업둥이였다. 나는 무슨 연유로 그가 마침내 리샤르 선생 네 집으로 흘러들어오게 되었는지 모르겠다. 그는 인생에서 그저 말단 역으로, 인구수를 늘리기 위해서만 등장하는 것 같은 부차적 존재 가운데 하나였다. 그는 나쁘지도 착하지도, 명랑하지도 슬퍼하지도 않았으며, 뭐든지 흥미를 갖는 둥 마는 둥했다. 그는 리샤르 선생과 함께 라 로크에 왔는데, 아르망이 라 로크에 그만 오게 되었던 바로 그해였다. 처음 얼마 동안 그는 무척 불행해했다. 나의 어머니에 대한 예의상 감히 자기 마음대로 담배를 피우지 못했기 때문이었다. 거의 병이 날 지경이었다. 그걸 보고 그에게 원하는 대로 담배를 피우게 해주었더니, 그는 쉴 새 없이 담배를 피워댔다.

내가 피아노 연습을 할 때면 그는 다가와 피아노 나무에다 귀를 대고, 내가 음계 연습을 하는 내내 거의 도취 상태 속에 빠져 있었다. 그러고 나서 내가 한 곡조 치기 시작하면 곧장 가버렸다.

"내가 음악을 좋아하는 건 아니야. 하지만 네가 치는 연습곡은 마음에 들어"라고 말했다.

그 역시 싸구려 플룻을 갖고 연습하고 있었다.

그는 나의 어머니를 두려워했다. 그에게 있어 어머니는 현기증을 일으킬 정도로 높은 수준의 문명을 의미하고 있었던 것 같다. 어느 날, (그는 그리 민첩하지 못했기 때문에) 산책 도중 울타리를 넘으면서 가시

덤불에 엉덩이가 걸려 그의 바지가 찢어졌던 일이 있었다. 그런 상태로 어머니 앞에 나타나야 한다는 생각에 얼마나 겁이 났던지, 도망가서 이틀이 지나서야 나타났던 것이다. 그동안 그가 어디서 자고 뭘 먹고 살았는지 전혀 알 수 없었다.

"내가 돌아온 건 담배 때문이야. 나머지는 없어도 지내거든." 그가 돌아와서 내게 한 말이었다.

베르나르 티쏘디에는 뚱뚱하게 생긴 명랑하고 솔직한 남자애로 혈색 좋은 얼굴에다 짧게 깎은 까만 머리를 하고 있었다. 아는 것도 많고 이야기하기 좋아하던 그에게 나는 상당히 강한 호감을 느끼고 있었다. 저녁이면, 우리는 둘 다 반(半)기숙생이던 리샤르 선생 집을 나와 한동안 같이 걸어가며 수다 떠는 걸 즐겼다. 우리가 즐겨했던 화제 가운데 하나는 아이들 교육 문제였다. 우리는 리샤르 네 가족이 자기네 아이들을 한심하게 키우고 있다는 생각에 완벽하게 의견일치를 보고선, 온갖 이론의 대양 위로 동일한 항로를 따라가고 있었다. 그 당시 나는 선천적인 것이 후천적인 것보다 어느 정도 더 강한지, 그리고 아무리 손질을 하고 풀을 먹이고 다림질을 하고 주름을 잡아도, 천에 따라 뻣뻣하거나 부드럽던 원래의 직물 결이 다시 나타난다는 사실을 아직 모르고 있었기 때문이다. 나는 그 당시 교육에 관한 개론서를 한 권 쓸 구상을 하고 있어서 그걸 베르나르에게 헌정하리라 약속했다.

아드리엥 지파르는 라카날 선생의 강의를 듣고 있었다. 베르나르 티쏘디에는 콩도르세 공립학교에 다니고 있었다. 그런데 어느 날 저녁, 어머니가 〈르 탕〉지에 난 한 기사를 읽다가, 놀라서 소리를 지르며 취조하는 어조로 내게 말하셨다.

"네 친구 티쏘디에는 학교에서 나올 때 르아브르 거리로 지나가진 않겠지?"(모르는 사람들을 위한 말이지만, 그 거리는 학교에서 몇 걸음 되지 않는 곳에 있다)

나는 내 친구 티쏘디에가 어느 길로 다니는지 한 번도 신경을 쓴 적이 없었기에 아무 대답도 하지 않았다. 어머니는 다시 말하셨다.

"그 애한테 그 길은 피하라고 네가 말해줘야겠다. "

어머니의 목소리는 심각했고 또 미간을 찌푸리셨다. 언젠가 험악한 날씨에 르아브르와 옹플뢰르 사이를 오가는 배를 탔던 날, 선장이 짓던 게 지금도 기억나는 그런 표정이었다.

"왜요?"

"신문에 르아브르 거리가 무척이나 수상쩍은 거리라고 났거든. "

어머니는 더 이상은 말하지 않으셨으나, 수수께끼 같은 그 말에 내 마음은 완전히 혼란스러워졌다. 나는 '수상쩍은 거리'라는 말이 뭘 의미하는지 대충은 알고 있었다. 하지만 어떤 관습이나 법의 개념도 모르고 고삐 풀린 듯 치닫는 내 상상력은 곧바로 (내가 한 번도 가보지 못한) 르아브르 거리를 마치 난잡한 장소로, 지옥으로, 점잖은 품행들이 완전히 소탕되는 롱스보 계곡⁴⁾처럼 그려보였던 것이다. 창녀들의 아파트를 돌아다녔던 내 답사에도 불구하고, 열다섯 살의 나는 방탕과 관계된 것에 대해서는 믿을 수 없을 정도로 무지한 상태에 머물러 있었다. 방탕에 대해 내가 상상하던 모든 것은 현실적으로 전혀 근거가 없는 것들이었다. 나는 외설스러운 것과 아름다운 것, 그리고 혐오스러운 것에 대해 제 맘대로 꾸며대고 과장하는 버릇이 있었는데, 내가 위에서 말한 그 본능적 비난 때문에 특히 혐오스러운 것에 대해서는 더 심했다. 예를 들면 내 눈엔 가여운 내 친구 티쏘디에가 (고대 그리스에서 그랬듯이) 통음난무 속에서 창녀들에 의해 갈갈이 찢겨지는 모습이 보이는 것 같았다. 리샤르 선생 집에서 그를 바라보고 있노라면 내 가슴은 미어졌다. 붉은 낯빛을 한 볼이 통통한 이 착하고 뚱뚱한, 이토록 차분하고 명랑하고 단순한 소년인데… 방 안에는 아드리엥 지파르와 그와 나, 이렇게 셋만 남아 숙제를 하고 있었다. 마침내 나는

---

4) 프랑스 중세 무훈시의 대표작인 〈롤랑의 노래〉에 나오는 피레네 산맥의 계곡으로, 기독교 기사들이 그곳에 매복해 있던 이교도들의 공격을 받아 전멸을 당하게 되는 곳이다.

더 이상 견딜 수가 없었다. 그래서 괴로움으로 목이 메인 목소리로 그에게 물었다.

"베르나르, 넌 학교에서 나올 때 르아브르 거리로 가는 건 아니지, 안 그래?"

그는 처음에는 긍정도 부정도 하지 않았다. 하지만 내 질문에 다른 질문으로 답을 했다. 갑작스런 내 질문에 당연해 보이는 질문이었다. "그건 왜 물어?" 그는 두 눈을 크게 뜨며 물었다.

갑자기 뭔가 거대하고 종교적이며 엄청난 공포 같은 것이 내 마음을 사로잡았다. 꼬마 라울이 죽었을 때처럼, 또는 내가 이 세상에서 혼자 동떨어지고 제거당한 것처럼 느꼈던 그날처럼.5) 나는 흐느낌으로 온몸을 들썩이며 내 친구의 무릎 위로 달려들었다.

"베르나르! 아! 제발, 거긴 가지마."

내 말의 억양과 격한 감정, 흘러내리는 눈물로 난 마치 미친 사람 같았다. 아드리엥은 자기 의자를 뒤로 밀치며 겁에 질린 듯 두 눈을 굴렸다. 하지만 나와 마찬가지로 청교도 교육을 받은 베르나르 티쏘디에는 한순간도 내 괴로움의 성격에 대해 오해를 하지 않았다. 더할 나위 없이 자연스럽고도 날 안심시키기에 적합한 어조로 그는 내게 말했다.

"내가 뭐 그 직업을 모르는 것 같아?"

단언하건대 그게 바로 그가 한 말이었다.

끓어오르던 격정이 갑자기 뚝 떨어졌다. 나는 그런 일에 대해 그가 나만큼, 또는 나보다 더 많이 알고 있다는 걸 금방 깨달았다. 그리고 그가 그 문제를 보던 곧고 단호하며 또 빈정거림도 다소 들어있던 그 시선은 분명 내 혼란보다 더 안심시키는 것이었으나, 바로 그게 날 깜짝 놀라게 만들었다. 내가 괴물이라 여겼던 '그것'을 사람들은 냉정하게, 두려움에 떨지 않고 바라볼 수 있었던 것이다. '직업'이란 말은, 내가 그때까지 흉측스러운 것과 시적인 것이 뒤섞인 비장한 것으로만

---

5) 앞의 142-144쪽 참조.

보았던 것에다 뭔가 실용적이고 천박한 의미를 부여하며 내 귀에 고통
스럽게 울렸다. 나는 그 당시 방탕에 조금이라도 돈 문제가 개입하거
나 쾌락이 돈으로 거래된다고는 아직 한 번도 생각해본 적이 없었던
것 같다. 아니면 아마도 (나도 다소 읽은 바 있었고 또 나 자신을 너무
유치하게 그리고 싶진 않기 때문에) 나를 그렇게 당황케 한 것은 나보다
더 젊은, 말하자면 나보다 더 앳된 누군가가 그런 사실을 알고 있는
걸 보고 그랬을 것이다. 그걸 안다는 사실만으로도 이미 내겐 치욕스
러운 것 같았다. 그 속에는 또한, 나도 모르게 끓어오르던 뭔지 모르
는 애정, 그를 보호하고자 하는 형제애 같은 욕구와 그런 욕구가 무용
지물이 되는 걸 보는 원망도 섞여 있었을 것이고 …

　하지만, 티쏘디에의 대꾸를 듣고 얼이 빠진 채 나 자신이 그저 우스
꽝스럽게만 느껴지던 찰나, 그는 내 어깨를 툭 치고선 무척이나 화통
하고 거리낌 없는 함박웃음을 터뜨리더니, "자, 그러니 날 위해 걱정
할 필요는 없다구!"라며 모든 것을 제자리로 돌리는 어조로 말했다.

　내가 곧잘 빠져들던 눈물과 흐느낌을 동반한 이런 유형의 질식할 것
같은 심각한 상태, 그리고 내가 앞서 언급했던 처음 세 번 그 일을 겪
었을 때는 나 자신도 무척 놀랐던 그 상태를 나는 최선을 다해 묘사했
다. 하지만 그 비슷한 것을 한 번도 경험하지 못한 사람에게는 그런
상태가 전혀 이해할 수 없는 게 아닌가 걱정스럽다. 그 이후, 이런 이
상한 상태의 발작은 드물어지기는커녕, 점차 만성화되었다. 하지만
완화되고 통제 가능하게, 말하자면 길들여지게 되어, 소크라테스가
익숙해진 그의 정령에 대해 그랬듯이,[6] 더 이상 그걸로 겁을 집어먹
지 않게 되었다. 나는 포도주도 마시지 않고 취하는 그 취기가 바로
서정적 상태라는 것을, 그리고 그런 열광이 나를 뒤흔드는 행복한 순
간이 바로 디오니소스가 나를 찾아오는 순간임을 재빨리 깨달았다. 안

---

6) 플라톤은 《소크라테스의 변명》 19장에서 이 익숙해진 정령에 대해 말하
고 있다.

타깝게도! 신을 경험한 사람에게 신이 더 이상 모습을 드러내려고 하지 않는 맥 빠진 기간이야말로 얼마나 우울하고 절망적인가!

비록 베르나르 티쏘디에는 격정적인 내 호소에 별로 감동을 받지 않았지만, 반대로 나는 다정하고도 친절한 그의 대꾸에 얼마나 감동을 받았던가! 그 대화가 있고 난 다음, 아마 그 직후는 아닐지라도 나는 길거리에서 벌어지는 광경에 관심을 갖기 시작했던 것 같다. 데마레 이모님은 생-제르맹 대로에, 거의 클루니 극장 맞은편쯤, 아니면 더 정확하게는, 5층에 있던 이모님 아파트의 발코니에서 건물 정면이 보이던 콜레주 드 프랑스로 이어지는 그 오르막길 맞은편에 살고 계셨다. 이모님이 사시던 건물에는 마차 출입문이 있었던 건 사실이다. 하지만 어떻게 이모님이 자신의 취향과 원칙을 갖고 그런 동네를 선택하게 되었을까? 생-미셸 대로와 모베르 광장 사이에는 해질 녘이면 인도에 온갖 사람들로 북적대기 시작하는 것이었다.[7] 알베르는 나의 어머니에게 주의를 준 바 있었다.

"이모님" 하고 알베르는 내 앞에서 어머니에게 말했다. "이리로 저녁 드시러 오실 때에는(보름에 한 번씩이었다), 이모님께서 다 큰 이 녀석을 데리고 같이 오시는 게 더 좋을 것 같습니다. 그리고 돌아가실 때도 전철역까지는 도로 한가운데로 가시는 게 더 나을 것 같아요."

나는 그때 그 말을 완전히 이해했는지 모르겠다. 하지만 어느 날 저녁, 평소 같으면 어머니는 전철에 올라타게 하고 나는 그 전철을 따라잡을 수 있다고 우쭐대며 르 박 거리에서 이모님 집 문까지 쉬지 않고 달려가던 습관과는 반대로, 그날은 ─ 봄날 저녁이었다 ─ 마침 어머니가 그날 오후 시간을 이모님 집에서 보내고 계셨고, 나 역시 평소보다 일찍 집을 나섰던지라, 새로 맞은 포근한 날씨를 즐기며 천천히 걸어

---

7) 생-미셸 대로와 모베르 광장 사이에는 당시 미로 같은 좁은 골목길들이 있었으나, 1887년에서 1890년 사이 라그랑주 거리를 내며 일부는 사라졌다. 그 지역 전체는 평판이 나빴으며, 특히 '붉은 성'이란 카바레가 있던 갈랑드 거리는 더 심했다.

가고 있었다. 거의 도착할 즈음, 모자를 쓰지 않은 몇몇 여성들의 야
릇한 거동이 눈에 들어왔다. 그 여자들은 내가 지나가야 할 바로 그곳
에서 망설이듯 이리저리 서성이고 있었다. 티쏘디에가 썼던 '직업'이라
는 말이 내 기억 속에서 울려 퍼졌다. 나는 그 여자들 곁을 지날 필요
가 없게 인도를 벗어날까 한순간 망설였다. 하지만 내 속에 있는 뭔가
는 거의 언제나 두려움보다 강했다. 바로 비겁함에 대한 두려움이다.
따라서 나는 계속 앞으로 걸어갔다. 갑자기 바로 내 앞에, 처음엔 내
가 보지 못했는지 아니면 어떤 문 뒤에서 튀어 나왔는지, 그 여자들과
는 다른 한 여자가 다가와 내 길을 가로막으며 날 뚫어지게 바라보는
것이었다. 나는 갑작스레 돌아가야 했다. 얼마나 비틀거리는 걸음으
로 허둥댔는지! 처음에는 노래를 부르고 있던 그녀가 그 순간, 투덜대
고 비꼬는듯하기도 하고 아양 떠는 것 같기도 한 명랑한 목소리로 외
쳐댔다.

"아니, 뭐 그렇게 겁낼 건 없는데, 귀여운 도련님!"

피가 솟구쳐 얼굴이 화끈 달아올랐다. 마치 큰일이라도 날 뻔 했던
것처럼 가슴이 울렁거렸다.

수년이 지난 다음에도, 호객하는 이 여자들을 보면 나는 마치 얼굴
에 황산을 끼얹은 여자들을 만난 것처럼 여전히 겁이 났다. 내가 받은
청교도적인 교육은 타고난 절제심을 극단적으로 조장하고 있었는데,
나는 그 속에서 교활한 점은 전혀 보지 못하고 있었다. 이성에 대한
내 무관심은 완벽했다. 여성의 신비를 단 한 번 몸짓으로 전부 다 발
견할 수 있었다 해도 나는 결코 그 몸짓을 하지 않았을 것이다. 나는
내 불쾌감을 비난이라 부르고, 내 혐오감을 덕성으로 여기며 자만심
속에 빠져 있었다. 나는 내 속에 도사린 채 억압된 상태로 살고 있었
으며, 나 자신을 저항의 이상(理想)으로 삼았다. 내가 굴복했다면 그
건 내 악습에 굴복한 것이지 외부의 유혹에 대해서는 전혀 관심이 없
었다. 게다가 그 나이에, 그리고 그런 문제에 대해, 사람들은 얼마나
너그럽게 속아 넘어가는가! 내가 성스러운 나의 반항을, 고귀한 내 분

노들을 생각할 때면 악마의 존재를 믿게 되는 날들이 있다. 그럴 때면
'그 자'가 어둠 속에서 웃으며 두 손을 비벼대는 소리가 들려오는 것
같다. 하지만 어찌 예감할 수 있었겠는가? 어떤 올가미가 있으리라
고… 그 이야기를 할 자리는 아니다.

   우리 아파트를 묘사하면서 서재는 언급하지 않았다. 그건 아버지가
돌아가신 다음, 어머니가 더 이상 내가 서재로 들어가지 못하게 했기
때문이다. 그 방은 열쇠로 잠겨 있었다. 서재가 아파트 한쪽 끝에 있
긴 했으나 내게는 그곳이 아파트의 중심을 이루고 있는 것 같았다. 내
생각과 야망들, 내 욕망들은 그 주위를 맴돌고 있었다. 그곳은 어머니
의 마음속에서는 고인에 대한 소중한 추억이 숨 쉬고 있는 일종의 성
소였다.[8] 아마도 어머니는 내가 너무 빨리 아버지의 자리를 차지하는
게 무례한 일이라 여기셨을 것이고,[9] 내 눈에 나 자신을 중요한 존재
로 보일 수 있게 하는 것이라면 뭐든 다, 어머니는 최선을 다해 치워
버리려 하셨던 것이라 생각된다. 또한 아동 서적이 아닌 그 모든 책들
을 내 마음대로 탐욕스럽게 읽도록 내버려둔다는 게 신중해 보이지 않
았던 것이리라. 하지만 내가 열여섯 살이 될 무렵, 알베르가 나를 위
해 중재를 하기 시작했다. 나는 그들이 나누는 말을 몇 대목 들을 수
있었다. 어머니가 외치셨다.
   "그럼 애가 서재를 엉망진창으로 만들 거예요."
   알베르는 독서에 대해 내가 갖고 있는 취미는 북돋워줄 만하다고 부
드럽게 논리를 폈다.

---

[8] 사실상, 지드 어머니는 남편이 죽은 뒤 얼마 안 있어 이사를 했다. 그녀
가 코마이유 거리의 새 아파트에 투르농 가에서 지드 부친이 서재로 썼
던 것과 동일한 서재를 꾸몄다고 가정해야 할 것이다. 지드 자신이 자
기 부친의 책들을 중심으로 더 광범위한 추억을 고정시키고, 또 무의식
적으로 그 자신이 이 '성소'를 만들어낸 것이 아니라면 말이다.
[9] 지드는 여기서 자기 자신의 욕망과 두려움을 어머니에게 투영시키고 있다.

"복도와 그 애 방에 있는 책만 해도 읽을 건 충분해요. 우선 그 책들을 다 읽으라고 하죠." 어머니가 응수하셨다.

"그러다가 서재에 있는 책이 마치 금단의 과일이나 되듯 매력을 느끼게 할지 걱정되지 않으세요?"

어머니는 "그런 식으로 보면 어떤 것도 금지할 수 없을 것이다"며 항변하셨다. 어머니는 그렇게 어느 정도 버티다가, 알베르가 반대를 할 경우 거의 언제나 그러셨듯이 결국 양보를 하셨다. 어머니는 알베르에 대해 많은 애정과 존경을 품고 계셨고, 또 분별 있는 것이라면 언제나 어머니에겐 통했기 때문이었다.

사실이지 금지되었다는 점이 그 서재의 매력에 뭔가를 덧붙인 건 아니었다. 그저 약간 신비스럽다는 느낌을 더할 뿐이었다. 나는 무턱대고 반항하는 기질의 인물은 아니다. 반대로 나는 복종하고 규율을 따르고 양보하는 게 언제나 좋았다. 게다가 뭔가 몰래 하는 일을 특히 싫어했다. 내겐 그 이후, 안타깝게도 너무나 자주 숨겨야 할 일이 있긴 했으나, 나는 그런 가장을 잠정적인 하나의 보호수단으로서, 조만간 모든 걸 백일하에 드러내겠다는 변치 않는 희망과 결심까지 담고 있는 그런 보호수단으로서만 받아들였던 것이다. 오늘날 내가 이 회상록을 쓰는 것도 바로 그 때문이 아닌가?… 과거 내가 읽었던 책으로 말하자면, 내가 어머니 등 뒤에 숨어서 읽었던 기억은 한 번도 없노라고 말할 수 있다. 나는 어머니를 속이지 않는 걸 내 명예로 삼고 있었다. 그렇다면 서재의 책들은 무슨 그리 특별한 점이 있었던가? 우선 외양이 아름다웠다. 그리고 내 방과 복도에 있던 것은 거의 역사책과 해설서, 비평서들뿐이었다면, 아버지의 서재에서는 그 비평서들이 말하고 있는 작가들 자체를 볼 수 있었던 것이다.

알베르에게 거의 설득당한 상태이긴 했으나 어머니는 단번에 양보하진 않고 타협안을 내셨다. 내가 서재 안에 들어가는 것은 허가하셨으나 어머니와 함께 들어가야 했다. 또 내 마음에 드는 이런저런 책을 골라, 그걸 읽어도 좋은지 어머니의 허락을 받은 다음, 어머니와 함께 큰 소리로 읽어야 한다는 것이었다. 내가 처음으로 고른 책은 고티에의 시 전집 가운데 첫 권이었다.

나는 기꺼이 어머니에게 읽어드렸다. 하지만 안목을 키워야 한다는 고민과 어머니 자신의 개인적인 판단에 대한 경계심 때문에, 어머니가 좋아하시던 책들이란 전혀 다른 유형의 것들이었다. 즉 폴 알베르[10]의 단조롭고 지루한 연구서들이나 생-마르크 지라르댕의 《극문학 강의》였다.[11] 《극문학 강의》는 하루에 한 장(章)씩 읽어, 우리는 한 권 한 권 다섯 권을 완전히 독파했다. 나는 그런 양식(糧食)에 내가 그다지 싫증을 내지 않았다는 사실이 감탄스럽다. 그랬다. 나는 오히려 그 속에서 재미를 느꼈다. 그리고 내 독서욕이 얼마나 왕성했던지, 나는 가장 학구적인 것, 가장 빡빡하고 가장 까다로운 것들을 선호했다. 게다가 오늘날 나는 어머니가 비평서에 많은 비중을 부여하신 건 전혀 잘못한 게 아니라고 평가한다. 어머니의 잘못은 단지 비평서들을 제대로 고르지 못하셨다는 점이었다. 하지만 아무도 어머니에게 가르쳐주지 않았던 것이다. 그리고 그때 당장 내가 생트-뵈브의 《월요한담》이나 텐느의 《영국문학사》[12]를 읽었더라면, 내가 훗날 그랬던 것처럼 그 당시 벌써 그런 이득을 끌어낼 수 있었을까? 중요한 것은 내 정신을 몰두하게 만드는 것이었다.

어머니가 우선적으로, 아니면 적어도 같은 정도로, 내가 역사책에 관심을 갖도록 이끄시지 않았던 점에 사람들이 놀란다면, 나는 역사책보다 내 정신을 더 실망시킨 건 없노라고 답할 것이다. 그건 분명 내

---

10) 폴 알베르(Paul Albert, 1830-1880)는 푸아티에대학의 교수로 《기원에서 18세기까지 프랑스 문학》과 같은 연구서들을 많이 출판했다.

11) 생-마르크 지라르댕(Saint-Marc Girardin, 1801-1873)은 소르본느에서 30년 동안 뛰어난 교수로 재직했다.

12) 《월요한담》에 대해서는 144쪽 참조. 지드는 1888년 2월부터 이를 읽은 것을 언급하고 있다. 지드는 텐느의 《영국문학사》를 동일한 시기에 처음으로 읽었으나, 1891년 다시 읽는다.

가 지닌 결점으로 거기 대해선 해명을 해야 할 것이다. 좋은 선생이 있어 모든 사건들 속에 나타난 다양한 인물들의 역할을 보여줄 수 있었더라면, 아마도 내 흥미를 일깨울 수 있었을 것이다. 하지만 불행히도 내게 역사를 가르친 선생들은 오직 현학자들뿐이었다. 그 이후 여러 번에 걸쳐, 나는 내 본성을 거슬러 보려고도 했고 역사책에 몰두하고자 최선을 다해 보았다. 하지만 내 두뇌는 여전히 반발하고 있었으며, 아무리 놀랄 만한 이야기를 읽어도, 역사적 사건에도 끼지 못하고 마치 여백에나 기록되는 것, 또는 도덕군자가 끌어낼 수 있는 결론 외에는 아무것도 남는 게 없었다. 수사학반을 끝낼 즈음, 쇼펜하우어가 역사가의 정신과 시인의 정신을 구별 짓고자 한 그 대목을 나는 얼마나 고마운 마음으로 읽었던가. [13] 내가 역사에 대해 전혀 이해하지 못했던 건 바로 그 때문이었어! 기뻐하며 난 속으로 생각했다. 그건 내가 시인이기 때문이라고. 내가 되고 싶은 건 바로 시인이야! 내가 바로 시인인 거야!

Was sich nie und nirgends hat begeben
Das allein veraltet nie. [14]
(결코, 그리고 어디서도 일어나지 않는 것,
그것만이 언제나 낡지 않으니.)

그리고 그가 아리스토텔레스를 인용한 구절을 나는 되뇌었다. "철학이란 역사보다 더 중요한 일이며, 시는 더 아름다운 것이다."[15] 하지

---

13) 《의지와 표상으로서의 세계》 3권 2부를 말한다. 지드는 그것을 1891년 말에 읽었다.
14) 쇼펜하우어는 자기 생각에 대한 지지로, 쉴러의 시 〈환희에 부쳐 An die Freunde〉의 마지막 구절을 인용하고 있다.
15) 아리스토텔레스의 인용은 《시학》 9장에서 인용된 것으로, 지드가 대충 번역한 것이다. 원래는 "바로 이 때문에 시가 역사보다 더 철학적이고

만 지금은 내가 읽은 고티에로 돌아가자.

　그리하여 어느 날 저녁, 나는 특별히 시인들만 모아놓은 유리문이 달린 작은 서가에서 내가 집어 들어도 좋다고 허락받은 그 책을 들고, 어머니 방에 나란히 앉게 되었다. 나는 소리 높여 《알베르튀스》[16] 를 읽기 시작했다. 《알베르튀스 또는 영혼과 죄악》… 그 당시만 하더라도 고티에라는 이름은 얼마나 대단한 위세를 떨치고 있었던가! 게다가 '신학적 시'라는 엉뚱한 부제가 내 마음을 끌었다. 고티에는 내게 있어서, 그 당시 수많은 학생들에게 그랬던 것처럼 관례적인 것에 대한 멸시와 해방, 방종을 대변하고 있었다. 내가 그를 선택한 것에는 물론 도전하는 마음도 다소 들어 있었다. 어머니가 나와 같이 읽고자 하셨는데 우리 둘 중 누가 먼저 항복하는지 두고 본다는 식이었다. 하지만 그건 특히 나 자신에 대한 도전이었다. 몇 달 전, 무척이나 쭈뼛거리고 머뭇거리며, 별의별 것을 다 팔고 유행가 악보도 파는 생-플라시드 거리에 있는 한 더러운 약초상에 들어가, 그것도 가장 유치하고 저속한 〈아! 달콤한 향기의 알렉상드린느!〉라는 유행가 악보를 사도록 나 자신을 억지로 밀어붙였을 때와 마찬가지였다. 왜냐구? 아! 다시 한 번 말하지만 단지 도전하기 위해서였다. 사실상 그걸 갖고 싶은 생각은 전혀 없었기 때문이다. 그랬다. 나 자신을 강요하고자 하는 욕구로, 그리고 그 전날 그 가게 앞을 지나며 '어쨌든 넌 감히 그러지 못할 거야'라고 속으로 생각했기 때문이었다. 그래서 그렇게 했던 것이다.

　나는 어머니를 쳐다보지 않고 읽고 있었다. 어머니는 커다란 안락의자 가운데 하나에 몸을 깊숙이 파묻고 앉아선 자수를 놓고 계셨다. 나는 무척 경쾌하게 시작했다. 그러나 앞으로 나아갈수록, 텍스트는 점점 더 외설적이 되어가고 내 목소리는 얼어붙고 있었다. 그 '중세풍'

---

　더 고귀한 것이다"이다.

16) 《알베르튀스》(Albertus)는 테오필 고티에가 1831년 쓴 무척 긴 시집이다(12행으로 122연). 마녀에 의해 파멸당하는 한 젊은 화가의 이야기인 이 시의 '악마적' 측면이 당시 프랑스 젊은이들을 열광시켰다.

시에서는, 알베르튀스를 유혹하기 위해 마녀가 무척이나 청초한 아가
씨의 모습으로 변장한다는 이야기가 나온다. 끝도 없이 이어지는 묘사
의 구실인 셈이다… 어머니는 점점 더 신경질적인 손으로 바늘을 당기
고 계셨다. 계속 읽어나가면서, 나는 곁눈질을 해가며 어머니의 동작
하나하나를 엿보고 있었다. 마침내 101연에 이르렀다.

> "… 부인은 너무나 아름다워
> 천국의 성자라도 그녀를 위해 지옥에 갔으리라.
> 오! 매력적인 광경이여! 수줍어 얼굴 붉힌…"

"잠깐 책 좀 보자." 갑자기 나를 제지하며 어머니가 말하셔서, 나는
얼마나 마음이 놓였는지 모른다. 나는 어머니를 쳐다봤다. 어머니는
책을 불빛 가까이 가져가, 입술을 꼭 다문 채, 마치 비공개 재판 동안
외설스런 증언을 듣는 판사처럼 눈살을 찌푸리시며, 계속 이어지는 연
들을 훑어보셨다. 나는 기다렸다. 어머니는 책장을 넘겼고, 망설이듯
다시 앞으로 돌아오셨다. 그리곤 다시 책장을 넘겨 뒤로 가더니, 책을
내게 돌려주며 연결해서 읽어나갈 곳을 가리키셨다.
"그래…" 그러고선,

> "그녀는 후궁들 전부를 합한 것만 했다"

라고, 어머니 보시기에 중간에 생략된 연들을 가장 잘 요약하는 것 같
던 시구를 인용하며 말하셨다. 난 그 생략된 연들을 훨씬 뒤에 가서야
읽었는데 완전히 실망했다.
　그런 곤란하고 우스꽝스런 일은 다행히도 다시는 반복되지 않았다.
나는 몇 주 동안 그 서가 쪽을 바라보는 일을 삼갔다. 그리고 마침내
어머니가 내게 그 서가의 책을 읽도록 허락하셨을 때도, 더 이상 나와
같이 읽겠다고 말씀하시진 않았다.
　아버지 서가의 많은 부분은 그리스어와 라틴어로 된 책들로 이루어

져 있었다. 그게 또한 법률 서적이었다는 건 말할 필요도 없다. 하지
만 그 책들은 상좌를 차지하고 있지는 않았다. 상좌는 글래스고 판 대
(大) 문집으로 나온 유리피데스,[17] 루크레티우스, 아이스퀼로스, 타키
투스, 그리고 헤이네 판으로 멋지게 나온 베르길리우스,[18] 그리고 세
명의 라틴 비가 시인들[19]에게 주어졌다. 이러한 선택은 아버지가 그
책들을 더 좋아하셨다는 사실보다 제본과 사이즈가 서로 어울렸던 점
때문이었으리라 생각된다. 이 책들 대부분은 하얀 송아지 가죽으로 장
정되어, 어둡고 다채로운 색깔을 띠는 서가 전체를 배경으로 대조를
이루고 있었는데 눈에 거슬리진 않았다. 거대한 책장은 속이 무척 깊
어, 뒤쪽으로 조금 더 높이 한 줄 더 세울 수 있었다. 그래서 뷔르
만[20] 판의 상아색 오비디우스 저작들 앞쪽에, 마찬가지로 송아지 가
죽으로 7권으로 된 티투스 리비우스 앞쪽에, 호라티우스와 투키디데
스 책 사이, 파란 모로코가죽 장정으로 아담하고 멋지게 나온 르페브
르[21] 판 그리스 서정 시인들의 선집들이 나지막하게 꽂혀 있는 것을
보고 있노라면 더할 나위 없이 감미로운 느낌이 드는 것이었다. 책장
중간 부분, 베르길리우스가 꽂혀 있는 아래쪽으론 문짝이 달린 장(欌)
이 있어 그 속엔 다양한 앨범들이 가득 들어 있었다. 그 장과 중간 부
분 선반 사이에는 작은 책상처럼 생긴 나무판이 있어, 그 위에 책을
얹어놓고 읽을 수도 있고, 또 서서 글을 쓸 수도 있게 해주었다. 그

---

17) 기이한 언급이다. 유리피데스는 옥스퍼드, 캠브리지, 런던 판은 있으나
   글래스코 판이 있다는 언급은 찾지 못했다.
18) 크리스티안 고트로브 헤이네(Christian Gottlob Heyne, 1729-1812)는
   독일 철학자로, 1800년 베르길리우스에 대한 저작을 썼다.
19) 프로페르티우스(Propertius), 카툴루스(Catullus), 티불루스(Tibullus)
   를 말한다.
20) 피에르 뷔르만(Pierre Burmann, 1668-1741)은 네덜란드의 서지학자
   로, 1713-1727년에 암스테르담에서 오비디우스의 작품들을 출간했다.
21) 아마도 탄느기 르페브르(Tannegui Lefèvre, 1632-1675)를 말하는 것으
   로, 그는 그리스와 라틴 작가들을 다룬 여러 판본을 쓴 박학자였다.

장 양쪽에 있는 아래쪽 선반에는 2절판으로 된 무거운 책들, 즉 그리
스 선집, 플루타르그, 플라톤, 유스티니아누스의 《판령집》22) 등이 꽂
혀 있었다. 하지만 이 멋진 책들이 내게 아무리 매력적이었다 할지라
도, 유리문이 달린 작은 서가의 책들이 내 마음을 더 끌었다.

거기에는 프랑스 책밖에 없었다. 그리고 거의 시인들 책뿐이었다…
나는 오래 전부터 산책을 나갈 때면, 예쁘고 작은 판으로 나온 위고의
초기 시선집 가운데 늘상 가지고 다녔다. 그건 어머니가 갖고 있던 시
집으로, 안나가 어머니에게 선물했던 것이라 생각된다. 나는 마침내
그 시집 속에 수록된 《내면의 목소리》와 《석양의 노래들》, 《가을 낙
엽》 가운데 여러 편을 외우게 되었다. 난 지치지도 않고 되뇌던 그 시
들을 조만간 엠마뉘엘에게 암송해주리라 기대하고 있었다. 그 당시 나
는 시 작품들을 열렬히 더 좋아했다. 시를 인생의 꽃이요 귀결이라 여
기고 있었다. 나는 오랜 시간이 지난 다음에야 아름다운 산문의 탁월
함, 그리고 그게 훨씬 더 드물다는 사실을 깨닫게 되었는데, 그 사실
을 너무 빨리 깨닫는 건 바람직하지 않다고 생각한다. 그 나이에는 당
연하듯이, 그 당시 나는 예술과 시를 혼동하고 있었다.23) 나는 각운이
번갈아 나오고 또 의무적으로 반복되는 그 속에다 내 영혼을 맡기고 있
었다. 나는 각운과 그 반복이라는 두 요소가, 마치 리듬에 맞춰 펄럭
이는 두 날개짓처럼, 내 마음속에서 확장되며 날 비약시켜 주는 것 같
아 만족해하고 있었으니… 하지만 유리문 달린 그 서가에서 내가 발견
했던 가장 감동적인 것은 하인리히 하이네의 시들이었다(나는 번역본을
말한다). 확실히 각운과 운율을 포기한 것은 감동의 매력뿐 아니라 그
럴 듯한 유인책도 제시하고 있었다. 그 시가 또 내 마음에 든 건 나도

---

22) 6세기의 동로마황제인 유스티니아누스 1세의 《판령집》은 그의 헌법 작
   업의 결과였다. 로마법 교수의 서가에 당연히 있을 만한 책이다.

23) 지드의 일기에 계속 언급되는 그의 모순은 '자연'과 '문화'의 대결이다.
   지드는 '자연'의 항에 '시인'을 두며, '문화'의 항에는 '예술가'를 두고 있
   다. 특히 '예술'은 이 두 항의 대결로부터 나온다고 보았다.

우선 모방할 수 있을 만하다고 생각되었기 때문이었던 것이다.

열여섯 살이었던 그해 봄날, 활짝 열린 작은 서가 아래쪽 양탄자 위에 드러누워, 내 마음속에 가득한 봄을 발견하며, 또 그 봄이 하인리히 하이네의 부름에 깨어나 화답하는 것을 느끼며 흥분에 떨던 내 모습이 눈에 선하다. 하지만 독서에 대해 무슨 이야기를 할 수 있겠는가? 그것은 모든 회고록과 마찬가지로 내 이야기의 결정적 결함이다. 겉으로 드러난 가장 명백한 것만 제시할 뿐이다. 가장 중요한 것은 윤곽도 없이 손에 잡히지도 않는 것이다. 지금까지 나는 사소한 사실들을 이야기 하느라 지체하고 있었다. 하지만 이제 나는 인생에 눈을 뜨게 되었다.

그 전해에는 그 어느 때보다 더 빈번하던 두통이 모든 학업을, 적어도 지속적인 모든 학업을 거의 완전히 포기하게 만들었으나, 그때는 좀더 뜸해졌다. 나는 리샤르 선생 수업은 그만두었다. 분명 그의 교육이 어머니에게는 더 이상 충분히 진지해 보이지 않았던 모양이었다. 어머니는 그해 나를 슈브뢰즈 거리에 있는 켈러 학원[24]에 넣으셨는데, 내가 돌아오길 기대하고 있던 알자스 학교 바로 옆이었다.

켈러 학원에 다니는 학생들이 무척 많긴 했으나, 나는 그 가운데서 정식 학교 강의를 듣지 않는 유일한 학생이었다. 나는 아침저녁으로 학원이 텅 비게 되는 바로 그 시간에 가곤 했다. 그때는 텅 빈 교실마다 깊은 침묵이 감돌았다. 나는 이 교실 저 교실에서 수업을 받았는데, 공부에 더 몰두할 수 있는 아주 작은 방에서 하는 걸 더 좋아했다. 그곳에선 칠판과의 사이도 더 가까웠고, 또 복습교사들의 속내 이야기를 듣기에도 더 좋았다. 나는 언제나 속내 이야기 듣는 걸 무척 좋아했다. 나는 그런 이야기를 듣는 데 특별히 민감한 귀를 갖고 있다

---

24) 지드는 1886년 1월에서 1887년 7월까지 18개월 동안 이 학원에 다니게 된다. 그 후에도 켈러네 가족과는 연락을 취하며, 《사전꾼들》의 브델 가족을 구상하며 이들을 기억하게 된다.

고 자부하고 있었는데, 그보다 더 나를 뿌듯하게 해주는 건 없었다. 하지만 일반적으로 사람들은 인간의 마음을 괴롭히는 속내를 털어놓고자 하는 욕구에 쉽사리 진다는 사실, 그리고 상대방의 귀가 진정으로 그걸 들을 만한 자질을 갖고 있는지는 별로 신경도 쓰지 않는다는 사실을 이해하는 데는 오랜 시간이 걸렸다.

부비 선생이 곤경에 빠진 자기 이야기를 내게 한 것은 바로 그렇게 해서다. 그 학원의 복습교사이던 부비 선생은 무슨 말을 하건 언제나 한숨을 먼저 내쉬고 시작하는 것이었다. 키가 작은 무기력한 남자로 까만 머리에 무성한 턱수염을 기르고 있었다. 그와 무슨 공부를 했는지 더 이상 기억나지 않는다. 아마 대단한 건 배우지 않았던 것이, 수업 시작부터 부비 선생의 시선은 희미해졌고, 한숨이 점점 더 많아지다가 조만간 한숨을 뒤따르던 말도 더 이상 나오지 않았기 때문이다. 내가 학과 내용을 외우고 있는 동안, 그는 생각에 잠긴 듯 머리를 흔들며 구슬프게 "그려, 그려"를 몇 번이고 중얼거리다가, 갑자기 나를 저지하며 말하는 것이었다.

"지난밤에도 그녀가 날 집에 들어오지 못하게 했네."

부비 선생이 겪는 곤경은 부부간의 문제였다.

"뭐라구요!"라고 나는 외쳤는데, 마음이 아팠다기보단 재미를 더 느꼈던 게 아닌가 싶다.

"또 다시 계단에서 잤단 말이에요?"

"그려! 자네 보기에도 참을 수 없는 것 같지."

그는 허공을 쳐다봤다. 그에게는 더 이상 나도 보이지 않고, 그가 상대하는 게 어린아이라는 것도 잊어버린 것 같았다.

"다른 세입자들에게 웃음거리가 되니 더더욱 그래. 그들은 상황을 모르거든."

"억지로라도 문을 열 수는 없었나요?"

"그럴 경우 그 여자는 날 때려. 그저 내 입장이 한번 돼 보게."

"내가 선생님이라면 그녀를 때릴 거예요."

그는 깊은 한숨을 내쉬고는 천정을 향해 암소 같은 눈을 들고는 격언이라도 되듯 말했다.

"여자를 때려선 안 되지." 그리곤 턱수염 속에서 덧붙였다. "더더구나 홀몸이 아닐 때는!…"

부비 선생은 조만간 다니엘 선생으로 교체되었다. 그는 불결하고 무식하며 선술집과 작부집 냄새를 풍기는 술꾼 같은 인물이었다. 하지만 적어도 속내 이야기는 하지 않았다. 그 역시 다른 사람으로 바뀌었는데 누군지 더 이상 기억나지 않는다.

계속 바뀌는 복습교사들이 보여주는 무식과 저속함에 켈러 씨는 무척 괴로워했다. 그는 진짜 본받을 만한 사람으로, 초창기의 명성에 걸맞은 학원을 유지하기 위해 무척 애를 쓰고 있었다. 그땐 명성도 높았을 뿐만 아니라 실제로도 그런 모습을 완벽히 보여주었던 것 같다. 나는 조만간 모든 과목을 켈러 선생하고만 공부하게 되었다. 수학 과목만 예외로 시몬네 선생이 가르쳤다. 둘 다 훌륭한 교사로, 어린아이의 두뇌를 짓누르기는커녕, 반대로 두뇌를 자유롭게 해주려고 온갖 고심을 하며 그 일에 심혈을 기울이는 타고난 교사들이었다. 그리하여 그들은 제자와의 관계에서, 선구자 세례 요한의 말을 실행에 옮기는 것 같았으니… 즉 '그분은 점점 번영해야 하고, 나는 점점 쇠퇴해야 한다'[25]는 말이다. 그들 둘 다 내게 얼마나 큰 자극을 주었는지, 18개월 좀더 되는 기간 만에 무지로 황폐하던 몇 년을 따라잡아, 1887년 가을엔 알자스 학교의 수사학 학급에 재입학할 수 있었고, 그 속에서 나는 그토록 오래전부터 보지 못했던 학급 친구들을 되찾았던 것이다.[26]

---

25) 그리스도가 올 것을 예고하였다고 종종 예고자라 불리는 세례 요한의 말로, 이 구절은 〈요한복음〉 3장 30절에 나온다.

26) 하지만 내가 잘못 안 것 같다. 처음 학교에 들어갔을 때의 친구들은 나보다 일 년 앞서 있었기 때문에, 내가 다시 만난 것은 두 번째 들어갔을 때의 반 아이들이었다(원주). 지드는 단번에 라틴어 작문 시험을 치르며, 1887년 10월 4일 알자스 학교에 재입학했다.

내게는 기쁨이 언제나 우세하다. 바로 그 때문에 나의 도착은 내 출발들보다 더 진실하다. 떠나는 순간, 내가 그 기쁨을 드러내 보이는 건 종종 예의에 어긋나기도 한다. 나는 켈러 기숙학원을 떠나게 되어 몹시 기뻤으나, 내가 무척이나 좋아하던 자콥 선생을 슬프게 할까 염려되어 그런 기분을 지나치게 드러내 보이는 건 삼갔다. 사람들은 나의 선생이었던 켈러 씨를 자콥이란 그의 이름으로 불렀다. 아니 오히려 그 자신이 그렇게 부르도록 했다. 그 기숙학원의 창립자이자 원장인 연로하신 그의 부친에 대한 배려 때문이었다.[1] 《위대한 유산》[2]에 나오는 웸믹 씨와 마찬가지로, 자콥 선생은 자기 양친에 대해, ― 왜냐하면 그의 모친도 아직 생존해 계셨기 때문에 ― 하지만 특히 연로하신 자기 부친에 대해, 그 앞에선 꼼짝도 못하는 거의 종교적이기까지 한 경애심을 품고 있었다. 그 자신도 이미 상당히 나이가 들었음에도 불구하고, 그는 자기 생각이나 의도, 자기 인생을 이 '노인장'[3]의 뜻에

---

1) 스위스에서 온 장-쟈크 켈러(Jean-Jacques Keller, 1809-1889)가 슈브뢰즈 거리에 개신교 교육기관을 연 것은 1834년이다.

2) 디킨스가 1861년 발표한 소설 《위대한 유산》을 지드는 1899년 감탄하며 읽었으며, 1913년 영어판으로 다시 읽었다.

3) 지드는 영어로 'Aged'라 쓰고 있다. 이는 《위대한 유산》 25장에서, 런

맞춰 나갔다. 학생들은 이 노인장을 거의 모르고 있었던 것이, 그는
엄숙한 몇몇 순간에만 모습을 드러냈기 때문이다. 하지만 그의 권위는
온 학원을 지배하고 있었다. 자콥 선생이 (마치 성스러운 율법판을 들
고 시내산에서 내려오는 모세처럼) 영감님이 은거하던 3층 방에서 내려
오는 걸 보고 있노라면, 그 권위를 잔뜩 짊어지고 내려오곤 했다. 그
성스러운 장소에 내가 들어갈 수 있었던 것은(그래서 '노인장'이 실제로
존재하고 있음을 증언할 수 있었다) 단지 몇 번 어머니와 함께였는데,
혼자서는 감히 들어갈 생각도 못했을 것이기 때문이다. 우리가 안내받
아 들어간 곳은 위그노 스타일의 조그마한 방으로, 창문 가까이 초록
색 렙스를 씌운 커다란 안락의자에 하루 종일 그렇게 자리를 잡고 앉
아 계시던 영감님은 우리를 맞으러 자리에서 일어나지 못하노라 먼저
양해를 구하셨다. 그 창문을 통해 그는 아래쪽 안뜰에서 기숙생들이
왔다갔다 하는 걸 지켜보고 계셨던 것이다. 오른 쪽 팔꿈치로 마호가
니 책상 상판을 비스듬히 누르고 있었고, 책상 위에는 서류들이 잔뜩
쌓여 있었다.[4] 그의 왼쪽, 조그마한 원탁 위에는 거대한 성경책과 파
란색 사발이 하나 있었다. 그 사발은 가래가 몹시 심하던 그가 타구로
사용하시던 것이었다. 키가 상당히 컸음에도 연륜의 무게가 그의 등을
그다지 구부려 놓치는 못했다. 그의 시선은 곧고 목소리는 엄격했으
며, 그가 내리는 명령, 즉 자콥 선생이 전 기숙사에 전달하던 그 명령
을 사람들은 그가 하느님으로부터 직접 받고 있다고 여기거나 또는 그
렇게 느끼고 있었다.

켈러 노부인으로 말하자면, 그녀는 남편보다 먼저 세상을 떠나고 말
았는데, 내 친할머니 다음으로 내가 세상에서 본 가장 쪼그라든 인물
이었다는 것 외에 기억나는 건 없다. 나의 할머니보다 키는 더 작았으

---

던 한복판 일종의 성채에 은둔해 살고 있는 귀가 거의 먹은 노인을 지칭
하기 위해 웸믹 씨가 사용한 바로 그 어휘다.
4) 여기 묘사된 것은 지드가 《사전꾼들》에서 아자이스 영감의 사무실을 묘
사하기 위해 사용된다.

나 어쨌든 주름은 덜했다.

자콥 선생 역시 결혼하여 거의 내 나이 또래의 애를 셋이나 두고 있었다. 다른 기숙사생 무리 속에 파묻혀 있었던 그 아이들과 나는 희미한 관계밖에 갖질 못했다. 자콥 선생은 학생들에게 근엄한 태도를 보이고 선량한 자기 모습을 감추려고 애를 썼으나 허사였다. 왜냐하면 그는 원래 무척 다정다감했기 때문이다. 차라리 유순하다고 해야 하리라. 그것은 말하는 방식에 뭔가 어린애 같은 게 들어있다는 의미다. 기질적으로 쾌활하긴 하나 그리 재치 있는 사람은 아니어서, 대담한 재담 대신 그저 평범한 언어유희만 줄곧 했다. 그것도 자기 기분이 좋다는 걸 드러내기만 하면 된다는 듯 언제나 같은 말만 지치지 않고 반복했는데, 이는 사소한 일에 급급해 하느라 더 나은 표현을 찾지 못했기 때문이기도 했다. 예를 들어 내가 베르길리우스를 좀 성급하게 해석하다 틀릴 경우, 어김없이 들려오는 말은 "서두르지 않으면, 서툴지도 않아요"5)였다. 그리고 우연히 자기가 실수를 하게 될 때면 당장 외치는 것이었다.

"미안해요! 내가 틀렸네요."

아! 훌륭한 사람이었다! 스위스는 이런 사람들의 나라다. 톱페르가 바로 그들의 작가 아니던가.6)

그는 일요일 아침마다 마담 가(街)의 예배당에서 리드 오르간을 쳤다. 거기선 올라르 씨와 드 프레상세 씨가 돌아가며 설교했다. 드 프레상세 씨는 상원의원이자 노목사로 거의 바브르텔 목사만큼이나 못생겼는데, 〈르 탕〉지 편집국장의 부친이기도 했다. 그는 웅변에 상당히 능한 설교자였으나, 같은 말만 되풀이하는데다가 끊임없이 앓고 있던

<hr>

5) 프랑스어로 "Ne nous emportons pas, nous nous en porterons mieux"로 앞뒤 구절의 발음이 비슷하다.

6) 로돌프 톱페르(Rodolphe Töpffer, 1799-1846)는 스위스 출신의 콩트 작가, 삽화가이자 만화의 선구자였다. 지드는 그의 유머 감각에 대해 그리 높이 평가하지는 않았다.

코감기 때문에 지극히 비장한 감동을 종종 망쳐버리곤 했다. 자콥 선생은 찬송가를 부르기 전, 별 볼일 없는 전주곡들을 즉흥적으로 치곤 했는데, 그 안에 그의 순진함이 그대로 드러나 있었다. 멜로디에 대한 상상력이 전혀 없던 나는 그 풍부한 상상력에 감탄할 뿐이었다.

알자스 학교에 다시 들어가기 위해 켈러 기숙학원을 떠나기 전, 나는 자콥 선생에게 그의 친절한 지도에 대해 내가 갖고 있던 감동적 기억을 표하기 위한 뭔가 미묘한 방도가 없을까 궁리했다. 그 기숙학원이 알자스 학교로 가는 길목에 있었기에, 분명히 그를 계속 볼 수도 있고 이따금 그를 만나러 갈 수도 있었을 것이다. 하지만 그에게 할 말은 전혀 없었을 게다. 그리고 그것만으론 내게 충분치 않아 보였다. 말도 안 되는 이 섬세함, 아니 더 정확히 말하면 나의 섬세함을 증명하려는 이 욕구는 나로 하여금 미묘한 것에 지나치게 신경을 쓰게 해서, 때로는 쓸데없는 걱정으로 날 몹시 괴롭혔으며, 때로는 대상이 된 상대방도 이해할 수 없는 친절을 베풀도록 부추기곤 했다. 그리고 그게 결국 켈러 씨 댁에서 일주일에 한 번씩 식사를 하는 방법을 짜내게 만들었다. 거기에는 또한 기숙사 분위기를, 겉으로 뿐이긴 하지만 맛보고자 하는 바람도 있었다. 그래서 매주 수요일, 내가 기숙사에서 점심을 먹는 것으로 결정되었다. 그날은 송아지 고기가 나오는 날이었다. 나는 다른 학생들 틈에 앉게 되리라 생각하고 있었다. 그러나 자콥 선생은 나를 마치 중요한 손님처럼 대우하고자 했고, 그가 내게 마련한 특별대우보다 더 거북한 건 없었다. 열댓 명의 학생들이 거대한 식탁의 한쪽 끝에서 식사를 했고, 다른 쪽 끝에 켈러 씨 부부가 앉아 식사를 주재하는 것이었다. 자콥 선생 옆에 앉게 된 나는 학생들과 한참 떨어져, 그와 같이 식사를 주재하는 것처럼 보였다. 가장 곤란했던 건 켈러 씨 자식들도 그들 부모와는 멀리 떨어져 같은 학급 학생들과 섞여 앉아 있었다는 사실이다. 다른 사람과 보조를 맞추고자 하는 내 노력은, 어떤 조직에 편입되고자 시도했을 때마다 그랬듯이 나를 더욱 더 차별화시키고 말았다.

그 후부터 내가 모든 것에 대해 가졌던 지대한 관심은 엠마뉘엘이 항상 나와 같이 있었다는 사실, 특히 거기서 나왔다. 난 내가 새로 발견하는 것은 뭐든지 곧 바로 그녀에게 알려주고 싶었으며, 나의 기쁨은 그녀가 함께 할 때만 완벽한 것이었다. 책을 읽을 때면 우리의 감탄과 놀라움, 그리고 우리의 사랑을 받을 만해 보이는 구절마다 그 옆에 그녀 이름의 이니셜을 적어 놓았다. 그녀가 없는 인생은 내게 아무 의미도 없었으며, 어디서나 나와 함께 있는 그녀를 꿈꾸곤 했다. 여름날 라 로크에서 그녀를 데리고 숲을 가로질러 가곤 하던 그 아침산책에서처럼 말이다. 우리는 온 집안이 아직 고요히 잠들어 있을 때 집을 나서곤 했다. 풀에는 이슬이 무겁게 맺혀 있었으며 공기는 신선했다. 장밋빛 여명은 이미 오래전에 빛을 바랜 뒤였으나, 비스듬히 비치는 햇살은 황홀한 신선함을 가득 머금고 우리에게 웃음 짓곤 했다. 우리는 손을 맞잡거나, 오솔길이 너무 좁을 때면 내가 몇 걸음 앞서서 나아갔다. 우리는 사뿐사뿐 아무 말 없이 걸어갔다. 그건 어떤 신(神)도, 다람쥐나 토끼, 노루 등 어떤 짐승도 놀래키지 않기 위해서였다. 짐승들은 그 순진무구한 시각에 마음 놓고 장난을 치고 기지개를 켜며, 인간들이 깨어나기 전, 태양이 잠들어있는 동안 일상의 에덴에 활기를 주고 있었다. 순수한 찬란함이여! 너에 대한 추억이 죽음의 순간에 어둠을 이겨낼 수 있기를! 내 영혼은 얼마나 여러 번, 한낮의 뜨거움 속에서도 너의 이슬로 시원하게 목을 축였던가![7]

헤어져 있을 때 우리는 서로 편지를 썼다. 우리 사이에 긴 서신왕래가 이루어지기 시작했던 것이다… 나는 최근에 내 편지들을 다시 읽어보고자 했다.[8] 하지만 그 어조가 내겐 견딜 수 없고 내가 가증스러워 보인다. 오늘날 나는 진정으로 자연스러운 사람이란 단순한 사람들뿐

[7] 《앙드레 왈테르의 수기》에 유사한 장면이 나온다.
[8] 1918년 11월, 영국에서 돌아 온 지드는 그의 아내가 그의 편지를 전부 불태운 것을 알게 된다.

이라는 생각을 갖게 되었다. 나로선 수많은 곡선들 가운데서 내 선
(線)을 가려내 풀어야 했다. 하지만 나는 아직 내가 어떤 뒤엉킴 속을
뚫고 나아가고 있는지 전혀 깨닫지 못하고 있었다. 나는 펜이 자꾸만
걸린다는 건 느꼈지만 무엇에 걸리는지 제대로 몰랐다. 뒤엉킨 걸 풀
어내기엔 아직 미숙했던 나는 싹둑 잘라버렸던 것이다.

내가 그리스인들을 발견하기 시작한 건 바로 그 시기로, 그들은 내
정신에 무척이나 결정적인 영향을 끼쳤다. 르콩드 드 릴의 번역서들이
당시 막 출판을 마치고 있었다. 9) 널리 회자되던 그 책들을 내게 준 사
람은 (내 생각에) 뤼실 외숙모였다. 그 책들은 나를 매혹시키기에 딱
좋은 생생한 뼈대와 경이로운 광채, 이국적인 울림을 보여주고 있었
다. 그 책들이 드러내는 딱딱함과 사소한 표면적인 난해함이 고맙기까
지 했는데, 그런 난해함은 독자들에게 좀더 주의 깊은 공감을 요구함
으로써 문외한들에겐 반감을 일으키는 것이었다. 그 책들을 통해 나는
올림푸스 산의 신들, 그리고 인간들의 고통과 미소 짓는 신들의 가혹
함에 대해 명상에 빠져들곤 했다. 나는 신화를 배웠으며, 뜨거운 내
가슴에다 지고의 미(美)를 얼싸안고 또 껴안았다.
내 여자 친구 엠마뉘엘도 그녀대로 《일리아드》와 그리스 비극들을
읽고 있었다. 그녀의 감탄은 내 감탄을 한층 더 자극했으며 서로 결합

---

9) 파르나스 시인들의 이상에 충실하던 르콩트 드 릴(Leconte de Lisle,
   1818-1894)은 호메로스와 그리스 비극작가들의 작품들을 그 서사적 성
   격에 충실한 언어로 번역함으로써 고대에 대한 관심을 불러일으키는 데
   기여했다. 《일리아드》는 1867년에, 《오디세이아》는 1868년, 《오이디
   푸스 왕》은 1877년 출판되었는데, 지드는 《오이디푸스 왕》을 1888년
   읽었다. 1887년 7월 마들렌느와 함께 퀴베르빌에 있던 지드는 엘리 알
   레그레에게 보낸 편지에서 "《일리아드》를 무척 열심히 읽고 있습니다.
   르콩트 드 릴이 한 것보다 더 멋지게 번역할 수는 없으리라 생각합니다"
   라고 쓰고 있다.

하였다. 복음서의 부활절 때도 우리가 그보다 더 긴밀히 공감했는지 의심스럽다. 10) 이상한 일이었다! 이교도적인 그 멋진 열정이 불타오른 것은 바로 내가 기독교 교리를 준비하던 시기였다. 오늘날 감탄하는 바이지만 그것들이 서로서로 방해가 되는 일은 거의 없었다. 그건 내가 그저 미적지근한 교리준비생이었다면 어떻게든 설명될 수도 있을 게다. 하지만 아니었다! 잠시 후 내 열성에 대해, 그리고 어느 정도 과도하게 그 열성을 밀고 나갔는지 이야기하겠다. 사실이지 우리들 마음의 성전은 동쪽이 훤히 열린 채, 온갖 햇빛과 음악과 향기들이 성스럽게 흘러들게 내버려두는 회교도 사원과 유사했다. 뭔가를 배제한다는 건 우리에게 불경스러워 보였다. 우리는 아름다운 것이면 무엇이든 환대했던 것이다.

내 교리준비를 담당하던 쿠브 목사11)는 세상에서 가장 훌륭한 사람인 건 확실하다. 하지만 맙소사! 그의 강의는 얼마나 지루했던가! 그의 강의를 받던 우리는 열 두엇 정도로 여학생과 남학생이 반반 정도였는데, 그들에 대한 기억은 하나도 없다. 수업은 뤽상부르 공원 근처 생-미셸 거리에 살던 쿠브 씨 집 식당에서 했다. 우리는 커다란 타원형 테이블에 빙 둘러 앉았으며, 그 전번에 쿠브 씨가 지목한 성서 구절을 낭독한 다음 강의가 시작되었고, 강의 앞뒤로 기도를 했다. 첫해는 성서 분석으로 다 보냈다. 그해 내내 나는 다음 해는 강의가 좀더

10) 《앙드레 왈테르의 수기》에는 다음과 같은 대목이 있다. "우리는 모든 걸 함께 공부하고 있었지. 나는 너와 같이 나누지 않는 기쁨은 상상할 수 없었어. 그리고 너도 나를 따라하는 걸 즐거워했지. 방랑하는 너의 정신 역시 알고 싶어 했어. 먼저 그리스 작품들로, 그들은 그 이후 언제나 가장 좋아하는 작품들이 되었지. 《일리아드》, 《프로메테우스》, 《아가멤농》, 《히폴리토스》 (…)."

11) 벵자맹 쿠브 목사는 지드 가족이 속한 개신교 교구를 담당하고 있었다. 따라서 그의 지도에 따라 지드는 1886년 6월에 있었던 첫 성만찬을 위한 준비를 했다.

활기를 띠게 되리라는 희망을 키울 수 있었다. 하지만 쿠브 씨는 교의 연구와 기독교 교리의 역사적 해설에도 똑같이 근엄한 무감동으로 일관했는데, 그런 무감동이 그의 정통주의의 일부였지 않나 싶다. 단조로운 그의 목소리가 흘러나오는 내내, 우리는 그 다음번 모임에서 발표해야 할 요점 정리를 위해 필기와 필기를 계속 해댔다. 지루한 수업에다 한층 더 지루한 숙제가 이어졌다. 쿠브 씨는 어조까지 정통주의였고, 그의 영혼과 마찬가지로 한결같고 확고했다. 그러나 끓어오르는 내 내적 불안에 그의 냉정함보다 더 반감을 일으킨 건 없었다. 요컨대 지극히 다정한 사람이긴 했으나 그걸 드러낼 생각을 못하고 있었으니… 얼마나 실망스러웠던가! 왜냐하면 고대의 그리스 사람들이 엘레우시스에 다가갔던 것처럼[12] 나는 성스러운 신비를 향해 나아가고 있었기 때문이다.

얼마나 가슴 떨려하며 나는 질문을 했던가! 하지만 그 대답으로 얻은 것이라곤 예언자의 수가 몇이며, 사도 바울의 여행경로가 어땠는지 배운 것뿐이었다. 나는 마음속 깊이 실망했다. 그리고 내 의문은 계속 남아있었기 때문에, 나는 내가 교육받고 있는 종교, 즉 개신교가 진정 내 요청에 부합하는 것인지 자문하기에 이르렀다. 나는 가톨릭에 대해 조금이나마 알고 싶기도 했다. 왜냐하면 가톨릭을 감싸고 있던 모든 예술에 대해 나는 여전히 무척 민감했고, 쿠브 씨의 가르침 속에는 보쉬에와 페늘롱, 파스칼을 읽었을 때 내 마음을 사로잡던 그 감동을 전혀 찾아볼 수 없었기 때문이었다. [13]

---

12) 고대 그리스의 도시 엘레우시스에서는 비밀 종교의식이 행해졌는데, 이 입문의식을 통해 내세에서 얻을 몇 가지 복을 약속받았다.

13) 1923년 10월 23일, 지드는 《일기》에서 다음과 같이 덧붙이고 있다. "《한 알의 밀알이 죽지 않으면》에서 내가 쿠브 씨의 강의가 내게 준 종교적 불만과 다른 것에 대한 허기를 이야기 한 대목에 다음 글을 덧붙일 것인가? '그 당시 누군가가 내게 《변주들의 역사》(*Histoire des variations*) (보쉬에가 1688년 쓴 저서)를 읽게 했다면, 개신교에 대한 내

나는 순진하게도 그러한 속마음을 쿠브 씨에게 직접 열어보였다. 나는 그와의 개별 면담에서 내 마음이 하나님을 찾아 도대체 어떤 제단으로 다가가고 있는지 확신할 수 없노라고 말하려고까지 했으니… 그 훌륭한 사람은 그때 책을 한 권 안겨줬는데, 그 안에는 가톨릭 교리가 무척 솔직하게 설명되어 있었다. 당연한 일이지만 가톨릭을 옹호하는 책은 아니었으나 전혀 비방하는 책자도 아니었다. 하지만 그보다 더 내 마음에 찬물을 끼얹기 적합한 것도 없었다. 그건 마치 증명서처럼 간결했으며 쿠브 씨의 설명처럼 맥 빠진 것이었다. 그리하여, 정말이지, 여기저기 다 목마른 채로 있거나 아니면 스스로 우물을 파야겠구나 생각했다. 그래서 필사적으로 한 게 바로 그것이었다. 다시 말해 나는 그때까지 내가 해오던 것보다 더 자세히 성서를 읽기 시작했다. 나는 탐욕스럽고도 게걸스럽게, 하지만 조직적으로 읽었다. 나는 처음부터 시작해 차례차례 읽었을 뿐 아니라 여러 군데를 동시에 읽는 것도 병행했다. 매일 저녁 어머니의 방에서, 그것도 어머니 옆에서, 나는 그렇게 역사서와 시편, 그리고 예언서들을 각각 한 장 또는 여러 장씩을 읽었다. 그렇게 함으로써 나는 조만간 성서 전체를 통달하게 됐다. 그리고 난 다음 각 부분을 다시 읽었는데, 더 차분하게, 하지만 여전히 생생한 열정을 갖고 읽었다. 구약을 읽을 땐 경건하고 숭배하는 마음으로 임했다. 그러나 그 속에서 내가 느낀 감동은 분명 종교적인 성격의 것만은 아니었다. 이는 《일리아드》나 《오레스티아》가 내 마음속에 부어주던 감동이 순전히 문학적인 것만 아니었던 것과 마찬가지였다. 아니 더 정확하게, 예술과 종교가 내 안에서 경건하게 결합하고 있었으며, 나는 그것들이 완전히 녹아 일체를 이룰 때 가장 완벽한 황홀경을 맛보았던 것이다.

---

믿음은 크게 흔들렸을 것이라고 생각한다. 하지만 이 반항적이고 멋진 책을 너무 늦게서야 알게 되었다. 게다가, 그 당시 그 책을 이해하기라도 했을까? 아닐 것이다. 단지 그 책에 대해 반항했을 것이다.'"

그런데 복음서는… 아! 마침내 나는 사랑의 이유와 그 작업, 그 무궁무진함을 보았던 것이다. 내가 그 속에서 느낀 감정은 내가 엠마뉘엘에 대해 느끼던 감정을 강화시키는 동시에 그 감정을 설명해주고 있었다. 그 감정들은 서로 다른 게 전혀 아니었다. 그것은 엠마뉘엘에 대한 내 감정을 심화시키고 내 마음속에 그 감정의 진정한 위치를 부여해준다고도 할 수 있었으리라. 내가 성서 전반을 마음껏 읽은 것은 단지 저녁으로, 아침에는 좀더 내밀하게 복음서를 다시 읽었으며, 낮 동안에도 되풀이해 읽곤 했다. 나는 신약성서를 주머니에 넣고 다니며 한시도 떼놓는 일이 없었다. 기회만 있으면 그걸 꺼내 읽곤 했는데, 나 혼자 있을 때뿐 아니라, 날 우스꽝스럽게 만들 수도 있고 또 나로선 그들의 비웃음을 두려워해야 했던 바로 그런 사람들 앞에서도 그랬다. 예를 들면 마치 목사처럼 전차 안에서, 그리고 켈러 기숙사나 아니면 그 뒤 알자스 학교에서 쉬는 시간에, 동료들의 야유 속에서 내 당황과 수치스러움을 온전히 하나님께 바치면서 말이다.14) 나의 첫 번째 성만찬 예식은 내 일상에 큰 변화를 가져오지 않았다. 성찬식은 내게 새로운 황홀경을 안겨준 것도, 내가 이미 마음속으로 맛보고 있던 황홀경을 특별히 증가시켜준 것도 아니었다. 반대로 사람들이 그날 즐겨 갖추는 성대하고 공식적인 형식이 오히려 어색했으며, 내 눈에는 그게 도리어 그날을 속되게 하는 것 같았다. 하지만 그날 이전 어떤 침체기도 없었던 것처럼, 그 후로 어떤 실망도 없었다. 정반대로 나의 종교적 열정은 성만찬 이후 더 커가기만 했으며, 그 다음 해에는 절정에 이르렀다.

그 당시 나는 몇 달 동안 계속, 일종의 천상적인 상태 속에 머물렀다. 신성(神聖)에 가까운 그런 상태 자체가 아니었나 싶다. 여름이었다. 나는 학교에는 거의 나가지 않았다. 특별 배려로, 내게 실제적인

─────────────

14) 피에르 루이는 자기 동생에게 보낸 편지에서, 학교 친구들이 지드를 비웃을 때 자신이 종종 그를 보호해야 했다고 쓰고 있다.

도움을 주던 강의, 다시 말해 몇 안 되는 강의 외에는 더 이상 수업을 듣지 않아도 된다는 허가를 받았던 것이다. 나는 시간표를 짜서 엄격히 지켰다. 그 엄격함 자체에서 가장 큰 만족감과 그걸 철저하게 지킨다는 데서 뭔가 자긍심을 느끼고 있었기 때문이다. 새벽부터 일어나, 나는 전날 저녁 미리 욕조에 가득 받아놓은 차가운 물속에 몸을 담갔다. 그리고 공부를 시작하기 전, 성서의 몇몇 구절을 읽었다. 더 정확히 말하면 그날의 명상을 살찌우기 적합한 것으로 전날 미리 표시해둔 구절들을 다시 읽곤 했다. 그러고 나서 기도를 드렸다. 내 기도는 하나님 안으로 좀더 들어가기 위한 영혼의 움직임과 같은 것으로 그 움직임이 생생히 느껴졌다. 그런 움직임을 나는 매시간 새롭게 다시 하느라 공부를 중단하곤 했으며, 공부하는 과목을 바꿀 때마다 새로이 기도를 드려 그 공부를 하나님께 바치곤 했다. 고행 삼아 나는 마룻바닥에서 잠을 잤다. 한밤에 자리에서 일어나 다시 무릎을 꿇곤 했는데, 고행을 하기 위한 것보다 기쁨의 초조함 때문이었다. 그 당시 나는 행복의 최고봉에 도달한 것 같았다.[15]

　내가 무슨 말을 덧붙일 수 있겠는가?… 아! 이 찬란한 기억의 격정을 좀 누그러뜨리고 싶다! 이런 유형의 이야기가 갖는 속임수란 바로 이런 것이다. 가장 덧없고 가장 쓸모없는 사건들이 끊임없이 자리를 차지하고, 이 모든 게 다 이야기로 꾸며진다는 점이다. 안타깝게도! 여기서 무슨 이야기를 할 것인가? 이렇듯 내 가슴을 가득 채우던 것은 단 세 마디 안에 다 들어가는 것이거늘, 난 그걸 쓸데없이 부풀리고 늘어놓고 있다. 오, 빛으로 가득 찬 마음이여! 그 빛들이 내 육체의 다른 쪽에 드리우게 될 그림자에 대해, 오, 그리도 무심한 마음이여! 아마도 신에 대한 사랑처럼, 사촌누이에 대한 내 사랑은 너무나 쉽사리 부

---

15) 흥미롭게도, 지드는 과거 《앙드레 왈테르의 수기》의 '검은 수기'에서 광기로 이끄는 억압처럼 환기시켰던 이 신비주의적 시기를 여기서는 행복한 것으로 소개하고 있다. 1917년, 본 회고록의 이 부분을 쓰고 있던 시기, 그는 자기 젊은 시절의 신앙을 되살리려고 노력하고 있었다.

재에 익숙해졌던 것이다. 한 인물의 가장 두드러진 특징들은 자신이
그걸 의식하기도 전에 이미 형성되고 드러나는 법이다. 하지만 내 속
에서 그려지고 있던 것의 의미를 내가 벌써 이해할 수 있었을까?…16)

  하지만 피에르 루이17)가 어느 날 저녁 쉬는 시간에, 내가 들고 있
는 걸 본 것은 성서가 아니라, 내가 당시 독일어 원본으로 읽던 하인
리히 하이네의 《노래의 책》(Buch der Lieder)18)이었다. 우리는 막 프
랑스어 작문을 마치고 있었다. 내가 수사학 수업에서 다시 만나게 되
었던 피에르 루이, 그는 계속해서 알자스 학교에 다니고 있었다. 19)
그는 단순히 뛰어난 학생 그 이상이었다. 그에겐 일종의 천재가 깃들
어 있어, 그가 가장 잘하는 건 가장 힘을 안들이고 하는 것이었다. 매
번 프랑스어 작문시험이 있을 때마다 1등상은 두말할 것 없이 그의 차
지였다. 그것도 단연 뛰어난 일등이었다. 우리 선생이던 디에츠 선
생20)은 다른 수업에서 선생들이 이미 그토록 종종 발표했던 것을 재

---

16) 지드는 자신이 오래전부터 인정했던 해석을 하나의 가정처럼 제시하고
   있다. 이런 해석은 《좁은 문》에서 제롬의 행동을 상당 부분 정당화시키
   고 있다. 그리고 이미 《앙드레 왈테르의 수기》에서도 "그녀가 죽는다.
   '따라서' 그는 그녀를 소유하게 되는 것이다…" 라고 쓰고 있다.

17) 피에르 루이(Pierre Louis, 1870-1925)와 지드 사이의 관계는 복잡하
   다. 왜냐하면 지드가 하는 다양한 이야기들은 그들의 우정이 강렬했던
   만큼이나 강한 원한에 차 있기 때문이다.

18) 하인리히 하이네(1797-1856)는 1827년, 우울한 탄식과 그런 감상주의
   를 비웃는 내용의 시집 《노래의 책》을 출판했다. 지드의 초기 시집 《앙
   드레 왈테르의 시집》에는 바로 그런 것이 혼합되어 있다.

19) 피에르 루이는 1882년 10월 알자스 학교 초등과정 5학년에 들어갔다.
   당시 단지 한 달 동안이긴 했으나, 6학년에 있던 지드는 그를 알고 있
   었을 것이다.

20) 헤르만 디에츠(Hermann Dietz, 1845-1920)는 지드를 문학에 입문시킨
   핵심 인물가운데 한 사람으로, 문학과 독일어 교수자격자이던 그는 1888
   년 뷔퐁 고등학교 교사가 되었다. 지드는 그의 《앙드레 왈테르의 수기》

미있다는 목소리로 발표했다. "일등, 루이." 아무도 감히 그 자리를 넘보지 않았으며 그럴 생각도 못하고 있었다. 분명 나 역시 다른 아이들과 마찬가지였다. 수년 전부터 혼자 공부하는 것에 익숙해 있던 나는 스물다섯 명이나 되는 동무들의 존재에 자극을 받기보단 훨씬 더 어색해하고 신경이 쓰일 뿐이었다. 그런데 갑자기, 내 생각에 그날 프랑스 작문이 특별히 잘된 것 같지도 않았던 것 같은데, 채점 결과를 주던 디에츠 선생이 시작했다.

"일등, 지드!"

그는 그 말을 마치 도전장을 던지듯 더없이 목청을 높여 말하면서, 반주 삼아 교탁 위를 주먹으로 한대 꽝 치고는, 만면에 재미있다는 미소를 띠며 안경 너머로 교실을 한 바퀴 둘러보았다. 학생들 앞에 서 있는 디에츠 선생은 마치 건반을 마주한 오르간 주자 같았다. 이 대가는 우리 자신도 전혀 예상치 못한 소리들을, 전혀 기대하지 못했던 소리들을 우리에게서 자기 마음대로 끌어내곤 했다. 뛰어난 솜씨를 자랑하는 명인들이 그러하듯, 그는 때때로 좀 너무 심하게 그걸 즐기고 있지 않았나 싶다. 하지만 그의 강의는 얼마나 재미있었던가! 수업이 끝날 때면 나는 너무 많은 걸 섭취해 터질듯 부풀어 오른 느낌이었다. 그리고 그의 따뜻한 음성을 얼마나 좋아했던가! 그리고 짐짓 태평스러운 듯 교단 위 안락의자에 반쯤 누운 채, 팔걸이에 비스듬히 다리 하나를 걸쳐 무릎을 거의 코 높이까지 올려놓고 있는 그 모습…

"일등, 지드!"

나는 모든 시선이 내 쪽으로 향하는 걸 느꼈다. 나는 얼굴을 붉히지 않으려고 엄청나게 애를 썼고, 그게 도리어 얼굴을 더 붉게 만들었다. 머리가 빙빙 돌았다. 하지만 나는 일등을 차지했다는 만족보다 피에르 루이를 불만스럽게 했다는 생각에 더 당황스러웠다. 그가 어떻게 이 모욕을 받아들일 것인가? 날 미워하게 된다면! 반에서 내가 관심을 갖

---

한 부를 그에게 드렸으며, 바칼로레아 이후에도 계속 그와 만났다.

고 있던 아이는 그뿐이었으나, 그는 분명 그런 사실은 생각지도 못하고 있었다. 그날까지 내가 그와 나눈 이야기는 스무 마디도 채 되지 않았다. 그는 무척이나 활발한 외향성이었으나, 나는 망설이고 주저하느라 아무 말도 못한 채 굳어있는 한심스러울 정도로 소심한 인물이었던 것이다. 하지만 그 즈음에 나는 결심을 했던 것이다. 내가 그에게 다가가는 거야. 그리고 말할 거야.

"루이, 이젠 우리가 서로 이야기를 해야 해. 누군가가 여기서 널 이해할 수 있다면 그건 바로 나야 …"라고. 그랬다. 사실로 난 그에게 말을 걸 작정을 하던 참이었다. 그런데 갑자기 변고가 생긴 것이다.

"이등, 루이."

나는 멀리서, 내 생각에 그 어느 때보다 더 멀리서 연필을 깎고 있는 그를 쳐다보았다. 그는 아무 소리도 들리지 않는다는 표정을 하고 있었지만, 다소 신경이 곤두선 채 약간 창백해진 것 같았다. 나는 얼굴이 붉어지는 걸 느꼈을 때 손으로 두 눈을 가렸기 때문에, 손가락 틈 사이로 그를 보고 있었다.

이어진 쉬는 시간에 나는 평소 하던 대로, 다른 아이들이 시끄럽게 놀고 있는 안뜰로 통하는 유리창이 달린 복도로 나갔다. 나 혼자 있을 수 있는 그곳은 내 피난처였다. 나는 주머니에서 《노래의 책》을 꺼내 다시 읽기 시작했다.

> Das Meer hat seine Perlen;
> Der Himmel hat seine Sterne,
> (바다에는 그의 진주가 있고
>  하늘에는 그의 별들이 있네.)

우정에 가득 찬 내 마음을 그의 사랑으로 위로하며

> Aber mein Herz, mein Herz,
> Mein Herz hat seine Liebe.

(하지만 내 마음, 내 마음엔,
내 마음엔 그의 사랑이 있다네.)[21]

내 등 뒤의 발자국 소리. 나는 뒤로 돌아선다. 피에르 루이였다. 그는 흰색과 까만색의 작은 체크무늬에, 소매가 너무 짧은 윗도리를 걸치고 있었다. 싸움꾼이었기에 찢어진 칼라에 넥타이를 펄럭이며… 너무나 선명하게 그의 모습이 다시 떠오른다! 너무 빨리 키가 커버린 아이처럼 다소 어설픈 몸짓에 호리호리하고 섬세한 모습으로, 헝클어진 그의 머리카락은 아름다운 이마를 반쯤 가리고 있었다. 내가 정신을 차릴 겨를도 없이 내 앞에 다가온 그가 갑자기 말했다.

"너 뭐 읽고 있니?"

말이 나오지 않아 나는 그에게 책을 건넸다. 그는 잠시 《노래의 책》을 뒤적이더니,

"그럼 넌 시를 좋아하는 거야?"라고 그때까지 내가 그에게선 듣지도 보지도 못하던 어조와 미소를 띠며 다시 말했다.

그렇다면 뭐야! 적의를 갖고 다가온 게 아니었군. 내 가슴은 스스르 녹아버렸다.

"그래, 나도 이 시들을 알고 있어." 그는 작은 책을 돌려주며 계속했다. "하지만 난 독일어로는 괴테의 시가 더 좋아."

조심스럽게 용기를 내 나도 말했다.

"네가 시를 쓴다는 건 나도 알아."

최근 반에는 루이가 쓴 익살스런 시 한편이 손에서 손으로 돌아다녔다. 그건 그가 수업시간에 '투덜거렸던' 것 때문에 벌과 대신 디에츠 선생에게 제출했던 시였다.

"피에르 루이군, 다음 월요일까지 투덜거림에 대한 시를 30행 적어 내요"라고 디에츠 선생이 말했던 것이다.

---

21) 〈선실에서의 밤〉이란 시의 첫 연이다.

나는 그 시를 외우고 있었다(나는 아직까지 외우고 있다고 생각한다). 그건 물론 어린 학생의 것이었으나 놀랄 만큼 잘 된 것이었다. 나는 그 앞에서 그 시를 읊기 시작했다. 그는 웃으며 날 제지했다.

"아니! 그건 그냥 재미로 쓴 거야. 네가 원하면 다른 시들을 보여줄게. 진짜를."[22]

그는 매력적인 젊음의 기운을 지니고 있었다. 끓어오르는 일종의 내적 격동이 신중한 그의 성품의 뚜껑을 마구 들썩여, 열에 들뜬 말을 더듬더듬 내뱉게 한다고도 할 수 있을 그 말들이 내겐 세상에서 가장 기분 좋게 느껴졌다.

종이 울려 노는 시간도 끝났고 우리의 이야기도 끝났다. 나는 그날로선 충분히 기쁨을 누렸다. 하지만 그 뒤 며칠 동안은 다시 실망이었다. 무슨 일이 있었던 걸까? 루이는 더 이상 내게 말도 걸지 않았다. 마치 날 잊어버린 것 같았다. 마치 연인들 사이의 수줍음 비슷한 두려움 섞인 수줍음 때문에, 그는 우리들 사이에 막 싹트기 시작한 우정의 비밀을 다른 애들에게는 감추고 싶었기 때문이리라 생각된다. 하지만 당시 나는 그렇게 생각하지 못했다. 나는 그와 같이 이야기를 나누고 있는 글라트롱과 구비, 브로치에게 질투를 느꼈다. 나는 그들 그룹에 다가가는 게 망설여졌다. 날 가로막은 것은 소심함보다 자존심이었다. 나는 다른 아이들과 섞이는 게 싫었으며, 루이가 날 그들과 비슷하게 생각하는 걸 받아들일 수 없었다. 나는 그와 단둘이 만날 기회를 엿보았는데 그 기회는 곧 왔다.

루이가 싸움꾼이었다는 말은 이미 한 바 있다. 하지만 그는 건장하기보다 쉽게 흥분하는 성격이었기 때문에 지기 일쑤였다. 알자스 학교의 친구들 사이에서 벌어지던 이런 다툼은 그리 사나운 게 아니었다. 그건 몽펠리에 공립학교의 박해와는 전혀 다른 것이었다. 하지만 루이

---

22) 1888년 5월, 루이는 그의 《내면 일기》에서, 지난 1월부터 2000행의 시를 썼으며, 그 가운데 50행은 그저 그렇고, 12행은 '아주 아름답다'고 썼다.

는 짓궂은 아이로 그가 싸움을 걸었다. 그리고 상대가 그를 건드리면 맹렬하게 달려들었기 때문에 그의 옷은 종종 엉망진창이 되곤 했다. 그날은 싸우다가 모자를 떨어뜨렸는데, 그게 멀리 날아와 내 옆에 떨어졌다. 나는 그 모자를 슬쩍 집어 들어 내 윗저고리 속에다 감추었다. 잠시 후 그의 집으로 갖다 주려는 의도였는데 벌써부터 내 심장을 두근두근하게 만들었다(그는 거의 바로 옆에 살고 있었다).[23]

나는 속으로 생각했다. "확실히 그는 이런 친절에 감동을 받을 거야. 그가 분명 말할 거야. '그럼 들어와.' 난 처음엔 거절할 거야. 하지만 어쨌든 집안으로 들어갈 거야. 우리는 이야기를 할 거고. 아마도 그는 내게 자기 시를 읽어줄지도 모르지…"

이 모든 것은 수업이 끝난 다음에 벌어졌다. 나는 다른 아이들이 다 나가길 기다렸다가 마지막으로 나왔다. 내 앞에는 루이가 뒤도 돌아보지 않고 걷고 있었다. 거리에 나서자마자 그는 걸음을 서둘렀다. 나는 그 뒤를 바싹 따라갔다. 그가 사는 건물 문 앞에 이르렀다. 나는 그가 어두컴컴한 입구로 들어서는 것을 보았다. 그리고 나도 그 안으로 들어섰을 때 계단을 올라가는 그의 발자국 소리가 들렸다. 그가 사는 곳은 3층이었다. 그는 층계참에 이르러 벨을 울렸는데… 그래서 빨리, 곧바로 열린 문이 우리 둘 사이로 다시 닫히기 전에, 나는 외쳤다. 다정하게 들리도록 애를 썼으나 격한 감정으로 목이 메어버린 소리로.

"저기! 루이! 네 모자 가져왔어."

하지만 두 층이나 높은 곳에서 떨어진 것은 내 가련한 희망을 완전히 짓밟아버리는 다음과 같은 말이었다.

"잘됐네. 수위실에 갖다 놔."

내 실망은 그저 잠시뿐이었다. 그 다음다음 날, 허심탄회한 대화가

---

23) 당시 피에르 루이는 노트르담-데-샹 거리에 있는 그보다 23살이나 많은 이복형 집에서 살고 있었다. 1879년 그의 어머니가 죽었을 때, 그 형에게 맡겨졌다.

그 실망에 종지부를 찍었으며 또 다른 만남이 이어졌다. 그 이후 조만
간, 나는 저녁 수업이 끝난 다음이면, 그 다음 날 우리 수업이 허락하
는 한 매번, 또 오랜 시간 동안, 루이의 집에 들렀다 가는 습관을 들
이게 되었다. 어머니는 내가 귀에 못이 박히도록 칭찬하던 그 새 친구
를 만나보고 싶어 하셨다. 얼마나 마음 조리며 그를 코마이유 거리로
데려왔던가! 그가 제대로 인정을 받지 못한다면!

그를 어머니에게 소개했을 때 그가 보여준 훌륭한 매너와 요령, 그
리고 점잖은 태도가 나를 안심시켰다. 그가 가고 난 다음 어머니가 다
음과 같이 말하시는 걸 듣고 나는 너무나 기뻤다.

"네 친구, 무척 예의가 바르구나." 그러고 나선 마치 혼잣말처럼 덧
붙였다. "놀라운데."

나는 머뭇거리다 용기를 내서 물었다.

"왜?"

"일찍 양친을 여의고 형과 단둘이 산다고 말하지 않았니?"

"그러니 루이가 예절이 바른 건 타고 난 거라고 믿어야 되겠죠." 내
가 따졌다.

하지만 어머니는 교육의 편을 드셨다. 어머니는 살짝 손짓을 하셨는
데(어머니의 언니인 클레르 이모님을 상기시켰다), 다음과 같은 뜻이었
다. 즉 대꾸할 말도 충분히 있지만 왈가왈부하지 않겠노라. 그러고 나
선 화해하듯 덧붙이셨다.

"어쨌건 확실히 뛰어난 아이야."[24]

어머니에게 소개시킨 다음 얼마 후, 루이는 언젠가 일요일, 자기와
같이 교외로 나가자고 제안했다. 뫼동 숲 같은 곳에 가면 어떻겠느냐
는 것이었다. 그곳은 내가 이미 뤽상부르 공원만큼이나 잘 아는 곳이
었지만, 우리의 새로운 우정이 그곳에다 미로의 온갖 신비를 더해줄

---

24) 지드가 가장 중요한 친구로서 피에르 루이와의 관계에 대해 그의 어머
   니에게 계속 이야기해왔음을 알 수 있다.

수도 있을 것 같았다. 그 계획의 유일한 암운은 이젠 내가 시를 가져
가겠노라 루이에게 약속했던 사실이었다. 내 시를… 그에게 나도 시를
쓴다고 했을 때 말이 많이 앞섰던 것이다. 사실이지 나는 시를 쓰고자
하는 끊임없는 욕망에 사로잡혀 괴로워하고 있었다. 하지만 나의 뮤즈
보다 더 난처한 처지에 빠져있던 것도 없었다. 사실 내 모든 노력의
목표는 내가 너무나 중요하게 여기던 관념적인 생각들을 쉴리 프뤼돔
식의 "운문으로 옮기는" 것이었다. 당시 내가 열광하던 그 시인이 보여
준 예시와 충고는 나 같은 감상적인 어린 학생이 귀담아 듣고 따르기
에는 정말이지 가장 해로운 것이었다.25) 나는 운을 맞추느라 끔찍하
게 고생하고 있었다. 내 감동은 운의 수행과 안내를 받고 운의 지지를
받기는커녕, 도리어 운을 따르느라 지치고 고갈되고 말아서 그날까지
제대로 써나갈 수가 없었다. 소풍을 가기로 한 바로 전 토요일, 나는
절망적으로 애를 썼으나, 오, 절망이여! 둘째 연 이상 나아갈 수 없었
는데, 그 시는 다음과 같이 시작하고 있었다.

나 그에게 말하고 싶었으나, 그는 날 이해하지 못했지.
내가 사랑하노라 말했을 때, 그는 미소 짓기 시작했지.
그 말을 하기 위해 더 좋은 말을 골라야 했었겠지.
비밀스런 내 사랑을 무시하듯 가장해야 했으리라.

---

25) 쉴리 프뤼돔(Sully Prudhomme, 1839-1907)은 프랑스 고답파 시인으
로, 1901년 제 1회 노벨 문학상을 받았다. 그의 시는 표현과 형식적 엄
격함을 통한 고답파의 조형미와 함께 정신적 고뇌 등 깊은 철학적 내적
성찰을 보여주고 있다. 지드는 1888년 8월 그의 《일기》에서 쓰고 있다.
"쉴리 프뤼돔을 읽었다. 그가 감탄스러운 만큼 나 자신은 절망스럽다.
나 자신이 절망스러운 것은, 그 속에서 이미 모든 내 생각들이, 그것도
내가 결코 도달할 수 없는 형식으로 표현되어 있는 걸 보기 때문이다.
그러니 무슨 소용이람?" 한 지드 연구자는 쉴리 프뤼돔이 보여주는 탈물
질적 이상이 어떤 점에서, 장래 《앙드레 왈테르의 수기》를 쓰게 될 작
가를 유혹할 요소가 있었는지 지적했다.

감격한 걸 숨기고, 비웃기라도 해야 했으리라. 26)

그 다음은 형편없는 것이었다. 또 그렇게 느껴져서 나는 화가 났다. 하지만 피에르 루이에게는 서투른 내 시를 변명하느라 다음과 같이 이야기했다. 어떤 책이, 책을 쓰려는 계획이 내 마음을 송두리째 사로잡고 있어 다른 것은 아무것도 못하고 있노라고. 27) 그건 내가 이미 쓰기 시작했던 《앙드레 왈테르》로, 나는 그 책을 내 모든 의문과 내적 갈등, 내 모든 혼돈과 번민, 그리고 특히나 내 사랑으로 가득 채우고 있었다. 사랑은 말 그대로 그 책의 중심축을 이루고 있던 것으로, 그 외 모든 것은 그 주위를 맴돌고 있었다. 28)

그 책은 내 앞에 버티고 서서 내 시야를 가리고 있어, 언젠가 내가 그걸 넘어설 수 있으리라곤 생각할 수도 없을 정도였다. 나는 그 책을 작가로서 내 경력의 첫 작품으로 간주하는 게 아니라 유일한 책으로 여겼으므로, 그 이상은 아무것도 상상할 수 없었다. 그 책이 내 실체를 완전히 다 소진시켜야 할 것 같았다. 그 다음은 죽음이요 광기였으

---

26) 지드가 쓴 프랑스어 시는 1-4행, 2-3-5행의 각운(脚韻)으로 되어있다.

27) 지드는 다소 앞지르고 있다. 그의 《수기》는 아직 하나의 꿈에 불과했으며, 1888년 5월 경 《일기》에서 다음과 같이 쓰고 있다. "어제 저녁 루이를 만났는데 나는 부끄러웠다. 그는 글을 쓸 용기를 갖고 있으나 나는 감히 시작도 못하고 있다. 도대체 내겐 뭐가 부족한가?" 그리고 1889년 〈수첩〉에서 그는 "이 책을 쓰려고 벌써 2년 전부터 꿈꾸고 있다. 하지만 내 모든 열광과 내 모든 환멸, 그리고 내 모든 진심을 다해 나는 그걸 상상 속에서만 구상하고 있다"라고 쓰고 있다.

28) 《수기》가 드러내는 이러한 모순에서, 지드가 펼치는 향후 글쓰기의 모든 전략이 드러나고 있음을 볼 수 있다. 막다른 골목이자 하나의 복음서로서 구상된 이 작품은 사랑을 더욱더 실현 불가능한 것으로 만들기 위해 그 사랑을 절대적인 것으로 드높이고 있으며, 이 작품의 성공은 화자의 파멸을 논리적으로 상정하고 있다. 향후 지드의 모든 작품들은 이런 유혹을 드러내고, 또 작품 자체 내에 그 작품에 대한 비판을, 작가로 하여금 그 작품 속에 갇혀 있지 않게 해주는 비판을 담도록 애쓰고 있다.

며, 뭔지 알 수 없는 공허하고 끔찍한 것으로, 그걸 향해 나는 나와 함께 내 주인공을 몰아넣고 있었다. 그리고 조만간, 나는 더 이상 나와 내 주인공 가운데 누가 상대방을 이끌어가고 있는지 말할 수 없을 지경이었다. 그건 내가 먼저 예감하고 또 내가 내 안에서 말하자면 시도를 해보지 않은 것은 그 어떤 것도 그의 것이 될 수 없었지만, 나는 또한 종종 이 분신을 내 앞으로 밀어대면서 그 뒤를 따라 모험 속으로 빠져들기도 했거니와, 또 내가 서서히 빠져들고 있던 것은 바로 '그의' 광기 속이었기 때문이다.

　내가 이 책을 본격적으로 착수할 수 있기에는 아직 1년 이상의 시간이 더 필요했다. 하지만 혼돈스런 내적 동요에 형태를 부여하고자 하는 욕구에서 나는 이미 일기를 쓰는 습관을 갖고 있었는데, 그 일기의 수많은 페이지들이 고스란히 이 《수기》에 옮겨져 있다. 내가 당시 몰두해 있던 상태는 내 모든 주의력을 내적인 것에만 기울이는 그런 심각한 단점을 갖고 있었다. 그리하여 나는 내밀한 것 외에는 어떤 것도 쓰지 않았으며 쓰고 싶은 생각도 없었다. 나는 이야기 줄거리를 무시했으며, 외적 사건들은 무례한 방해꾼들로 보였다. 오늘날, 제대로 만들어진 이야기만큼 감탄스러운 건 아마 없을 거라 여기는 나로선, 그 페이지들을 다시 읽노라면 짜증이 난다.[29] 하지만 그 당시, 예술이란 오직 개별적인 것 속에 숨쉬고 있다는 사실을 전혀 깨닫지 못하고 있던 나는 예술을 우발적인 것들로부터 벗어나게 하겠다고 자처하며, 모든 구체적인 윤곽을 우연적인 것으로 간주하고 오직 정수(精髓)만 꿈꾸고 있었다.[30]

---

[29] 사실 지드는 1930년이 되어서야 그의 《수기》를 재발행하며 상당히 비판적인 서문을 덧붙였다. "(…) 내가 《앙드레 왈테르의 수기》를 다시 펼칠 때면 언제나 고통스럽고 심지어 고행을 하는 듯한 느낌이다."

[30] 《사전꾼들》 2부 3장에서 등장인물인 소설가 에두아르는 유사한 논리를 펴고 있다. 지드는 에두아르에게 모순된 이야기를 하게 함으로써 자신의 대변인 격인 에두아르를 아이러니컬하게 비판하고 있다.

  피에르 루이가 나를 그런 방향으로 가도록 격려했더라면 나는 완전
히 망했을 게다. 내가 음악가였던 만큼, 예술가였던 그가 다행히도 경
계를 했던 것이다. 우리 둘보다 더 서로 다른 성격은 상상해볼 수 없
을 것이다. 바로 그런 이유로 나는 그와의 교제에서 너무나 엄청난 이
득을 보았다. 하지만 어느 정도 다른가는 우리도 아직 모르고 있었다.
문학과 예술에 대한 똑같은 애정이 우리를 서로 가깝게 만들었고, 우
리에겐 그 애정만이 중요해 보였다. (우리가 틀렸던 건가?)
  그 다음 해 우리는 헤어지게 되었다. 조르주 루이가 파시로 이사했
다. 그래서 내 친구는 쟝송 고등학교에서 철학수업을 들어야 했다. 내
경우, 그 이유는 잘 모르겠으나 알자스 학교를 그만 두고 앙리 4세 고
등학교로 가기로 결정했다. 아니 좀더 정확하게는 조만간 더 이상 어
떤 강의도 듣지 않고, 몇 가지 과외수업만 받으며 혼자서 시험준비를
하기로 결정했다. 내가 기대한 철학수업이라는 것, 즉 지혜로의 입문
이란 내 생각으로는 은거가 필요한 것이었다. 첫 학기가 끝난 다음에
는 학교도 그만두었다.

9

　내 이야기를 하느라 안나의 죽음에 대해 제때에 이야기하지 못했다. 안나가 우리를 떠난 건 1884년 5월이었다. 어머니와 나는 열흘 전, 샬 그랭 거리에 있는 병원으로 안나를 데리고 갔다. 거기서 안나는 상당히 오래전부터 그녀를 일그러뜨리고 고통스럽게 하던 종양을 제거하는 수술을 받아야 했다. 나는 안나를 깨끗하긴 하나 차갑고 평범한 작은 방에 두고 왔고, 그 후로는 다시 보지 못했다. 수술이 성공한 건 사실이었으나 안나는 너무 쇠약해 있었다. 안나는 기력을 되찾지 못한 채 겸허한 자기 방식으로 인생에 작별을 고했다. 어찌나 조용하고도 눈에 띄지 않게 생을 마감했는지, 안나가 죽어가고 있는 걸 아무도 눈치 채지 못한 채 그녀는 죽어 있었다. 나는 어머니도 나도 그녀의 마지막 순간에 곁에 있지 못했다는 생각에, 그리고 그녀가 우리에게 작별인사도 하지 못한 채 그녀의 마지막 눈길이 마주친 건 단지 모르는 얼굴들뿐이었다는 생각에 엄청나게 충격을 받았다. 그 후 몇 주, 몇 달 동안, 고통스런 그녀의 고독이 내 마음을 떠나지 않았다. 하나님 외의 모든 것이 저버린 그 정다운 영혼의 절망적인 호소, 그리고 그 실망이 내게 생생히 들려오고 상상되었다. 내 《좁은 문》의 마지막 페이지들 속에 울려 퍼지고 있는 건 바로 그 호소의 메아리이다. 1)

　내 수사학 과정이 끝나자마자, 알베르 데마레는 내 초상화를 그리자

고 제안했다. 2) 이미 말했듯이 나는 사촌형에 대해 애정과 함께 흠모
하는 마음을 품고 있었다. 내 눈에 그는 예술과 용기, 자유의 화신처
럼 보였다. 그는 내게 지극히 생생한 애정을 보여주곤 했지만, 나는
그의 마음과 생각 속에 내가 얼마나 작은 자리를 차지하고 있나 초조
하게 재보면서, 또 나에 대해 그의 관심을 좀더 끌 수 있는 방법을 끊
임없이 궁리하느라 그 옆에서 불안해하고 있었다. 내가 그에 대한 내
감정을 과장하고자 애썼던 만큼, 아마 알베르는 반대로 내 감정을 누
그러뜨리려고 애썼던 것 같다. 나는 그의 신중한 태도에 막연히 괴로
워하고 있었다. 오늘날 내가 생각건대, 그가 그렇게 신중한 태도를 보
이지 않았더라면 내게 더 큰 도움이 되지 않았을까 싶다.

그의 제안은 날 깜짝 놀라게 했다. 우선 그가 살롱전에 출품하려는
그림을 위해 모델을 서달라는 것으로, 바이올리니스트를 그리는 것이었
다. 알베르는 내게 바이올린과 활을 쥐어줬다. 나는 여러 번에 걸쳐 오
랜 시간 동안, 악기의 현 위에다 손가락을 꽉 누른 채, 바이올린의 영
혼과 내 영혼이 드러날 포즈를 취하기 위해 온갖 애를 다 썼다.

"괴로워하는 표정을 지어봐." 그가 말했다.

그건 전혀 어려운 일이 아니었다. 극도로 긴장된 이런 자세를 계속
유지하는 건 금방 하나의 고문이 되었기 때문이다. 구부린 팔에선 관
절이 완전히 굳어버렸다. 활이 손가락에서 막 빠져나가려 하고 있었
는데…

"자! 그만 쉬어. 더 견딜 수 없을 것 같구나."

하지만 난 그 포즈를 일단 멈춘 뒤 다시 똑같은 포즈를 취할 수 없

---

1) 《좁은 문》에서 알리사는 그녀의 일기 마지막 부분에 "나는 지금, 빨리
   죽고 싶다. 내가 혼자라는 걸 또 다시 깨닫게 되기 전에"라고 쓴다.
2) 보자르 미술학교에서 장-폴 로랑스의 제자였던 알베르 데마레(1848-
   1906)는 1879년, 즉 그의 부친이 돌아가신 다음부터 살롱전에 그림을
   전시했다. 그가 그린 〈앙드레 지드 초상화〉는 결국 음악적 연출 없이
   그려지게 된다.

을까봐 걱정되었다.

"아직 괜찮아요. 계속 해요."

그리고 잠시 뒤 활이 떨어졌다. 알베르는 팔레트와 붓을 내려놓았고 우리는 이야기를 나누기 시작했다. 알베르는 자기 인생 이야기를 해주었다. 나의 이모부와 이모님은 오랫동안 그가 미술을 하는 걸 반대해왔다. 그래서 그가 진지하게 그림을 시작한 것은 너무 늦었던 것이다. 마흔 살에 아직도 탐색중이며, 비틀거리고 망설이며 끊임없이 다시 시작하고, 또 앞으로 나간다 해도 그저 진부해진 것의 반복일 뿐이었다. 감수성은 뛰어났으나 필치는 무겁고 서툴러, 그가 그리는 것은 전부 한심스럽게도 자기 실력에도 못 미치는 것이었다. 그는 자신의 무능을 의식하고 있었지만, 매번 새로 그림을 그릴 때마다 엄청난 감동을 불러일으키며 성공하리라는 희망에 흥분하곤 했다. 두 눈엔 눈물을 글썽거리고 떨리는 목소리로, 그는 내게 아무에게도 말하지 않겠다는 약속을 시키고는 자기 '주제'에 대해 이야기를 했다. 알베르 그림들의 주제는 대개의 경우 회화와는 직접적 관계가 거의 없는 것이었다. 그는 선과 색채에 도움을 요청하곤 했으나, 그것들이 말을 듣지 않아 난처해하고 있었다. 그의 의구심과 불안감이 그도 모르는 사이 화폭 속에 드러나, 그가 그 속에서 표현하고자 하던 것과는 무관하게 그 그림들에 일종의 애처로운 운치를 부여하고 있었는데, 그게 그 그림들의 가장 실제적인 장점이었다. 조금만 더 자신감이 있었고 조금만 더 솜씨가 있었더라면 그 서투름조차 그에게 유리하게 작용했을 테지만, 너무나 양심적이고 겸손한 성격 때문에, 그는 서툰 것을 끊임없이 고치느라 골몰하여 가장 미묘한 그의 의도들을 그저 평범한 것으로 만들고 말았다. 당시 내가 아무리 경험이 없었다고는 하지만, 알베르는 예술의 세계에서, 그가 지닌 내면적 보물에도 불구하고 영웅적 존재는 되지 못한다는 사실을 분명히 인정하지 않을 수 없었다. 하지만 그 당시 나역시 감동의 지고한 효력을 믿고 있었으며, 그의 '주제들' 가운데 하나가 갑자기 승리하는 걸 보리라는 희망을 함께 하고 있었다.

"난 말이야, 슈만이 그의 멜로디, 〈신비의 시간〉[3]에서 표현한 그런 감정을 그림으로 그려보고 싶다구. 때는 저녁 즈음이 될 거야. 일종의 언덕 위에, 석양의 안개 속에 희미하게 가려져있는 누워있는 여성의 형체가 그녀를 향해 날개를 달고 내려오는 어떤 존재를 향해 두 팔을 내미는 거야. 나는 그 천사의 날개 속에 떨리는 것 같은 뭔가를 넣고 싶어." 그리고 두 손으로 날개 짓을 해보였다. "멜로디처럼 부드럽고 격정적인 뭔가를." 그러고는 노래를 부르는 것이었다.

하늘이 대지를 껴안네
사랑의 입맞춤 속에서

그러고 나서 그는 스케치한 것들을 보여주었다. 많은 구름이 군데군데 천사와 여인의 형상들을, 다시 말하면 데생의 부족한 부분을 나름대로 최대한 감추고 있었다.

"물론," 뭔가 변명과 해설을 덧붙이듯, "물론 모델을 보고 그려야 할 거야"라고 했다. 그러고는 걱정스럽게 덧붙였다. "우리 같은 직업에서 모델 문제가 얼마나 골치 아픈지 아무도 모를 거야. 우선 끔찍하게 비싸고…"

여기서 잠시 다른 이야기를 하겠다. 알베르는 자기 부친[4]으로부터 자기 몫의 유산을 상속받은 이후, 내가 조만간 이야기하게 될 남모르는 비용을 부담하지 않았더라면 경제적으로 거의 넉넉한 형편이었을 것이다. 하지만 거기에 드는 돈이 충분치 못할까 하는 걱정은 그를 끊임없이 괴롭혔으며 그의 머리를 떠나지 않았다. 게다가 지출에 대한

---

3) 아이헨도르프(Eichendorff, 1788-1857)의 시에 곡을 붙인 것으로, 〈달밤〉 작품번호 39번, 5번째 곡을 말한다.

4) 기욤 데마레(Guillaume Démarest, 1808-1879)는 변호사였으며, 그의 아내인 클레르 이모 역시 에두아르 롱도 할아버지로부터 상당한 재산을 물려받았다.

두려움은 그가 타고난 것이어서, 언제나 지니고 있었다.

"어쩌겠니." 그는 말했다. "그건 나도 어쩔 수 없어. 나는 언제나 아끼는 버릇이 있었어. 그걸 나도 부끄러워하지만 결코 고칠 수가 없었어. 이십년 전에 내가 알제리로 여행 갔을 때, 난 여행을 위해 따로 저축해뒀던 약간의 돈을 가져갔지. 돈을 너무 많이 쓸까 어찌나 걱정했는지 거의 한 푼도 안 쓰고 고스란히 다 가져왔어. 어리석게도 난 거기서 재미있는 일은 하나도 하지 않고 아꼈던 거야."

물론 그건 인색한 건 전혀 아니었다. 반대로 무척이나 관대한 이 존재에게 그건 일종의 겸손이었던 것이다. 그리고 자기 그림에 드는 모든 돈에 대해(왜냐하면 그 그림을 팔 자신이 전혀 없었기 때문에) 스스로를 자책하고 있었다. 그는 캔버스를 망치거나 물감을 너무 많이 쓰지 않으려고 언제나 전전긍긍하며, 불쌍할 정도로 돈을 아끼고 있었다. 특히 모델 부르는 비용을 아꼈다. 그는 계속했다.

"게다가 난 한 번도 나한테 맞는, 한 번도 정확히 맞는 모델은 본 적이 없어. 게다가 그자들은 화가가 뭘 요구하는지 절대로 이해 못해. 그들이 얼마나 바보 같은지 넌 상상도 못할 거야. 그들이 사람들 눈앞에 보여주는 건 사람들이 원하는 것과는 언제나 너무나 달라! 거기서 뭔가 해석해내는 화가들이 있다는 건 나도 잘 알아. 감정은 무시하는 화가들도 있고. 그런데 난 내 눈앞에 보이는 것 때문에 언제나 방해받아. 하지만 모델 없이 그리기에는 내 상상력이 충분치 못하고… 게다가 웃기는 얘기지만 모델이 포즈를 취하고 있는 내내, 난 모델이 피곤하지 않을까 하는 걱정에 마음이 괴로워. 그래서 모델더러 좀 쉬지 않겠느냐 간청하지 않으려고 내내 마음을 다져먹어야 한다니까."

하지만 알베르에게 가장 큰 장애물은 그가 감히 아무에게도 고백하지 못한 것으로, 나도 2년 뒤에야 알게 된 사실이었다. 즉 알베르는 15년 전부터 자기 가족 몰래, 자기 형제도 모르게 한 여인과 동거하고 있었는데, 질투심에 가득 찬 그녀의 사랑이 알베르가 한 여자와, 젊고 아름다울 뿐 아니라 〈신비의 시간〉이 허용하는 한 상당히 옷을 벗고

있는 한 여자와 단둘이, 몇 시간이고 한 방에 있는 걸 내버려두지 못
했던 것이다.

가련한 알베르! 그가 자기 이중생활의 비밀을 내게 고백했던 그날,
우리 둘 중 누가 더 가슴이 찡했는지 모르겠다. 그의 사랑보다 더 순
수하고, 더 고귀하고 더 충실한 건 없었다. 또한 그보다 더 불안한 것
도 정신적으로 더 소모적인 것도 없었다. 그는 당시 이미 아내라고 부
르던, 훗날 결혼하게 된 여성에게 당페르 거리에 있는 작은 아파트를
하나 마련해주고, 그녀가 안락하게 살 수 있도록 온갖 애를 다 쓰고
있었다. 그녀 역시 알뜰한 바느질과 자수 일감으로 돈을 벌어 보잘것
없는 그들 살림살이에 보태느라 애쓰고 있었다. 그가 나를 사촌 형수
가 된 마리[5]에게 소개했던 날, 나는 지극히 기품 있는 그녀 모습에 무
척 놀랐다. 인내심 있고 진지한 그녀는 생각에 잠긴 듯 아름다운 얼굴
을 어둠 속에서 다소곳이 숙이고 있었다. 그녀가 말할 땐 언제나 나지
막한 목소리였다. 환한 불빛과 마찬가지로 소리는 그녀를 겁먹게 하는
것 같았다. 여자아이가 태어남으로써 이미 오래전부터 인정된 부부관
계를 그녀가 알베르에게 합법적으로 요구하지 않는 것도 겸손함 때문
이라고 생각한다. 헤라클레스처럼 장사 같은 그의 외모와는 달리 알베
르는 더할 수 없이 소심한 남자였다. 그는 자기 어머니가 탐탁지 않게
여길 게 분명한 그런 관계 때문에 어머니가 겪을 수 있을 고통 앞에서
뒷걸음치고 있었다. 그는 모든 사람들과 그들 각각의 평가를 두려워했
으며, 특히 그의 형수의 평가를 두려워했다. 아니 더 정확하게는, 그
런 잘못된 평가들로 그들 부부에게 드리우게 될 그늘을 두려워했다.
그토록 솔직하고 흉금을 털어놓는 그가, 이런 위장된 상황 때문에 어
쩔 수 없이, 떳떳치 못한 우회적인 수단들을 택했던 것이다. 그런 상

---

5) 마리 주아넬과 알베르 데마레는 클레르 이모가 돌아가신 후 얼마 뒤
   1901년 봄, 결혼하게 된다. 지드가 증인이 되었다. 알베르는 1906년 11
   월 사망했으며, 그들의 딸 앙투와네트는 그녀의 사촌인 르네 비드메르
   와 결혼하게 된다.

황과 함께, 정성이 지극했던 만큼 자기 어머니에 대한 의무라고 여기는 건 조금도 소홀히 하지 않으려고 온갖 신경을 다 쓰던 그는 자기 마음과 시간을 나눠 쓰느라, 단지 반쪽짜리로 살아가고 있었다.

나의 이모부가 돌아가시고 또 다른 사촌들이 다 결혼하고 난 이후, 그와 단둘이 남은 나의 이모님은 그를 아무 생각도 없는 다 큰 어린애 마냥 취급하면서 그가 자기 없이는 지낼 수 없으리라 확신하고 계셨다. 그는 이틀에 한 번씩은 자기 어머니와 함께 저녁식사를 했으며, 매일 저녁 자기 어머니 집에 가서 잤다. 자신의 비밀을 보호하기 위해 알베르는 우정을 내세우곤 했는데, 사실이지 그 우정은 그의 삶에서 사랑만큼이나 큰 자리를 차지하고 있었다. 하지만 그 우정은 모두들 알고 있었고, 인정도 받고 또 그의 어머니가 우호적인 눈으로 보기까지 한 것이었다. 알베르가 나의 이모님과 함께 하지 못하는 모든 식사는 바로 친구인 시몽과 같이 드는 것으로 되어 있었다. 그리고 그가 늦어지는 것도 그와 함께 있는 것으로 간주되었다. 시몽 씨는 독신으로, 두 노총각이 만나는 것은 조금도 수상해 보이지 않았다. 마찬가지로 이 우정의 덮개가 알베르가 오랫동안 집을 비우거나 또 나의 이모님이 라 로크나 퀴베르빌에서 몇 달씩 여름을 보내는 동안 그들 부부가 휴가를 떠나는 걸 덮어주고 있었다.

에두아르 시몽은 유태인이었다. 하지만 아마 그의 얼굴 모습 외에는 그의 민족의 특성이 내게는 조금도 나타나 보이지 않는 것 같았다. 아니면 아마도 그걸 알아보기에는 내가 너무 어렸는지도 모른다. 에두아르 시몽은 재산이 없는 건 아니었으나, 무척 검소하게 살고 있었다. 그는 남을 돕거나 구제하는 것 외에 다른 취미나 욕구는 없었다. 과거엔 엔지니어였으나, 오래전부터 자선가라는 직업 이외 다른 직업에 종사하지는 않았다. 일거리를 찾고 있는 일꾼들과 일꾼들을 찾고 있는 고용주들 둘 다와 연결되어 있던 그는 자기 집에서 일종의 무료 직업 소개소를 운영하고 있었다. 그는 가난한 사람들을 방문하고 용무를 보고 교섭을 하느라 하루를 다 보냈다. 그를 이끌어가는 것은 각 개인에 대한 사랑보다 인류 전체에 대한 사랑, 그보다 더 추상적으로 정의에 대한 사랑이었으리라 생각된다. 그는 자신의 자선사업을 사회적 의무라고 여기고 있었다.[6] 어쨌든 그런 점에서 무척 유태인적인 모습을 보여주고 있었다.

그토록 활동적이고도 실용적인 덕목 옆에서, 명백한 그 결실 옆에서, 가련한 알베르는 자신의 망상을 수치스러워했는데, 그 망상에 대해, 인정하지 않을 수 없는 일이었지만, 자기 친구는 전혀 이해하지 못하고 있었다.

"난 격려와 지지를 받을 필요가 있을 거야"라고 알베르는 처량하게 말했다. "에두아르는 내가 하는 일에 관심을 보이는 척하지. 하지만 그건 나에 대한 애정 때문이야. 실제론 유익한 것밖에 이해하지 못해. 아! 정말이지, 내가 아무짝에도 쓸모없는 인간이 아니라는 걸 나 자신에게 증명해 보이기 위해서라도 걸작을 하나 만들어내야 할 텐데 말이야."

그러고 나서 그는 털이 부숭부숭 나고 핏줄이 선 큼지막한 손을 벌써 벗겨지기 시작한 이마 위에 갖다 댔다. 곧이어, 나는 마구 헝클어진 그의 거친 눈썹과 눈물이 가득 고인 선량한 커다란 두 눈을 보았다.[7]

나는 아마 처음에는 그림에 그리 민감하지 않았으며, 분명 조각에 비하면 덜 민감했다. 하지만 이해하고자 하는 무척이나 강한 욕망과 욕구에 고무되어 조만간 내 감각들은 세련돼졌다. 실험 삼아 알베르가 자기 테이블 위에 사진 한 장을 그냥 내버려두었던 날, 내가 단번에 그게 프라고나르의 데생이라는 걸 알아본 것에 그는 너무나도 기뻐했다. 나로서는 그의 놀람 자체가 도리어 놀라웠는데, 그걸 틀릴 사람은

---

6) 《팔뤼드》에 나오는 '절친한 친구 위베르', 《여자들의 학교》의 로베르는 이 인물에게서 몇몇 특징을 빌려왔을 것이다.

7) 이러한 슬픈 모습은 지드가 《일기》에서 여러 번 드러내고 있듯이, 알베르가 자기 인생에 있어서 부부문제뿐 아니라 예술적 차원에서도 실패했다고 느끼고 있었던 점으로 해석된다.

아무도 없을 것 같았기 때문이었다. 그는 머리를 흔들며 나를 쳐다보고 미소를 지으며 말했다.

"너를 '스승님' 댁에 한번 데려가야겠구나. 그의 아틀리에를 보면 너도 재미있을 거야."

알베르는 장-폴 로랑스의 제자였다.[8] 그가 항상 '스승님'이라 부르는 로랑스에 대해 알베르는 충견이자 아들 같은, 그리고 사도와 같은 감정을 품고 있었다. 장-폴 로랑스는 당시 노틀담-데-샹 거리에 커다란 아틀리에가 두 개 붙어있는 상당히 불편하게 생긴 아파트에 살고 있었다. 아틀리에 하나는 살롱으로 꾸며져 로랑스 부인이 손님들을 맞이하고, 다른 하나에서는 '스승님'이 작업을 하고 있었다. 매주 화요일 저녁이면 두 아틀리에 사이의 커튼을 걷어 올리는 것이었다. 매주 열리는 그 저녁 모임에는 대부분 옛 제자들인 몇몇 친한 사람들만 왔다. 음악도 좀 듣고 이야기를 나누곤 했는데, 그보다 더 다정하고 더 소박할 수 없었다. 하지만 나로선 무척이나 새로운 그 분위기 속으로 처음 발을 들여놓았을 때, 내 가슴은 마구 뛰고 있었으니… 보라색으로 다소 어두컴컴한 분위기를 띠는 검소한 조화로움이 처음에는 거의 종교적인 감정으로 날 감쌌다. 거기서는 모든 것이 사람들의 시선과 정신을 즐겁게 하는 것 같았으며, 뭔지 모르는 학구적인 명상으로 초대하는 것 같았다. 그날 갑자기 내 눈은 활짝 열렸으며, 나는 내 어머니의 실내장식이 얼마나 추한지 즉시 깨달았다. 마치 나 자신과 함께 뭔가 추한 것을 묻혀 온 듯한 느낌이었다. 내가 그 자리에 어울리지 못하다는 감정이 너무나 생생히 들어, 그 아틀리에에 장-폴 로랑스의 맏아들인 내 옛날 반 친구가 없었더라면 나는 수치스러움과 소심함으로 기절했을 것이라 생각된다. 그는 다정하게도 날 편하게 해주려고 애썼다.

---

8) 장-폴 로랑스(Jean-Paul Laurens, 1838-1921)는 〈경건한 자 로베르의 파문〉 등으로 당시 높이 평가받던 역사물 화가로, 1891년 미술 아카데미의 회원이 되었다.

폴-알베르9)는 나와 동갑이었다. 하지만 내 학업이 늦어졌던 관계로 나는 오래전부터, 우리가 같이 보냈던 초등 2학년 이후 한 번도 못 만났다. 그에 대해 남아있던 기억은 귀엽게 생긴 말 안 듣는 개구쟁이였다는 점이다. 교실 뒷자리에 앉아서 그는 수업시간 내내 공책에 환상적인 그림을 그려대고 있었는데, 내겐 그 그림들이 세상에서 가장 경탄스런 것처럼 보였다. 나는 그의 옆에 가서 벌을 서고 싶어 이따금씩 일부러 벌을 받곤 했다. 그는 망가진 자기 펜대의 뭉툭한 끝에 잉크를 묻혀 붓처럼 사용하곤 했다. 그림 그리는 일에 완전히 몰두한 그는 마치 공부에 열중한 듯 보였으나, 선생님이 그에게 질문을 할라치면 어리둥절해서 멍한 시선을 한 채, 마치 먼 꿈나라에 있다 깨어난 것처럼 보여 반 전체가 웃음을 터뜨리곤 했다. 물론 나는 그를 다시 만나고 또 그가 날 알아본 것에 기쁘기도 했지만, 그가 날 속물로 보지 않나 하는 걱정에 괴로운 마음이 더 심했다. 내가 알베르를 위해 모델을 선 다음부터(그는 내 초상화를 끝낸 상태였다), 나는 나라는 인물에 무척 사로잡혀 있었다. 스스로 나라고 느끼던 것, 내가 되고 싶었던 것, 즉 진정 예술가로 보여지고 싶다는 생각은 내가 살아가는 것까지 방해했으며, 날 흔히들 말하는 허식가로 만들고 말았다. 안나에게서 물려받은 책상으로, 어머니가 내 방에 갖다 놓아 그 위에서 공부하곤 하던 조그마한 사무용 책상에 달린 거울 속을 들여다보며, 나는 마치 배우처럼, 지치지도 않고 내 모습을 들여다보며 연구하고 또 연습하며, 내 입술 위와 내 시선 속에서, 내가 느껴보고 싶었던 모든 정념의 표현들을 찾곤 했다. 특히 나는 사랑받고 싶었던 것으로, 그 대가로 내 영혼도 팔았을 것이다. 그 시절, 나는 그 작은 거울과 마주하지 않으면 글을 쓸 수도, 그리고 극단적으로 말해 뭔가를 생각할 수도 없었던 것 같았다. 내 감동과 내 생각을 알기 위해서는 우선 그걸 내 두 눈 속에

---

9) 폴-알베르 로랑스(Paul-Albert Laurens, 1870-1934) 역시 화가가 되는 데, 화려한 채색에 능한 재능을 보여준다.

서 읽어야 할 것 같았던 것이다. 나르시스처럼 나는 내 영상 위로 몸
을 숙이고 있었다. 그리하여 그 당시 내가 쓴 모든 구절들은 다소 휘
어져 있다.

폴 로랑스와 나 사이에 곧이어 우정이 생겨났고, 조만간 무척 열렬
한 우정이 되었다. 그 이야기는 우리가 같이 했던 여행 이야기 때 하
기로 하고, 지금은 우선 알베르 이야기를 하고자 한다.

알베르가 내게 속내 이야기를 하게 된 것은 나에 대한 애정 때문만
은 아니었다. 그는 다른 생각을 품고 있었고 조만간 그 이야기를 했
다. 이제 열두 살이 넘은 그의 딸이 음악에 재능을 보인다는 것이었
다. 화폭 위의 붓만큼이나 피아노 위의 손가락도 서툴렀던 알베르는
자기 딸을 통해 설욕전을 펼 꿈을 꾸고 있었다. 즉 앙투와네트에게 자
신의 희망과 야망을 걸고 있었다.

"나는 그 아이를 피아니스트로 만들고 싶어." 그가 말했다. "그러면
위로가 되겠지. 내가 어렸을 때 열심히 하지 못했던 것 때문에 난 너
무 괴로웠어. 그 아이로선 지금이 시작할 때야."

그런데 나의 어머니는 그때까지 내가 받았던 피아노 레슨이 얼마나
별 볼일 없었는지, 그리고 좀더 나은 레슨을 받을 경우 내게 얼마나
이로울지에 마침내 눈을 떠, 그 당시 이미 20개월 전부터 내 음악교육
을 지극히 뛰어난 선생 가운데 한 사람인 마르크 드 라 뉙스[10]에게 맡

---

10) 마르크 드 라 뉙스(Marc de La Nux, 1830-1914)는 지드의 사생활과
작품세계에서, 음악에 입문시킨 자로서 또 고통받는 자로서 핵심적인 인
물이다. 옛 제자인 지드로부터 변치 않는 숭배를 받은 그는 라 페루즈라
는 이름으로, 지드 자신이 겪는 전반적인 삶의 고통, 특히 지드의 종교
적 고뇌와 부부간의 고통의 일부분을 구현하게 된다. 1890년, 이미 4년
전부터 그의 제자였던 지드는 어머니에게 보낸 편지에서 드러내듯이, 자
기 스승의 인물에 대해 관심을 갖기 시작했다. "나는 그에게 이야기를
시키려고 결심했어요. 몇 개월 전부터 레슨을 받을 때마다 하리라 생각
했지만 오늘에야 몇 가지 사실을 알게 되었어요. 그는 레위니옹 섬 출신
으로, 거기서 14살 때(아마 더 일찍) 상당한 신동으로 알려지게 되어 그

기셨던 것인데, 그는 얼마 안 가서 나로 하여금 놀라운 발전을 하게 만들었다. 알베르는 나더러 내가 배운 대로 자기 딸에게 레슨을 해줄 수 없는지, 그리하여 그 놀라운 가르침의 어떤 반영을 전달해줄 수 없는지 물었던 것이다. 돈을 지불할 생각에 지레 겁을 먹고 그는 감히 드 라 뉙스 선생에겐 말을 걸지도 못했기 때문이다. 나는 내 역할의 중요성과 알베르의 신뢰에 잔뜩 고무되어 즉시 가르치기 시작했으며 기대에 걸맞게 열심히 했다. 2주에 한 번씩 하는 그 레슨은 2년 동안 내가 한 번도 빼먹지 않으려고 명예를 걸고 했던 것으로, 내 제자뿐만 아니라 내게도 커다란 보탬이 되었으며, 그 다음에는 드 라 뉙스 영감님이 직접 그 아이를 가르쳤다. 만일 내가 생활비를 벌어야 한다면 나는 선생을, 무엇보다 피아노 선생을 할 것이다. 나는 가르침에 대한 정열을 갖고 있으며, 제자가 조금이라도 그럴 가치가 있을 경우 무슨 일이 있어도 참아낼 인내심이 있다. 그런 경험이 여러 번 있어서, 나는 내 레슨이 가장 훌륭한 스승들의 레슨에 버금간다고 여길 만큼 자긍심도 갖고 있다. 드 라 뉙스 영감의 레슨이 내게 어떤 것이었는지 아직 말하지 않은 것은 그 이야기가 너무 길어질까 걱정되었기 때문이다. 하지만 그 이야기를 할 때가 왔다.

　패클랭 양과 쉬프마커 씨, 그리고 특히 메리망 씨의 레슨은 더 이상 지겨울 수 없는 것이었다. 이따금씩 도르발 씨의 레슨도 받곤 했다. 그는 스스로 말하듯 이른바 '신성한 불길'이 꺼지지 않도록 지켜보곤 있었으나, 그의 충고는 계속 받았더라도 날 더 멀리 이끌어주진 못했을 것이다. 도르발 씨는 잘 가르치기에는 너무 이기적이었다. 내가 좀 더 일찍 드 라 뉙스 씨에게 맡겨졌더라면 그가 날 어떤 피아니스트로 만들었을까! 하지만 어머니는 초보자들에게는 모든 선생이 다 똑같다

────────────

의 아버지가 그를 파리로 데려왔다는 거예요." 노 피아니스트의 절친한 친구가 된 지드는 그를 방문했던 이야기를 《일기》에 여러 번 적고 있는데, 그 가운데 몇몇은 그의 소설 《사전꾼들》을 위한 준비자료로 간직한 채, 《일기》를 간행할 때는 발표하지 않았다.

는 흔히 말하는 의견을 갖고 계셨던 것이다. 첫 시간부터 마르크 드 라 뇍스 선생은 모든 걸 다 바로 잡고자 했다. 나는 음악적 기억력이 전혀 없거나 아니면 거의 없노라 믿고 있었다. 나는 악보에서 눈을 떼기만 하면 다 잊어버려, 끊임없이 악보를 참고하며 수없이 반복해야만 겨우 한 곡을 외우곤 했다. 드 라 뇍스 선생은 어찌나 잘 가르쳤는지 나는 몇 주 만에 악보를 전혀 보지도 않고 바하의 둔주곡을 여러 곡 외우게 되었다. 그리고 내가 레 플랫으로 치고 있다고 생각하던 것이 도 샵으로 쓰여 있는 것을 보고는 깜짝 놀랐던 일이 지금도 기억난다. 그와 함께 하노라면 모든 것이 활기를 띠고 명료해졌으며, 모든 것이 조화로운 필연성의 요구에 화답했으며 미묘하게 해체되고 또 재조합되는 것이었다. 한마디로 이해하게 된 것이다. 그때 내가 맛본 감격은 상상컨대, 사도들이 그들 위로 성령이 강림하시는 걸 느꼈을 때의 그런 감격이리라. 그때까지 나는 어떤 신성한 언어의 소리도 제대로 알아듣지 못한 채 그저 반복만 하고 있다가, 갑자기 그 언어를 말할 줄 알게 된 것 같았다. 하나하나의 음정은 독특한 자기 의미를 지니면서 말을 만들고 있었다. 내가 얼마나 열정적으로 공부하기 시작했던가! 그야말로 열의에 들떠 가장 따분한 연습마저 즐기게 되었다. 언젠가 내 레슨이 끝난 다음, 다른 제자에게 자리를 내 주고 나서 층계참에 잠시 머문 적이 있었는데, 문은 닫혀 있었지만 피아노 소리는 들려왔다. 나와 교대한 그 학생은 나보다 나이가 더 많은 것 같지는 않았지만, 당시 내가 연습하던 바로 그 곡인 슈만의 〈환상곡〉을 나로서는 아직 엄두도 낼 수 없는 박력과 강렬함, 확신을 갖고 연주했다. 나는 질투심에 사로잡혀 울먹거리느라 오랫동안 가만히 계단 위에 앉아 있었다.

드 라 뇍스 씨는 나를 가르치는 게 더없이 기쁜 것 같았다. 그리하여 레슨이 예정된 시간을 훨씬 넘기는 경우가 종종 있었다. 나는 그가 어머니에게 다음과 같이 제안했다는 걸 오랜 시간이 지난 다음에서야 알게 되었다. 즉 내가 받은 다른 교육은 이미 충분하니 이젠 음악에 전념하는 게 나을 거라고 어머니를 설득하려 했으며, 나를 완전히 자기에게 맡겨달라고 부탁했다는 것이다. 어머니는 잠시 망설였으며 알베르의 충고를 구한 다음, 내가 다른 사람들의 작품을 단순히 연주하는 것보다 더 나은 일을 할 수 있으리라 여기시고 거절하기로 결정하셨던 것이다. 그리고 내게 공연한 야심을 일깨우지 않기 위해 어머니는 드 라 눅스 선생에게 그가 한 제안에 대해서 내게는 한마디도 하지 말아달라고 부탁하셨다(내가 덧붙여야 할 말은 그 제안은 전적으로 순수한 것이었다는 사실이다). 알베르를 통해 그 모든 사실을 내가 알게 된 건 단지 너무 늦은 다음으로, 더 이상 돌이킬 수 없을 때였다.

내가 드 라 눅스 선생의 지도를 받던 4년 동안 우리 사이에는 두터운 친분관계가 생기게 되었다. 그가 나를 그만 가르치게 된 뒤에도(나로서는 너무나 유감스럽게, 어느 날 그는 더 이상 자기 지도가 필요 없을 정도로 나를 가르쳤노라 선언을 하는 것이었다. 내가 아무리 아니라고 했으나 그가 더 이상 불필요하다고 여기는 레슨을 계속하도록 강요할 수가 없었다), 나는 계속해서 열심히 그의 집을 드나들었다. 나는 그에 대해 일종의 숭배하는 마음을, 존경과 두려움이 뒤섞인 일종의 애정을 품고 있었다. 이는 좀더 훗날 말라르메에 대해 느꼈던 감정과 비슷한 것으로 내가 그런 감정을 느낀 건 그 둘에 대해서 뿐이다. 그 둘 모두 내 눈에는 가장 드문 형태로 신성함을 구현하고 있었다. 솔직한 존경의 욕구가 그들 앞에서 저절로 내 정신을 숙이게 만들었다.

마르크 드 라 눅스는 그저 단순한 선생이 아니었다. 그의 인격 자체는 지극히 뛰어났고, 그의 삶 전체는 감탄스러운 것이었다. 그는 내게 자기 이야기를 했는데, 나는 그의 이야기를, 특히 그가 만년에 이르렀을 때 그와 나눴던 상당수의 대화들을 적어 놓았다. 그것들을 다시 읽노라면 아직까지 너무나 흥미롭게 보인다. 하지만 그걸 전부 말하자면 내 이야기가 너무 길어질 것이다. 여기서는 간단히 그의 모습을 그려보는 것으로 그치고자 한다.

마르크 드 라 눅스는 그의 사촌인 르콩트 드 릴과 마찬가지로 레위

니옹 섬에서 태어났다. 상당히 길게 길러 뒤로 빗어 넘긴 반쯤 곱슬곱
슬한 그의 머리카락, 올리브 색깔의 피부빛과 나른한 듯한 그의 시선
은 바로 그의 태생에서 기인하는 것이었다. 그의 온 존재에선 격정과
무기력함이 묘하게 뒤섞여 풍겨나고 있었다. 그가 내민 손은 내가 잡
아 본 그 어떤 피아니스트의 손보다 더 내 손안으로 녹아들었는데, 휘
청거리는 커다란 몸집 전체가 그 손과 같은 재질로 되어 있는 것 같았
다. 레슨을 할 때면 그는 선 채로 방안을 왔다갔다 하거나, 아니면 연
습용으로는 사용하지 않던 커다란 그랜드 피아노 위에 몸을 기댄 채,
두 팔꿈치를 앞으로 내밀고 한 손으론 튀어나온 이마를 받쳐 상체를
앞으로 숙이고 있었다. 낭만적으로 재단된 긴 프록코트를 꽉 끼게 입
고, 목에는 무슬린 넥타이를 두 번 돌려 감아 턱 바로 밑으로 조그맣
게 나비넥타이를 묶어 칼라를 치켜 올린 채, 툭 튀어나온 광대뼈와 움
푹 패인 두 볼을 돋보이게 하던 조명을 받고 있노라면, 자화상에 그려
진 들라크루와의 모습과 무척이나 닮아보였다. 일종의 서정과 열정이
이따금 그에게 활기를 불어넣곤 했는데, 그럴 때면 정말 아름다웠다.
잠깐씩 뭘 지적할 때를 제외하면 그는 내 앞에서 피아노 앞에 앉는 경
우가 드물었는데, 겸손함 때문이라 생각된다. 하지만 반대로, 그가 평
소에는 감춰놓고 있던 바이올린을 기꺼이 꺼내드는 일은 (적어도 나와
함께 있을 때는) 종종 있었다. 바이올린 연주가 아주 서툴다고 말했으
나, 우리가 함께 악보를 읽어가며 소나타곡들을 연주할 때면, 내가 피
아노 파트를 연주하는 것보다 훨씬 더 훌륭하게 바이올린 파트를 연주
했다. 그의 기질에 대해선 이야기가 너무 길어지게 될 것 같아 그만
두도록 하겠다. 하지만 다음의 짧은 일화는 말하지 않을 수 없는데,
그라는 인간 전부를 보여주고 있다.

그는 집에서 자기 손자손녀들을 잘못 키우고 있다고 여겼다.

"이보게," 나에게 자기 속내를 열어 보이며 말했다. 11) "자네한테 예

---

11) 삭제된 초고에는 드 라 뇍스 노부부 사이의 갈등에 대한 에피소드들을

를 하나 들겠네. 수요일 저녁마다 꼬마 미미가 여기 와서 잔다네(그의 손녀 가운데 둘째였다). 그 애가 자는 방에 자명종이 있어요. 그런데 재깍거리는 소리 때문에 잠을 잘 수 없다고 애가 불평을 한다는 거요. 집 사람이 어떻게 했는지 아나? 자명종을 치워버렸다네. 그렇게 해서 도대체 그 꼬마가 어떻게 익숙해지길 바랄 수 있겠나 말일세."

그런데 이 이야기는 언젠가 내가 제네바에 있는 마르시약 양 집에, 노처녀들의 모임이 한창이던 때 도착하게 된 날, 그녀가 한 탁월한 말을 생각나게 한다. 거기 있던 여성 가운데 한 사람이 자기 조카손녀에 대해 이야기를 하며, 보통 '유충'이나 '하얀 벌레'라고 부르는 큼직한 풍뎅이 애벌레를 끔찍하게 싫어한다는 것이었다. 그 아이 엄마는 그 혐오감을 물리치기로 작심했던 것이다.

"그 엄마가 어떻게 했는지 아세요? 애한테 그 애벌레를 먹일 생각을 했던 거예요, 그 가여운 꼬마한테 말이에요!"

그때 마르시약 양이 외쳤다. "아니, 그러다간 평생 혐오하게 만들 수도 있는데!"

아마 이 두 이야기가 어떻게 연관되는지 제대로 보지 못할 수도 있을 것이다. 그만두도록 하자.

그 당시 알자스 학교는 저학년 수업은 훌륭했으나, 고학년 수업은

---

상세하게 이야기했다. 노부인은 자신의 가구에는 노인이 손도 못 대게 했는데, 어느 날 자기 탁자위에 놓인 노인의 바이올린을 보고 그걸 바닥에 떨어뜨려 깨트렸다. 이러한 갈등의 발단은 그들 사이의 딸이 한 러시아 출신 바람둥이와 연애에 빠져 아이를 낳았는데, 이 사실을 노인은 아이가 걷기 시작할 때까지 전혀 모르고 노부인만 알고 있었던 사건에서 시작되었다. 신앙은 잃었으나 개신교 교육의 잔재로 도덕적으로 무척 엄격하던 노인은 순수의 결정체로만 여겼던 자신의 딸로부터 받은 상처로, 딸 부부가 아이를 셋이나 낳고 살던 15년이 지난 다음에도 여전히 딸을 보지 않았다. 하지만 그의 손자들에게는 많은 애정을 기울였는데, 이 모든 이야기는 소설 《사전꾼들》에 몇몇 요소는 변형되나 그대로 나온다.

충분치 못하다는 평판이 있었다. 수사학 수업은 아직 그런대로 괜찮았으나 철학 수업의 경우 공립학교 강의가 더 나으리라는 이야기를 듣고, 어머니는 내 철학 수업을 앙리 4세 공립학교에서 받기로 결정하셨다. 하지만 나는 앞으로 치를 시험은 나 혼자서, 아니면 몇몇 개인교습을 받으며 준비하기로 결심했다(난 이미 그런 체제로 단 2년 만에 황무지처럼 방치됐던 5년을 만회하지 않았던가?). 철학 공부를 위해서 그 당시 내게는 교실 분위기와 학급 동무들의 번잡함과는 양립될 수 없는 내적 침잠이 필요한 것처럼 보였다. 따라서 나는 석 달 만에 학교를 완전히 그만 두었다. 앙리 4세 학교에서 내가 강의를 들었던 L 선생은 형이상학의 오솔길 속으로 날 안내하고 또 내 과제물들을 봐 주기로 약속했다. 그는 평범한 남자로 무미건조하고 짤막했다. 이말은 정신적으로 그렇다는 것으로, 몸집은 키가 크고 호리호리했기 때문이다. 가냘프고 밋밋한 그의 목소리는 아무리 매력적인 사상이라도 그 싹을 완전히 잘라버리고 말았다. 그의 수중에 들어간 사상은 그가 표현하기도 전에 이미 그가 그 사상의 모든 꽃잎과 가지들을 다 떼버린 것 같았으며, 그 한심한 정신 속에서는 오직 개념상태로만 남아있는 것처럼 느껴졌다. 그의 가르침은 지극히 순수한 권태를 뿜어내고 있었다. 나는 종교교육을 받던 시절 쿠브 씨에 대해 느꼈던 것과 똑같은 실망감을 그에게서 느꼈다. 뭐라구! 내 인생을 밝혀주길 기대했던 지고한 학문이, 우주를 관조할 수 있는 지식의 최정상이 고작 이거란 말인가!… 나는 쇼펜하우어로 위안을 얻고 있었다. 나는 말로 표현할 수 없는 황홀한 심정으로 그의 《의지와 표상으로서의 세계》 속으로 파고들어 그 책을 완전히 통독했으며, 또 다시 한 번 읽었다. 몇 달 동안, 그 어떤 외부의 자극도 내 관심을 돌려놓지 못할 정도로 정신을 집중해 읽었다.[12] 그 뒤 나는 스피노자, 데카르트, 라

---

12) 지드는 《의지와 표상으로서의 세계》를 무척 조금씩 읽어나갔다. 1890년 6월에 시작하여 1898년 여름에야 끝내게 되었다. 그 사이 1891년에

이프니츠, 그리고 마침내 니체 등 다른 철학자들의 가르침을 받았고, 13) 또 그들을 훨씬 더 좋아하기도 했다. 그리고 쇼펜하우어로부터 받은 그 최초의 영향에서는 상당히 빨리 벗어났다고도 생각된다. 하지만 내가 철학에 입문한 것은 바로 쇼펜하우어 덕분이며, 오직 그의 덕분이었다.

7월에 낙방한 나는 10월에 치른 2차 바칼로레아 시험에 그럭저럭 통과했다. 14) 나는 그것으로 내 학업의 첫 단계를 마감하는 것이라 여겼다. 학사학위까지 밀고나가 법학 공부를 한다든가, 뭔가 다른 시험을 준비할 생각이 전혀 없던 나는 즉각 작가의 길로 들어서기로 결심했다. 하지만 나는 어머니에게 그 다음 해에도 디에츠 선생과 함께 공부를 계속하겠다는 약속을 해야 했다. 15) 무슨 상관이람! 나는 이미

---

《도덕의 기초에 관하여》를 읽었는데, 공감은 훨씬 덜했다.

13) 지드는 1888년 2월 데카르트의 《방법서설》을 읽었다. 라이프니츠의 여러 텍스트들은 1892년 여름동안 읽었다. 스피노자는 독서계획으로 여러 번 언급되었다. 니체에 대해서는 지드가 늦게서야 그를 발견한 것 같은 태도를 보이나, 《위리앵의 여행》의 몇몇 대목은 니체의 영향이 있음을, 따라서 1892년 봄, 그가 《차라투스트라》를 읽었음을 가정하게 만든다.

14) 이상하게도 초고에는 없던 이 잘못된 사항을 지드가 삽입한 것은 초판본을 인쇄할 때였다. 지드가 1단계 바칼로레아를 1888년 10월 2차로 합격한 것과, 2단계 바칼로레아를 1889년 7월 1차 시험에 합격한 것을 서로 혼동한 게 틀림없을 것이다. 아마도 지드가 이 부분을 쓰고 있던 1920년 10월, 마르크 알레그레가 2차로 바칼로레아에 합격했던 사실이 지드로 하여금 더욱더 이런 혼동을 하게 만들었을 것이다.

15) 1890년 3월, 따라서 지드가 바칼로레아에 합격한 다음 거의 1년 뒤, 지드는 자기 어머니에게 다음과 같이 편지 쓴다. "일과의 나머지는 디에츠 선생의 강의로 보냅니다." 2월 피에르 루이는 한 친구에게 보낸 편지에 다음과 같이 쓴다. "지드는 자기 가족에게는 철학학사 준비를 하는 것으로 되어 있어. 하지만 실제로 그는 그 준비는 전혀 하지 않지. 그를 무척이나 좋아하는 디에츠 선생은 그가 문체연습 삼아 쓴 산문시들을 봐

아무런 의무도, 아무런 물질적 걱정 없이, 이상하게도 자유롭다는 느낌이었다. 밥벌이를 해야 한다는 걱정이 어떤 건지 그 나이에 나는 제대로 상상할 수 없었다. 자유롭다고? 아니었다. 나의 사랑과 앞서 말한 그 책에 대한 계획으로 나는 완전히 사로잡혀 있었던 것이다. 그 계획은 가장 긴박한 과제처럼 나를 짓누르고 있었다.

또 하나 내가 결심한 건 되도록 빨리 외사촌누이와 결혼하는 것이었다. 내 책이란 오직 내 사랑에 대한 길고 긴 선언이요 고백으로밖에 보이지 않을 때도 이따금 있었다. 내가 꿈꾼 그 고백은 너무나도 고귀하며 너무나도 비장하고 단호해, 그 책이 출판되면 우리 부모님들도 더 이상 우리 결혼에 반대할 수 없을 것이며, 엠마뉘엘도 내 청혼을 거절할 수 없으리라. 그런데 그녀의 아버지인 내 외삼촌이 갑작스런 발작을 일으켜 돌아가셨던 것이다. 그녀와 나는 그의 임종을 지켰으며, 그의 마지막 순간에 서로 몸을 숙여 결합했던 것이다. 그 상(喪)을 치르는 가운데 우리의 약혼이 성스럽게 이루어진 것 같았다.[16]

하지만 내 영혼의 간절한 요구에도 불구하고, 내겐 그 책이 무르익지 않아 아직 쓸 수 없다는 느낌이 들었다. 바로 그런 이유로, 나는 너무 조급해하지 않고 몇 달 동안 좀더 공부도 하고 습작과 준비를,

---

주고 있어."

16) 에밀 롱도는 루앙에서 1890년 3월 1일, 오랜 임종의 고통 끝에 사망했다. 지드는 미간행 자료에서, 자신과 마들렌느 사이 사랑의 열광으로 종결되는 이 이야기를 다음과 같이 썼다. "얼마 동안 우리는 행복했다. 옆방에서 탄식소리가 들려오는 그 슬픔과 눈물에도 불구하고 행복했으며, 비상식적이며 억제할 수 없는 행복감이 우리의 온 영혼을 사로잡았다. 우리는 여전히 아무 말도 하지 않았으나, 우리는 말도 필요 없이 영혼 속에서 서로를 읽고 있었다. 그날 우리는—말도 안 되는 일이나—사람들이 우리 둘만 그 옆에서 그를 간호하게 해준다면, 우리 사랑의 힘이 죽음에서 그를 살려낼 것이라고 생각했다." 지드는 여기서 사건의 순서를 바꾸고 있는데, 그의 외숙부가 돌아가신 것은 그가 브르타뉴로 여행한 다음 해였다.

특히 독서계획을 세웠다(나는 하루에 한 권씩 읽어 나갔다). 그 사이 잠깐 여행을 한다면 내 휴가를 유익하게 보낼 수 있으리라 어머니는 생각하고 계셨다. 나도 같은 생각이었다. 하지만 여행지를 선택해야 할 순간 우리의 의견일치는 끝났다. 어머니는 스위스를 선택하셨다. 그리고 어머니가 내 여행에 같이 따라가지 않는 건 동의하셨으나 엄밀히 나 혼자 가는 건 반대하셨다. 어머니가 '등산클럽'의 여행자 그룹에 날 가입시키겠다고 말하셨을 때, 나는 딱 잘라서 거절했다. 그런 단체를 따라 가면 난 미치고 말 것이며, 게다가 나는 스위스라면 끔찍하다고. 17) 내가 가고 싶은 곳은 브르타뉴 지방으로, 배낭을 메고 혼자 가고 싶었다. 18) 어머니는 처음에는 내 말을 전혀 들으려하지 않으셨다. 나는 알베르에게 구원을 청했다. 바로 그가 내게 《들판과 모래톱을 지나》19) 를 읽으라고 권했던 만큼, 내 바람을 이해할 것이고 날 위해 변호를 해 주리라… 어머니가 결국 양보하셨다. 하지만 그 대신 어머니는 내 뒤를 따라오시겠다는 거였다. 그래서 우리는 이삼일에 한 번씩

---

17) 지드는 1884년 5월 스위스에 간 적이 있었다. 1889년 8월 16일 브르타뉴 여행에서 돌아온 다음 지드는 알레그레 목사에게 다음과 같이 썼다. "어머니는 절 스위스로, 아니면 적어도 도피네 지방으로 가게 하려고 하셨습니다. 하지만 저는 미리 질려있었죠. 저는 모두가 으레 감탄하는 그런 유명한 관광명소가 있는 지방은 싫습니다. 게다가 저는 알프스 산맥의 색깔이 마음에 들지 않습니다. (…) 저는 안내책자에 표시된 장소를 찾아 쫓아다니지 않고, 발길 닿는 대로 마냥 걸어다니기 좋은 그런 화려하지 않은 지방을 찾고 있었습니다. "

18) 브르타뉴 지방은 그 당시 시인들과 화가들에게 유행이었다. 지드가 브르타뉴로 가기로 결정한 것은 앙드레 왈테르를 브르타뉴 출신으로 만들려고 작정했기 때문이라 말하는 건 충분하지 않으며, 많은 예술가들이 그곳으로 발길을 돌리고 또 상상력을 돌리고 있었기 때문이기도 하다.

19) 지드 자신의 말을 따르면, 그가 1886년에 출간된 플로베르(1821-1880) 의 이 책을 읽은 것은 브르타뉴로 여행하던 중이었다고 한다. 이 책에서 플로베르는 1847년, 친구와 함께 브르타뉴와 노르망디 지방으로 도보 여행한 이야기를 쓰고 있다.

간간이 서로 만나는 것으로 합의를 보았다. 20)

　나는 여행 일지를 썼다. 21) 그 일지 가운데 몇 페이지는 《라 왈로니》 잡지 속에 발표되었다. 하지만 상당히 많은 손질을 한 것으로, 그 당시 이미 나는 내 생각을 정리하는 데 지극히 어려움을 느끼고 있었기 때문이다. 게다가, 내가 쉽게 표현할 수 있었을 것은 전부 내겐 평범하고 아무 흥미도 없는 것처럼 보였던 것이다. 그 여행의 몇몇 다른 요소들은 《앙드레 왈테르》 속에 들어 있다. 그래서 더 이상 아무 이야기도 하고 싶지 않다. 하지만 다음 이야기는 해야겠다.

　당시 나는 키버롱에서 켕페르까지 거슬러가며 잠깐씩 머물며 연안 지역을 따라가고 있었다. 어느 날 해질 무렵, 조그마한 마을에 도착했는데 내가 틀리지 않다면 르 풀뒤였을 게다. 그 마을에는 네 집 밖에 없었는데, 두 집이 여인숙이었다. 그중 더 소박하게 생긴 집이 인상이 더 좋아 보였다. 나는 몹시 갈증이 났기 때문에 안으로 들어갔다. 하녀가 석회로 초벽을 바른 홀로 날 안내하고 능금주를 한잔 내 앞에 놓고는 가버렸다. 가구라곤 거의 없고 벽지도 안 바른 탓에, 벽과 마주보게 바닥에 가지런히 기대놓은 상당수의 화폭과 액자들이 더욱더 눈에 띄었다. 나는 혼자 있게 되자마자 그 그림들을 보러 달려갔다. 하나하나 그 그림들을 뒤집어 보았는데 놀라움은 점점 더 커져갔다. 그건 단지 어린애들이 그린 듯 울긋불긋한 색칠에 불과한 것 같았으나,

---

20) 알레그레 목사에게 보낸 편지에서 지드는 다음과 같이 쓰고 있다. "어머니는 당신이 기차나 자동차를 타고 가는 노정을 저는 걸어가게 내버려두셨습니다. 저는 종종 이틀씩이나 어머니를 만나지 않고 완전히 혼자 지내기도 합니다. 저는 매일, 아니면 가끔 작은 배도 타기 때문에 거의 매일, 하루에 23 내지 30킬로미터씩 걷습니다." 브르타뉴 해안지방으로 이어졌던 이 여행은 1889년 7월 20일에서 8월 15일까지 계속됐다.

21) 지드는 그의 여행 일지에서 발췌한 〈다른 곳의 반영들〉을 1891년 6-8월 호 《라 왈로니》(La Wallonie) 잡지에 발표한다. 이는 1932년 〈브르타뉴 여행 노트〉란 제목으로 다시 발표되었으며, 《일기》에도 다시 수록되었다. 《라 왈로니》는 알베르 모켈이 발행한 벨기에의 상징주의 잡지였다.

그 색채가 어찌나 생생하고 독특하며 어찌나 즐거운 것이었는지 더 이상 자리를 뜰 생각이 나지 않았다. 나는 이렇듯 유쾌한 광기를 표현할 수 있는 예술가들을 만나보고 싶었다. 그래서 그날 저녁 퐁-아벤까지 가려던 애초의 계획을 포기하고 그 여인숙에 방을 잡고선 저녁식사 시간을 알아보았다.

"따로 식사준비를 해 드릴까요? 아니면 이 분들과 같이 식당에서 드실 건가요?" 하녀가 물었다.

'이 분'들이란 바로 이 그림들의 작가들이었다. 그들은 셋이었는데, 물감통과 이젤을 들고 조만간 들어왔다. 방해가 되지 않는다면 그들과 함께 식사하게 해 달라고 요청한 건 두 말할 필요도 없다. 게다가 내가 그들에겐 거의 방해가 되지 않는다는 걸, 다시 말하자면 그들은 내 존재엔 전혀 개의치 않는다는 걸 잘 보여주었다. 그들은 셋 다 맨발에다, 당당하게 옷을 풀어헤치고는 소리 높여 이야기했다. 식사시간 내내, 나는 그들의 이야기에 귀를 기울이며, 그들에게 말을 걸고 나를 알리고 또 그들을 알고 싶은 욕망에, 그리고 맑은 눈을 한 그 키다리에게, 그가 목청 높여 부르면 다른 두 사람이 합창으로 따라 부르는 그 소절이 그가 생각하듯 마스네가 아니라 비제의 곡이라는 걸 말해주고 싶은 욕망에 안절부절 하며 가슴 벅차 있었는데 … 22)

나는 그들 가운데 한 사람을 훗날 말라르메의 집에서 다시 만났는데 고갱이었다. 다른 한 사람은 세뤼지에였고, 세 번째 사람은 누군지 확

---

22) 지드는 《일기》에는 다음과 같이 쓰고 있다. "세 번째 사나이는 (…) 〈아를르의 여인〉을 고래고래 노래하기 시작하는데, 그걸 슈만의 곡이라 생각하며 슈만이 세상에서 가장 위대한 음악가라 주장하고 있었다." 이 장면에 대해 지드는 처음에는 훨씬 더 비판적인 이야기를 썼는데, 그 속에는 '이 보헤미안들에 대한 무시'와 그들 미술에 대한 지드의 몰이해가 드러나고 있었다. 지드는 훗날 '이 페이지에 나타난 비위에 거슬리는 자만심'을 깨닫고 발표할 당시 그 대목을 삭제했다. 이 대목을 새로 쓴 것은 아마도 자신의 오류를 보상하려는 의도일 것이다.

인하지 못했다(필리제일 것이다). 23)

그해 가을과 겨울은 디에츠 선생의 지도하에 자질구레한 과제물들을 하느라, 또 피에르 루이와 만나 이야기를 나누고, 또 우리들의 불꽃이 초조하게 타들어갔던 잡지를 계획하느라 다 보냈다. 24) 그 다음 해 봄, 나는 때가 왔다는 걸 느꼈다. 하지만 내 책을 쓰기 위해선 고독이 필요했다. 나는 피에르퐁의 조그마한 호숫가의 작은 호텔에 임시 거처를 마련했다. 그런데 그 다음다음날, 피에르 루이가 거기까지 날 따라왔다. 더 먼 곳을 찾아야 했다. 나는 그르노블로 가서, 위리아주에서 생-피에르-드-샤르트뢰즈까지, 알르바르에서 나도 모르는 곳까지, 그 근처를 샅샅이 뒤졌다. 대부분의 호텔은 아직 문을 닫은 상태였고, 작은 별장들은 가족들을 위한 것이었다. 그래서 막 실망하려는 순간, 나는 안시 근처 망통에서, 거의 호숫가에 면한 과수원으로 둘러싸인 산뜻한 전원주택을 하나 발견했다. 주인은 적어도 방 두 개를 내게 빌려주겠다고 승낙했다. 25) 큰 방을 작업실로 꾸민 다음, 나는 음

---

23) 폴 고갱(Paul Gauguin, 1848-1903)은 1891년 2월 시인 모레아스를 위한 만찬에 참석했는데, 그 자리에서 바레스는 지드를 말라르메에게 소개해줬다. 같은 해 5월 고갱의 만찬이 있었는데, 분명 그 자리에 있었을 지드가 다른 화가들을 만났을 것이다. 폴 세뤼지에(Paul Sérusier, 1864-1927)와 샤를르 필리제(Charles Filiger, 1863-1928)는 브르타뉴 지방의 풍경들을 다수 그렸다.

24) 지드의 《일기》는 다음 두 장면으로 시작하고 있다. 하나는 1889년 가을, 피에르 루이와 함께 '세나클을 열 장소를 물색하느라' 다니는 장면이며, 두 번째는 1890년 1월, 이 두 친구가 베를렌느를 방문하는 장면이다. 사실상 당시 지드는 베를렌느의 영향 아래 미래의 자기 작품이 자리 잡기를 꿈꾸고 있었다. 또 1828년 빅토르 위고 주변에서 형성된 예술가 그룹을 지칭하던 어휘를 따서 자기 주변에 '세나클'을 모아보고자 한 것도 바로 베를렌느의 영향을 받아서였다.

25) 지드가 망통-생 베르나르에 자리를 잡은 것은 1890년 6월 4일부터다.

악 없이 지낼 수는 없을 것 같아 곧바로 안시에서 피아노를 한 대 가
져오게 했다. 식사는 호숫가에 있는 어떤 여름철 레스토랑에서 들기로
했는데, 계절이 너무 이른 관계로 한 달 내내 손님은 나 혼자 뿐이었
다. 텐느 씨가 멀지 않은 곳에서 살고 있었다. 나는 그의 《예술 철
학》과 《지성》, 《영국문학사》[26]를 막 탐독한 뒤였다. 하지만 소심함
에서, 그리고 내 작업에 몰두하지 못할까 걱정되어 그를 만나러 가는
것을 삼갔다. 내가 지낸 완벽한 고독 속에서 나는 내 열정을 하얗게
달굴 수 있었으며, 거기서 벗어나 글을 쓴다는 건 부적절하다고 여겼
던 그런 서정적 열광상태 속에 계속 머무를 수 있었다.

　오늘날 내가 《앙드레 왈테르의 수기》를 다시 펼칠 때면, 짧고 열정
적인 그 어조에 무척 짜증이 난다. 그 당시 나는 ‘불확실한’, ‘무한한’,
‘표현할 수 없는’ 것과 같은, 상상력에 많은 여지를 남겨놓는 어휘들을
선호했다. 마치 알베르가 그의 모델에서 그리기 어려웠던 부분들을 감
추기 위해 안개의 도움을 청했듯이 나도 그런 어휘들에 호소했다. 독
일어에 많은 그런 유형의 단어들은, 내가 보기에 그 언어에 특별히 시
적 특성을 부여하는 것 같았다. 나는 프랑스어의 고유한 특성이란 정
확성을 지향하는 것임을 훨씬 뒤에 가서야 깨달았다. 그 《수기》가 내
젊은 시절의 불안에 싸인 신비주의에 대한 증언이라는 사실을 제외하
면 그 책에서 내가 간직하고 싶은 대목은 별로 없다. 하지만 그것을

---

　파리에서 5월 18일 떠난 지드는 그의 소설 1부(‘흰색 수기’)를 마친 다
　음, 7월 6일 파리로 돌아온다.
26)　이폴리트 텐느(Hippolyte Taine, 1828-1893)는 19세기 말엽의 대표적
　프랑스 역사가이자 비평가로 그가 주장한 실증주의 철학은 자연주의 문
　학의 근간이 되었다. 지드는 1889년 1월, 텐느의 《지성에 관하여》를
　부분적으로 읽었다. 《예술 철학》을 읽은 시기에 대해 표시된 것은 없으
　나, 《앙드레 왈테르의 수기》 1부에 그 작품에 대한 언급이 나온다. 지
　드가 《영국문학사》를 산 것은 1890년 5월이나, 1891년 6월에야 그 첫
　권을 읽은 것 같다.

쓰고 있던 당시, 그 책은 세상에서 가장 중요한 것 가운데 하나 같았으며, 내가 그 속에 그리고 있던 내적 위기는 가장 보편적이고 가장 절박한 관심의 대상 같았다. 그 위기가 내게만 독특한 것이었다는 걸 그 당시 내가 어떻게 깨달을 수 있었겠는가? 내가 받은 청교도적 교육은 육체의 요구들을 괴물로 만들었다. 가장 일반적으로 받아들여지던 해결책을 나의 청교도주의가 비난하고 있던 만큼, 내 본성 역시 그런 해결책을 회피하고 있다는 사실을, 그 당시, 어떻게 내가 깨달을 수 있었겠는가? 하지만 순결상태라는 것도, 스스로 인정해야 하는 일이지만, 눈속임이요 일시적이었던 것이다. 다른 모든 탈출구가 내겐 거부되었기 때문에 나는 내 어린 시절의 악덕 속으로 다시 떨어졌으며, 매번 그 속에 떨어질 때마다 새로이 절망하곤 했던 것이다. 넘치는 사랑과 음악, 형이상학과 시와 함께, 그게 내 책의 주제였다.

나는 그 책 너머는 아무것도 눈에 보이지 않았노라 앞서 말했다. 그건 단순히 나의 첫 책이 아니라 나의 '총체'였다. 나의 인생은 그것으로 종료되고 결론지어져야 할 것처럼 보였다. 하지만 때때로, 내 주인공이 광기 속으로 서서히 빠져드는 동안, 그 인물 밖으로 튀어나온 나는 마침내 그에게서, 그리고 내 영혼이 너무 오래전부터 뒤에 끌고 다니던 다 죽어가던 그 짐에서 벗어나, 현기증 날 것 같은 새로운 가능성들을 엿보곤 했다. 나는 그라트리 신부의 《원천들》[27] 을 모방하여 일련의 〈세속 설교〉를 쓸까 생각했다. 그 속에서 나는 엄청난 우회로를 통해 온 세계를 다 아우르면서, 가장 고집 센 자들을 복음서의 하나님 앞으로 되돌아오게 만든다는 거였다(그 하나님은 일반적으로 사람들이 생각하는 것과 완전히 같은 것은 아니며, 나는 그걸 순전히 종교적인

---

[27] 오귀스트 그라트리 신부(Auguste Gratry, 1805-1872) 는 소르본느대학의 가톨릭 윤리 교수였다. 그는 1861년 《사회 혁신의 원천들》을 출판했는데, '기독교 덕성에 근거한 사회 질서의 토대를 복원하고자 하는' 저서였다. 이 주장은 개신교도들의 관심을 불러일으켰으며, 1889년 알레그레 목사에 따르면 지드도 이 저서를 알고 있었던 것으로 나타난다.

제 2부에서 증명해 보인다는 구상이었다). 나는 또한 안나의 죽음에서 영감을 받은 이야기도 하나 구상했다. 〈옳게 죽는 길〉이라는 제목을 붙이려 한 그 책은 나중에 《좁은 문》이 되었다. 마침내 나는 세상은 드넓은데 나는 거기에 대해 아무것도 모르지 않나 하는 생각이 들기 시작했다.

나는 호수 끝 너머까지 오랫동안 산책했던 게 기억난다. 나의 고독은 날 열광시키는 동시에 짜증나게 했다. 내 마음의 요구는 해가 질 무렵이면 너무나 격렬해져, 나는 성큼성큼 걸어가면서(어찌나 큰 걸음으로 걸었는지 거의 날아가는 듯했다. 다시 말해 거의 뛰다시피 했다), 우정에 가득 찬 똑같은 열광을 함께 나눌 친구를 불러댔으며, 그에게 내 심정을 토로하고 또 큰 소리로 그에게 말을 걸곤 했다. 하지만 그가 내 곁에 없다는 걸 느끼고는 울음을 터뜨렸다. 28) 나는 폴 로랑스가 바로 그 친구일거라 생각했다(그 당시 나는 그를 제대로 몰랐다. 내가 앞서 그에 대해 한 이야기와 그의 아버지 아틀리에에 갔던 이야기는 더 나중 일이었기 때문이다). 그리고 언젠가 우리가 그렇게 단둘이, 정처 없이 여행을 함께 떠나리라는 걸 놀랍게 예감했던 것이다.

여름이 한창일 즈음 내가 파리로 돌아왔을 때, 내 책은 끝난 상태였다. 29) 오자마자 난 알베르에게 그걸 읽어주었다. 그는 과도한 내 경건주의와 엄청난 성서 인용에 아연실색했다. 그의 충고로 성서 인용의 3분의 2를 삭제한 다음에도 여전히 남아 있는 것을 보면 얼마나 엄청났는지 짐작할 수 있으리라… 그리고 나서 나는 그걸 피에르 루이에게 읽어줬다. 30) 우리는 각자 처음으로 쓰게 될 자기 책의 한 페이지는 비

---

28) 지드가 이 대목을 쓰고 있을 때, 지드는 사실상, 마르크 알레그레라는 인물로 나타난 이 '친구'를 만났던 것이다.

29) 지드는 단순화시키고 있다. 7월 초순, '백색 수기'를 끝내고 파리에 돌아온 지드는 곧 라 로크로 가서 7월 중순부터 9월 중순까지 '흑색 수기'를 집필했다. 9월 17일, 지드는 피에르 루이에게 책을 끝냈음을 알린다.

30) 이는 10월 23일이었다. 루이는 《내면 일기》에서 다음과 같이 적고 있

위놓아, 상대방이 그 페이지를 메우기로 약속한 바 있었다. 알라딘이 자기 궁전의 발코니 가운데 하나를 자기 장인이 직접 장식하도록 배려해 남겨둔 것과 같은 예의에서였다. 31) 그 콩트에 따르면 장인은 그 발코니를 나머지 건물과 조화를 이루게 하지는 못했던 것이다. 마찬가지로 우리 역시 둘 다, 내가 그의 소네트 가운데 하나를 쓸 수 없는 것과 마찬가지로, 그도 내 《수기》의 한 페이지를 쓸 수 없으리라는 걸 느꼈다. 32) 하지만 그 계획을 완전히 포기하지는 않고, 루이는 그 책을 진짜 '유고작'처럼 보이게 할 일종의 서문을 제안했다. 33)

    그 당시 신문에는 젊은이들에게 보내는 절박한 호소들로 가득 차 있었다. 데자르댕의 《오늘의 의무》34)에 내 책이 화답하고 있는 것 같았

---

다. "놀랄 정도로 야릇한 시작 부분. 확실히 무척 훌륭했다. 난 얼마나 행복한지 모른다. 마치 나를 위한 것처럼 기쁘다. 멋질 것이라는 예감이 든다."

31) 알라딘은 공주와 결혼하게 되었을 때, 그의 정령에게 멋진 궁전을 짓게 한다. 하지만 스물 네 개의 발코니 가운데 하나는 일부러 미완성으로 놓아두어 왕으로 하여금 직접 마무리하게 한다. 왕은 온갖 부귀를 가졌음에도 불구하고, 다른 스물세 개만큼 완벽한 발코니를 만들지 못한다.

32) 피에르 루이는 8월 말-9월 초, 열흘 동안 샤르트뢰즈 수도원에 기거하면서 조만간 시집을 출간할 결심을 했다. 그러나 학사 과정의 준비로 그는 빨리 시집을 끝낼 수 없게 되었다. 25편의 시를 수록한 시집 《아스타르테》(Astarté)가 나온 것은 1892년 3월이었다.

33) 피에르 루이의 첫 필명인 피에르 크리시스(Pierre Chrysis)의 이니셜인 P. C라고 서명된 이 짧은 서문은 폐랭 판에만 나온다(원주). 사실상, 루이가 《수기》의 한 페이지를 쓸 생각을 했는지는 확실하지 않다. 왜냐하면 지드가 그에게 처음 원고를 읽어줬을 때, 지드는 이미 출판업자 폐랭에게 원고를 넘겨준 상태였기 때문이다. 지드가 자기 소설을 유고작인 것처럼 제시하고자 결정했기 때문에, 루이는 책 서두에 나오는 전기적 사항을 쓰는 일을 맡았다.

34) 폴 데자르댕(Paul Desjardins, 1859-1940)은 철학자요 에세이작가로, 1890년 경, 멜히오르 드 보귀에와 에두아르 로드와 함께 종교적 개혁에

다. 멜히오르 드 보귀에[35]가 〈스물 살의 청년들에게〉 보내는 그런 기사는 나야말로 바로 기다리고 기다리던 인물이라는 생각이 들게 했다. 그래, 바로 내 책이 시대의 이런 욕구에, 대중의 그토록 분명한 요청에 부합하는 거야, 라고 나는 생각하며, 누군가 다른 사람이 나보다 먼저, 빨리, 그걸 써서 출판할 생각을 하지 않는다는 게 놀랍기까지 했다. 나는 책이 너무 늦게 나오지 않나 걱정되어 출판사 뒤물랭 사장에게 불평했다. 그에게 '최종 교정쇄'를 보낸 지 한참이 지났으나 아직 책을 보내오지 않았던 것이다. 그런데 좀더 뒤에 알게 된 사실이지만, 그는 내 책 때문에 상당히 곤경에 빠졌던 것이다. 사람들이 내게 파리에서 최고의 출판사 가운데 하나라고 일러준 뒤물랭은 무척 독실한 가톨릭 신자요 보수주의자로, 또한 그렇게 보이고 싶어 했다. 그는 책 내용에 대해서는 전혀 모른 채 출판하기로 수락했다. 그런데 그 책이 수상쩍은 냄새가 난다는 얘기가 그의 귀에 들어가게 되었다. 분명 그는 얼마 동안 망설이다가 위험한 일에 말려들까 두려워, 한 동업자의 이름을 빌리기로 했던 것이다. [36]

---

참여하며 '진지하고 폐부를 찌르는' 도덕주의를 주창했다. 지드가 그의 《오늘의 의무》(Devoir présent, 1892)를 읽은 것은 1892년 1월로, 1년 전에 나온 지드의 《수기》가 그에 답했다고 보기는 어렵다. 반면에 지드는 얼마 후 《위리앵의 여행》에 나오는 우스꽝스런 인물인 엘리스의 가방에 그 책을 넣음으로써 그 책을 비웃고자 했다. 지드가 여기서 데자르댕과 에두아르 로드를 혼동하지 않나 생각해볼 수 있다. 로드는 1890년 1월 〈피가로〉지에 '현대의 젊은이'의 초상을 제시했는데, 그 인물 속에서 지드는 자신의 모습을 보고 있었다.

35) 으젠느 멜히오르 드 보귀에 자작(Eugène Melchior de Vogüé, 1848-1910)은 1890년 1월 1일자 한 신문에 그의 최근 영광으로(그는 마흔 살의 나이로 최근 아카데미 프랑세즈의 회원이 되었다) 큰 반향을 불러일으킨 기사를 썼다. '스물 살이 된 자들'을 상대로 그는 '새로운 물결'을 호소했는데, 이는 지드가 즐겨 받아들이고 있던 것이었다.

36) 지드는 뒤물랭에게 그의 책을 고급판 장정으로 190부 인쇄하도록 맡겼

초판으로 나오게 될 한정부수의 고급판 장정과 나란히, 나는 분명 상당히 많으리라 예상했던 대중의 욕구를 만족시키기 위해 보급판도 준비하고 있었다. 하지만 뒤물랭의 망설임, 그리고 호의를 베풀어준 동업자와의 교섭에 너무나 시간이 많이 들어, 내가 온갖 주의를 다했음에도 불구하고 어쩔 수 없이 보급판이 먼저 나오게 되었다.

그 안에 오자가 얼마나 많았는지 나는 기가 막혔다. 뿐만 아니라 판매 역시, 인정하지 않을 수 없는 것이었지만, 거의 제로에 가까웠다. 그래서 한정판이 나오자마자 나는 보급판을 폐기처분하기로 했다.[37] 내가 직접 제본소에 가서 (신문사 및 잡지사에 보도용으로 보낸 70여부를 제외한) 거의 전량을 수거한 다음 갖다 주었는데, 그 대신 얼마간의 돈을 받고 나는 무척 기뻤다. 종이 무게로 계산해서 받았던 것으로… 하지만 이 모든 이야기는 단지 도서 수집가에게나 흥미 있을 것이고…

---

다. 그러나 보급판의 출간보다 두 달 늦게 1891년 4월 25일에야 출간되었다. 하지만 이렇게 늦은 것은 적어도 어느 정도는, 지드가 처음 페랭에게 맡겼던 고급판 출간을 중간에 지드가 출판사를 바꾸게 되면서 일어난 일이 아니었나 생각해볼 수 있다. 하지만 뒤물랭이 한 동업자의 이름을 빌어 출간한 것은 정확한 사실이다. 그리고 지드의 〈수첩〉에 따르면 2월 13일 일자로 "뒤물랭에게 화를 내다"고 쓴 것으로 미루어 보아, 실제적으로 뒤물랭이 일을 질질 끈 것도 분명하다.

37) 지드는 여기서 페랭의 이름은 적지 않고 있다. 하지만 처음 지드 눈에 페랭은 출판인으로서 최고봉이었다. 1890년 어머니에게 쓴 편지에서 자기 책을 바레스의 책《자유로운 인간》을 출판한 "페랭에게 보여 받아들일지" 보내겠다고 알렸다. 바레스가 젊은 지드에게 얼마나 위대한 모델이었는지는 알려진 바다. 게다가 지드가 1월에 마들렌느와 자기 가족들, 그리고 주변에 보낸 것도 이 페랭 판본의 책이었으며, 이 책에 대한 서평도 이 판본에 따른 것이었다. 그런데 아무도 이 판본을 읽고 지드가 언급한 오자 등으로 놀랐던 사람은 없는 것 같다. 따라서 그가 이 판본을 폐기처분한 것에서는 마들렌느에게서 기대했던 효과를 거두지 못한 그 책의 감정적 실패를 벌하고자 하는 의도가 담긴 상징적 제스처를 볼 수 있을 것이다.

　그랬다. 성공은 제로였다. 38) 하지만 타고난 성격상, 난 내 실패를 도리어 즐겼다. 모든 실망의 저변에는, 말귀를 알아듣는 사람에게는 "그게 교훈이 될 거야"라는 의미가 숨겨져 있는데, 나는 그 말귀를 알아들었던 것이다. 나는 나를 피해가는 승리를 기대할 생각은 즉시 거두었다. 아니면 적어도 그게 다른 종류의 승리이길 바라기 시작했으며, 박수갈채의 질이 그 수보다 훨씬 더 중요하다고 확신했다. 39)

　그 당시 내가 알베르와 나눴던 몇몇 대화는 내 천성에도 맞는 결심을 하도록 재촉하여, 나중에 많은 비판을 받았던 태도, 즉 성공을 회피하려는 태도를 결정적으로 갖게 만들었다. 거기에 대해 나 자신을 설명할 순간이 온 것 같다.

　나는 나 자신을 실제보다 더 덕성스럽게 그리고 싶은 생각은 추호도 없다. 나는 영광을 열렬히 바랐다. 하지만 일반적으로 주어지는 그런

---

38) 지드는 과장하고 있다. 물론 상업적 관점에서는 이 책이 실패했다고 쉽게 말할 수 있다. 하지만 평단과 문학계로부터의 평가는 놀라운 것이었다. 익명의 작가의 첫 작품으로 서른 개 남짓한 기사와 서른 통 가량의 편지들, 그리고 당대의 지적 엘리트들로부터 찬사가 있었던 것이다.

39) 지드는 《지상의 양식》이 실패한 이후 자신이 본격적으로 펼치게 될 태도를 다소 앞당겨 이야기하고 있다. 1902년 1월, 《배덕자》를 출판하면서 그는 이러한 전략을 정당화하며 《일기》에 자신의 쓰라린 심정을 숨기지 않는다. "내가 《배덕자》를 300부 찍는 이유가 무엇인가?… 판매부진을 다소나마 나 자신에게 감추기 위해서다. 1,200부 찍는다면, 네 배 더 부진하게 보일 것이고, 나는 네 배 더 괴로워할 것이다." 이런 전략을 하나의 원칙으로 삼은 것은 크리스티앙 벡에게 쓴 편지에서 보듯이, 1906년 경 《캉돌 왕》이 실패한 다음이다. "이보게, 자네가 쓴 것과 같은 기사 하나면 '평단'의 침묵을 단번에 보상하고도 남네. 그 침묵이란 것도 내가 어떤 '권위 있는 비평가'나 기자에게 아무 책도 보내지 않음으로써, 내 자신이 오늘날까지 조심스레 유지해온 침묵이었네. 자신이 뭘 원하는지 알아야만 하네. 내게는 어울리지 않을 그러한 시정(市井)의 '영광'이 있지." 하지만 다음 장에서 묘사된 문학살롱에 그가 열심히 출입한 사실은 지드의 단언과는 다소 모순되고 있다.

성공은 단지 변조된 모조품일 뿐이라는 게 내겐 금방 드러났다. 나는 정당한 이유로 사랑받고 싶을 뿐, 내게 주어지는 찬사가 오해에 의한 것임이 느껴질 때면 도리어 괴롭다. 뿐만 아니라 조작된 호의에도 만족할 수 없을 것이다. 주문에 의해 주어지는 찬사에, 아니면 이해관계와 친분, 우정이라 할지라도 그런 것에 의해 강요된 찬사에 도대체 무슨 기쁨을 느낄 수 있겠는가? 내가 받는 찬사가 감사하는 마음에서, 아니면 내 비판을 무력화하거나 내 열의를 강화시키기 위한 것일 수 있다는 생각만으로도, 그 찬사의 모든 가치를 일거에 앗아버리고 만다. 나는 그런 건 더 이상 원치 않는다. 무엇보다 내게 중요한 건 내 작품이 진정 어떤 가치가 있는지 알고자 하는 것이며, 곧 시들어버릴지도 모르는 월계수는 전혀 필요 없기 때문이다.

내 태도는 돌변했다. 물론 원한도 다소 들어갔다. 하지만 원한은 금방 사라졌다. 또 처음에는 원한이 내 태도를 부추길 수도 있었겠지만 그런 태도를 계속 유지할 필요는 없었다. 그 태도, 사람들이 포즈를 취하는 것이라 여길 수도 있었던 그 태도는, 내가 곧 깨달은 바지만, 내 성격에 정확히 맞아떨어졌던 것이다. 또 그 속에선 마음이 너무나 편안했기에 전혀 바꿀 생각이 없었던 것이다.

나는 첫 번째 책의 경우 엄청난 부수를 찍게 했다.[40] 다음 책들은 딱 맞게, 심지어 좀 부족하게 찍으리라. 난 이제부터 내 독자들을 선별하리라 작정했다. 나는 알베르가 부추기는 대로, 안내자 없이 혼자 해나가겠노라 나섰다. 또 나서길⋯ 하지만 내 경우에는 특히 재미와 호기심이 들어있었던 것 같다. 나는 어떤 사람도 감행하지 않았던 모험을 무릅쓰겠노라 나섰다. 다행히도 나는 먹고살 만한 돈이 있었고, 돈을 벌 생각은 무시해도 되었다. 난 속으로 생각했다. 내 작품에 뭔

---

40) 이 '엄청난' 부수에 대해서는 의문이 남는다. 자료에 따르면 페랭 판 출판부수는 75부 밖에 되지 않을 것으로, 그 가운데서 '단지 몇 부(열권 정도)만 홍보용으로 배포되었다.' 게다가 지드가 '나 자신이 갖다 주었다'고 확인하듯, 수천 권이라고 상상할 여지는 없는 것이다.

가 가치가 있다면 그건 살아남을 수 있을 것이다. 난 기다리리라.

타고난 일종의 침울한 성격이 비평가들뿐만 아니라 독자들에게까지 반감을 불러일으키는 그런 결심으로 나를 몰아넣었다. 한 책에서 벗어나자마자, (또한 균형을 잡을 필요에 의해) 나 자신의 반대편 극단으로 뛰어오르게 만들고, 전번 책으로 내가 얻은 독자들의 마음에 그야말로 가장 들지 않는 것을 쓰게 만드는 그 변덕스런 기질 말이다.

"너도 결코 장담할 수는 없을 거야," 나이 많은 나의 당고모님인 프쉐르 남작부인[41]이 외쳤다(아니! 아직 그 고모님을 소개하지 않았단 말인가⋯). "너도 일단 어떤 유형의 책에서 성공하게 되면, 거기에 집착하지 않으리라곤 결코 장담할 수 없을 거야."

하지만 난 어떤 유형에 고정되느니 차라리 그야말로 전혀 성공하지 않길 더 바라고 있었다. 설사 그 길이 날 영광으로 이끈다 할지라도, 나는 이미 다져진 길을 따를 생각은 없다는 것이다. 나는 유희와 미지의 것, 모험을 좋아한다. 나는 사람들이 날 기대하는 곳에 있고 싶지 않다. 그건 또한 내 마음에 드는 곳에 있기 위해서며, 또 사람들이 날 가만히 내버려두도록 하기 위해서다. 무엇보다 내게 중요한 건 자유롭게 사고할 수 있는 것이다.

《수기》가 출판되고 얼마 되지 않은 어느 날 저녁, 아돌프 레테[42]가 내게 진한 찬사를 퍼붓고 있었을 때, 나는 자제하지 못하고 그의 말을 딱 잘라 버리고는(왜냐하면 내가 하는 모든 행동은 마음먹고 하는 것보다 훨씬 더 본능적인 것들로, 나도 달리 어쩔 수 없다), 갑자기 자리를 떴

---

41) 엘로이즈 지드(1800-1895)는 지드 아버지의 사촌누이로, 아드리엥 드 프쉐르 남작(1785-1857)과 재혼했다. 지드는 어머니에게 보낸 편지에서 그가 남작부인을 예의상 방문했던 내용을 존경과 함께 다소 비웃음이 섞인 어조로 말하고 있다.

42) 아돌프 레테(Adolphe Retté, 1863-1930)는 시인이자 비평가로 상징주의 운동에 가담하며 《라 플륌》(*La Plume*)지에 협력하고 있었다. 지드는 그를 좋아하지 않았다.

다. 그 일은 '바쉐트' 카페 아니면 '수르스' 카페에서 있었는데, 루이가 날 거기 데려갔었다.

"남의 찬사를 그런 식으로 받아들이면 널 칭찬할 사람이 많지 않을 거야" 라고 루이가 나를 다시 만났을 때 말했다.[43]

그렇긴 하나 나는 칭찬을 좋아한다. 그런데 서투른 사람들의 칭찬은 날 짜증나게 하고, 부적절한 대목에서 칭찬하는 건 날 화나게 한다. 엉뚱하게 칭찬을 받는 것보다는 칭찬을 전혀 받지 않는 게 차라리 더 낫다. 또한 나는 사람들이 과장한다고 쉽게 믿어버린다. 고질적인 겸손이 내 부족한 점들을 내게 곧장 보여주고, 내가 어디서 막히는지, 어디서 결점이 시작하는지 잘 알고 있기 때문이다. 또 자만심에 차서 으스대는 것보다 내가 더 두려워하는 건 없으며, 자기만족을 정신적 발전에 치명적인 것으로 여기는 만큼, 나는 나 자신에 대해 끊임없이 평가절하하며 나 자신을 축소시키는 걸 최대의 자랑으로 삼고 있다. 이러한 내 이야기가 너무 허식에 차 있다고 보지 않기 바란다. 이런 움직임은 저절로 일어나는 것으로, 분석을 해보면 그렇다는 것이다. 복잡한 내적 동기가 있다 한들 내가 뭘 할 수 있겠는가? 복잡함, 그건 내가 추구하는 게 아니라 이미 내 속에 있다. 내 속에 깃든 모든 모순들을 전혀 보여주지 않는 행동들은 전부 나를 제대로 보여주는 게 아니다.

여기까지 쓴 걸 다시 읽어본다. 모든 게 마음에 들지 않는다. 비사교적이고 축소지향적인 내 태도들을 설명하기 위해선 피곤에 대한 극도의 두려움을 먼저 얘기했어야 했으리라. 무슨 만남이든, 내가 완벽하게 자연스런 태도를 보일 수 없을 경우, 나는 금방 극도로 피곤해지는 것이다.

---

43) 지드는 이 장면을 1907년 이미 《일기》에서 그린 적이 있었다. 피에르 루이가 훨씬 덜 예언자적인 말을 하는 것으로 그렸다. "이봐, 다른 사람이 널 칭찬하면 적어도 귀는 기울일 수 있잖아. 칭찬이 널 내쫓는 것 같군."

조금 전 내가 언급했던 당고모님은 지드 집안에서 태어나, 님므의
한 대로에 그 이름이 붙어있는 프쉐르 장군의 미망인이 되셨는데, 내
가 어렸던 시절에는 벨샤쓰 거리에 있는 한 우아한 저택 3층에 살고
계셨다.44) 저택 입구 앞쪽으로 베란다가 있어 그리로 들어가기 위해
안뜰을 가로지르노라면, 그 사이 관리인은 보이지 않는 초인종을 울려
미리 알려줌으로써, 손님이 위에 도착할 때면 제복 입은 키 큰 하인이
현관문을 살짝 열고 그 뒤에서 기다리다 손님을 안으로 모시게 했다.
그 종은 수정처럼 맑은 소리를 냈다. 우리 부모님들이 저녁식사에 '손
님들'을 초대했을 때만 사용하는 유리로 된 치즈 뚜껑을 살짝 건드릴
때 나는 소리와 똑같았다. 이렇듯 당고모님과 관련되는 모든 것은 오
직 호사스러움과 격식의 개념을 불러일으키는 것이었다. 내가 꼬마였
을 때, 그 고모님이 어머니와 나를 맞아주신 곳은 마호가니 가구가 있
는 좁다란 방이었다. 특히나 거기 있던 커다란 책상은 아직도 기억난
다. 나는 그 책상에서 눈을 뗄 수가 없었는데, 방문 중 어느 한 시점
이 되면, 마치 연극 공연장에서 막간에 과자나 오렌지를 건네듯, 고모
님이 거기서 설탕절임 과일상자를 꺼내실 걸 알고 있었기 때문이다.
그건 내게 끝날 것 같지 않던 그 방문을 중간에서 기분 좋게 끊어주었
다. 왜냐하면 고모님은 지칠 줄 모르는 어머니의 인내심을 이용하여
자기 딸45)이나 은행가, 또는 자기 공증인이나 목사에 대한 지루한 불
평불만을 끊임없이 늘어놓으셨기 때문이다. 고모님은 모든 사람과 그
각각에 대해 불만투성이셨다. 따라서 그녀는 과일절임을 너무 일찍 내
놓지 않고, 상대방의 인내심이 서서히 약해질 위험이 느껴지는 순간
꺼내도록 신중을 기하고 계셨다. 그럴 때면 고모님은 자기 옷을 들쳐
타프타 천으로 된 치맛자락 속에서 열쇠꾸러미를 집어 들어 열쇠를 하

44) 지드는 이 길을 《교황청의 지하실》에서 그렸다. 라프카디오가 쥘리우스
    드 바라글리우의 집으로 갈 때 이 길을 지나가게 했다.
45) 엘로이즈 지드가 첫 남편 장-폴 풀크와의 사이에 둔 딸 리디 풀크
    (1827-1918)를 말한다.

나 골라내시는데, 그건 그녀 옆에 있는 조그마한 '부인용 가구'의 서랍
열쇠였다. 그 서랍 속에 있는 또 다른 열쇠가 바로 책상 열쇠로, 그
속에서 고모님은 과일절임 상자와 함께 어머니에게 읽어주려는 종이
뭉치를 꺼내곤 하셨다. 과일상자에는 언제나 몇 개밖에 없어 감히 손
을 대기가 그저 조심스러울 뿐이었다. 어머니는 사양하시곤 했다. 언
젠가 내가 그 이유를 묻자,

"얘야, 너도 봤잖니. 고모님이 굳이 권하시지 않는 걸"라고 말하
셨다.

내가 과일을 집은 다음, 고모님은 상자를 다시 책상 속에 넣으셨다.
그러면 우리 방문의 제2막이 시작되는 것이었다. 고모님이 그렇게 보
여줬던 종이들, 그 후 몇 해 지나지 않아 나도 이제 알아들을 만큼 컸
다고 판정되자 나 역시 읽는 걸 들어야만 했던 그 종이들, 그건 고모
님이 받은 편지나 자신이 쓴 답장의 사본들뿐만 아니라 그녀가 적어둔
대화내용도 있었는데, 고모님은 그 속에다 다른 사람들의 이야기 외에
도, 엄청나게 고상한 표현으로 된 자기가 대꾸한 말들, 간결한 동시에
끝도 없는 그 말도 기입해놓으셨던 것이다. 티투스-리비우스가 하던
식으로, 고모님은 자기가 한 말뿐 아니라 자기가 하고 싶었던 이야기
까지 적어놓으신 게 아닌가, 또 그녀가 그걸 쓰신 건 바로 그 때문이
아닌가 싶다.

"그래서 내가 그에게 이렇게 대답했지"라고 고모님이 연극적 어조로
시작하면 우리는 오랫동안 그 이야기를 듣는 것이었다.

"아니, 오늘은 애도 얌전히 있었네! 다 컸군." 어느 날 우리가 작별
인사를 했을 때 고모님이 말하셨다. "예전처럼 '언제 집에 가?'라고 묻
지 않았네. 애도 흥미를 느끼기 시작한 거군."

그리고 내가 더 이상 어머니를 따라다니지 않을 나이가 됐다고 인정
받은 때가 왔다. 과일절임은 이제 문제도 아니었다. 속내 이야기를 들
을 만큼 성숙했던 것이다. 처음으로 고모님이 내게 자기 서류뭉치를
꺼내셨을 때, 나는 꽤나 우쭐해진 기분이 들었다.

그건 (고모님이 이사했기에) 앙탱 대로에 있는 호화로운 아파트에서였다. 고모님은 식사를 자기 방으로 가져오게 했으므로 으리으리한 아파트에서 방은 거의 하나만 쓰고 계셨다. 그 방으로 갈 때면, 유리 칸막이들 너머로 덧문이 닫힌 커다란 살롱 두 개가 언뜻 보였다. 어느날 고모님은 그 살롱으로 날 데리고 가서, '루브르 박물관에 기증할 의사'를 갖고 있던 미냐르의 커다란 초상화를 보여주셨다. 고모님의 최대 관심사는 자기 딸인 블랑제 백작부인에게 가능한 한 유산을 적게 남겨주는 것이었는데, 몇몇은 발 벗고 나서서 고모님을 도와주었던 것 같다. 고모님의 이야기는 흥미가 없는 건 아니었지만 종종 터무니없다는 게 흠이었다. 특별히 기억나는 건 베르시에 목사와 가진 대화 내용으로, 고모님은 그에게 뭔지 모르는 독살 시도에 대해 이야기하셨는데, 자신이 그 희생자가 될 뻔했다며 자기 딸에게 혐의를 두고 계셨다.

"하지만 그건 연극에나 나올 얘기죠"라고 그가 외쳤을 때,

"아니에요, 목사님. 중죄재판소감이에요"라고 하셨다.

고모님은 그 말을 비극적인 목소리로 반복하시면서, 앉아있던 안락의자에서 몸을 다시 일으켜 세우시는 것이었다. 그녀가 좀처럼 떠나는일이 없던 목받이가 달린 그 안락의자 속에 앉아계시던 모습이 아직눈에 선하다. 창백한 그녀 얼굴은 흑옥처럼 까만 가발을 묶고 있는 가장자리 장식띠로 둘러싸여 있고, 그 위로 레이스 보넷이 얹혀 있었다.그녀는 짙은 다갈색 비단옷을 입고 있어서 조금만 움직여도 사각사각소리를 내곤 했다. 손가락 끝은 밖으로 나오게 되어있는 까만색 장갑을 낀 그녀의 기다란 두 손이 주름 잡힌 넓은 소매 아래로 살짝 보였다. 고모님은 옷과 같은 색깔의 천으로 된 구두를 신고선, 속바지의레이스가 거의 내려덮고 있는 자그마한 발이 드러나도록 다리를 꼬고앉는 걸 즐기셨다. 그녀 앞에는 일종의 모피 발싸개가 있어 다른 쪽발은 그 안에 폭신폭신하게 파묻혀있었다.

당고모님은 거의 백 살이 다 되어 돌아가셨는데, 내게 위의 이야기를 하신 건 아흔 살이 넘었을 때였다.

《수기》를 출판하고 난 후 곧이어, 나는 내 인생에서 가장 혼미한 시기로 접어들었는데, 그 어둠의 숲[1]에서 겨우 벗어난 건 내가 폴 로랑스와 함께 아프리카로 떠났을 때였다. 산만하고도 불안했던 시기다… 그 뒤에 이어지는 시기가 이 어둠과의 대조에 의해 밝혀지는 것만 아니라면, 나는 기꺼이 두 발 모아 그 위를 건너뛸 것이다. 그건 또한 그 전에 《수기》를 집필하느라 빠져있던 정신적 긴장이 바로 이 산만한 정신을 해명하고 변명해 준다고 내가 생각한다는 의미다. 그 당시 이미 난 내 속에 정반대되는 요구를 불러일으키지 않는 것이라면 아무것도 긍정할 수 없었던 만큼, 그토록 과장된 책이 야기하지 못할 반작용이 도대체 뭐가 있겠는가? 그 책 속에 내가 그린 불안은 일단 그걸 그렸다는 사실로 인해 난 거기서 완전히 벗어난 것 같았다. 그리하여 내 정신은 한동안 오직 하찮은 일로만 가득 찼으며, 가장 세속적인 것, 가장 터무니없는 허영심에만 이끌리고 있었다.

　나는 엠마뉘엘이 내 책에 대해 어떻게 생각하는지 알 수 없었다. 그녀가 내게 내비치는 것이라곤 책에 뒤이은 내 청혼을 거부한다는

---

1) '어둠의 숲'은 단테가 〈지옥〉 편 첫 부분에서 그가 가로지르는 정신적 지적 방황의 시기를 환기시키는 캄캄한 숲에 대한 암시이다.

것뿐이었다.[2] 나는 그녀의 거절을 결정적인 것으로 보지 않는다고, 기다리겠노라고, 아무것도 날 포기하게 만들 수는 없을 거라고 항의했다. 하지만 난 더 이상 답장을 쓰지 않는 그녀에게 편지 보내는 일은 한동안 중단했다. 나는 그녀의 침묵과 허전한 내 마음 때문에 막막해 어쩔 줄 몰랐다. 하지만 사랑이 내준 시간과 자리를 그동안 우정이 대신했다.[3]

나는 거의 매일같이 피에르 루이를 만났다. 그는 당시 자기 형과 함께 비뇌즈 거리 끝에 있는 나지막한 건물 3층에 살고 있었는데, 그 집은 작은 프랭클린 스퀘어 모퉁이에 있어 그 스퀘어를 굽어보고 있다.

---

[2] 1월 1일, 마들렌느에게 특별히 헌정된 《앙드레 왈테르의 수기》 한 부를 주면서 청혼한 지드에게 마들렌느가 부정적인 답변을 한 것은, 지드가 그의 어머니와 마들렌느를 만나러 아르카숑에 왔던 1월 8일 저녁인 것 같다. 지드는 9일 다시 떠났다. 마들렌느는 그때서야 책을 읽겠다고 동의했다. 그녀가 당시 쓰던 일기를 통해 우리는 이 책에 대한 그녀의 생각을 알 수 있다. "(1891년) 1월 28일. (…) 나는 그 책을 읽었다. 그리고 앙드레에게 편지를 한 통 썼으나, 그는 받지 못할 것이다. 하지만 나는 내 감동과 기쁨, 누이로서의 긍지를 완전히 감출 수 없었다."

[3] 지드는 정황을 단순화시키고 있다. 우선 마들렌느는 1891년 2월과 6월, 두 번 그에게 편지를 썼다. 한편 지드는 2월부터 마들렌느의 생일 때에도 편지를 쓰지 않았다. 그들은 9월 라 로크에서 다시 만났으며, 특히 1892년 6월 파리에서 만났는데, 지드는 그의 어머니의 영향으로, 마들렌느와의 결합에 대해 다시 희망을 갖게 된 것 같다. 지드가 당시 쓰고 있던 《위리앵의 여행》에서 표현하고자 한 것은 바로 이런 관점이었다. 당시 둘은 긴 편지들을, 마들렌느는 다정한, 지드는 정념에 가득 찬 편지들을 교환하고 있었지만 서로 합의를 보지 못하고, 10월 마들렌느가 다시 뒷걸음침으로써 이런 희망을 무산시켰다. 그리고 지드는 마들렌느에 대해 훨씬 더 실망한 듯 아이러니컬한 의미로 《위리앵》을 마무리했다. 1894년 9월까지 2년 동안, 마들렌느는 지드에게 5통의 편지만 쓴다. 1893년 그들은 두 번 서로 만나나, 마들렌느의 계속된 거절은 지드로 하여금 아이러니컬한 어조의 《사랑의 시도》를 쓰게 했는데, 이 작품 속에서 뤽은 라셸을 포기하고 '여행의 행복'으로 돌아선다.

그의 공부방 창문에서 보면 트로카데로 광장을 향해 그 너머까지 시야
가 펼쳐졌다. 하지만 우리는 바깥을 바라볼 생각은 거의 하지 않고,
오직 우리 자신과 우리 계획에, 그리고 우리의 몽상에 완전히 사로잡
혀 있었다.4) 피에르 루이는 쟝송 고등학교에서 철학수업을 듣던 한
해 동안 세 명의 급우들과 친하게 지냈는데, 그 중 둘인 드루엥5)과 키
요6)는 곧 나와도 절친하게 되었다(세 번째 프랑-노엥7)과는 그저 유쾌

4) 루이는 1891년 초, 《앙드레 왈테르의 수기》가 호평을 받도록 애쓰며 지
   드를 문학계에 소개했는데, 특히 말라르메와 에레디아의 살롱으로 끌어
   들였다. 동시에 그는 친구들 — 지드, 키요, 프랑-노엥, 드루엥 — 을 결
   집하여 《라 콩크》(La Conque) 잡지를 창간하고[그는 이들과 함께 1889
   년, 《포타슈-르뷔》(Potache-Revue)를 이미 창간했었다], 또 르콩트 드
   릴, 에레디아, 레니에, 모레아스, 베를렌느의 지지를 얻음으로써 오래
   된 꿈을 실현시키려 애썼다. 《라 콩크》는 3월 15일 창간되었다. 1891
   년 동안 지드는 벨기에 여행, 라 로크에서의 긴 체류, 폴 발레리와 우
   정을 키우는 등, 루이와의 관계는 벌써 다소 소원해지기 시작했다.
5) 마르셀 드루엥(Marcel Drouin, 1871-1943)은 지드가 1890년 루이의
   집에서 만나 가장 친한 친구 가운데 하나가 되었으며, 지드의 동서가
   되었다. 《라 콩크》 창간호에 실은 그의 시들은 미셸 아르노란 필명으로
   발표되었는데, 그 후 그 필명으로 특히 《N. R. F.》 등에서 문학비평가로
   활동했다. 독문학자로 그는 대부분의 시간을 교육과 잡지 발행에 할애
   하고 있어, 그의 친구들이 기대하던 괴테 연구를 제대로 실현시키지 못
   하고 있었다. 하지만 1900-1905년 사이 《레르미타주》(L'Ermitage)에 발
   표한 글들을 모아 1949년, 《괴테의 예지》란 제목으로 출판했으며, 지
   드는 여기에 서문을 썼다.
6) 모리스 키요(Maurice Quillot, 1870-1944)는 아마추어 신비학자로, 일
   찌감치 문학을 접고 집안에서 하는 유제품 사업에 뛰어들었다. 그를 절
   친한 친구로 삼았던 지드는 그의 사업에 상당한 재정적 도움을 주었다.
   뒤의 주석 10번 참조.
7) 프랑-노엥이라 불리기도 했던 모리스 르그랑(Maurice Legrand, 1873-
   1934)은 시인이자 기자로, 《파리의 메아리》(Echo de Paris) 편집장이었
   으며 《우화집》을 썼다. 1894년 10월, 지드는 그에 관해 어머니에게 다

하게 지내긴 했으나 지속적인 관계는 아니었다).

내가 추구하는 것은 나 자신을 해명하는 일이다. 따라서 나는 내 인생에서 그토록 큰 자리를 차지하는 우정에 대해서는 이 회상록에 쓰고 싶은 생각이 전혀 없다. 아마 순전히 너무 길게 쓰게 될까 두려운 마음 때문 일게다. 나는 그들을 통해 니체가 한 재치 있는 말의 진실을 체험했다. 즉 모든 예술가는 자기 자신의 지성뿐만 아니라 자기 친구들의 지성까지 마음대로 사용한다는 말이다.8) 내 친구들은 정신의 어떤 특수 영역 속으로 내가 할 수 있는 것보다 더 깊이 파고듦으로써 내겐 탐험가 역할을 해주고 있었다. 공감을 하며 나 역시 한동안 그들과 같이 파고들긴 했으나, 나는 본능적으로 나 자신을 한 영역에 한정해 전문화시키지 않으려고 주의하고 있었다. 그리하여 한 특수 영역에서 나보다 더 우월하다고 내가 인정하지 않는 친구는 하나도 없었으나, 그들의 지성은 분명 더 협소했을 것이다. 그리하여 그들 개개인으로 볼 때, 그들 각자가 가장 잘 이해하는 것을 그들만큼 이해하지는 못했으나 나는 그것들 전부를 동시에 이해하는 것 같았으며, 내가 서 있는 교차점에서 내 시선은 그들의 이야기가 내게 밝혀주었던 다양한 관점들을 향해 그들을 가로질러 사방으로 뻗어가는 것 같았다.

그런데 각자 자기 정신이 중심이 되어 세계가 자기를 중심으로 돌아가고 있다고 생각하기 때문에, 만약 내가 이 친구들 각각에 대해 가장 친한 친구라고 자부하지 않았더라면, 내가 하는 이야기는 단지 평범한 것에 지나지 않을 것이다. 나는 내 친구들 각각에게 나보다 더 친한

---

음과 같이 썼다. "그가 언젠가 중요한 작품을 쓰리라 생각진 않아요. 빈둥거리는 친구예요. (…) 그가 쓰는 건 그저 곡예사나 카바레 풍의 것들 뿐이에요."

8) 이 인용의 출처는 찾지 못했다. 지드는 이 내용을 1900년 〈예술의 한계들〉이란 강연에서 다소 다른 표현으로 이미 사용했다. "니체가 말하기를, 위대한 사람은 '자신'의 정신뿐 아니라 그의 모든 친구들의 정신까지 갖고 있다."

친구가 있을 수 있다는 생각을 견딜 수 없었으며, 그들 각자가 내게 그들 자신을 완전히 주기를 요구하는 만큼 나 자신도 그들 모두에게 완전히 바치고 있었다. 9) 뭔가 조금이라도 유보하는 건 무례하고 불경스러워 보였다. 그리하여 몇 년 뒤, 내가 어머니의 유산을 받은 다음, 제조회사를 하던 키요가 자칫 파산할 위기에 처해 내게 도움을 요청했을 때, 나는 조금도 망설이거나 뭘 검토해보지도 않고 응했다. 10) 그가 요구하던 대로 다 주면서도 나는 너무나 당연한 일을 한다는 생각뿐이었고, 또 그가 더 많을 걸 요구했다 하더라도 그게 그에게 진짜 도움이 되는지 알아보지도 않고 응했을 것이다. 그리하여 오늘날 생각해보면, 아마 그 당시 나는 무엇보다 내 태도에 신경 쓰지 않았나, 그리고 친구 그 자체보다 우정을 더 사랑했던 건 아닌가 싶다. 11) 우정에 대한 내 신뢰는 거의 신비로운 수준이었다. 그 사실을 모르지 않던 피에르 루이는 그걸 비웃어댔다. 어느 날 오후, 그는 생-쉴피스 거리에 있는 한 가게 안에 숨어 나를 지켜보고 있었는데, 아 장난꾸러기여! 나는 그가 한 약속시간에, 그것도 그가 나오지 않을 거라는 예감이 들었던 그 약속시간에 정확히 나와, 분수대 옆에서 한 시간 동안이나 빗

---

9) 일례로 지드는 발레리에게 1891년 다음과 같이 쓰고 있다. "모든 애정은 날 불안하게 만든다네. 난 우정으로 만족하지 않고, 그 애정이 언제나 더 강렬하고 더 깊고 더 신뢰할 만한, 요컨대 열정적이길 원하는 거야. 그리하여 내 마음속에서 고통스럽게 질투심에 사로잡힌 그 애정을 종종 정념으로 만들고 있지." "사랑받는다는 건 내게 의미가 없어. 내가 원하는 건 다른 사람보다 더 사랑받는 거야."

10) 1893년 모리스 키요는 유제품 공장을 세운 자기 형과 같이 사업을 시작했다. 공장을 현대화하려는 시도로 일 년 뒤 파산위기에 몰렸을 때 지드는 그 친구를 돕게 되었다. 1894년과 1900년, 두 차례에 걸쳐 당시로는 상당한 금액을 그에게 주었다.

11) 지드는 성 아우구스티누스가 《고백록》에 쓴 구절, "나는 아직 사랑하고 있지 않았다. 나는 사랑한다는 사실을 좋아하고 있었다"를 기억했을 것이다.

속을 왔다갔다 하고 있었던 것이다. 그래도 역시 나는 나 자신보다 내 친구들을 더 높이 평가하고 있었으며, 더 나은 친구는 상상도 못했다. 내가 천부적인 부름을 받아 시인으로 태어났다는 그러한 내 믿음은 나로 하여금 모든 것을 기꺼이 받아들이도록 했으며, 모든 게 나를 맞이하러 왔다고, 또 그것들이 나를 돕고 나를 만들고 또 나를 완벽하게 하기 위해 각별한 선택에 의해 지명된 것으로, 신의 섭리에 의해 보내졌다고 믿게 했다. 나는 이런 기질을 아직까지 다소 갖고 있어, 최악의 시련 속에서도 어떻게 하면 그걸 즐길 수 있나, 아니면 거기서 어떤 가르침을 얻을 수 있나 본능적으로 찾게 된다. 심지어 나는 '운명애'[12]를 너무나 멀리 밀고 나가, 아마도 어떤 다른 사건이, 어떤 다른 해결책이 더 낫지 않았을까 생각해보는 것도 싫을 정도다. 나는 있는 그대로가 좋을 뿐만 아니라 그게 최선이라고 여긴다.

하지만 지나간 그 시절을 생각하며 나는 자연과학자와 우정을 나눴더라면 내게 어떤 유익함이 있었을까 따져보게 된다. 그 당시 내가 자연과학자를 만났더라면 자연과학을 너무나 좋아했기 때문에 문학을 저버리고 그 뒤를 따랐을 것이리라… 음악가는? 조만간 루이가 나를 데리고 간 말라르메를 중심으로 한 모임에서는 피에르 루이를 선두로 각자 음악을 좋아한다고 자부하고 있었다. 하지만 말라르메 그 자신과 거기 오는 모든 사람들은 음악 안에서도 문학을 추구하고 있었다. 바그너는 그들의 신이었다.[13] 그들은 바그너에 대해 설명하고 해설하고

---

12) 니체가 즐겨 쓴 표현으로, 니체는 이 '운명애' 속에서 자기 본성의 근원을 보고 있었다.

13) 1889년 9월 편지에서 루이는 지드에게 다음과 같이 쓰고 있다. "내겐 음악으론 바그너, 시로는 빅토르 위고가 있어. 내가 보기에 이들은, 도저히 헤아릴 수 없는 이상을 향해 인간이 시도한 노력의 절정을 대변하고 있어." 레옹 블룸에게 쓴 1889년 12월의 편지에서, 루이는 그가 창간하고자 꿈꾸는 잡지에는 문학만큼이나, 바그너를 스승으로 하는 음악과 쇼펜하우어를 스승으로 하는 철학을 넣겠노라 썼다. 지드는 한때,

있었다. 루이는 내가 감탄할 때 뭔가 함성과 탄성을 내지르도록 강요
하는 식이어서, 그게 나로 하여금 '표현' 음악을 싫어하게 만들었다.
그런 만큼 나는 내가 '순수' 음악이라 부르던 것, 다시 말해 아무것도
의미하지 않는다고 자처하는 음악을 향해 한층 더 열정적으로 달려들
었다. 14) 그리고 바그너적인 다성악에 대한 항의로서, (지금도 여전하
지만) 나는 오케스트라보다는 사중주를, 교향곡보다는 소나타를 더 좋
아했다. 15) 하지만 난 이미 음악에 과도할 정도로 몰두해 있었고, 내
문체는 음악으로 가득 차 있었으니… 그래, 아마도 내게 필요했을 친
구란 바로 내게 타인에 대해 관심을 갖도록 가르쳐주었을 사람, 나를
나 자신에게서 벗어나게 해주었을 그런 사람, 즉 소설가이다. 하지만
그 당시 내게는 영혼을 향한 시선과 시에 대한 취향밖에 없었다. 물론
언젠가 피에르가 《인간 희극》의 작가를 무시하고자 게 드 발자크를
'위대한 발자크'16) 라고 부르는 걸 들었을 때는 화가 났다. 하지만 그가
형식의 문제를 최우선 관심사로 삼도록 나를 유도했을 때 그는 옳았으
며, 그 충고에 대해 아직도 고맙게 생각하고 있다. 17)

---

상징주의 문학계가 바그너에 심취하는 분위기에 같이 휩쓸리기도 했으
나, 바그너가 주장하는 것과 같은 '모든 예술의 종합'과는 반대되는 고
전주의 이상을 따르고자 함에 따라 그런 분위기에서 멀어졌다. 1892년
뮌헨에서 바그너 오페라를 감탄하며 발견했던 것에서 1908년 혐오감을
주장하기에 이르기까지, 지드 태도는 일련의 변모를 거치게 되었다.
14) 1892년 5월에 이미 지드는 앙리 드 레니에에게 다음과 같이 쓴다. " 〈방
랑하는 화란인〉은 상당히 아름다워. 하지만 각본에 따른 음악은 엉터리
예술형태야. (…) 어떤 예술도 뭔가에 종속되어서는 안 돼."
15) 지드는 쇼팽에 대한 글에서 "개인이 군중보다 더 뛰어난 것만큼 피아노
는 오케스트라보다 더 뛰어나다"고 썼다.
16) 프랑스 문학사에는 17세기 시인이요 서간작가인 게 드 발자크(Guez de
Balzac)와 19세기의 위대한 소설가 오노레 드 발자크(Honoré de
Balzac)가 있다.
17) 예를 들면 루이는 1890년 6월에 쓴 편지에서 지드에게 다음과 같은 충고

피에르 루이가 없었더라면 나는 교제하는 사람도 없이 계속 외톨이
로 살았을 것이라 생각된다. 문학계를 드나들며 우정을 찾고 싶은 생
각이 없었기 때문이 아니라, 극복할 수 없는 소심함 때문에 그러질 못
하고 있었다. 내 마음에 가장 자연스럽게 끌리는 사람들을 방해하고
불편하게 하지 않나 하는 이런 두려움은 아직까지 종종 날 마비시킨
다. 피에르, 나보다 더 충동적이고 더 과감하며 또 확실히 더 능숙했
으며, 이미 재능을 더 갈고 닦은 그는 우리가 다 같이 존경하던 몇몇
선배 시인들에게 자기가 쓴 첫 시들을 이미 헌정했던 것이다. 그가 재
촉하는 바람에 나도 내 책을 에레디아에게 가져가기로 결심했다. 18)
"그에게 네 이야기를 했어. 기다리고 있을 거야." 그가 내게 여러 번
반복했다.

에레디아는 자신이 쓴 소네트들을 아직 시집으로 묶어내지 않았었
다. 《양세계 평론》지에 몇 편의 시가 실린 적이 있고, 또 쥘 르메트르
가 몇몇 다른 시들을 인용한 적은 있었다. 19) 하지만 우리의 기억이 소
중히 간직하고 있던 대부분의 시들은 아직 미발표된 것들로, 일반인들
이 모르고 있었던 만큼 더욱더 우리에겐 찬란해 보였다. 내가 처음으

---

를 한다. "내가 너에게 할 충고는 단 한가지야. 제발 내가 습관적으로 되
풀이해 말한다고 여기지 마. '네가 형식을 다듬길 바란다'는 말이야. 네
소설에 사상이 전부라는 건 나도 잘 알고 있어. 하지만 형식이 없으면 사
상은 동시대인에게만 이해될 뿐이야. '사상을 살아남게 하는 건 형식이
야.' 뮈세의 작품이 벌써 끝나버린 건 형식이 없었기 때문이야."
18) 루이가 에레디아에게 《앙드레 왈테르의 수기》를 한 부 전하며 지드에게
가보도록 하긴 했으나, 실제로 소개한 사람은 앙리 드 레니에였다.
19) 에레디아(Heredia, 1842-1905)는 완벽한 기교와 회화적인 수법으로 이
국적인 정취들을 표현한 파르나스 파 시인으로, 1893년에야 《전리품
들》을 출간했다. 그는 오랫동안 자기 시들을 다양한 잡지에 발표하는
것으로 만족했으며, 작품집으로는 거의 출판하지 않은 상태에서 유명해
졌다. 쥘 르메트르는 에레디아의 시들을 한 연구논문에 인용했는데, 지
드는 그것을 1889년 11월 읽었다.

로 발자크 거리에 있던 그의 아파트 초인종을 눌렀을 때 내 가슴은 마구 뛰고 있었다.

그 당시 내가 시인에 대해 품고 있던 이미지와 에레디아가 어느 정도로 동떨어졌는지, 바로 그 점이 내가 가장 먼저 놀랐던 점이었다. 그에게는 어떤 침묵도, 어떤 신비도 없었다. 더듬거리며 쇳소리 나는 그의 목소리에는 어떤 뉘앙스도 없었다. 다소 땅땅하고 살이 찌긴 했으나 상당히 풍채가 좋은 자그마한 사람이었다. 하지만 그는 무릎과 허리를 한껏 뒤로 젖힌 채 구두 뒤축을 울리며 걷곤 했다. 네모난 턱수염에다 머리는 짧게 깎고 코안경을 쓰고 있었는데, 글을 읽을 때면 그 안경 너머로, 아니면 더 자주 안경 옆으로, 악의는 전혀 없으나 유달리 혼란스럽고도 희미한 시선을 던지는 것이었다. 생각이 그의 머릿속을 복잡하게 만드는 일이 없었으므로 그는 머릿속에 떠오르는 걸 거침없이 내뱉을 수 있었는데, 그게 그의 대화에 지극히 유쾌한 자유분방함을 부여하고 있었다. 그는 거의 전적으로 외부세계와 예술에만 관심을 갖고 있었다. 그건 그가 사변의 영역에서는 더할 수 없이 궁색했고, 타인에 대해 아는 것이라곤 밖으로 드러난 제스처뿐이었다는 말이다. 하지만 그는 독서를 많이 했고 자신의 부족함을 모르고 있었기에 그에겐 아쉬운 게 하나도 없었다. 그는 시인이라기보다 차라리 예술가였고 그보다 차라리 장인(匠人)이었다. 나는 처음에는 끔찍할 정도로 실망했다. 그리고 나선 내 실망이 내가 예술과 시에 대해 잘못된 생각을 품고 있어서 그런 게 아닌가, 또 단순한 기교적 완성도 내가 그때까지 생각했던 것보다 더 가치 있는 건 아닐까 자문하기에 이르렀다. 그는 두 팔을 벌리고 환대했으며 그의 환대가 어찌나 뜨거웠는지, 사람들은 그의 두뇌가 그의 두 팔보다 다소 덜 열려있다는 사실을 금방 깨닫지 못했다. 하지만 그는 문학을 무척 사랑하였기에, 그가 정신으로는 이해하지 못한 것도 자구(字句)를 통해 도달하지 않았나 생각된다. 그리고 그가 뭣에 대해서든 바보 같은 소리를 하는 건 들은 기억이 없다.

토요일마다 에레디아는 손님들을 받았다. 4시부터 그의 집 끽연실
은 사람들로 가득 찼는데, 외교관과 기자, 시인들이었다. 피에르 루이
가 같이 없었더라면 나는 어색해서 죽었을 것이다. 20) 그날은 또한 부
인들의 모임이 있는 날이었다. 그 집에 자주 드나드는 사람 가운데 하
나가 때때로 끽연실에서 살롱으로 가기도 하고, 또 그 반대도 있었다.
그러면 잠시 살짝 열린 문틈으로 맑고 지저귀는 듯한 부드러운 목소리
와 웃음소리들이 들려오곤 했다. 하지만 에레디아 부인이나 그들의 세
딸 가운데 한 명 눈에 뜨이지 않나 하는 두려움 때문에, 내가 그녀들
의 소개를 받은 다음 그들의 친절한 환대에 보답하기 위해 좀더 자주
인사하러 가는 게 적절했으리라 느끼기는 했으나, 난 끽연실 한쪽 끝,
올림푸스 산정의 구름 속처럼 궐련과 시가 연기 속에 몸을 숨긴 채 꼼
짝 못하고 있었다.

앙리 드 레니에, 21) 페르디낭 에롤드, 22) 피에르 키야르, 23) 베르나
르 라자르, 24) 앙드레 퐁테나스, 25) 피에르 루이, 로베르 드 보니에

20) 이 첫 번째 방문은 1891년 3월 7일 있었다. 그 다음 날 지드는 발레리
에게 쓴 편지에서 그 모임이 그리 감격스럽지 않았노라 했다.
21) 앙리 드 레니에(Henri de Régnier, 1864-1936)는 프랑스 싱징주의에
속하는 시인이자 소설가이다.
22) 앙드레-페르디낭 에롤드(André-Ferdinand Hérold, 1865-1940)는 시
인, 소설가, 비평가, 극작가로, 1891년 초 에레디아의 집에서 만난 루
이와 절친한 친구였다. 그는 《메르퀴르 드 프랑스》(Mercure de France)
잡지 창간에 동참하기도 했다.
23) 피에르 키야르(Pierre Quillard, 1864-1912)는 상징주의 시인이자 비평
가로, 《메르퀴르 드 프랑스》에 처음부터 참여했다. 그는 드레퓌스 사건
때 에밀 졸라 편에 서서 적극적인 역할을 했다.
24) 베르나르 라자르(Bernard Lazare, 1865-1903)는 콩트작가이자 비평가
로, 반유태주의에 대한 여러 저서를 썼다.
25) 앙드레 퐁테나스(André Fontainas, 1865-1948)는 브뤼셀에서 태어나
1888년 파리에 정착했다. 그의 시는 처음에는 말라르메, 그 다음에는
앙리 드 레니에, 마지막에는 발레리 시와 궤적을 같이 하고 있었다. 지

르, 26) 앙드레 드 게른느27)는 토요일에 한 번도 빠지지 않았다. 28) 나는 앞의 여섯 사람은 화요일 저녁, 말라르메의 집에서도 만났다. 29) 이 모든 사람 가운데서 피에르 루이와 내가 가장 나이가 적었다.

말라르메의 집에는 거의 전적으로 시인들만 모였는데, 가끔 화가들도 있었다(고갱과 휘슬러를 말한다). 나는 로마 가(街)에 있는 식당 겸 살롱인 그 작은 방에 대해 다른 글에서 묘사한 바 있다. 30) 지금 우리 시대는 너무나 소란스러워져 당시 그 장소가 지닌 평온하고 거의 종교적인 분위기를 오늘날 쉽게 그려볼 수 없을 것이다. 분명 말라르메는 자기가 할 이야기를 미리 준비하는 모양이어서, 지극히 공들여 쓴 그의 '여담'31)과 많이 다르지 않는 경우가 종종 있었다. 하지만 그는 어찌나 교묘하게, 또 어찌나 태를 부리지 않는 어조로 말했던지, 새로운 말 하나하나가 그 자리에서 막 생각해낸 듯 보였다. 그는 그 말들을 단정 짓기보다는 거의 의문을 제기하듯 검지손가락을 든 채, "아마

---

드와 그는 특히 문학 살롱에서 만났으며, 우정 관계를 유지했으나 어느 정도 지드 측의 의도로 거리를 둔 상태였다.

26) 로베르 드 보니에르(Robert de Bonnière, 1850-1905)는 기자이자 소설가다.

27) 앙드레 드 게른느(André de Guerne, 1853-1912)는 파르나스파 시인이었다.

28) 퐁테나스를 제외한 이 모든 작가들은 정기적으로 서로 만나고 있었다. 지드는 1891년 6월 발레리에게 "그들은 이른바 '칠인의 현자'라는 정기 회식을 하고 있어"라고 했다. 1893년 5월 레니에는 지드에게 그들 모임에 합류할 것을 제안한다.

29) 스테판 말라르메(Stéphane Mallarmé, 1842-1898)는 상징주의 시인으로, 프랑스 근대시의 최고봉으로 평가받고 있다. 그는 '화요회'라는 문학 모임을 주도하고 있었다.

30) 지드는 1898년 10월 《레르미타주》 잡지에 발표한 말라르메를 기린 자기 글을 암시하고 있다.

31) 말라르메는 자신이 숙고한 생각들 일부를 《여담》(Divagation, 1897)이란 제목 하에 발표했다.

도… 그렇게도 말할 수 있지 않을까?…" 하는 태도로 사람들의 판단에 맡기는 것처럼 보였다. 또 거의 언제나 말끝에 "안 그래요?"를 붙였는데, 그가 몇몇 사람들에게 가장 큰 영향력을 얻게 된 것은 아마도 그것 때문이었을 것이다.

종종 어떤 에피소드가 '여담'을 중간에서 자르기도 했다. 그가 완벽하게 옮기는 그 멋진 재담에는, 그의 예술을 그토록 단호하게 삶과 유리시켰던 바로 그 우아함과 고상함에 대한 고심이 여실히 엿보였다.

작은 테이블 주위에 사람들이 너무 많지 않은 저녁이면, 말라르메 부인도 수를 놓으며 그 자리에 남아 있었고 딸도 같이 있었다. 하지만 얼마 지나지 않아 짙은 담배연기 때문에 그녀들은 자리를 떴다. 사람들이 빙 둘러 앉아있던 둥근 테이블 한가운데 커다란 연초 항아리가 있어 각자 연초를 집어 궐련을 말아댔기 때문이다. 말라르메 자신도 줄담배를 피우고 있었으나 흙으로 구운 작은 파이프로 피우는 걸 더 좋아했다. 그리곤 11시경, 쥬느비에브 말라르메가 그로그[32]를 들고 다시 들어왔다. 무척이나 검소한 이 가정에는 하인이 없었기 때문으로, 초인종이 울릴 때마다 스승님이 손수 문을 열러 가시곤 했다.

나는 이 두 지도자 주위로 몰려들었던 사람 가운데 내 친구가 되었던 몇몇에 대해 이야기하고자 한다. 그 당시 우리는 누구도 자기 자신의 생각에 귀를 기울이기보다는, 다소 의식적으로, 어떤 막연한 슬로건을 따랐던 것 같다. 그런 움직임은 파르나스 파에 대한 역류로서, 또 리얼리즘에 반대하는 반작용으로 나타났다. 쇼펜하우어보다 헤겔을 더 좋아하는 사람이 있다는 걸 도무지 이해할 수 없던 나는 쇼펜하우어의 주장에 따라, '절대적'이 아닌 모든 것, 프리즘의 분광 같은 인생의 모든 다양성을 '우연적인 것'(이게 바로 당시 사용되던 어휘다)으로 간주하고 있었다. 내 친구들 모두가 거의 마찬가지 생각을 갖고 있었다. 그런데 우리의 오류는 당시 '리얼리즘'이 제시하던 뒤얽힌 혼돈으

32) 그로그(grog)는 럼주에 뜨거운 물을 섞어 만든 알콜 음료이다.

로부터 보편적 성격의 어떤 아름다움과 진실을 끄집어내고자 한 것이
아니라, 단호하게 현실로부터 등을 돌린 것이었다. 내가 구원을 받은
것은 아무것도 거부하지 않는 대식가 같은 내 욕구 때문이었으니… 내
친구들 이야기로 돌아오자.

앙리 드 레니에는 그들 중에서 확실히 가장 눈에 띄는 인물이었다.
외모부터 벌써 주목을 끌었다. 다소 거만하긴 하나 다정하고 매력적인
태도 속에 그는 언제나, 하지만 은밀하게 우월감을 숨기고 있었다. 너
무 큰 키에 비쩍 말라 다소 휘청거리는 몸집을 한 그는 자신의 서투른
모습도 우아하게 보이도록 했다. 첫인상에, 높은 이마와 긴 턱과 긴
얼굴, 그리고 골루아 식으로 아래로 축 쳐지는 긴 구레나룻을 꼬느라
연신 얼굴에 가져가는 길고 아름다운 손이 무척 인상적이었다. 거기다
외알 안경이 그의 인물을 완성시켰다. 르콩드 드 릴이 그 모임에 외알
안경을 유행시켰는데, 거기 나오는 여러 사람이 그걸 썼다. 에레디아
의 집과 말라르메의 집에서 레니에는 거의 입을 다문 채 다소곳이 있
었다. 다시 말해 이야기가(말라르메의 이야기를 말한다) 새로운 전개로
이어지도록, 경쾌하고 능숙하게 몇 마디 대꾸만 조신하게 할 뿐이었
다. 하지만 머리를 맞대고 단둘이 있을 경우, 그의 이야기는 여간 묘
미 있는 게 아니었다. 그는 보름이 멀다하고 내게 짧은 편지를 보내왔
다. "더 멋진 다른 일이 없으면 내일 저녁 집으로 오게나."[33] 요즘이
라면 내가 그런 저녁 모임에 그때와 같은 기쁨을 느낄지 확실치 않지
만, 그 당시 나는 그 이상 바랄 게 없었다.

우리 둘 다 말을 많이 했던 기억은 없다. 그리고 그 당시 나는 아직
담배를 피우지 않았다. 하지만 뭔가 나른한 태도, 말라르메의 목소리
보다는 분명 덜 음악적이나 더 낭랑하고, 또 조금만 높아지면 날카롭
게 변하던 그 목소리의 야릇한 매력, 그리고 그의 의견을, 당시 우리
는 사상이란 것을 전혀 신용하지 않았기 때문에 그의 사상이라고는 감

---

33) 지드는 이런 쪽지의 횟수에 대해 다소 과장하고 있다.

히 말하지 않겠지만, 그의 의견을 지극히 기이하고도 엉뚱한 방식으로
제시하던 그 말솜씨, 그리고 사람과 사물들에 대한 뭔지 모르는 장난
기 넘치는 농담들… 그렇게 시간은 흐르고 자정이 울릴 때면 난 섭섭
한 마음으로 자리에서 일어나곤 했다.

이 인물묘사는 사실 때때로 10년도 넘는 기간에 걸쳐 흩어져 있던
것을 같이 묶어 그리는 것임을 이해해주기 바란다. 그리하여 다음 기
억은 단지 좀더 후의 일로… 어느 날 저녁이었다. 레니에는 근심에 가
득 찬 것 같았다. 외알 안경이 떨어지는 것도 내버려둔 채 그의 눈빛
은 흐려졌다.

"이보게, 무슨 일이야?" 내가 물었다.

"아!" 그는 상체를 온통 흔들며 심각한 동시에 우스꽝스러운 어조로
내게 답했다. "이제 서른 고개를 넘는 준비를 하는 거라네."

갑자기 그가 무척 늙어보였다. 얼마나 오래전 일인가!

그 당시 프랑시스 비엘레-그리팽은 그와 가장 친한 친구였다.[34] 사
람들은 종종 그 두 이름을 연결시켰으며 그들의 시를 서로 혼동하기도
했다. 대중들에게는 오랫동안 정형시만 서로서로 구별되는 것 같았고,
자유시들은 전부 비슷비슷해 보였던 것이다. 음악이나 미술, 또 시에
있어서 새로운 기법이 부각될 경우에는 매번 마찬가지였다. 하지만 이
두 인물만큼 서로 다른 사람은 없다. 그들의 우정은 나를 피에르 루이

---

34) 프랑시스 비엘레-그리팽(Francis Vielé-Griffin, 1864-1937)은 미국 버
   지니아 출신으로 젊은 시절부터 파리에 정착했다. 자유시의 이론가이자
   실행가로, 1891년 2월 모레아스를 위한 만찬에서 지드를 처음 만났을
   때 이미 4권의 시집을 출간했었다. 지드가 《수기》를 한 부 그에게 주었
   기 때문에, 그가 지드에게 쓴 첫 편지는 그 '고통의 시'에 대한 찬사였
   다. 여기 그려진 인물묘사가 진실한 것은 의심하지 않으나, 지드가 앙
   리 드 레니에와 불화를 갖게 된 것을 그리팽의 '과격한 성격' 탓으로 돌
   리려고 지드가 이런 묘사를 이용하지 않나 생각해 볼 수 있다. 그리팽
   은 그 불화를 불식시키려고 여러 번 애를 썼으나 결국 실패하고 말았다.

와 이어준 우정과 마찬가지로, 그 근저에 어떤 오해가 있었다.

그리팽보다 더 솔직하고 더 정직하고, 더 충동적인 사람은 없었다. 하지만 그와 반대로 레니에가 교활하고 사악하고 또 엉큼하다는 말은 아니다. 확실히 그건 아니었다! 하지만 뭔가 현학적인 교양이 그가 지닌 지극히 다정하고 자연스러우며 또 지극히 훌륭한 감정들을 사로잡아, 그것들을 갈고 닦고 광택을 내고 유연하게 만들어버려, 마침내 그는 갑작스럽게 뭔가를 느낀다거나, 또는 미리 완전히 제어할 수 있고 또 느끼기로 작정한 것 외에는 아무런 감동도 느낄 수 없게 된 것 같았다. 혹자는 그런 상태를 더 높은 것이라 여기고 거기에 도달하려고 애를 쓰기도 한다(나는 그런 사람들을 보았다). 그리고 그들은 그런 상태에 다소 쉽게, 그리고 빨리 도달하긴 하나, 언제나 자신에게 해를 끼치는 결과를 낳는 것 같이 내겐 종종 보였다. 달리 말하면 그런 이상은 거기 도달하려고 쓸데없이 애쓰는 사람들에게만 적합한 것 같아 보인다. 그리팽은 물론 그런 노력은 거의 하지 않았다. 그는 유머러스하게 재치 있는 말로 자기 생각을 주장하곤 했다. 그런데 우리나라에 대한, 또 프랑스적인 온건한 말투에 대한 더할 나위 없이 진지한 애정에도 불구하고, 그의 태도에는 뭔지 알 수 없는 냉엄하고 반항적인 게 여전히 남아있어 그의 조국인 신세계의 분위기가 완강하게 느껴지는 것이었다. 부르고뉴 사람처럼 목구멍 속에서 살짝 굴리는 듯한 그의 목소리는(매력적인 그의 동향인인 스튜어트 메릴[35]도 거의 똑같은 목소리를 냈다) 아무리 사소한 이야기를 해도 독특한 맛을 풍겼다. 다만 그가 패러독스를 너무 즐기지만 않았더라면 자신을 표현하는 그 방식보다 더 다정한 건 없었을 것이다. 그는 엄청나게 호전적인 기질을 갖고 있었다. 관대하고도 불의를 참지 못하는 정의의 기사로, 근본적으로

---

35) 스튜어트 메릴(Stuart Merrill, 1863-1915)은 롱아일랜드 섬에서 태어났다. 1890년 프랑스에 정착하게 된 그는 시인과 비평가의 활동을 했다. 지드는 1891년 11월부터 그와 알게 된 것 같다.

는 다소 청교도적인 그는 자신이 교류하던 문학계가 보여주던 종종 겉멋 들린 극도의 방종에 잘 적응하지 못하고 있었다. 그는 알렉상드랭 시구[36]에 대해, 멘데스[37]에 대해, 풍속과 그 시대에 대해 걸핏하면 비난했는데, 종종 자기 이야기 끝에 재미있다는 듯 웃음을 터뜨리며 다음과 같은 말을 덧붙이는 것이었다(왜냐하면 자신의 격분조차 그에겐 재미있었던 것이다).

"지드! 우리가 도대체 뭘 어쩌겠다는 거지?"

그의 얼굴은 무척 동그랗고 활짝 열린 듯했으며, 이마는 머리 뒤쪽으로 목덜미까지 이어지는 것 같았다. 그는 너무 일찍 벗겨진 자기 대머리를 감추기 위해, 한쪽 관자놀이에서 반대편 관자놀이로 한 움큼의 납작한 머리채를 계속 끌어대고 있었다. 자유분방한 태도에도 불구하고 그는 몸가짐에 무척 신경을 쓰고 있었기 때문이다. 혈색은 무척 좋았고 물망초꽃 색깔의 눈빛을 하고 있었다(그와 무척 친했던 몇몇 사람들은 그의 눈이 회색빛 도는 노란 색이라고 단정했으나, 내가 기억하는 것은 물망초꽃 색깔의 눈빛뿐이다). 몸에 꼭 끼는 작은 모닝코트 아래 무척 건장한 그의 몸이 느껴졌다. 그의 바지 자락은 언제나 너무 좁아보였고, 너무 짧게 끝나는 두 팔엔 길기보단 넓적해 보이는 두 손이 달려 있었다. 사람들 얘기로는 어느 날 저녁, 식사 후, 그는 테이블 위로 두 발을 모으고 뛰어넘을 수 있노라 내기를 했는데, 아무것도 깨지 않고 실제로 그랬다는 것이다. 하지만 그건 단지 전설일 뿐이었다. 사실 그는 사람들이 조금만 부추기면 살롱에서 의자 위를 제자리에서 뛰어넘었는데, 그것만 해도 시인으로서는 이미 상당히 놀라운 일이었다.

그는 《앙드레 왈테르의 수기》에 대해 내게 편지를 쓴 첫 번째 사람이었다. 나는 그 사실을 잊지 않고 고마운 마음을 전하려고 했다. 그

---

36) 12음절로 된 정형시구로, 16세기에서 19세기까지 프랑스 시를 대변하고 있었다.

37) 카튈 멘데스(Catulle Mendès, 1841-1909)는 파르나스 파에 속하는 프랑스 작가로, 독일 문화에 열광하여 바그너 음악을 옹호했다.

298 제 1 부

와 함께 좀더 이야기를 나눌 수 있었더라면 좋았을 게다. 하지만 그가 퍼붓던 엄청난 패러독스는 날 끔찍이 거북하게 만들었다. 그의 어투를 제대로 받아들이지 못하던 나는 마치 바보처럼 보이기 일쑤였고, 조만간 그 혼자만 이야기를 해대는 것이었다. 그는 자기 말을 잘 하기 위해 다른 사람 말은 전혀 듣지 않아야 하는 그런 사람이었기 때문이다. 언젠가 분명한 이야깃거리를 갖고 그를 보러 갔다가, 세 마디도 못하고 나왔던 적이 있었다.

그가 지닌 또 다른 작은 정신적 결함이 그와 내 관계를 약간 어색하게 만들기도 했다. 그럴 만한 확실한 근거도 없이 언제나 경계태세로 있던 그의 격한 성격이 그것이었다. 그는 사람들이 자기를 무시하지 않나 끊임없이 두려워했기 때문에, 나는 그를 무시하는 것처럼 보이지 않게 끊임없이 신경을 썼다. 대부분의 경우 그 경계심은 엄청난 실수임이 밝혀져 그가 무척 당황하게 되지만, 마지막엔 지극히 다정한 자기 본심을 되찾고는 무마되었다. 재미있다는 듯 터뜨리는 함박웃음이 모든 걸 씻어버리고, 사람들은 그의 해맑은 눈빛만 마주하게 되는 것이었다. 여러 말 하는 것보다 예를 하나 드는 게 나을 것이다(내가 이미 말했듯이 나는 여기서 10년도 넘는 기억들을 압축해서 이야기한다).

나는 레옹 블룸에 이어 《르뷔 블랑슈》의 문학 비평란을 맡고 있었다. 38) 나는 산문집을, 구스타브 칸은 시집을 담당했다. 지나가는 이야기로 덧붙일 것은, 몇몇 그룹에서는 구스타브 칸이 '자유시의 창시자'로 통하고 있었다는 점이다. 그건 당시 논란이 많던 문제로, 39) 여

---

38) 레옹 블룸(Léon Blum, 1872-1950)은 일찍 정치가와 문학가의 이중 경력을 쌓아갔다. 《르뷔 블랑슈》(Revue Blanche)에 서평란을 맡으면서 1896년 초, 참사원에 들어갔다. 하지만 1900년 2월 서평란 작업을 지드에게 물려줘야 했다.

39) 구스타브 칸(Gustave Kahn, 1859-1936)은 비평가이자 시인으로, 《라 보그》(La Vogue)지와 1886년 《상징주의자》(Le Symboliste)란 잡지를 창간했다. 그는 《르뷔 블랑슈》에 시와 글을 기고하며 적극적으로 참여했

러 사람의 비위를 거슬렀다. 그리팽도 그중의 하나로, 그가 주장하는
바로는 자유시는 필요할 경우 칸 없이 충분히 가능했을 것이며 그건
저절로 생겼거나 아니면 다른 선조가 있노라는 것이었는데… 그런데
《빌랜드의 날개 돋친 전설》이 출판되어, 그리팽이 과거 그의 책이 나
왔을 때 그랬듯이 내게 그 책을 보내주었다. 그 시집의 서평을 쓰는
일은 내 일이 아님을 안타까워하며, 나는 고맙다는 편지에다 아무 생
각 없이 공교롭게도 다음과 같은 시구를 적어 보냈다.

　　칸의 영지에서 사냥할 수 없음이 안타깝노라![40]

아마도 그리팽은 화가 버럭 치밀러 올랐던 모양이다. 어쨌든 나는
사흘 뒤 다음과 같은 편지를 받고 어안이 벙벙했다.

　　　　　　　　　　　　　　　　　　　　1900년 2월 20일
　친애하는 앙드레 지드,
　48시간 전부터 난 자네 편지를 곰곰이 연구하고 있네. 이상한 다음
구절, "칸의 영지에서 사냥할 수 없음이 안타깝노라!"의 의미와 의도

---

다. 그의 대표적 시집인 《그림 책》(Le livre d'images, 1897)은 17음절
　시행과 8 내지 9음절 시행들을 뒤섞고 있어, 칸을 자유시의 창시자로
　여기게 만들 수 있었다.
40) 그리팽의 《대장장이 빌랜드의 날개 돋친 전설》(La légende ailée de
　Wieland le forgeron)은 1900년 나왔다. 1900년 2월 17일자 편지에서 지
　드는 쓰고 있었다. "안타깝구려! 친애하는 그리팽, 나 역시 자네에게
　바칠 뭔가 날개 돋친 전설을 갖지 못한 것이. 하지만 나보다도 자네가
　얼마나 더 불쌍한가. 적어도 나는 《빌랜드》의 황홀감 속에서 내 아픔은
　위로하니 말일세. 자네의 책은 내겐 마치 외출 허가증 같은 거라네. 대
　양으로부터 불어오는 온갖 바람을 맞도록 내게 창문을 열어주고 있네.
　이렇듯 적절히 널리 인쇄되어 있으니, 감미롭게 자네 글을 다시 읽고
　있다네. 칸의 영지에서 사냥할 수 없음이 안타깝노라!"

가 뭔지, 서면으로 답해주길 바라며 이렇게 한 자 쓰기로 했네.
　　　　　　　자네의 설명을 기다리며, 자네의 충실한 벗.


　우리는 서로 무척 신뢰하고 있었고 서로에 대한 호감이 너무나 컸기
때문에, 오해는 금방 해소되었다.
　관대한 성품 역시 드러나는 이런 그리팽의 성급함 때문에, 나는 그
자체뿐 아니라 결과적으로도 상당히 심각한 실수를 하나 저지르게 되
었다. 즉 레니에의 책인 《이중 연인》에 대해 내가 악평하게 된 일이었
다. 그건 내가 다소 어리석을 정도로 그리팽의 말만 듣고 동조한 것으
로, 그러고 난 다음 곧 나는 진심으로 후회했다.[41] 그리팽은 레니에
가 그 책을 쓰면서 길을 잘못 들었다고 보았던 것이다. 그 얼마 전 레
니에가 쓴 《하얀 클로버》는 그의 다른 측면을 보여주었는데, 더 신선
하고 목가적인 그런 측면은 그리팽하고 훨씬 더 비슷한 점이었다. 그
리팽은 고리타분한 책 냄새를 풍기는 인물이 전혀 아니었다. 그의 최
대 공헌이란 아마도 자연과 소통할 수 있는 열쇠를 준 것과 함께, 아
직 서투르긴 하나 뭔지 모르는 자발성과 어떤 신선함을 도입한 것으
로, 인정해야 할 사실이지만 그건 당시 우리나라 문학이 크게 필요로
하던 요소였다. 그런데 그리팽에게 《이중 연인》의 우아함은 도리어
역행하는 것처럼 보였던 것이다. 이 섬세한 책에서 그가 본 것은 단지

41) 1899년 7-9월 사이 《파리의 메아리》에 발표되었던 《이중 연인》(La
Double Maîtresse)은 1월 27일 한 권으로 출간되었다. 2월 24일 지드는
마르셀 드루엥에게 자기 기사를 끝냈음을 알리며 다음과 같이 썼다. "이
책은 날 무척 힘들게 했는데, 사람들이 그런 느낌을 받을까봐 걱정이
네. 할 수 없지! 난 내가 생각하는 바를 말했으니, 될 대로 되라지." 그
런데, 2월 17일에서 22일 사이, 지드와 그리팽 사이에는 칸 사건에 관
한 다섯 통의 편지가 오갔는데, 이는 그 둘 사이에 직접적인 만남은 없
었다는 것과 레니에의 책에 대한 언급은 서로 없었음을 드러내고 있다.
이 소설에 대해 그리팽이 거부감을 드러낸 것은 그 이전, 잡지 연재로
발표되던 시기였다고 가정해야 할 것이다.

공상과 겉멋 들린 퇴폐뿐이었다. 그리팽은 나더러, 솔직하게 그런 구
태의연함을 지적하고 또 레니에를 되돌려놓음으로써(마치 그게 가능한
것처럼 말이다!), 레니에 자신과 프랑스 문학에 엄청난 공헌을 하게 되
리라 어찌나 강조를 하는지 나는 설득당하고 말았다.  그렇다고 해서
내가 당시에 쓴 가혹하고 부당하기까지 한 글에 대한 책임을 회피하거
나 축소시키려는 의도는 전혀 아님을 이해해주기 바란다. 42)  하지만
자연스런 나 자신의 취향을 따르지 않고, 또 그저 단순히 나 자신의
성향을 따르지 않고, (그것 역시 내겐 자연스러운) 뭔가 반발하고 저항
하고자 하는 욕구에 지고 말았던 일로, 그보다 더 후회했던 적은 별로
없었다.  하지만 엄청난 독자들이 황홀해하는 가운데 레니에가 자기 성
향을 계속 따라갔다는 사실은 두말할 필요가 없다.  그리하여 내 글은
그때까지 그저 좋기만 하던 우리 관계를 상당히 냉랭하게 만든 것 이
외에 다른 효과는 없었다.  그렇지만 그 글이 아니었다 하더라도, 우리
는 조만간 다른 이유들로 사이가 틀어지게 되었을 게다.  우리의 취향
은 너무나 달랐던 것이다. 43)

　　말라르메의 집과 에레디아의 집, 보니에르, 쥬디트 고티에, 44) 르콩

---

42) 지드의 글은 《르뷔 블랑슈》 1900년 3월호에 나왔다.  지드는 그의 해설
　　을 다음과 같은 글로 끝내고 있었다.  "따라서 이 야릇한 책은 유감스러
　　운 동시에 매력적이다.  이 글을 읽은 자가 내가 그 책을 좋아하는지 아
　　닌지 의심이 들고 망설인다면, 그건 나 자신이 의심을 품고 있기 때문
　　이다."  아마도 레니에의 잘못은 그때까지 시집과 콩트집만 펴내던 그가
　　소설을 시도한 것이었을 것이다. 《하얀 클로버》(Le Trèfle blanc)는 1899
　　년 출간되었다.
43) 사실상 그 글이 지드와 레니에 사이의 우정을 갈라놓게 했다.  몇몇 예
　　의상 교류는 있었으나, 레니에는 지드가 우정을 되살리려는 시도를 받
　　아들이지 않았다.  그 이후, 그 둘의 경력 사이에 점점 더 간극이 벌어
　　진 것은 이런 결별을 정당화해주었다.  지드가 이 장을 쓰고 있던 당시,
　　1911년 이래 아카데미 회원이 되었던 레니에는 〈피가로〉지의 정식 비평
　　가가 되었다.

트 드 릴의 집에 가장 열심히 나오는 인물 가운데 하나는 분명 에롤드
였다. 나는 쥬디트 고티에와 르콩트 드 릴의 집에는 한 번도 가본 적
이 없었고, 보니에르의 집에 간 것도 무척 드물었다. 그러니 그건 단
지 들은 이야기였다. 하지만 나도 익히 아는 것은 페르디낭 에롤드는
어딜 가도 만났다는 사실이다. 그는 다른 약속을 잡고서야 당신과 헤
어졌는데, 그러고도 그가 글 쓰고 책 읽을 시간이 있었다는 게 놀랍다.
사실 그는 글도 많이 썼고 안 읽은 책이 없었다.[45] 그는 당시 우리가
열정적으로 매달리던 모든 주제에 관해 무궁무진한 자료들을 갖고 있
었다. 예를 들면 '비고른느'[46]라 불리는 소네트나 오케스트라 안에서
의 색소폰의 사용 등에 관해 그는 수십 킬로미터 동안이나 당신에게
이야기를 할 수 있었다. 왜냐하면 말라르메의 집이나 무슨 모임, 또는
공연이 끝나면 나오는 시간이 몇 시이건 간에 그는 언제나 걸어서 집
까지 당신을 배웅해주었기 때문으로, 나의 어머니는 그를 무척 좋아하
셨다. 어머니는 자정이 지난 다음 내가 혼자 걸어오는 걸 걱정하시며
에롤드가 우리 집 문 앞까지 나를 바래다주길 기대하셨기 때문이었다.
그는 엄청난 턱수염을 길러 인형같이 착하게 생긴 자기 얼굴에 남성적
인 모습을 주려고 애썼다. 그는 친구들 사이에서 가장 훌륭하고도 가
장 충실한 벗이었다. 그는 사람들이 자신을 필요로 할 때마다 나타났
을 뿐 아니라 더 자주 나타나기까지 했다. 그는 마치 존재감을 느끼기

---

44) 쥬디트 고티에(Judith Gautier, 1845-1917)는 데오필 고티에의 딸로,
   시, 소설, 극작품들을 썼으며 《라 콩크》 잡지에 참여했다. 그녀는 파리
   에서 살롱을 열었다.

45) 1918년 당시, 에롤드는 8권의 시집과 각각 3편씩의 희극과 비극 작품
   들, 1편의 오페라 작품, 콩트들을 펴냈다. 그 외에도 그는 여러 잡지에
   참여했으며, 1896년에서 1907년까지 《메르퀴르 드 프랑스》지의 연극란
   을 담당했고, 1901년에서 1906년까지 《유러피언》(L'Européen)지를 발
   행했다.

46) 에롤드는 1906-1907년, 프랑스 사회과학 고등연구원에서 '상징주의 시
   의 역사'란 강의를 했다.

위해 다른 사람들을 기다리는 것 같았다. 페르디낭 에롤드는 존경에
대해, 아니 차라리 존경에 반대하는 글을 하나 발표한 다음부터, 머리
는 몇 센티미터 뒤로 더 젖히고 턱수염은 앞으로 더 내밀고 다녔다.
그 글에서 그는 지혜란 솔로몬이 말한 것과는 정반대로, 하나님에 대
한 두려움이 멈추는 바로 그곳에서 시작한다고 주장했다. 그런데 모든
존경은, 부모에 대한 것이나, 관습이나 권력자, 그 외에 대한 모든 존
경은 어떤 맹목적인 것을 내포하고 있기 때문에, 인간이 빛을 향해 전
진하리라 기대할 수 있는 건 단지 그 모든 존경을 뛰어넘음으로써만
가능하다는 것이었다. 키야르와 라자르, 에롤드, 그 외 몇몇의 반군국
주의자들은 모든 제복을 혐오하기에 이르렀다. [47] 제복이란 그들에 의
하면 하인들 복장과 유사한 것으로 개인의 존엄성을 해친다는 것이었
다. 나는 그들의 세계주의에 대해 말함으로써 그들을 불쾌하게 하려는
건 아니다. 왜냐하면 그들이 과거 가졌던 그런 견해들을 지금까지 갖
고 있는 것처럼 얘기함으로써 그들을 모욕할 수도 있기 때문이다. 하
지만 사실은 나도 그런 견해를 갖고 있어 그들과 분명 의견을 함께 한
다고 생각했다는 점이다. 게다가 나는 어느 정도의 지성과 교육을 받
은 자라면 다른 견해를 가질 수 있다고는 생각지도 못했다. 그런 상황
에서 내가 군복무를 견딜 수 없는 하나의 불행이라 여기며, 탈영하지
않고도 가능하다면 군복무는 모면토록 하는 게 바람직하다고 여겼으리
라는 건 충분히 이해될 것이다. [48]

---

47) 키야르와 에롤드가 속해 있는 《메르퀴르 드 프랑스》 관계자들은 격렬한
반군국주의자들이었다. 한편 라자르는 《정치 및 문학 대담》(Entretiens
politiques et littéraires) 지의 정치란을 담당하고 있었는데, 바쿠닌 등의
텍스트가 거기서 발표되었었다.
48) 군대에 입대하기 위해 1892년 11월 낭시에 출두한 지드는 다섯 번의 재
검을 받은 후—본인은 결핵이라 밝히고 있다—최종 전역되었다. 본문
에서 말한 이러한 반군국주의에 대해 명시한 자료는 없었다. 1892년
《일기》에 의하면 군사기관에 대한 혐오감보다 대중에 대한 귀족적인

에롤드는 이따금 퐁테나스라는 이름의 벨기에인 자기 동서를 대동하기도 했는데, 그는 모든 사람 가운데 아마도 가장 훌륭하고 가장 다정한 마음을 가진 사람이었을 것이다. 그가 입을 다물고 있던 것으로 미루어 보건대 어리석지는 않은 사람이라 여겨진다. 허튼 소리를 절대 하지 않는 가장 확실한 방법이란 말을 전혀 하지 않는 것임을 깨달았던 것 같다.

로베르 드 보니에르 백작에 대해선 무슨 말을 할 수 있을까? 젊은 그의 아내는 아름답다는 평판을 갖고 있었는데, 그가 어디서나 환대를 받은 것과 무관하지 않았다. 그는 또한 저널리즘에도 종사했던 것 같다. 그가 쓴《꼬마 마르주몽》이란 책이 막 출판된 상태였다. 나는 그 책을 읽지 않았으나, 에레디아 살롱에 출입하는 사람들은 그 속에서 프랑스의 전통적인 장점들을 찾아볼 수 있다며 호평하고 있었다. 그는 당시 8음절 운문으로 된 콩트 모음집을 끝내가고 있어 즐겨 그걸 읽어주곤 했다. 49) 상당히 좋은 사람 같았으나 화를 잘 내는 성격이었다. 어느 날, 에레디아의 집에서 그가 가장 최근에 쓴 이야기를 읽어주었을 때, 나는 하마터면 한바탕 소동을 불러일으킬 뻔 했는데… 지금도 기억나지만 그건 한 거만한 미녀가 떨어뜨렸거나 아니면 던져버린 장갑 이야기였다. 멸시만 당하던 정중한 기사가 선뜻 나서서, 뭔지는 모르겠지만 온갖 위험을 무릅쓰고 그 장갑을 줍게 되었을 때(쉴러의 작품 가운데 그 비슷한 게 있지 않나?50)), 마침내 마음이 돌아선 그 미녀가 몸을 굽히려는 순간, 이번엔 그가 거만하게,

Passe aussi son chemin, ma chère
(자기 길을 가버리네, 여인이여)

---

멸시를 더 드러내고 있다.

49) 보니에르는 여러 편의 소설을 썼으나, 운문 콩트집은《왕비 이야기》(Contes à la reine) 한 권 뿐이었다.
50) 1797년 쉴러가 쓴 발라드〈장갑〉(Der Handschub)을 말한다.

그렇게 이야기는 끝나고 있었다. 평소 퐁테나스 만큼이나 침묵을 지키던 내가 무슨 대담한 마음이 들었던지 물었다.

"'sse aussi son'이란 표현이 거북하지 않나요?"[51] 모든 사람들이 서로서로 쳐다봤다. 날 구해준 건 사람들이 처음엔 그게 무슨 말인지 못 알아들었다는 점이다. 그리고 난 다음 모두들 일제히 폭소를 터뜨렸는데, 거기다 대고 보니에르가 어떻게 할 수 있었겠는가? 그 후 그는 이 마지막 시구를 고쳤던 것 같다.

보니에르는 재치가 많다고 통했다. 그런 평판은 그에게 상당한 자신감을 주었다. 그는 무슨 문제에 대해서건 자기 의견을 내세웠는데, 그가 자기 말밖에 듣지 않았던 만큼 더더욱 요지부동이었다. 맙소사! 그가 다음과 같이 단정하는 말을 들었을 때, 단호한 그의 어조에 얼마나 신경이 거슬렸는지 모른다.

"각 작가의 작품은 하나의 문구로 요약될 수 있어야 해. 더 쉽게 축약될수록 더 오래 살아남을 수 있지. 넘치는 건 모두 금방 시들어버리고 말지."

언젠가 다정하고도 간곡한 그의 청에 못 이겨 그의 집에 가기로 했던 날, 나더러 내 문구를 이미 갖고 있는지 물었을 때 나는 어찌 되었던가? 그는 내 윗도리의 단추 하나를 붙잡고, 그가 평소 하던 대로 자기 얼굴을 내 얼굴에 바짝 다가댔다. 겁을 집어먹은 나는 우선 뒷걸음질 치면서 못 알아들은 표정을 지었다. 하지만 그는 날 놓아주지 않고 계속했다.

"자, 자네의 장래 작품을 한 구절로, 한마디로 미리 요약해본다면, 그게 뭔가? 그 말, 자네 자신은 알고 있나?"

"물론이죠!" 난 참다못해 외쳤다.

"그럼, 그게 뭐야? 자! 말해보게. 모든 게 그 안에 있어."

그런데 가장 우스꽝스러운 건 내가 내 문구를 알고 있었다는 것으

---

51) 이는 프랑스어로 '소시지'(saucisson)와 발음이 유사하다

로, 단지 수줍음 때문에, 마치 내 인생의 깊은 비밀이나 되듯 그 문구를 그 엉뚱한 늙은 작자에게 말하길 주저하고 있었다는 사실이다. 결국 더 이상 견디지 못하고, 정말이지 화가 나서 부들부들 떨면서 단조로운 목소리로 또박또박 말했다.

"우리 모두는 뭔가를 구현해야 한다."

그는 어리둥절해서 나를 쳐다보더니, 마침내 잡고 있던 단추를 놓았다.

"자, 젊은이, 잘 해봐! '구현하게나'"라고 그가 외쳤다(그는 나보다 훨씬 더 위였다).

'내 문구'에 대해 설명을 덧붙이지 않으면 난 정말 바보처럼 보일 게다. 당시 그 문구는 내가 새로 빠져들게 된 애인이었기에 더더욱 강력하게 내 마음을 사로잡았다. 52) 그때까지 내가 의거해서 살았던 모랄은 얼마 전부터, 나 자신도 제대로 모르는 뭔가 인생에 대한 더 다채로운 전망으로 바뀌었던 것이다. 의무란 모든 사람에게 동일한 형태로 주어지는 게 아닐 것이며, 그런 획일성이란 자연이 거부할 뿐 아니라 하나님 자신도 끔찍하게 여기실 수 있으리라는 생각이 들기 시작했다. 그런데 내게 기독교적 이상이란 자연을 굴복시키노라 자처하며 그 획일성을 지향하는 것처럼 보였다. 나는 때로 서로 반대되는 명령들을 제시하는 개개의 모랄 이외에는 더 이상 인정하지 않게 되었다. 각 존재는, 아니면 적어도 선택받은 자들은 이 지상에서 어떤 역할을, 그 어떤 다른 것과도 닮지 않은 바로 그 자신의 역할을 해야 한다고 확신

---

52) 지드는 1890년 11월 말 이미 《일기》에서 다음과 같이 쓰고 있다. "영웅은 자신의 구원은 생각조차 해서는 안 된다. 영웅은 다른 사람들을 위해, '자발적이고도 숙명적으로' 저주에 이르기까지 자신을 바쳤던 사람이다. 즉 뭔가를 구현하기 위해서다."《수기》에서 지드는 "우리는 살기 위해서가 아니라, 구현하기 위해서 살아야 한다"라고 썼으며, 1896년 〈문학과 도덕〉이란 글에서는 "우리는 오직 구현하는 가치만 가질 뿐이다"라고 했다.

하고 있었다. 그리하여 어떤 공통된 규율에 순종하고자 하는 모든 노력은 내 눈에 배반으로 보였다. 그렇다, 배반이었다. 나는 그걸 '지고한 정신'에 대한 크나큰, '결코 용서받지 못할' 죄악과 동일시했다. 그 죄악으로 인해 개개의 존재는 다른 것과 대체할 수 없는 명확한 자신만의 의미를 잃게 되고, 또 다시는 되찾을 수 없는 자신의 '풍미'를 잃고 만다고 확신했다. 나는 당시 내가 쓰던 《일기》의 권두언으로 어디서 발췌했는지 모르는 다음과 같은 라틴 구절을 적어 두었었다.

Proprium opus humani generis totaliter accepti est actuare semper totam potentiam intellectus possibilis.
(인류의 고유한 작업이란 전체적으로 볼 때, 인류의 모든 가능한 지적 능력을 끊임없이 행위로 전환시키는 것이다.)[53]

사실상 나는 내게 막 드러나기 시작한 인생의 다양함에, 그리고 나 자신의 다양함에 도취되어 있었으니… 하지만 이 장에서는 주위 사람들에 대해서만 이야기하기로 작정했었다. 그 이야기로 다시 돌아가자.
베르나르 라자르[54]는 본명이 라자르 베르나르로, 님므 출신의 유태

---

53) 단테의 《제정론》 1장 4절에 나오는 라틴어로 된 구절이다. 이 인용은 1893년 9월 13일자 그의 《일기》중에서, 《한 알의 밀알이 죽지 않으면》을 요약한다고도 볼 수 있는 정신상태를 전개시키고 있는 페이지 한 가운데 나오고 있다. 이 점은 십 년에 걸친 기억들을 이 장에서 '한꺼번에 종합하면서' 지드가 그 기억들을 자신이 알제리에서 맛본 해방감보다 이전의 것으로, 그리고 거의 그 해방감을 불러일으킨 것처럼 잘못 제시하고 있음을 드러낸다.

54) 라자르에 대한 지드의 감정은 발레리가 갖고 있던 적대감에 비하면 거의 너그러운 것 같다. 1891년 7월 지드는 발레리에게 다음과 같이 쓰고 있다. "더 이상 라자르 욕을 하지 않도록 하세. 정말 나는 그가 사랑스럽게 느껴졌네." 라자르 역시 《철학 및 문학 대담》지에 지드가 쓴 〈나르시스론〉을 실어줬으며, 좀더 뒤에는 《라 콩크》의 세 창간자인 지드와

인이었다. 키는 그리 작지 않았으나 땅딸막해 보이는데다가 말할 수
없이 볼품없는 모습을 하고 있었다. 그의 얼굴은 온통 뺨이며, 그의
상체는 온통 배요, 두 다리는 온통 넓적다리인 것 같았다. 외알 안경
너머로 사람이나 사물들에 대해 비웃는 듯한 시선을 던지며, 그는 자
신이 인정하지 않는 것은 전부 극단적으로 무시하는 듯했다. 그는 지
극히 고매한 감정으로 부풀어 있었다. 다시 말하면 그는 당시 사람들
의 야비함과 비열함에 끊임없이 분노하고 있었다. 그에겐 이런 야비함
이 필요한 것 같았고, 강력한 대비를 통해서만 자신을 의식하는 것 같
았다. 왜냐하면 그의 분노가 약해지자마자 반사된 그림자들밖에 아무
것도 남지 않는 것 같았기 때문이다. 아니나 다를까 그는 《전설의 거
울》을 쓰고 있었다.

　라자르와 그리팽은 호전적인 그들의 기질을 《정치와 문학 대담》이
란 잡지 속에 결합시키고 있었다. 55) 적갈색 표지의 그 작은 잡지는 사
실이지 편집이 무척 잘된 것이라, 〈나르시스론〉이 거기서 나오게 된
사실을 나는 엄청나게 자랑스럽게 여겼다. 내게는 수많은 대담한 행동
의 바탕이 되는 감각, 즉 내가 다른 사람의 머릿속에서 어느 정도 신
뢰를 얻고 있는지를 예감하는 그런 능력이 믿을 수 없을 정도로 부족
했다. 나는 언제나 내 시세보다 낮게 겨냥하며, 어떤 것도 강요할 줄
모를 뿐 아니라 내가 받는 사소한 것에도 너무 황송해하며, 또 나의
놀라움을 제대로 감출 줄도 모른다. 그건 50살이 되어 겨우 고치기 시
작한 약점이다.

　나는 베르나르 라자르가 무서웠다. 나는 그에게서 예술과는 전혀 무

---

　루이, 발레리에 대한 칭찬도 했다. 이런 상황에서 지드가 라자르에 대
　해 갖는 공격적인 태도는 이해가 잘 되지 않는다. 라자르가 드레퓌스
　사건때 보여준 전투적 유대주의 때문이 아니라면 말이다.
55) 《정치 및 문학 대담》은 1890년 폴 아당, 프랑시스 비엘르-그리팽, 앙드
　레 드 레니에가 창간한 잡지로, 그 외에 지드, 발레리, 말라르메도 참
　여했다. 잡지는 그 후 점차 급진적인 무정부주의로 변해갔다.

관한 뭔가 엉뚱한 가능성이 있음을 막연히 느끼고 있었다. 분명 그런 감정은 나 혼자만의 것은 아니었던 모양으로, 공통된 관심사에 의해 그와 함께 휩쓸리게 될 키야르와 에롤드는 제외하더라도, 적어도 레니에와 루이, 그리고 나는 그와 약간 거리를 두고 있었다.

"너, 레니에의 그 민첩한 몸짓 봤어?" 루이가 내게 말했다. "지난번, 그는 자기도 모르게 라자르를 완전히 친구처럼 대할 뻔 했었지. 그런데 라자르의 무릎을 치려는 바로 그 순간, 그가 딱 멈춘 거야. 그의 손이 공중에 들려있던 것 봤어?"

그런데 드레퓌스 사건이 터졌을 때 라자르가 칼을 빼들고 우리가 익히 아는 중요한 역할을 담당했을 때, 우리는 그가 자신의 노선을 찾았다는 것, 그리고 그때까지 문학 속에 머문 건, 수많은 다른 사람들이 평생 그러했듯이, 잠시 대기실 삼아 머물렀었다는 걸 금방 깨달았다.

내가 아직 언급하지 않은 알베르 모켈은 작긴 하나 프랑스와 벨기에의 주요 공동 잡지인 《라 왈로니》[56]를 주관하고 있었다. 각자의 취향이란 한 학파 안에서는(우리도 분명 한 학파를 이루고 있었다) 서로 접촉함으로써 완화되고 닦여지는 것이므로, 우리 가운데 한 사람이 잘못된 판단을 하는 경우는 드물었다. 아니면 적어도 그런 오류는 그 당시 대부분의 경우 그룹 전체의 오류였다. 그런데 모켈은 그러한 집단적 취향 이상으로 지극히 섬세한 예술적 감각을 지니고 있었다. 심지어

---

56) 알베르 모켈(Albert Mockel, 1866-1945)은 상징주의 시기, 프랑스-벨기에 간의 관계에서 상당한 자리를 차지하며, 지드가 문학에 데뷔하는 과정에서 큰 역할을 했다. 지드가 말라르메의 집에서 그를 만났을 때 그는 《라 왈로니》를 발행하고 있었는데, 그 잡지는 1887년부터 모든 상징주의자들에게는 반드시 거치게 되는 길목이었다. 지드는 그의 초기 텍스트들인 〈다른 곳의 반영들〉, 〈간석지〉, 〈10월〉, 그리고 특히 〈위리앵의 여행〉을 그 잡지에 발표했다. 오랫동안 무척 절친했던 그들의 우정은 1930년대에 시들었다.

그는 정교함을 미묘한 수준까지 밀고 나갔다. 그의 사상의 정교함에 비추어 볼 때, 다른 사람들의 사상은 그들 자신의 눈에도 둔하고 저속해 보이는 것이었다.[57] 그의 이야기는 지극히 미묘하고 섬세한 암시로 가득 차 있어서 그를 따라가자면 마치 발끝으로 뛰어가는 것 같았다. 그와의 대화는 지나친 성설성과 신중함 때문에 대개의 경우, 현기증날 것 같은 확인 작업에 불과할 때가 많았다. 15분가량만 지나도 완전히 녹초가 되는 것이었다. 그러면서 그는 《다소 소박한 노래이야기》[58]를 쓰고 있었다.

에레디아와 말라르메의 집, 또는 다른 곳에서 내가 일주일에 여러 번씩 만나던 이 사람들 외에, 엄밀히 말해 내가 친구라고 감히 부를 수는 없으나 독특한 애정을 품고 있던 한 가엾은 청년을 나는 정기적으로 만나고 있었다. 바로 앙드레 왈크나에르[59]로, 괄목할 만한 저서 《라퐁텐느의 삶》을 남긴 박식한 문학자의 손자였다. 허약하고 병치레가 잦은 그는 자신이 갖지 못한 것의 가치를 이해하지 못하기에는 너무나 명석했으나, 자연이 그에게 준 것이라곤 단지 가냘픈 목소리와 한탄해야 할 만한 자기 신세뿐이었다. 그는 국립 고문서학교를 나온 후 마자랭 도서관에서 준(準) 사서가 되었다. 클레르 이모님과 꽤 가까운 친척관계에 있어, 이모님은 어느 날 저녁식사에서 내게 그를 소개

57) 말라르메가 엄청나게 고상한 한 부인에 대해 이야기 한 적이 있었다. "내가 그녀에게 안녕하십니까 라고 말해도, 마치 내가 '빌어먹을' 이라고 말한 것 같은 느낌이 든다니까요"(원주).
58) 《다소 소박한 노래이야기》(*Chantefable un peu naïve*)는 1891년 6월 저자 이름 없이 출판된 시와 산문 모음집이다.
59) 앙드레 왈크나에르(André Walckenaer, 1870-1905)는 '클레르 이모'의 남편인 기욤 데마레의 조카로, 학사원 회원이자 라퐁텐느, 오라스, 세비녜 부인 등에 대한 저서를 쓴 샤를르 왈크나에르 남작(1771-1852)의 손자였다. 1889년 초 지드의 삶 속에 나타나기 시작한 그는 지드가 특히 좋아한 대화 상대자로, 1894년, 1895년의 자료에 따르면 서로의 마음을 터놓은 경우도 종종 있었다.

해 주셨다. 나는 그 당시 아직 《앙드레 왈테르의 수기》를 끝낸 상태는
아니어서, 다시 말해 20살이 채 안 되었고, 앙드레 왈크나에르는 나보
다 몇 개월 더 많았다. 나는 그가 보여준 호의와 관심에 금방 우쭐해
졌다. 거기에 대해 뭔가 보답하기 위해, 나는 〈감정 교육〉[60] 이란 제
목 하에 내가 막연히 쓰려던 책의 가상 주인공과 무척 닮은 점들을 그
에게서 찾아보자는 생각이 들었다. 이미 플로베르가 쓴 작품[61] 이 있
긴 했으나 내 책이 제목에 더 부합하는 것이었다. 당연한 이야기지만
무척 흥분한 왈크나에르는 그의 모습을 그리게 될 그 책에 완전히 반
했다. 나는 그에게 화가 앞에서 하듯 내 앞에 포즈를 취하러 올 수 있
겠는지 물었다. 우리는 날을 잡았다. 바로 그렇게 해서 3년 동안, 내
가 파리에 머무는 기간 내내, 앙드레 왈크나에르는 수요일마다 오후 2
시에서 5시까지 우리 집에 오게 되었고, 그렇지 않으면 내가 그의 집
으로 갔다. 때때로 그 자리는 저녁식사 때까지 길어지기도 했다. 우리
는 지칠 줄 모르고 무궁무진한 이야기를 나눴다. 우리들이 나눴던 이
야기의 내용적 짜임새를 가장 잘 보여주는 것은 바로 프루스트의 책에
나오는 텍스트들이다. 우리는 모든 것에 대해 해설을 하고, 머리카락
보다 더 가는 것도 세세하게 따지며 이야기했다. 시간 낭비였나? 그렇
게 생각할 수 없는 것이, 뭔가 정교한 사고와 글쓰기는 섬세하게 따져
보지 않고는 얻어질 수 없기 때문이다.

　이미 말했듯이 그 가엾은 청년은 건강이 무척 나빴다. 그의 허약한
몸은 천식이 나을 만하면 주기적으로 온몸이 습진으로 뒤덮이는 것이
었다. 그의 초췌한 모습을 보고, 또 그가 숨이 차서 신음하는 소리를
듣고 있노라면 정말 안타까웠다. 그는 또한 글을 쓰고 싶은 욕망으로
끙끙대고 있었으나 아무것도 쓸 수 없어 고통스럽게 머리를 쥐어짜고

60) 〈감정 교육〉은 지드가 《수기》를 구상하던 당시 이미 쓸 생각을 했던 책
　　이나 실제 쓴 것은 몇 장뿐이다.
61) 구스타브 플로베르(Gustave Flaubert, 1821-1880)가 쓴 《감정교육》
　　(1869)이 있다.

있었다. 나는 그가 이야기하는 자신의 열망과 실망에 대해 듣고 있긴
했으나 그를 어떻게 위로해줘야 할지 모른 채, 단지 그의 이야기를 주
의 깊게 들어줌으로써 그의 불행에 일종의 존재이유 같은 걸 줄 뿐이
었다.

　그는 자기보다 한층 더 생기 없는 사람을 한 명 내게 소개시켜줬는
데, 그의 이름은 밝히지 않겠다. X[62]의 몸집은 완벽하게 재단된 의복
들을 걸치고 단지 살롱 속을 왔다갔다 할 수 있을 정도밖에 되지 않았
다. 그와 함께 모임에 갈 때면, 사람들은 그가 외투와 함께 몸까지 그
대로 옷걸이에 걸려 보관소에 있지 않는 걸 보고 놀랄 정도였다. 살롱
에서 그는 벌꿀 색깔의 비단결 같은 긴 턱수염 뒤에서 유령처럼 야릇
한 맑고 고운 목소리를 내고 있었는데, 그 목소리는 지극히 무미건조
한 평범한 이야기에도 감미로운 뉘앙스를 풍기게 해주었다. 그의 생활
은 오후의 티타임 이후 사교계를 돌아다니는 것으로 시작되었으며, 거
기서 그는 소식을 전하고 대변인 역할을 하고, 사람을 이어주고 또 이
야기를 들어주는 역할을 하고 있었다. 그는 왈크나에르 역시 출입하고
있던 사교계 가운데 몇몇 군데로 끊임없이 날 소개해 주었다. 무척 다
행스럽게도 나는 사교계에서 두각을 드러낼 만한 건 하나도 갖고 있지
않았다. 엉뚱하게 발을 들여놓은 살롱에서 나는 마치 밤새 같은 모습
을 하고 있었다. 사실이지 나는 꽤나 멋지게 만들어진 프록코트를 입
고 그 안을 왔다갔다 했다. 긴 머리카락과 높다란 칼라, 생각에 잠긴
듯 고개를 숙이고 있는 내 태도는 주의를 끌었겠지만, 입만 열면 곧
실망시키고 말았을 것이다.[63] 왜냐하면 재치가 너무나도 없어, 아니

---

62) 마자랭 도서관의 보조 사서인 조르주-앙리 마뉘엘을 말한다. 지드는
　　1891년부터 그를 알게 되어 1896년 까지 그와 내왕했다. 지드는 이 '생
　　기없는 인물'에 상당한 관심을 갖게 되어 피에르 루이가 한때 질투심에
　　사로잡혔을 정도였다.
63) 1905년 5월 지드는 《일기》에 다음과 같이 쓰고 있다. "스무 살 경, 내
　　젊은 나이와 긴 머리카락, 감상적인 분위기, 그리고 내 양복사가 멋지

면 적어도 너무나도 융통성이 없어, 뭔가 농담을 해야 할 때마다 말문이 막혀버렸기 때문이다. 뷔레 부인의 살롱, 또 제법 재치가 있었던 베네르 부인의 살롱,64) J 자작부인65)의 살롱("아! X씨, 그럼 쉴리 프뤼돔의 〈깨진 항아리〉를 읊어주세요" 라고 그녀는 외치곤 했다. 그녀는 이렇듯 제목과 이름을 틀리게 말하곤 했다. 그녀는 영국 화가 존-번스에 대한 찬사도 늘어놨는데, 아마도 번-존스를 말하려고 했으리라) 등등에도 나는 어리둥절해하며 단지 몇 번 참석했을 뿐이다.

우루소프 공작부인의 살롱은 훨씬 더 흥미로웠다. 여하튼 거기선 재미있게 지냈다.66) 무슨 이야기든 거리낌 없이 할 수 있었고, 가장 기상천외한 것들이 가장 환대를 받았다. 동양풍 치장을 한 풍만한 육체미를 가진 공작부인은 수다스런 애교와 그녀 스스로 모든 걸 재미있어하는 태도를 갖고 있어, 모든 사람들을 금방 편안하게 해주었다. 엉뚱한 대화는 이따금씩 황당무계해지기도 하여, 안주인이 진짜로 그런 터무니없는 말들을 곧이곧대로 믿고 있지 않나 의심이 들기도 했다. 하지만 그녀는 진심에서 우러나는 일종의 순박함을 언제나 잃지 않고 있었기 때문에 그녀를 비웃을 수는 없었다. 어느 날 성대한 만찬 도중, 저음의 그녀 목소리가 갑자기 들려왔다. 제복을 입고 더할 나위 없이

게 만들었던 프록코트는 뷔레 부인과 쟝제 백작부인의 살롱에서 나를 종종 눈에 띄게 했다. 계속 그 살롱에 나갔더라면 난 오늘날 《양세계 잡지》에 있었을 것이다. 하지만 나는 《지상의 양식》은 쓰지 못했을 것이다."

64) 그의 〈수첩〉에 따르면, 지드가 뷔레 부인 집에 드나 든 것은 1891년 봄이었고, 1893년 5월에는 앙리 베네르 부인 집에 초대받은 것이 언급되어 있다.

65) 쟝제 자작부인(1835-1901)은 《알프레드 드 뮈세에 관한 연구 및 이야기들》을 썼다. 1905년 5월 《일기》에서 지드는 "쟝제 부인이 '깨진 항아리'라 부른 쉴리 프뤼돔의 〈부서진 항아리〉"의 일화를 언급하고 있다.

66) 프라스코비아 우루소프(1853-1928)는 파리 주재 러시아 대사의 부인이다. 남편의 임기가 끝났을 때, 그녀는 파리에서 살롱을 열며 남아 있었다.

맛있는 요리를 나르던 하인에게 외치는 것이었다.

"카지미르, 자네 잇몸 염증은 어떤가?"

무슨 귀신에 씌었던지 모르나, 언제가 내가 그녀와 단둘이 있게 된 적이 있었다. 나는 갑자기 그 집의 피아노를 열고 슈만의 E조 〈노벨 레테〉를 치기 시작했다. 나는 당시 그 곡을 제대로 된 빠르기로 칠 수 있던 실력은 아니었다. 너무나 놀랍게도 그녀는 무척 정확하게 템포를 지적하고 몇몇 실수를 부드럽게 언급하며 그 곡에 대한 완벽한 지식과 이해를 보여주었던 것이다. 그러고 나서,

"내 피아노가 좋으면 여기 연습하러 와요. 조금도 방해될 건 없고, 도리어 기쁠 거예요."

공작부인은 당시 날 거의 모르는 상태라, 내가 물론 사양했던 그런 제안은 날 편안하게 해주기보다 당황하게 만들었다. 이 이야기는 아무 저의 없이 솔직하게 내뱉는 그녀의 매력적인 태도에 대한 예로 든 것이다. 하지만 그녀를 정신병원에 수용해야 했었노라 사람들이 수군거렸기 때문에, 그녀 곁에 오래 있을 때는 그녀의 엉뚱한 태도가 진짜 광기로 변하지는 않나 하는 두려움이 언제나 들곤 했다.

바로 그녀 집에 나는 어느 날 저녁 와일드를 데려갔다. 그날 저녁 식사 때 공작부인은 갑자기 큰 소리로, 그 아일랜드인의 얼굴 주위로 후광을 보았다고 외쳤는데, 앙리 드 레니에가 어디선가 그 이야기를 했다.[67]

내가 쟈크-에밀 블랑슈를 알게 된 것도 바로 그녀 집에서 있었던 어느 저녁식사 때로, 그는 내가 이 장에서 거론한 모든 사람들 가운데서 내가 아직 만나고 있는 유일한 친구다.[68] 하지만 그에 대해서는 너무

---

67) 앙리 드 레니에가 이 이야기를 한 것은 1895년 12월 《르뷔 블랑슈》에 그가 쓴 〈오스카 와일드에 관한 추억들〉 속에서이다.

68) 쟈크-에밀 블랑슈(Jacques-Emile Blanche, 1861-1942)는 그 자신의 기억에 의하면 로베르 드 보니에르의 살롱에서 지드를 처음 만났다고 한다. 지드와 블랑슈의 관계는 지적으로 무척 가까우나 서로 이해하지

나 할 이야기가 많을 것이므로… 나는 메테를링크와 마르셀 슈오브, 그리고 바레스[69]에 대한 이야기도 다음으로 미루고자 한다. 어린 시절을 벗어난 이후, 내가 불확실한 내 열망들, 그리고 내 열정을 찾아 헤매던 그 어두운 숲의 분위기를 이것만으로도 이미 너무 어둡게 했을 것이다.

〔로제 마르탱 뒤 가르[70]에게 이 회고록을 보여주었더니, 그는 이 글이 충분히 이야기하지 않고 독자들에게 갈증만 더해준다고 나무랐다. 하지만 내 의도는 모든 것을 이야기하자는 것이었다. 그러나 속내 이야기에는 인위적이 되거나 강요되지 않고서는 넘어설 수 없는 어떤 한계가 있다. 그리고 내가 무엇보다 추구하는 것은 자연스러움이다. 분명 나의 정신적 욕구가 각 요소를 더 정확히 그리기 위해, 모든 것을 극도로 단순화시키고 있다. 선택하지 않고 그릴 수는 없다. 하지만 가장 난처한 것은 동시다발적인 혼돈상태들을 마치 계기적(繼起的)인 것처럼 제시해야 한다는 점이다. 나는 대화적 존재이다. 내 속의 모든 것은 싸우며 서로서로를 부인하고 있다. 회상록은 아무리 진실하고자 열망한다 해도 절반밖에는 성실할 수 없

---

못하는 점도 있고, 절친하나 서로 역정을 돋우는 등 복잡하다. 블랑슈는 지드를 높이 평가했으나, 지드는 별로 그렇지 않았다.

69) 이 세 사람에 대해 지드는 한 번도 언급하지 않는다. 하지만 바레스와 나머지 두 사람의 의미는 다르다. 바레스(Maurice Barrès, 1862-1923)는 지드에게 영원한 시금석적 인물로, 《뿌리뽑힌 사람들》(Les Déracinés, 1897) 논쟁 때부터 〈문학적 기억과 현재의 문제들〉에 이르기까지 지드는 언제나 그와의 관계에서 자신을 규정하고 있었다. 반면 상징주의 인물들인 나머지 두 사람은 지드의 관심에서 상당히 빨리 지워졌다. 더군다나 메테를링크(Maurice Maeterlinck, 1862-1949)는 벨기에에 살고, 슈오브(Marcel Schwob, 1867-1905)는 건강 문제로 칩거하고 있어 둘 다 파리의 살롱에는 잘 나오지 않았었다.

70) 로제 마르탱 뒤 가르(Roger Martin du Gard, 1881-1958)는 지드가 만년에 이르기까지 친구로 남았던 프랑스 작가로, 대표작으로는 《티보가의 사람들》(Les Thibault)이 있다.

다. 모든 것은 언제나 말하는 것보다 더 복잡하다. 아마도 소설 속에서 진
실에 더 다가갈 수 있을 것이다.〕71)

---

71) 지드의 미간행 자료에 따르면, 그가 로제 마르탱 뒤 가르에게 자신의 회
   고록 1부를 보여 준 것은 1920년 10월 초순이었다. 뒤 가르가 그때 지드
   에게 언급한 실망의 핵심은 특히 지드의 성적 생활이나, 그의 꿈과 야
   망, 어머니와의 관계 등등에 대한 더 많은 이야기가 없다는 것이었다.

제 2 부

1

내가 지금 이야기해야 할 사실들, 그리고 내 마음과 생각의 움직임들을, 나는 그것들이 처음 내게 나타났던 바로 그 빛 아래 제시하고자 할 뿐, 내가 그 이후에 그것들에 대해 갖게 된 판단은 그리 드러내 보이지 않고자 한다. 더구나 그 판단은 한 번 이상 바뀌었고, 또 내가 내 인생을 바라보는 것도 내 마음 속 명암에 따라 관대하거나 또는 엄격한 시선으로 매번 다르게 보기 때문이다. 요컨대, 악마라는 중요한 배우가 이 드라마에서 분명 한몫을 했었으리라는 게 최근 내게 드러나긴 했으나, 내가 훨씬 뒤에 가서야 정체를 알게 된 그 악마를 일단 개입시키지 않고 이 드라마를 이야기하고자 한다. 1) 어떤 우회로를 거

---

1) 지드가 악마를 '발견한' 것은, 아니 더 정확하게, 누군가가 악마를 믿고 있다는 사실을 발견한 것은 1914년 9월이었다. 그는 쟈크 라브라 (Jacques Raverat, 1885-1925)라는 젊은 예술사가로, 지드는 1910년 퐁티니 세미나에서 그를 처음으로 알게 되었다. 그때부터 지드는 십 년 가량 다양한 용도로 악마를 사용하게 된다. 지드는 악마를 어떤 불가해한 힘이라기보다, 인간 영혼의 어두운 부분을 가리키기 위한 수단으로 여겼던 것 같으며, 1916-1917년 사이 그가 종교적 위기를 겪을 때는 종교적 차원을 거기에 덧붙였던 건 확실하다. 하지만 《한 알의 밀알이 죽지 않으면》의 시기에 이런 종교적 차원은 이미 약해지고 있었으며, 《사전꾼들》을 준비하면서 지드는 그가 처음부터 악마에 부여하고자 계획했

쳐, 그리고 어떤 맹목적인 행복을 향해 내가 이끌려갔는가, 그게 바로 내가 말하고자 하는 것이다. 내가 스무 살이던 그 당시, 내겐 행복한 일 외에는 어떤 일도 일어날 수 없다고 난 확신하기 시작했다. 나는 최근 몇 달 전까지도[2] 그런 확신을 갖고 있었으며, 나로 하여금 갑자기 그 확신에 회의를 갖게 한 사건을 나는 내 인생의 가장 중요한 사건 가운데 하나로 여긴다.[3] 하지만 회의가 있고 나서도 나는 또 다시 그런 확신을 되찾고 있다. 그만큼 기쁨에 대한 내 요구는 강하고, 내가 품은 확신은 강했던 것이다. 언뜻 보기엔 지극히 불행한 사건도 잘 살펴볼 경우 우리에게 가장 좋은 가르침을 줄 수 있으며, 최악의 사태 속에도 뭔가 이득이 있다는 것, 어떤 일에는 불행이 약이 된다는 것, 또 우리가 행복을 더 자주 알아보지 못하는 건 그게 우리가 기대하는 것과는 다른 모습을 띠고 다가오기 때문이라고 나는 믿고 있었다.

하지만 분명 나는 지금 이야기를 앞지르고 있다. 그리고 그 당시엔 그게 가능하리라고는, 더구나 감히 허용되리라고는 겨우 상상할까 말까 하던 환희에 찬 상태를 내가 이미 갖고 있던 것처럼 제시한다면, 내 이야기 전체를 망치고 말 것이다. 물론 그 이후, 내가 더 많은 것을 알게 되었을 때는 그 모든 것이 내겐 더 쉬워 보였다. 그래서 사소

---

던 문학적 기능을 그 악마에 줄 생각을 하고 있었다. 1914년부터 그는 《일기》에서 "분명 내 소설에는 악마를 믿는 사람이 있을 것이다"라고 쓰고 있다. 지드에게 있어서 악마라는 이 어휘는 그가 본 회고록 1부 4장 마지막을 쓴 1916년 사용할 때와 지금, 즉 2부 첫 부분을 쓰고 있는 1919년에는 같은 의미를 갖는 게 아니라고 생각된다.

2) 1919년 봄에 쓴 것이다(원주).

3) 지드의 편지사건을 말한다. 마들렌느는 지드가 마르크 알레그레와 함께 영국으로 4개월간 여행간 사실에 대한 복수로 지드의 과거 편지를 전부 태워버렸다. 1918년 11월 21일 지드가 자기 편지를 찾고 있을 때, 마들렌느가 그 사실을 고백했다. 《이제 그녀는 그대 안에 있네》(Et nunc manet in te)에는 지드가 이를 돌이킬 수 없는 파괴로 느꼈던 그때의 심정이 잘 나타나 있다.

한 어려움들이 내게 불러일으키던 엄청난 고통들에 대해 웃음을 지을
수도 있었고, 아직 모호하던 생각들, 도무지 그 윤곽을 파악할 수 없
었기에 날 두렵게 하던 생각들을 제대로 된 명칭으로 부를 수도 있었
다. 그 당시 나는 모든 것을, 고통과 함께 그 구제책 또한 동시에 발
견하고 또 찾아내야 했는데, 고통과 구제책 가운데 어느 것이 내게
더 끔찍해 보였는지는 모르겠다. 내가 받은 청교도식 교육이 나를 그
렇게 만들어놓았고, 또 몇몇 사항들에 대해선 엄청난 중요성을 부여
하고 있었기 때문에, 날 뒤흔들던 문제들이 인류 전체와 각 개인 하
나하나를 사로잡는 문제가 아니라고는 감히 상상도 못했던 것이다.
나는 사람들이 독수리 없이, 또 간을 파먹히지도 않고 살 수 있다는
사실에 놀라는 프로메테우스와 같았다.[4] 요컨대 나는 스스로 깨닫지
못한 채 그 독수리를 사랑하고 있었던 것이다. 하지만 나는 그 독수
리와 타협하기 시작했다. 그랬다. 내게 문제는 여전히 같은 것이었으
나, 점차 살아나가면서 나는 이미 더 이상 그 문제를 그렇게 끔찍한
것으로, 그렇게 심각한 시각으로 보지 않게 되었던 것이다. 어떤 문
제인가? 그걸 몇 마디 말로 규정하는 건 나로선 무척 힘들 것이다.
하지만 무엇보다 문제가 있다는 것만 해도 벌써 엄청난 것 아니었나?
가장 간단히 말하면 다음과 같다.

어떤 하느님의 이름으로, 어떤 이상(理想)의 이름으로, 당신네들은
내가 나의 본성에 따라 살아가는 걸 금지한단 말인가? 그리고 내가
고스란히 내 본성을 따른다면 그 본성은 도대체 날 어디로 끌고 갈 것
인가?[5]

지금까지 나는 그리스도의 도덕을, 아니면 적어도 사람들이 그리스

---

4) 지드는 여기서 프로메테우스 신화에 대한 자신의 해석인 1899년에 출간
   된 《사슬 풀린 프로메테우스》(Le Prométhée mal enchaîné)를 가리키고
   있다. 그 작품은 도덕적 해방을 기리고 있다.
5) 의도적이건 아니건, 지드는 여기서 《교황청의 지하실》을 출간한 다음인
   1914년 3월, 자신이 클로델에게 말했던 구절의 어조를 되찾고 있다.

도의 도덕이라고 내게 가르쳤던 그런 청교도주의를 받아들였다. 그런데 그것에 순종하려고 노력한 대가로 내가 얻은 것이라곤 내 온 존재에 걸친 심각한 혼란뿐이었다. 나는 규율 없이 사는 건 전혀 용납하지 않았으며, 내 육체의 요구란 정신의 동의 없이 만족되는 게 아니었다. 그 요구들이 더 평범한 것들이었다 해도 내 혼돈이 더 적었으리라고는 생각지 않는다. 왜냐하면 나 스스로 내 욕망에 대해 모든 것을 거부해야 한다고 믿는 한, 그 욕망이 요구하는 내용은 전혀 문제되지 않았기 때문이다. 하지만 그때 나는 하나님 자신이 그런 억압을 요구하는지, 끊임없이 버티는 것이 도리어 불경한 게 아닌가, 그게 하나님 뜻에 반하는 게 아닌가, 나 자신이 분열되는 그런 투쟁 속에서, 어느 한쪽을 틀렸다고 하는 게 과연 합당한지 의심하기에 이르렀다. 마침내 나는 서로 양립될 수 없는 이 이중성이 아마도 하나의 조화로 해결될 수 있으리라는 생각이 언뜻 들었다. 곧이어 그 조화가 지고한 나의 목표가 되어야 할 것처럼 보였으며, 그 조화를 얻는 게 내 인생의 뚜렷한 이유가 된 것 같았다. [6]

1893년 10월, 내가 알제리로 떠났을 때, 흥분하여 내가 달려간 것은 새로운 땅을 향한 것이기보다, 오히려 '그것'을 향한, 그 황금 양털을 향한 것이었다. 나는 떠나기로 결심하고 있었다. 하지만 나는 내 사촌 조르주 푸셰의 권유에 따라 그와 함께 아이슬란드로 가는 과학탐사 항해에 참여할까 오랫동안 망설였었다. [7] 그리고 폴 로랑스가 지금

---

6) 1893년의 《일기》에는 이런 정신 상태를 드러내는 구절들이 여러 번 나타난다.

7) 조르주 푸셰(1833-1894)는 지드의 외가 쪽 친척으로 자연사 박물관의 비교해부학 교수였다. 아이슬란드 여행 계획은 1892년 초 거론되었다. 1892년 12월 《라 왈로니》에 〈빙하의 바다로 간 여행〉이란 글을 발표했을 때, 지드는 이를 "거기에 간 조르주 푸셰에게" 바쳤다. 조르주 푸셰는 1892년 12월과 1893년 1월에 걸쳐 〈아이슬란드에서〉라는 여행기를 발표했다.

은 잊어버린 어떤 콩쿠르에서 상을 받아 일 년 동안 해외로 여행을 가
야하는 장학금[8]을 받았을 때도 나는 여전히 망설이고 있었다. 그가
날 동반자로 선택한 것이 내 운명을 결정했다. 그래서 나는 내 친구와
함께 떠났다. 아르고 선상에 오른 그리스의 정예부대도 나보다 더 엄
숙한 열광에 사로잡혀 전율하진 않았으리라.[9]

　우리 나이가 정확히 똑같았다는 건 이미 말했던 것 같다. 우리는 키
도 같았고, 모습도 거동도 취향도 같았다. 미술학교 학생들과 어울리
던 것으로 그가 다소 빈정거리는 듯한 자신감에 찬 어조를 보이긴 했으
나, 그 속에 타고난 무척 신중한 태도를 감추고 있었다. 또한 곡예하
는 듯한 기지에 찬 표현들을 즐겨함으로써 날 감탄시키고 기쁘게도 했
으나, 뻣뻣하게 경직된 내 정신과 비교될 때면 날 절망시키기도 했다.

　나는 아마도 폴보다 피에르 루이를 더 자주 만났던 것 같다. 하지만
나는 폴에 대해 발전 가능성이 더 많은 진정한 애정을 갖고 있었던 것
같다. 피에르의 성격에는 뭔지 모르는 공격적인 것, 낭만적인 것, 그
리고 쉽게 트집을 잡는 게 있어서 우리 관계를 극도로 뒤흔들어 놓곤
했다. 반대로 폴의 성격은 너무나 유연해서 내 성격과는 물결치듯 자
연스럽게 서로 어우러졌다. 파리에서 내가 그를 만날 때는 거의 언제
나 그의 동생과 같이 만났다.[10] 더 고집스런 기질인 그의 동생은 나이

---

8) 폴 로랑스는 1893년 살롱전에 전시한 그림이 '3등상'을 받아 보자르 미
　술학교의 장학금을 받았다. 지드가 이 소식을 안 것은 그가 폴 로랑스
　의 가족과 함께 이포르에 머물고 있을 때였다. 분명 그때 북아프리카로
　여행하는 계획이 생겼을 것이다.
9) 그리스 신화에 나오는 이야기로, 영웅 이아손은 자기 왕국의 보물인 '황
　금 양털'을 되찾기 위해 '아르고' 선에 50명의 정예부대를 태우고 출정에
　나서 온갖 시련을 다 물리치고 성공한다.
10) 장-피에르 로랑스(1875-1932) 역시 화가다. 지드는《일기》에서 그에
　대해 다음과 같이 쓰고 있다. "무기력하고 공격적인 피에르 로랑스는 자
　기 형이 내게 갖는 우정을 끔찍하게 질투하며 그걸 막으려고 온갖 짓을
　다했다. (…) 폴은 동생 몰래 나를 만났으며, 마치 죄인이나 연인처럼

가 더 어리긴 했으나 우리를 몰아냈기 때문에, 그와 같이 있으면 대화
는 짧게 끝나고 말았다. 일주일에 두 번씩 저녁에 내가 그들 집에 가
서 받던 펜싱 교습이 책도 같이 읽고 오랫동안 이야기를 나누는 구실
이 되었다. 폴과 나, 우리는 우리의 우정이 커져가는 것을 느끼고 있
었으며, 서로에게서 온갖 유형의 우정이 가능하리라 짐작하고 황홀해
했다. 우리는 인생의 동일 지점에 서 있었다. 하지만 우리 사이에는
다음과 같은 차이점, 즉 그의 마음은 자유로웠으나 내 마음은 내 사랑
에 의해 완전히 매어있었다는 차이점이 있었다. 하지만 나는 내 사랑
에 의해 방해받지 않으리라 결심하고 있었다.

　내 《수기》가 출판된 후, 사촌누이의 거절은 날 전혀 좌절시키지는
않았으며 단지 내 희망을 좀더 연기하도록 한 것 같았다. 또한 이미
말했듯이 내 사랑은 거의 신비로운 것으로 남아 있었다. 그리고 만약
악마가 나로 하여금 내 사랑에 조금이라도 육체적인 것을 뒤섞을 수
있다는 생각을 모욕으로 간주하게 함으로써 날 속였다 할지라도, 그건
아직 내가 깨달을 수 없었던 일이다. 어쨌든 나는 쾌락과 사랑을 분리
시키기로 작정했던 건 사실이다. 게다가 그런 분리가 더 바람직하게
보이기까지 했다. 그리하여 마음과 육체가 서로 뒤엉키지 않을 경우,
쾌락은 더 순수하고 사랑은 더 완벽하게 보였던 것이다. 그렇다, 폴과
나, 우리가 떠났을 때 우리는 결심을 했던 것으로… 그런데 폴이, 분
명 도덕적이긴 하나 청교도가 아니라 가톨릭교의 도덕에 따라 키워졌
으며, 또 화가 지망생과 모델들로부터 끊임없이 자극을 받는 예술가들
의 세계에서 커 온 폴이, 어떻게 스물 셋이 넘도록 숫총각으로 남아있
을 수 있었나 묻는다면, 나는 내가 여기서 하는 건 내 이야기지 그의
이야기가 아니라고, 게다가 그런 경우는 흔히 생각하는 것보다 훨씬
더 빈번하노라 답할 것이다. 그건 대부분 그런 걸 드러내길 싫어하기
때문이다. 소심함과 수치심, 혐오감, 자긍심, 잘못 이해된 감상주의,

　　비밀리에 만날 약속을 했다."

서투른 경험 뒤에 따르는 신경과민적 두려움(폴의 경우라고 생각한다),
이 모든 것이 발목을 잡는 것이다. 따라서 그건 의문과 혼란, 낭만주
의, 우울로, 우리는 그 모든 것에 지쳐 있었으며 그 모든 것으로부터
벗어나고 싶었다. 하지만 무엇보다 우리를 지배한 것은 개별적인 것,
이상야릇한 것, 병적인 것, 비정상적인 것에 대한 혐오감이었다.11)
그래서 출발하기 전 우리가 나눴던 대화에서 우리는 균형과 충만함,
건강이라는 이상을 향해 우리 자신을 몰아갔던 것이다. 그건 오늘날
사람들이 '고전주의'12)라 부르는 것에 대한 나의 최초의 열망이었던
것 같다. 그게 기독교적인 나의 첫 이상과 어느 정도 대립되는지, 그
건 도저히 말로 표현할 수 없을 정도이다. 그리고 나는 그걸 금방 깨
달았기 때문에 성서를 갖고 가는 걸 거부했다.13) 아마 아무것도 아닌
것처럼 보이는 그 점은 가장 중요한 문제였다. 그때까지 내가 그 성스
러운 책에서 나의 도덕적 양식(糧食)과 충고를 끌어내지 않고 지낸 날
은 하루도 없었다. 하지만 내가 그 양식을 스스로 금할 필요를 느꼈던
건 바로 그 양식이 내게 필수적인 것이 된 것 같았기 때문이다. 일종
의 극심한 고통 없이 내가 그리스도에게 작별을 고할 수는 없는 것이
다. 따라서 지금 볼 때, 내가 한 번이라도 진정 그리스도를 떠난 적이
있었는지는 의심스럽다.

---

11) 1893년 8월, 지드는 《일기》에 다음과 같이 쓰고 있다. "나는 괴상하고
복잡한 것은 전혀 원하지 않는다. 복잡한 것들은 더 이상 이해하지도
못한다. 나는 더 이상 그런 것들을 생각하지 않도록 정상적이고 강하고
싶다."
12) 고전주의라는 이 개념과, 행복과 조화의 이상을 지향하던 괴테의 작품
을 1892년부터 지드가 발견한 사실을 연결시킬 수 있다.
13) 지드는 분명 실제적인 정신상태를 상상적, 혹은 가장된 상징적 제스처
로 전이시키고 있다. 사실 1893년 10월, 아프리카로 떠나기 열흘 전 님
므에서 지드는 어머니에게 편지를 써 '얇은 성서 한 권'을 보내달라고 했
다. 그의 어머니는 보내주었다고 확인하나, 지드가 진짜 성서를 가져갔
는지는 모른다.

로랑스 집안과 잘 아는 라틸 씨네 가족이 우리를 며칠 동안 툴롱에 머물게 했다. 나는 감기에 걸려 프랑스를 떠나기 전부터 건강이 나빠지기 시작했다. 하지만 아무 내색도 하지 않았다. 건강문제가 내 인생에서, 그리고 이번 여행 때부터 그토록 중요한 게 아니었다면 이 이야기는 하지 않았을 것이다. 나는 언제나 허약했다. 징병검사에서 2년 연속 소집이 연기되다가 3년째는 최종적으로 병역면제를 받았다. '결핵'이라 서류에 적혀 있었다.14) 나는 그런 선고로 겁이 났는지 아니면 면제받은 걸로 더 기뻐했는지 지금은 모르겠다. 게다가 내가 알기로 나의 아버지가 이미… 어쨌건 툴롱에서 걸린 그 수상한 감기 때문에 무척 걱정이 된 나는, 나중에 다시 합류하는 한이 있더라도 폴 혼자 먼저 배에 오르게 할까 망설일 정도였다. 하지만 나는 내 운명에 몸을 맡겼으며, 그게 거의 언제나 가장 현명한 일이다. 게다가 나는 알제리의 열기가 날 회복시켜 주리라, 어떤 기후도 그보다 더 좋을 수 없으리라 생각하고 있었다.

때마침 툴롱은 러시아 해군함대를 맞이하고 있었다. 항구는 작은 깃발로 온통 장식되어 있었고, 저녁이면 불빛으로 환히 밝혀진 도시 전체를 야릇한 환희가 가장 좁은 골목길에 이르기까지 가득 채우고 있었다.15) 바로 그렇게 우리 여행의 각 여정마다, 그리고 첫 여정부터, 모든 사람들과 나라들이 우리 앞에서 축제를 벌이는 것 같았으며, 자연조차 우리가 다가감에 따라 열광하는 것 같았다. 지금은 더 이상 기

---

14) 지드의 병무수첩에는 다만 다음 언급만 있다. "1892년 11월 21일, 낭시 특별 위원회에서, 신병 편입 이전에 걸린 신체장애로 전역됨." '결핵'이란 어휘가 명시적으로 나와 있진 않으나, 모든 의사의 소견에 따르면 지드는 분명한 결핵 소인을 갖고 있었다고 한다.

15) 프랑스와 러시아의 관계는 1890년 프랑스 해군함대가 러시아를 방문한 것으로 시작되어 1894년 동맹을 맺는 결실을 낳았다. 2년 동안의 어려운 협상과 툴롱, 파리에서 러시아 함대에 대한 대대적인 환대 끝에 1893년 러시아 황제는 군사협정을 비준하게 되었다.

억나지 않지만 나는 해군함대의 장갑함 위에서 벌어지는 야간 축제에 폴 혼자 가게 했다. 내가 너무 피곤해서 그랬는지, 아니면 뒷골목에서 벌어지는 방탕과 취기의 광경에 더 끌려서 그랬는지는 모르겠다.

그 이튿날 우리는 해변에 있는 라틸 씨네의 멋진 저택에서 하루를 보냈다. 폴이 기억하는 바로는, 내가 거기서 훗날 《전원 교향곡》이 된 책의 주제를 이야기했다는 것이다.[16] 나는 그에게 좀더 야심찬 또 다른 계획에 대해서도 이야기했는데, 제대로 전개시켰어야 했을 그 계획은 망설이느라 완전히 사라지고 말았다. 주제의 어려운 점들은 단지 작업을 해 나감에 따라서 알아가는 것이 좋다. 그것들을 전부 한꺼번에 보게 되면 쓰고 싶은 마음이 없어진다. 나는 한 민족의, 한 나라의 상상적 역사를 전쟁과 혁명, 체제의 변화와 전범이 되는 사건들과 함께 그려보고자 계획하고 있었다. 각 나라의 역사가 딴 나라의 역사와 다르긴 하지만, 그 모든 역사에 공통되는 그런 측면들을 그려낼 수 있으리라 나는 자부하고 있었다. 나는 영웅과 군주들, 정치가들, 예술가들을 만들어낼 수 있었을 것이며, 또 예술의 한 분야를 들어, 즉 가상의 문학을 만들어내어 그 경향들을 제시하고 비판하고, 또 그 속에 나오는 장르의 발전과정들을 이야기하며 몇몇 걸작들도 만들어내어 그 단편들 몇몇을 보여줄 수 있었을 것으로… 그런데 그 모든 것은 무엇을 증명하기 위해서? 인간의 역사는 다를 수도 있으며, 우리의 관례와 풍속과 관습들, 우리의 취향과 규범, 미의 기준들도 다를 수 있었을 것이나, 어쨌든 인간적인 것으로 남는다는 주장이다. 내가 그 일에 뛰어들었다면 분명 나는 길을 잃었을 것이나 무척 흥미로웠을 게다.

우리는 마르세유에서 튀니스까지 거의 평온한 항해를 했다.[17] 선실 안의 공기는 숨 막힐 듯 했다. 첫날 밤, 나는 땀을 얼마나 많이 흘렸

---

[16] 지드는 1893년 9월 이포르에서 디킨스의 《난로가의 귀뚜라미》를 읽었다. 이 작품은 《전원 교향곡》을 촉발시킨 것으로 볼 수 있는데, 소설 속 목사 역시 이 작품을 관심 갖고 읽고 있다.

[17] 항해는 1893년 10월 18일에서 20일까지였다.

던지 침대 시트가 몸에 척척 들러붙었다. 그래서 두 번째 밤에는 갑판 위에서 보냈다. 엄청난 마른번개들이 저 멀리 아프리카 대륙 쪽에서 번쩍거렸다. 아프리카! 나는 그 신비로운 단어를 반복해 보았다. 나는 그 단어를 공포와 매혹적인 두려움, 기대로 잔뜩 부풀렸으며, 내 시선은 섬광으로 뒤덮인 숨 막힐 듯한 어떤 약속을 향해, 뜨거운 어둠속으로 정신없이 빠져들고 있었다. 18)

아! 튀니스 여행이 그리 드문 일이 아니라는 건 나도 알고 있다. 하지만 드문 것, 그건 우리가 거기 간다는 사실이었다. 정녕 오늘날엔 산호섬의 야자나무들도 그 당시 배 갑판 위에서 처음으로 보았던 낙타들보다 더 나를 경탄시키지 못할 것이며, 내일이면, 아아! 그만큼도 경탄시키지 못할 것이다. 우리가 막 진입한 항구의 좁은 입구를 둘러싸고 있던 길게 이어진 나지막한 땅 위로 낙타들이 하늘을 배경으로 마치 시위하듯 선명한 윤곽을 드러내고 있었다. 나는 튀니스에 가면 낙타를 보리라 당연히 예상은 했으나 이토록 이상하리라고는 전혀 상상하질 못했다. 그리고 배가 부두 옆으로 나란히 들어서는 순간, 물밖으로 튀어 올라 날아오르게 만들었던 그 황금빛 물고기 무리들, 우리 트렁크를 거머쥐기 위해 서로 떠밀며 몰려드는 그 천일야화의 사람들. 우리는 새로운 것이라면 뭐든 황홀하게 사람을 도취시키는 그런 인생의 한순간에 있었다. 우리는 우리의 갈증과 함께 그 해소도 동시에 맛보고 있었다. 모든 것이 여기서는 기대 이상으로 우리를 놀라게 했다. 얼마나 순진하게 우리는 브로커들의 함정에 빠져들었던가! 하지만 우리가 산 두건달린 아랍식 외투와 몸을 휘감는 하이크 천들은 얼마나 아름다웠던가! 상인들이 우리에게 권하는 커피는 얼마나 맛있게 여겨졌으며, 또 그 상인들은 얼마나 관대해 보였던가! 첫날부터, 우리가 시장에 나타난 순간부터, 열네 살 먹은 꼬마 안내인이 우리를 상점으로 안내했다(그가 커미션을 받는다는 얘기를 들었더라면 우리는

---

18) 지드는 자신의 기억을 미화하고 있다.

제 1 장  329

그 말에 화를 냈을 것이다). 그는 프랑스어를 그런대로 말할 줄 알았고 게다가 상당히 매력적이었기 때문에, 우리는 그 다음날 호텔로 오라고 약속했다. 이름이 세시인 그 아이는 로토파고이[19] 들이 예전에 살았다는 제르바 섬 출신이었다. 그가 약속한 시간에 나타나지 않는 걸 보고 우리가 얼마나 초조했는지 아직 기억난다. 그리고 며칠 뒤, 그가 우리가 그때 산 물건들을 다 갖고 내 방으로 와선(우리는 호텔에서 나가, 알제지라 거리에 있는 방 3개짜리 아파트를 빌렸다) 하이크를 어떻게 몸에 두르는지 보여주느라 옷을 절반이나 벗기 시작했을 때, 내가 얼마나 혼란스러웠는지 기억난다.[20]

우리가 르클레르 장군 집에서 만났던 줄리앙 대위는 우리에게 군인용 말을 사용하게 해주었으며, 자청해서 성벽 바깥까지 우리와 함께 가주었다.[21] 나는 그때까지 말타기로는 승마연습장에서 하는 것, 즉 자세를 교정해주는 교관의 따가운 시선 아래서 학생들이 지루하게 행진하는 것밖에 몰랐다. 그건 한 시간 내내, 우중충한 닫힌 공간 안에서 맥 빠지게 돌고 또 도는 것이었다. 내가 올라탄 작은 밤색 아랍 말은 내 취향에는 좀 너무 혈기왕성한 것 같았으나, 말이 자기 최대 속도로 마음껏 질주하게 내버려두자고 일단 마음을 먹고 났을 때는 얼마나 즐거웠는지 모른다. 조만간 나는 같이 간 사람들도 길도 잃고 혼자

---

19) 호메로스의 《오디세이아》에 나오는 신화적 종족으로 로티스, 즉 연꽃을 먹는 사람들이란 뜻으로, 이 꽃을 먹으면 근심걱정과 함께 자기 고향도 잊게 된다는 이야기가 나온다.

20) 이 이야기는 지드가 어머니에게 10월 22일 보낸 편지 내용과 거의 일치한다. '꼬마 세시'가 튀니지 남부까지 이 두 친구를 동반하게 되어 있었으나, 그들은 결국 그 여행을 포기했다.

21) 출발하기 전 지드는 그의 친구 으젠느 루아르의 부친으로부터 '르클레르 장군 앞으로 된 소개장'을 받았다. 폴 로랑스와 함께 지드는 10월 26일 카르타고 근처에 있는 장군의 집을 방문했다. 그날 저녁 장교클럽에서 만난 엘리 줄리앙 대위가 그 다음날 그 둘에게 말을 타고 산책을 하게 해주었다.

있게 되었으나, 밤이 되기 전 그 둘을 찾아야겠다는 생각은 별로 들지
도 않았다. 석양빛은 튀니스와 자구앙산 사이에 펼쳐진 거대한 평원을
황금빛과 보랏빛으로 물들이고 있었고, 거기에는 폐허가 된 고대 수도
교(水道橋)의 거대한 아치들이 몇 개 드문드문 놓여 있었다. 나는 바
로 그 수도교를 통해 님프동굴의 맑은 물이 카르타고까지 흘러가던 장
면을 상상했다. 22) 짭짤한 물이 고인 못은 마치 핏빛 호수 같았다. 나
는 황량한 못 가장자리를 따라 갔는데, 거기서 홍학 몇 마리가 날아올
랐다.

　우리는 겨울이 시작하기 전에는 튀니스를 떠나지 않을 생각이었다.
우리 계획은 남쪽으로부터 비스크라로 올라간다는 것이었다. 하지만
줄리앙 대위의 믿을 만한 충고에 따라, 날씨가 고약한 계절이 곧 다가
온다는 점을 고려해 우리는 출발을 늦추지 않기로 했다. 그는 우리의
여정을 재검토하고 역마를 준비해주고, 또 중간 기착지마다 소개장을
써주었다. 내 기억이 정확하다면, 엘 제리드 염수호를 가로질러 갈 때
는 군 호위대가 우리를 호위하게 되어 있었던 것 같다. 우리는 우리들
의 별을 믿고, 우리에겐 모든 게 성공할 것이라 확신하며 어린애처럼
무작정 사막 속으로 뛰어들었다. 하루에 25프랑을 내고 우리는 안내인
과 마부를 한 사람씩 두었는데, 마부는 네 마리의 말이 끄는 화려한
사륜포장 마차인 거대한 랑도 마차로 나흘 만에 우리를 수스까지 데려
다 주게 되어 있었다. 거기서 우리는 랑도 마차 대신 스팍스와 가베스
로 가는 합승마차로 갈아타는 게 더 낫지 않나 생각해 볼 작정이었다.
안내인과 마부는 멋지게 딱 벌어진 몸매를 가진 몰타섬 출신의 젊은이
들로 산적 같은 분위기가 있었는데, 그 점이 우리를 매료시켰다. 그
보잘것없는 금액으로 그런 수행채비를 갖출 수 있었다는 게 나는 아직
까지 놀랍다. 하지만 우리가 왕복요금을 내기로 한 것은 물론이다. 역

---

22) 《지상의 양식》 제 6권에는 "자구앙의 님프동굴 샘에서는 과거 카르타고
　　사람들이 마시던 물이 솟고 있다"는 구절이 나온다.

참들은 확보되어 있었다. 우리 트렁크와 식량은 마차 뒤에 밧줄로 묶여 있었다. 산더미처럼 쌓인 아랍식 외투와 모포들 속에 파묻힌 폴과 나는 두 명의 러시아 귀족 같은 모습을 하고 있었다.

"사람들이 그들의 팁이 적다고 놀라더군." 상황을 한마디로 요약하는 데 뛰어난 폴이 말했다.

우리는 자구앙에서 자기로 되어 있었다. 그래서 우리는 하루 종일, 시시각각 점점 더 장밋빛으로 변해가는 산들이 서서히 우리 앞으로 다가오는 것을 보았다. 우리는 그 단조로운 대평원에, 그 무지갯빛 허공에, 그 침묵에 서서히 사로잡히게 되었다. 하지만 바람은!… 바람이 그치면 더위가 기승을 부렸고, 바람이 불기 시작하면 온몸은 얼어붙었다. 바람은 마치 강물이 흐르듯 그칠 새 없이 미끄러지며 불어댔다. 바람은 모포와 옷가지들, 그리고 살까지 파고들었다. 나는 뼛속까지 얼어붙는 느낌이었다. 툴롱에서 병이 났던 것에서 제대로 회복되지 못한데다가 피곤이 겹쳐서(나는 피곤을 이겨내려고 안간힘을 썼다), 내 몸 상태는 여전히 불편했다. 나로선 폴을 따라가지 않고는 견딜 수 없었기 때문에 어디든지 그와 함께 갔다. 지금 생각해보면, 내가 없었더라면 그는 더 많은 걸 볼 수 있었을 것이나, 다정하게 배려하는 마음씨를 가진 그는 내가 힘들어할 때마다 멈춰 서곤 했다. 나는 끊임없이 온갖 신중을 기해야 했으며, 옷을 너무 많이, 아니면 너무 적게 입고 있지 않나 신경을 써야 했다. 그런 상황에서 사막으로 돌진한다는 건 미친 짓이었다. 하지만 나는 포기하고 싶지 않았다. 뿐만 아니라 나는 남부의 매혹에, 남부엔 기후가 온화하리라 우리를 믿게 만든 그 신기루에 사로잡혔던 것이다.

그런데 자구앙은 아름다운 과수원과 시냇물들과 함께 산기슭에 아늑하게 파묻혀 있어, 만약 거기서 머물 수 있었더라면 여러 가지 이점이 있었을 것이고, 분명 나도 곧 회복될 수 있었을 게다. 하지만 어찌 상상하지 않을 수 있겠는가, 더 멀리엔… 우리는 배도 고프고 기진맥진한 상태에서 주막에 도착했다. 저녁을 먹고 나자마자 우리는 곧바로 방으로 돌아갈 채비를 했으며, 벌써 잠잘 생각밖에 없었다. 그런데 바로 그때, 기병이(나는 군복에 대해선 아는 바가 전혀 없으며, 저격병과 기병들을 혼동하기도 한다) 한 명 와서 하는 말이, 우리가 도착한다는 기별을 받고 그곳 지휘관이(나는 계급에 대해서 역시 아는 바가 전혀 없고 한 번도 제대로 계급장을 볼 줄 몰랐다) 우리를 기꺼이 접대하고자 하며, 우리가 병영 아닌 다른 곳에서 머무는 걸 원치 않는다는 것이었다. 게다가 마을에 콜레라 환자가 발생하였으므로 마을에 묵는 건 신중치 못하다고 덧붙였다. 그건 전혀 우리 문제가 아니었던 것이, 우리는 이미 방안에 짐을 풀었기 때문이다. 또 다음날 아침 일찍 자구앙을 떠나야 했고 우리는 졸려 죽을 지경이었다. 하지만 거절할 방도는? 우리는 짐을 다시 싸야했다. 노새 한 마리가 문 앞에 기다리고 있어, 짐을 실은 다음 우리는 노새를 따라갔다. 병영은 1킬로미터보다 좀더 떨어진 곳에 있었는데, 할 일 없는 몇몇 장교들이 우리를 기다리고 있었다. 그들의 의도는 그 지역의 유일한 오락거리인 모르인들의 카페에서 벌어지는 춤과 노래판에 우리를 데려가는 것이었다. 나는 피곤함을 내세웠고 폴 혼자 그들을 따라갔다. 그 가운데 한 장교가 나를 막사까지 데려다 주겠노라 나섰다. 하지만 다른 사람들이 떠나자마자, 그는 나를 자기 맞은편 테이블 앞에 앉히더니 아랍어의 여러 방언에 대한 연구서를 여기저기 펼쳐댔다. 나는 한 시간 이상이나 그가 읽는 걸 듣고 있어야 했다.

병영에서의 그날 밤은 내게 이득이 없지도 않았었던 것이, 바로 거기서 빈대를 알게 되었기 때문이다. 장교가 날 충분히 녹초로 만들었다고 판단했을 때, 그는 거대한 헛간 같은 곳으로 반쯤 죽은 나를 데려갔다. 촛대가 하나 무척이나 희미하게 어둠을 몰아내고 있던 그곳 한 구석에 야전침대가 두 개 놓여 있었다. 촛불을 끄자마자 빈대들이 향연을 벌이러 몰려들었다. 나는 그게 빈대인지 금방 알아차리지 못하고, 처음에는 짓궂은 장난꾸러기가 내 시트에 껄끄러운 가시털을 넣어둔 거라 생각했다. 잠시 동안 가려움과 졸음 사이 싸움이 벌어졌으나,

가려움이 더 우세하여 패배한 졸음이 후퇴했다. 촛불을 다시 키려고
했으나 성냥을 찾을 수 없었다. 나는 내 침대 머리맡, 걸상 위에 토기
로 된 물병을 보았던 기억이 났다. 달빛이 벽에 난 구멍을 통해 스며
들고 있었다. 나는 물병째 천천히 마셨다. 그러고 나서 손수건을 적셔
화끈거리며 열이 나는 곳에 갖다 대고, 셔츠 목덜미와 손목에다 물을
흥건히 적셨다. 더 이상 잠을 잘 생각은 하지도 못했기에 나는 더듬더
듬 옷을 찾아 다시 입었다.

문 앞을 나서려할 때 막 들어오던 폴과 마주쳤다.

"더 이상 견딜 수가 없어. 밖으로 나갈 거야." 내가 말했다.

"조심해. 여긴 병영 안이야. 넌 암호도 모르잖아. 멀리 가다간 총에
맞을 수도 있어."

달은 고요한 달빛으로 병영을 가득 비추고 있었다. 막사 문 앞에서
나는 얼마동안 왔다갔다했다. 마치 내가 죽은 듯 더 이상 무게도 실체
도 없이, 몽상처럼 추억처럼, 내가 둥둥 떠다니는 것 같았으며, 저 쪽
에 보이는 보초가 날 조금만 민다면 밤공기 속으로 녹아 사라질 것 같
았다. 나는 나도 모르게 막사 안에 들어와 옷을 입은 채 침대 위로 쓰
러져 누웠던 모양이다. 기상나팔 소리에 잠이 깼을 때 나는 침대 위에
있었기 때문이다.

누군가가 마차가 주막 앞에서 우리를 기다린다고 알리러 왔다. 열에
들떠 하룻밤을 보낸 그 이후보다 아침 공기가 더 감미롭게 여겨졌던
적은 한 번도 없었다. 자구앙 집들의 하얀 벽들, 전날 저녁, 장밋빛
하늘 아래 파란 빛으로 대조를 이루던 그 벽들이 지극히 부드러운 새
벽녘 푸른빛을 배경으로 수국 색깔을 띠고 있었다. 우리는 자구앙의
님프 동굴은 보지도 못한 채 그곳을 떠났다. 그건 나로 하여금 그곳을
세상에서 가장 아름다운 곳 가운데 하나라고 상상하게 해준다.

둘째 날, 우리가 따라가는 길은 대개의 경우 거의 사라져가는 발자
취에 불과했으며, 산악지역을 지나자 곧바로 전날보다 더 황량한 지역
으로 접어들었다. 한낮경, 우리는 꿀벌 무리가 산다는 구멍이 숭숭 뚫

린 바위에 당도했다. 적어도 우리 안내자가 해준 이야기에 따르면 그 바위 측면에는 꿀이 줄줄 흐르고 있다는 거였다. 우리는 저녁에 앙피다의 전형적인 농가에 도착해 거기서 잤다.

세 번째 날 우리는 케루앙에 도착했다. 그 성스러운 도시는 아무런 예고도 없이 느닷없이 사막 한가운데 우뚝 나타났다. 그곳과 맞닿은 주변 풍경은 혹독했다. 선인장, 유독성의 가시로 뒤덮인 초록색의 그 기이한 라켓 모양의 선인장 이외에 어떤 식물도 없는 곳으로, 선인장들이 뒤얽힌 속에 코브라들이 숨어있다고들 했다. 도시 입구 옆, 성벽 아래쪽에는 한 마술사가 피리를 불며 그 무시무시한 뱀 한 마리를 춤추게 하고 있었다. 도시의 집들은 전부, 마치 우리가 오는 것을 환영이라도 하듯 막 석회유를 칠한 다음이었다. 그 하얀 벽들과 그림자들, 그토록 신비롭게 반사된 그 모습보다 내가 더 좋아하는 게 있다면, 그건 남부 오아시스지방의 진흙으로 만든 벽들뿐이다. 나는 고티에가 그 진흙 벽을 전혀 좋아하지 않는다는 것을 생각하며 재미있어했다.[23]

많은 소개장들이 우리를 도시의 유지들에게 소개해 주었다. 우리가 그 소개장을 사용한 건 그리 신중한 처사가 아니었던 것이, 우리의 자유가 무척 위태로워졌기 때문이다. 한 칼리프의 댁에서 장교들과 함께한 만찬이 있었다. 무척 호화로웠으며 유쾌했다. 식사 후, 사람들은 나를 낡은 피아노 앞에 앉혔고, 나는 내가 아는 음악 가운데 초대객들이 춤추기에 적당한 곡들을 찾아내야만 했으니…[24] 무엇 때문에 내가

---

23) 의외의 지적이다. 고티에가 북아프리카를 언급한 것은 1865년 출간된 그의 이야기 《아프리카에서》뿐이었다. 그런데 그 속에는 하얀 벽에 대한 감탄 이외에 이런 지적을 한 것은 전혀 없다.

24) 프랑스 장교들을 위한 그 만찬에는 서른두 가지 요리가 나왔다. 지드가 어머니에게 보낸 편지에는 다음과 같이 쓰여 있다. "칼리프 집에서의 만찬은 드물고도 상당히 사적인 것이었어요. 우리가 초대받은 건 무척 특별한 호의를 받은 거죠. 만찬이 끝난 후 장교클럽에서 우리를 위한 멋진 칵테일 파티가 있었어요."

이 모든 이야기를 하고 있는가? 아! 단지 그 다음에 나올 이야기를 미루기 위해서다. 이 이야기가 흥미 없다는 건 나도 안다.

우리는 그 다음날 하루 종일을 케루앙에서 보냈다. 작은 회교사원에서 아이싸우아[25] 의식이 있었는데, 열광과 기이함, 아름다움, 고상함과 끔찍함에 있어서 내가 그 이후 볼 수 있었던 모든 것을 능가했다. 그리고 내가 알제리로 갔던 여섯 번의 다른 여행에서도 그와 비슷한 건 한 번도 보지 못했다.[26]

우리는 다시 떠났다. 내 상태는 매일 더 악화됐다. 바람은 매일 더 차가워졌고 끊임없이 불어댔다. 사막에서 또 다시 하루를 보낸 다음 우리가 수스에 도착했을 때, 나는 숨쉬기가 너무 고통스러웠고 너무나 몸이 불편하게 느껴졌으므로, 폴이 의사를 부르러 갔다. 그가 보기에 내 상태가 상당히 심각했다는 건 의심할 여지가 없었다. 의사는 내 폐의 충혈을 완화하고자 지금은 기억나진 않는 뭔가 유도제를 처방했으며, 다음 날 다시 오겠노라 약속했다.[27]

여행을 계속하는 게 더 이상 불가능하다는 건 두말할 필요도 없다. 하지만 비스크라는 겨울을 보내기에 그리 나쁜 장소는 아닌 것 같았다. 다만 우리가 가장 위험하고 가장 먼 길로 가는 걸 단념하고 곧장 도착할 수만 있다면 말이다. 튀니스로 되돌아간다면, 기차로, 좀 무미

25) 북아프리카에 널리 퍼진 회교도 신비주의자들로, 불 주위로 돌면서 춤을 추며 경련을 일으키고 신체 감각이 마비되는 상태에까지 이르게 되는 의식을 치른다.
26) 지드는 어머니에게 충격을 주지 않도록 어머니에게 보낸 편지에는 "회교사원들은 지루했고, 아이싸우아들은 짜증나게 했습니다"라고만 썼다.
27) 지드는 파리를 떠날 때 이미 감기에 걸려 있었고, 튀니스에서 덥고 건조한 바람이 이를 악화시켰다. 1893년 11월 12일 수스에서 피에르 로랑스에게 "숨막힘, 오한, 숨 쉴 때의 고통, 가벼운 열, 멍한 정신, 희미한 목소리 등, 빠지는 것 없이 다 있어"라고 쓰고 있으며, 이틀 뒤, 알베르 데마레에게 "이틀 만에 폐병환자가 되고 피를 토할 수도 있네요" 하고 썼다.

건조하나 더 편리하게 이틀이면 갈 수 있을 것이다. 그 사이 나는 우선 휴식을 취해야 했다. 내 상태론 그리 일찍 또 다시 길을 떠날 수 없었기 때문이다.

나는 여기서 내가 어떤 심정으로 의사의 선고를 들었는지, 또 그 경고에 어떤 태도를 보였는지 이야기해야 할 것이다. 나는 그 일로 그렇게 큰 충격을 받았다는 기억은 없다. 죽음이 그 당시 내겐 큰 공포가 아니었는지, 죽음이라는 개념이 절박하고 선명하게 내 머리에 떠오르지 않았는지, 아니면 멍한 상태에 빠져있어 생생한 반응을 하지 못했는지 모르겠다. 28) 요컨대 나는 죽음 앞에서 비탄에 잠기는 일에는 그리 소질이 없다. 따라서 나는 별 다른 회환 없이 내 운명에 몸을 맡겼다. 다만 내 파멸 속으로 폴을 끌어들인다는 것만이 유감스러울 뿐이었다. 폴은 나를 혼자 내버려두고 나 없이 여행을 계속하는 게 어떻겠느냐는 이야기는 전혀 귀담아 들으려고도 하지 않았기 때문이다. 그리하여 내 병이 가져다 준 첫 번째 효과란, 또 그 보상이라고도 할 수 있는 건 그토록 소중한 우정을 나로 하여금 헤아려보게 해주었다는 점이다.

우리는 수스에서 엿새밖에 머무르지 않았다. 29) 떠날 날을 기다리는 침울하고 단조로운 날들을 배경으로 작은 에피소드가 하나 선명히 드러나는데, 그게 내 안에 불러일으킨 반향은 엄청났다. 그 이야기를 하는 게 부적절한 것 이상으로, 거기에 대해 입을 다무는 건 기만적인 일이다.

폴은 이따금씩 나를 두고 혼자 그림을 그리러 갔다. 하지만 내가 기력이 아주 없는 건 아니어서 때때로 그를 보러 갈 수도 있었다. 게다

28) 지드가 11월 18일 어머니에게 책과 악보, 그리고 더 두꺼운 양복을 보내달라고 쓴 사실은 이런 둔감하거나 무감각한 지드의 상태를 뒷받침해 줄 수 있을 것이다.

29) 11월 10일 수스에 도착한 이들은 19일 저녁 튀니스행 배를 타고 수스를 떠났다.

가, 아프던 내내 단 하루도 침대에 종일 누워있거나 심지어 방안에 가
만히 박혀 있었던 날은 없었다. 하지만 외출할 때면 언제나 외투와 숄
을 가지고 갔다. 내가 문밖에 나서기만 하면 누군가 한 아이가 나서서
외투와 숄을 들어주겠노라 자청하는 것이었다. 그날 나를 동행했던 아
이는 갈색 빛 피부를 가진 아주 어린 아랍소년으로, 호텔 주위에서 빈
둥거리던 녀석들 가운데서 이미 며칠 전 내가 눈여겨봤던 아이였다.
그는 다른 아이들과 마찬가지로 술 장식이 달린 아랍식 모자를 쓰고
있었고, 알몸에다 바로 투박한 천으로 된 윗저고리와 튀니지 스타일의
부룩한 반바지를 입고 있었는데, 그 바지 때문에 다리는 한층 더 가늘
어 보였다. 그는 그의 동무들보다 더 얌전하거나 아니면 더 겁을 먹은
것처럼 보여 대개는 그들에게 선수를 빼앗기고 말았다. 하지만 그날은
어떻게 그랬는지 모르나, 나는 그들 무리의 눈에 띠지 않고 호텔을 나
섰다. 그런데 갑자기 그가 호텔 모퉁이에서 내게 다가왔던 것이다.
　호텔은 시외에 있었고 그쪽 주변은 온통 모래밭이었다. 근처 들판에
서는 그토록 아름다운 올리브나무들이 유동하는 모래언덕 속에 반쯤
파묻힌 것을 보는 건 무척 안타까웠다. 좀더 가면 놀랍게도 강물이 흐
르고 있었다. 바다로 흘러들기 전, 잠깐 하늘을 비추기 위해 때맞추어
살짝 모래 밖으로 솟아난 가는 물줄기였다. 그 조그만 시냇물 근처,
웅크리고 앉아 빨래하는 흑인 여인들의 군상, 그게 바로 폴의 그림 모
티브로 폴은 그 앞에 와 자리를 잡곤 했다. 나는 폴을 보러 가기로 약
속했었다. 모래 속을 걷는 게 무척 피곤하긴 했으나, 나는 알리 — 바
로 내 짐을 들고 가던 소년의 이름이었다 — 가 이끄는 대로 모래 언덕
속으로 들어섰다. 우리는 조만간 깔때기 모양으로 움푹 패인 구덩이
또는 분화구 같은 곳에 이르렀다. 그 위쪽 가장자리에서는 사방을 굽
어볼 수 있어 사람들이 다가오는 걸 볼 수 있었다. 거기에 도착하자마
자, 알리는 경사진 모래 위로 숄과 외투를 벗어던지곤 자기 몸도 던지
더니, 발랑 뒤로 누워 팔짱을 낀 채 막 웃으며 나를 쳐다보기 시작하
는 것이었다. 나는 그가 청하는 걸 이해하지 못할 정도로 순진하진 않

앉다. 하지만 나는 즉시 반응하지 않았다. 나는 그와 멀지 않은 곳에, 하지만 그리 가깝지도 않은 곳에 앉아서, 나 역시 그를 뚫어져라 바라보며 그가 무슨 행동을 할지 무척 궁금해하며 기다렸다.

난 기다렸다! 그때의 내 인내심을 생각하면 지금은 감탄스럽다… 하지만 날 제지한 게 바로 호기심이었던가? 더 이상 모르겠다. 우리 행위의 은밀한 동기는, 내 말은 가장 결정적인 행위들을 말한다, 그 동기는 우리로선 포착할 수 없다. 그건 비단 우리가 그 행위에 대해 간직하고 있는 기억 속뿐만 아니라 그 순간에도 마찬가지다. 사람들이 죄악이라 부르는 것 앞에서 내가 여전히 망설이고 있었던 걸까? 아니다. 그 모험이 나의 덕성, 이미 내가 무시하고 끔찍하게 여기고 있던 그 덕성의 승리로 끝나야 했다면, 나는 너무 실망했을 것이다. 아니다. 나를 기다리게 한 것은 바로 호기심이다… 나는 그의 웃음이 서서히 시들어가는 것을, 그리고 그의 입술이 하얀 치아위로 다물어지는 것을 보았다. 실망과 슬픔의 표현이 매력적인 그의 얼굴을 어둡게 만들었다. 마침내 그는 일어서서, "자, 그럼 안녕"이라 말했다.

하지만 나는 그가 내민 손을 잡고서 그를 땅위로 쓰러뜨렸다. 그의 웃음이 즉시 다시 나타났다. 그는 자신이 허리띠 대신 사용하던 끈의 복잡한 매듭을 푸느라 오래 지체하지 않았다. 주머니에서 작은 단도를 꺼내더니 단숨에 얽혀있는 매듭을 잘라버렸다. 옷이 흘러내렸다. 그는 자기 윗저고리를 멀리 던져버리고, 마치 신처럼, 벌거벗은 채 우뚝 섰다. 잠시 그는 하늘을 향해 가느다란 두 팔을 벌리더니 웃으며 내 위로 무너지듯 쓰러졌다. 그의 육체는 아마 뜨거웠을 것이나 내 두 손에는 그늘처럼 상쾌하게 느껴졌다. 모래는 얼마나 아름다웠던가! 해질 무렵의 그 매혹적인 찬란함 속에서 나의 기쁨은 얼마나 멋진 빛으로 휘감겼던가!…

그러는 사이 시간이 늦어졌고, 나는 폴을 만나러가야 했다. 분명 내 모습에는 열광의 흔적이 남아있었을 게다. 폴은 뭔가 눈치를 챘으리라 생각된다. 하지만 아마도 예의상 그랬겠지만, 그가 내게 아무것도 묻

지 않았기에, 나도 감히 그에게 아무 이야기도 하지 못했다. 30)

　난 이미 여러 차례 비스크라를 묘사했기 때문에 다시 반복하진 않겠다. 31) 내가 《배덕자》에서 그린 바 있는 테라스로 둘러싸인 그 아파트는 오아시스 호텔 측에서 우리에게 빌려준 것으로, 원래 라비저리 추기경을 위해 준비했던 바로 그 아파트였다. 추기경이 거기 내려와 살 계획을 하던 차에 갑자기 죽음이 찾아와 '백인 사제단' 선교사업을 하던 그를 앗아갔던 것이다. 32) 따라서 나는 가장 큰 방에 있던 추기경이 쓰려던 바로 그 침대를 썼으며, 그 방은 또한 우리 거실이 되었다. 그 옆에 있는 좀더 작은 방은 식당으로 사용되었다. 우리는 호텔의 다른 투숙객들과 같이 식사할 생각은 전혀 없었기 때문이다. 음식은 스튜파33)에 담아 아트만34)이라는 이름의 아랍소년이 들고 왔는데, 그는 우리 시중을 들게 우리가 고용했던 아이였다. 그는 겨우 열네 살밖에 되지 않았다. 하지만 학교가 파한 뒤 구슬치기와 팽이치기를 하러 우리 테라스로 오곤 하던 다른 아이들 가운데서 키가 무척 컸으며, 힘이

---

30) 지드가 어머니에게 보낸 편지에는 당연히 이 사건에 관한 것은 전혀 없다. 수스를 떠날 즈음에 "수스는 지겨운 도시입니다. 지루해하는 것 외에 아무 것도 할 일이 없어요"라고만 쓴다. 하지만 조금 뒤, 그의 사촌 알베르 데마레에게는 그 이야기를 한 것으로 보인다.

31) 비스크라는 《일기》에 수록된 〈여행기〉에 상당히 길게 나오며, 《지상의 양식》7권에도 간략하게 나온다.

32) 라비저리(Lavigerie) 추기경(1825-1892)은 '백인 사제단'을 창설한 알제 및 카르타고의 대주교로 알제에서 사망했다. 비스크라에 있는 백인사제단 회관은 1873년 지어졌으나 얼마 후 버려졌다. 오아시스 호텔의 부속 건물로 개조되어 지드와 폴이 거기 머물렀을 때도 여전히 옛날 이름으로 불렸다.

33) 원래 이탈리아어인 스튜파(stufa)는 뚜껑이 달린 흙으로 구운 접시를 말한다.

34) 아트만 부박카(1879?-1950?).

그리 센 건 아니었으나 상당히 영향력 있는 아이였다. 아트만은 그들보다 머리 하나는 더 컸기 때문에, 그가 다른 아이들에 대해 마치 보호자라도 되는 듯한 태도를 취해도 자연스럽게 보이게 했다. 게다가, 그는 호인 같은 태도도 보였으며 지극히 유쾌한 익살까지 보였다. 그건 자신이 다소 우스꽝스럽게 보일 때도 있지만 자기도 전혀 모르고 있지 않다는 걸 분명히 드러내기 위함이었다. 요컨대 우리가 볼 수 있는 가장 멋지고도 가장 정직한 소년으로, 다른 사람을 짓밟는 짓은 결코 할 수 없는, 또 시인만큼이나 돈 버는 재주는 없지만 반대로 언제나 남을 위해 돈을 쓰고 아낌없이 주려고 하는 소년이었다. 그가 우리에게 자기 꿈 이야기를 할 때면, 요셉의 꿈들이 이해가 되는 것이었다.[35] 그는 이야기를 무척 좋아했고 알기도 많이 알고 있었으나 상당히 서투르고 천천히 말했는지라, 폴과 나는 그게 바로 동양식이라 여기며 재미있어했다. 그는 태평스럽고 빈둥거리는 성격이었으며, 자기 행복을 과장해대고 또 당장의 걱정거리를 몽상과 희망, 또는 도취 속으로 날려 보내는 매력적인 능력을 고도로 지니고 있었다. 그는 내가 다음 사실을 이해하는 데 많은 도움을 주었다. 즉 아랍민족이 예술가적 기질을 타고나긴 했으나 예술작품은 별로 남기지 않았던 이유는, 바로 자신들의 기쁨을 축재(蓄財)하려 들지 않았기 때문이라는 사실이다. 거기에 대해 할 이야기는 많을 것이나 나는 여담은 하지 않기로 한다.

아트만은 식당 옆에 있는 아주 작은 세 번째 방에 묵었는데, 그 방 앞으로 난 조그만 테라스가 아파트의 끝이었다. 아침마다 아트만은 거기서 우리 구두를 닦곤 했다. 어느 날 아침, 폴과 나는 거기 있는 아트만을 우연히 보게 되었다. 그는 마치 파티에 가는 것처럼 자기가 갖고 있는 가장 멋진 옷을 입고 온통 치장을 한 채, 터키 식으로 책상다

---

35) 성서 〈창세기〉 37장에서 50장까지 나오는 이야기로, 요셉의 인생은 다가올 자신의 영광을 예고하는 두 번의 꿈으로 시작된다.

리를 하고 웅크리고 있었다. 주위에는 열두 자루나 되는 양초가, 그때
는 이미 날이 다 샜는데도 전부 켜진 채, 작은 컵에 담긴 꽃다발과 번
갈아가며 놓여 있었다. 그 소박한 장관 한가운데서 아트만은 목청 높
여 찬송가와 비슷한 뭔지 모르는 노래를 부르며 리듬에 맞춰 솔을 마
구 휘두르며 구두를 닦고 있었다.

　하지만 그가 이젤과 물감통, 접는 의자, 양산 등을 들고, 오아시스
를 건너 폴을 따라갈 때는 그리 흥겨워하지 않았다. 땀을 뻘뻘 흘리며
숨을 몰아쉬다가 갑자기 버티고 서서는, 그지없이 확신에 찬 태도로
"아! 멋진 모티브예요!"라고 외치는 것이었는데, 그건 그의 주인의 방
랑 기질을 한 곳에 못 박고자 한 것이었다. 그걸 무척 재미있게 여기
던 폴이 돌아와 내게 해준 이야기였다.

　내 건강상태로는 도저히 그들과 함께 갈 수 있을 것 같지 않았기에,
나는 그들이 떠나가는 모습을 다소 우울한 기분으로 바라보았다. 처음
얼마 동안 나는 기껏해야 우리 아파트 문 앞에서 시작되는 공원에 나
가는 정도였다. 확실히 난 한심한 상태였다. 아트만이 폐를 그렇게 부
르듯이, 그 '가슴의 부채'가 제대로 작동하지 않아 나는 숨쉬기도 무척
힘이 들었다. 우리가 비스크라에 도착하자마자 폴은 D 의사를 부르러
갔다. 그는 자기 소작기(燒灼器)를 가져와 바로 사용하기 시작했으며,
그 다음엔 이틀에 한 번씩 왔다. 테레벤틴을 끼얹으며 가슴과 등에 번
갈아가며 불침을 놓는 그 소작요법으로, 충혈은 보름이 지나자 간신히
한 곳에만 그치게 되었다. 그러다가 갑자기 오른쪽 폐에서 왼쪽 폐로
옮아가서 D 의사를 아연실색케 했다. 체온은 전혀 문제없었다. 그러
나 지금도 기억나는 몇몇 증상으로 볼 때, 당시 나는 매일 아침저녁으
로 열에 들떠 있었던 게 분명한 것 같다. 나는 알제에서 꽤 좋은 피아
노를 한 대 가져오게 했다. 하지만 한두 음계만 쳐도 곧 숨이 가빠지
곤 했다. 일을 할 수도, 잠시도 주의를 집중할 수 없던 나는 하루 종
일 비참하게 빈둥거렸다.

　유일한 오락거리나 기쁨이란 우리 아파트 테라스나 날씨가 좋을 때

면 ― 왜냐하면 마침 우기였기 때문에 ― 공원에서 노는 아이들 놀이를 우두커니 바라보는 것뿐이었다. 그 애들 가운데 누구에게 반한 게 아니라 막연히 그들의 젊음 자체에 반해있었던 것이다. 건강한 그들을 바라보는 것만으로도 내겐 힘이 되었다. 나는 그들 이외에 다른 사람들과는 전혀 만나고 싶지 않았다. 36) 아마도 순진한 그들의 몸짓과 어린애 같은 그들의 말이 주는 무언의 충고가 나로 하여금 더욱더 인생에 몸을 내맡기라고 촉구했던 것 같다. 나는 기후와 함께 병이 가져온 이중의 혜택으로, 나의 엄격함이 녹아내리고 찌푸렸던 눈살이 펴지는 게 느껴졌다. 나는 마침내 깨닫게 되었다. 더 이상 내가 그것에 대항해 무장하지 않게 되었기에 더 이상 유혹이라 부르지도 않게 된 그것에 대해 저항했던 내 태도 속에 감춰져 있던 모든 오만함을. '충실이라기보단 오히려 고집'이라고 나에 대해 시뇨레37)가 썼다. 그러나 나는 충실하다고 자부했다. 다만 내가 그때부터 고집을 부린 건 바로 내가 말한 결심, 즉 폴과 나를 '다시 정상적으로 만든다'는 결심을 끝끝내 지키려는 그런 고집이었다. 병이 내 결심을 포기하게 만들지는 않았다. 다음에 나올 이야기에는 바로 그러한 결의가 들어있음을 이해해주기 바란다. 단지 내가 내 성향을 따랐을 뿐이라고 굳이 여기고 싶다하더라도, 그건 내 정신의 성향이지 내 육체의 성향은 아니었음을 이해해주기 바란다.

타고난 나의 성적(性的) 경향, 결국 내가 인정하지 않을 수는 없었으나 아직 그것에 동의할 수는 없었던 그 성향은 내가 저항하는 가운데 도리어 더 확고해지고 있었다. 나는 그 성향에 대항해 싸움으로써 도리어 그 성향을 강하게 만들었고, 그걸 물리칠 수 없음에 절망하며

---

36) 지드가 이 아이들에게 보였던 관심은 이 책을 쓰기 위해 모은 엄청나게 자세한 미간행 자료들에서 충분히 볼 수 있다.

37) 엠마뉘엘 시뇨레(Emmanuel Signoret, 1872-1900)는 시인이자 잡지 《성배》(Graal)의 편집인이었다. 시뇨레의 까다로운 성격에도 불구하고 지드는 그의 시를 높이 평가하며 감탄했다.

적어도 그것의 방향은 돌릴 수 있으리라 생각했다. 폴에 동조하면서, 나는 나 자신에게도 여자에 대한 욕정이 있다고 상상하기까지 했다. 다시 말해 그의 욕정을 내 것으로 받아들였던 것이다. 그리고 둘 다 서로를 부추기기도 했다. 비스크라와 같은 겨울 휴양지는 우리 같은 사람에게는 특별한 편의를 제공해 주었다. 몸을 파는 여인들이 무더기로 살고 있는 것이다. 프랑스 정부가 그 여인들을 지저분한 창녀촌에 있는 창녀들과 동일시하여, 그녀들을 감시할 수 있게 등록을 강요하고 있긴 하나(그 덕분에 D 의사는 그녀들 각각에 대해 원하는 모든 정보를 우리에게 줄 수 있었다), 그녀들의 태도나 풍속은 일반 공창(公娼)들의 것과는 전혀 달랐다. 옛 전통에 따라 울라드 나일 부족[38]은 나이가 찬 자기네 처녀들을 외지로 내보내면, 그 처녀들은 몇 년 뒤, 신랑감을 살 수 있는 지참금을 벌어 고향으로 돌아오는 것이다. 그 신랑감은 우리네 남편일 경우 수치와 비웃음으로 뒤덮게 될 그런 상황을 전혀 불명예스러운 것으로 여기지 않는다. 진짜 울라드 나일 여자들은 아름답기로 평판이 높다. 따라서 그곳에선 그런 직업을 가진 모든 여자들은 흔히 울라드 나일이라 자칭한다. 그런데 모든 여자들이 자기 고향에 돌아가는 건 아니어서 모든 연령대의 여자들이 다 있고, 때로는 엄청나게 어린 여자애들도 있다. 그 여자애들은 나이가 찰 때를 기다리며, 자기를 보호해주고 이것저것 가르쳐주는 자기보다 나이 많은 여자와 같이 사는 것이다. 그 여자애들의 처녀성을 제물로 바치는 날이면 한바탕 잔치가 벌어지기도 하여 도시의 절반이 참석한다.

울라드 나일 여인들은 집단을 이루어 한두 거리에 한정되어 살고 있는데, 거기선 '성스러운 거리'라 불린다. 반어법인가? 그런 건 아닌 것 같다. 반은 세속적이고 반은 종교적인 여러 의식에 울라드 여인들이 모습을 드러내는 걸 볼 수 있고, 또 무척 존경받는 회교도 도사들이 그녀들과 함께 나타나곤 했던 것이다. 너무 지나친 말은 하고 싶지 않

---

38) 알제리 남부 산악지방에 사는 유목 민족이다.

지만 이슬람 종교는 그녀들을 나쁘게 보는 것 같지는 않다. '성스러운 거리'는 또한 카페 거리이기도 하다. 저녁이면 그 거리는 활기를 띠고 오랜 역사를 가진 그 오아시스에 사는 모든 사람들이 나와 돌아다니는 것이다. 두셋씩 짝을 이루어, 지나가는 사람들의 욕망에 몸을 내맡기고 있는 울라드 여인들은 거리로 바로 이어진 좁다란 계단 아래쪽에 앉아 있는데, 그 계단을 올라가면 바로 그들의 방이 나온다. 화려하게 옷을 차려입고 금화로 된 목걸이와 높다랗게 머리를 올려 치장을 한 채 꼼짝 않고 있는 그녀들은 마치 제단 벽면 벽감 속에 모셔둔 우상들 같다.

몇 년 뒤, 내가 로잔느에 살던 부르제 의사와 같이 그 거리를 산책했던 기억이 난다. 39)

"방탕이 얼마나 끔찍한지 가르쳐주게 젊은이들을 여기 데려올 수 있으면 좋겠네요." 그 훌륭한 양반은 혐오감에 가득 차 갑자기 내게 말했다(모든 스위스 사람들은 그 속에 얼음장을 갖고 있다). 아! 그는 인간의 마음을 어찌 그리 모르는가! 적어도 내 마음은… 나는 이국주의를 가장 멋지게 보여준 것은 '그에게 수수께끼를 내려고' 솔로몬에게 직접 갔던 시바의 여왕40)이라 생각한다. 거기에는 어쩔 도리가 없는 것이다. 자기하고 비슷한 것에 반하는 사람들이 있는가 하면, 자기와 다른 것에 반하는 사람도 있다. 나는 후자에 속한다. 익숙한 게 날 싫증나

---

39) 지드는 1893년 여름, 로잔느에서 지낼 때, 샤를르 지드 숙모가 추천한 부르제 의사의 진찰을 받았다. 하지만 지드가 언제 비스크라에서 이 의사를 다시 만나게 되었는지는 알 수 없다.

40) 《지상의 양식》 4장에 이미 언급되어 있다. "(시바의 여왕이여,) 그대가 남쪽 나라로부터 와서 내게 수수께끼를 내놓았을 때 나는 솔로몬이었다." 시바의 여왕은 솔로몬의 명성을 듣고 예루살렘으로 찾아와, 그를 시험하기 위하여 수수께끼를 냈다. 그때 솔로몬이 보여준 지혜와 업적에 대해, 여왕은 직접 와서 보니 소문보다 더 멋지다고 놀라며 칭송했다(성서, 〈역대하〉 9장).

게 하는 것만큼이나 생소한 건 날 유혹한다. 더 구체적으로 말해, 난 갈색 피부 위에 남은 태양에 이끌린다고 하리라. 베르길리우스가 다음과 같이 쓴 것은 바로 나를 위해서다.

아민타스의 피부가 구리빛인들 어떠하리?[41]

어느 날 폴은 무척 흥분해 돌아왔다. 산책갔다 돌아오는 길에 '더운샘'[42]으로 목욕가는 울라드 여인들과 마주쳤던 것이었다. 그 여인들 가운데 폴이 지극히 매력적으로 그려 보인 한 명이 그의 손짓에 따라 무리에서 빠져나올 수 있었고, 약속도 잡았다는 것이다. 그런데 그녀 집으로 가기에는 내 몸 상태가 아직 충분히 좋지 않았으므로 그녀가 오기로 되어 있었다. 그 여자들은 한 곳에 얽매어 있는 건 전혀 아니고 또 그들이 사는 곳이 창녀촌과 같은 건 아니었으나, 각자는 일정한 규율에 따라야 했다. 일정한 시간이 지난 다음이면 밖으로 나갈 수 없어서 적당한 때 빠져나와야 하는 것이다. 그래서 폴은 공원의 나무 뒤에 반쯤 몸을 숨긴 채 목욕에서 돌아오는 메리암을 기다리고 있었다. 그가 그녀를 우리 집으로 데려와야 했다. 우리는 방을 꾸몄으며, 식탁을 차리고 그녀와 같이 먹을 식사도 준비했다. 아트만에게는 놀러 나가라고 미리 보내놓았는데, 그에게 식사 시중을 들게 하지는 않았기 때문이다. 그런데 약속시간은 이미 오래전에 지나 있었다. 나는 말할 수 없이 마음졸이며 기다리고 있었다. 폴은 혼자 돌아왔다.

어떤 현실적인 욕망이 내 결심을 부풀려놓은 게 아니었던 만큼 더욱 실망은 끔찍했다. 자기가 바친 희생제물의 연기가 땅바닥 쪽으로

---

41) 베르길리우스의 이 구절은 《농경시》(10장 38행)에 나온다. 1906년 지드는 《아민타스》(*Amyntas*)란 제목으로 그가 북아프리카에서 머물렀을 때 쓴 다양한 글들을 모아 출판한다.

42) '더운 샘'은 비스크라에서 서쪽으로 6킬로미터 떨어진 곳에 있는 유황 온천이다. 그곳에는 온천장과 두 개의 작은 호수가 있다.

밀쳐지는 걸 봤을 때의 카인처럼 나는 실망했다. 43) 제물은 받아들여지지 않았던 것이다. 그러자 곧 우리에겐 두 번 다시 그런 멋진 기회는 오지 않을 것처럼 보였다. 그리고 내겐 두 번 다시 내 마음의 준비가 그렇게 잘 되지는 않을 것처럼 여겨졌다. 희망이 한순간 살짝 열어 보였던 너무나 무거운 뚜껑이 다시 닫혀버린 것이다. 분명 일은 언제나 이 모양일 게다. 나는 저지당하고 만 것이다. 가장 달콤한 해방 앞에서, 관습과 무기력이라는 그 끔찍한 벽이 되살아나는 걸 끊임없이 보게 되리라… 나는 속으로 되뇌었다. 단념해야지, 그리고 웃어버리는 게 상책이야 라고. 또한 우리는 운명의 매정한 거절 아래서도 기죽지 않고 우뚝 일어서는 걸 일종의 자긍심으로 삼고 있었다. 우리는 그런데 익숙한 기질이었다. 그래서 침울하게 시작했던 식사는 농담을 주고받으며 끝났다.

갑자기, 유리창 위로 날개짓과 같은 소리가 들렸다. 바깥문이 살며시 열리며…

그날 저녁 전체에서 내가 가장 가슴 떨리는 추억을 간직한 순간이다. 밤이 깃들기 시작한 어둠 속에서 아직 망설이고 있던 메리암이 눈에 선하다. 그녀는 폴을 알아보고는 미소를 짓는다. 하지만 들어오기전, 뒤로 돌아서더니, 테라스 난간 위로 몸을 젖혀, 어둠 속에서 자기몸에 두르고 있던 하이크 천을 흔든다. 그건 계단 아래까지 그녀를 데려다 준 하녀에게 가도 좋다는 신호였다.

메리암은 프랑스어를 좀 할 줄 알았다. 처음에 자기가 폴과 만날 수없었던 이유와 그러고 나서 바로 어떻게 아트만이 우리가 머무는 곳을가르쳐줬는지 설명하기에는 충분했다. 그녀는 하이크를 두 겹으로 감고 있었는데, 문 앞에서 그게 흘러내리도록 내버려뒀다. 나는 그녀가어떤 옷을 입었는지 기억나지 않는다. 오자마자 벗어버렸던 것이다. 하지만 팔목과 발목에 팔찌와 발찌는 여전히 차고 있었다. 나는 폴이

---

43) 지드는 〈창세기〉 4장 4절에 나오는 대목을 그려보며 과장하고 있다.

테라스 반대편 끝 별채로 된 자기 방에 그녀를 먼저 데리고 갔는지 더이상 기억나지 않는다. 그래, 새벽녘이 되어서야 그녀가 나를 보러 왔던 것 같다. 아침에 아트만이 추기경의 침대 앞을 지나며 아래로 내리깔던 그의 시선이 기억나며, 무척이나 재미있다는 듯, 무척이나 수줍어하며 우스꽝스럽게 "안녕, 메리암"이라 한 말은 기억난다.

　메리암은 황갈색 피부에 살도 탄탄하고 몸매도 성숙했으나 아직 거의 어린애 같은 모습을 하고 있었다. 갓 열여섯 살이 넘었기 때문이다. 그녀를 비교해볼 수 있는 건 가에트 항아리에 조각된 것과 같은 바커스신의 여제관밖에 없다.[44] 그녀가 쉴 새 없이 흔들어 대는 그리스식 캐스터네츠 같은 소리를 내던 팔찌 때문이기도 했다. 나는 어느 날 저녁, 폴이 데려갔던 '성스러운 거리'의 한 카페에서 그녀가 춤추는 걸 본 적이 있었다. 거기엔 그녀의 사촌언니인 엔 바르카도 같이 울라드 사람들의 옛 방식에 따라 춤추고 있었다. 머리는 똑바로 세우고 윗몸도 움직이지 않은 채, 손을 재빠르게 움직이며 박자에 맞춰 맨발로 바닥을 치며 온몸을 뒤흔드는 것이었다. 똑같은 속도로 끊이지 않고 집요하게 이어지는 이 '회교도 음악'을 나는 얼마나 좋아했던가! 그 음악은 마취제가 든 수증기처럼 나를 도취시키며 금방 정신을 몽롱하게 만들어, 기분 좋은 쾌감으로 내 사고를 마비시키는 것이었다. 연단 위 클라리넷 연주자 양쪽으로, 한 늙은 흑인이 금속으로 된 캐스터네츠를 마주치고 있었고 꼬마 모하메드는 열광과 환희에 사로잡혀 바스크식 북을 정신없이 두드려대고 있었다. 그는 얼마나 아름다웠던가! 허름한 옷 아래 반쯤 알몸을 드러낸 채, 악마처럼 새까맣고 날씬한 몸매에 입은 벌린 채 광기에 사로잡힌 듯한 시선으로…

　폴은 그날 저녁 내 쪽으로 몸을 기울여(그가 기억할까?) 나직하게

---

44) 로마와 나폴리 사이에 있는 항구 가에트의 대성당 안에 세례반으로 쓰이는 대리석으로 된 고대 항아리가 있다. 그 항아리 측면에는 반인반수인 사티로스들과 바커스 여제관들에 둘러싸인 바커스신과 헤르메스신이 조각되어 있다.

말했다.

"내겐 이 녀석이 메리암보다 더 매력적인 것 같은데?"

여자들에게만 끌리는 그로선 별 다른 생각 없이 농담 삼아 그렇게 말했던 것이다. 하지만 도대체 내게 그런 말을 할 필요가 있었을까? 나는 아무 대답도 하지 않았다. 하지만 그 고백은 그 순간 이후 내 마음에 깃들었으며, 나는 그걸 곧바로 나 자신의 고백으로 삼았다. 아니 오히려, 그건 폴이 말하기 이전부터 이미 내 것이었다. 메리암 곁에서 그날 밤 내가 용감했던 것도, 바로 눈을 감음으로써 내 가슴속에 모하메드를 안고 있다고 상상했기 때문이다.

나는 그날 밤 이후, 어떤 평온을, 엄청난 평안함을 느꼈다. 단지 쾌락 다음에 올 수 있는 그런 휴식을 말하는 건 아니다. 메리암이 의사의 그 어떤 유도제보다 더 많은 효과를 단번에 주었다는 건 확실하다. 나는 다른 사람들에게 이런 처방을 감히 추천할 수는 없을 것이다. 하지만 내 경우에는 상당히 심각한 신경과민이 잠재해 있어, 그런 깊은 전환을 통해 폐의 충혈이 가라앉고 또 뭔가 균형이 잡혔다는 건 놀라운 일이 아니다.

메리암이 다시 왔다. 그녀는 폴을 보러 왔고, 나를 위해서도 다시 오게 되어 있었으며 약속도 이미 잡혀 있었다. 그런데 바로 그때 갑자기, 우리는 나의 어머니가 도착하신다는 전보를 받았다. 45) 메리암이

---

45) 지드는 이미 예고된 어머니의 도착을 마치 돌발사태처럼 제시하고 있다. 지드의 어머니가 지드를 만나러 간다는 이야기는 이미 오래전부터 있었다. 1894년 1월 23일자 편지에서 지드는 건강이 다시 악화된 것을 어머니에게 알렸고, 심각한 상황이란 것은 폴이 자기 부모에게 쓴 편지에 명시되어 있었다. 26일, 지드는 허약해진 건강 이야기를 쓴 다음 "여기 오고 싶지 않으세요? (…) 여행이 너무 피곤할까 걱정되시나요? (…) 스페인 여행을 한번 생각해보세요. 정말 행복할 거예요"라고 덧붙였다. 이것만으로도 지드 어머니가 짐을 꾸리기는 충분했다. 그런데 지드와 폴이 메리암을 만난 것은 1월 30일경이었을 것이다. 그리고 2월 1일과 특히 3일자 편지에서 지드는 건강이 호전되고 있음을 알리며, 3월

처음 오기 며칠 전, 내가 각혈한 것이 나는 대수롭지 않게 여겼으나 폴을 무척 놀라게 했던 모양이다. 그에게서 연락을 받은 그의 부모님들이 나의 어머니에게 알려야겠다고 생각하셨던 것이다. 그리고 여행을 하도록 장학금을 받은 학생의 시간은 그렇게 환자를 돌보는 역할보다 더 나은 일에 쓰일 수 있으리라 여겨, 그를 대신해 나의 어머니가 내 곁에 있기를 원하셨던 것도 분명 있을 것이다. 어쨌든 어머니가 도착하신다는 거였다.

물론 나는 어머니를 다시 보고, 또 어머니에게 그 나라를 보여주게 되어 기뻤다. 그렇긴 하나 우리가 당황한 것도 사실이다. 우리의 공동생활이 완전히 자리잡기 시작했던 것이다. 이제 막 시작된 우리 본능에 대한 이 재교육을 그만두어야 한단 말인가? 나는 주장했다. 그럴 수는 없을 것이다. 어머니가 계셔도 우리가 해오던 관례에는 하나도 변할 게 없을 것이다. 그 신호탄으로 메리암과 한 약속은 취소하지 않을 것이라고.

그 이후, 내가 알베르에게 우리들의 그 연애담을 이야기했을 때, 무척이나 자유로운 정신의 소유자라고 생각했던 그가, 폴과 내게는 자연스러워 보이던 그 공유에 대해 분개해하는 걸 보고 나는 순진하게도 깜짝 놀랐다. 우리의 우정은 그 속에서 만족을 느끼고, 다시 한 번 더 결속된 것처럼 더 강력해지기까지 했던 것이다. 그리고 우리는 메리암이 몸을 맡기거나 팔고 있던 낯모르는 모든 사람에 대해서도 질투심은 전혀 느끼지 않았다. 그건 우리 둘 다 그 당시 육체적 행위를 냉소적으로 바라보고 있었으며, 적어도 거기에 어떤 감정도 개입시키지 않았기 때문이다. 우리와는 정반대로 알베르는 도덕군자라기보다는 오히려 낭만주의자로서, 또 〈롤라〉[46]에게서 자신의 모습을 보던 세대의

---

말에나 어머니가 오실 것으로 예상하고 있었다. 하지만 그 편지들은 파리에 너무 늦게 도착하였으며, 마리와 함께 어머니가 비스크라에 도착한 것은 2월 7일이었다.

46) 〈롤라〉(Rolla, 1833)는 뮈세의 시로, 사랑이 한 방탕아의 최후의 순간

사람으로서, 관능적 쾌락을 오직 사랑에 대한 보상으로만 보고자 하며 단순한 육체적 쾌락은 경멸했다. 나에겐 그 당시의 사정과 더불어 내 본성의 성향이 얼마나 사랑과 쾌락을 분리시키도록 만들었는지 이미 이야기한 바 있거니와, 그 둘을 서로 뒤섞을 수 있다는 생각만 해도 불쾌해질 정도였다. 하지만 난 내 윤리를 앞세울 생각은 없다. 내가 지금 쓰고 있는 것은 나에 대한 변호론이 아니라 나의 이야기다.

어머니는 마침내 어느 날 저녁, 그토록 긴 여행은 한 번도 해본 적 없는 늙은 하녀 마리와 함께 도착하셨다. 그들이 묵게 된 방들은 호텔 에서 유일하게 남은 것으로, 안뜰 건너편 우리 테라스와 정면으로 마 주보고 있었다. 내 기억이 정확하다면 그날은 마침 메리암이 오기로 되어 있던 바로 그날 저녁이다. 어머니와 마리가 자기네 방으로 돌아 가시자마자 바로 메리암이 도착했다. 처음에는 모든 것이 실수 없이 지나갔다. 그런데 새벽녘에…

아직 수줍음이 남아 있었던지, 아니면 오히려 어머니의 심정을 배려 해서였는지 나는 내 방안에 그녀를 들이진 않았다. 메리암이 곧장 간 것은 폴의 방이었다. 그가 묵고 있던 작은 별채는 테라스를 한쪽 끝에 서 다른 쪽 끝까지 가로질러가야 갈 수 있는 위치에 있었다. 새벽녘, 메리암이 지나가는 길에 내 방 창문을 두드리러 왔을 때, 나는 자리에 서 급히 일어나 그녀에게 잘 가라는 신호를 보냈다. 그녀는 발소리를 죽이며 살금살금 멀어져가선, 마치 수탉 울음소리에 유령이 사라져가 듯 붉게 밝아오는 하늘 속으로 스르르 사라졌다. 하지만 바로 그 순 간, 다시 말해 메리암이 사라지기 전, 나는 어머니 방의 덧문이 열리 는 것과 창문가에 있던 어머니가 몸을 숙이시는 것을 보았다. 어머니 의 시선이 한순간, 달아나는 메리암을 뒤따랐다. 그리고 나서 창문이 다시 닫혔다. 사건은 벌어지고 말았다.

그 여자가 폴의 방에서 나온 건 분명했다.[47] 어머니가 그녀를 본

---

47) 을 정화시키는 내용이 나온다.

것도 분명했고, 또 어머니가 모든 걸 알아차린 것도… 기다리는 것 외에 무슨 할 일이 남았겠는가? 나는 기다렸다.

어머니는 자기 방에서 식사하셨다. 폴이 외출했다. 그때 어머니가 오시더니 내 옆에 앉았다. 나는 어머니가 무슨 말을 하셨는지는 정확히 기억나지 않는다. 내가 기억하는 건, 무척 힘들긴 했으나 잔인하게도 내가 다음과 같이 말했던 것으로, 그건 어머니의 비난이 폴에게만 떨어지는 걸 원치 않았을 뿐 아니라, 동시에 앞으로 일어날 일을 미리 방어하려는 심산도 있었기 때문이다.

"뿐만 아니라, 그 여자는 폴에게만 오는 게 아니에요. 또 올 거예요."

나는 어머니의 눈물을 기억한다. 어머니는 아무 말씀도 안 하셨고, 내게 할 말을 전혀 찾지 못하고 그저 우실 뿐이었던 것 같다. 하지만 그 눈물은 어떤 비난보다 더 내 마음을 감동시켰고 또 아프게 했다. 어머니는 울고 또 우셨다. 나는 어머니에게서 도저히 위로할 수 없는 한없는 슬픔을 느꼈다. 그리하여 비록 내가 뻔뻔스럽게 어머니에게 메리암이 돌아올 것이라 예고하고 또 내 결심을 알리기는 했지만, 그 이후 나 스스로에게 그 약속을 지킬 용기는 없었다. 그래서 내가 비스크라에서 시도했던 또 한 번의 유일한 경험은 호텔에서 멀리 떨어진 엔 바르카의 방에서 그녀와 함께였다. 폴도 나와 같이 있었는데, 둘 다 똑같이 그 새로운 시도는 비참하게도 실패로 끝났다. 엔 바르카는 너무 아름다웠다(그리고 덧붙여야 할 건 메리암보다 훨씬 더 나이가 많았다는 점이다). 그녀의 아름다움 자체가 나를 얼어붙게 만들었다. 나는 그녀에게 일종의 감탄을 느꼈을 뿐 욕정은 조금도 느낄 수 없었다. 나는 바칠 제물 없는 숭배자처럼 그녀에게 다가갔던 것이다. 피그말리온과는 반대로 여인은 내 가슴속에서 석상이 되어버린 것 같았다. 아니 차라리 나 자신이 대리석이 된 것처럼 느껴졌다. 온갖 애무와 도발도

---

47) 한 지드 연구에 따르면 이 이야기는 분명하지 않다는 것으로, 앞뒤 이야기의 신빙성에 의문이 제기되었다.

소용이 없었다. 나는 아무 말도 할 수 없었으며, 돈밖에 아무것도 주지 못한 채 그녀 곁을 떠났다.

그러는 사이 오아시스에는 봄이 다가왔다. 막연한 기쁨이 야자수 아래서 꿈틀거리고 있었다. 내 건강은 좋아지고 있었다. 어느 날 아침, 나는 여느 때보다 훨씬 더 멀리까지 산책하러 나갔다. 이 단조로운 지방은 나에겐 무궁무진한 매력을 지니고 있었다. 그 지방과 함께 내가 소생하는 느낌이었다. 심지어 생전 처음으로, 죽음의 어두운 골짜기에서 빠져나와 살고 있는 듯, 진정한 삶에 태어난 것 같았다. 그랬다. 나는 모든 것을 그대로 맞이하고 받아들이는 새로운 삶 속으로 들어가고 있었다. 엷은 하늘빛 아지랑이가 가장 가까이 있는 정경들을 멀리 보이게 하고, 모든 사물들의 균형을 깨뜨리며 비물질화시키고 있었다. 나 역시, 모든 중압에서 벗어나 아르미드 정원 속에서 르노가 한 것처럼,[48] 형용할 수 없는 놀라움과 눈부심에 온몸을 떨며 느린 발걸음으로 앞으로 나아가고 있었다. 나는 그때까지 한 번도 해 본 적 없었던 것처럼, 듣고 보고 또 숨 쉬었다. 소리와 향기, 색채들이 내 속에서 풍성하게 서로 결합하는 사이, 나는 한가로운 내 마음이 감사에 흐느끼며 미지의 아폴론을 향한 경배 속에서 녹아버리는 걸 느끼고 있었다. 나는 속으로 외쳐댔다.

"날 앗아가! 날 송두리째 앗아가 줘. 난 네 거야. 난 네게 복종할거야. 난 나 자신을 버릴 거야. 내 속의 모든 게 빛이 되게 해줘. 그래, 빛과 가벼움. 이날까지 난 헛되이 너에 대항해 싸웠지. 하지만 지금 난 너를 인정해. 너의 뜻이 이루어지길. 나는 더 이상 저항하지 않아. 나는 너에게 나를 맡긴다. 날 앗아가 줘."

이렇게 나는 눈물이 흘러넘치는 얼굴로, 웃음과 생소함이 가득한 황

---

48) 르노는 르네상스 후기 이탈리아 시인인 타소의 《해방된 예루살렘》 (1581)에 나오는 불굴의 전사로, 여자 마법사인 아르미드의 정원에 오랫동안 갇혀 있게 된다. 《좁은 문》에서 알리사는 에그-비브에 있는 쥘리에트의 집 정원 속으로 들어가며 아르미드를 생각한다.

홀한 세계 속으로 들어갔다.

  비스크라에서의 우리 체류도 끝나가고 있었다. 폴을 해방시켜주러 오신 어머니는 그를 대신해, 몸 상태가 아직 많은 보살핌을 필요로 하던 내 곁에 남아 있겠노라 제안하셨다. 그러면 그는 아무 걱정 없이 자기 여행을 계속해나갈 수 있으리라는 것이었다. 하지만 그는 날 떠날 생각은 없노라고 주장했다. 그가 떠나면 내 마음이 아플 거라고 그에게 고백하지도 않았지만, 그는 자기 우정의 새로운 증거를 내게 보여주었다. 따라서 어머니는 마리와 함께 곧바로 프랑스로 돌아가기 위해 떠나셨고, 폴과 나는 튀니스에서 배를 타고 시칠리아와 이탈리아로 떠났다.[49]

  우리는 시라쿠사를 그저 통과만 했다.[50] 시아네 강도, 묘지의 가로

---

[49] 더 정확히 말해 우리가 튀니스를 떠났을 때는 트리폴리로 갈 생각이었다. 내 건강상태가 나빴던 것 때문에 우리가 포기해야 했던 그 모든 것을 보상할 심산이었다. 하지만 그 마지막 계획도 다른 계획들과 마찬가지가 되고 말았다. 항해과정이 너무나 힘들었기 때문에 그리고 싶은 마음이 없어져, 우리는 몰타에서 서둘러 시라쿠사로 갔던 것이다(원주). 그들은 다 함께 1984년 3월 31일 비스크라를 떠났다. 튀니스에서 폴과 지드는 4월 2일 몰타행 배에 올랐고, 지드 어머니와 마리는 3일 마르세유행 배에 올랐다. 그 당시 알베르 데마레에게 보낸 지드의 편지는 그들이 헤어지게 된 이유를 이해하게 만든다. 또한 지드가 내비치는 것과는 반대로, 지드는 이성간의 성행위도 포기하지 않았음을 암시한다. "어머니가 어디까지 우리와 같이 갈 것인가? 다른 것과 마찬가지로 불확실한 것입니다. 우리가 어머니와 함께 오래 있었다는 건 우리 누구에게도 바람직한 일은 아닙니다. (…) 어머니가 옆에 계심으로 해서 의도와는 달리 저질렀던 짓이 돌이킬 수 없는 일이 되지 않나 걱정되었습니다. 몇 주가 지나야 제가 안심할 수 있을 것 같습니다. (…) 막 살기 시작한, 제 말은 막 기쁨을 맛보기 시작한 저로선, 지하실에서 힘들여 빠져나온 다음 갑자기 칠 층 위에서 다시 굴러 떨어진 느낌이었습니다."

[50] 날씨가 나빠 트리폴리로 가려는 계획을 포기하고, 지드와 폴은 몰타에

수 길도, 채석장도, 아무것도 보지 못했다. 나는 너무나 피곤해 뭘 구경하러 나가지도 못했고, 아무 것도 눈에 들어오지도 않았다. 단지 몇 년 뒤에서야 나는 아레투사 샘물에 손을 적셔볼 수 있었다.[51] 게다가 우리는 로마와 피렌체로 갈 계획으로 서두르고 있었다. 우리가 메세나에서 며칠 머물렀다면 그건 단지 숨을 고르기 위해서였다. 그 첫 번째 코스로 나는 완전히 기진맥진했기 때문이다. 아아! 건강문제는 우리에게 얼마나 짜증났던가! 그건 가장 멋진 우리의 행보를 가로막곤 했다. 언제나 건강 문제를 염두에 둬야 했다. 확실히 돈 문제보다 훨씬 더 답답했다. 다행히도 돈 걱정은 없었다. 몸조리를 더 잘 할 수 있도록, 어머니가 은행에서 찾을 수 있는 금액을 더 늘려줬던 것이다.[52] 끊임없이 추위와 더위와 불편함에 힘들어하던 나는 폴을 가장 좋은 호텔로 끌고 다녔다. 주막에서 벌어지는 기이한 일들과 갖가지 모험과 만남들, 이탈리아에선 그토록 기분 좋은, 그리고 나중엔 내게도 여행의 가장 매력적인 요소가 된 그런 것들은 훗날에 가서야 맛보게 되었다. 그렇긴 하나, 우리 단둘이 머리를 맞대고 하는 저녁식사는 그칠 줄 모르고 수다를 떠는 우리에겐 얼마나 잘 맞았던가! 우리는 우리 생각을 전부 다 검토했다. 그 생각들을 이리저리 돌리며 온갖 시련을 가했으며, 상대방의 머릿속에서 어떻게 반사되고 발전해가며 완성되어가는지 찬찬히 바라보곤 했다. 우리는 가지를 치고 뻗어가는 그 생각들이 얼마나 유연한 결론으로 끝나는지 경험하곤 했다. 그 대화를 오늘날 다시 듣게 된다 해도, 그때보다 덜 멋지게 보이지는 않으리라 생각한다. 어쨌든 그 이후, 이야기하는 게 그토록 재미있었던 적은 한 번도 없었던 게 사실이다.

---

서 4월 5일 시라쿠사행 배를 탔다.

[51] 지드가 시라쿠사에 다시 온 건 신혼여행 중이던 1896년 2월로, 《지상의 양식》 3장과 6장에서 이때의 추억을 환기시키고 있다.

[52] 성인이 되어 자신의 재산을 직접 관리하던 지드에게, 그의 어머니는 여행비를 보조해주기로 제안했었다.

나폴리 주변에서도 나는 아무것도 보지 못했다. 53) 지긋지긋한 건강
상의 이유가 모든 걸 가로막았으며, 마차를 타고 다니는 것까지 불가
능했다. 또 다시 나는 비스크라에서 건강이 가장 나쁘던 그때처럼 비
참하게 시간을 보내게 되었다. 햇빛 아래서는 땀을 흘리고 그늘에 들
어오기만 하면 추위에 떨며, 완전한 평지에서만 겨우 몇 걸음 걸을 수
있을 뿐이었다. 이런 상태에서 일곱 개의 언덕이 있는 로마가 도대체
날 얼마나 기쁘게 할 수 있었을지 충분히 이해가 갈 것이다. 그 영원
한 도시에서 내가 처음 머물렀던 그때 본 것은 거의 핀치오 언덕뿐이
었다. 그곳 공원 속 벤치에 앉아 나는 하루의 가장 좋은 시간들을 보
내곤 했다. 54) 뿐만 아니라, 내가 방을 하나 빌렸던 그레고리아나 거
리가 바로 그 근처였지만, 거기까지 가는데도 숨이 차고 지쳐버리는
것이었다. 내 방은 핀치오 언덕에서 돌아올 때면 길 왼쪽 편으로 1층
에 있었다. 그 방이 넓기는 했으나, 폴은 좀더 자유롭기 위해 같은 길
끝에 다른 방을 하나 얻었으며, 방 앞으로 작은 테라스가 있어 거기서
작업을 할 수 있기를 기대하고 있었다. 하지만 우리가 '귀부인'이라 부
르던 여자와 만날 땐 내방으로 왔다. 그 여자는 빌라 메디치55)의 학생
가운데 하나가 우리에게 소개해준 고급 창부였다. 나 역시 그녀를 건
드려 보려고 했던 것 같다. 하지만 점잖 빼는 그 거동하며, 우아하고
뽐내는 듯한 태도로 그녀가 내게 불러일으켰던 혐오감밖에 기억나지
않는다. 내가 메리암을 받아들일 수 있었던 건 오직 그녀의 냉소와 야
성적인 면 덕분이었다는 사실을 깨닫기 시작했다. 그녀와 같이 있을
땐 적어도, 자기가 뭘 하는지 알고 있는 것이다. 그녀의 말이나 태도
속에는 사랑을 흉내내는 건 하나도 없었다. 그런데 이 여자를 상대할

<hr>

53) 시라쿠사에서 둘은 기차로 메세나, 나폴리로 왔다. 폴은 폼페이에 머물
고 지드는 먼저 4월 12일 로마로 갔다.
54) 핀치오 언덕에서 보낸 이 순간들은 《지상의 양식》 3장에 언급되어 있다.
55) 핀치오 언덕에 있는 저택으로, 로마 주재 프랑스 아카데미의 소재지로
미술 장학생들을 수용하는 곳이었다.

때면, 내가 가장 신성한 것으로 가슴속 깊이 간직하던 것을 더럽히고
마는 것이었다.

피렌체에서 나는 박물관과 교회를 많이 보러 다닐 상태가 아니었
다.56) 게다가, 나는 로마에서 라파엘로의 조언에 귀를 기울일 줄 몰
랐던 것과 마찬가지로, 옛 대가들의 조언을 유익하게 받아들일 수 있
기에는 아직 충분히 성숙해 있지도 않았다. 그들의 작품은 내겐 그저
과거에 속한 것처럼 보였다. 그땐 당장 절박한 것만이 내 마음을 움직
였다. 내가 그들의 가르침을 받고 또 그들의 존재에 새로운 현대적 의
미를 부여할 수 있게 된 건 몇 년 뒤, 좀더 교양을 쌓고 관심을 갖게
된 후였다. 폴 역시 그들을 연구함에 있어 충분한 관심과 공감을 기울
이는 것 같지 않았다. 그가 우피치 미술관에서 보내는 시간이라곤 지
오르지온느가 그린 말타의 기사도 초상화 앞에 가서 보낸 시간뿐으로,
분명 그 그림에 대한 뛰어난 모작을 그려내긴 했으나 단지 몇몇 기술
적인 면을 더한 것 이외 그를 풍요롭게 하지는 못했다.57)

우리가 헤어진 것은 피렌체로, 여름이 끝날 즈음 퀴베르빌에서나 다
시 만나기로 했다. 피렌체에서 나는 제네바로 바로 가, 거기서 안드레
아 의사58)의 진찰을 받으러 갔다. 그는 샤를르 지드 숙부의 절친한 친
구로 새로 나타난 트롱생59)이라 할 만했다. 뛰어난 능력뿐 아니라 지

---

56) 1894년 5월 23일 로마를 떠난 지드는 폴과 함께 피렌체에서 한 달을 보
내게 된다.
57) 지드는 여기서 피렌체에서 보낸 시기를 보잘 것 없는 것으로 그리고 있
다. 하지만 그의 편지들에는 행복하고 흥미로웠던 것으로 썼다.
58) 에두아르 안드레아(1850-1930) 의사는 지드에게 신뢰와 호감을 불어넣
고 그의 삶에 중요한 역할을 하게 된다. 안드레아 의사가 지드의 동성
애적 성향을 '치료하고'자 했다고 1931년 에두아르 마르티네가 주장했을
때, 지드는 반박했다. 그때 지드는 그 당시 그에게는 아직 '정상화하려
는' 욕구가 있었노라 주장했으나, 본 회고록에서는 그런 욕구에 대해서
는 더 이상 언급되고 있지 않다.
59) 테오도르 트롱생(1709-1781)은 제네바 출신의 유명한 의사로, 1766년

극히 현명하기도 했던 무척 훌륭한 사람으로, 내가 구제된 건 바로 그 덕분이다. 그는 곧장, 탈이 난 건 단지 신경뿐이므로, 우선 샹펠에서 온천요법을 하고 난 다음 겨울 한 철을 산에서 보내면 온갖 예방책과 약을 먹는 것보다 더 효과가 있을 거라고 날 믿게 했다.[60]

샹펠로 피에르 루이가 날 보러 왔다. 그는 좌석을 예약해뒀던 바이로이트 공연[61]을 보러 가는 길이었다. 하지만 그는 나와 헤어져 너무 오래 지내는 걸 참지 못했을 뿐 아니라, 내 여행에 대한 생생한 이야기도 듣고 싶었던 것이다.[62] 그가 이렇게 우회를 한 데는 또 다른 이유도 있었다. 그와 늘상 같이 다녔던 페르디낭 에롤드를 중간에 떼어버리자는 희망이 그것이었는데, 에롤드는 자기 친구 피에르가 바이로이트에 간다는 사실을 알자마자 자기도 좌석을 예약하고는 그의 뒤를 악착같이 따라다니고 있었던 것이다. 그런데 나는 온천 치료를 막 끝내고 있던 호텔로 둘이 같이 들어오는 것을 보았다. 나는 루이에게 폴과 나의 모험담을 즐겁게 이야기해주었다. 그런데 메리암에 대해 이야기를 시작하자마자, 그는 바이로이트에는 에롤드 혼자 가게 내버려두고 자기는 그녀를 만나러 떠날 계획을 세웠다. 하지만 에롤드는 그럴 생각이 아니었다. 그의 친구가 새로운 계획을 알리자마자,

"나도 같이 가세"라고 에롤드가 외쳤다.

피에르 루이는 많은 성격상 결함을 갖고 있었다. 그는 변덕스러웠고 화를 잘 냈으며, 제멋대로에다가 권위적이었다. 끊임없이 자기 취향

---

부터 파리에서 일했다.

60) 제네바 바로 옆에 있는 샹펠에 6월 28일 도착하여 지드는 4주 동안 요양을 받았다.

61) 바이로이트에서는 1876년 이래 바그너가 창시한 음악제가 매년 7-8월에 거행된다.

62) 사실은 지드가 6월 28일부터 피에르 루이에게 "현재 내 유일한 정열은 너를 기다리는 것이야"라고 쓰며 그가 오도록 온갖 수단을 다 썼다는 점이다.

쪽으로 다른 사람들을 끌고 가려했으며 친구들에게 자기 말만 따르도
록 강요해대는 것이었다. 하지만 그에게는 각별히 관대한 모습도 있었
고, 뭔지 모르는 열정과 격정이 그 모든 자잘한 결점들을 단번에 지워
버렸다. 그는 우리의 우정을 위해 메리암을 자기 정부로 삼아야겠다고
확신했다. 따라서 그는 7월 중순, 63) 에롤드와 함께, 64) 메리암이 내게
주었던 실크 머플러를 갖고 떠났다. 내가 그에게 하나의 표적처럼 준
그 머플러는 그가 메리암을 찾고, 또 그녀에게 소개받을 수 있게 도와
줄 것이었다. 그는 또한 아트만에게 줄 요량으로 바르바리아 지방65)
의 오르간도 하나 가져갔는데, 아트만은 자기 피리를 더 좋아하여 그
걸 몇 프랑 받고 되팔았다.

　나는 얼마 지나지 않아, 에롤드와 루이가 여행을 잘 했으며, 비스크
라에서는 잠시, 열병에 걸리고(왜냐하면 그곳은 끔찍이 더웠기 때문에)
또 메리암을 데려갈 정도로만 잠시 머물렀으며, 그녀를 데리고 콩스탕
틴 성문 근처에 자리를 잡았노라는 소식을 들었다. 66) 피에르 루이가
메리암 벤 아탈라를 추억하며 내게 헌정한 그의 매혹적인 시집《빌리
티스의 노래》를 끝냈던 것은 바로 거기다. 또 시집 첫 페이지의 내 이
름 뒤에 나오는 수수께끼 같은 이니셜 세 글자가 의미하는 것은 바로
그녀의 이름이다. 67) 그 시들 가운데 상당수가 루이가 알제리로 떠나

---

63) 1894년 7월 11일 샹펠에 도착한 루이와 에롤드는 15일 알제로 떠났다.

64) 루이는 그의 형에게 에롤드와 함께 알제로 간다는 사실을 알리는 편지
　　에서, "내가 모르는 감동을 지드 혼자 느끼지 않도록, '그가 왔던 곳'으
　　로 가고 싶은 욕망"을 드러내고 있다. 에롤드에 대해서는 처음에는 지겨
　　워했으나, 알제에 도착해서는 그의 존재를 담담히 받아들였다. 그런데
　　사실은 지드가 짓궂게 에롤드를 부추겨 알제리로 함께 가게 만들었다.

65) 모로코, 튀니지, 알제리, 트리폴리텐에 걸친 북아프리카 지방.

66) 7월 17일 알제에 도착한 루이와 에롤드는 22일 콩스탕틴으로 떠났으며,
　　그 다음 날 비스크라로 가서 단지 이틀 뒤에 다시 콩스탕틴에 돌아왔다.

67) 이 헌사는 초판본에만 나온다(원주). 초판본은 1894년에 나온 것으로,
　　지드의 원주는 본 자서전의 1923년 판부터 붙여진 것이다.

기 전에 이미 쓰여졌던 것이기 때문에 메리암이 정확히 빌리티스는 아니었지만, 시집 전반에 걸쳐 그녀의 모습이 두루 보일 뿐 아니라, 갑자기 그녀의 흔적이 선명히 나타나기도 했다.

루이와 내가 메리암의 도움을 받아 장난을 쳤던 어린애 같은 짓을 여기다 옮겨야 할까?

어느 날 루이가 내게 편지를 쓰길,

"메리암이 너에게 뭘 보내줄 수 있나 묻는데?"

나는 지체 없이 답했다.

"에롤드의 수염."

말해둬야(아니면 내가 이미 이야기했으므로 환기시켜야) 할 것은, 그 수염이 그 인물에게는 가장 중요한 건 아니라 하더라도 가장 위엄 있는 부분이었다는 사실이다. 후광 없는 순교자 이상으로 수염 없는 에롤드는 감히 상상할 수 없었다. 그런데 내가 에롤드의 수염을 요구한 건 다른 사람이 달을 따달라고 하는 것처럼 농담으로 한 말이었다. 그러나 놀라운 건 그 수염을 어느 날 아침 내가 진짜로 받았다는 사실이다. 그랬다. 우편으로. 루이는 내 말을 그대로 받아들였던 것이다. 에롤드가 흐뭇해하며 자고 있는 동안 메리암이 그 수염을 잘랐고, 피에르 루이는 그걸 봉투에 넣어 내게 보냈는데, 부이예의 〈비둘기〉[68]에 나오는 시구를 모방한 다음 두 구절을 헌사를 대신하여 적어 보냈다.

> 위대한 파르나스 시인들이 어찌나 탐났던지
> 울라드 나일 여인들이 그들의 황금 수염을 잘랐다네.

어디서 썼는지 더 이상 기억나지 않으나 내가 그동안 썼던 〈석류의

---

68) 루이 부이예(Louis Bouilhet, 1822-1869)의 시는 다음과 같다. "위대한 올림포스 신들이 어찌나 보잘 것 없었던지/ 꼬마 녀석들이 그들의 황금 수염을 잡아당겼다네."(원주). 플로베르의 친구인 루이 부이예의 〈비둘기〉는 《마지막 노래들》(Dernières chansons, 1872)에 수록되어 있다.

원무곡(圓舞曲)〉69) 을 두 파르나스 시인들에게 읽어주었던 건 샹펠에
서였다. 나는 내적 리듬에 좀더 유연하게 따른다는 생각 이외에, 어떤
다른 사전의 구상이나 의도 없이 그걸 썼다. 물론 당시 이미 《지상의
양식》에 대한 구상은 있었다. 하지만 그건 혼자 저절로 쓰여지도록
내버려둬야 할 그런 책이었다. 내가 그 책에 대해 이야기했을 때 그들
로부터 큰 격려는 받지 못했다. 파르나스의 이상(理想)은 내 이상이
아니었고, 에롤드나 루이에겐 파르나스의 이상 이외의 것에 대한 감
수성은 없었다. 2년 뒤 《지상의 양식》이 나왔을 때, 그 책은 거의 전
혀 이해받지 못했다. 거기에 대해 관심이 촉발된 건 단지 20년이 지나
서였다.

내가 소생하게 된 이후, 강렬한 욕망이, 살고자 하는 격렬한 욕망이
나를 사로잡았다. 샹펠의 온천욕뿐만 아니라 안드레아 의사의 탁월한
조언이 많은 도움이 되었다.

"뛰어들 수 있는 물만 보이면 망설이지 말게" 라고 그가 말하곤 했다.

나는 그렇게 했다. 오! 거품이 이는 격류들, 폭포수와 차가운 호수
들, 그늘진 시냇물과 맑은 샘물들, 바다의 투명한 궁전들, 그대들의
신선함이 나를 매혹하는구나. 그러고 나서 금빛 모래밭 위, 잦아드는
물결 옆에서의 편안한 휴식. 내가 좋아한 것은 단지 목욕만이 아니라
그 다음, 맨몸 위를 감싸는 듯한 신들의 포옹, 그 신화적 기다림이기
도 했기 때문이다. 햇빛이 스며든 내 몸속에서 나는 뭔지 모르는 화학
적 효험을 맛보는 것 같았다. 나는 내 옷가지들과 함께 모든 고통과

69) 사실 《지상의 양식》은 지드가 거의 4년 동안 써 온 수많은 글들을 모은
것으로, 1894년 로마와 피렌체에서 지드는 어머니에게 쓴 편지에서 글
을 쓰고 있노라 언급했다. 한편 1893년 11월, 튀니스에서 보낸 편지에
는 "맛있는 석류를 먹고 있습니다. 과일 가운데 제일 놀라운 거예요. 사
촌누이들에게 이야기 해주고 싶군요" 라고 썼다. 〈석류의 원무곡〉은
1896년 5월 《상토르》(Centaure) 창간호에 실린 다음, 《지상의 양식》 4
장에 수록되었다.

억압과 근심 걱정을 잊어버렸으며, 모든 의지가 사라져버리는 동안,
나는 벌집처럼 구멍이 숭숭 뚫린 내 속에서 모든 감각들로 하여금 은
밀하게 꿀을 뿜어내게 했는데, 그 꿀이 바로 내《지상의 양식》속으로
흘러들어갔다. 70)

　나는 프랑스로 돌아올 때 소생한 자의 비밀을 가지고 왔으며, 처음
에는 무덤에서 빠져나온 라자로가 맛보았을 것 같은 그런 일종의 끔찍
한 고통을 겪었다. 우선 내가 하던 그 어떤 일도 이젠 더 이상 중요해
보이지 않았다. 사람들이 움직여댈 때마다 죽음의 냄새를 풍기는 살롱
과 문학 모임의 그 숨막히는 분위기 속에서, 내가 그때까지 어떻게 숨
쉴 수 있었단 말인가? 그런 심정에는 일상적인 세상사가 내가 없었던
사실에도 전혀 개의치 않고 돌아가는 것을, 그리고 지금은 내가 돌아
오지도 않은 것처럼 각자 분주해하는 것을 보고 내 자존심이 상처를
입었다는 점도 분명 있을 게다. 내 비밀은 내 마음 속에 너무나 큰 자
리를 차지하고 있어서, 내가 세상에서 좀더 중요한 자리를 차지하고
있지 않은 것에 난 놀랐다. 내가 할 수 있는 것이라곤 기껏해야 내가
변했다는 점을 알아보지 못하는 사람들을 용서해 주는 게 고작이었다.
적어도 나는 그들 곁에서, 나 자신이 과거와 똑같이 느껴지지는 않았
다. 나는 이야기할 새로운 사실들이 있었으나 더 이상 그들에게 말을
할 수가 없었다. 나는 그들을 설득하고 그들에게 내 메시지를 전하고
싶었으나, 그들 중 한 사람도 내 말을 듣기 위해 귀를 기울이지 않았
다. 그들은 그저 계속 살아가며, 지나쳐 버리고 있었다. 하지만 그들
이 만족해하던 것은 내겐 너무나 보잘것없이 보였기에, 그들에게 그
점을 설득하지 못한 절망감에 나는 울부짖고 싶을 정도였다.

　그런 '소원함'71)의 상태는(특히 가족 곁에서 괴롭게 느껴졌다), 내가
《팔뤼드》에서 아이러니컬하게 묘사함으로써 그 탈출구를 찾지 않았

70) 이 장면에 대한 기억은《배덕자》에도 나온다.
71) 영어로 'estrangement'로 되어 있다.

더라면 날 자살로 이끌었을 수도 있었을 게다.[72] 그러나 그 책이 처음엔 그러한 고뇌를 밖으로 발산하겠다는 욕구에서 태어난 건 아니라는 사실이 오늘날 이상하게 보인다. 물론 그 뒤론 그 고뇌를 자양분으로 삼긴 했지만 말이다. 그 고뇌는 내가 돌아오기 전부터 이미 내 속에 있었던 건 사실이다. 《위리앵의 여행》 2부에 이미 그 모습을 드러냈던 뭔가 괴상하다는 느낌이 내게 첫 구절들을 쓰게 했는데, 그 구절들을 중심으로 책 전체가 내 의지와는 무관한 것처럼 저절로 만들어져갔다. 그 구절들은 내가 샹펠로 오기 전 잠시 머물렀던 밀라노의 공원에서 산책을 하는 도중에 썼던 것들로, '쥐방울 나무가 늘어선 길', 그리고 다음 구절이다.

여전히 불확실한 날씨에 왜 작은 양산 하나만 가져갔던가?
이건 양산 겸 우산이에요, 라고 그녀가 내게 말한다…[73]

---

72) 여기서 지드의 궤적을 따라가는 건 쉽지 않다. 1894년 7월 24일 제네바를 떠나 파리에 들른 다음, 라 로크에 도착한 지드는 8월 초 보름 간 드루엥, 로랑스 형제, 으젠느 루아르 등 친구들과 여러 친척들, 특히 3명의 사촌누이들의 방문을 받는다. 8월 15일, 그는 다시 파리를 거쳐 18일 로잔느에 도착한다. 8월 30일 로잔느를 떠나 스위스 산간지방으로 여행을 떠난 그는 이탈리아의 코모, 밀라노까지 간다. 9월 18일 뇌샤텔에 온 지드는 한 달을 보낸 다음, 안드레아 의사의 충고에 따라 겨울을 보내러 라 브레빈에 자리를 잡는다. 따라서 파리 살롱과의 접촉은 지극히 제한되었으며, 게다가 그가 이 '소원함'의 결과라고 소개하는 《팔뤼드》는 이미 쓰기 시작된 다음이었다. 1894년 1월 지드는 레니에게 이 작품의 주제를 예고했으며, 5월에 어머니에게 보낸 편지에서 "상당히 긴 작품을 쓰고 있는데, 잘 되고 있습니다. 하지만 이걸 읽는 친척들은 모두 절 정신병원에 보내려고 할 겁니다"라고 쓰고 있기 때문이다.

73) 이 괴상한 도입부의 근저에는 마들렌느에 대한 생각이 있지 않나 가정해볼 수 있다. 라 로크에서 다시 만났던 마들렌느는 당시 40페이지에 걸친 편지를 써서 또 다시 그와의 결혼을 거부하는 표시를 했다. 그런데 《팔뤼드》에서 앙젤르가 갖게 될 그 우산은, 《위리앵의 여행》에서 엘리스를

내가 앞서 말한 정신적 상태 속에서 어디론가 떠날 생각만 하고 있
었다는 심정은 충분히 이해될 것이다. 하지만 안드레아 의사가 지적해
준 쥐라 지방의 작은 마을 속에 내 겨울 둥지를 틀 때는 아직 아니었
다(나는 그의 처방을 글자 그대로 따르고 있었고 큰 효험을 보고 있었다).
따라서 내가 때를 기다리며 자리를 잡은 곳은 뇌샤텔이었다.

나는 호수 근처 작은 광장에 있는 '금주의 집'74) 3층에 셋방을 얻었
다. 정오경이 되면 2층에 있는 식당에는 소식가(小食家)들이거나 돈
이 별로 없는 노처녀들이 여러 명 오곤 했다. 그녀들이 빈약한 식사를
들고 있는 맞은편에는 커다란 게시판에 다음과 같은 성서 구절이 적혀
있었다. 좌절된 내 식욕을 찬양하고, 또 감히 말하자면 승화시키기 위
해 잘 고른 구절이었다.

하나님은 나의 목자시니, 내게 부족함이 없으리로다.

그리고 그 아래 좀더 작은 게시판에는 '나무딸기 리모네아드'라 적혀
있었다.

그건 그곳에선 변변찮은 식사밖에 할 수 없으리라는 의미였다. 하지
만 내 창문에서 보이던 그 전망을 위해서라면 그 어떤 궁핍도 견딜 수
없었겠는가! 그때 이후, 한 대형호텔이 들어와 호숫가 바로 옆, 내 눈

가리키는 것으로 이미 사용된 적이 있었는데, 고집스런 마들렌느에 대한
지드의 유감이 뚜렷이 드러나는 아이러니컬한 장면이다. 지드가 겪게 된
사랑에 대한 원망을 중심축으로 하여 《팔뤼드》의 다양한 구성요소들이
굳어지게 되었다. 그러나 지드는 그런 원망의 감정을 9월 당시에는 이미
멀어진 것처럼 느끼고 있었다. "나로 하여금 이 책을 쓰게 내몰았던 것
에 난 더 이상 괴로워하지 않는다."
74) 술을 팔지 않는 식당 겸 호텔로, 지드는 9월 18일에서 10월 17일 까지
머물렀다.

길이 즐겨 머물곤 하던 바로 그곳에 무분별한 건물더미를 세워 올렸다. 예전에 그곳엔 가을철 황금빛으로 물들던 오래된 올리브나무와 느릅나무의 빽빽한 잎사귀 사이로, 간간이 호수의 청록색 넓은 수면이 여기저기 나타나곤 했었다.

나는 몇 개월 전부터 내 생각의 끈이 풀어지고 해체되는 걸 가만히 지켜보고 있었다. 마침내 나는 내 생각을 다잡았으며, 그 생각이 활발해지는 것을 느끼고 기뻐했으며, 그 생각이 가다듬어지도록 도와주고 있는 이 평화로운 고장이 마음에 들었다. 루소의 추억이 아직 남아 있는[75] 그 소박한 호숫가보다 더 인간적이고 더 온화한 것, 또 덜 근엄하고 덜 스위스적인 것은 아무것도 없다. 인간의 노력을 모욕하거나 터무니없이 축소시키며, 가까이 있는 것들의 내밀한 매력으로부터 시선을 돌리게 만드는 그 어떤 오만한 산봉우리도 주변에 없다. 고목들은 나지막하게 쳐진 가지들을 물 위로 드리우고 있었고, 호숫가엔 갈대와 골풀 사이에서 망설이듯 잔잔한 물결이 일고 있었다.

나는 뇌샤텔에서 내가 기억하는 가장 행복한 시간 가운데 한때를 보냈다. 나는 삶에 새로운 희망을 품게 되었다. 삶은 겁에 질려있던 내 어린 시절 처음 드러났던 모습보다 이제는 이상하게도 더 풍요롭고 더 가득 찬 것 같아 보였다. 나는 삶이 나를 기다리고 있다는 느낌을 받았으며, 삶을 믿게 되었고 전혀 서두르지 않게 되었다. 호기심과 욕망으로 이루어진 그 초조한 악마는 아직 날 괴롭히고 있지 않았다. 하지만 그 이후에는⋯ 정원의 고요한 오솔길 속으로, 호숫가를 쭉 따라, 도로 위로, 또 시내를 벗어나 가을색이 완연한 숲 기슭으로, 분명 오늘날 그리 하듯이, 하지만 평온한 마음으로 나는 헤매고 다녔다. 나는 내 사고가 포착할 수 없는 건 아무것도 추구하지 않았다. 나는 라이프니츠의 《변신론》을 내 연구대상으로 삼아 걸으면서도 그 책을 읽었

75) 장-자크 루소는 1762년에서 1765년까지 뇌샤텔에서 좀 떨어진 모티에 (Môtiers)에 살았다.

다. 나는 오늘날에는 분명 되찾을 수 없을 극도의 기쁨을 그 안에서 맛보았다. 하지만 나의 것과는 너무나 다른 사고를 따라가며 받아들이는 어려움 자체, 그리고 그 사고가 내게 요구하던 노력 자체는, 내가 내 사고를 마음대로 흘러가게 내버려 두기만 하면 곧장 그게 어떤 발전을 하게 될지를 기분 좋게 예감케 해주고 있었다. 집으로 돌아오면, 나는 테이블 위에 놓인 클라우스[76]의 두꺼운 동물학 교재를 보곤 했다. 그 책은 최근에 내가 산 것으로, 사고의 세계보다 한층 더 풍요롭고 덜 우울한 세계의 신비스런 장막을 걷어 올려, 경탄을 금치 못하는 내 눈앞에 펼쳐 보이는 것이었다.

안드레아의 충고에 따라 나는 라 브레빈에서 겨울을 보냈다. 라 브레빈은 프랑스와 스위스 국경 근처, 쥐라 산맥의 가장 얼어붙은 꼭대기에 있는 작은 마을이다. 온도계는 몇 주 동안 계속 영하를 유지하고 있었고, 어떤 밤에는 영하 30도까지 내려간다. 하지만, 추위를 무척 타는 나지만 하루도 추위로 고생한 적은 없었다. 식사를 하러 다니던 주막에서 멀지 않은 농가에 방을 얻을 수 있었다. 그곳은 마을의 끝으로 근처에 가축들 우물이 있어, 아침마다 암소들이 끌려가는 소리가 들렸다. 별도로 난 계단을 따라 올라가면 방이 세 개 나왔다. 나는 가장 넓은 방을 작업실로 만들었다. 거기는 일종의 악보대가(나는 서서 글을 쓰기를 즐겼다) 뇌샤텔에서 가져 온 피아노와 마주하고 있었다. 벽 속에 끼워 넣은 난로가 그 방과 동시에 내 침실도 덥히고 있었다. 나는 잠을 잘 때는 두 발은 난로에 대고, 목까지 털이불을 덮고 머리엔 두건을 쓴 채 잤는데, 창문을 활짝 열어놓고 있었기 때문이다. 한 풍만한 스위스 여자가 집안일을 해주러 왔다. 그녀 이름은 오귀스타였다. 그녀는 자기 약혼자 이야기를 많이 했다. 그런데 어느 날 아침, 그녀가 자기 약혼자 사진을 보여주며 자랑을 하고 있었을 때, 나는 아무

---

76) 칼 클라우스(1835-1899)는 독일 동물학자로, 《동물학 개론》과 《동물학의 요소들》이 프랑스어로 번역되어 있었다.

생각 없이 재미삼아 펜대로 그녀의 목덜미를 간질였는데, 갑자기 그녀가 내 가슴속에 뛰어들어 나는 몹시 당황했다. 무척 힘들게 나는 그녀를 소파 위로 끌고 갔다. 그런데 그녀가 내게 매달리는데다가 내가 그녀의 벌린 두 다리 사이 그녀 젖가슴 위로 쓰러지게 되어, 구역질이 난 나는 갑자기 외쳤다. "사람들 소리가 들려요." 그리곤 깜짝 놀란 척, 마치 요셉처럼[77] 그녀 가슴에서 빠져나와 손을 씻으러 달려갔다.

나는 라 브레빈에 3개월가량 머물렀는데 아무하고도 사귀지 않았다.[78] 내 기분상 침거한 게 아니라, 그 마을 사람들이 세상에서 가장 쌀쌀맞은 사람으로 느껴졌기 때문이었다. 안드레아 박사의 소개장을 갖고 내가 그 마을의 목사와 의사를 방문하긴 했으나, 그들을 다시 보러 갈 생각은 추호도 들지 않게 그들 쪽에서 만들었으며, 처음에 내가 기대했던 것처럼 가난한 사람들과 병자들을 보러 다니는 심방에 그들을 따라갈 생각은 더더욱 들지 않게 만들었다. 루소가 발-트라베르에서 머물렀던 이야기를 하는 그의 《고백록》 부분과 《몽상》의 부분[79]을 제대로 이해하기 위해서는 이 지방에서 살아봐야 한다. 악의와 험담, 증오에 찬 시선들, 조소의 말들, 아니다, 그는 아무것도 꾸며낸 게 아니었다. 나도 그 모든 걸 다 겪었으며, 심지어 떼 지어 다니는 마을 아이들이 외지인에게 던지는 돌팔매질도 당했다. 아르메니아 사람 같은 루소의 이상한 옷차림이 외국인을 싫어하는 성향을 부추겼으리라는 건 충분히 짐작할 수 있다. 다만 루소의 오류와 광기가 시작되는 지점은 이러한 적의에서 음모를 본다는 것이었다.

그처럼 진저리나는 곳이었으나 나는 매일 엄청난 산책을 스스로에

77) 〈창세기〉 39장에 나오는 대목에 대한 암시로, 거기서 요셉은 보디발의 아내가 유혹하는 것을 뿌리치고 밖으로 나간다.
78) 11월 으젠느 루아르가 온 것 이외에 지드를 만나러 온 사람은 한 사람도 없었다. 두 달 머문 뒤 12월 16일 그곳을 떠났다.
79) 루소는 그의 체류에 대해 《고백록》 12부에서, 그리고 《고독한 산책자의 몽상》의 다섯 번째, 일곱 번째 산책에서 더 자세하게 이야기하고 있다.

게 부과했다. 진저리난다고 말해서 내가 잘못한 건가? 아마도. 하지만 나는 스위스를 끔찍이 싫어했다. 아마 높은 고원 지방의 스위스가 아니라, 숲이 우거진 이런 지역의 스위스 말이다. 여기선 전나무들이 일종의 칼뱅주의 같은 침울함과 뻣뻣함을 온 자연 속으로 끌어들이고 있는 것 같았다. 사실 나는 비스크라를 그리워하고 있었다. 평평한 그 넓은 지방과 하얀 외투를 입은 민족에 대한 향수가 이탈리아를 돌아다닐 때도 폴과 나를 계속 따라다녔다. 노래와 춤과 향기에 대한 추억, 그리고 그곳 아이들과 함께 했던, 목가적인 외양 아래 이미 상당한 쾌락의 기운이 은밀히 스며있던 그 매력적인 만남의 추억이. 여기선 내일을 방해하는 게 하나도 없었다. 스위스가 불러일으키던 울분에도 불구하고 나는 《팔뤼드》를 끝낼 때까지[80] 내내 그곳에 눌러 있을 수 있었다. 그 다음 바로 알제리로 돌아간다는 확고한 생각을 갖고.

---

[80) 지드는 《팔뤼드》를 1894년 12월 5일 끝냈다. 11월에 이미 파리로 보낸 1부는 《르뷔 블랑슈》 1895년 1월호에 발표되었으며, 책으로는 5월에 나왔다.

나는 몽펠리에에 있는 샤를르 지드 숙부 댁에서 잠시 머문 다음, 1
월이 되어서야 배를 타게 되었다. [1] 내 의도는 내가 아직 모르고 있던
알제에 정착하는 것이었다. 나는 거기서 벌써 봄을 만날 생각에 들떠
있었다. 하지만 하늘은 어두웠고 비가 내렸다. 차가운 바람이 아틀라
스 산맥 꼭대기부터, 또는 사막 아래서부터 분노와 절망을 몰아대고
있었다. 나는 주피터로부터 배신을 당했다. 나의 실망은 끔찍했다. [2]

---

1) 1894년 12월 16일 파리로 돌아온 지드는, 26일 몽펠리에로 가서 1895
　년 1월 15일까지 머문 다음, 엑상-프로방스와 마르세유를 거쳐 1월 21
　일에 알제로 가는 배를 타게 되었다.

2) 지드는 그가 나중에야 지적하듯이, 사촌누이가 상당 부분 원인이 되었
　던 심란한 마음 상태를 날씨 탓으로 돌리고 있다. 알제에 도착한 그는
　어머니에게, "아무런 호기심도 못 느낍니다. 제가 알제를 묘사하거나
　서정에 사로잡히고 감탄할 것이라곤 기대하지 마세요. 우중충한 회색빛
　하늘 아래, 야비하고 멀건 눈들을 한 추한 것들만 보이는군요"라고 썼
　다. 하지만 그 다음 날, 다른 편지에는 '찬란한' 하늘과 함께, "아, 얼마
　나 멋있는지! 오늘 아침 저는 낡은 가면처럼 권태와 우울의 찌꺼기를
　다 벗어 던졌어요. (…) 정말이지 전 하늘에 따라 좌지우지 되는군요"
　라고 썼다. 비스크라에 도착한 지드는 똑같이 양 극단을 오고가는데,
　이 글에서 지드는 이 초기 체류기간에 대해서는 긍정적인 절반은 전부

알제가 아무리 재미있는 곳이라 해도 그곳은 내가 생각했던 게 아니었다. 유럽 구역이 아닌 곳에 묵을 곳을 찾지 못한 점이 나를 화나게 만들었다. 오늘날이면 나는 더 능숙하고 더 잘 견디기도 할 것이다. 하지만 그 당시 나는 무척 안락하게 지내던 습관과 최근 아팠던 기억으로, 극단적으로 겁을 내고 까다로워져 있었다. 무스타파에는 너무 호화로운 호텔밖에 없었는데, 그렇지 않았더라면 아마 내 마음에 들었을 것이다. 나는 블리다에 가면 좀더 나으리라 생각했다. 지금도 기억나지만 그 당시 나는 피히테의 《학문의 독트린》을 읽고 있었다. 하지만 전념한다는 것 이외 다른 기쁨은 없이, 또 《행복한 삶에 이르는 방법》이나 《학자와 문학자의 운명》 속에서 나를 매료시켰던 것과 같은 건 전혀 찾아보지 못한 채 읽고 있었다. 하지만 나는 나 자신을 그냥 아무렇게나 내버려두는 게 싫어서, 나 자신에게 긴장을 요구하는 거라면 뭐든지 고맙게 여겼다. 그런 다음에는 《꼬마 도리트》, 《어려운 시절》, 《골동품 가게》, 그리고 《돔비와 아들》을 차례차례 다 읽은 다음, 《바나비 러지》[3]를 읽으며 그런 긴장으로부터 휴식을 취하는 것이었다.

배를 타기 전, 나는 어처구니없게도 엠마뉘엘과 어머니에게 둘 다 나를 만나러 오라고 설득하는 편지를 썼다. 나의 제안이 무위로 끝났다는 건 말할 필요도 없다. 그러나 내가 두려워한 것처럼 어머니께서 어깨를 들썩이며 그 제안을 냉담하게 물리치시지 않는 걸 보고 나는 적잖이 놀랐다.[4] 나의 외삼촌이 지난 해, 엠마뉘엘과 내가 같이 지켜

---

삭제한 것처럼 볼 수 있다.

3) 이는 전부 영국 소설가 찰스 디킨스의 소설들이다.

4) 1895년 1월 18일 마르세유에서 지드는 어머니에게 다음과 같이 쓰고 있다. "결국 고백하는 말이지만… 전 기다리고 있어요… 두 사람 다를요!! 그래요! 당신들이 오길 바라는 마음에 사로잡혀 저는 감히 떠날 생각을 못하겠어요. 당신들이 오지 않을까… 저와 같이 떠날 수 있지 않을까 싶어서요." 19일자 편지에서 반복하며 "당신들을 얼마나 기다리는지! 하지

보던 가운데 며칠 동안 고통스런 임종의 시간을 보낸 뒤 돌아가셨기에, 나의 사촌누이들을 그들 이모들, 특히 나의 어머니 이외 다른 보호자 없이 남겨놓게 된 그 죽음은 우리 관계를 더 단단하게 묶어 놓고 있었다. 나는 그 이후, 집안에서는 내 인생이 취하게 될 방향에 대해 많이들 걱정하고 있었다는 걸 알게 되었다. 내가 엠마뉘엘과 결혼하는 문제를 사람들은 부정적인 눈으로만 보지 않기 시작했으며, 어쩌면 그게 내 기질을 단련시키기에 가장 좋은 방법처럼 보이기도 했다. 결국 나의 끈질김에 반응을 보이지 않을 수 없게 되었던 것이다.

"이 결혼이 행복하리라고 볼 수는 없습니다"라고, 나중에 내가 보게 된 편지에서 샤를르 지드 숙부는 어머니에게 쓰고 있었다. "그리고 이 결혼을 강행하는 것은 상당한 책임을 지게 되는 일일 겁니다. 하지만, 결혼이 성사되지 않으면, 아마도 둘 다 분명히(나는 문장을 그대로 옮겨 쓰고 있다) 불행할 것이며, 따라서 확실한 불행과 있을 수도 있는 불행 가운데 선택하는 것밖엔 길이 없습니다."[5] 나로서는 우리 결혼이 이루어질 거라는 확신을 갖고 있었으며, 기다림에 대한 내 인내심은 절대적인 믿음이 되었다. 내가 결혼하고자 한 사람에 대한 내 사랑은 내게 다음과 같은 점을 믿게 했다. 즉 나는 그녀를 필요로 하지 않는다 해도, 그녀가 행복하기 위해선 나를, 특히나 나를 필요로 하고 있다는 점을. 그녀가 자신의 모든 행복을 기대하고 있던 것 또한 바로 내게서 아니던가? 그녀가 나를 거부한 건 단지 자기 여동생들을 저버려서는 안 된다는 생각 때문임을, 그리고 동생들이 결혼한 다음에야

---

만 제발 (…) 마들렌느가 하고 싶은 대로 내버려두세요. 이 여행을 하고 싶은지 본인이 결정하도록요"라고 쓰고 있다. 20일자 답장에서 지드 어머니는 단도직입적이고도 신중하게 다음과 같이 쓴다. "말도 안 되는 그런 계획에 넌 어쩌면 그렇게 흥분할 수 있니? 넌 완전히 정신이 나갔구나! (…) 하지만 네가 말하는 이유도 공감이 가니, 그 계획이 이루어질 수 있게 기회를 잘 '잡고', 게다가 '그렇게 되도록' 내가 신경을 쓰겠다."

5) 1895년 4월 16일자 편지다.

자기가 결혼할 생각이기 때문임을 내게 내비치지 않았던가? 나는 기다렸다. 나의 고집과 나의 확신이 나의 길을, 우리의 길을 가로막는 모든 걸 이겨낼 수 있으리라. 하지만, 사촌누이의 거절을 결정적인 것으로 여기지 않았음에도 불구하고, 그건 내게 지극히 고통스러운 것이었다. 나는 자신을 다잡아야 했다. 사실이지 나의 그 멋진 열광이란 너무나 하늘의 미소에 달려있어 구름이 끼면 금방 수그러들고 마는 것이었다.

블리다는 봄에 다시 찾게 되었을 때는 무척 아담하고 향기가 물씬 풍기는 모습이었으나, 그때는 아무 매력 없이 침울해 보였다.6) 나는 숙소를 찾아 시내를 돌아다녔으나 내게 맞는 것은 하나도 찾지 못했다. 나는 비스크라가 그리웠다. 나는 아무것도 하고 싶은 게 없었다. 희망에 들떠 경이로울 것이라고만 상상했던 그런 곳을 괴로운 심정으로 돌아다녔기에, 내 괴로움은 더더욱 컸다. 겨울이 그곳을 황량하게 만들었으며, 내 마음도 함께 황량하게 했다. 낮게 드리운 하늘은 내 생각들을 짓누르고 있었다. 바람과 비가 내 가슴속의 모든 불길을 꺼버렸다. 나는 글을 쓰고 싶었으나 아무 재능도 없는 것처럼 느껴졌다. 나는 이름도 없는 권태 속을 오랫동안 헤매고 있었다. 하늘에 대한 내 반항 속에는 나 자신에 대한 반항이 섞여 있었다. 나는 자신을 멸시하고 증오했다. 나는 자신을 해치고 싶은 마음도 들었으며, 어떻게 하면 내 마비상태를 극한까지 밀고나갈 수 있을까 궁리하기도 했다. 이렇게 사흘이 지나갔다.7)

나는 다시 떠날 차비를 했다. 그리고 내 가방과 트렁크는 이미 합승

---

6) 블리다에 도착한 지드는 1월 25일 편지에서, 하루 동안에도 실망과 기쁨 사이를 오락가락하는 심정을 그리고 있다. 하지만 《지상의 양식》 제3장에 담으려고 하는 것은 부정적인 측면으로, 이는 정신적 변화와 연결된 의미 있는 대조를 부각시키기 위한 것이었다.

7) 사실상 이 사흘은 지드가 여기서 주장하는 것보다 훨씬 덜 우울한 것이었다.

마차에 실려 있었다. 계산서를 기다리며 호텔 로비에 있던 나 자신이 아직 눈에 선하다. 그때 우연히 내 시선은 투숙객들 이름이 적혀있는 석판 위로 향했고 나는 기계적으로 이름을 읽었다. 가장 먼저 내 이름이 있었고, 그 다음 모르는 사람들의 이름들, 그런데 갑자기 내 가슴이 뛰었다. 명단에 있는 마지막 두 이름이 오스카 와일드와 알프레드 더글러스 경이었던 것이다.

내가 이미 다른 데서 이야기한 바 있듯이, 내가 처음 취한 행동은 곧바로 지우개를 집어 내 이름을 지우는 것이었다.[8] 그러고 나서 나는 계산서를 지불하고 호텔을 떠나 역을 향해 걸어갔다.

무엇이 내 이름을 그렇게 지우게 했는지 지금으로선 잘 모르겠다. 처음 쓴 글에서 나는 그게 어리석은 수치심이라 내세웠다. 무엇보다 그저 비사교적인 내 기분에 끌려 그랬을 것이다.[9] 내가 그 당시 겪고 있던 것과 유사한, 그리고 내가 너무나 잘 알고 있을 뿐인 그런 침체기의 위기를 겪을 때면, 나는 나 자신을 수치스러워하며 나를 비난하고 부인하며, 마치 상처 입은 개처럼 담벼락을 따라 몸을 숨기며 가버리는 것이다. 하지만, 역을 향해 길을 계속 걸어가면서 나는 속으로 곰곰이 생각했다. 아마도 와일드가 내 이름을 이미 봤을 수도 있고, 내가 한 행동은 비겁하며, 또… 그래서 한마디로, 나는 트렁크와 가방

---

8) 지드는 이 이야기를 1902년 《레르미타주》지에 발표한 오스카 와일드 (Oscar Wilde, 1854-1900)를 기리는 글에서 이미 썼다. 1월 28일 어머니에게 보낸 편지에는 내용을 약간 달리 썼다. "지나가면서 투숙객 명단에서 제가 어떤 이름을 보았을까요? 오스카 와일드였어요!! 아마 그는 내 이름을 봤을 겁니다. 그와 인사도 하지 않고 떠나면 그를 피한다는 의심을 지울 수 없겠지요… 그는 외출 중이었어요. 그래서 기차를 놓치고 남아서 그를 기다렸습니다."

9) 사실 지드는 자기 '변명들'의 순서만 뒤집었다. 1902년에는 다음과 같이 썼다. "이미 말했듯이 나는 당시 고독을 갈구하고 있었다. 그래서 나는 지우개를 집어 내 이름을 지웠다. 역에 도착하기도 전, 나는 내 행동에 다소 비겁함이 들어있지 않나 생각했다."

을 다시 싣게 한 다음 호텔로 돌아왔다.

나는 과거 파리에서 와일드와 여러 번 만났었다. 그리고 피렌체에서
도 만난 적이 있었다. 10) 이 이야기는 이미 상세하게 한 바 있으며, 다
음에 나올 이야기도 마찬가지이다. 하지만 그때 자세히 이야기하지 못
한 세부사항들을 여기서 말하고자 한다. 11) 알프레드 더글러스 경의

---

10) 지드는 1891년 11월 와일드를 처음 만나 12월 내내 열심히 그를 만났
다. 피렌체에서 만난 것은 1894년 5월이었다. 지드는 그 사실을 발레리
와 어머니에게 전한다. "내가 여기서 누굴 만났는지 압니까? 오스카 와
일드예요!! 그는 늙었고 보기 흉하더군요. 하지만 여전히 대단한 이야
기꾼입니다. (…) 그는 여기 하루만 머물렀어요."《레르미타쥬》의 글에
는 언급만 되었던 그 만남에 대한 이야기가 《지상의 양식》 제 4장에 나
온다. 즉 피렌체에서 메날크가 자신의 쾌락주의적 복음서를 부르짖는
장면이다.

11) 오스카 와일드의 절친한 친구이자 유언집행자인 로버트 로스는 1910년
3월 21일 내게 다음과 같은 편지를 보내왔다. "저는 귀하께서 귀하의 훌
륭한 글 〈오스카 와일드의 추억〉을 다시 게재한 것에 대해 무척 기쁘게
생각합니다. 그 글이 《레르미타주》에 발표된 이후, 저는 그 글이 오스
카 와일드의 생애를 각 단계마다 가장 훌륭히 결산하고 있는 보고서일
뿐만 아니라, 특히 제가 읽어본 것 가운데 가장 정확하고 충실한 그의
모습을 그린 것이라고 많은 친구들에게 말했습니다. 따라서 저는 제가
다른 사람들에게 종종 말했던 것을 귀하께 되풀이할 뿐입니다. 아마도
언젠가 저는 오스카 와일드가 제게 보낸 편지들을 출판하게 될 것입니
다. 그럴 리는 없겠지만, 귀하께서 그토록 생생하게 묘사한 사실들이
정확한지 조금이라도 의심을 품는 사람이 있을 경우, 그 편지들은 귀하
께서 이야기한 것을 전부 확인해 줄 것입니다. 알프레드 더글러스가 한
거짓말을 반박하기 위해서 아마도 언제가 그렇게 해야 할 것입니다. 귀
하께서도 분명 들으셨겠지만, 최근의 명예훼손 재판에서 더글러스 경은
증인대에 서서 선서한 다음, 자신은 오스카 와일드의 죄에 대해 전혀
모르고 있었노라며, 자신은 '유일하게 품행방정한 오스카 와일드의 친
구'로 남아 있었다고 주장했다는 것입니다. 오스카 와일드가 감옥에 간
후나 그 전이나, 알프레드 더글러스야말로 와일드가 파멸하게 된 원인

파렴치한 책, 《오스카 와일드와 나》[12]는 너무나 뻔뻔스럽게 진실을 왜곡했기 때문에, 내가 오늘날 거기에 대해 점잖게 침묵을 지킬 수는 없다. 그리고 내 운명이 나의 길과 그의 길이 그곳에서 서로 교차하도록 했기에, 여기서 내 증언을 진술하는 걸 나의 의무로 삼는다.

와일드는 그때까지 아주 신중한 태도를 갖고 나를 대했다. 나는 그의 풍속에 대해서는 소문으로 들은 것 외에는 아무것도 모르고 있었다. 하지만 파리에서 우리 둘 다 교류하던 문학계에서는 많이 수근거리기 시작했다. 사실이지 사람들은 와일드를 그다지 진지하게 여기지 않았다. 그래서 서서히 드러나기 시작하던 실제 그의 모습도 또 하나의 연극인 것처럼 보였다. 사람들은 다소 눈살을 찌푸리긴 했으나, 무

---

이라는 걸 귀하께서는 잘 알고 계십니다. 제가 예전에 알프레드 더글러스에 대해 갖고 있던 우정과 존경 때문에, 저는 그게 사실이 아니라고 주장할 수 있길 바랐습니다. 그리고 그 이후 우리가 서로 개인적으로 언쟁하고 대립하긴 했으나, 그것 때문에 그가 다른 사람 눈에 비치고 싶어 하는 그런 고귀한 친구라는 평판을 세상 사람들이 믿게 내버려두자는 제 결심이 흔들리지는 않았을 겁니다. 하지만 그가 사회와 풍속에 대한 개혁자를 자처하며 감히 오스카 와일드의 '죄악'을, 그 스스로 그 죄악의 대부분에 가담했을 뿐 아니라 모든 자기 친구들을 배신한 마당에, 오스카 와일드의 '죄악'을 운운하고 있으므로, 저로선 더 이상 입을 다물고 있을 하등의 이유가 없습니다… 로버트 로스 올림"(원주).

더글러스 경이 재판에서 와일드의 동성애적 사실을 몰랐노라 주장했던 일로 로버트 로스가 지드에게 이 편지를 쓴 것으로, 이 원주는 1924년 판본부터 첨부되었다.

12) 알프레드 더글러스 경(Alfred Douglas, 1870-1945)은 T. W. 크로슬랜드와 공저로 1914년 런던에서 나온 《오스카 와일드와 나의 인생》을 썼다. 이 책은 1917년 프랑스어로 번역되었다. 더글러스는 와일드의 동성애에 대해 전혀 몰랐다고 주장했다. 지드는 이 책을 1918년 읽고 그의 위선을 고발하고자 결심했다. 지드는 처음에는 더글러스와 무척 다정한 관계를 유지했으나, 와일드가 죽은 다음 관계는 악화되었으며, 《한 알의 밀알이 죽지 않으면》이 출판되면서 그와 결별했다.

엇보다 그를 놀리고 비웃어대는 정도였다. 프랑스인들은, 나는 대부분의 프랑스인들을 말한다, 자신들이 전혀 느끼지 못하는 감정일 경우 진정한 것으로 받아들일 줄 모르는 그 점이 나는 정말 놀랍다. 그런데 피에르 루이는 지난 여름 며칠을 런던에서 보내고 왔었다.[13] 나는 내가 파리에 돌아온 즉시 그를 만났었다. 루이의 성적 취향은 다른 것이었으나, 그는 약간 변해 있었다.

"그건 우리가 여기서 생각하는 것과 전혀 달라. 그 젊은이들은 지극히 매력적인 인물이더군." 그가 내게 말했다(그가 말하는 건 와일드와 그 주변 친구들을 말하는 것으로, 그들과 어울리는 건 조만간 무척 수상쩍게 여겨졌다). "그들의 태도가 얼마나 우아한지 너는 상상도 못 할 거야. 어떤 건지 예를 하나 들어주지. 내가 그들과 처음으로 자리를 함께 했던 날, 내가 막 소개를 받은 X가 내게 담배를 한 대 권하는 거야. 하지만 우리가 하듯 그저 담배 한 대 내미는 게 아니라, 스스로 담뱃불을 붙이더니 첫 모금을 한 번 내뿜은 다음에야 내게 내미는 거야. 멋있지 않니? 모든 게 이런 식이야. 그들은 모든 걸 시적인 것으로 감쌀 줄 알아. 그들이 내게 해준 이야기로는 며칠 전 자기네들 가운데 두 사람을 결혼시키기로 결정했다는 거야. 반지도 교환하는 진짜 결혼 말이야. 그래, 너한테 말하지만 우린 상상도 못하는 거지. 그게 어떤 건지 우린 전혀 몰라."

그렇긴 했으나 얼마 지나고 나서, 와일드의 평판에 구름이 잔뜩 끼게 되었을 때, 그는 진상을 분명히 알고 싶다는 심정을 밝히고는 와일드가 온천 요법을 받고 있던 곳으로 떠났는데, 아마 바덴이었을 것이다. 와일드에게 해명을 듣고 싶다는 구실이었으나 그와 절교할 생각을 갖고 있었고, 사실 돌아왔을 때는 절교한 다음이었다.

그는 와일드와 나눈 대화를 내게 이야기해줬다.

---

13) 피에르 루이가 런던에서 와일드를 만난 것은 1892년 여름이었을 것이다. 따라서 지드가 루이를 다시 만난 것은 지드가 브르타뉴 여행에서 돌아온 다음일 것이다.

"자네는 내게 친구가 있으리라 생각한 모양인데, 내겐 애인들밖엔 없다네. 잘 가게." 와일드가 그렇게 말한 모양이었다. [14]

사실이지 나로 하여금 석판 위의 내 이름을 지우게 했던 감정 속에는 수치심이 들어 있었다고 생각한다. 와일드와 교제하는 건 위태로운 일이 되었으며, 그와 다시 마주치게 됐을 때 나는 그리 자랑스럽지 않았다.

와일드는 엄청나게 변해 있었다. 모습뿐만 아니라 태도도 그랬다. 그는 신중하던 태도를 완전히 떨쳐버리기로 작심한 듯 보였다. 더글러스 경과 동행한 게 그를 더 그렇게 밀어붙였던 것 같다.

나는 더글러스를 전혀 알지 못했다. 하지만 와일드는 곧바로 그에 대해 이야기하기 시작했고 엄청난 찬사를 해댔다. 그는 더글러스를 '보오지'[15]라 불렀다. 그래서 나는 처음에는 그가 누구 칭찬을 하는지 알 수가 없었다. 더군다나 보오지에 대해 아름다운 외모만 칭찬하는 것처럼 가장했기에 더더욱 그랬다.

"조만간 보게 되겠지만 그보다 더 매력적이고 아름다운 존재를 꿈꿀 수 있을지 한번 말해보게나. 난 그를 사랑하네. 그래, 진심으로 사랑해." 그는 되풀이했다.

와일드는 가장 진실한 감정들도 짐짓 가장해 보이는 겉모습 속에 감추곤 해서, 그런 태도 때문에 그를 불쾌하게 여기던 사람이 한둘이 아

---

14) 1893년 4월이나 5월경 있었을 루이와 와일드 사이의 불화는 사실상 와일드의 자존심이 상한 것에서 부터 생겨난 것 같다. 와일드가 루이에게 애정에 넘친 헌사를 써서 자신의 《살로메》를 바쳤을 때, 루이는 이를 대수롭지 않게 받아들였다. 그 이후 루이는 그의 형의 압력으로, 점점 더 동성애적 성향을 드러내던 와일드와 거리를 두고자 했다. 루이가 옮긴 와일드의 말은 좀더 뒤 지드가 보여주듯 오해의 여지가 있다.

15) 알프레드 더글러스 경은 어린 시절부터 자기 어머니로부터 '보이지'(Boysie)라는 별명으로 불렸다. 그게 '보오지'(Bosie)로 변해 그의 별명이 되는데, 와일드는 그를 '보오지'(Bosy)라 불렀다.

니었다. 그런데 그는 연기를 그만둘 생각도 없었고 아마 그럴 수도 없
었을 것이다. 그가 연기한 것은 바로 자기 자신이라는 인물이었다. 그
칠 줄 모르는 악마가 그에게 불어넣고 있던 그 역할 자체는 진정한 것
이었다.

"자네 뭘 읽고 있나?" 내 책을 가리키며 그가 물었다.

나는 와일드가 디킨스를 전혀 좋아하지 않는다는 사실을, 적어도 그
를 좋아하지 않는 척 한다는 걸 알고 있었다. 당시 나는 반항심을 잔
뜩 느끼고 있었기 때문에, 유쾌한 기분으로 《바나비 러지》16)의 번역
본을 내밀었다(그 당시 나는 영어는 한마디도 못했다). 와일드는 야릇하
게 이마를 찌푸리고는, "디킨스를 읽어서는 안 된다"고 주장하기 시작
했다. 그러나 내가 디킨스에 대해 지극히 열렬한 찬사를 ─ 게다가 내
가 간직한 그 찬사는 전적으로 진정한 것이었다 ─ 늘어놓으며 즐거워
했을 때에는, 그도 단념한 듯, '숭고한 보즈(Booz)'17)에 대해 열변을
토하기 시작했는데, 그 말에는 겉으로 보이는 비난 속에 그를 상당히
높이 평가하는 게 선명히 드러나 있었다. 하지만 와일드는 자신이 예
술가임을 결코 잊지 않았으며, 디킨스가 인간적 차원에 머물렀음을 용
서하지 않았다.

그날 저녁 시내를 돌아다니며 우리를 안내했던 상스럽게 생긴 소개
꾼에게, 와일드는 젊은 아랍소년들을 만나고 싶다는 기대를 표하는 것
으로 그치지 않고, '청동상처럼 아름다운'이라 덧붙였다. 그의 말이 우
스꽝스럽지 않도록 구해준 건 단지 그 말에 들어있는 일종의 서정적

---

16) 지드는 알제에 도착했을 때 이 책을 읽기 시작했다. 1월 25일, 지드는
　　 "《바나비 러지》가 권태에서 날 구해줬어요. 정말이지 제 도피처였어요"
　　 라고 어머니에게 쓰고 있다.
17) '보즈'(Boz)의 오자로, 지드가 초판 때 수정했음에도 여전히 오자로 남
　　 아 있어, 지드가 한 암시를 이해하지 못하게 만들고 있다. '보즈'(Boz)
　　 는 디킨스가 《보즈의 스케치》라는 초기 연재 작품들을 출판할 때 사용
　　 했던 필명이다.

경쾌함, 그가 즐겨 간직하고자 한 가벼운 영국식, 아니면 아일랜드식 억양뿐이었다. 알프레드 경의 경우, 나는 저녁식사가 끝난 다음에야 그가 나타나는 걸 본 것 같다. 내가 기억하는 한, 와일드와 그는 식사를 자기네 방에서 했던 것 같다. 아마 와일드는 나한테 같이 식사하자고 청했던 것 같고, 나는 아마 거절했던 것 같다. 왜냐하면 그 당시 나는 무슨 초대를 받건 우선 뒷걸음부터 치곤했으므로… 하지만 확실한 건 모르겠다. 나는 기억이 나지 않는 텅 빈 방을 억지로 메우지 않겠노라 나 자신에게 다짐한 바 있다. 하지만 저녁식사가 끝난 뒤 그들과 함께 외출하기로 했다. 내가 그걸 선명히 기억하고 있는 건, 우리가 길에 나서자마자 알프레드 경이 다정하게 내 팔을 잡고 다음과 같이 선언했기 때문이다.

"이 안내인들은 다 멍청해요. 아무리 설명해줘도 언제나 여자들만 가득한 카페로 데려간다니까요. 노형도 저와 같기를 바라는데, 전 여자들은 끔찍해요. 남자애들만 좋아하죠. 노형한테도 바로 말을 해놓는 게 좋은 게, 이렇게 오늘 저녁 우리랑 같이 나가게 되었으니까요…"

나는 그런 뻔뻔스런 선언이 내게 불러일으킨 놀라움을 최대한 감추곤 아무 말도 하지 않고 따라갔다. 나는 보오지가 와일드가 보는 것만큼 그렇게 아름답다고 여기지는 않았다. 하지만 버릇없는 어린애처럼 포악하게 구는 그의 태도에도 우아함이 가득 들어있어, 나는 와일드가 끊임없이 그에게 져주고 그가 하는 대로 끌려가는 게 금방 당연해 보이기 시작했다.

안내인은 우리를 한 카페로 데리고 갔다. 수상쩍긴 하나, 우리 동행인들이 찾는 건 하나도 제공해주지 못하는 곳이었다. 우리가 자리에 앉고 얼마 되지 않아, 홀 안쪽에서 스페인 사람들과 아랍 사람들 사이에 난투극이 벌어졌다. 스페인 사람들이 즉시 칼을 꺼내들었고 점차 패싸움으로 번져갈 조짐이었으므로 제각기 편을 들거나 싸우는 사람들을 떼어놓으려고 야단법석이어서, 우리는 피를 본 순간 자리를 뜨는 게 현명하리라 생각했다. 전반적으로 상당히 침울했던 그날 저녁에 대해 이야기할 거리는 전혀 없다. 그 다음 날, 나는 알제로 다시 갔고, 와일드는 단지 며칠 뒤 그곳으로 와 나와 합류했다.[18)]

화가가 위대한 인물들의 초상화를 그리는 데는, 자기 모델의 장점을 포착하려고 고심하는 어떤 방식이 있는 것 같다. 나는 그처럼 너무 환심을 사고자 하는 그림은 그리고 싶지 않다. 하지만 와일드가 보여준 겉으로 드러난 모든 결점에도 불구하고, 나는 그의 위대함에 특히 마음이 끌린다. 끊임없이 자신의 재치를 과시하고자 하는 욕구에 이끌려 늘어놓는 수많은 그의 패러독스보다 더 짜증나는 건 아마도 없을 게다. 하지만, 그가 벽포를 앞에 놓고 "이걸로 내 조끼를 만들고 싶다"거나, 조끼 천을 앞에 놓고 "이걸로 내 살롱 벽을 도배하고 싶다"라고 외치는 소리를 듣고, 몇몇 사람들은 그런 기교적인 말의 가면 아래 모든 진실과 지혜, 그리고 더 미묘하게도 그의 속내 이야기가 숨어 있다는 걸 느끼지 못했다. 하지만 앞서도 말했듯이, 이제 와일드는 나와 함께 있을 때는 가면을 벗어버렸다. 그리하여 마침내 나는 그의 본 모습을 보게 되었다. 더 이상 가장할 필요가 없다는 것, 그리고 다른 사람들이라면 그를 부인하게 만들었을 것도 내겐 전혀 문제되지 않는다는 걸 아마도 그가 깨달았기 때문일 것이다. 더글러스도 그와 함께 알제로 돌아왔다. 하지만 와일드는 그를 피하려고 애쓰는 것 같았다.[19)]

---

18) 1월 30일자 편지에서 지드는 어머니에게 와일드를 다시 만난 걸 우연한 일처럼 말했다. "블리다에 머물고 있던 그 성가신 와일드 때문에 내가 그곳을 도망치듯 떠났다는 이야기는 했던가요? 그런데 그를 여기서 다시 만나는군요."

19) 알제 체류 일정에 대해서 명확히 할 필요가 있다. 지드는 사흘 동안 있었던 이야기를 시간상 늘이려고 하고, 또 몇몇 요소를 변경하고자 궁리하는 것 같다. 1월 27일 블리다에서 와일드와 더글러스를 만난 다음, 지드는 28일 알제에 도착했다. 그리고 '더글러스는 블리다에 하루 더 남아 있어서' 혼자 알제로 온 와일드와 지드가 다시 만나게 되었다. 더글러스는 29일 그들과 합류하였을 것이다. 와일드는 31일 아침 알제를 떠

내가 특별히 기억하는 건 어느 날 저녁 무렵, 그와 함께 한 술집에서 같이 보냈던 일이다. 내가 그를 봤을 때 그는 세리주를 한 잔 앞에 놓고 앉아 있었고, 팔꿈치를 괴고 있던 테이블에는 종이가 잔뜩 놓여 있었다.

"미안하오, 내가 방금 받은 편지들이라오." 그가 말했다.

그는 새로운 봉투들을 차례차례 열고는 빠른 시선으로 내용을 한번 쭉 훑으면서 웃음을 짓기도 하고, 고개를 뒤로 젖히고 껄껄 웃기도 했다.

"사랑스러워! 아! 너무나 사랑스러워!" 그리곤 나를 향해 눈을 들고는 "런던에 있는 한 친구가 나한테 오는 편지들을 다 받아주고 있소. 일에 관한 편지나 청구서 등, 지루한 편지는 다 자기가 처리하고, 여기 나한테는 진지한 편지들만 보내온답니다. 연애편지들요… 아! 이 편지는 어떤 젊은… 뭐라고 하나요?… 곡예사? 그래요, 곡예사의 편지인데 너무나 감미롭군요"(그는 감미롭다는 말의 둘째 음절에 강한 악센트를 주어 말했는데, 그 목소리가 아직 들리는 것 같다).

그는 고개를 뒤로 젖히고 웃어댔고, 그러는 자기 자신을 더 재미있어하는 것 같았다.

"그가 나한테 편지를 쓴 건 처음이오. 그런데 아직 철자법도 제대로 모르고 있어요. 자네가 영어를 모른다니 얼마나 유감인지! 그렇지 않으면 자네도…"

그는 계속 웃어대며 농담을 했다. 그때 갑자기 더글러스가 모피 코트를 뒤집어쓰고, 목덜미를 세워 눈과 코만 내놓은 채 홀 안으로 들어왔다. 그는 나를 알아보지 못한 듯, 내 옆을 지나 와일드 앞에 버티고 섰다. 그리곤 멸시하듯 증오에 가득 찬 날카로운 목소리로, 나는 한마

---

나 런던으로 돌아갔다. 따라서 동성애로의 입문이 있었던 건 30일 저녁이었을 것이다. 이렇게 지드와 와일드는 단지 사흘을 알제에서 함께 보냈던 것이다.

디도 못 알아들은 말을 단숨에 내뱉었다. 그리곤 갑자기 발꿈치를 돌려 나가버렸다. 와일드는 아무 대답 없이 소나기처럼 퍼붓는 말을 가만히 듣고 있었다. 하지만 그의 얼굴은 몹시 창백해졌고, 보오지가 나가고 난 다음 우리는 잠시 둘 다 아무 말 없이 있었다.

"언제나 저렇게 야단을 해요." 마침내 그가 말했다. "끔찍하지. 그렇지 않소? 런던에서 우리는 한동안 사보이 호텔에서 지냈소. 거기서 식사도 하고 또 테임즈 강이 내다보이는 멋진 조그만 아파트도 그 안에 하나 있었지. 자네도 알다시피 사보이 호텔은 런던의 최상류층이 드나드는 무척 화려한 호텔이오. 우리는 돈을 물 쓰듯 했고, 모든 사람들이 우리에 대해 분노하고 있었소. 그 이유는 우리가 무척 재미있게 논다고들 여겼는데, 런던은 재미있게 노는 사람들을 증오하기 때문이오. 하지만 내가 이 이야기를 하는 이유는 다음 이야기 때문이오. 우리는 호텔 레스토랑에서 식사를 하곤 했소. 커다란 홀로, 내가 아는 사람들도 많이 오곤 했지요. 하지만 나는 모르지만 날 아는 사람들이 훨씬 더 많았소. 그 당시 상당히 성공을 거둔 내 연극이 공연되고 있었고, 모든 신문마다 나에 대한 기사와 사진들이 나왔으니까 말이오. 그래서, 나는 보오지와 조용히 식사를 하려고 식당 안쪽에, 입구에서는 멀지만 호텔 안쪽으로 통하는 작은 문이 있는 옆에다 자리를 잡았소. 그런데, 나를 기다리고 있던 그가 내가 그 작은 문으로 들어오는 걸 보고선 야단을 한 거요. 아! 끔찍하고 무시무시한 소동이었소. '나는 당신이 작은 문으로 들어오는 걸 원치도 않고 참지도 못해요. 난 당신이 나와 함께 큰 문으로 들어오는 걸 원해요. 식당에 있는 모든 사람들이 다 우리가 지나가는 걸 보고, '오스카 와일드와 그의 애인이군'이라 말하길 원한다구요'라는 거였소. 아! 정말 끔찍하지 않소?"

하지만 그의 이야기 전부에서, 이 마지막 말 자체에서도, 더글러스에 대한 그의 감탄이, 그리고 그가 휘두르는 대로 자신을 내맡기는 뭔지 알 수 없는 달콤한 기쁨이 넘쳐흐르고 있었다. 게다가 더글러스의 성격이 와일드의 성격보다 훨씬 더 세고 두드러져 보였다. 그랬다. 진정 더글라스가 (이 말이 가진 최악의 의미에서도) 더 '개성적'이었다. 일종의 숙명이 그를 이끌고 있어서, 때로 그에겐 아무 책임이 없다고도 할 수 있었으리라. 그 스스로 자기 자신에게 전혀 저항하지 않기 때문에, 그는 사물이든 사람이든 그에게 저항하는 걸 받아들이지 못했다. 사실이지 보오지는 엄청나게 내 관심을 끌었다.[20] 하지만 '끔찍한' 것으로 말하면 그는 확실히 그랬다. 나는 와일드의 인생역정에 있어서, 참담했던 부분의 책임을 져야 할 사람은 바로 그라고 생각한다. 그에 비하면 와일드는 부드럽고 우유부단하고 의지도 약해 보였다. 더글러스에겐 어린 아이로 하여금 자신의 가장 예쁜 장난감을 부서버리게 만드는 그런 사악한 본능이 깃들어 있었다. 그는 어떤 것에도 만족하지 못하고 더 멀리 가려는 욕구를 느끼는 것이었다. 다음 이야기로 그의 냉소를 가늠할 수 있을 것이다. 언젠가 내가 그에게 와일드의 두 아들에 대해 물었을 때, 그는 당시 아직 무척 어렸던 시릴(? 아마도)의 아름다움을 강조한 다음, 만족스런 미소를 지으며 속삭였다. "그 아인 내거지." 거기다 지극히 드문 시적 재능도 덧붙여야 할 것이다. 그 재능은 그의 목소리의 음악적 어조와 그의 몸짓에, 그의 시선에, 그리고 그의 얼굴 모습 속에서도 느껴졌는데, 그의 얼굴에는 생리학자들이 말하는 '강한 유전적 특성' 또한 느껴졌다.

더글러스는 그 다음 날, 아니면 그 다음다음 날, 블리다로 다시 떠났다. 거기서 한 젊은 '카우아지'[21] 소년을 빼돌리려고 힘을 쓰고 있었다. 그를 비스크라로 데려갈 작정이었다. 그건 내가 오아시스 지방에 대해 묘사하는 걸 듣고 매료되었기 때문으로, 나 역시 그곳으로 돌아

---

[20] 어머니에게 보낸 한 편지에서 지드는 다음과 같이 쓰고 있다. "(…) 내가 무척 선명히 보기 시작한 이 젊은 귀족, 왕의 후손이요 미래의 후작으로, 추악함에 대한 병적인 갈증에 사로잡혀 시들고 파멸해버린 인물, 오욕을 찾아다니며 결국 그 오욕을 뒤집어쓴 인물, 하지만 그 모든 것에도 불구하고 뭔가 모호한 기품을 간직한 이 스물다섯의 스코틀랜드인…"

[21] 아랍 카페에서 커피(카우아 *caoua*)를 만들어 갖다 주는 소년을 말한다.

가리라 작정하고 있었다. 22) 하지만 아랍소년을 데려가는 건 그가 처
음 생각했던 것만큼 쉬운 일은 아니었다. 부모의 동의를 얻어야 했으
며 아랍 관청과 경찰서에 가서 서류에 사인을 해야 했다. 그를 블리다
에 며칠씩이나 붙잡아놓을 만큼 일들이 많았다. 그동안 와일드는 좀더
자유로움을 느끼며 그때까지보다 더 내밀한 이야기를 내게 할 수 있었
다. 우리가 나눈 대화 가운데 가장 중요한 이야기는 이미 한 적이 있
다. 그의 과도한 자신감과 쉰 듯한 웃음소리, 광적인 그의 기쁨도 이
미 그려보였고, 그런 과도함 속에 이따금씩 점점 커져가는 어떤 불안
감이 드러나고 있는지도 이야기했다. 그의 친구 가운데 몇몇은, 그 당
시 와일드는 며칠 뒤 그가 돌아간 런던에서 무엇이 그를 기다리고 있
는지 전혀 모르고 있었다고 주장했다. 그들은 재판이 치명적으로 돌아
가기 전까지 와일드는, 그들에 따르면, 흔들리지 않는 확신을 가지고
있었노라 말하고 있다. 그들의 의견과는 반대로 내가 서슴지 않고 내
세운 이야기는, 내 개인적 인상이 아니라 와일드가 직접 한 말로, 나
는 오직 정확하고자 하는 일념으로 그걸 옮겨 적었던 것이다. 그 말은
어떤 혼돈스런 공포를, 그가 두려워한 동시에 거의 바라기도 했던, 자
신도 뭔지 모르는 어떤 비극에 대한 예감을 증거하고 있다.

"나는 내 방향을 따라 할 수 있는 만큼 멀리 왔소. 더 이상 갈 수는
없소. 이제 '뭔가가' 일어나야지"라고 내게 되풀이했다.

와일드는 자신이 언제나 특별한 애정을 보여주었던 피에르 루이가
자신을 저버린 것에 무척 상처받은 모습을 보였다. 그는 나더러 루이
를 다시 만났는지 묻고는, 루이가 그들의 결별에 대해 내게 뭐라고 말
했는지 알고 싶어 했다. 나는 그 내용을 넌지시 일러주고는, 내가 위
에서 옮겨 적었던 그 말을 다시 했다.

---

22) 1월 28일자 어머니에게 보낸 편지에서 지드는 쓰고 있다. "더글러스 경
이 비스크라로 돌아올 겁니다. 나는 그를 좀더 제대로 볼 수 있기를,
그리고 그 광기어린 타락 속에 있는 게 뭔가 진정한 건지 아니면 가장된
허세인지 이해할 수 있기를 기대합니다."

"그가 자네한테 그렇게 말했다는 게 사실인가?" 와일드가 외쳤다. "자네가 잘못 전하는 건 아닌가? 확실해?" 그 말을 듣고 나도 무척 슬펐노라고 덧붙이며 그 말이 맞노라 확인해주었을 때, 그는 잠시 동안 아무 말 없이 있다가 말했다.

"자네도 깨달았겠지만, 가장 가증스러운 거짓말이란 진실에 가장 가까운 것들이야, 안 그런가? 하지만 분명 루이는 거짓말하려고 한 건 아니야. 거짓말한다고는 생각지도 않았겠지. 단지 내가 그날 한 말을 전혀 이해 못 한 거야. 아니, 난 그가 거짓말했다고는 보지 않아. 다만 잘못 받아들인 거지. 내 말의 의미를 완전히 잘못 받아들인 거야. 내가 그에게 뭐라고 했는지 자네 알고 싶나? 우리가 함께 있던 호텔 방에서, 그는 나한테 끔찍한 이야기를 해대며 날 비난하기 시작했지. 난 내 행동에 대해 그에게 아무런 해명도 하고 싶지 않았거든. 그러고 나서 난 그에게 말했지. 내가 보기에 날 평가할 권리는 그에게 없는 것 같다고, 하지만 그가 원한다면 나에 관한 소문은 뭐든 다 믿으라고, 그 모든 게 나완 무관하다고 말일세. 그때 루이가 말하더군. 그렇다면 나와 헤어지는 수밖에 다른 방도가 없다고. 그래서 나는 그를 슬프게 바라보았지. 왜냐하면 난 피에르 루이를 몹시 좋아했거든. 바로 그 때문에, 오직 그 때문에, 그의 비난이 그토록 괴로웠던 거네. 하지만 우리 사이에는 모든 게 끝났다고 느꼈기 때문에 내가 말했지. '잘 가게, 피에르 루이. 난 친구를 원했네. 하지만 더 이상 애인밖에 없겠군'이라고. 그 말을 듣고 그가 떠난 거야. 그런데 나는 더 이상 그를 보고 싶지 않네."

바로 그날 저녁, 그는 내게 설명해주었다. 자기 삶에는 자기가 가진 천재성을 전부 넣었으나, 자기 작품에는 단지 자기 재능만 넣었다고. 나는 다른 지면에서 이 의미심장한 구절을 썼는데, 그 구절은 그 이후 무척 자주 인용되었다. 23)

---

23) 어머니에게 보낸 1월 30일자 편지에 이미 쓴 바 있는 이 구절은 오스카

더글러스가 블리다로 떠난 직후인 또 다른 날 저녁, 와일드는 음악을 연주하는 모르인 카페에 자기와 같이 가지 않겠느냐고 물었다. 나는 좋다고 하고 저녁식사 후 그의 호텔로 와일드를 만나러 갔다. 카페는 그리 멀지 않았으나 와일드가 걷는 걸 힘들어 했으므로, 우리는 마차를 타고 감베타 대로의 네 번째 축대와 이어지는 몽팡시에 거리에서 내렸다. 와일드는 마부에게 우리를 기다려달라고 부탁했다. 마부 옆에는 안내인이 타고 있어서, 그가 마차는 갈 수 없는 미로 속을 지나 앞서 말한 그 카페가 있는 비탈진 골목길까지 우리를 안내했다. 그 골목길은 대로에서 올라오는 계단 꼭대기와 같은 높이에 있는 오른쪽 첫 번째 길로, 그걸로 얼마나 비탈진 길인지 상상해볼 수 있을 것이다. 걸어가면서 와일드는 나지막한 목소리로 안내인에 대한 자기 이론을 펼쳐보였다. 즉 모든 안내인 가운데서 가장 못생긴 자를 고르는 게 중요하며, 그가 언제나 가장 낫다는 것이었다. 블리다의 안내인이 흥미로운 건 하나도 보여주지 못한 건 그 스스로 그리 추하다고 느끼지 않기 때문이라는 것이었다. 그런데 그날 저녁 우리 안내인은 겁날 정도로 추했다.

그 카페에는 특별한 게 하나도 없었다. 입구는 다른 카페 입구나 똑같았다. 살짝 열려 있어 문을 두드릴 필요도 없었다. 와일드는 그곳의 단골이었다. 나는 그곳을 《아민타스》[24]에서 묘사했는데, 그 뒤로 종종 다시 갔기 때문이었다. 몇몇 늙은 아랍인들이 거기 돗자리위에 웅크리고 앉아 키에프[25]를 피우고 있었다. 그들은 우리가 그들 옆에 가 앉았을 때도 전혀 개의치 않았다. 나는 처음에는 이 카페에서 도대체 뭐가 와일드의 호감을 살 수 있었나 의아해했다. 조만간 나는 어둠 속에서, 재로 가득 찬 난로 근처, 아직 상당히 젊은 '카우아지'를 알아

와일드를 기리는 1902년 글에 주석으로 그대로 나와 있다.
24) 《아민타스》에서 실제로 이 카페가 언급되었으나, 어떤 성향의 쾌락을 추구하는 장소인지는 명시되지 않았다.
25) 북아프리카 등지에서 피우는 잎담배와 인도 대마 잎을 섞은 담배.

보았다. 그는 우리를 위해 박하차를 준비해줬는데, 와일드는 커피보다 박하차를 더 좋아했다. 그 곳의 혼미한 분위기 때문에 내가 반쯤 졸고 있었을 때, 문이 살짝 열린 틈 사이로 아름다운 소년이 나타났다. 그는 어둠을 배경으로 실루엣을 드러낸 채, 팔꿈치를 높이 들고 문지방에 기대어 서서 잠시 가만히 있었다. 그는 들어와야 하는지 망설이는 것 같았으며, 나는 그가 가버릴까봐 벌써 겁이 났다. 하지만 와일드가 손짓을 하자 그는 미소를 지으며 다가와, 우리가 아랍식으로 웅크리고 앉아있던 돗자리 깔린 마루바닥보다 조금 낮은 우리 맞은편 걸상에 앉았다. 그는 튀니지 스타일의 조끼에서 갈대 피리를 하나 꺼내선 감미롭게 불기 시작했다. 와일드는 잠시 뒤 그의 이름은 모하메드로 '보오지의 소년'이라고 알려줬다. 그가 처음에 카페에 들어오길 망설였던 건 알프레드 경이 보이지 않았기 때문이었다. 크고 검은 그의 두 눈은 하시시를 피운 것 같은 게슴츠레한 시선이었다. 그는 올리브빛 피부를 갖고 있었다. 나는 피리 위로 길게 놓인 그의 손가락과 어린애 같은 날렵한 몸매, 한쪽 무릎 위로 다른 쪽 다리를 올려 꼬고 있어 부풍한 흰색 바지 밖으로 드러난 가냘픈 맨살의 다리를 감탄하며 바라보았다. '카우아지'가 그 옆에 다가와 앉더니, 흙을 구워 만든 북인 다르부카를 두드리며 반주를 했다. 쉴 새 없이 흐르는 맑은 샘물처럼 피리 소리는 기이한 침묵 속을 가로지르며 흐르고 있었고, 우리는 시간도 장소도, 자신이 누구인지, 그리고 세상의 모든 근심걱정까지 다 잊고 있었다. 그렇게 한동안 움직이지도 않고 가만히 있었는데, 그 시간은 내겐 마치 영원한 것 같았다. 와일드가 갑자기 내 팔을 잡으며 그 마법을 깨뜨리지 않았더라면, 나는 훨씬 더 오랫동안 계속 그러고 있었을 것이다.

"갑시다." 그가 말했다.

우리는 밖으로 나왔다. 우리는 그 못생긴 안내인을 따라 골목길로 몇 걸음 걸어갔고, 나는 그날 밤 저녁은 그걸로 끝나는구나 생각하고 있었다. 하지만 첫 번째 모퉁이에서 와일드는 멈춰 서서, 큼직한 손을 내 어깨 위에 올려놓더니 내 쪽으로 몸을 기울여 — 왜냐하면 그는 나보다 훨씬 더 키가 컸다 — 나지막한 목소리로 물었다.

"디어(Dear), 그 꼬마 음악가를 원하시오?"

아! 그 골목길은 얼마나 어두웠던가! 나는 심장이 멎는 줄 알았다. 그리고 "예"라고 대답하기 위해 얼마나 용기를 단단히 내야 했던가! 또 얼마나 목메인 목소리로!

곧바로 와일드는 우리에게 다가온 안내인을 향해 몸을 돌려 그에게 몇 마디 귓속말을 했는데, 내게는 들리지 않았다. 안내인은 우리를 떠났고, 우리는 마차가 서있던 곳으로 다시 돌아왔다.

우리가 마차에 앉자마자 와일드는 웃기 시작했다. 즐겁다기보다 승리에 찬 요란한 웃음이었다. 그칠 줄 모르는, 억누를 수 없는, 무례한 웃음이었다. 그 웃음에 당황하는 내 모습을 보면 볼수록 더 웃어대는 것이었다. 내가 말해둬야 할 것은, 와일드는 내게 자기 삶을 드러내기 시작한 반면, 내 삶에 대해선 그가 아직 아무것도 모르고 있었다는 사실이다. 나는 내 말이나 행동에 있어서, 그가 눈치챌 만한 건 전혀 내비치지 않으려고 조심하고 있었다. 그가 좀 전에 내게 한 제안은 무모한 것이었다. 그를 그토록 재미있게 만든 건 그 제안이 너무 금방 받아들여졌기 때문이다. 그는 마치 어린아이처럼, 악마처럼 재미있어했다. 방탕자의 커다란 기쁨은 다른 사람을 방탕의 길로 끌어들이는 것이다. 수스에서 있었던 그 사건 이후, 악마가 내게서 거둘 대단한 승리는 아마 더 이상 남아있지 않았을 것이다. 하지만 그 사실을 와일드는 모르고 있었고, 내가 이미 정복당했다는 사실도, 아니 오히려(왜냐하면 이마를 그렇게 빳빳하게 쳐들 때 패배라고 말하는 게 적당할까 싶으니), 내가 상상으로나 생각으로나, 내 모든 거리낌을 다 무찔렀다는 사실도 모르고 있었다. 사실이지 나 자신도 모르고 있었다. 내가 그 사실을 갑자기 깨닫게 된 건, 그에게 "예"라고 대답한 바로 그 순간이었던 것 같다.

와일드는 이따금 자기 웃음을 끊으며 미안하다고 말했다.

"이렇게 웃어서 정말 미안하오. 하지만 나도 어쩔 수가 없소. 참을 수가 없구려." 그러고 나서 더욱 격렬하게 다시 웃어댔다.

우리가 극장 앞 광장에 있는 한 카페 앞에 도착할 때까지 그는 계속 웃었다. 우리는 거기서 마차를 돌려보냈다.

"아직 너무 이르군." 와일드가 말했다. 그런데 나는 그에게 안내인과는 어떻게 하기로 했는지, 어디서, 어떻게, 그리고 언제 그 꼬마 음악가가 나를 만나러 다시 올지 물어보지도 못했다. 그리하여 마침내 그가 내게 한 제안이 실현될 수 있을지 의심하기에 이르렀다. 왜냐하면 그에게 물어봄으로써 격렬한 내 욕망을 너무 드러내지 않을까 두려웠기 때문이다.

우리는 그 더러운 카페에선 잠시밖에 머무르지 않았고, 곧이어 오아시스 호텔에 있는 '작은 바'로 갔다. 난 와일드가 호텔까지 곧장 마차를 타고 가지 않았던 건, 그곳에선 신분이 알려져 있었으므로 모르 카페와 호텔 사이를 떼어놓고 싶었다고, 그리하여 표면적인 것과 은밀한 것 사이의 거리를 좀더 늘리려고 그렇게 중간에 한차례 쉬어가도록 일을 꾸몄다고 생각했다.

와일드는 내게 칵테일을 한잔 마시게 했고 자기도 여러 잔 마셨다. 우리는 약 30분을 기다렸다. 내겐 그 시간이 얼마나 길게 느껴졌는지! 와일드는 아직 웃고 있었으나 더 이상 그렇게 발작적인 웃음은 아니었다. 그리고 이따금씩 이야기도 나눴지만 그저 그런 얘기였을 뿐이었다. 마침내 나는 그가 회중시계를 꺼내는 걸 보았다.

"시간이 됐군." 그는 자리에서 일어나며 말했다.

우리는 좀더 서민적인 동네 쪽으로 걸어갔다. 그곳은 항구로 내려가려면 그 앞을 지나가야 하는 지금은 이름도 기억나지 않는 아래쪽에 있는 커다란 회교사원 너머로, 예전에는 가장 아름다운 곳 가운데 하나였겠지만 당시에는 도시에서 가장 추한 동네였다. 와일드는 입구가 두 개 나 있는 집으로 앞장서 들어갔다. 우리가 문지방을 넘어서자마자, 다른 문으로 들어온 거대한 몸집의 경찰 두 명이 우리 앞에 갑자기 나타나서 나는 깜짝 놀랐다. 와일드는 내가 겁내는 걸 보고 무척 재미있어했다.

"아! 디어, 정반대예요. 이건 이 호텔이 무척 안전하다는 증거요. 그들은 외국인들을 보호하러 여기 옵니다. 나도 잘 알죠. 훌륭한 청년들로 내 담배를 무척 좋아하지. 이야기가 잘 통해요."

우리는 경찰들을 앞서게 했다. 그들은 우리가 멈춰선 3층을 지나 계속 올라갔다. 와일드는 주머니에서 열쇠를 하나 꺼내, 방이 두 개 있는 조그만 아파트로 나를 들어가게 했고, 잠시 후 그 못생긴 안내인이 들어왔다. 두 젊은이가 그 뒤를 따라 들어왔는데, 둘 다 두건이 달린 튀니지 외투를 입고 있어 얼굴은 보이지 않았다. 안내인은 우리들을 두고 나갔다. 와일드는 모하메드와 함께 나를 안쪽에 있는 방으로 가게 했고, 자신은 다르부카를 연주하던 젊은이와 첫 번째 방으로 들어갔다.

그때 이후, 나는 쾌락을 찾아 헤맬 때마다 그날 밤의 추억을 뒤좇는 것이었다. 수스에서의 사건 이후, 나는 비참하게 악습 속으로 다시 떨어졌다. 육체적 향락은, 어쩌다 이따금씩 맛볼 수 있긴 했으나, 남몰래 슬쩍 지나가듯 하는 것이었다. 하지만, 어느 날 저녁, 코모 호수의 배 안에서 젊은 뱃사공과 보낸 순간은 감미로웠다(라 브레빈으로 가기 얼마 전이었다). 그때, 호수의 매혹적인 안개와 호숫가의 물기어린 향취가 녹아있던 달빛이 내 황홀경을 감싸고 있었다.[26] 그 후에는 한 번

---

26) 이 일화는 1894년 9월 초 보름동안, 지드가 스위스에서 출발하여 이탈리아까지 여행 갔을 때의 일로, 그 이후 지드는 뇌샤텔, 라 브레빈에 가서 겨울을 보냈다. 밀라노에서 돌아오는 길에 코모에 닷새 묵었는데, 9월 14일 어머니에게 보낸 편지에서 다음과 같이 쓰고 있다. "저녁식사를 끝내고 작은 배를 빌렸어요. 나도 이따금 노를 저어가며 달빛 속에서 앞으로 나갔어요. (…) 안내하던 아이가 내 곁에 와서 앉더니, '너무 아름다워요!'라고 중얼거렸어요. 난 그 아이 손을 잡고 오랫동안 말없이 있었답니다. 돌아왔을 때는 깜깜한 밤이었어요… 그런 저녁은 잊혀

도 없었다. 오직 대답 없는 호소와 목적 없는 충동, 초조함과 내적 싸움들, 지치게 만드는 몽상들, 상상 속의 열광들, 구역질나는 실망들로 가득 찬 끔찍한 사막뿐이었다. 그 전전해 여름, 라 로크에서 나는 이러다가 미치는 게 아닌가 생각했다. 거기서 보낸 거의 내내 방안에 틀어박혀 있었다. 오직 일만이 나를 잡아줄 수 있었던 그 방안에서, 일을 하려고 애는 쓰나 소용이 없었다(그 당시 《위리앵의 여행》을 쓰고 있었다27)). 성적 욕망에 사로잡혀 머리에는 온통 그 생각뿐으로, 아마도 과도함 자체에서 어떤 출구를 찾을 수 있지 않나, 그리하여 그 너머 푸른 창공에 도달하리라, 나의 악마를 지치게 하리라 기대했으나(그게 바로 악마의 충고라고 생각한다), 오히려 나 자신만 지치게 만들며 진이 빠질 때까지, 눈앞에 멍청함과 광기밖에 남지 않을 때까지, 나 자신을 미친 듯이 소모하고 있었다.

　아! 어떤 지옥에서 내가 탈출하게 된 것인가! 이야기를 나눌 수 있는 친구 하나 없이 어떤 충고도 없이, 일체의 타협도 불가능하다고 믿고, 무엇보다 그 어떤 것도 양보하고 싶지 않았던 것 때문에 나는 서서히 나락으로 떨어지고 있던 중이었는데… 하지만 무엇 때문에 그 음산한 날들을 환기시키고자 하는가? 그 기억이 그날 밤 내가 맛본 열광을 설명해준다는 건가? 메리암 곁에서 했던 시도, '정상화'하려는 그 노력은 희망이 없었다. 그건 내 방향이 아니었기 때문이다. 마침내 이제야 나는 정상적인 내 상태를 찾았다. 여긴 더 이상 강요도, 서두름도, 의심쩍은 것도 없다. 내가 간직한 기억 속에는 더 이상 잿빛 나는 것은 없다. 나의 기쁨은 한없이 컸으며, 사랑이 같이 어우러졌다 하더라도 그보다 더 충만하리라고는 상상할 수 없을 정도로 큰 기쁨이었다. 하지만 어떻게 거기다 사랑을 언급한단 말인가? 어떻게 내 육체적

---

　　지지가 않습니다."

27) 지드는 연도를 잘못 생각하고 있다. 그가 《위리앵의 여행》 1부를 쓰기 위해 라 로크에 머문 것은 1892년 7-8월이었다.

욕망이 내 마음을 좌지우지하게 내버려둔단 말인가? 나의 쾌락은 아무런 저의도 없었으며, 또 어떤 회환도 남기지 않아야 했다. 하지만 야성적이고 불같이 뜨거운, 관능적이고도 음험한 그 작고 완벽한 육체를 벌거벗은 내 가슴속에 껴안을 때의 그 황홀경은 그렇다면 무엇이라 불러야 할 것인가?…

모하메드가 떠난 다음에도 나는 오랫동안 전율적인 환희상태 속에 빠져 있었다. 그 옆에서 이미 다섯 번이나 절정에 도달했음에도 불구하고 아직 여러 번 황홀경을 되살렸으며 내 호텔방으로 돌아와서도 다음날 아침까지 그 반향을 이어갔다.

나는 내가 여기서 말하는 몇몇 구체적 언급이 사람들에게 웃음을 짓게 하리라는 걸 잘 알고 있다. 그걸 생략하거나 있음직한 방향으로 수정하는 건 내게 쉬울 것이다. 그러나 내가 추구하는 건 있음직한 게 아니라 진실이다. 그리고 그 진실이 가장 언급될 만한 건 그게 가장 의외의 사실일 때가 아니겠는가? 그렇지 않다면 내가 무엇 때문에 이 이야기를 하겠는가?

그때 난 단지 내 한도 내에서 했을 뿐이며, 게다가 최근 보카치오의 〈밤 꾀꼬리〉[28]를 읽고 난 다음이었기에, 그게 놀랄 일이라고는 생각지도 못했다. 내게 그런 눈치를 준 건 모하메드가 놀랐다는 점이었다. 내가 도를 넘었던 것, 그건 그 이후에 벌어진 것으로, 나로서 기이함의 시작은 바로 거기 있다. 내가 아무리 도취되고 소진된 상태였다 해도, 나는 그 소진상태를 한층 더 멀리까지 밀고 나간 다음에야 그쳤던 것이다. 이성과 신중함이 내게 자제하도록 충고했음에도 불구하고, 자제하려고 하는 게 나로선 얼마나 헛된 일이었는지 그 후로 종종 느꼈다. 그렇게 자제하려고 할 때마다, 나는 그 완벽한 소진상태를, 그

---

[28] 보카치오의 《데카메론》의 '다섯 번째 날'의 네 번째 이야기로, 제목은 "밤 꾀꼬리 새장"이다. 그 속에는 여러 번 반복해서 정사를 나누는 두 연인이 나온다.

러지 않고는 어떤 휴식도 느낄 수 없고 또 대가를 덜 지불하고 얻을
수 있는 것도 아닌 그 소진상태를, 곧이어, 그리고 나 혼자서, 찾아야
했기 때문이다. 하지만 이 모든 현상을 해명하는 건 내 몫이 아니다.
나로선 내 육체의 작동에 대해 아무것도, 아니면 극히 적은 것만 깨닫
고 생을 마감해야 할 것이라는 사실만 알 뿐이다. 29)

첫 새벽의 창백한 여명 속에서 나는 잠자리에서 일어났다. 나는 밖
으로 뛰어 나갔다. 그랬다. 샌들을 신고, 무스타파30) 보다 훨씬 더 먼
곳까지 진짜로 뛰었다. 지난 밤 일로 피곤함은 전혀 느끼지 못하고,
반대로 몸과 영혼 속에 희열을, 일종의 가벼움을 느꼈으며, 그건 하루
종일 계속됐다.

나는 모하메드를 2년 뒤 다시 만났다. 31) 그의 얼굴은 많이 변하지
않았다. 겨우 좀 덜 애띠게 보일 뿐이었다. 몸매는 여전히 우아했으나
시선에는 더 이상 그때 그 나른함이 없었다. 나는 그 속에서 뭔지 모
르는 냉혹하고 초조하고 타락한 걸 느꼈다.

"더 이상 키에프를 안 피우나?" 그가 무슨 대답을 할지 잘 알고서 내
가 물었다.

---

29) 지드는 자신의 성적 행동에 대해 1921년 로제 마르탱 뒤 가르에게 자세
히 설명했다. 뒤 가르는 그 대화를 자신의 《일기》에 다음과 같이 적었
다. "지드는 정자를 완전히 소진시키기에 이르러야 하는데, 그러려면
다섯 번, 여섯 번, 심지어 여덟 번까지 연달아 해야 한다는 것이다.
(…) 따라서 그는 항상 불만스런 상태로 자리를 떠나는 것이다. (…)
그래서 그의 머릿속에는 오직 집에 돌아가 온전히 소진될 때까지 필요
한 만큼 자위를 할 생각밖에 없다는 것이다."
30) 무스타파는 항구 지역 반대편에 있는 알제 남부 변두리 지역으로, 이는
지드가 묵은 곳에서 상당한 거리임을 말해준다.
31) 지드가 모하메드를 다시 만난 것은 사실상 일 년 뒤로, 1896년 4월 신
혼여행 당시 알제에 머무를 때였다. 지드 부부는 비스크라에서 3월 말,
프랑시스 쟘므와 으젠느 루아르와 합류하게 되었는데, 루아르의 이름과
그의 머리 색깔을 곧이어 나오는 이야기에서는 바꾸고 있다.

"아뇨. 요즘은 압생트를 마셔요"라고 그가 말했다.

그는 여전히 매력적이었다. 내가 무슨 말을 하고 있나? 그 어느 때보다 더 매력적이었다. 하지만 관능적이라기보다 더 뻔뻔스러워 보였다.[32)]

다니엘 B. 가 나와 같이 갔다. 모하메드는 우리를 한 수상쩍은 호텔 5층으로 안내했다. 1층 카바레에서는 선원들이 술을 마시고 있었다. 주인이 우리 이름을 요구했다. 나는 숙박부에 '세자르 블로흐'라 적었다. 다니엘은 맥주와 소다수를 주문했는데, "그럴듯해 보이기 위한 것"이라고 말했다. 밤이었다. 우리가 들어간 방을 밝히는 건 올라올 때 우리가 받은 휴대용 촛대뿐이었다. 한 소년이 음료수 병과 유리컵들을 가져와 테이블 위 촛대 옆에 놓았다. 의자가 두 개뿐이었다. 다니엘과 내가 앉고, 모하메드는 우리 둘 사이 테이블에 앉았다. 예전 그가 입던 튀니지 의상 대신 걸치고 있던 하이크를 걷어 올린 다음, 그는 우리를 행해 맨살의 다리를 내뻗었다.

"각자 하나씩" 그는 웃으며 우리에게 말했다.

그리고 내가 절반쯤 빈 유리컵 옆에 앉아 있는 동안, 다니엘은 모하메드를 자기 가슴에 안고 방 안쪽에 있던 침대 위로 데려갔다. 그는 모하메드를 침대 가장자리에 가로로 똑바로 눕혔다. 나는 곧이어, 헐떡이며 신음하는 다니엘 양쪽으로, 아래로 내려뜨려진 가는 두 다리밖에 보지 못했다. 다니엘은 외투도 벗지 않은 채였다. 무척 키가 큰 그가 발밑까지 내려오는 외투를 걸친 채, 곱슬거리는 길고 검은 머리카락 속에 얼굴을 가리고 희미한 불빛 속 제대로 보이지도 않는 상태에서, 등을 보인 채 침대를 마주하고 서 있는 다니엘은 마치 거인 같아 보였다. 그에 가려 보이지도 않는 그 작은 몸뚱이 위로 몸을 숙이고 있는 모습이 시체 위로 달려들어 피를 빨아먹는 거대한 드라큘라 같기

---

32) 실망스러운 이 재회의 반향을《배덕자》3부에서 보게 되는데, 작품 속 목티르는 모하메드를 그린 것이다.

도 했다. 나는 공포에 사로잡혀 소리를 지를 뻔했으니 …

사람들이 다른 사람들의 사랑과 그들이 사랑을 나누는 방식을 이해하는 건 언제나 무척 어렵다. 동물들의 경우도 마찬가지다(나는 이 '마찬가지'라는 말을 남자들의 경우에 써야했을 게다). 사람들은 새들의 노래와 그들의 비상을 부러워하며 다음과 같이 쓸 수도 있을 것이다.

Ach! wüsstest du wie's Fischlein ist
So wohlig auf dem Grund!
(아! 당신이 안다면, 작은 물고기가 바다 속 깊은 곳에서
얼마나 평안한지를!) 33)

뼈다귀를 뜯어 먹는 개도 나에게서 뭔가 자신과 동일한 동물적 요소를 볼 수 있을 것이다. 하지만 각 종(種)이 제각기 쾌락을 얻는 몸짓, 각 종마다 그토록 다른 그 몸짓보다 더 당황스러운 건 없다. 이 점에 있어서, 인간과 동물들 사이에서 충격적인 유사성을 보고자 하는 구르몽 씨가 무슨 말을 하건 간에, 나는 오직 욕망의 영역에서만 유사성이 있다고 평가한다. 34) 하지만 인간과 동물들 사이만 아니라 종종 인간과 인간 사이에서도, 차이가 가장 두드러지게 나타나는 것은 아마 정반대로, 구르몽 씨가 '사랑의 물리학'이라 부른 것 속에 있다고 나는 평가한다. 그리하여 우리가 이웃의 사랑행위를 들여다 볼 수 있다면, 그건 양서류나 곤충들의 짝짓기, 아니 그리 멀리 찾을 필요 없이, 개나 고양이들의 짝짓기만큼이나 종종 기이하며, 괴상하고, 또 말하자면 그만큼 기괴하게 보일 것이다.

---

33) 이 두 시행은 괴테의 발라드 〈어부〉(Der Fischer)에 나오는 것으로 두 개의 감탄사는 지드가 붙인 것이다.

34) 레미 드 구르몽(Rémy de Gourmont, 1858-1915)은 1903년 《사랑의 물리학》(La Physique de l'amour)을 출판했다. 지드는 그의 관점 중 많은 것에 공감하나, 틀에 박힌 그의 물질주의에 반대했다.

그 점에 있어서 서로 이해하는 게 그토록 힘들고, 완강함이 그토록 격렬한 건 분명 이러한 이유 때문일 것이다.

나로서는, 오직 서로 마주보고, 상호적이며, 과격하지 않은 쾌락만을 이해하고, 휘트먼[35] 처럼 종종 스치는 듯한 접촉만으로도 만족하던 나로서는, 다니엘이 하는 행동뿐만 아니라 모하메드가 그토록 만족스러워하며 몸을 내맡기는 걸 보고 기겁을 했다.

와일드와 나는 그 기념비적인 밤을 보낸 다음, 얼마 안 있어 알제를 떠났다.[36] 그는 보오지의 부친인 퀸즈베리 후작이 제기한 고소사건을 마무리 지어야 하는 문제로 영국으로 불려갔고,[37] 나는 보오지보다 비스크라에 먼저 도착하고 싶어서였다. 보오지는 알리를 비스크라로 데려 가기로 결심했는데, 알리는 보오지가 반했던 블리다의 아랍 소년이었다. 그가 알제에 도착한다는 편지가 왔다. 그는 내가 자기와 함께, 즉 그들과 함께, 이틀에 걸치는 그 긴 여행을 같이 하도록 알제에서 자기를 기다려주길 희망하고 있었다. 알리하고 단둘의 여행은 따분해 견딜 수 없을 게 예상되었던 것이, 보오지가 아랍어를 모르는 것만큼이나 알리는 프랑스어도 영어도 할 줄 모르는 게 드러났기 때문이다. 나는 무척 고약하게 생겨먹은 성격이라서 그 편지를 받자 도리어

---

35) 월트 휘트먼(Walt Whitman, 1819-1892)은 그의 시에서 동성애도 포함된 이유 없는 관능적 쾌락을 찬양하고 있다. 지드는 그를 상당히 일찌감치 발견했다. 하지만 그가 다른 사람들과 공동으로 휘트먼의 시집을 출판하며 《풀잎》에 수록된 9편의 시를 번역한 것은 1914년이다.

36) 와일드는 그 다음날인 1895년 1월 31일 런던으로 떠났으며, 지드는 그 다음다음날, 세티프에 잠시 머문 다음 비스크라를 향해 떠났다.

37) 와일드는 파리를 경유하여 《진지함의 중요성》의 공연 준비가 한창이던 런던으로 떠났다. 퀸즈베리 경의 반복된 공격을 받은 와일드는 1895년 3월 고소하기로 결정했다. 명예훼손 소송에 패소함에 따라 그는 조만간 풍속사범이라는 혐의로 체포되었다. 5월 25일의 재심에서 그는 2년의 강제노역을 선고받았다.

출발을 재촉했다. 그 모험에 가담하여 모든 게 자기 덕분이라 여기는 사람을 도와주고 싶은 생각이 없었거나, 내 속에 잠들어 있던 도덕군자가 장미꽃에서 가시를 제거하는 건 부적절하다고 평가했던지, 아니면 그저 단순히 침울한 내 기분이 우세했던지, 아니면 그 모든 게 합쳐져서인지, 나는 떠났다. 하지만 내가 밤을 보내게 되었던 세티프에서 또 지급 전보를 받았다.

나는 내 길을 가로막으러 오는 것이라면 뭐든 사악한 열성으로 맞아들인다. 그건 내 본성의 한 특징으로 나는 그걸 설명하고자 하지 않겠다. 나 역시 이해하지 못하기 때문으로… 그리하여 나는 곧바로 여행을 중단하고, 그 전날 그를 피했던 것만큼이나 진심으로 세티프에서 더글러스를 기다리기 시작했다. 사실이지 알제에서 세티프까지의 여정은 내게 끔찍하게 긴 것처럼 여겨졌다. 하지만 더글러스를 기다리는 일이 그보다 더 긴 것 같았다. 얼마나 길고도 긴 하루였던가! 그리고 비스크라와 날 여전히 떼어놓고 있는 내일 하루는 또 어떨 것인가? 나는 그 작고 보잘 것 없는 식민지 군사도시의 지루하고도 한결같은 거리를 배회하며 속으로 생각했다. 그 곳은 단지 장사를 하러 오거나 또는 금족령이 내리지 않고는 잠시도 머물 수 없는 곳 같이 생각되었다. 그곳에서 만나는 몇몇 아랍인들도 낯설고 비참해 보였다.

나는 알리를 알고 싶어 조바심이 났다. 나는 모하메드처럼 옷을 입은 소박한 어떤 '카우아지'를 기대하고 있었다. 그런데 내가 기차에서 내리는 걸 본 건, 번쩍거리는 옷을 입고 비단 띠를 허리에 두르고 금빛 터번을 쓴 젊은 영주였다. 그는 열여섯 살도 되지 않았으나 그의 거동은 얼마나 위엄이 있었던가! 그의 시선에는 얼마나 자만심이 가득했던가! 그 앞에 허리를 굽힌 호텔 하인들 위로 얼마나 거만한 미소를 떨구었던가! 전날까지만 하더라도 그토록 공손했을 그가 이제는 자기가 마땅히 가장 먼저 들어서고 가장 먼저 자리에 앉아야 한다는 사실을 그토록 빨리 깨달았던 것이다… 더글러스는 마침내 자기 주인을 찾았던 것이다. 그 자신이 아무리 우아하게 옷을 입었다 하더라도, 더글러스는 자신의 사치스런 하인의 명령을 따르는 시종이라 했을 것이다. 모든 아랍인들은 아무리 가난해도, 깨어나기 직전의 알라딘을 그 안에 지니고 있어, 운명의 손길이 건드리기만 하면 충분히 왕이 되는 것이다.

알리는 확실히 무척 아름다웠다. 하얀 피부에 깨끗한 이마, 잘생긴 턱선, 작은 입과 통통한 뺨, 요염한 두 눈을 갖고 있었다. 하지만 그의 아름다움은 내게 아무런 영향력도 행사하지 못했다. 양 콧날에 서린 일종의 냉혹함, 너무나 완벽한 눈썹 굴곡에서 보이는 무관심, 멸시하듯 뾰루퉁한 입술에 어린 잔인함은 내 안의 모든 욕망을 가로막았다. 다른 사람들은 분명 그것 때문에 매료되었을, 그의 온 존재에서 드러나는 여성적 모습보다 더 나를 냉담하게 만드는 것은 없었다. 내가 이런 말을 하는 것은 내가 그 옆에서 지냈던 상당히 긴 시간 동안 한 번도 내 마음이 흔들린 적이 없었다는 걸 이해시키기 위해서다.[38] 종종 있었듯이, 더글러스가 행복해하는 걸 봐도 전혀 부럽지 않았으며, 도리어 나로 하여금 더욱 더 순결한 마음가짐을 갖게 만들었다. 그런 마음은 그가 떠난 다음 내가 비스크라에 머물던 내내 계속되었다.

우리가 그 전해 빌렸던 추기경의 숙소가 속해있던 오아시스 호텔은 이미 그걸 다른 사람에게 내 준 상태였다. 하지만 '로얄' 호텔이 최근 문을 열어, 우리는 거기다 자리를 잡을 수 있었다. 그곳은 멋지다는 점에서나 편리함에서도 앞의 호텔에 비해 별반 뒤떨어지지 않았다. 호텔의 1층 복도 끝 쪽에 있는 방 셋으로, 둘은 서로 붙어 있었고, 복도에서 바깥으로 출구가 나 있었다. 그 복도 문은 우리들만 사용하게 되어있어 우리가 열쇠를 갖고 있었으며, 우리는 그 문을 통해 호텔을 통과할 필요 없이 바로 우리 방으로 갈 수 있었다. 하지만 대개의 경우 나는 창문으로 나가고 들어오곤 했다. 피아노를 한 대 들여놓은 내 방은 복도를 사이에 두고 더글러스와 알리의 방과 떨어져 있었다. 내 방과 더글러스의 방은 새로 생긴 카지노를 향해 나 있었다. 그 사이에는

---

38) 알리가 비스크라에 머문 기간으로, 1895년 2월 4일에서 17일까지다.

상당히 넓은 공간이 있어, 지난해 우리 테라스로 놀러 오곤 하던 바로
그 아랍아이들이 학교수업이 끝나면 그곳에서 놀곤 했다.

　알리가 프랑스어를 전혀 모른다는 건 이미 이야기했다. 나는 더글러
스와 알리 사이의 통역으로 아트만을 소개했다. 아트만은 내가 온다는
소식을 듣고 내 곁에서 시중을 들 희망으로 마침 자기 일을 그만두었
던 것으로, 나는 그를 어떻게 고용해야 할지 모르고 있던 차였다.[39]
나는 그런 자리에 감히 그를 소개할 생각을 했다는 사실로 훗날 나 자
신을 자책할 수도 있었다. 하지만 더글러스와 알리의 관계는 아랍인에
겐 특별히 놀랄만한 일도 아니었을 뿐 아니라, 그 당시 나는 아트만에
대해 나중에 내 마음을 차지하게 된 그런 깊은 우정은 아직 갖고 있지
않았다. 그런데 아트만은 곧 그 우정을 받을 만한 마음씨를 보여주기
시작했다. 그런 제안을 하자마자 그가 서둘러 받아들였던 것은 내 곁
에서 더 많은 시간을 보낼 수 있으리라는 기대를 품고 그랬다는 걸 내
가 재빨리 깨달았기 때문이다. 하지만 내가 더글러스와 함께 돌아다니
지 않기로 작정한 걸 알았을 때, 그래서 결국 나를 볼일이 무척 드물
거라는 사실을 깨달았을 때, 그 가련한 소년은 상당히 당황했다. 더글
러스는 알리와 함께 그를 이끌고 매일 마차를 타고, 세트마, 드로, 시
디 옥바 등 멀지 않은 오아시스로 나가곤 했다. 그곳은 호텔 테라스에
서도 사막의 적갈색 장막 위로 짙은 에메랄드 색을 띠고 있는 게 보였
다. 더글러스는 날 끌고 가려고 고집을 부렸으나 소용없었다. 그가 두
시종 사이에서 분명히 느꼈을 권태, 내겐 쾌락의 대가로 보였던 그 권
태에 대해 나는 조금도 동정심이 들지 않았다.

　"그건 너 스스로 원한 거야!" 나는 그렇게 생각하며, 나 역시 너무나
그럴 소지가 있던(속으로는 너무나 받아들이고 싶은 마음밖에 없던) 것

---

[39] 지드의 편지에 따르면, 아트만은 그가 일하던 오아시스 호텔에서 막 해
　　고를 당한 상태였다. 그 사실은 지드가 다른 호텔을 찾은 이유 가운데
　　하나이기도 했다.

에 대해, 짐짓 엄격한 태도를 보이며 스스로를 무장하고자 했다. 그리고 그 대가로, 나는 뭔가를 보상한다는 우쭐하는 심정으로 한층 더 일 속으로 빠져들었다.

세월이 나를 좀더 온순하게 만든 지금, 나는 그 당시, 나 자신도 더이상 인정하지 않던 수많은 옛 윤리의 잔재와 망설임이 여전히 남아있었음을 보고 놀라게 된다. 도덕적 반사작용은 과거의 그 윤리에 아직 매달려 있었던 것이다. 도대체 어떤 용수철이 나라는 기계를 그렇게 나 자신도 억제할 수 없게 반동적으로 튀어 오르게 만들었는지 찾아보고자 할 때, 내가 결국 찾아낸 답은 무엇보다 퉁명스러움과 짓궂음이라고 고백하지 않을 수 없다. 하지만 보오지 역시 내 마음에 들지 않았다. 아니 차라리 그는 내 마음에 든다기보다 흥미로웠다고 말해야 할 것이다.[40] 친절하고도 상냥한 그의 태도에도 불구하고, 아니 아마 차라리 바로 그 때문에, 나는 방어태세를 취하고 있었다. 그와의 대화는 나를 금방 지치게 만들었다. 그 얘기를 만약 영국인하고, 아니면 프랑스인이었다 하더라도 영국적인 것에 그 당시 나보다 조금만 더 조예가 있었던 사람하고 얘기를 나누었다면, 그 대화는 더 다양하고 풍성해질 수 있었을 것이다. 하지만 공통의 관심가가 바닥나면 더글러스는 언제나, 그리고 몹시 불쾌하게도 고집을 부리며, 내가 극도로 거북해하지 않고는 말하지 못하는 그런 화제로 되돌아오곤 했는데, 전혀 거북해하지 않는 그의 태도가 날 한층 더 거북하게 만들고 있었다. 나로선 호텔 식탁에서 끝도 없이 이어지는 식사 때 그를 만나는 것만으로도 충분했다. 그때 그는 얼마나 매력적이고 쾌활한 애교를 부리며 갑자기 외쳐댔던가. "무슨 일이 있어도 샴페인을 마셔야겠어". 그가 내미는 잔을 난 무엇 때문에 그리 퉁명스럽게 거절했던가? 때때로 오

---

40) 지드는 어머니에게 보낸 편지에 다음과 같이 썼다. "나는 더글러스에게 서 멀리 떨어진 상태에서 그를 자주 보고 있습니다. 많은 책을 읽는 것보다 그를 쳐다보면서 더 많은 것을 배우고 있습니다. 인생살이의 광경이 내겐 더 유익합니다…"

후 간식시간, 아트만과 알리와 함께 있으며, 그 말 자체보다 반복해대는 자기 자신이 더 재미있다는 투로 열 번도 더 넘게 반복하는 소리를 듣곤 했다. "아트만, 알리에게 그의 눈이 사슴 눈과 같다고 말해봐." 그는 자기 권태의 한계를 매일 좀더 뒤로 물리고 있었다.

그 목가적인 풍경도 갑작스럽게 끝을 맺었다. 알리와 '더운 샘'의 한 젊은 목동 사이에 수상쩍은 정분이 싹트는 걸 상당히 흥미진진하게 바라보던 보오지도, 알리가 울라드 여인들의 매력에, 특히 메리암의 매력에도 마찬가지로 민감하게 반응할 수 있다는 사실을 깨닫게 되었을 때, 엄청나게 화를 냈다. 알리가 그녀와 같이 잤을 수 있다는 생각은 그에겐 견딜 수 없었다. 그는 일이 벌써 벌어진 게 아닌가 의심하며 (내가 보기엔 더 이상 의심의 여지가 없었다) 화를 냈으며, 알리에게 자백과 후회와 약속을 하도록 강요하고, 또 그 약속을 저버리면 당장 그를 내쫓을 거라고 맹세하기도 했다. 더글러스에게는 진짜 질투보다는 분노가 더 느껴졌다. 그는 항의했다.

"소년들은, 그래, 소년들이라면 얼마든지 좋아. 그를 가만히 내버려두겠어. 하지만 여자들과 같이 있는 건 도저히 못 참겠어."

게다가 나는 알리가 진짜 메리암을 원했다고는 생각되지 않았다. 오히려 주위에서 부추기는 유혹에 그가 졌다고, 그렇게 해서 사람들이 그에 대해 수군대던 성적 불능이라는 비난에 반격을 가할 생각이었으리라고 나는 여겼다. 내가 보기에 그는 잘난 척하고, 또 어른 흉내를 내고 어른이 되고 싶었던 것 같다. 알리는 복종하는 척했다. 하지만 더글러스는 더 이상 그를 믿지 않았다. 어느 날, 의심에 찬 그가 알리의 트렁크를 뒤져볼 생각을 했고, 옷 밑에서 메리암의 사진을 발견해 그걸 갈기갈기 찢었는데… 비극적이었다. 알리는 호되게 두들겨 맞았고 모든 호텔 사람들을 불러 모을 정도로 고함을 질러댔다. 나는 아우성치는 소리를 들었으나 끼어들지 않는 게 현명하리라 판단하고 내 방에 조용히 틀어박혀 있었다. 더글러스는 저녁식사 때 창백한 얼굴에 냉혹한 시선을 하고 나타났다. 그는 알리가 첫 기차로, 다시 말해 그 다음 날 아침 블리다로 돌아갈 거라고 내게 알렸다. 그 자신도 이틀 뒤 비스크라를 떠났다.

방탕한 생활의 광경이 도리어 그 방탕에 대한 항거로, 얼마나 내게 일할 마음을 주고 있는지 깨달은 건 바로 그때였다.[41] 마차를 타고 돌아다니자는 간청에 더 이상 저항할 필요가 없게 된 나는 매일, 종종 아침부터 밖으로 나가 사막을 가로질러 지칠 정도로 긴 산책길에 나서곤 했다. 때론 장마철 이외에는 물이 없는 바싹 마른 강 바닥을 따라가기도 했고, 때론 거대한 사구 있는 데까지 가기도 했다. 그곳에서 나는 때때로 새보다 더 가벼운 가슴을 안고, 무한함과 기이함, 고독에 도취되어 석양이 지는 걸 기다리곤 했다.[42]

저녁이면 아트만이 그의 일과를 끝내고 나를 찾으러 오곤 했다. 더글러스와 알리가 떠난 이후, 그는 안내인이라는 자기 직업을 다시 시작했다. 그의 유순한 성격과 너무나 잘 어울리는 슬픈 직업이었다. 그가 더글러스의 달콤한 말들을 알리에게 전할 때만큼이나, 아무 생각 없이 거북해하지도 않고 천진난만하게, 그는 외국인들을 울라드 여인들에게 안내하고 있었다. 그는 자기가 하루를 어떻게 보내는지 내게 이야기해주었다. 그런데 그에 대한 내 애정과 함께, 내 마음속에서는 그가 이렇게 비위를 맞추는 것에 대한 불쾌감이 매일 더 커져가고 있었다. 더군다나 그가 나를 믿는 마음도 커져가고 있었기에 그는 항상 더 많은 이야기를 했다.

어느 날 저녁 그는 무척 기뻐하며 내게 왔다.

---

41) 지드는 비스크라에 도착하기 전 그런 의도로 가득 차 있었다. 세티프에서 2월 3일 그는 어머니에게 편지 썼다. "그건 비스크라에서 일하고 또 일하고 싶기 때문입니다. 진짜 저는 그 생각밖에 하지 않아요. 아름다운 풍경들이 현재 저에겐 글을 쓸 수 있는 조용한 배보다 못할 것 같군요."

42) 지드는 어머니에게 보낸 편지에 다음과 같이 썼다. "비스크라는 작년보다 더 나를 매혹시키는 것 같습니다. (…) 날 매혹시키는 건 오아시스보다 오히려 사막과 그 놀라운 빛입니다."

"아! 좋은 하루였어요!" 그가 외쳤다. 그는 어떻게 해서 방금 30프랑을 벌게 되었는지 내게 설명했다. 울라드 여인에게 영국인을 한 명 데려다 준 것으로 그녀에게서 심부름 값으로 10프랑을 받았고, 그녀의 화대를 부풀려 받은 10프랑, 그리고 그 영국인으로부터 소개해준 대가로 또 10프랑을 받았다는 것이다. 나는 화를 냈다. 나는 그가 뚜쟁이 노릇을 하는 건 받아들였다. 하지만 그가 정직하지 못한 것, 그래, 그건 도저히 참을 수가 없었다. 그는 처음에는 내가 기분이 나빠 한바탕 심술을 부리는 줄 알고 놀랐다. 내가 그에게서 처음 얻어낸 반응은 내게 너무 솔직하게 말한 것에 대한 후회가 전부였다. 그래서 나는 모든 아랍인들 속에서 찾아볼 수 있다고 나 스스로 자부하던 그 고귀함에 대한 감정에 호소할 생각이 들었다. 그가 이해하는 것 같았다.

"알았어요." 그는 투덜거리며 말했다. "돈을 돌려주러 갈께요."

"내가 원하는 건 그게 아니야." 나는 다시 말했다. "단지 네가 내 친구가 되고 싶으면 그런 수치스런 거래는 다시는 하지 말라는 거야."

"그럼," 그는 미소를 띠며 다시 말을 했는데, 내가 사랑하던 그 온순한 아이의 모습이 곧 다시 나타났다. "더 이상 외국인들을 데려가는 그런 일은 안 하는 게 더 낫겠네요. 그 여자들에게 데려가는 일은 너무 많이 벌게 되니까요."

"너도 알지," 나는 격려하듯 덧붙였다. "내가 너한테 이런 걸 요구하는 건, 네가 파리에 가서 내 친구들을 만날 때 그들에게 부끄러운 사람이 되지 않도록 하기 위해서야."

파리로 아트만을 데려가려는 생각은 내 마음속에 점점 더 커가고 있었다. 나는 어머니에게 보내는 편지 속에서 처음에는 조심스럽게 내 마음을 열어 보이기 시작했다. 그리고 어머니의 저항이 확고해짐에 따라 나는 더 단호해졌다.[43] 나는 어머니의 질책에 대해 강하게 반항하

---

43) 사실상 일은 더 빨리 진전되었다. 2월 19일 더글러스가 떠난 직후, 지드는 어머니에게 다음과 같이 썼다. "아트만을 데려가려는 제 계획을 더

는 기질이었기 때문이다. 하지만 어머니가 훈계를 좀 남용하셨다는 것도 사실이다. 어머니의 편지는 대개의 경우 일련의 훈계로 가득 차 있었다. 그 훈계는 때때로 부드러워져, "나는 네게 충고하려는 게 아니야. 다만 네가 주의하길 바라는 거야…" 라는 관대한 표현 아래 감춰지기까지 했다. 그러나 그런 말들은 날 가장 화나게 하는 것들이었다. 사실상, 어머니가 아무리 주의하라 간청하셔도 난 받아들이지 않았고, 어머니는 또다시 지치지 않고 요구를 되풀이하시리라는 걸 나는 알고 있었던 것이다. 우리는 서로서로 양보하지 않으려고 작정하고 있었다. 그 일도, 나 스스로 확신하게 된 것처럼, 그건 도덕적으로 구제하는 문제다, 아트만의 구원은 그를 파리로 데려오는 것에 달렸고, 나는 그를 입양한 것이나 다름없다… 라고 어머니를 설득하려 했으나 소용이 없었다. 그 전의 내 편지에서 벌써 드러나던 열광 때문에 걱정하시던 어머니는 고독과 사막이 내 머리를 돌게 했다고 생각하셨다.

한 편지가 그런 어머니의 걱정을 절정에 달하게 만들었는데, 나는 할머니로부터 받은 약간의 돈으로 최근 비스크라에 땅을 샀노라(나는 아직 그 땅을 소유하고 있다[44]) 갑작스레 알렸던 것이다. 그런 갑작스

---

이상 어머니께 숨길 수 없네요. 그는 라 로크에서 일을 도울 수도 있을 테고, 또 마리도 그만큼 일이 줄겠죠. 그의 부모와도 이야기를 했고 (아무것도 결정된 건 없으나) 모든 준비가 됐어요. 그 이야긴 마들렌느에게 이미 했는데, 이제 어머니께 말씀드리는 거예요…" 마들렌느에게는 그 전날 편지를 썼다. 지드는 2월 27일 그의 어머니가 답장을 쓰기 전, 2월 23일 다시 편지를 써서 그 속에 아트만의 여행 계획을 구체적으로 세우고, 그의 봉급을 언급하기도 했다. 그러나 한 친척의 죽음과 장례식으로 바빴던 지드 어머니는 27일 답장을 통해 무척이나 분별있는 이유들을 내세우며 지드의 계획을 반대했다.

44) 여기서도 지드는 사건들의 실제 기간을 더 늘리고 있다. 지드는 아트만을 프랑스로 데려가겠다는 계획을 알린 그 편지에서, 비스크라에 "300평가량의 터에 두 가구가 살게 되어 있는 주택으로, 내가 살지 않을 때는 매번 세를 놓을 수 있는 작은 집"을 구입하려는 의사를 밝혔던 것이

런 결정에 뭔가 현명한 처사였다는 인상을 주기 위해 나는 다음과 같
이 이유를 댔다. 즉 비스크라가 당시 유행하던 겨울 휴양지가 될 경
우, 따라서 내 마음에 더 이상 들지 않을 경우, 땅값은 '오르게' 되니
그걸 되팔면 수지맞는 장사를 한 셈이고, 만약 비스크라가 지금 그대
로, 즉 세상에서 내가 가장 살고 싶은 그런 장소로 계속 남아있을 경
우, 거기다 집을 지어 겨울마다 지내러 오겠다는 이야기였다. 나는 건
물 1층에다 모르식 카페를 꾸며 아트만에게 운영을 맡긴다는 꿈을 꾸
고 있었으며, 벌써 거기다 내 친구들을 전부 초대하고 있었다… 하지
만 그 마지막 구상은 어머니에게 밝히지 않았다. 그것 아니라도 벌써
어머니는 날 미쳤다고 여기시기에 충분했던 것이다.

　어머니는 온갖 수단을 다 동원하셨다. 알베르에게 도움을 요청하셨
으며, 어머니가 연락할 수 있는 내 친구들에게도 도움을 청하셨다. 나
는 어머니가 나를 반대해 그런 공동작전을 벌이신 게 느껴져 무척 화
가 났다. 얼마나 많은 편지들을 내가 받았던가![45] 탄원과 비난, 협박
등등, 즉 아트만을 파리에 데려오면 나는 웃음거리가 될 것이다, 내가
그를 어떻게 하겠다는 거냐? 엠마뉘엘은 날 어떻게 생각할 건가?… 그
러나 나는 굽히지 않았다. 하지만 우리 집 늙은 하녀인 마리의 최후통
첩과 같은 편지가 갑자기 날 포기하게 만들었다. '내 흑인'이 우리 집
에 들어오면 그날로 집을 나가겠노라 맹세했던 것이다. 그런데 마리가
없다면 어머니는 어떻게 지내실 수 있나? 나는 양보했다. 그렇게 해야
만 했다.[46]

---

다. 구입은 3월에 이루어졌다.

45) 당시 모자간에 주고받은 편지들을 오늘날 보면, 어머니의 편지는 무척
　　논리정연하고 차분한 긴 편지였던 반면, 지드의 편지는 거의 모욕적인
　　어조의 격렬한 것이었음에 놀라게 된다.

46) 지드는 3월 18일, 전보를 보내 갑자기 계획을 포기했다. 한 연구가는
　　지드가 내세운 해명이 별 설득력이 없다는 점을 지적하며, 이렇게 포기
　　한 이면에는 와일드 재판의 영향과 함께 그와 똑같은 문제가 생길까하

불쌍한 아트만! 매일같이 새로운 희망으로 굳건해지던 그 상상 속의 구축물을 난 단번에 허물어버릴 마음이 나지 않았다. 내가 뭘 포기하는 일은 자주 있는 일이 아니었다. 연기하는 것, 그게 난관이 나타났을 때 내가 양보하는 전부다. 그 멋진 계획, 겉으로는 포기한 것 같았으나 나는 그걸 실현시키고야 말았다. 단지 4년 뒤에 가서야 가능했다. 47)

하지만 아트만은 뭔가 문제가 있다는 걸 눈치 채고 있었다. 나는 여전히 단단한 내 결심을 믿고 처음에는 그에게 그 문제를 이야기하지 않았다. 하지만 그는 내 침묵을 나름대로 해석했으며, 내 이마가 어두워지는 걸 유심히 관찰하고 있었다. 마리의 편지를 받고 나서, 나는 아직 이틀을 더 기다렸다. 하지만 결국, 나는 모든 걸 말하기로 결심해야 했다 …

우리는 매일 저녁 기차가 도착할 시간이면 역까지 가는 습관을 들였다. 그 역시 내 친구들을 모두 알게 된 지금, —내가 그에게 끊임없이 내 친구들 이야기를 하며, 그들을 환기시키는 것으로 내 고독을 가득 메우고 있었기 때문에 — 우리는 어린애 같은 장난으로, 그들 가운데 한 친구를 마중하러 나온 척하는 것이었다. 분명 여행객들 가운데 그가 있을 거야. 우리는 그가 기차에서 내려 내 가슴에 달려들며 외치는 모습을 보게 될 거야. "아! 어지간히 긴 여행이군! 도무지 도착할 것

---

는 걱정이 있지 않나 보았다. 하지만 와일드가 퀸즈베리 경을 상대로 첫 번째 소송을 제기한 것은 4월 3일이었다. 게다가 지드가 포기한 것을 환영하며 지드 어머니는 3월 19일 다음과 같이 썼다. "마리가 안도의 한숨을 쉬면서 말했단다. 그런 불결한 사람과 같이 사는 건 절대 용납하지 않았을 거라고. (…) 또 그가 만약 우리 아파트에 들어오면, 자기가 해야 할 일을 안다고, 떠날 거라고 말이야."

47) 지드가 아트만을 파리에 오게 한 것은 1900년 5월이었다. 그들은 특히 만국박람회를 보러갔다. 그때의 모습이 쟈크-에밀 블랑슈의 그림 〈앙드레 지드와 그의 친구들〉이란 그림으로 영원히 남게 되었다.

같지 않더구만, 결국 자네를 만나네!…" 하지만 모르는 사람들의 물결이 다 지나가 버리고 나면, 아트만과 나, 우리 둘만 남게 되고, 그러면 우리 둘은 돌아오는 길에 그 부재 위로 우리의 친밀감이 더 단단해지는 걸 느끼는 것이었다.

내 방에서 곧 바로 바깥 평지로 통한다는 건 이미 말한 바 있다. 거기서 멀지 않은 곳에 투구르로 가는 길이 나 있어, 아랍사람들은 밤에 자기네 마을로 가기 위해 그 길을 이용했다. 밤 9시경이면, 닫혀있는 내 방 덧문을 가볍게 긁는 소리가 들린다. 아트만의 형인 사덱과 몇몇 다른 친구들이었다. 그들은 창문 난간을 넘어왔다. 방에는 과일 쥬스와 과자들이 있었다. 모두들 둥글게 웅크리고 앉아, 사덱이 부는 피리 소리를 시간이 흐르는 것도 망각한 채 듣고 있었다. 그렇게 시간을 망각하는 건 다른 곳에서는 한 번도 느낄 수 없었다.

사덱은 프랑스어를 몇 마디밖에 할 줄 몰랐고, 나도 아랍어는 몇 마디 밖에 할 줄 몰랐다. 하지만 우리가 같은 언어를 말했다 하더라도, 우리의 시선과 몸짓, 그리고 특히 그가 내 손을 잡는 그 다정한 방식이 표현하던 것보다 더 많은 걸 말할 수는 없었을 것이다. 그는 내 손을 잡는데, 내 오른손을 자기 오른손에 잡고 있어, 우리는 마치 그림자처럼 조용히, 서로 팔짱을 낀 채 계속 걸어가곤 했다. 우리는 마지막 밤에도 그렇게 산책했다(아! 떠날 결심을 하기가 얼마나 힘들었던가![48] 마치 내 청춘시절과 작별하는 것 같았다). 사덱과 나는 오랫동안

---

48) 사실 지드는 처음에 빨리 돌아가겠다는 의도를 어머니에게 밝혔다. 그걸 만류한 사람은 반대로 어머니였다. 3월 20일 편지에서 어머니는 다음과 같이 썼다. "나도 이해한다. (…) 네가 더 이상 비스크라에 남아 있을 수 없을 거라는 사실을. 하지만 이런 계절에, 그토록 멋진 나라에서 매일 눈비가 내리는 나라로 넘어오지는 마라. 알제나 타마리스, 아니면 어디서든지 좀 쉬도록 해라. (…) 그래, 너를 다시 본다고 마냥 좋아할 수는 없어." 그는 본문에서 암시하는 것보다 훨씬 더 빨리 비스크라를 떠난 다음, 어머니를 하루빨리 만나고 싶다는 편지는 계속 하면서

산책했다. 카페 거리와 울라드 거리 속을 지나가며, 엔 바르카와 메리
암, 그리고 작은 모르 카페에도 미소를 지어 보냈다. 그 카페를 아트
만은 '나의 작은 카지노'라 불렀다. 그건 지난 해, 막 개장한 진짜 카
지노로 폴이 D 의사의 부인과 같이 게임을 하러 가곤 했을 때, 난 바
히르와 모하메드, 그리고 라르비와 함께, 어둡고 더러운 그 작은 카페
로 카드놀이를 하러 가곤 했기 때문이었다. 그러고 나서 울라드 거리
와 불빛, 소음을 떠나, 우리는 가축들이 물을 먹는 우물까지 갔는데,
그곳 주변은 내가 무척이나 자주 와 앉아 있곤 하던 곳이었다.

그런데 모든 것을 한꺼번에 다 포기하지 않기 위해, 나는 아트만에
게 적어도 엘-칸타라까지만이라도 같이 가줄 것을 제안했다. 나는 거
기서 이틀을 머물 예정이었다. 봄기운은 야자수 아래에서 피어오르고
있었다. 살구나무에는 꽃이 활짝 피어 있었고, 꿀벌들은 붕붕대고 있
었다. 강물은 보리밭을 적시고 있었다. 높다란 야자수의 보호를 받으
며, 아늑한 그 그늘 아래 활짝 핀 이 하얀 꽃들보다 더 밝은 것은 상
상할 수 없었는데, 그 살구나무 역시 부드러운 초록빛 곡식알들 위로
그늘을 드리우고 있었다. 우리는 그 에덴동산에서, 오직 미소 짓고 순
수한 것 이외에 다른 기억은 없는 천국 같은 이틀을 보냈다.

셋째 날 아침, 작별인사를 하려고 그의 방에서 아트만을 찾았으나,
그가 도무지 보이지 않아 나는 그를 다시 보지도 못한 채 떠나야 했
다. 나는 그가 사라진 걸 납득할 수 없었다. 그러나 갑자기, 달리는
기차에서, 그것도 엘-칸타라에서 이미 상당히 멀리 떨어진 곳, 강물이
말라있는 강가에서 나는 그의 하얀 외투를 알아보았다. 그는 머리를
두 손에 파묻은 채 거기 앉아 있었다. 그는 기차가 지나갈 때 일어서
지도 움직이지도 않았다. 그는 내가 보내는 손짓을 쳐다보지도 않았
다. 기차가 나를 실어가는 동안, 나는 오랫동안, 사막 속에 버려진,

---

도 알제에 삼 주나 머물렀으며, 어머니는 알제로도 편지를 써서 그가
서둘러 귀국하지 않도록 말렸다.

괴로움에 짓눌려 꼼짝도 하지 않고 있는 그 작은 모습을, 내 절망의 이미지를 볼 수 있었다.

나는 알제에 도착했고, 거기서 프랑스로 돌아가는 배를 타기로 되어 있었다. 하지만 나는 풍랑이 너무 거칠다는 핑계로 네댓 척의 기선을 떠나가게 내버려뒀다. 사실은 그 나라를 떠난다는 생각에 가슴이 찢어지듯 아팠기 때문이다. 병에서 회복된 피에르 루이는 그가 겨울을 보냈던 세빌리아에서 나를 만나러 알제까지 왔다. 심지어 지나친 다정함과 초조한 마음에 한시라도 빨리 나를 만나고 싶어, 그는 내가 알제에 도착하기 몇 정거장 전에 내가 타고 있던 열차 칸 승강기 문에 느닷없이 나타났던 게 기억난다. [49] 하지만 안타깝게도! 우리는 15분도 채 같이 있지 않았는데(나는 너무나 선명히 기억난다), 벌써 서로 다투고 있었다. 거기에는 다소 내 잘못도 있었다는 건 나도 인정한다. 그리고 내가 위에서 말한 것으로 볼 때, 그 당시 내 성격이 아마도 오늘날 내 성격보다 그리 쉽지 않고, 또 그리 유순하지도 않았다는 사실은 모두 알 수 있을 것이다. 하지만 내가 그런 식으로 다툴 수 있었던 건 오직 그하고 뿐이며, 그도 나하고만 그렇게 다투었다고 생각된다. 모든 게 꼬투리가 됐으며, 아무것도 아닌 것도 꼬투리가 됐다. 훗날 그의 서간집이 나오면 그와 같은 편린들을 수없이 보게 될 것이다. 그는 끊임없이 자기 의견과 자기가 좋아하는 걸 다른 사람들 것보다 앞세우는 데 여념이 없었다. 하지만 그가 다른 사람이 물러서는 걸, 적어도 너무

---

49) 지드는 이 만남이 자신의 충동에 의한 것임을 명시하지 않고 있다. 비스크라에서 2월과 3월에, 지드는 당시 세빌리아에 머물고 있던 루이와 전보를 주고받았다. 지드는 "너를 보지 않고 더 이상 오래 견딜 수 없음. 단 하루도 너를 바라고 기다리지 않은 날 없음. 와라. 멋진 비스크라"라고 전보를 보냈다. 루이는 "세빌리아에서 카딕스, 탕제, 말라가, 오랑, 알제를 거쳐 마르세유로 돌아올 수 있을 것으로, 내가 그렇게 하려고 한다. 네가 돌아올 때 날 보러 알제로 와"라고 답했다. 그들은 3월 23일 알제에서 만났다.

빨리 물러서는 걸 그리 원한 것도 아니라고, 그리고 그가 좋아하는 건 자기가 옳다는 것보다 다른 사람과 겨루려는 것, 싸운다는 표현이 뭣하다면 겨루려는 것이었다고 생각된다. 이런 호전성은 하루 종일 나났고 모든 것에서 구실을 끌어냈다. 사람들이 햇빛 속을 걷고 싶어 하면 그는 금방 그늘을 더 좋아한다는 식이었고, 언제나 그에게 양보해야 했다. 사람들이 그에게 말을 걸면 그는 침묵에 빠져들거나 아니면 도전적인 콧노래를 흥얼대는 것이었다. 사람들이 조용하길 원할 때면 그는 목소리를 높였다. 그 모든 게 엄청나게 내 신경을 거슬렀다.[50]

그는 굳이 날 창녀촌으로 끌고 가겠다고 우겼다. 내가 이 이야기를 하는 방식 때문에 사람들은 내가 까다롭게 굴었다고 생각할 수도 있을 게다. 하지만 아니었다. 나는 어떤 것도 더 이상 거부하지 않노라 자부하고 있던 터라, 그리 선뜻 내키지는 않았으나 그를 따라 일종의 댄스홀인 '안달루시아의 별들'로 갔다. 아랍적인 것도, 심지어 스페인적인 것도 전혀 없이, 그 천박함에 금방 구역질이 날 것 같은 곳이었다. 그런데 피에르 루이가 자기 마음에 특별히 드는 건 바로 그 천박함이라고 단언하기 시작했으므로, 내 불쾌감은 그까지 한꺼번에 토해버릴 정도였다. 하지만 나는 그런 혐오감에 좌우되고 싶지 않았다. 나 자신을 끝까지 밀어붙이고자 하는 못된 욕구와 함께, 분명 욕정만 제외하고 모든 게 다 조금씩 들어있는 뭔지 모르는 모호한 감정의 혼합덩어리가, 나로 하여금 지난해엔 바르카와 그토록 참담하게 실패했던 그 시도를 재개하게 만들었다. 그게 이번에는 성공했다. 그 결과 얼마 지나지 않아 내 불쾌감에다 성병에 걸렸다는 두려움이 덧붙여졌다. 루이는 재미있다는 투로, 사실상 내가 같이 들어간 '안달루시아의 별'은 성

---

50) 이런 불화의 이유는 지드가 발레리에게 보낸 편지에 좀더 자세히 언급되어 있는데, 지드는 루이가 지드가 아는 사람들을 모두 비웃었다고 비난했다. 그런데 한 연구가는 이 불화에 다른 이유, 즉 와일드 문제를 가정하고 있다. 비스크라에서 최근 자신의 성적 취향을 알게 된 지드는 그런 문제로 와일드와 결별한 루이와 대립될 수밖에 없었다는 것이다.

좌가운데 가장 예뻤다는 점에서(나로선 가장 덜 못생겼다고 해야 할 것
이다) 분명 가장 위험한 여자였을 게다, 그녀에게 손님이 없었다는 사
실만으로도 그건 설명될 수 있지 않나, 다른 여자들과는 달리 그녀에
게 남아있는 그 젊음과 매력의 잔재를 보면 경계해야 하는 건 당연한
데도 나처럼 멍청하지 않고서야 그녀를 선택할 수 없노라, 게다가 내
가 그녀를 선택하는 걸 보고 다른 여자들은 웃어댔는데 나는 그것도
눈치 채지 못했노라고 은근히 내비치며, 한편으론 내 두려움에 부채질
을 해댔다. 아직 시간이 있었을 때 내게 알려줄 수도 있었지 않았냐고
내가 대들었을 때, 그는, 틀림없이 내가 조만간 증상을 느끼게 될 그
병은 그 자체로는 전혀 겁낼 게 없다, 요컨대 쾌락에 대한 세금처럼
받아들여야 한다, 또 그걸 피하려고 하는 건 공동의 법에서 빠져나가
려는 것이다 라는 주장을 폈다. 그러고 나선 다른 한편, 날 안심시키
는 마지막 단계로, 그는 수많은 위대한 사람들의 이름을 나열하며 그
들이 가진 천재성의 4분의 3 이상은 분명 매독 덕분이었다고 말하는
것이었다.

　그 경고의 말, 그 당시 내가 지었을 표정을 생각하면 — 특히나 내가
아무 이유도 없이 곧잘 걱정해대던 성격임을 알고 있기에 — 오늘날에
는 무척 우습게 보이는 그 경고의 말이 당시에는 전혀 재미있지 않았
다.[51] 내 불쾌감과 두려움에 금방 루이에 대한 일종의 분노가 덧붙여
졌다. 확실히 우리는 더 이상 의견이 맞지도, 서로를 견딜 수도 없었
다. 가까워지려고 했던 그때의 노력이 아마 마지막 노력이 아니었나
싶다.

　피에르 루이가 떠나고 난 다음 내가 알제에서 며칠 더 묵었던 그 날
들은 내가 가장 다시 살아보고 싶을 날들이었다. 거기에 대해 구체적인

---

51) 지드는 《교황청의 지하실》에서, 카롤라와 하룻밤을 보낸 플뢰리수아르
　　에게 똑같은 두려움을 갖게 만들며, 자신이 겪은 낭패스런 사건을 아이
　　러니컬하게 그리고 있다.

기억은 하나도 없다. 하지만 뭔가 엄청난 열정과 환희, 새벽부터 나를 깨우고, 매 시간 매 순간을 영원하게 만들며, 내 가슴에 다가오는 모든 것을 투명하게 만들거나 증발시켜버리던 그 열광만은 기억난다. 52)

어머니는 당시 내가 보내던 편지로 무척 초조해하시기 시작했다. 그 편지에 넘쳐흐르던 열광이 어머니 눈에는 아무 이유도 구체적 대상도 없이 가능한 것으론 보이지 않았기 때문에, 어머니는 벌써 내게 뭔가 연애사건이, 여자관계가 있으리라 상상하셨다. 거기에 대해 어머니는 감히 내게 솔직하게 말은 못하셨으나, 어머니 편지에 가득 담긴 암시를 통해 그 흔적이 선명히 드러나고 있었다. 어머니는 내게 돌아오라고, '끊어버리라'53)고 간청하셨다.

진실은, 만약 어머니가 그 진실을 알 수 있으셨다면, 어머니를 더 겁나게 했을 것이다. 왜냐하면 다른 사람과 관계를 끊는 것은 자기 자신에게서 벗어나는 것보다 더 쉽기 때문이다. 그리고 그것에 성공하기 위해서는 우선 그걸 원해야 한다. 그런데 내가 막 나 자신을 발견하기 시작하던 그 순간, 내가 나 자신을 떠나기를 원할 수는 없는 것이다. 내 속에서 새로운 내 율법의 서판을 막 발견하던 그 순간에 말이다. 규율로부터 나 자신이 해방되는 것으론 충분치 않았기 때문이

---

52) 3월 26일경 알제에 도착한 지드는 4월 13일 그곳을 떠났다. 그동안 지드는 블리다로 돌아가 며칠 보내고 오는데, 이번에는 봄날의 행복감 속에서였다. 거기서 적은 1895년 3월의 노트는 《지상의 양식》 제7장으로, 제3장과 대조적 쌍을 이룬다.

53) 이 시기와 관련된 지드 어머니의 유일한 편지는 그런 의심을 은밀히 드러내고 있다. "바다 사정이 그리 나빠 너를 알제에서 일주일이나 붙잡아 놓는다는 거니? 은밀하고도 미심쩍은 미소를 엿본 나로선 더 이상 네가 늦는 이유를 감히 대지도 못하고, 갑자기 고통스런 심정에 사로잡히고 있다는 걸 넌 알고 있니? 네가 비스크라에 집을 산 것을 두고 한 설명이 한순간 이해가 됐어! (…) 그렇게 상스러운 사건에 말려들게 내버려두는 에미가 있다면 도대체 사람들은 뭐라고 생각하겠니?" 그렇긴 하나 지드 어머니는 지드더러 빨리 돌아오라고 재촉하지 않았다.

다. 나는 내 열광을 합법화하고자, 내 광기에 정당성을 부여하고자 나섰던 것이다. 54)

위 마지막 구절들의 어조는 내가 거기에 대해 잘못을 시인한 것처럼 들릴 수도 있을 것이다. 하지만 거기엔 차라리, 사람들이 내게 반대할 수 있는 모든 것에 대한 사전 대비와 답변이 들어있다고 봐야 할 것이다. 그건 내가 이미 나 자신에 대항해 그 모든 것을 반박해 보았다는 걸 드러내 보이는 한 방식이다. 왜냐하면 도덕적이고 종교적인 문제를 고찰하거나 그런 문제와 직면해 처신하는 방식 가운데, 내 삶의 어느 한 시기에 내가 직접 겪고 또 내 것으로 삼아보지 않았던 방식은 하나도 없다고 생각하기 때문이다. 사실상, 나는 그 모든 방식들을 다 화해시키길 원했다. 가장 다양한 관점들 가운데 그 어떤 것도 제외시킬 수 없었던 나는, 디오니소스와 아폴로 사이에 벌어지는 분쟁의 해결은 그리스도에게 맡길 심산이었다. 55) 그러다가 어떻게, 내 열정에 이끌려, 또 나의 갈증을 찾아, 매번 더 앞으로 빠져들던 그 사막 너머로, 어떻게, 또 어떤 격정적인 사랑을 맛보며 내가 복음서를 되찾을 수 있었는지, 아직 그 이야기를 할 때는 아니다. 그리고 내가 새로운 눈으로 그 복음서를 읽어가던 중, 자자구구와 그 속에 담긴 정신이 갑자기 환히 빛을 발하는 것을 보는 순간, 내가 그 속에서 끄집어냈던 가르침에 대해서도 아직 이야기할 때가 아니다. 나는 그 성스러운 가르침, 교회를 통해서는 거의 만날 수 없었던 그 성스러운 가르침을 교회가

---

54) 4월 5일 지드는 어머니에게 다음과 같이 쓴다. "몇몇 생각이 제 인생을 지배하기 시작해서, 그 생각에 따라 살고 글을 쓰려는 게 제겐 당연하게 보입니다. 제가 현명해지기 시작하는데, 왜 어머니께선 제가 미쳤다고 생각하시기 시작합니까?" "전 더할 나위 없이 잘 지내고 있다는 걸 좀 믿으세요. 그리고 딱 시인이 될 만큼만 미쳤고, 이 모든 게 하느님 보시기에 딱 좋다고 말이에요."

55) 이 두 신과 이들의 갈등적 관계를 예술 창조의 근원으로 본 것은 바로 《비극의 탄생》에서 니체가 주장한 것이다.

왜곡해버린 것에 대해 비통한 마음이 드는 동시에 화가 났다. 우리 서
구세계가 멸망해가는 것은 복음서에서 그 가르침을 볼 줄 몰랐기 때문
이거나, 볼 생각을 하지 않기 때문이라고 나는 속으로 되뇌었다. 그건
내 깊은 신념이 되어, 그 죄악을 고발하는 게 내 의무인 것 같았다.
따라서 나는 머릿속으로 〈그리스도에 반(反)하는 기독교〉라고 제목을
붙인 책을 한 권 쓸 계획이었다. 이미 여러 페이지를 썼던 그 책은 좀
더 평온한 시기였더라면, 그리고 그 책을 당장 출판할 경우, 내가 갖
게 될 두려움, 즉 몇몇 친구들을 슬프게 하고 또 내가 그 무엇보다 소
중하게 생각하는 사상의 자유를 심각하게 해칠 수 있다는 그런 두려움
만 없었더라면 이미 세상에 나왔을 것이다.[56]

　이 심각한 문제들, 조만간 무엇보다도 나를 괴롭히게 될 그 문제들
이 진정으로 날 사로잡기 시작한 것은 더 훗날의 일이다. 하지만 그
문제들은 내가 아직 선명하게 규정지을 수는 없었으나 이미 내 속에
들어있어서, 쉽게 동의하기만 하면 되던 자기만족적 쾌락주의 속에 날

---

56) 여기서 지드가 환기시키고 있는 신념은 《지상의 양식》 시기부터 지드
　　안에 깃들여있던 것으로, 1916년 《너 마저…?》(*Numquid et tu…?*)에서
　　언급된 종교적 위기를 겪으며 다시 드러날 때까지, 그 내부에 은밀히
　　계속 존재해 있던 것이다. 1896년부터 《기독교 도덕》(*Morale Chré-
　　tienne*)에서 그는 쓰고 있다. "우선 가톨릭이, 그 다음 개신교가, 처음
　　에는 해방의 방편이었으나 오래전 구속의 방편이 되었다. (…) 조만간
　　사람들이 그 종교에서 그리스도의 말씀을 끄집어내게 될 것이라 생각한
　　다. 그때까지 보였던 것보다 훨씬 더 해방의 말씀처럼 보이도록 말이
　　다." 1910년에는 "(…) 나의 기독교는 오직 그리스도에게만 속하는 것
　　이다", 그리고 1913년에는 이 주제로 책을 쓸 생각을 예고한다. "기독교
　　의 비참한 파산을 밝힐 것. (…) 가톨릭은 공동체를 만든다고 나섰으나
　　그리스도를 쫓아내고서야 그 목적에 도달했다(이 모든 것은 무척 부드
　　럽게 말해져야 한다. 심판자나 혁명가의 어조는 끔찍하다)." 처음으로
　　1914년 6월 15일 〈그리스도에 반하는 기독교〉라는 책을 쓰겠다는 의도
　　를 언급했다.

안주하지 못하게 만들고 있었다. 이 이야기는 지금으로선 이걸로 충분하리라.

결국 어머니의 간청에 따라, 나는 어머니가 라 로크로 떠나시기 보름 전 파리에 계시던 어머니 곁으로 돌아왔다. 나는 7월에 라 로크로 가서 어머니와 다시 만나기로 되어 있었으나, 결국은 임종의 자리에 누운 어머니를 보게 되었다. 어머니와 마지막으로 함께 지냈던 날들은 (파리에서 말이다) 휴식과 휴전의 나날이었다. 분명 인정해야 하듯이 우리 모자 사이의 가장 명백한 관계는 논쟁과 투쟁의 관계였다는 사실에 비추어 볼 때, 그 마지막 날들을 되새겨 볼 수 있다는 건 내게 다소 위안이 된다. 내가 여기서 '휴전'이라는 말을 사용하는 건 우리 사이에 지속적인 평화는 도저히 불가능했기 때문이다. 잠시 휴식을 허용하는 서로간의 양보는 단지 잠정적일 뿐이었고 묵인된 오해에서 출발하는 것이었다. 게다가 나는 엄밀히 어머니가 틀리셨다고 보지는 않았다. 나는 어머니가 날 가장 괴롭히실 때조차도 자기 역할을 하고 계셨던 거라 여겼다. 사실상, 자기 의무를 의식하고 있는 어머니 가운데 자기 아들을 복종시키려 들지 않는 어머니는 없다고 생각했다. 하지만 아들 역시 어머니가 하는 대로 순순히 따르지 않는 건 너무나 당연하다고 생각했다. 난 모두들 응당 그럴 거라 여겼기에, 폴 로랑스와 그의 모친이 보여준 것처럼, 내 주위에서 부모 자식 간에 완벽한 합의가 이루어지는 경우를 보노라면 무척 놀라곤 했다.

우리는 결코 사람 자체를 사랑하는 게 아니라 단지 그의 장점을 사랑하는 것이라고 말한 게 파스칼 아니었던가?[57] 내 어머니의 경우, 어머니가 사랑하신 장점이란 자신의 그 강압적인 애정으로 내리누르고 있던 그 사람들이 실제로 갖고 있던 게 아니라, 그들이 가져주길 어머니가 염원하시던 바로 그런 장점이었노라고 말할 수 있으리라. 어머니가 타인에 대해, 특히 나에 대해 끝없이 펼치셨던 그 노고를 나는 적

57) 파스칼의 《팡세》, 323절 (브룬슈빅 판) 에 나오는 구절이다.

어도 그렇게 해석해보고자 한다. 그런 어머니의 노고가 날 얼마나 지치게 했는지, 그리하여 내 울분이 어머니에 대해 갖고 있던 내 모든 사랑을 결국 손상시키지 않았는지 더 이상 알 수 없을 지경이었다. 어머니가 날 사랑하시는 방식에는 나로 하여금 어머니를 증오하게 만들고 신경을 곤두서게 만드는 게 있었다. 이런 내 태도가 화가 난다면 당신들도 한번 상상해보시라. 일거수일투족을 끊임없이 지켜보며 걱정하고, 당신들의 행동과 생각들, 돈 씀씀이에 대해, 천을 하나 고르는 것에서부터 무슨 책을 읽나, 책 제목에 이르기까지… 그치지 않고 들볶아대며 충고를 하면 어떻게 될 수 있나 한번 상상해보시라. 《지상의 양식》이라는 제목이 어머니 마음에 들지 않았다. 아직 제목을 바꿀 시간은 있었으므로, 어머니는 지칠 줄 모르고 그 문제를 재론하시는 것이었다.

몇 달 전부터는 치사한 돈 문제가 우리 관계에 새로운 분쟁의 불씨를 가져다주었다. 어머니는 매달 어머니 보시기에 내게 충분하리라 생각되는 용돈 — 다시 말해 내 기억이 정확하다면 300프랑씩 — 을 주셨는데, 나는 그 중 3분의 2는 어김없이 음악회를 가거나 책을 사는 데 쓰고 있었다. 어머니로서는 내가 얼마 되는지도 모르고 있던 아버지로부터 물려받은 재산을 내가 마음대로 쓰게 하는 건 신중치 못하다고 여기고 계셨다. 게다가 어머니는 성년이 된 내가 그 재산에 대해 권리를 갖게 된 것도 알려주시려 하지 않았다. 여기서 사람들은 오해하지 않기 바란다. 어머니가 그렇게 하신 건 어떤 개인적인 이해타산 때문이 아니라, 오직 나 자신으로부터 나를 보호하고자, 후견인으로서 나를 지켜주시기 위해서였고, 또 (나를 가장 화나게 하는 건 바로 이것이었는데) 그만하면 적당하다는, 감히 말하자면, (이 경우 내 몫이) 쓰고 살 만한 몫이라는 생각, 즉 내게 필요한 것들을 어머니 스스로 평가해, 내가 얼마 받으면 적당하리라 판단하신 액수를 따져서 주시려는 생각 때문이었다. 내게 재산권이 있다는 걸 내가 깨닫게 되었을 때, 어머니가 제시하신 계산법에 따르면 내가 수입보다 더 많이 쓴다는 주장이셨다. 사람들이 '수치(數値)의 웅변'이라고 말했던가. 어머니에겐 모든 청구서가 변론이었다. 방식을 바꿔도 나는 아무 이득도 볼 수 없으리라는 사실, 그리고 어머니가 매달 내게 부어주시는 금액은 내 재산에서 나오는 소득에 맞먹거나 그 이상이라는 사실을 내게 증명하는 게 중요했던 것이다. 게다가 우리의 공동생활에 드는 모든 지출은 여기에 빠져있다는 것이기에, 모든 문제를 조정할 수 있는 최상의 방법은 내가 어머니와 같이 지내는 동안은 차라리 내가 어머니에게 하숙비를 내기로 하는 방법 같았다. 그런 타협안으로 우리의 분쟁은 마무리되었다.[58]

하지만 이미 말했듯이, 오랜 이별 후 우리가 같이 보내게 된 그 보름 동안은 아무 문제가 없었다. 그리고 물론, 나도 나름대로 많은 노력을 했다. 어떤 예감이 그 시기가 우리가 함께 보낼 마지막 날이라는 걸 우리 둘 모두에게 알려주기라도 한 것 같았다. 어머니 쪽에서도 내가 그 전에 봤던 그 어느 때보다도 더 유화적이셨기 때문이다. 내 편지를 통해 어머니가 상상하셨던 것보다 덜 상한 모습으로 나를 되찾게 된 기쁨이 분명 어머니 마음을 누그러뜨리기도 했을 게다. 나는 어머니에게서 단지 한 사람의 어머니를 느꼈을 뿐이었고, 그의 아들로 느껴지는 게 기뻤다.

따라서 내가 더 이상 가능하리라 생각지 못했던 우리의 공동생활을 나는 다시 원하기 시작했고, 여름 내내 라 로크에서 어머니와 함께 보낼 계획을 했다. 어머니는 집을 정리하기 위해 나보다 먼저 라 로크로 떠나시기로 했다. 또 엠마뉘엘이 와서 우리와 함께 지내는 게 불가능해 보이진 않았다. 왜냐하면, 더욱 완벽한 우리의 화해를 보장하기 위

---

58) 이 주장에 대해 문제를 제기하기에는 자료가 부족하다. 하지만 지드가 집안의 재산에서 그에게 들어오는 소득을 자신이 운영한다는 전제하에, 그의 어머니에게 매년 3천 프랑씩 준 것은 '몇 달 전'이 아니라 지드가 성인이 된 1890년부터다. 그리고 지드의 부친으로부터 나온 유산은 그의 어머니의 재산에 비할 때 무척 적었던 게 사실이다.

한 것처럼, 어머니는 오래전부터 자신의 며느리로 생각하던 사람과 내가 결혼하는 것 이상 바라는 바가 없노라고 마침내 내게 털어놓으셨기 때문이었다. 59) 아마도 어머니는 체력이 약해지는 걸 느끼시곤 날 혼자 내버려둘까봐 걱정하셨던 것 같기도 했다.

　나는 어머니와 합류할 날을 기다리며 생-농-라-브르테슈에 있는 내 친구 E. R. 곁에서 며칠 머무르고 있던 중이었다. 그때 늙은 하녀 마리가 전보로 갑자기 날 불렀다. 어머니가 갑자기 쓰러지셨던 것이다. 나는 달려갔다. 내가 어머니를 다시 봤을 때, 어머니는 지난 몇 해 여름 동안 내가 서재로 썼던 큰 방에 누워계셨다. 그 방은 어머니가 단지 며칠만 라 로크로 오셔서 집 전체를 다 사용하지 않을 때면, 어머니 방보다 더 즐겨 묵으시던 방이었다. 나는 어머니가 날 알아보셨다고 생각한다. 하지만 시간도 장소도, 자기 자신도, 주위에 있는 사람들도 더 이상 선명히 알아보지 못하시는 것 같았다. 왜냐하면 내가 온 것에 놀라지도 않았고, 나를 다시 보는 기쁨을 드러내시지도 않았기 때문이다. 어머니의 얼굴은 크게 변하진 않았다. 하지만 시선은 희미했고 얼굴엔 아무 표정이 없어서, 어머니가 여전히 살고 계시는 그 육신은 더 이상 어머니 것이 아니고 이미 더 이상 어머니 뜻에 따르지도 않는 것 같았다. 그런 모습은 너무나 기이하여 나는 측은함을 느끼기보단 깜짝 놀랄 지경이었다. 베개를 받치고 있어 어머니는 반쯤 앉은 자세였다. 어머니는 침대 밖으로 두 팔을 내놓고, 펴놓은 커다란 장부 위에다 뭔가를 쓰려고 애를 쓰고 계셨다. 간섭하고 충고하고 설득하려는 그 초조한 욕구가 어머니를 더 피곤하게 만들고 있었다. 어머니는 뭔가 고통스런 내적 동요에 사로잡히신 것 같았으며, 손에 들고 있던

---

59) 이런 주장에 대해 다소 의문을 제기하기 위해 지드 어머니의 수많은 편지들을 인용해 볼 수 있을 것이다. 그러나 1892년 가을부터, "어머니는 그 이후로는, 지드가 마들렌느로부터 서서히 '예'라는 승낙을 얻어낼 수 있도록, 그녀 자신의 죽음을 넘어서까지, 끊임없이 그를 지원해주었다"라고 한 연구자는 요약하고 있다.

연필은 하얀 종이 위로 움직이고 있었지만 아무 표식도 남기지 못했다. 최후의 그 헛된 노력보다 더 고통스러운 건 없었다. 나는 어머니에게 이야기를 해 보았으나, 내 목소리는 더 이상 어머니에게 이르지 못했다. 또 어머니가 말을 하려고 애를 쓰셨으나, 나는 무슨 말인지 알아들을 수가 없었다. 어머니가 좀 쉬시길 바라며 나는 어머니 앞에 놓인 종이를 치웠지만, 어머니의 손은 계속 침대보 위에서 뭘 쓰고 있었다. 어머니는 마침내 잠시 잠이 드셨고, 얼굴이 조금씩 풀어졌고 손도 움직이기를 그쳤다⋯ 그때 갑자기, 좀 전 그토록 절망적으로 고통스러워하는 걸 본 그 가련한 두 손을 바라보며, 나는 피아노 위에 놓인 어머니 손을 상상했다. 그 손 역시, 과거엔 서투른 솜씨나마 뭔가 시정과 음악을, 아름다움을 표현하고자 애를 썼다는 생각⋯ 그 생각에 곧바로 내 가슴은 무한한 존경심으로 가득 찼다. 나는 무릎을 꿇으며 침대 아래로 쓰러지면서, 터져 나오는 흐느낌을 막기 위해 이불 속에 이마를 묻었다.

개인적인 슬픔은 내게 눈물을 자아내게 할 수 있는 건 아니다. 그럴 때는 내 마음이 아무리 괴롭다 하더라도 내 얼굴은 말라 있다. 그건 언제나 나의 일부분이 뒤로 물러나, 다른 나를 바라보며 비웃고 말하기 때문이다. "뭘 그래! 그렇게 불행한 것도 아니면서!"[60] 한편, 다른 사람의 슬픔을 볼 경우 나는 엄청나게 많은 눈물을 쏟아내며, 종종 그 슬픔을 나 자신의 슬픔보다 훨씬 더 생생하게 느끼는 것이다. 그러나 그보다도, 뭔가 아름다움이나 고귀함, 희생, 헌신, 감사와 용기, 또는 무척 순진하고 순수하거나 무척 어린애 같은 어떤 감정의 표현이 드러나는 경우면, 그게 뭐든지 간에 나는 슬플 때보다 더 많은 눈물을 쏟아내는 것이었다. 마찬가지로, 무척 강렬한 모든 예술적 감동도 곧

---

60) 《사전꾼들》에서 아르망은 외친다. "내가 무슨 말을 하건 무슨 행동을 하건, 언제나 나의 일부는 내 뒤에 남아, 다른 내가 저지르는 일들을 지켜보고 관찰하며, 비웃고 조롱하거나 또는 박수를 쳐대지."

바로 내 눈물을 자아내어, 박물관이나 음악회에 갔을 경우 내 옆 사람
이 감짝 놀랄 정도다. 언젠가 피렌체의 생-마르크 수도원에서 안젤리
코의 거대한 벽화 앞에서 내가 눈물을 철철 흘리는 것을 보고, 젊은
영국 여자아이들이 킥킥대던 웃음소리가 아직 기억난다. 그때 내 친구
인 게옹도 같이 있었는데, 그도 함께 눈물을 흘리고 있었다.[61] 둘 다
소나기 같은 눈물을 흘리는 광경이 사실 무척 우스꽝스러울 수 있었다
는 건 나도 인정한다. 마찬가지로, 아가멤논이라는 이름만으로도 내
마음속에 은밀한 눈물의 수문을 열던 시절도 있었다. 그만큼 왕 중의
왕 아가멤논의 위엄이 신화적인 경외심과 존경심으로 내 마음속을 파
고들었던 것이다. 그리하여 지금 내 마음을 이토록 뒤흔든 건 어머니
를 여의었다는 감정 때문은 아니었다(정직하기 위해, 어머니를 여읜 것
은 나를 거의 슬프게 하지 않았다는 점은 고백해야 할 것이다. 혹 내가 슬
펐던 건 어머니가 괴로워하시는 걸 보는 것이었지, 어머니와 이별하는 건
크게 슬프지 않았다고 말할 수도 있으리라). 그랬다. 내가 운 것은 무엇
보다도, 슬픔 때문이 아니라, 추악한 것이라곤 털끝만큼도 생각해본
적 없는 그 마음, 오직 타인을 위해서만 고동치고 끊임없이 의무를 위
해 헌신하시던 그 마음에 대한 감탄 때문이었다. 그것도 신앙심에 의
해서가 아니라 타고난 성품에 의해 지극히 겸허한 마음으로 헌신하셨
기에, 어머니는 말레르브처럼, 하지만 얼마나 더 진지하게 다음과 같
이 말씀하실 수 있었을까. "내가 하는 봉사는 항상 너무나 보잘것없는
봉헌물 같아서, 그게 어떤 제단이든 부끄러움과 떨리는 손으로 바치지
않은 적이 한 번도 없습니다"[62] 라고. 무엇보다 나는 어머니 삶에 대
해, 어머니 눈에 사랑스럽게 보이거나 또는 사랑받을 만하던 그 모든
것에 좀더 다가가기 위한 끊임없는 노력 그 자체였던 어머니의 삶에
대해 감탄했던 것이다.

---

61) 지드와 게옹이 피렌체를 방문한 것은 1912년 4월이었다.

62) 프랑스 고전주의 대표적 시인인 말레르브(Malherbe, 1555-1628)가
    1601년 11월 9일 에브뢰 주교에게 보낸 편지에 나온다.

나는 그 큰 방에, 죽음이 엄숙하게 잠식해 들어오는 것을 지켜보며, 어머니와 단둘이 있었다. 나는 포기하지 않으려는 심장의 초조한 박동 소리가 내 가슴속에 메아리치는 것을 듣고 있었다. 심장이 아직 싸우고 있었던 것이다! 나는 이미 여러 번 임종을 지켜본 적이 있었으나, 그 임종들이 결말을 잘 짓고 한 인생을 더 자연스레 마감하는 것처럼 보였던지, 아니면 단순히 내가 덜 집중해서 바라보았기 때문인지,[63] 이렇게 비장하게 보인 적은 한 번도 없었다. 어머니가 의식을 되찾지 못할 건 분명했다. 그래서 나는 이모와 숙모님을 어머니 옆에 부를 생각은 하지 않았다. 나는 혼자서 어머니를 지켜보고 싶었던 것이다. 마리와 내가 어머니의 마지막 임종을 지켰다. 마침내 어머니의 심장이 멎었을 때, 나는 사랑과 괴로움과 자유의 심연 속으로 내 온 존재가 빠져드는 것을 느꼈다.[64]

내가 숭고한 것에 도취되어버리는 이상한 심리상태가 있다는 걸 느낀 건 바로 그때였다. 초상을 당한 뒤 처음 얼마 동안, 나는 일종의 도덕적 도취상태 속에 살았던 것이 기억난다. 그런 상태는 내가 가장 무분별한 행위를 하도록 만들었는데, 그 행위들이 고상해 보이기만 하면 내 이성과 마음은 곧바로 동의해버리는 것이었다. 그리하여 나는 몇몇은 겨우 어머니를 알 정도인 먼 친척들에게까지 기념품으로 자그마한 보석과 물건들을 나눠주기 시작했다. 그건 어머니 물건이었기 때문에 나에게는 가장 소중한 것일 수도 있던 것들이었다. 열광과 사랑, 그리고 헐벗음에 대한 기이한 갈증에 사로잡혀, 그게 내 손에 들어오는 순간, 나는 내 재산 전부도 줄 것 같았으며, 나 자신도 내줄 것 같았다. 내적 풍족감이 내 마음을 부풀렸고, 자기희생의 황홀한 감격을 내 마음속에 불어넣었다. 뭔가를 아낀다는 건 생각만으로도 내겐 수치

63) 특히 1890년 그가 마들렌느와 같이 지켜본 외삼촌 에밀 롱도를 말한다.
64) 지드의 어머니 쥘리에트 지드는 1895년 5월 31일 사망하여, 6월 3일 파리 몽파르나스 묘지에 묻혔다.

스럽게 보였을 것이며, 나 자신을 감탄시킬 수 있는 게 아니라면 나는 더 이상 귀도 기울이지 않았다. 어머니가 살아계실 때 내가 그토록 갈구하던 자유조차 마치 대양의 바람처럼 나를 어리둥절하게 만들었으며, 숨 막히게 했고 날 무척 겁나게 했던 것 같다. 현기증에 사로잡힌 나는 갑자기 풀려난 죄수 같은 느낌이었다. 갑자기 줄이 끊어진 연처럼, 닻줄이 끊어진 배처럼, 바람과 물결에 따라 휩쓸리는 표류물 같은 느낌이었다.

내가 매달릴 수 있는 건 사촌누이에 대한 내 사랑밖에 남지 않았다. 그녀와 결혼하고자 하는 의지만이 아직 내 삶을 이끌어주고 있었다. 확실히 나는 그녀를 사랑하고 있었다. 내가 확신할 수 있는 건 오직 그것뿐이었다. 심지어 나 자신을 사랑하는 것보다 더 그녀를 사랑하고 있다고 느꼈다. 내가 그녀에게 청혼했을 때, 나는 나 자신보다 그녀를 더 생각했다. 특히나 나는 내가 앞장서 그녀를 이끌고 가고 싶었던 그 끝없는 넓은 세계에 완전히 매료되어, 위험이 가득 차 있는 것도 아랑곳하지 않았다. 왜냐하면 나는 내 열정이 무찌를 수 없는 게 있다고는 인정하지 않았기 때문이다. 신중함은 전부 비겁하게 보였고, 또 위험에 대한 어떤 염려도 비겁하게 보였을 것이다.

우리의 가장 진지한 행위들이란 또한 가장 계산되지 않은 행위들이다. 차후에 그것을 설명해보려고 하나 다 쓸데없는 것들이다. 어떤 숙명이 나를 이끌어가고 있었다. 어쩌면 내 본성에 도전하려는 은밀한 욕구였을지도 모른다. 왜냐하면 엠마뉘엘에게서 내가 사랑하던 건 바로 덕성 자체가 아니었던가? 만족할 줄 모르는 내 지옥이 결혼한 건 바로 천국이었다. 하지만 그 지옥을 나는 바로 그 순간에는 잊고 있었다. 어머니를 여읜 내 눈물들이 지옥의 불길들을 꺼버렸던 것이다. 나는 창공에 눈이 먼 것 같았다. 내가 더 이상 보려고 하지 않던 것은 내게 더 이상 존재하지 않았다. 나는 나 자신 전부를 그녀에게 줄 수 있다고 생각했으며, 아무것도 남김없이 그렇게 했다. 그 후 얼마 뒤 우리는 약혼했다. 65)

65) 이 약혼은 알제리에서 돌아온 지드와 루앙에서 온 마들렌느가 며칠간
서로 만났던 4월, 파리에서 지드의 어머니 앞에서 결정되었다. 6월 17
일로 결정된 약혼식 날짜는 지드 어머니의 죽음에도 불구하고 변경되지
않았다.

# 부 록

《누벨 르뷔 프랑세즈》에 이 《회고록》의 1부가 출판된 다음, 나보다 예전 일에 대해 더 잘 알고 있던 외사촌 모리스 데마레가 내 이야기에 몇 가지 수정을 가하길 원했다. 따라서 나는 여기, 정오표를 대신하여 내 사촌의 편지를 그대로 옮긴다.

   로베르티 씨는 안나 섀클턴이 크론느 가에 들어오게 된 일에 아무 역할도 하지 않았네. 안나는 1850년, 51년 아니면 52년에 들어왔고, 로베르티 씨는 1859년에서야 낭트에서 루앙으로 왔지(내가 내 모친의 편지에서 정확한 날짜를 다시 찾아냈네).
   자네는 섀클턴 씨네 자녀들이 뭔가 불운 때문에 스코틀랜드에서 유럽 대륙으로 건너 온 것처럼 생각하고 있네만, 사실은 섀클턴 씨는 로우클리프 씨가 엘뵈프 도로에 있던 그의 제철소 공장장으로 초청하셨던 거네. 영국인들은 프랑스인들보다 철도 건설이나 그 자재와 마찬가지로, 제련업에 있어서도 훨씬 더 앞서 있었다네. 파리에서 르아브르까지 철도 건설 및 경영으로 루앙에는 상당한 영국 이주민들이 오게 되었다네.
   다른 오류 하나, 그건 더 심각하네. 자네에 따르면 나의 모친은 안나가 우리 집안에 들어 온 다음, 심지어 상당히 한참 뒤에 결혼하신 것으로 나와 있네. 그런데 모친은 1842년 결혼하셨고, 나는 1844년

424

태어났지. 자네 모친은 1842년에는 아홉 살이었네. 그러니 나의 부친이 60년대에 '새 형부'라고 불리기에는 전혀 어울리지 않는다는 걸 자네도 알 걸세. 따라서 일괄적으로 롱도 아가씨들(복수로)이라고, 또 '그녀들의' 가정교사라고 말하는 건 부정확하다네.

자네가 안나 섀클턴에 대해 말한 것에는 나 역시 전적으로 동감할 수 있네. 내가 이야기한다면 좀더 덧붙일 수도 있을 것 같네. 그녀가 가슴속에 품고 있던 억눌린 열망과 정처 없는 애정을 나 역시 너무나 잘 알고 있던 처지였으니까 말일세. 나는 나이가 들어감에 따라 그걸 한층 더 잘 알 수 있었고, 아직까지 종종 똑같은 슬픔과 뭔가 불공평한 운명에 대한 반항 같은 걸 느끼며 그녀 일을 생각하고 있다네.

마지막 하나. 자네는 안나가 우리 집안에 들어 온 초창기 시절, 즉 미스 안나 시절에 대해 상세하게 말하며, 그녀의 처지가 반쯤 하인신분이라고 말하고 있네. 자네가 신분이라 부르는 것에서 안나가 점차 상승했던 사실을 자네는 모르고 있는 것 같네. 안나가 어떻게 점점 더 가족의 일원처럼 받아들여졌는지, 안나가 결국 나의 모친과 자네 모친, 그리고 뤼실 숙모님과 나란히 자리를 잡게 됐는지 말일세. 자네 모친이 결혼하시기 전에 이미, 사람들은 그들을 구별하지 않고 다 '이 아가씨들'이라 불렀다네. 그들이 모두 같이 단 하나의 동일한 정신적 존재를 이루고 있었다네.

P. S. —자네 롱도 드 몽브레 씨가 루앙시의 시장이었던 게 1789년이라고 확신하는가? 좀더 뒤 아닌가?

아주 사소한 세부사항 하나. 플뢰르 양의 유치원이 센느 거리에 있었던 건 확실한가? 오히려 뤽상부르 가와 마담 가 사이에 있는 보지라르 거리 아니었던가?

# 《한 알의 밀알이 죽지 않으면》을 위한 서문 초고

왜 나는 이 '회고록'을 쓰는가?

베리숑,[1] 바잘제트[2] 같은 이들이 두렵기 때문에.

왜 나는 이걸 내 생전에 출판하는가?

사후 출판에 대한 신뢰가 없기 때문이다. 헌신적인 가족과 친구들이란 죽은 자들을 위장하는 데 명수라서, 죽은 자들이 다시 지상에 돌아온다면, 자기들 모습을 수정하고 은폐하고 또 덧붙이는 그들의 열성에 대해 항의하지 않을 사람은 극히 적으리라 생각한다. 나는 자기 모습이 아닌 것으로 사랑받기보다는, 자기 모습으로 증오받는 게 차라리 더 낫다고 본다. 내가 평생 동안 가장 괴로워했던 것, 그건 바로 거짓말이라고 분명히 생각한다. 그런 거짓말에 만족하고 그걸 이용할 줄 몰랐다고 나를 비난할 사람들은 마음대로 비난하기 바란다. 거짓말을

---

1) 베리숑(Berrichon)의 본명은 피에르-으젠느 뒤푸르(Pierre-Eugène Dufour, 1855-1922)로, 랭보의 처남이었다. 그는 랭보의 전기들을 썼는데, 대중에게 자신이 꿈꾼 랭보의 이미지를 주기 위해 랭보가 쓴 편지의 어휘를 바꾸고 문장을 삭제하는 등, 사실을 많이 왜곡했다.

2) 레옹 바잘제트(Léon Bazalgette, 1873-1928)는 《월트 휘트먼, 생애와 작품》이라는 연구서를 출판했는데, 그 속에서 휘트먼의 동성애를 부정했다. 지드는 《코리동》의 첫 번째 대화에서 이를 반박했으며, 1931년 《일기》에서도 반박했다.

했다면 확실히 나는 편안한 많은 이득을 얻었을 것이다. 하지만 그런 건 전혀 원치 않는다.

루소는 자기 자신이 유일하다고 믿었기 때문에 자기 《고백록》을 썼다고 말했다.

나는 정확히 그 반대의 이유로, 그리고 이 안에서 자기 자신을 알아볼 사람들이 많다는 걸 알기 때문에 내 회상록을 쓴다.

"하지만 무슨 쓸모가 있는가…?"

"진실한 것이라면 뭐든 가르침을 줄 수 있다고 나는 생각한다."

# 자아의 근원을 찾는 여정

앙드레 지드가 자신의 삶을 자서전이라는 형식을 통해 정면으로 탐색하겠다는 의도는 1894년 북아프리카 여행에서 돌아온 직후부터 그의 머릿속에서 서서히 자라고 있었다. 여행에서 돌아온 다음 어머니에게 자신의 어린 시절 연대기를 적어줄 것을 요청했던 것으로, 25세 나이에 벌써, 언젠가 자신의 삶을 이야기하겠다는 생각을 갖게 되었던 것이다. 자기 삶의 근원적 갈등을 일으키게 된 사건과 방향이 이미 결정적으로 일어났다고 예감했던 것일까?

이 막연한 계획은 1916년, 47세에 이르러 본격적인 자서전 집필로 이어졌으며, 1920~1921년에 일단 완성되었다. 당시 〈1부〉, 〈2부〉를 각각 12, 13부씩 인쇄하여 가까운 지인들에게만 읽게 했으며, 주위의 우려와 만류에도 불구하고 결국 1926년 이를 정식 출간하였다. 82세로 생을 마감한 지드 나이 57세에 출판된 이 자서전은 사촌누이와 약혼한 26세에서 끝난다. 따라서 이 자서전은 자기 삶의 모든 우여곡절을 종합적으로 되돌아보며 이야기하는 일반적인 자서전과는 다르다. 대신 그의 삶의 가장 근원적인 갈등을 구성하는 두 축, 즉 사촌누이에 대한 신비주의적 사랑의 탄생, 그리고 북아프리카 여행에서 발견한 육체의 세계와 자신의 동성애 이야기를 중심으로 구성되어 있다.

*

　지드의 친구이자 주치의였던 뛰어난 신경정신 의학자로 지드의 젊은 시절에 대한 심리학적 전기라는 방대한 연구서적을 낸 장 들레(Jean Delay)에 의하면, 지드의 경우 25세에 그의 삶의 근원적 갈등구조가 이미 완성된다. 물론 그 이후의 삶과 작품 활동의 전개에 따라 변화와 변주가 있긴 했으나, 그 갈등구조의 성격은 이미 그때 결정적이 되었다는 것이다. 즉, 지드의 젊은 시절은 훗날 작품으로 표현될 그의 내적 드라마의 모든 상황과 인물들을 담고 있다는 것이다.

　지드 스스로 '오늘날의 나를 만든 것은 바로 고독하고 우울했던 내 어린 시절'이라고 말했듯, 지드는 어린 시절의 사소하고 무의미한, 때론 수치스런 사건들이 분명 의미가 있으리라는 것, 또 숨겨야 할 이야기가 아니라는 것을 짐작했다. 그리고 한 삶의 의미는 그 모든 요소들이 어떻게 변모되어 갔는가에 있다고 여겼다.

　언뜻 보기에 의미가 없어 보이는 개인사의 자질구레한 사항들, 수많은 친척들과 하인들에 대한 이야기와 어린 시절 했던 놀이에 대한 상세한 언급, 산책했던 풍경에 대한 미세한 묘사 등은 뭔가 결정적인 사건의 전개를 기다리던 독자들에게는 더러 지루하게 느껴지기도 할 것이다. 하지만 자신의 세계에 빠져있던 한 순진한 어린 소년의 방황과 절망, 또는 자연과 만났을 때의 순수하고도 행복한 모습을 담담하고 솔직하게 그려나간 것이 무척 재미있다. 또 입학 후 수업에서 보인 멍청한 태도, 가장무도회 장면, 전학 간 몽펠리에 학교에서의 박해 장면, 신경증 발발과 진찰과정, 피아노 선생의 설명 등은 어리석음과 고통의 이야기이나, 생생한 묘사로 웃음을 자아낸다. 이는 어린 시절의 추억담을 쓰는 것이 아니라, 자신이 어떻게 형성되어 왔으며 어떻게 예술가로 태어나게 되었는가, 또 동성애로 귀착하게 된 자기 삶의 억압과 해방의 과정을 그리는 문제였던 것이다.

1893년 가을 지드가 북아프리카로 출발한 것은 자아와 육체를 되찾는 여정이었으며, 이는 어머니에 의해 지배된 어린 시절의 숨 막히는 청교도적 교육에 대한 비판적 시각에서 시작된 것이었다. 이 자서전은 어린 시절 '나는 남들과 달라'라고 외치며 느꼈던 '전율'의 경험, 즉 특이한 자신의 삶의 이야기이다. 지드가 볼 때 흥미로운 것은 바로 이 특이성의 표현들이다. 본문에서 자신의 동성애 경험을 적나라하게 그리며, '진실이 언급될 만한 건, 그게 가장 의외의 사실일 때가 아니겠는가'라고 했다.

또한 지드는 어린 시절의 신경증을 유발시킨 고통들이 분명 작가로 탄생하게 된 내적 욕구와 신비로운 관계가 있으리라 여겼다. 그는 일기뿐 아니라 도스토예프스키에 대한 강연록에서도 '질병의 유용성'이란 개념을 강조하고 있다. 즉 모든 중요한 정신적 도덕적 개혁의 근원에는 언제나 사소한 생리학적 신비, 불만족스러운 육체의 문제, 불안과 비정상의 요소가 있으며, 이 내적 불균형을 해소하고 새로운 균형을 추구하는 가운데 내적 발전과 예술이 탄생한다는 것이다. 루소, 니체, 도스토예프스키, 플로베르 등을 예로 들며, 자신 역시 문학창작이란 방어기제를 통해 진정한 카타르시스를 구현하게 되었다고 여겼다.

자기 삶의 드라마뿐만 아니라 자기 작품의 근원에 대한 해명을 찾아 그가 어린 시절의 심연 속으로 탐색을 나선 것은, 어린 시절부터 청년기까지 자기 삶의 어두움과 빛의 대비를 통해 그 후 자신의 삶과 작품을 관통하는 본질적 양면성을 되찾으려고 하는 것이다. 막연히 자기 삶의 명암과 그 의미를 깨닫고 있던 지드가 글쓰기를 통해 객관적, 외적 현실을 진정한 내적 현실로 구축하고자 한 것이 이 자서전의 원리이다.

*

우선 이 자서전의 내용을 구체적으로 살펴보면 다음과 같다.

〈1부〉1장은 1869년 자신의 출생을 언급하는 것으로 시작하며, 첫 페이지부터 유년시기의 자위행위를 도발적으로 밝히고 있다. 자연발생적이고 유아기적인 쾌락의 발견과 탐닉이 장차 육체를 혐오하게 되는 자신의 청교도적 도덕과 마찰을 일으키며 어떠한 갈등을 유발시켰는지 보고자 한다. 그리하여 자신의 어린 시절을 어두움과 추악함으로 과장되게 평가한다. 자기 내부의 근원적 양면성을 부모 사이의 가계와 지역에 대한 대립과 연결시키며, 지드가 태어나기 이전의 두 집안, 특히 노르망디 지방의 외가에 대한 이야기와 유년기의 추억들을 이야기한다.

2장에선 외가와는 대립되는 남프랑스 지방의 친가에 대한 추억을 그리며, 그곳에서 경험했던 자연과의 합일을 긴 묘사로 그려 보이며, 소박하고도 자연에 순응하는 위그노들의 종교적 태도들을 환기시킨다. 또한 파리 알자스 학교에 입학하여 학업을 시작한 이야기와 함께 어린 지드의 성적 쾌락을 자극했던 테마들을 제시한다.

3장에서는 알자스 학교에서 자위행위로 정학 처분을 받은 일과 향후 지드의 교육이 무척 불규칙한 가운데 진행됨을 보여준다. 이어 노르망디 외가에서 보낸 휴가동안 경험한 자연 속에서의 추억과 알자스 학교 친구들과의 추억, 갑작스런 아버지의 죽음을 이야기한다.

4장에서는 훗날 그의 아내가 된 외사촌누이와의 추억을 처음 소개하며, 외갓집에서 함께 보낸 추억, 몽펠리에에서의 체류, 그곳 공립학교에서 학급 동무들로부터 받은 박해, 신경증의 발발과 온천 요양과정 등을 이야기한다.

5장에서는 1882년 겨울, 그의 나이 13세에 루앙 외갓집에서 맞게 된 지드 인생의 한 결정적 순간, 즉 외사촌누이가 자기 어머니의 외도 사실에 괴로워하는 것을 본 순간 그녀를 위해 평생을 바칠 결심을 하게 된 사건을 이야기한다. 이어 남프랑스 지방으로의 여행과 파리로 돌아와 기숙생으로 공부하게 된 경험들, 또 어린 시절 겪은 두 번에 걸친 내적 '전율'의 경험과 함께 자신이 남과 다르다는 자의식이 생겨난 사건을 이야기한다.

6장에서는 새로 이사한 파리 집에 대한 기억과 그의 피아노 수업에 대한 추억, 라 로크에서 친구 리오넬과의 우정과 아르망에 대한 이야기를 한다.

7장은 시인으로 부름받았다는 의식의 탄생과 함께, 리샤르 선생과의 수업, 성적(性的)으로 청교도적 억압을 받고 있던 청소년기의 추억들, 아버지 서재에서 시작한 독서 이야기들, 더불어 켈러 학원의 생활과 알자스 학교에 재입학하게 되었다는 이야기이다.

8장에서는 외사촌누이와 서신 왕래를 시작함과 함께, 본격적인 종교교육을 받으며 신비주의적 태도가 강화됨을 이야기한다. 또한 피에르 루이와 만남으로써 문학에 대해 좀더 진지하게 접근하게 된 과정을 그린다.

9장에서는 안나의 죽음과 외사촌 형인 알베르와의 추억, 그를 통해 화가들의 세계를 엿보게 된 이야기, 새로운 피아노 선생인 드 라 뉙스 선생에 대한 이야기를 한다. 그리고 철학공부 이야기, 브르타뉴 지방 여행, 《앙드레 왈테르의 수기》를 쓰게 된 내적 풍경과 함께 집필을 위한 여행과 출판과정 등을 이야기한다.

10장에선 《수기》의 출판과 이 책을 통해 지드가 외사촌누이에게 청혼한 일, 그리고 청혼을 거절당한 일을 간략히 언급한 다음, 당시 지드가 출입하던 말라르메와 에레디아의 문학모임에서 만난 동료 문인들에 관해 이야기한다.

〈2부〉1장은 1893년 10월 친구 로랑스와 함께 북아프리카의 튀니지
와 알제리, 이탈리아, 스위스로 여행한 내용을 다루고 있다. 감기에서
시작해 폐결핵 증상으로 악화된 가운데, 병과 회복과정을 겪으며 사막
과 태양 속에서 체험한 첫 성적 경험을 말한다. 이탈리아 여행을 거쳐
파리로 돌아온 다음, 다시 스위스로 요양 간 이야기를 하고 있다.

2장에선 1895년 1월 다시 알제리로 갔을 때 오스카 와일드를 만나
게 된 일, 그를 통해 첫 동성애 경험을 한 이야기를 한다. 오스카 와
일드에 관한 긴 해명성 이야기, 프랑스로 귀국한 다음 겪은 어머니의
죽음, 그 후 보름 뒤에 약혼을 했다는 언급으로 자서전이 마감된다.

*

〈1부〉는 출생에서부터 청년기에 이르기까지 친가와 외가의 집안과
친척들에 대한 설명, 학교생활의 문제점 등, 어린 시절의 크고 작은
에피소드들을 엄격하진 않으나 시간의 흐름에 따라 이야기하고 있다.
반면 〈2부〉는 1893년 10월 아프리카로 떠난 여행에서 1895년 6월, 즉
귀국 후 약혼한 시기까지 한정되어 있다. 전체 분량의 4분의 3을 차지
하는 〈1부〉와 짧은 〈2부〉는 어조와 리듬을 달리하며 확연히 구분되는
단절처럼 나타난다.

전통적인 자서전처럼 전개되는 〈1부〉는 마치 〈2부〉를 준비하듯, 또
는 미루듯, 수많은 어린 시절의 놀이와 자연에 대한 상세한 묘사로 군
데군데 머뭇거리며 느리게 진행된다. 하지만 마치 여행기처럼 집약적
으로 이야기된 〈2부〉에선 동성애 체험의 이야기를 향해 달려가듯, 자
연에 대한 묘사도 그의 내적 풍경과 유사하게 흥분과 떨림으로 가득
차 있다. 〈2부〉 시작은 〈1부〉의 청교도적 어린 시절과는 단절을 이루
는 것으로 지드 인생에서 그 전-후를 가르는 순간을 의미하기도 한다.

몇몇 연구에서 지적되듯이, 이 자서전의 가장 두드러진 문제 중 하나
가 바로 〈1부〉와 〈2부〉의 대조이며, 또 세상물정에 어둡고 소심한 청
교도적 청년이 어떻게 갑자기 과감하고도 부도덕한 청년으로 변했는가
하는 의문이다. 본문에서 지드 스스로 이야기했듯이 과거의 모든 윤리
와 가치를 거부하기로 결심했다는 의식적인 부분도 있겠으나, 지드의
향후 작품세계가 보여주는 극단적 대조처럼, 〈1부〉를 마감하는 《앙드
레 왈테르의 수기》 속에 드러난 자신의 억압적 정신상태에 대한 반발
이기도 했을 것이다.

〈2부〉가 아프리카의 태양과 육체의 희열이라는 빛의 분위기 속에서
진행된다면, 〈1부〉는 어린 시절 지드의 우둔함과 청교도적 육체의 억
압으로 인한 어두움의 분위기가 지배적이다. '순진무구한 그 나이에,
온 영혼이 오직 투명함과 부드러움, 순수함뿐이길 모두들 염원할 그
나이에, 내 안에는 오직 어둠과 추악함, 음험함밖에 보이지 않는다.'
'내 주위에는, 그리고 내 안에는 오직 암흑밖에 없었다.' '확실히 악마
는 나를 엿보고 있었다. 난 어둠에 완전히 사로잡혀 있었고, 도무지
어디서 한줄기 빛이 날 비춰줄 수 있을지 어떤 기미도 보이지 않았다'
라고 그리고 있다. 이렇듯 다소 과장하고 있는 어둠의 핵심은 자위행
위로 정학을 받게 된 사건을 계기로 그가 갖게 된 죄의식과 함께, 어
머니의 과잉보호 속에서 외부세계에 대한 의식 없이 살던 '유충의 상
태', '반수면(半睡眠)의 상태', '아직 태어나지 않은 것과 같았다'라는
어린 시절의 어리석음과 우둔함을 말한다.

하지만 어린 시절의 추억에 이런 어두움만 있는 것은 아니었다. 친
가와 외가를 이루던 라 로크와 위제스에서의 이야기는 자연과 하나가
된 듯, 서정에 넘치는 행복의 언어로 그려져 있다. '대지의 자산들과
접촉하고 추수한 곡식들 속으로 깊숙이 파묻히며 온갖 냄새 속에 휘감

기는 것, 그것이야말로 가장 큰 기쁨을 주었던 것 같다. 오! 마른 개자리 풀 향기여, 돼지우리와 마구간, 또는 소외양간에서 나는 코를 찌르는 듯한 냄새여! 압착기에서 풍겨져 나오는 취기어린 냄새, 그리고 거기, 좀더 멀리, 커다란 술통 사이로, 술통에서 나는 야릇한 냄새에다 곰팡내가 뒤섞인 서늘한 맞바람. 그렇다. 나는 훗날 포도 과즙에서 풍기는 취할 듯한 향기도 맡아보았으나, 사과로 자기 힘을 북돋워 달라고 했던 술람미 여인처럼, 포도즙의 무딘 부드러움보다 바로 이 사과의 감미로운 향취를 더 즐겨 맡았던 것이다. 리오넬과 나는 말끔히 치워진 곡식창고 바닥 위로 경사를 이루며 부드럽게 흘러내리는 엄청난 황금빛 밀알 더미 앞에서, 윗도리를 벗어던지고 소매를 높이 걷어올린 채 어깨까지 잠기도록 팔을 깊숙이 밀어 넣어, 활짝 편 손가락 사이로 서늘한 기운이 도는 작은 곡식알들이 미끄러져 내리는 감촉을 느끼곤 했다.'

〈2부〉에서 사막과 오아시스라는 거대한 원초적인 대자연과 만나 자연에 대한 예찬으로 이어질 이러한 몇몇 행복한 추억을 제외하면, 지드의 어린 시절 추억은 어두움과 어리석음으로 대변될 것이다. 그런데 이 어두움 가운데 한줄기 빛이 스머드는데, 악마의 지배하에 있던 지드의 삶에 천사의 개입과 같은 사건으로 제시된 외사촌누이에 대한 사랑이 그것이다. '바로 그때 악마에게서 나를 구하기 위해, 내가 지금부터 이야기하려는 천사의 개입이 갑자기 일어난 것이다. 겉으로 보기엔 한없이 사소하나 내 인생에서는 마치 제국에서 일어나는 혁명만큼이나 중요한 사건이었다. 아직도 그 공연이 끝나지 않은 한 비극의 첫 장면이다.' '나는 그때까지 그저 정처 없이 헤매고 있었다. 그런데 갑자기 내 인생에 새로운 서광을 발견했던 것이다.'

'제국에서의 혁명'과 마찬가지로 그의 삶을 뒤흔들 이 사건은 〈2부〉

에서 이야기하는 대지와 육체의 발견, 그리고 오스카 와일드와의 마치 지옥으로의 하강과 같은 경험을 통한 동성애의 발견과 함께 그의 인생의 핵심사건을 이룬다. 북아프리카 이후 지드의 삶은 천국과 지옥의 결합이요, 천사와 악마의 결합과도 같다. 그런데 그 둘이 절대적 선과 악이 아니라는 의문에서 지드 작품들의 모든 모호함이 발생한다. 사촌누이에 대한 신비주의적 사랑을 통해 지드의 '두 눈이 갑자기 뜨였'으며, '새로운 서광을 발견'하게 된 것은 하나의 진실이었다. 하지만 북아프리카에서 돌아왔을 때 '소생한 자의 비밀'을 갖고 온 것 역시 그의 진실이었다. 서로 양립할 수 없는 이 두 가지 진실이 그의 삶의 드라마를 이끌어갈 두 축인 것이다.

이 자서전의 〈1부〉와 〈2부〉의 핵심을 이루는 외사촌누이에 대한 사랑과 북아프리카에서의 체험은 이미 소설적 형태로 표현되었다. 청교도적 분위기 속에서 신비주의적 사랑을 고집하다 비극적 종말을 맞는다는 《좁은 문》(1909)이 그것이며, 책에만 빠져있던 문헌연구가가 북아프리카의 태양 아래서 폐결핵이라는 죽음의 골짜기를 지나 육체의 존재로 재탄생하는 과정, 그리고 자신을 간호했던 아내가 서서히 병으로 죽어가는 동안 아내를 간호해야 한다는 의무와 대지와 육체의 부름 사이에서 정신적 도덕적 갈등을 겪는 한 인물의 이야기인 《배덕자》(1902)가 그것이다. 하지만 지드는 이러한 소설적 변형을 넘어, 자기 이름을 내걸고 그가 겪은 사건들을 말할 필요를 느꼈던 것이다.

*

이러한 자아탐색을 위해 가장 중요한 것은 진실과 대면하는 것이다. 첫 페이지부터 자신의 성적 문제를 제기하며, 그런 이야기가 '자신에게 해를 끼치고' '사람들이 어떤 비난을 해댈지 예감'하고 있으나, 이 '이야기의 존재 이유란 오직 진실하고자 하는 것 뿐'이라고 분명히 밝히고 있다. 지드가 추구했던 '진실성의 욕구'는 익히 알려져 있다. 하지만 그가 그 진실성의 욕구에 항상 따랐다고는 아무도 주장할 수 없다. 또한 지드 스스로 본문에서 여러 번 자신의 기억력이 믿음직하지 못함을 지적했다. 기억은 심정의 명령을 따른다고 했듯이, 자신의 과거에 대한 의식적 무의식적인 기억과 망각을 구별하기란 무척 어렵다. 뿐만 아니라 소설가는 자기 이야기도 소설화하는 위험이 있다.

지드는 이 자서전 〈1부〉를 마친 뒤 이를 그의 절친한 친구였던 마르탱 뒤 가르에게 보여주었다. 뒤 가르는 이를 읽고 난 다음 지드가 자신의 이야기를, 특히 그의 성적(性的) 문제 등 내면의 이야기를 충분히 하지 않았음을 나무랐다고 〈1부〉 마지막에서 밝히고 있다. 하지만 지드는 무엇보다 자연스러움을 추구하며 써 왔노라, 그리고 자신의 내적 풍경을 더 잘 드러내기 위해 사건들을 선택하고 단순화할 수밖에 없노라, 회상록은 아무리 진실하고자 해도 절반밖에 성실하지 못하노라 하며 그 한계를 지적하고 있다.

이 자서전을 집필하기 위한 자료는 다양하고도 많았다. 1894년 그의 어머니가 만든 지드의 어린 시절 주요 사건들을 총망라한 이력서가 있었으며, 16세부터 매일의 일과를 적은 일기와 13세부터 주고받은 많은 편지 등이 과거를 재구성하는 데 많은 도움을 주었다. 하지만 소설가의 자서전이란 역사서가 아닌 하나의 문학작품으로 창작의 메커니즘을 따른다. 즉 선택해야 했으며, 때로는 단순화하고, 여러 기간에 걸친 이야기를 한 장면으로 모으고, 빛과 어둠의 유희를 만들어내고, 더러는 더 어둡게, 더 밝게 손질을 하며, 한마디로 문학적 개입을 하는 것이다. 타고난 작가로서 언어에 도취하여 더러 부정확하게 되는 경우도 있으나, 위그노의 후예로서 자기만족적인 면에 대해 엄격하고 수정하려는 노력 역시 있었다. 하지만 장 들레의 평가대로 소설가의 기질은 역사적 사실에서 멀어지는 만큼이나, 심리적 진실에 다가간다. 지드가 《팔뤼드》(1895)에서 썼듯이 '나는 사실들을 현실보다 진실에 더 적합하도록 배열'한 것이다. 그게 바로 지드 자신의 진실이 아니겠는가? 그는 현실을 그대로 반영하는 것이 아니라, 그의 내적 욕구에 따라 굴절시킨 현실을, 그의 심리적 진실을 그리는 것이다.

지드는 의식적으로 과거를 재구성하는 것이 아니라, 머리에 떠오르는 대로 써나가며 수많은 사소한 에피소드들에 많은 지면을 할애하고 있다. 이는 무의식적인 창작의 메커니즘에 의해 과거가 되살아나고, 그 속에서 갈등의 근원이 밝혀지기를, 그리고 예술가의 소명의식이 탄생하게 된 비밀이 밝혀지기를 지드 역시 쓰면서 기다렸기 때문일 것이다. 지드가 그의 젊은 시절에 대해 모든 것을 이야기하고 그것을 복잡한 가운데 재구성하려했다면, 이 자서전은 지금과 같은 걸작이 되지 못했을 것이라고 평가한다. 그에게 있어 가장 중요한 내면의 진실을 재구성할 수 있도록 떠오르는 대로 써나간 것이다.

\*

여기서 진실의 핵심은 바로 지드의 동성애의 고백이다. 지드의 동성애는 '소년에게 매혹되는 남색(男色, la pédérastie)'으로, 지드는 이를 '성인 남성에게 욕구를 느끼는 남색(la sodomie)'과 '남성으로 여성 역할을 하는 성도착(l'inverti)'과는 구분하고 있다. 지드 자서전의 전초 작업이라고도 평가받는 동성애에 대한 생물학적 관점의 연구를 담은 《코리동》(1924)에서 지드가 옹호하려 한 것은 바로 '소년에게 매혹되는 남색'으로, 지드는 거기서 그리스적인 교육적 가치를 주장했다. 이 자서전에서 '난 내 윤리를 앞세울 생각은 없다. 내가 지금 쓰고 있는 것은 나에 대한 변호론이 아니라 나의 이야기다'라고 썼듯이, 우리가 여기서 지드에 대한 윤리적 판단을 할 자리는 아니다. 《코리동》의 경우,

438 ·

1911년 초판본이 비밀리에 12부 발간되어 가까운 지인들에게만 읽혔으며, 1920년, 그 수정본이 21부 출판되었다가 1924년에 가서야 현재의 판본으로 나오게 되었다. 그 당시 상당히 적나라한 성적 표현의 문학이 널리 읽혀지고 있었으나, 동성애는 금기의 영역이었다. 클로델을 중심으로 한 여러 가톨릭 문인들의 반대에도 불구하고 출판된 《코리동》은 객관적 연구라는 성격으로 인해 큰 시선은 끌지 못했다. 하지만 자신의 경험담을 솔직하게 표현한 이 자서전은 그야말로 당대의 스캔들이었다. 클로델이 말하듯, '지드라는 이름은 남색과 반(反)가톨릭 정신을 의미'하는 것이었다.

그런데 지드가 《코리동》과 이 자서전을 생전에 발표할 수 있게 된 것에는 지드 부부 사이의 핵심적 불화사건이었던 '편지 소각사건'이 있었다. 그때까지 사랑과 쾌락을 분리시키고 살던 지드는 1917년, 오랫동안 절친하게 지내오던 알레그레 목사의 아들인 마르크 알레그레(1900~1973)와 사랑과 쾌락을 결합시킨 경험을 하게 되고, 1918년에는 마르크와 함께 영국 여행을 떠났다. 그때 지드 친구의 한 편지를 통해 우연히 지드의 동성애 사실을 알게 된 부인은 지드가 30년이 넘는 기간 동안 그녀에게 보낸 모든 편지들을 불태워버렸던 것이다. 1918년 11월 여행에서 돌아온 지드가 자신의 편지를 찾았을 때 부인은 그 사실을 고백했다. 그 편지들은 부인에겐 '내가 세상에서 갖고 있는 가장 고귀한 것'이었으며, 지드에게 역시 '자신의 최악을 상쇄해줄 수 있는 최선의 것'이었다. 그 사건 이후 일주일 내내 눈물로 지낸 지드는 마치 죽음에 이를 것 같은 충격을 받게 되었고, 《코리동》과 당시 집필하고 있던 회고록을 생전에 발표하지 못할 이유가 없어졌노라 일기에 적고 있다. 1919년 집필된 〈2부〉에는 아내를 배려해야 했던 장애물이 제거되었을 뿐 아니라 편지를 불태운 아내에 대한 보복의 심리도 들어있었

던 것으로, 과거 그가 추종했던 가치들을 파괴하는 과감함이 드러나고
있다. 이 편지 사건이 없었더라면 그의 자서전은 달라졌을 것이다.

*

"한 알의 밀이 땅에 떨어져 죽지 않으면 한 알 그대로 있지만 그것
이 죽으면 많은 열매를 맺는다. 자기 생명을 사랑하는 사람은 그 생명
을 잃을 것이며 이 세상에서 자기 생명을 미워하는 사람은 그 생명을
영원히 보존할 것이다"(요한복음 12장 24-5절). 지드는《새로운 양식》
(Nouvelles Nourritures, 1935년)의 1권 3장에서 "각자의 긍정은 자기희
생 속에서 완성된다. (…) '과일이 죽지 않으면 홀로 남을 것'임을 난
알고 있다. (…) 개인은 자신을 망각할 때 비로소 자기긍정에 이르게
된다"라고 썼다. 이는 분열된 자아와 이를 의식하는 섬세한 자의식의
소유자로 평생 '자아'의 끈을 놓지 못했던 지드에게, 진정한 자기긍정
을 위한 자기희생과 자기망각이 평생의 과제였음을 보여준다. 그러나
지드의 문학과 인생의 총 결산이라 볼 수 있는 소설《사전(私錢)꾼
들》(Les Faux-Monnayeurs, 1926)에 이르기까지, 인간 내면의 목소리
속에, 또 문학창작 행위 자체 속에, '자기망각'을 불가능하게 만드는
'악마'가 깃들여 있다고 본 지드로서는, 진정 밀알이 죽을 수 있는지,
그리고 어떤 영생으로 재탄생할 수 있는지에 대해서는, 이 자서전의
제목이 조건절의 절반으로 끝나고 있듯이 문제제기로 끝난다고 볼 수
있다.

*

일반적으로 자서전이라 함은 저자가 자신의 삶에 대해 다소 일목요
연하게, 그리고 자기 삶의 사실들을 확인시켜주는 형식이다. 하지만
지드의 경우, 자서전은 자신의 삶을 총정리하는 공간이 아니라 그의
문학창작의 근원에 대한 탐구이자, 삶과 작품세계 간의 빈틈을 메워주

고, 또 작품들이 암시해주었던 것을 비춰보는 거울이자, 작품들의 모순들을 이어주는 연결고리를 하는 또 다른 창작품인 것이다.

그런데 '어떤 작품도 내 작품보다 더 내적인 문제에서 기인된 것은 없다'라고 스스로 말했듯이, 외사촌누이에 대한 사랑과 청혼의 호소인 그의 첫 작품 《앙드레 왈테르의 수기》부터, 그의 전 작품은 삶의 순간순간 가장 시급한 내적 문제들을 소설화한 것이었다. 지드 자신은 '대화의 존재', 즉 상반된 양면적 요소들이 그의 내부에 공존하며 심한 갈등을 일으키는 존재로, 그의 작품들은 이러한 내적 갈등의 한 요소를 따로 떼어내어 그것을 극단적으로 밀고 나간 것들이다. 따라서 《좁은 문》과 《배덕자》는 서로 상반되는 가치관을 보여주며 독자를 혼동케 했다. 뿐만 아니라 각각의 작품 내에서도 신비주의적 사랑에 대한 회의, 육체적 욕망에 대한 죄의식을 보여줌으로써 각각의 작품에 모호함을 남겨놓고 있다. 이는 이 작품들이 프랑스에서 출판될 당시, 독자들뿐 아니라 비평가들 역시 헤매게 했는데, 지드는 이를 재미있어했으며, 비평가들이 각 작품에 내재된 비판적 시각을 금방 알아보지 못한 것도 놀라운 일이 아니라고 지적했다.

우리나라에서도 《좁은 문》과 《전원 교향곡》이 간혹 청소년기의 플라토닉한 사랑의 예찬으로 읽혀지고 있다는 사실은, 고통스런 종교적 성적 갈등을 차가운 비판의식으로 그려내고 있는 지드의 작품세계에 대한 왜곡현상으로 볼 수 있을 것이다. 그의 작품세계는 모순되는 경향들로 혼돈스러운 자아의 진정한, 그리고 총체적인 이미지를 구축하는 작업이었다. 따라서 지드의 작품들은 전체가 하나의 유기체로서, 각각의 텍스트들은 매번 부정을 통해 변증법적으로 전개되어가는 상호작용을 통해 만들어지며, 또 그 모두가 함께 만들어내는 지드 작품의 총체적 공간 속에서 진정한 의미를 획득하게 된다.

오늘날에는 지드의 창작작품뿐만 아니라, 수많은 기간 동안의 일기, 각종 노트, 수많은 편지들이 대부분 출간되었다. 생전에 프랑시스 쟘므, 폴 클로델과의 서간집이 발표되었으며, 사후에는 폴 발레리, 앙드레 쉬아레스, 로제 마르탱 뒤 가르와의 방대한 서간집 역시 출간되었다. 특히나 지드를 바로 옆에서 지켜보며 일상의 모습들을 날카롭고도 객관적인 시각으로 기록했던 일명 '귀여운 부인'(La Petite Dame: '키가 작은 부인'이란 뜻으로 152cm였다 한다)으로 불렸던 마리아 반 뤼셀베르그는 1973년에서 1977년 사이 4권에 달하는 그녀의 노트를 출간했다.

지드는 이 자서전에서 '내 이야기의 존재 이유는 오직 진실하고자 하는 것뿐이다'라고 수차례 반복하고 있으며, 과거 사실은 그 당시의 시각으로, 50세가 넘은 집필 당시의 시각을 가능하면 배제한 채 쓰려고 했다. 그럼에도 불구하고 수많은 주석이 지적하듯이 그의 기억이 의식적 또는 무의식적으로 왜곡되었음을 볼 수 있다. 이 왜곡된 간격은 이 자서전을 읽는 또 하나의 방법이 될 것이며, 다른 작품들과의 비교를 통해 말해진 것과 말해지지 않은 것, 변형된 것들의 숨은 의미를 찾아볼 수 있을 것이다. 따라서 이 자서전은 역사적 진실과 심리적 진실을 구분하면서, 일기와 편지 등 그의 내밀한 글들, 그리고 창작품 전체와 비교 검토되고 보완되어야 할 것이다. 지드가 24세 때 친구 마르셀 드루엥에게 쓴 편지, '나는 각 작품이 갖게 될 중요성을 알고 있다. 그 중요성은 종종 차후에 가서야 설명될 것이다. 어떤 부분은 전체를 알고 난 후에야(즉 내가 죽은 뒤에야) 제대로 판단하게 될 것'이라고 쓴 것은 그의 작품세계가 갖는 총체성을 예감했던 것이리라.

*

《좁은 문》에서 거의 그대로 볼 수 있는 사촌누이와의 정신적 사랑은 결국 '백색 결혼'으로 이어지고, 그의 동성애적 욕망은 수차례의 북아프리카 여행 등을 통해 충족되었다. 1938년 그의 아내가 죽은 다음 쓰게 된《이제 그녀는 그대 안에 있네》에서 지드는 자신이 그토록 사랑했던 아내를 불행하게 만들었던 것에 대한 회환을 절절히 적고 있다. 《지상의 양식》과《배덕자》,《교황청의 지하실》등에서 보여주는 도발적인 윤리관과 기독교에 대한 비판 등으로, 그는 당시의 보수적 인사들에게는 젊은이들을 타락시키는 거의 악마적 존재로까지 비판받았다. 그리고 바티칸은 지드의 전 작품을 지드가 죽은 1년 후 금서목록에 넣기도 했다. 종교적 성적 차원에서의 문제적 작품들로 인해 평생을 투쟁하듯이, 하지만 문학계의 대부로서, 한 시대 속에서 자신의 전부를, 자신의 내부에 공존하고 있는 모든 잠재태들을 실현하고자 한 것이 지드의 삶이었다.

지드는 과거 자신의 소설 작품들을 짧은 이야기라는 '레시'(*récit*), 또는 풍자적 소극(笑劇)이라는 '소티'(*sotie*)로 규정하고, '자신의 유일한 소설(*roman*)'이라고 스스로 평가한《사전꾼들》을 1926년 발표한 다음, 본격적인 문학활동은 접고 사회로 눈을 돌리게 된다. 콩고와 차드를 여행한 결과, 당시 프랑스 식민정책의 착취상황과 원주민들의 삶의 고통을 고발하는 글을 쓰게 된다. 또 1932년부터 시작된 공산주의에 대한 호감으로 1936년 소련 정부의 초청을 받아 소련을 방문하게 되나, 도리어 그 실상을 고발하는 글을 씀으로써 공산당과 결별하게 되는 등 사회참여에 나서게 된다. 오직 진실만 추구하고자 했으며, 온갖 허위와 억압으로부터 인간을 해방하고 개인적 자유를 회복시키고자 했던 그의 노력의 당연한 귀결이었다. 그러나 그러한 사회참여가 갖는 한계를 느낀 지드는 종교적 신앙 문제나 정치적 이데올로기, 사회적 제도와 조직의 문제 저 너머에, 문학은 인간이 진정한 인간이 되기 위한 노력의 생생한 표명으로서 살아남으리란 확신을 갖게 된다.

1947년 노벨 문학상을 받은 지드의 작품세계는 자신의 삶을 통해 인간을 이해하고자 했으며, 이를 문학이라는 예술 형식을 통해 어떻게 표현할 수 있는지 그 형식을 치열하게 탐구해 나간 한 진지한 정신의 궤적을 드러내고 있다. 자기 자신으로부터 출발하여 인간을 이해하고자 자기 전 존재를 던져 살아왔던 지드는 고뇌하는 인간의 한 표본이며, 한 시대의 증인이자 '당대의 대표자'(*Le Contemporain Capital*)였던 것이다.

# 작가연보

1863년 2월 27일: 루앙의 생-텔루아 교회에서 폴 지드와 쥘리에트 롱도 결혼. 1832년 남불 위제스에서 개신교 가정에서 태어난 폴 지드는 1859년 법학 교수자격시험에서 수석을 차지했으며, 1862년부터 파리대학의 교수가 됨. 1835년 루앙에서 태어난 쥘리에트 롱도의 집안은 방직사업을 하던 부유한 상류 부르주아 집안으로, 과거엔 가톨릭이었으나, 18세기 말부터 개신교가 됨.

1867년 2월 7일: 루앙에서 에밀 롱도와 마틸드 포쉐 사이에서 맏딸 마들렌느 롱도(이 자서전에서는 엠마뉘엘로 나옴) 태어남.

1869년 11월 22일: 파리에서 앙드레 지드 출생. 지드 부부는 당시 뤽상부르 공원에서 멀지 않은 메디시스 가 19번지에 살고 있었음.

1874년 앙드레 지드는 플뢰르 양의 유치원 과정과 라커바우어 부인의 유치원 과정을 다님.

1875년 그의 부모는 투르농 거리 2번지로 이사함.

1876년 지드는 패클랭 양에게서 처음으로 피아노 교습을 받음. 지드가 평생 연주하게 될 피아노는 문학과 나란히 그의 강력한 예술적 열정의 대상이 됨.

1877년 당시 대다수의 부르주아 개신교도들의 자녀들이 다니던 아싸 거리에 있는 알자스 학교에 입학하여, 브델 선생 반인 초등반 2학년에 들어감. 교사에 의해 '그의 나쁜 버릇'의 현장이 목격되어 3개월 동안 정학처분을 받게 됨. 그를 진찰한 브루아르델 의사는 그를 치료하기 위해 수술하겠다는 협박을 함. 병이 난 그는 회복을 위해 노르망디에 있는 외가 쪽 소유지인 라 로크로 감.

1878년  2학년 과정을 유급한 다음, 다음 해 브델 선생 집에 기숙생이 됨.

1880년  여름: 사촌 조카 에밀 비드메르의 죽음.

10월 28일: 부친 폴 지드가 결핵으로 사망함.

11월: 모친이 그의 정신적 후견인으로 삼은 숙부 샤를르 지드와 서신 교환을 시작함(지드의 법적 후견인은 엘리 알레그레 목사이다). 앙드레 지드는 겨울을 루앙의 크론느 가에 있는 외삼촌 앙리 롱도의 집에서 보냄.

1881년  봄-여름: 라 로크에 체류하며 가정교사 보나르 선생의 강의를 들음.

10월: 숙부 샤를르 지드가 사는 몽펠리에의 공립학교에 들어갔으며, 학급 동료들로부터 박해를 받음.

크리스마스: 루앙에서 세 외사촌 누이들인 마들렌느, 쟌느, 발랑틴느 롱도와 휴가를 보냄.

1882년  또 다시 학급 친구들의 박해를 받게 되리라는 불안에서 연유한 신경발작으로, 현기증과 다소 위장된 발작 증세를 일으킴. 5월 세벤느 지방에 있는 상(上) 라말루로 요양을 가게 됨.

10월: 지드는 알자스 학교에 6학년으로 들어감. 보름 후 새로운 신경발작으로 10월 말 다시 학교를 중퇴함.

11월-12월: 루앙의 앙리 롱도 외숙부 댁에서 지냄. 외사촌누나 마들렌느 롱도가 그녀의 어머니 마틸드의 부정으로 인해 괴로워하는 사실을 발견하게 됨.

1883년  1-3월: 지드는 어머니와 안나 새클턴과 함께 남불 여행함.

3월 말: 지드는 코마이유 거리에서 어머니와 안나와 함께 살게 됨. 파시에 있는 앙리 바우어(이 자서전에서는 리샤르 선생으로 나옴) 선생 집에 기숙생으로 들어감. 그를 통해 빅토르 위고와 리슈팽, 아미엘을 읽게 됨.

10월: 지드의 어머니는 지드를 알자스 학교에 다시 넣으려 했으나 성공하지 못함. 바우어 선생 집으로 다시 들어감.

1884년  바우어 선생은 파리 시내로 이사하고 지드는 반(半)기숙생으로 그 집에서 지내게 됨. 메리망 선생의 피아노 레슨을 받음.

5월 14일: 안나 새클턴의 죽음.

여름: 노르망디의 라 로크에서 보냄. 프랑수와 드 비트-기조와의

우정이 시작됨(리오넬이라 불림).

1885년  6월 1일: 지드는 파리 시민들과 함께 빅토르 위고의 장례식에 참
석함.

여름: 라 로크에서 그의 친구 프랑수와 드 비트-기조와 외사촌누
나 마들렌느와 종교적 신비주의 서적을 열광적으로 읽음. 마들렌
느와 서신 교환 시작함.

1886년  지드는 슈브뢰즈 거리에 있는 켈러 학원에 다님.

겨울: 마르크 드 라 뉙스(일기와 작품에선 라 페루즈란 이름으로
종종 나옴)의 피아노 레슨 시작. 지드는 4년 동안 그의 제자로
있었음.

1887년  10월: 알자스 학교의 수사학반으로 다시 들어감. 거기서 지드는
앞으로 우정을 맺게 될 피에르 루이와 만나게 됨.

10월 4일: 현재 남아있는《일기》의 첫 페이지를 씀. 하인리히 하
이네를 읽고 괴테를 발견하게 됨.

1888년  7월: 지드는 1부 바칼로레아에 합격함.

여름: 라 로크 체류. 프랑수와 드 비트-기조와의 우정이 끝남.
마들렌느에 대한 신비주의적 사랑에 빠져듦.

10월: 엘리 알레그레와 런던에서 1주일을 보냄. 앙리 4세 공립학
교에서 철학반 강의를 듣고, 거기서 레옹 블룸을 만남. 그는 조
만간 혼자 공부하기 위해(쇼펜하우어 독서) 학교 수업을 그만
둠. 피에르 루이의 소개로 지드는 마르셀 드루엥과 모리스 키요
를 만나게 됨.

1889년  지드는 모리스 키요가 창간한《포타슈-르뷔》2호에 장-발-다르
(Zan- Bal-Dar)라는 가명으로 그의 첫 시〈여섯 벌의 비의 색
깔〉을 발표함. 그의 첫 책《앙드레 왈테르의 수기》를 위해 노트
를 작성하기 시작함.

여름: 브르타뉴 지방으로 혼자 여행을 떠나고 그의 어머니가 중
간 중간 합류하게 됨. 모리스 바레스를 읽음(《자유로운 인간》)

6월: 2부 바칼로레아에서 떨어진 다음 10월 2차 시험에서 합격
함. 지드는 글을 쓰기 위해 학업을 마감하기로 결정하고 외사촌
누나 마들렌느에게 결혼을 신청하고자 함.

1890년  1월: 피에르 루이와 함께 브루쎄 병원에서 베를렌느를 만남.

3월 1일: 마들렌느의 아버지인 에밀 롱도 외삼촌의 죽음.

여름: 지드는 《앙드레 왈테르의 수기》를 쓰기 위해 망통-생-베르나르(북 사부아 지방)에 머물게 됨.

12월: 모리스 바레스의 《자유로운 인간》의 출판업자인 페랭 사에서 자비로 《앙드레 왈테르의 수기》를 출판함. 피에르 루이의 소개로 몽펠리에에서 폴 발레리와 만남. 서로 깊은 호감을 느껴 향후 50년 이상 지속될 우정이 시작됨.

1891년 1월: 지드로부터 그의 책을 받은 마들렌느는 청혼을 거절함.

2월 2일: 바레스의 소개로 지드는 시인 장 모레아스(1856-1910)를 위해 열린 만찬에서 말라르메를 만나 '화요회'의 단골 가운데 하나가 됨.

4월: 피에르 루이의 잡지 《라 콩크》에 〈이뒤메의 밤〉을, 앙드레 모켈이 주간하는 벨기에 잡지인 《라 왈로니》에 〈다른 곳의 반영〉을 발표함. 이 두 잡지는 후기 상징주의의 연장선상에서 당시 막 출간된 잡지들임.

7월: 벨기에 강(Gand)에서 메테를링크를 만나 무척 존경하게 되나, 그의 '차가운 기질' 때문에 존경심은 서서히 식어가게 됨.

여름: 《나르시스론》을 씀. 이 글은 1892년 1월에 발표됨.

12월: 앙드레 왈테르라는 가명으로 《라 콩크》에 여덟 편의 시를 발표함. 앙리 드 레니에의 집에서 오스카 와일드를 만남.

1892년 봄: 뮌헨 체류.

4월 말: 《앙드레 왈테르의 시집》 출판.

여름: 지드는 라 로크에서 《위리앵의 여행》을 씀. 그 가운데 두 부분은 《라 왈로니》에 발표됨.

8월: 앙리 드 레니에와 브르타뉴 여행

11월 15-22일: 낭시에서 군대생활을 시작하나, '결핵'으로 면제받게 됨.

1893년 봄: 으젠느 루아르의 소개로 프랑시스 쟘므와 친교를 맺게 됨. 5월에는 모리스 드니의 삽화와 함께 《위리앵의 여행》을 출판함. 그의 어머니와 스페인을 여행함.

10월: 젊은 화가 폴-알베르 로랑스와 함께 북아프리카로 출발함.

11월 초: 《사랑의 시도》 출판.

1894년  병이 난 지드는 로랑스와 함께 지난 해 11월에 도착한 알제리 비
스크라에 체류함. 결핵의 증상을 그대로 보여주는 이 폐 감염은
《배덕자》(1902)의 주인공 미셸을 통해 무척 구체적으로 그려져
있음. 튀니지, 말트, 이탈리아, 스위스를 거쳐 봄에 프랑스로 귀
국함.
7월: 스위스 샹펠에서 냉수욕 치료를 받음. 파리 문학계의 작위
적인 성격 앞에서 '소원함을 느끼는' 상태.
가을: 스위스의 라 브레빈에서 요양하며 《팔뤼드》를 집필함.

1895년  1월: 지드는 오랜 기간 체류할 생각으로 알제로 떠남. 거기서 오
스카 와일드를 다시 만남.
5월: 《팔뤼드》 출판. 31일에 그의 어머니 사망.
6월 17일: 외사촌 누나인 마들렌드 롱도와 약혼. 마들렌드가 약
혼에 동의한 것은 지드의 어머니가 돌아가시기 전 태도를 바꾼
것 때문임이 결정적으로 해명됨.
10월 8일: 퀴베르빌에서 마들렌느와 결혼함. 스위스, 단눈치오
와 만나게 된 이탈리아, 북아프리카로 신혼여행을 떠남. 북아프
리카에서는 으젠느 루아르와 프랑시스 쟘므가 그들 부부와 합류
하게 됨.

1896년  5월: 신혼여행에서 돌아옴. 같은 달, 지드는 라 로크의 시장으로
선출됨. 앙리 알베르가 주관하는 니체적 영감에 의거한 잡지 《르
상토르》에 《지상의 양식》의 단편이 발표됨(〈석류의 원무곡〉).
피에르 루이와의 언쟁과 결별.
여름: 《르 상토르》에 〈엘 하지〉 발표. (같은 호에 발레리의 〈테
스트씨와의 저녁〉 발표됨).

1897년  1월: 지드와 그의 아내는 코마이유 거리를 떠나 라스파유 대로 4
번지로 이사함. 지드는 에두아르 뒤코테가 발행하던 《메르퀴르
드 프랑스》와 경쟁하던 문학잡지 《레르미타주》에 정기적으로 참
여하기 시작함. 이 잡지의 강령은 '고전주의'임.
5월: 메르퀴르 드 프랑스 출판사에서 《지상의 양식》 출판.
6월: 와일드를 방문함. 와일드는 그의 연인 알프레드 더글러스
경의 가족과 분쟁 끝에 영국 리딩에서 2년 동안 감옥에 있다 출소
하여 디에프 근처, 베르느발의 한 호텔에서 살고 있었음.

7월: 앙리 게옹과 만남. 그들 사이 우정이 지속되다 1915년 게옹이 가톨릭으로 개종함에 따라 갑자기 끝나게 됨. 이탈리아와 북 아프리카 체류 일기인 《여행 일지 1895-1896》 출판.

12월: 스위스, 마르세유, 이탈리아로 마들렌느와 5개월간의 여행을 떠남.

1898년 1월: 마들렌느와 함께 프랑스 남부에 체류하는 동안 지드는 드레 퓌스 사건에 대해 졸라를 지지하는 탄원서에 서명을 함. 니체와 도스토예프스키를 읽음.

2월: 모리스 바레스의 《뿌리뽑힌 자들》에 반대하여 그가 쓴 글이 《레르미타주》 잡지에 발표됨.

3월: 이탈리아에서 지드는 1896년 1월 시작했던 《사울》을 끝냄.

7월: 《레르미타주》에 그의 첫 번째 〈앙젤르에게 보내는 편지〉를 발표함.

9월 9일: 말라르메 사망. 지드는 10월호 《레르미타주》에 그를 기리는 글을 씀. 그 잡지에서 그의 영향력은 점차 커져감.

1899년 1-3월: 《레르미타주》에 《사슬 풀린 프로메테우스》 발표.

3월: 마들렌느와 알제리 여행.

7월: 마리아 반 뤼셀베르그 — 일명 '귀여운 부인' — 와 알게 됨. 그녀는 화가 테오 반 뤼셀베르그의 아내로, 지드의 가장 절친한 친구 가운데 하나가 되며, 지드의 유일한 자식인 딸 카트린느의 할머니가 됨. 《필록테트》가 메르퀴르 드 프랑스 출판사에서 출판됨. 1895년 4월에 만났던 (당시 중국에서 영사로 있던) 클로델과 서간 시작.

10월 11일-11월 7일: 상 라말루에서 온천 요법함.

12월: 레옹 블룸 후속으로 《르뷔 블랑슈》의 서평난을 맡음.

1900년 3월 29일: 브뤼셀에서 〈문학에서의 영향에 관하여〉라는 강연을 함. 파리에서 세계 만국박람회 열림. 살롱전에 쟈크-에밀 블랑슈가 그린 그림 〈앙드레 지드와 그의 친구들〉이 전시됨. 지드는 라 로크에 있는 저택을 매각함.

11-12월: 마들렌느와 또 다시 알제리로 여행함. 튀니스에서 앙리 게옹과 합류하게 됨.

1901년 2월 초: 이탈리아를 경유하여 프랑스로 돌아옴.

3월: 지드의 희곡 《캉돌 왕》이 출판됨. 첫 공연은 5월 9일 있었으며 실패함.

발작 시기: 6월 상 라말루에서 또 다시 온천요법을 함. 그 후 마들렌느와 퀴베르빌에서 지냄. 거기서 6개월 동안 《배덕자》를 집필하여 1902년 1월 마치게 됨.

1902년 1월: 파리에 잠시 다녀 온 뒤, 퀴베르빌에서 오래 동안 다시 머묾(1월 중순에서 8월까지).

5월 20일: 메르퀴르 드 프랑스 출판사에서 《배덕자》 출판함. 미간행 서문이 붙게 될 11월의 보급판 이전 300부를 인쇄함.

9월: 프랑스 남서부로 여행. 거기서 페도르 로젠베르그, 쟘므, 샤를르 라코스트 등을 만남.

12월 31일: 쟈크 코포로부터 처음으로 편지를 받음.

1903년 4월: 지드 부부는 라스파유 대로 10번지로 이사함. 처음으로 쟈크 코포와 만나 오랜 우정이 시작됨.

7월: 다양한 글 모음집인 《프레텍스트》가 메르퀴르 드 프랑스 출판사에서 출판됨. 희곡 《사울》 출판.

8월: 독일 여행. 바이마르에서 〈대중의 중요성에 대하여〉라는 제목의 강연을 함.

10월: 여섯 번째로 북아프리카 여행함(알제리와 튀니지).

1904년 1월: 북아프리카에서 이탈리아를 거쳐 귀국함. 로마에서 장 슐랭베르제와 만나 우정을 시작함.

3월 25일: 브뤼셀에서 연극에 대한 강연. 이후 작가로서의 활동이 뜸해짐.

12월: 레미 드 구르몽과 함께 《레르미타주》 잡지 운영을 맡게 됨.

1905년 장 슐랭베르제의 남동생인 모리스와 지드, 게옹의 삼각관계가 시작됨.

2월: 《레르미타주》에 〈아민타스〉 발표함. 폴 클로델의 〈뮤즈들에 바치는 오드〉 읽음. 《좁은 문》을 쓰기 시작함. 스탕달(《일기》와 자서전적 작품들)과 몽테뉴를 집중적으로 읽음.

12월: 폴 클로델과 만남.

1906년 1월: 비엔나에 체류하며 《캉돌 왕》의 공연을 보나 공연은 실패함.

3월: 북아프리카 여행 기록들을 모은 《아민타스》를 출판함. 지드 부부는 오테이유에 그들이 지은 몽모랑시 별장으로 이사함. 모리스 슐랭베르제와 게옹과의 삼각관계에서 나온 갈등으로 인한 신경발작과 괴로움이 많았던 한 해였음.

12월: 《레르미타주》의 마지막 호 발행.

1907년 1월: 모리스 드니와 함께 뮌헨 여행.

5월: 《탕아 돌아오다》 출판. 로댕을 만나게 되며 키이츠를 읽음.

7월: 쟈크 코포와 영국령 저지 섬에 머묾.

1908년 5월: 도스토예프스키에 대한 지드의 첫 글, 〈서간문에 나타난 도스토예프스키〉를 발표함. 《좁은 문》 집필을 계속하여 10월에 끝냄.

11월 15일: 으젠느 몽포르의 주관 아래 《누벨 르뷔 프랑세즈(N.R.F.)》 창간호 발행. 으젠느 몽포르가 말라르메에 대해 멸시를 드러냈다는 이유로 그와는 거의 관계를 끊음. N.R.F. 발간 중단.

1909년 2월 1일: 새로운 형식으로 N.R.F. 창간호 발행.

봄: 마리아 반 뤼셀베르그와 함께 이탈리아 체류 중 《교황청의 지하실》 초고 작성. 6월에 메르퀴르 드 프랑스 출판사에서 《좁은 문》을 발표함.

12월 말: 발레리 라르보와 레옹-폴 파르그와 함께 샤를르-루이 필립의 장례식에 참석.

1910년 2월: 지드는 메르퀴르 드 프랑스 출판사에서 《오스카 와일드》를 출판함.

3월 20일-4월 30일: 스페인 여행, 일부는 쟈크 코포와 함께 함. 이 시기부터 으젠느 몽포르는 지드에 대해 격렬한 공격을 시작함. 지드는 《코리동》 1부를 씀. 다윈을 집중적으로 읽음.

8월: 그의 친구들인 으젠느 루아르, 쥘 이엘, 프랑수아-폴 알리베르와 함께 안도라 여행.

N.R.F.는 가스통 갈리마르를 주관으로 하는 출판사를 세움. 라이너 마리아 릴케와 처음으로 만남.

1911년 2월: 메르퀴르 드 프랑스 출판사에서 《새로운 프레텍스트》 출판함.

6월: 《이자벨》이 N.R.F. 출판사에서 나옴. 동성애에 대한 변호를 다루는 《코리동》의 초판본이 비밀리에 12부 발간됨. 라이너 마리아 릴케의 《말테의 수기》 번역하여 일부를 발표함.

7월: 런던에서 발레리 라르보를 통해 소개받은 조셉 콘라드에 대해 지드는 깊은 존경을 표함.

1912년   2월: N. R. F. 출판사에서 《나르시스론》, 《사랑의 시도》, 《엘 하지》, 《필록테트》, 《베트사베》가 같이 수록된 《탕아 돌아오다》를 출판함.

4월: 앙리 게옹과 발레리 라르보와 함께 피렌체 체류.

5월: 루앙의 중죄재판소 배심원이 됨. 쟈크 리비에르가 공식적으로 N. R. F.의 주필로, 쟈크 코포는 발행인으로 임명됨.

12월: N. R. F. 출판사가 프루스트의 《스완네 쪽으로》 원고를 거절함.

1913년   4-5월: 프랑수아-폴 알리베르와 앙리 게옹, 으젠느 루아르와 함께 이탈리아 여행.

10월: N. R. F.와 공동 노선을 펴는 쟈크 코포의 주도하에 비유-콜롱비에 극장을 개관함.

11월: 《장 바루와》를 출판한 마르탱 뒤 가르와 만남. 지드는 《교황청의 지하실》을 끝냄.

1914년   1월: 《중죄 재판소 회고록》 출판.

5월: 《교황청의 지하실》 출판. 이를 계기로 폴 클로델과 결별함.

4-5월: 앙리 게옹, 메이리쉬 부인과 터키 여행. 미국 시인 월트 휘트먼을 읽고 그의 시를 번역함.

1차 대전이 났을 때 1915년 9월까지 점령지역의 피난민들을 위한 구호단체인 프랑스-벨기에 구호소에서 일을 함.

1915년   지드는 대부분의 시간을 구호소 일로 보냄. 1914년 11월에서 1915년 9월까지 자신의 《일기》를 중단하고, 구호소에서의 경험을 이야기하는 《프랑스-벨기에 구호소 일기》를 씀. 마들렌느가 머무르던 퀴베르빌에 몇 번 짧은 체류를 함.

1916년   1월: 그의 친구 게옹이 개종한 후 오랜 종교적 위기가 시작됨. 그때 쓴 《너 역시…?》는 1922년 발표되었다가 1939년 《일기》에 수록됨. 〈악시옹 프랑세즈〉의 입장에 대해 신중히 공감하며, 동시에 모라스를 비판함.

3월: 〈회고록〉을 시작함. 이는 《한 알의 밀알이 죽지 않으면》이 됨.

5월: 지드 앞으로 온 앙리 게옹의 편지를 뜯어 본 아내 마들렌느는 지드의 과거와 그의 성적 경향에 대해 많은 것을 알게 됨. 20년간의 행복했던 결혼생활 이후 처음으로 부부관계가 악화됨.

1917년 5월: 지드 집안과 오랜 친구였던 알레그레 목사의 아들인 17세의 마르크 알레그레와 동성애 관계 시작

8월: 마르크 알레그레와 앙드레 알레그레와 함께 스위스 여행. 거기서 스트라빈스키를 만남. 그는 지드가 번역한 셰익스피어의 《안토니오와 클레오파트라》의 무대 음악을 작곡하기로 되어 있으나 이를 포기함.

1918년 지드는 《코리동》의 집필을 재개함.

5월: N. R. F. 출판사에서 지드가 번역한 조셉 콘라드의 《태풍》이 출판됨.

6월: 마르크 알레그레와 영국으로 떠나 3개월을 체류함. 귀국 후, 11월에 마들렌느가 그가 보낸 모든 편지들을 불태운 것을 알게 됨. 심각한 정신적 위기와 신경발작을 일으킴.

1919년 4월: 마르크 알레그레와 룩상부르크 체류.

6월: 1차 대전으로 중단되었던 N. R. F. 를 샤크 리비에르의 주관으로 재 발행함.

7월: N. R. F. 출판사가 갈리마르 출판사로 됨.

12월: 《전원 교향곡》 발표하고 《사전꾼들》 집필을 시작함.

1920년 2월: N. R. F. 지에 《한 알의 밀알이 죽지 않으면》의 발췌본을 발표함.

5월: 《코리동》의 수정본 출판함(21부). 《한 알의 밀알이 죽지 않으면》의 1부 출판함(12부).

6월: 지드가 번역한 셰익스피어의 《안토니오와 클레오파트라》가 오페라좌에서 공연됨.

1921년 1월: 새로운 소비에트 체제에 대한 관심이 처음으로 《일기》에 드러남.

4월: 프로이트를 읽음. 지드는 그 속에서 동성애에 관한 자기 이론에 대한 확인은 할 수 없었으나, 그가 《코리동》을 출판하는 데 좀더 용기를 얻게 됨.

11월: 《단편글 선집》 출판. 극우파 지식인들(앙리 마시스와 앙리

베로)이 처음으로 앙드레 지드를 비난하는 운동을 벌임. 마르셀 프루스트와 만남. 지드가 《일기》 속에 옮긴 그들의 대화는 대개의 경우 동성애에 관한 것들임. 도스토예프스키에 관해 연구하기 시작함.

12월: 《한 알의 밀알이 죽지 않으면》의 2부를 제한적으로 출판함 (13부).

1922년 1월: 윌리암 블레이크 읽음(《천국과 지옥의 결혼》).

2-3월: 쟈크 코포가 운영하던 비유-콜옹비에 극장에서 도스토예프스키에 관한 연속 강연을 함.

5월: 인도 시인 타고르의 《아말과 왕의 편지》를 번역, 출판함. 폴란드 정신분석가인 으제니아 소콜니카의 강연을 들음.

6월 16일: 쟈크 코포의 연출로 《사울》 초연됨. 《코리동》과 《사전꾼들》 집필을 계속함.

8월 22일: '귀여운 부인'의 딸인 엘리자베스 반 뤼셀베르그가 지드에게 그의 아이를 임신했음을 알림. 1916년 11월, 엘리자베스와 함께 여행할 당시, 지드는 그녀에게 다음과 같은 말을 한 적이 있음. "내가 애정으로 사랑할 수 있는 여자는 오직 한 사람밖에 없을 거야. 그리고 내가 진짜 육체적 욕망을 품을 수 있는 건 오직 젊은 남자애들밖에 없어. 하지만 너나 내가 아이 없이 있는 걸 그대로 보고 체념하기도 쉽지가 않네." 그들의 관계는 분명 1921년 봄부터 시작된 것임.

11월 20일: 프루스트의 임종을 봄.

1923년 1-2월: 엘리자베스 반 뤼셀베르그와 이탈리아 체류.

3월: 모로코 체류. 쟈크 쉬프랭과 공동으로 푸쉬킨의 《스페이드 여왕》을 번역, 출판함.

4월 18일: 지드와 엘리자베스 반 뤼셀베르그 사이의 딸, 카트린느 출생. 지드가 아버지라는 사실은 마들렌느에게 숨김(지드는 아내 사후 1938년 이 딸을 호적에 입적함). 앙리 베로 및 앙리 마시스와 새로운 논쟁이 붙음.

6월: 플롱 출판사에서 《도스토예프스키》 출판.

8월: 엘리자베스 반 뤼셀베르그와 마르크 알레그레와 함께 코르시카 체류.

12월 5일: 모리스 바레스 사망.

12월: 가톨릭 철학자 쟈크 마리탱이 지드를 방문하여 《코리동》의 출판을 만류함.

1924년 엘리자베스 반 뤼셀베르그와 그들의 딸 카트린느와 함께 브리놀레 체류. 아프리카로 여행을 계획함.

5월: 평론집 《앵시당스》 출판. 갈리마르 출판사에서 《코리동》 보급판 출판. 베로와 마시스의 공격이 재개됨.

12월 27일: 지드는 맹장염 수술을 받음. 당시 그는 죽는다는 생각에 사로잡힘.

1925년 2-4월: 엘리자베스 반 뤼셀베르그와 카트린느, '귀여운 부인'과 또 다시 브리놀레에서 머묾.

5월 15일: 지드와 폴 발레리가 함께 나오는 장면을 마르크 알레그레가 촬영함.

6월 8일: 지드는 《사전꾼들》을 끝냄.

7월: 프랑스 정부로부터 콩고의 삼림개발 현황에 대한 조사를 의뢰받아 콩고로 떠남. 마르크 알레그레가 동반함. 출발하기 전, 지드는 상당 부분의 소장 도서를 팔아버림. 지드와 마르크는 1926년 5월에야 프랑스로 귀국하게 됨.

1926년 1-2월: 지드와 마르크는 프랑스령 적도 아프리카로 여행을 계속함. 갈리마르 출판사에서 《사전꾼들》 출판.

3월: 13일, 프랑스로 귀국하는 배를 타서 31일 보르도에 도착함.

6월 10일: 지드는 퀴베르빌에서 아내 마들렌드를 다시 만나게 됨.

9월 13일: 마르크와 튀니지로 출발.

10월: 갈리마르 출판사에서 《한 알의 밀알이 죽지 않으면》의 첫 보급판 출판. 에오스 출판사에서 《사전꾼들 일기》 초판본 출판 (그 다음 해 갈리마르 출판사에서 보급판 출판됨).

12월: 《너 역시…?》 출판.

1927년 4-5월: 스위스와 독일 여행

6월: 갈리마르 출판사에서 《콩고 기행》 출판됨. 영어 번역판이 시작됨.

10월 15일: 《르뷔 드 파리》에 〈우리 적도 아프리카의 고통〉을 발표함. 지드는 거대 개발업자들과 부당한 식민지 체제에 의해 자행되는 약탈상을 고발함.

1928년 1월: 카피톨 출판사에서 앙드레 지드 특집호 발간.

3월: 갈리마르 출판사에서 《차드 기행》을 출판.

7월: 튀니지에서 2주간을 보냄.

8월: 바노 거리로 이사와 죽을 때까지 살게 됨.

1929년 1월: 마르크 알레그레와 알제리에서 며칠 보내고, 거기서 몽테를랑을 다시 만남.

2월: 장 지오노와 만남.

4월: 갈리마르 출판사에서 《여자들의 학교》 출판.

5월: 샤를르 뒤 보스가 《앙드레 지드와의 대화》 출판.

6월: 《몽테뉴에 대한 에세이》 출판.

8월: 〈예술에 있어서 고전주의의 성공에 대하여〉 세미나 참석.

9월: 크라 출판사에서 《선입견 없는 정신》 출판.

12월: 《로베르, 여자들의 학교 보유편》이 갈리마르 출판사에서 판매됨.

1930년 4월: 지드가 갈리마르 출판사에서 시작한 '판단하지 마라' 총서에서 《푸아티에의 유폐자들》과 《르뒤로 사건 및 잡보기사》 출판.

6월 17일: 사부아 지방, 샬르-레-조로 요양 떠남.

8월: 임종을 맞은 장-폴 알레그레를 보러 아르카숑에서 엿새 보냄.

10월-12월: 10월 28일, 엘리자베스와 생-클레르로 떠나 거기서 《오이디푸스》를 끝냄. 11월 12일 그들은 함께 튀니지로 떠나 12월 21일 마르세유로 돌아옴.

1931년 3월: 생-떽쥐베리를 다시 만남. 《야간비행》을 위한 그의 서문은 6월에 발표됨.

7월 1일: 지드는 보름간 예정으로 독일로 떠남. 뮌헨에 가서 토마스 만을 만나고, 베를린으로 가서 《사울》의 번역본을 손질함.

9월 12일: 퀴베르빌을 떠나 마르세유로 가서 거기서 다시 코르시카로 떠남. 거기서 트리스탕 짜라를 다시 보게 됨. 15일에 거행된 엘리자베스 반 뤼셀베르그와 피에르 에르바르의 결혼식에는 참석하지 않음.

12월: 2월 쟈크 쉬프랭이 출판한 《오이디푸스》 초판본 이후, 갈리마르 출판사에서 보급판 출판함.

1932년 1월 20일: 콕토의 〈시인의 피〉 공연을 첫날 비유-콜롱비에 극장에서 관람.

2월 18일: 조르주 피토예프 연출로, 앙제의 아브뉘 극장에서 《오이디푸스》 공연 첫날 관람.

3월 12일: 그의 숙부 샤를르 지드가 파리에서 사망. 님므에서의 장례식에 참석.

5월: 모로코에 잠시 체류하다 월말에 베를린에서 체류.

6-11월: 6월 1일부터 N. R. F. 에 〈일기 발췌본〉을 발표함. 그 속에서 공산주의에 대한 기대를 표명함. 퀴베르빌과 베를린, 파리를 오감.

12월: 갈리마르 출판사에서 지드의 《전집》을 출판하기 시작하여 1939년 15권으로 중단됨. 지드는 AEAR(혁명 작가 및 예술가협회)에 대한 호감을 표시하나 가입하기는 거부함.

1933년 1월: 이다 루빈슈타인은 《페르세포네》에 매료되어 지드에게 오페라 대본을 완성해주길 요구함. 월말에 그 음악을 작곡하기로 된 스트라빈스키를 만남.

3월: 《마리안느》지에 AEAR에 의해 조직된 대회에서 지드가 개회사로 연설한 "파시즘"이 발표됨.

6월: 12일부터 공산당 기관지인 《위마니테》지에 《교황청의 지하실》이 연재됨. 15일 지드는 비텔에서 요양을 시작함.

7월: 지드는 장 쥬네를 만남.

11월 8일: 지드는 디미트로프 석방을 위한 모임에 참석함. 10일 지드는 엘리자베스와 함께 로잔느로 가서 《교황청의 지하실》의 연극대본 수정함.

12월: 몽트뢰, 로잔느, 제네바에서 연극 공연.

1934년 1월 4일: 베를린에서 앙드레 말로와 함께, 독일 당국에 디미트로프와 공산주의자들의 석방을 요구함.

2월: 시라쿠사에 체류하며 《쥬느비에브》를 집필함.

4월: 갈리마르 출판사에서 《페르세포네》 출간. 30일에는 오페라좌에서 오페라로 공연됨. 그러나 지드는 참석하지 않음.

6월: 《일기 단편(1929-1932)》 출간.

7-8월: 퀴베르빌을 떠나 파리에 잠시 머문 다음, 스위스 등지로 여행함.

9-12월: 파리와 퀴베르빌 사이를 오감.

1935년 3-4월: 제프 라스트와 스페인과 모로코로 여행함.

6월: 지드 전집의 첫 권이 레닌그라드에서 출판됨. 21일에서 25일까지 지드는 〈문화 수호를 위한 제 1차 국제 작가회의〉를 주재함.

7-8월: 지드는 벡스에서 기숙생으로 있는 딸 카트린느를 보러가, 딸과 함께 몽블랑 일주를 하러감.

10월: 《새로운 양식》 출판.

1936년 2월 11일-4월 17일: 프랑스령 서부 아프리카의 총독으로 임명된 마르셀 드 코페와 함께 여행.

4-5월: 세네갈에서 돌아온 지드는 카트린느와 '귀여운 부인'이 기다리고 있는 니스로 감. 카트린느는 13살이 되었으며, 지드는 자신이 아버지임을 밝힘. 로제 마르탱 뒤 가르와 오랜 대담을 가지며, 《로베르 또는 보편적 관심》과 《티보가의 사람들》을 서로 읽음.

6월: 《새로운 일기 단편(1932-1935)》 출간.

6월 16일-8월 23일: 소련 방문. 6월 16일 피에르 에르바르와 함께 모스크바에 간 지드는 20일 붉은 광장에서 고리키의 장례식에서 연설을 함. 7월 초 으젠느 다비, 제프 라스트, 루이 귀이유, 쟈크 쉬프랭이 도착함. 8월 21일 으젠느 다비가 갑작스레 사망하게 됨(지드는 9월 7일 파리에서 거행된 그의 장례식에 참석함).

10월-11월: 《쥬느비에브》와 《소련 기행》 출간.

1937년 1월: 딸과 함께 스위스에 있던 지드는 3일 파리로 돌아옴. 7일-11일까지 피에르 에르바르와 벨기에 여행.

2-3월: 지드는 퀴베르빌에 머묾.

7월: 《소련기행에 대한 수정판》 출판

8월: 로베르 르베스크와 이탈리아에 3주간 머묾.

9월 20-30일: "절망과 정신적 혼돈의 시대에서 예술의 사회적 소명"이란 세미나 참석.

10월: 토마스 만의 《유럽에 경고함》에 서문을 씀.

1938년 1월 10일-3월 5일: 식민지 조사위원회로부터 프랑스령 서부 아프리카에서의 교육에 관한 보고서를 의뢰받은 지드는 피에르 에르바르와 함께 세네갈, 수단, 기네로 여행을 함.

3월: 지드는 처제인 발랑틴느의 장례식에 참석하기 위해 곧바로 퀴베르빌로 갔다 파리로 돌아옴.

4월 17일: 마들렌느 지드가 퀴베르빌에서 사망함.

5월 17일-24일: 테르트르에 있는 로제 마르탱 뒤 가르의 집에서 오랜 대화를 나눔.

8월 말: 지드는 《이제 그녀는 그대 안에 있네》를 시작함.

10월: 셰익스피어의 《연극전집》의 서문을 끝냄. 이 전집은 플레이야드 판으로 출판됨.

1939년 1월 26일-4월 17일: 지드는 이집트를 여행하고 그리스에서 로베르 르베스크와 다시 만남. 《이집트 여행기》를 씀.

5월: 플레이야드 판으로 《일기(1889-1939)》 출간.

6월 말-7월 중순: 스페인 말라가에 있는 프랑수아 모리악의 집에서 머묾.

7월 20일-8월 10일: 몽-도르에서 요양.

1940년 5월 7일: 지드는 니스를 떠나 방스에 머묾.

7월 22일: 지드는 자유구역이던 남불에서 1년 이상 지냄. 근처에 에르바르 가족이 살아 그들과 자주 보게 됨.

12월: 드리유 라 로셀의 주관 하에 다시 나오게 된 N.R.F.에 지드는 그의 일기의 〈단편들〉을 발표함.

1941년 2월: 다른 〈단편들〉을 발표하며 N.R.F.와 새로이 협력하게 됨.

3월: 대독 협력자들이 운영하는 N.R.F.와 결별함.

연극배우 직업에 매료된 카트린느를 위해 지드는 〈젊은 여배우에게 주는 충고〉를 쓰게 됨. 역시 남불에 와 있던 앙리 미쇼와 만남.

11월: 《피가로》지에 첫 번째 〈가상 인터뷰〉 발표. 지드는 1942년 8월까지 이 신문에 규칙적으로 글을 씀.

1942년 4월: 갈리마르 출판사에서 지드의 《희곡집》(〈사울〉, 〈캉돌 왕〉, 〈오이디푸스〉, 〈페르세포네〉, 〈열세 번째 나무〉)이 출판됨.

5월-12월: 5월 4일 마르세유에서 튀니지로 떠남.

1943년 3월: 스위스에서, 《가상 인터뷰들》 초판본 출간됨(이는 차후 뉴욕 및 갈리마르 출판사에서도 출간됨).

6월 25일: 지드는 알제에서 드골 장군과 저녁식사를 함.

9월-12월: 모로코에서 체류.

1944년 2월: 8일부터 알제로 다시 옴. 쟝 암루슈와 쟈크 라산느가 지드의 지도 아래 《방주》지를 창간함. 지드는 이 잡지에 그의 일기 발췌본과 그의 희곡 《로베르 또는 보편적 관심》을 규칙적으로 발표함.

5월 21일: 《테세우스》 집필 완료.

4월: 수단으로 갔다가 월말에 다시 알제로 돌아옴.

6월: 뉴욕에서 《일기 단편들(1939-1942)》 출간됨. 이는 1946년 갈리마르에서도 출간됨.

12월: 뉴욕에서 지드가 번역한 《햄릿》 출간됨.

1945년 2월 9일: 지드가 할아버지가 됨. 카트린느가 손녀 이자벨을 낳음.

3월 15일-4월 22일: '귀여운 부인'과 콩스탕틴, 알제리 남부를 여행함.

5월 5일: 지드는 프랑스로 돌아오라는 명을 받고, 6일 파리에 도착함.

6월 23일: 조르주 심농과 함께, 지드는 마들렌느가 죽은 뒤 한 번도 가지 않았던 퀴베르빌에 감.

7월: 폴 발레리가 20일 사망. 지드는 그의 임종을 보러 갔으며, 《피가로》지와 《방주》지에 그를 기리는 글을 씀.

8월: 몽-도르에서 요양함.

12월: 로베르 르베스크와 함께 이탈리아, 이집트 여행.

1946년 1월: 뉴욕 쉬프랭 출판사에서 《테세우스》 출간.

4월: 이집트 및 레바논 여행. 12일 레바논 방송에서 〈문학의 기억과 현재의 문제들〉이라는 제목으로 강연을 함. 이 강연록이 실린 잡지가 레바논 적십자사 기금을 위해 판매됨. 16일 파리로 돌아옴.

6월: 23일-26일까지 브뤼셀에 머물며 레바논에서 한 강연을 다시 함.

8월-9월: 오스트리아, 스위스 등지를 여행하고 파리로 돌아옴.

10월 17일: 지드가 번역한 《햄릿》이 쟝-루이 바로의 연출로 공연됨.

1947년 3월 22일-4월 28일: 이탈리아에 머물며 그의 딸 카트린느와 사위 장 랑베르를 만남.

4월: 《이제 그녀는 그대 안에 있네》를 13부 한정본으로 출간.

7월: 8권으로 된 지드 《희곡 전집》 출간 시작.

10월 10일: 카프카의 《심판》을 연극대본으로 만들어 지드와 장-루이 바로가 연극으로 올림. 16일, 지드의 손자 니콜라 출생.

11월 13일: 노벨 문학상 수상.

1948년 1월: 《프랑시스 쟘므-앙드레 지드 서간문(1893-1938)》 출간.

7월-9월: 지드는 《교황청의 지하실》로 3막으로 된 소극을 발표함. 이탈리아에서 8주간을 보내며 그동안 피에르 에르바르와 《이자벨》의 시나리오를 작업함. 마르크 알레그레가 그 영화를 촬영할 계획이었으나, 실현되지 못함.

10월-12월: 〈쇼팽에 관한 노트〉를 발표함. 프랑스 남부지방을 여행함. 12월 19일 손녀 도미니크의 출생.

1949년 2월: 파리에서 19일 가벼운 발작을 일으킴.

4월 23일: 니스로 가서 25일 새로운 발작을 일으킴. 한 달간 입원 기간 동안 로제 마르탱 뒤 가르가 매일 그를 보러옴. 프랑스 남부에서 계속 남아 회복기간을 보낸 다음 10월 중순 파리로 돌아옴.

5월: 메르퀴르 드 프랑스 출판사에서 《가을 단상들》 출간.

6월: 지드가 감수한 플레이야드 판 《프랑스 시 선집》 발매 시작.

10월 10일: 장 암루슈와의 대담 첫 회가 방송되며 이는 11월 14일까지 계속됨.

11월: 《폴 클로델-앙드레 지드 서간집(1899-1926)》의 출간. 22일 지드는 80세를 맞음. 쟈크-두세 문학도서관에서 그의 특집을 다룬 전시회가 열림.

1950년 2월: 갈리마르 출판사에서 《일기(1942-1949)》 출판. 4일 엘리자베스와 함께 프랑스 남부지방으로 감.

4월: 갈리마르 출판사에서 여러 텍스트들을 모은 《참여문학》 출간됨.

7월: 《아멘 또는 내기는 끝났다》 집필 시작함.

4월-7월 10일: 지드는 피에르 에르바르와 시칠리아 체류. 카트린느와 장 랑베르가 그들과 합류하게 됨. 6월에 마르크 알레그레는 그의 영화 《앙드레 지드와 함께》 시작함.

10월-12월: 지드는 《교황청의 지하실》 공연 연습을 참관함. 11월에 그는 1948년 극본보다 더 완성된 대본을 발표함. 12월 13일, 당시 프랑스 대통령인 뱅상 오리올이 참석한 가운데 코메디-프랑세즈 극장에서 첫 공연을 함. 대성공이었음.

1951년  1월: 엘리자베스와 모로코 여행을 계획함.

2월 19일: 바노 자택에서 지드 사망.

2월 22일: 마들렌느 지드 가족의 요청에 따라 퀴베르빌에서 교회장을 치름.

1952년  1월: 《아멘 또는 내기는 끝났다》의 사후 출간.

5월 24일: 지드의 전 작품이 바티칸에 의해 금서목록에 오름.

1955년  《앙드레 지드-폴 발레리 서한집》 간행.

1963년  《앙드레 지드-앙드레 쉬레아스 서한집》 간행.

1968년  《앙드레 지드-로제 마르탱 뒤 가르 서한집》 간행.

# 앙드레 지드의 친가와 외가 가계도

## 1) 친가 가계도

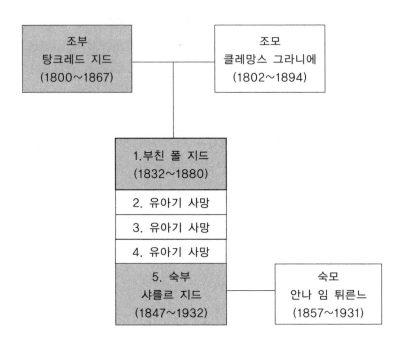

## 2) 외가 가계도

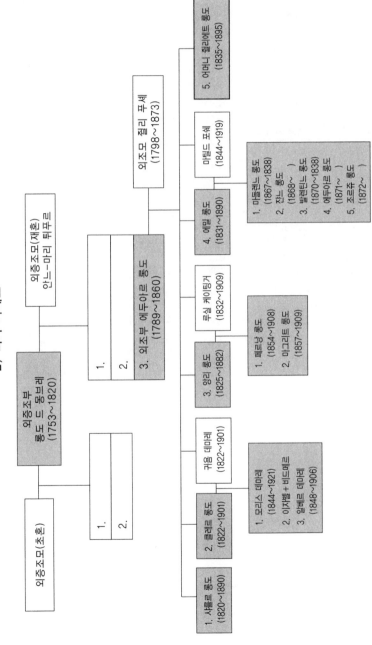

외증조부
롱도 드 몽브레
(1753~1820)

외증조모(초혼)

1.
2.

외증조모(재혼)
안느-마리 투포르

1.
2.

외조부 에두아르 롱도
(1789~1860)

외조모 쥘리 무세
(1798~1873)

1. 샤를르 롱도
(1820~1890)

2. 클레르 롱도
(1822~1901)

귀욤 데마레
(1822~1901)

1. 모리스 데마레
(1844~921)
2. 이자벨 + 비드메르
3. 알베르 데마레
(1848~1906)

3. 앙리 롱도
(1825~1882)

루실 케이팅거
(1832~1909)

1. 페르낭 롱도
(1854~1908)
2. 마그리트 롱도
(1857~1909)

4. 에밀 롱도
(1831~1890)

마틸드 포레
(1844~1919)

1. 마들렌느 롱도
(1867~1838)
2. 잔느 롱도
(1868~  )
발렌틴느 롱도
(1870~1838)
3.
4. 에두아르 롱도
(1871~  )
5. 조르쥬 롱도
(1872~  )

5. 어머니 쥘리에트 롱도
(1835~1895)

# 앙드레 지드 친가와 외가의 지역도

1)

라 로크

2)

퀴베르빌

3)

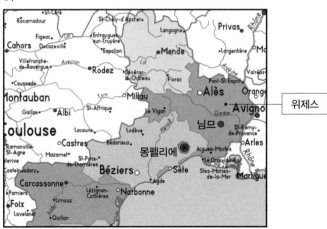

위제스

# 앙드레 지드의 북아프리카 및 이탈리아 · 스위스 여행지

## 1) 북아프리카와 지중해연안

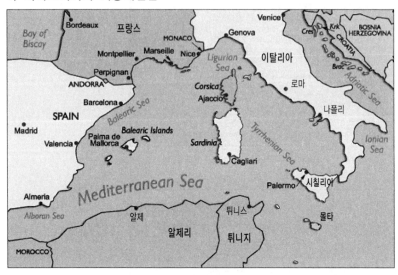

## 2) 튀니지

## 3) 알제리

## 4) 이탈리아

## 5) 스위스

찾아보기

## 인명

474

# 서 명

## 지명

## 앙드레 지드 (André Gide, 1869~1951)

앙드레 지드는 파리 법과대학 교수인 남불 출신의 아버지와 노르망디 출신의 부유한 부르주아 집안의 어머니 사이에서 외아들로 태어났다. 지드는 평생 자신을 분열시킨 이중성의 근거를 이 두 지방과 가정의 대조된 분위기에서 찾고 있다. 신경병 증세와 함께 허약한 체질로, 불규칙적인 학교 교육을 이어가던 지드는 열두 살에 아버지를 잃고, 다정하나 엄격한 어머니의 교육 속에서 청교도적인 윤리를 키우게 된다. 한편 자연과의 만남을 통해 본능과 자유를 갈구하는 그의 일면 또한 공존하고 있었다. 열네 살 때 그보다 두 살 많은 외사촌 누이에 대한 신비주의적 사랑에 눈을 뜬 것, 그리고 1893~95년에 걸친 북아프리카 여행에서 육체의 세계와 자신의 동성애적 성향을 발견한 것은 그의 내적 갈등의 두 축을 이루게 된다. 《지상의 양식》(1897), 《배덕자》(1902), 《좁은 문》(1909), 《전원 교향곡》(1919) 등 그의 작품세계는 이 내적 갈등의 표현이자 자아의 진정한 모습을 탐색하는 과정이었다. 지드 인생의 총체라 할 수 있는 소설 《사전꾼들》(1926)의 집필을 끝낸 다음, 콩고 여행을 떠난 지드는 식민지에서 자행되는 착취행위를 보고 이를 고발하는 글을 쓰게 된다. 자아의 탐색에서 사회로 눈을 돌린 그는 또 공산주의에 대해 관심을 갖고 소련여행을 했으나, 공산주의 체제의 실상을 보고 실망하게 된다. 1947년 노벨 문학상을 받고, 사후 그의 전 작품이 바티칸에 의해 금서목록에 오른 그의 삶과 작품은 한 시대의 증언이자 한 인간의 내적 진실을 찾아가는 투쟁의 결실이었다.

## 권은미

이화여자대학교 불어불문학과와 같은 대학 대학원을 졸업하고 프랑스 파리 제4대학에서 불문학 박사학위를 취득했다. 지은 책에는 《누보로망연구》(공저, 2001)가 있으며, 옮긴 책에는 《인간과 성(聖)》(로제 카이유와, 1996), 《존재의 불행》(장 그르니에, 2002), 《변경》(미셸 뷔토르, 2004), 《미래는 오래 지속된다》(루이 알튀세르, 2008) 등이 있다. 현재 이화여자대학교 불어불문학 전공 교수로 재직하고 있다.

당신과 나의 자기애를 일깨우기 위해 장자크 루소가 물려준 최고의 유산

# 고백록

장자크 루소 (Jean-Jacques Rousseau) 지음 · 이용철 (한국방송통신대) 옮김

## 자유롭고 온전한 나를 되찾으려는 모든 개인들을 위하여

루소는 한 인간의 가장 내밀한 부분을 포함한 모든 면모를 드러냄으로써 인간 본성에 대한 철학적 탐구의 새로운 기초를 놓았다. 우리는 루소가 자신의 삶을 탐구하는 방식을 통하여 우리 자신을 더욱 깊이 성찰하는 어떤 실마리를 찾을 수 있을 것이다.
"이것은 있는 그대로 완전히 자연 그대로의 모습으로 정확하게 그려진 현존하는 유일한 인간 초상화로 아마 앞으로도 유일한 것으로 남게 될 것입니다."

앙드레 지드의 젊은 시절과 만나는 자서전

# 한 알의 밀알이 죽지 않으면

앙드레 지드 (André Gide) 지음 · 권은미 (이화여대) 옮김

## '내 이야기의 존재 이유란 오직 진실하고자 하는 것뿐이다'

"각자의 긍정은 자기희생 속에서 완성된다. … '과일이 죽지 않으면 홀로 남을 것'임을 난 알고 있다.… 개인은 자신을 망각할 때 비로소 자기 긍정에 이르게 된다."
분열된 자아와 이를 의식하는 섬세한 자의식의 소유자로 평생 '자아'의 끈을 놓지 못했던 지드에게는 진정한 자기긍정을 위한 자기희생과 자기망각이 평생의 과제였다. 지드의 삶과 작품세계로 들어가는 복합적인 진실의 입구.

**나남** Tel 031)955-4600
nanam www.nanam.net

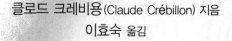

# 18세기 프랑스 상류사회의 사랑이야기

# 마음과 정신의 방황

클로드 크레비용(Claude Crébillon) 지음

이효숙 옮김

《마음과 정신의 방황》은 소설에서 기대할 법할 공간이나 인물에 대한 상세한 묘사는 생략하고 최소한의 정보만 노출한 채 처음부터 밑도 끝도 없는 '말'로 시작한다. 끝없이 이어지는 대화들은 사랑에 대한 담론을 펼친다. 표면적으로는 당시 상류사회 사교계에서 풍미하던 가십들과 소일거리, 처세술 따위를 풀어 놓은 것으로 볼 수 있지만 실상 이 소설은 그와 그녀 '사이'를 흐르는 하나의 '진실'에 접근하는 것이다. 작가가 표현하고자 하는 것은 완성으로서의 사랑이 아니라 사랑을 머리로 하는 게임처럼 즐기고 있는 '과정' 자체다. 신국판 · 288면 · 16,000원

나남
nanam
Tel. 031) 955-4600
www.nanam.net